胡适年谱长编

"十四五"国家重点出版物出版规划项目

宋广波 著

第五卷

1937　1941

长江出版传媒
湖北人民出版社

目　录
第五卷　1937—1941年

1937年　丁丑　民国二十六年　46岁 ································· 1
　1月 ·· 1
　2月 ·· 9
　3月 ··· 12
　4月 ··· 20
　5月 ··· 26
　6月 ··· 33
　7月 ··· 37
　8月 ··· 45
　9月 ··· 52
　10月 ·· 60
　11月 ·· 68
　12月 ·· 72

1938年　戊寅　民国二十七年　47岁 ································ 81
　1月 ··· 81
　2月 ··· 86
　3月 ··· 93
　4月 ··· 99
　5月 ·· 106
　6月 ·· 113
　7月 ·· 119
　8月 ·· 129

9月	139
10月	147
11月	159
12月	167
1939年　己卯　民国二十八年　48岁	**174**
1月	174
2月	182
3月	188
4月	200
5月	210
6月	223
7月	235
8月	250
9月	266
10月	278
11月	289
12月	298
1940年　庚辰　民国二十九年　49岁	**310**
1月	310
2月	327
3月	335
4月	346
5月	355
6月	364
7月	380
8月	394
9月	403
10月	414
11月	426

12月	436
1941年　辛巳　民国三十年　50岁	447
1月	447
2月	457
3月	467
4月	474
5月	485
6月	505
7月	510
8月	519
9月	525
10月	535
11月	542
12月	562

1937年　丁丑　民国二十六年　46岁

上半年，胡适仍执教北京大学。

2月，入协和医院补割疝气。

4月，在胡适奔走、斡旋下，《独立评论》复刊。7月18日，《独立评论》印行第244期，后停刊。

7月，出席庐山谈话会。

7月7日，卢沟桥事变爆发，日寇全面侵华，中华民族开始全面抗战。

8月13日，日寇入侵上海，淞沪抗战爆发。12月13日，日寇攻陷南京。

9月，胡适受蒋介石委派前往美国。

1月

1月1日　胡适到中基会参加新年团拜。到周作人寓所贺周太夫人八十大寿。袁同礼等宴请傅斯年、胡适、顾颉刚等。读陈衡哲《三个朋友》，"颇不满意"。（据《日记》；又据《顾颉刚日记》第三卷，581页）

按，本谱所引胡适1937年1月1日至6月21日、7月20日至8月2日、9月7日至10月19日《日记》，均据《胡适遗稿及秘藏书信》第17册。8月6日至8月22日《日记》，据《胡适日记全集》第7册，429～435页。

同日　胡适作有《新年的几个期望》，期望今年必须做到宪政的实行；

1

期望蒋介石努力做一个"宪政中国"的领袖；期望政府今年能做到整个华北的疆土的收复和主权的重建。(天津《大公报》，1937年1月3日)

同日　徐芳致函胡适，祝胡适新年快乐，感谢胡适的教诲、鼓励和真情，诉说对胡适的爱意："我什么都不要了，我只要你。我什么都不爱了，我只爱你。"(中国社科院近代史所藏"胡适档案"，卷号1708，分号3)

1月2日　胡适复函翁文灏，辞《申报》事。接待清水安三夫人带来的6个日本人。下午访客有戴秉衡、成舍我、何竞武、左明彻、张谷若、李霁野、张宗孟、余又荪。(据《日记》)

1月3日　访客有黄子英、黎锦熙、孙楷第。在熊佛西、朱君允家午餐，遇梁实秋、闻一多、潘光旦、罗隆基、赵太侔、顾一樵等。致函陈衡哲：(1)凡太 intimate 的文件，乃是二人之间的神圣信托，不得随便由一人公开。(2)此稿只是排比文件，像一个律师的诉状，不是小说，没有文学的意味。(据《日记》)

同日　傅斯年致函蒋梦麟、胡适、周炳琳等，谈所得有关西安事变消息：张学良之陪蒋介石回南京，是张自动。内中与宋子文有何约定，无人知晓。宋子文初返南京时，任行政院长之说甚盛，但因南京空气对宋极恶而作罢。蒋介石一再请辞，其中实有作用；蒋除请辞外，则沉默。张学良到南京后，先住宋子文宅，后被羁拘于孔祥熙宅。军事方面，入陕之中央军未撤，又运去六师。对此，傅"大为兴奋"。又认为：蒋介石之去浙江，似仍是两管齐下法，先大包围，后讲价。(《胡适遗稿及秘藏书信》第37册，540～541页)

1月4日　上午，全绍文来谈政治学会事。与陶孟和、张奚若、毛子水同饭。下午到北大，与魏建功谈古音。重读汪龙庄《自传》。(据《日记》)

同日　傅斯年致函蒋梦麟、胡适、周炳琳，仍谈西安事变。先转述来自西安友人之消息：西安街头布满"庆祝张、杨二将军政治主张成功""拥护蒋委员长领导全民众抗日"等标语；"大家皆云联合战线，故不知谁是共产党"；杨虎城无一字悔其主张；周恩来会晤蒋介石二次，第一次蒋一言不发，第二次谈得甚好。西安空气是蒋答应了一切。傅又谈当日从南京友人处获得的消息：共产党主张放蒋，坚谓不赞成张之扣蒋；蒋介石在南京只谈军纪，不谈政治；蒋介石在西安决未签任何字。目下之实际问题，乃东北军、陕军、红军，共20万人，兼以地形之便利，如何打过去，南京方面大费踌躇，有人觉得一打便不可收拾。为国家计，如果不将东北军分化出陕西，则国事不可为。此时蒋介石如何打算，恐甚少人知道，但又调兵前去，则是事实。(《胡适遗稿及秘藏书信》第37册，441~447页）

1月5日　史佐才来谈西安事变事。沈履来访。下午4点到地质调查所赴丁文江周年忌辰纪念（中国地质学会北平分会、地质调查所北平分所、北京大学地质学系联合主办），杨钟健主祭，胡适与章鸿钊、葛利普致辞。(据《日记》）次日之天津《大公报》报道胡适讲演词：

> 在君（丁字）先生是欧化最深科学最深的中国人，他的生活习惯，均有规律，均科学化，他的立身行己，亦都是科学化的，代表欧化的最高层。他最恨人说谎，懒惰，滥举债及贪污等，他所谓贪污，包括拿干薪，用私人，滥发荐书，用公家免票来做私家旅行，用公家信笺来写私信等等。丁先生的政治生活与私生活是一致的，他的私生活，小心谨慎，就是他的政治生活的准备。他曾说，我们若想将来的政治生活应做几种准备，（一）是要保存"好人"的资格，消极的讲，就是不要"作为无益"。积极的讲，是躬行克己，把责备人家的事从自己做起。（二）是要做有职业的人，并且增加我们职业上的能力。（三）是设法使生活程度不要增高，要养成简单生活习惯，准备坐监狱及过苦生活。（四）就我们认识的朋友，结合四五个人或八九个人的小团体，试做政治生活的具体预备，在君先生最恨那些靠政治吃饭的政客，他曾有一句名言，"我们是救火的，不是趁火打劫的"云云。

同日　晚，张季鸾自上海来访，胡适邀梅贻琦、蒋梦麟及周炳琳、潘光旦、陈岱孙、陈之迈、沈履、张奚若来一同会谈。(据《日记》）

同日　胡适复函周作人，谈自己没有《病榻梦痕录》的善本，想借周藏道光六年本及咸丰元年本一校，"我很想把此书标点付印，作为一种古传

记的整理本子。但今日少年人多不谙旧刑律,每苦不能句读此书。也许我可以把我的点读本补完,就用来付印。老兄若能许我写一序,我一定点完此书"。(《胡适研究通讯》2013年第1期,封二)

1月6日　上午,胡适出席北大行政会议。上课。午后到北平研究院参观考古组在陕西掘得的新石器时代遗物。访邱大年。访王希尹夫妇。在黄国聪家晚饭。(据《日记》)

同日　中午,顾颉刚、李书华、徐炳昶宴请胡适、司徒雷登、孙洪芬、袁同礼、沈兼士、陈垣、容庚。(《顾颉刚日记》第三卷,583页)

1月7日　傅斯年致函蒋梦麟、胡适,谈审判张学良等问题:张之处分,似尚得宜。张学良在法庭大骂南京政府及蒋介石左右,谓蒋好而南京政府太坏,彼将拥蒋而必打倒南京政府。蒋介石得闻后决定不放张回去。对张之管束有三端:居处、见客、通信均不得自由。(《胡适遗稿及秘藏书信》第37册,534～535页)

1月8日　上课。胡适与毛子水同去厂甸。《独立评论》社聚餐。(据《日记》)

1月9日　胡适致函王云五,谈编国文教科书事:分6册,1、2册为白话,3～6册为古文。古文学取其可学可教者,依时代先后为次序。外加文学史1册、文法1册。到Mrs. Mary Newell家吃饭,席上与Blum谈甚久。下午出席文科研究所文学部研究生报告。晚出席北大地质学系为葛利普教授67岁生日举行的宴会。(据《日记》)

同日　《北平晨报》报道:北大昨接校长蒋梦麟自沪来电,聘请胡适为文学院长,该校接电后,函达胡适,请其18日到校视事。

1月10日　张武来访。邵可侣(J. Reclus)来辞行。余天休请胡适为《正风》杂志题字,拒之。哲学会北平分会聚餐。汤用彤、钱穆来久谈。祝王启常50岁生日。(据《日记》)

1月11日　为中基会同人写字。到刘廷芳家吃饭。读H. L. Mencken的 *The American Language*,"甚佩其功力与见解"。读孟森论戴震偷了赵一清的《水经注》论文2篇,认为"戴作伪实可恶",致函孟森。孟治来谈。(据

《日记》)

同日 夜，胡适复函傅斯年，谈及："陕事已用兵，中央军占绝大优势，当不至需很长时间。"又谈到中研院评议会的杨铨奖金，"限定在三十五岁以下，似重在鼓励青年学者，而今日年青作研究者以中研院为最多，似不必避嫌，不妨推荐本院人员"。(《大陆杂志》第93卷第3期，8页)

1月12日 王静如来谈。为章希吕饯行，孟治、姚从吾夫妇、毛子水同席。上课。与吴俊升、邱大年谈。晚间为吴俊升饯行。(据《日记》)

同日 张元济致函胡适，询《独立评论》何时出版等。(《胡适遗稿及秘藏书信》第34册，110页)

同日 胡适复函周作人，感谢其惠借《思痛记》及《病榻梦痕录》，又谈《病榻梦痕录》的版本问题。(《胡适遗稿及秘藏书信》第19册，224～226页)

1月13日 胡适致电林森：国葬大典不宜太滥。邵元冲国葬似宜慎重考虑。(据《日记》)

> 按，21日，胡适收到国府文官长复电，"仍奉饬送中央作最后决定矣"。(据《日记》)

同日 夜，胡适复函周作人，谈读《思痛记》的感想：

> 我们的大问题是人命不值钱。因为不值钱，故人命可以视同草芥粪土，视同儿戏。我们家乡常有妇女为了三个小钱的"破片"(碎布片)而起口角，因而上吊自杀的。旧小说《恒言》中有一文钱杀十五条人命的故事，我每劝人多读。嗜杀性似是兽性的一部分，生活进步之国乃有不忍杀一无辜人之说。更进步则并罪人亦不忍杀了。今日所谓禁烟新法令，吸毒者枪毙，正可反映此人命不值钱的文化。西洋人可以实行"禁止虐待禽兽"的运动，我们现时还够不上谈"禁止虐待同胞"的运动，奈何！
>
> …………

总之，人命太贱，可作牛马用，当然可供烹吃；可供淫乐，亦当然可以屠杀为乐。一切不忍人之心，不忍人之政，到此都成废话。仅存汪龙庄、李小池所谓因果报应一点点维系，似亦不很有效验。救济之道只有工业与社会主会［义］双管齐下，或可有较大进境罢。（《胡适来往书信选》中册，350～351页）

1月14日　胡适为人题字。上课。讲《诗经》助词的方法。秦德纯与邓哲熙邀吃饭。谈及《独立评论》复刊事。读王引之《经传释词》。（据《日记》）

1月15日　上课。H. F. 来谈。毛子水邀吃饭。到中国政治学会开会。致函陈岱孙。王静如来谈。（据《日记》）

1月16日　杨遇夫邀胡适吃饭，沈兼士、余嘉锡、罗常培同席。（据《日记》）

1月17日　校读汤用彤《汉魏两晋南北朝佛教史》稿本第一册，评曰：

此书极好。锡予与陈寅恪两君为今日治此学最勤的，又最有成绩的。锡予的训练极精，工具也好，方法又细密，故此书为最有权威之作。

我校读完，为他写一信介绍给云五先生。又写一长信给锡予。他不主张佛教从海道来之说。我以为此说亦未可完全抹杀。如《太平经》一系的道教，多起于齐地，最早作《包元太平经》的甘忠可是齐人，其信徒贺良、李寻等皆是齐人（《汉书·李寻传》）。东汉作《太平清领书》之于吉与信徒襄楷也都是齐人。《太平经》与佛教有关，是锡予承认的。纪元二世纪中江南北之笮融佛教运动，其人多至"五千余人户"，牟子在交州所见沙门之多，此皆不容不假定一个长时间的海上交通与民间佛教之流行。

我又说，北方陆道与南方海道之外，似尚有蜀印一条路线。张骞在前二世纪已在大夏见邛竹杖蜀布，问知是大夏贾人从身毒买去的。此条路似更久更重要。张陵、张鲁之起于蜀，非无故也。（据《日记》）

1月18日　到北大，与汤用彤畅谈。"锡予的书极小心，处处注重证据，

无证之说虽有理亦不敢用。这是最可效法的态度。"下午开院务会议。（据《日记》）

1月19日　胡适到协和医院，请 Dr. H. H. Loucks 验看割后疝气，决定日内去开刀修补。（据《日记》）

同日　胡适致函魏建功，云：

……［孟森有一长文］证实戴东原偷赵东潜《水经注》一案。莘田说你颇有点迟疑。我托他转告你不必迟疑。我读心史两篇文字，觉得此案似是已定之罪案，东原作伪似无可疑。古人说，吾爱吾师，吾尤爱真理。东原是绝顶聪明人，其治学成绩确有甚可佩服之处，其思想之透辟也是三百年中数一数二的巨人。但聪明人滥用其聪明，取巧而讳其所自出，以为天下后世皆可欺，而不料世人可欺于一时，终不可欺于永久也。……此亦是时代之病，个人皆不能完全脱离时代的风气。往世佛教大师、禅门巨子，往往造作伪史以为护法卫道之具，他们岂存心作伪吗？在那个时代里，他们只认为护法卫道，而不自觉其为作伪也。

东原之于《水经注》，当时也许只是抄袭赵书，躲懒取巧，赶完一件官中工作而已。初不料皇帝大赏识此公，题词以光宠之；又不料他死后段玉裁等力辩赵书袭戴，乃更加重东原作伪之罪了。若必坐东原以欲得庶常之故而作伪，则稍嫌涉于"诛心"，凡"诛心"之论皆新式史家所宜避免。……（《胡适手稿》第1集卷1，3～4页）

1月20日　胡适夫妇到蒋梦麟家，贺其52岁生日。（据《日记》）

同日　天津《大公报》报道："美国米高梅所摄制之《大地》影片，兹由监视人我驻美总领事报告称，该片不妥处刻均一再修改，并经胡适之、林语堂、蒋百里诸人驻美时试看，又临时指出数点，亦经修改。"

1月21日　胡适到中基会，与孙洪芬、孟治谈。吴叔班女士来访。为谢家荣之母孙太夫人写像赞。（据《日记》）

1月22日　杨振声、朱孟实、沈从文来谈办文学月报及文学丛书事。

族兄胡鉴臣（观爽）来谈家乡的匪患。竹垚生来谈。晚，《独立评论》同人聚餐，讨论甚久，他们要胡适全权办理。（据《日记》）

同日　佛山私立华英中学校的 W. S. Johnston 致函胡适，告：已将胡适的《四十自述》译成英文，一家伦敦的出版社希望出版此译本，想知道胡适同意出版的条件是什么。（中国社科院近代史所藏"胡适档案"，卷号 E-248，分号 4）

1月23日　胡适到中基会，与孙洪芬谈。陈之迈宴请竹垚生，同席有胡适、周炳琳、张奚若、张佛泉。为人写对子七八副。访客有王西征、刘厚生。（据《日记》）

1月24日　胡适重定高中国文内容：新白话文、古白话文、先秦西汉、东汉至中唐、中唐至元、元明清。访客有萧一山、司徒雷登。晚上到北京饭店与 Lady Bateman（Marian）一家吃饭。与赵叔雍小谈。（据《日记》）

1月25日　胡适为傅作义之父的纪念堂题诗。为北大校改向英庚款委员会请款书。赵叔雍来谈《申报》事。与张恩裕谈翻译。致函蔡元培、朱家骅。（据《日记》）

1月26日　任鸿隽来访。为《独立评论》复刊作函宋哲元，又与陈之迈、张奚若、竹垚生、周炳琳、张佛泉诸人商量此稿。（据《日记》）

1月27日　到北大。（据《日记》）

同日　胡适作有《跋郝懿行孙星衍诸人手帖》（收入《胡适遗稿及秘藏书信》第12册，308～309页）。

同日　在南京举行的中国哲学会第三届年会闭幕。决议：请教育部增加哲学课程，并令国立大学一律添设哲学系；编译哲学大辞书；请中央研究院增设哲学研究所；四届年会定明年暑假在广州举行等案，并选胡适、金岳霖、冯友兰、宗白华、黄建中、方东美、张东荪、全增嘏、汤用彤、汪奠基、何兆清、祝百英、林志钧等15人为理事。（次日之天津《大公报》）

1月28日　胡适到中基会，与任鸿隽等谈。下午访客有徐炳昶、韩德威（David Rhéin，法使馆）。与竹垚生谈《独立评论》事。（据《日记》）

1月29日　下午张仲述来谈。中国政治学会请张仲述讲演，题为"An

Analysis of British Opinion on China",胡适主席。(据《日记》)

1月30日　到中基会,与孙洪芬谈,与陈伯早谈。马叔平来访。在竹垚生处吃饭。(据《日记》)

同日　胡适函寄一张200元支票与周作人,请其转交傅仲涛。又云,自本月底起每月赠傅50元。(《胡适中文书信集》第2册,491页)

1月31日　胡适偕胡夫人、胡思杜游香山。写长函与任鸿隽、陈衡哲,力劝任勿辞川大校长,又与他们长谈。叶景莘来谈。(据《日记》)

1月　胡适在 The Chinese Mercury 第1卷第1期发表"The Pacific Changes Color"一文。胡适说:

> With Japan, Russia and China main actors, the Pacific stage is undergoing a process of change.
>
> ...
>
> Since 1931, however, there has been a shift of power in the Pacific, and Japan's supremacy no longer remains an undisputable fact....
>
> First, Russia has become a first-rate Power in the Far East....
>
> Secondly, the rearmament of the non-Asiatic nations bordering the Pacific or having possessions there, is being rapidly pushed forward....
>
> Thirdly, there is the revival of China, which is even more important than the above two forces....(《胡适英文文存》第2册,远流版,697～698页)

2月

2月1日　下午,胡适入协和医院,准备疝气补割手术,共住院15日。16日出院。出院后在家休养半个月。(据《日记》)

同日　刘垣致函胡适,评论张孝若和他的父亲张謇。(《胡适遗稿及秘藏书信》第39册,571～573页)

2月2日　上午9点,Dr. H. H. Loucks 为胡适开刀。(据《日记》)

同日　翁文灏与傅斯年谈话，"议定请傅孟真、陶孟和、胡适之、赵元任、何淬廉、周鲠生任杨铨纪念奖金论文审查委员"。（《翁文灏日记》，113 页）

2月6日　Hardin T. McClelland 致函胡适，赞扬胡适对学术的贡献，又述自己拟写一部阐释中国现代哲学重要特征的书，并准备建立一个东方研究所。（中国社科院近代史所藏"胡适档案"，卷号 E-293，分号 4）

2月9日　胡适在协和医院改定北大文学院与文科研究所预算。读杨万里《江西道院集》。（据《日记》）

2月10日　来医院探视者甚多。读曹禺的《雷雨》《日出》，"觉得《日出》很好，《雷雨》实不成个东西。《雷雨》的自序的态度很不好"。（据《日记》）

2月11日　旧历元旦，来医院探视者甚多。读《朝天集》，认为其"最不佳"。（据《日记》）

2月12日　即将开学的胡祖望来医院向父亲辞行，胡适对他说：

养成做工的习惯是第一要事。没有"丙"等分数的人可以做学问的，也没有"丙"等分数的人可以做事有大成功的。（据《日记》）

同日　张元济致函胡适，问候胡适病情，又云：《独立评论》至今未曾复版，痛恨无已。（《胡适遗稿及秘藏书信》第 34 册，111 页）

2月13日　沈兼士来谈。张庆松医士来谈。协和的护士学校校长 Miss Hodgman 来谈。（据《日记》）

2月14日　胡适读 Henry James 的 *Charles W. Eliot* 卷一。甚感兴趣。今天医生许胡适下床。（据《日记》）

2月15日　胡筠庵来谈。Miss Hodgman 来谈校务。是日医生许胡适下床学习行走。（据《日记》）

同日　胡适复函韦莲司小姐，告知收到第一封电报的时候正为蒋介石担心，现正做疝气手术后的疗养。（《不思量自难忘：胡适给韦莲司的信》，210 页）

2月16日　胡适出院。读 *Charles W. Eliot*。（据《日记》；次日之天津《大

公报》）

2月17日　胡适在家休息。读《杨诚斋文集》。（据《日记》）

2月19日　读陈铨《中德文学研究》，认为"此书甚劣"。（据《日记》）

2月20日　胡适在家休养。为中央研究院评议会写陈铨《中德文学研究》短评。读陈铭畦《全真道教源流考》。胡适劝徐丹生不要办《诗刊》。（据《日记》）

2月21日　胡适读罗尔纲《太平天国史纲》。下午对罗尔纲、吴晗谈此书："做书不可学时髦。此书的毛病在于不免时髦。"又认为，"此书叙事很简洁，是一部很可读的小史"。（据《日记》）

同日　胡适手抄杨万里《桂源铺》："万山不许一溪奔，拦得溪声日夜喧。到得前头山脚尽，堂堂溪水出前村。"并注云："此诗可象征权威与自由的斗争。"（《胡适手稿》第10集卷1，81页）

2月22日　胡适仍在家休养。读陈寅恪论文若干篇，"寅恪治史学，当然是今日最渊博，最有识见，最能用材料的人。但他的文章实在写的不高明，标点尤懒，不足为法"。（据《日记》）

同日　汪敬熙致函胡适，告自己希望参加1938年在瑞士召开的国际生理学会，请胡适帮忙筹措旅费，又述自己的研究生活。（《胡适遗稿及秘藏书信》第27册，617～622页）

同日　Mihilue函请胡适为法兰克福大学的中国研究所推荐一名中国研究者。（中国社科院近代史所藏"胡适档案"，卷号E-395，分号1）

2月23日　胡适仍在家休养。读金圣叹本《水浒传》。晚上到蒋梦麟家去玩。与查良钊谈《独立评论》问题。（据《日记》）

2月24日　胡适与毛子水同游厂甸，购得《封神演义》（许仲琳撰，钟惺评，1889年上海广佰宋斋铅印本）。到吕伯威家晚饭。（据《日记》；《胡适藏书目录》第3册，1649页）

2月25日　胡适读杨守敬《晦明轩稿》。为嘉庆元年本《病榻梦痕录》写一跋。陈垣来谈。读《封神演义》《人谱类记》。（据《日记》）

2月26日　胡适读陈澧词。致函李宝祚。访客有李书华、沈兼士。赴

贾焜庭饭局。(据《日记》)

同日　胡适在陈澧撰《忆江南馆词》(1926年石印本，1函1册)题记："陈兰甫的词，胡适。"又在自序页题记："陈之迈送我的。适之，廿六，二，廿六。"(《胡适研究通讯》2016年第2期，6页)

2月27日　胡适出席欧美同学会大会，并主席。读《左文襄公家书》两册、王照圆《列仙传校正》一卷。到中基会。晚，蒋梦麟宴请哈佛大学Prof. Roscoe Pound，胡适应邀出席。(据《日记》；次日之天津《大公报》)

2月28日　胡适读耶律楚材《西游录》足本一卷。访客有胡政之、黄文弼、顾颉刚等。(据《日记》)

2月　胡适在耶律楚材撰《西游录》(1927年罗氏铅印本，1函1册)题记："廿六年二月，姚从吾兄送我的。胡适。"(《胡适研究通讯》2016年第2期，5页)

3月

3月1日　胡适病后第一次到北大办公。任鸿隽来谈。为北大增加预算事写长函与王世杰。(据《日记》)

3月2日　胡适到中基会。与徐森玉谈。下午上课(病后第一次上课)。任鸿隽夫妇来吃晚饭。(据《日记》)

同日　The Victorian Division of the Australian Institute of International Affairs 的 Austral-Asiatic Section 的秘书 W. M. Gray 致函胡适，告：已返回澳洲，为某晚聆听胡适的演讲感到荣幸。该协会的 F. W. Eggleston 与 E. C. Dyason 正准备编辑杂志，邀请胡适撰写东西方思想比较的文章，该杂志4月底出版第一期。他希望胡适能为该杂志第一期撰稿，并期待胡适于8月访问澳洲。(中国社科院近代史所藏"胡适档案"，卷号 E-212，分号 11)

3月3日　上课。罗常培来谈。庄明远来谈。(据《日记》)

3月4日　到北大。与罗常培谈，与魏建功谈。张敬来谈。莫德惠来谈。莫传张学良口信，希望胡适去奉化谈谈。胡答4月南下时再定。欧美同学

会晚餐。（据《日记》）

同日　胡适手抄张在《题青州兴龙寺老柏院》，并有小注。(《胡适手稿》第10集卷1，29页）

3月5日　上课2小时。访客有 W. B. Pettus 和其姊 Mrs. K. A. Hoose。陈聘之来谈。重写《董仲舒的十指》。《独立评论》社聚餐。（据《日记》）

同日　胡适复函苏雪林，告以《奔涛》的校勘太坏，错字太多，当痛改，并谓颇懊悔刊登前信；另提及已出医院近20天了，及近年为外务所扰，未曾安心作学术文字，想来真有点着急。（台北胡适纪念馆藏"胡适档案"，档号 HS-NK05-139-002）

3月6日　与孙洪芬、张子高谈。与徐森玉同邀袁复礼、徐炳昶、黄文弼、沈仲章、沈兼士吃饭，谈西北科学考察团的事务。访客有储皖峰、罗根泽（谈组织中国文学史研究会事）、王静如、查勉仲。（据《日记》）

同日　胡适致函冯沅君，谈其《古剧四考》，指出：和尚称"大德"，唐、宋已有了。又讨论关汉卿的生卒年问题。（《胡适遗稿及秘藏书信》第19册，428～437页）

3月7日　胡适访莫德惠不遇。看王恽《秋涧大全集》。（据《日记》）

同日　胡适为《独立评论》事写一信与宋哲元，持此函访秦德纯稍谈。致宋函云，归国后始知《独立评论》因登载张熙若教授的一篇文字，致有停刊的事。"兹特具函向先生表示我个人负责道歉之意。此报已停刊三月有余……拟俟身体完全恢复，即继续出版。以后适长期住平，待教之日正长。倘有言论失当，务请先生随时指摘，以便随时正式更正。"（《胡适遗稿及秘藏书信》第19册，143～144页）

同日　胡适在清人邢昉辑《唐风定》二十二卷（1934年贵阳邢氏思适斋刻本，1函4册）题记："邢冕之送我这部书，我匆匆看了，觉得此书选者的见解颇陋，他只选白居易的一首绝句，跋云：'彼作诗以示老媪，理不得多取也。'（卷二十二，页八）这是什么理由！怪不得他不懂李空同自序'真诗乃在民间'的伟论了。"（《胡适藏书目录》第3册，1564页）

3月8日　胡适出席北大行政会议。读《蓝采和》《春秋繁露》。（据

《日记》）

　　同日　胡适致函傅斯年，谈及：

　　　　昨日天津《益世报》报载蔡先生辞中研院长，骝先辞中研总干事，邹鲁将长教部，詠霓任中研院长，雪艇任总干事。……

　　　　我颇疑心，此种电讯皆系有作用的。但有些问题我们也不可不注意。第一，我们很盼望邹鲁长教部之说绝对不会实现。教部在此时总以不更动为妙；此时无论谁来，都不会比雪艇、书贻更好的。第二，蔡公是否复病，乞电示，我们今晨已电巽甫问此事了。无论如何，不可使中研院长事牵入政治漩涡。院中是否可以将院长选举任命手续的规定由中央社发表，以息谣传？第三，中研总干事一事，鄙见以为吾兄最适宜，不可不早日考虑此事。倘蔡先生还是如前的精神，他若决定请谁，别人谁也不敢反对，究竟他近来精神如何？

　　　　以上三事，前两事似可与詠霓兄一谈。后一事，甚盼吾兄考虑。……

　　　　寅恪推荐书英文已稍稍改正，亦交与洪芬去复写了。

　　　　《独立》事，我本不热心复刊，但社中同人都敦促我去进行复刊，故昨日我已见秦绍文谈此事，并作一书与宋明轩，由他交去，宋明日回平。也许不久可见分晓。

　　　　你在《国闻》上的一文好极了，佩服佩服。

　　　　…………（王汎森：《史语所藏胡适与傅斯年往来函札》，《大陆杂志》第93卷第3期，7～8页）

　　3月9日　上课。读《春秋繁露》《尚书大传》。（据《日记》）

　　同日　蒋梦麟赴南京向教育部报告校务，离校期间校务暂请胡适代理。（《北京大学纪事（1898—1997）》，236页）

　　3月10日　胡适邀宴何炳松。读容肇祖《李卓吾评传》《元明杂剧》。（据《日记》）

　　同日　下午3时，中国国际联盟同志会在成贤街会所举行理事会议，朱家骅主席。议决：推王景春、杨荫溥等三人赴捷克参加总会年会，推选何

14

炳松、胡适、周鲠生等分别为会员委员会驻上海、北平、武昌等处委员,等等。(次日之天津《大公报》、《申报》)

3月11日　胡适去中基会。上课。在黄少榆家陪何炳松吃饭。读《皇元风雅》。(据《日记》)

同日　天津《大公报》之"图书副刊"介绍了 The New Culture in China (by Lancelot Foster. George Allen and Unwin Ltd., 1936.) 关于该书对胡适的论断,文章是这样评价的:

> 他以 Kenneth Sanders 之说,认为印度的甘地,日本的贺川时彦,中国的胡适,这三个人在他的本国都有一种领导的势力——学问的,政治的,精神的——他以为甘地偏于精神的,神秘的,退隐的,贺川氏是一个基督教的社会主义者,摩顶放踵去联合一些同道的合作者,而胡适却比他们更可以为代表的人物。胡氏是一个具有一种高度的道德勇气的智者,敢于无忌的发挥他的意见,而又有一副极可爱的性情。他又说,胡氏是一个没有幻想的人,他思想中没有一点云雾,因为他是一个实在论者。这后一段话,我觉得比一般中国人对于胡氏的观察似乎还强一些。

3月12日　胡适探视钢和泰,未见。(据《日记》)

同日　胡适作有《读曲小记》(二),谈《皇元风雅》里的曲史材料。(天津《益世报·读书周刊》第91期,1937年3月18日)

3月13日　翻看元人集子。在 Laurence Salisbury 家吃饭。(据《日记》)

同日　中午,顾颉刚、李书华宴请胡适、沈兼士、何炳松、陈衡哲、李圣章、徐炳昶、李云亭、徐诵明、严济慈、姚从吾等。(《顾颉刚日记》第三卷,618页)

3月14日　胡适读欧阳玄《圭斋集》。参加《文学杂志》社聚餐。与叶公超长谈。下午与毛子水去看金拱北(绍城)的遗画展览。(据《日记》)

3月15日　胡适出席北大考试委员会会议。写《刘时中考》。读姚燧的《牧庵集》。(据《日记》)

同日　胡适复函章希吕，希望章能早日回平。（《胡适家书手迹》，191～192页）

　　同日　顾颉刚来访，谈1小时。（《顾颉刚日记》第三卷，619页）

　　3月16日　胡适得悉钢和泰去世，"很感伤"。（据《日记》）

　　同日　胡适作成《读曲小记》（三），谈刘致（时中）的生卒年。（天津《益世报·读书周刊》，1936年4月8日）

　　同日　K. S. Cunningham致函胡适，通知参加International Conference on Education诸事项。（中国社科院近代史所藏"胡适档案"，卷号E-169，分号4）

　　3月17日　傅斯年自南京来，住胡适家。（据《日记》）

　　同日　下午4时，胡适到美华圣经会北平分会会所，出席该会举办的《圣经》展览开幕典礼，有短演说。1937年3月18日《华北日报》对胡适讲演内容的报道如下：

胡氏讲演

　　由利玛窦迄今三百年来，《圣经》展览此尚为第一次，允足称贵，盖仅就收藏兴趣一点言之，对此"天下奇书"之搜罗展览，已足令人心快。惟"圣经与文学"一题，周作人先生曾于十四年前《小说月报》上著论发挥，即详且尽，可以参看。今日只略言其宗教经典之翻译，对于中国之文学影响及本人对于《圣经》之数点希望而已。

　　在我国历史上大规模之从事翻译外国文字，约有二次：二次且皆为受宗教信仰之启发。一为第一至第十世纪之九百年来翻译佛家书籍之努力，成书二千种，现仍为人讽诵者尚有《华严经》《法华经》《维摩诘经》等二十余种。其影响于中国文学者则（一）介绍国人创作上之新材料、新形式。（二）引起创作家之想像力，扩大文学描写之范围。此皆中国文学篇所缺乏者。第二次则为近世纪来之西洋书籍之大批翻译，而此中最足称述者为《圣经》之翻译。其故亦有二。（一）因翻译《圣经》者之具有宗教的虔诚严肃态度，忠实于翻译，及《圣经》本身之优美，故译本成为一种"直译的模范作品"（Model Literal Translation），简明可爱，尤以官话译本中《福音》（Gospels）及《旧约》（Old Testament）中的诗篇等部，堪称为优美之文学作品，影响于中国创作家及译著家者甚多。（二）则为中文《圣经》之于中国方言方面的供献。中国方言甚多，初无有文字之形式记载，有方言《圣经》之翻译后，乃给中国多种方言以文学上之价值，对于研究语言学、语音学、民俗学上，有莫大之裨益。

三点希望

惟中文之翻译《圣经》，尚有未能如吾人希望之极者，简言之有三，亦即余对《圣经》翻译之希望：（一）译语尚未能完全近代化。盖近年中国语言，变化甚速，而《圣经》译语尚多守旧者，故仍须继续新译，以合时代。（二）宗教的守旧拘谨精神，致《圣经》尚未采用新式标点、排列、形式，以更发挥其文学的趣味。——Moulton之"近代读本的圣经"则清新可喜——如杂歌、诗篇、箴言、约伯记，皆最美之文学，而未能以新形式体裁达表之。（三）将《圣经》作为文学看，注重"科学的圣经学"，提倡收藏、批评、校刊、训诂诸工作，并编著用作参考之辞典类书，以备阅者之方便检阅。果能如此，则影响中国文学唤起更多读者，必更广大也云云。

同日　晚，胡适到邮务长巴立地家晚餐，同席有吴佩孚、江朝宗、宋哲元等。（据《日记》）

3月18日　胡适与傅斯年、毛子水、姚从吾同去吊啫钢和泰。（据《日记》）

同日　晚，顾颉刚于东兴楼宴请胡适、傅斯年、罗常培、周炳琳等。（《顾颉刚日记》第三卷，620页）

同日　康奈尔大学经济学教授Paul T. Homan致函胡适云：您前来访问时曾与您谈到下一年将到中国，如您所建议的，将安排一个系列讲座。我拟就The Method of Science in Relation to Social Studies这个主题做演讲。如果您对此有任何建议或想法，我很想知道。在中国时准备写一本 Economics and Politics，或类似题目的书。目前计划大约 7 月 15 日抵达北平，停留至下一年的夏天。（中国社科院近代史所藏"胡适档案"，卷号 E-230，分号 4）

3 月 19 日　上课。（据《日记》）

3 月 20 日　访客有邱大年、日本大使馆书记官奥村胜藏（朴锡胤陪同前来）。（据《日记》）

3 月 21 日　胡适与 Mr. Pyke & Mr. Pahk 同吃饭，同游天坛。访客有王静如、汪少伦。（据《日记》）

3 月 22 日　翁文灏致函胡适，谈将赴欧。地质调查所所长由黄汲清代理，希望中基会继续补助该所，又谈及四川大学校长人选事。（《胡适来往书信选》中册，352～353 页）

3 月 24 日　胡适在美国大学妇人会讲演。上课。（据《日记》）

3 月 25 日　上课。（据《日记》）

同日　胡适作有《全国歌谣调查的建议》，指出：

> 我在这里说的"调查"，不仅是零星的收集，乃是像"地质调查""生物调查""土壤调查""方音调查"那样的有计划有统系的调查。全国歌谣调查的目的是要知道全国的各省各县流行的是些什么样子的歌谣。我们要知道全国共总有多少种类的歌谣；我们更要知道这多少种类的歌谣分布在各省各县的情形……

此文又提出做此事的步骤：先统计已经收集歌谣的省县，做一个初步的"全国歌谣分布区域图"，这样就知道哪些区域还没有做歌谣收集的工作，然后可有计划地做去。（《歌谣》第 3 卷第 1 期，1937 年 4 月 3 日）

3 月 26 日　上课。到车站接金绍基、周诒春诸人。下午在中基会开执行委员会，吃饭即在会中。（据《日记》）

3 月 27 日　钢和泰的本家兄弟 Ren de Staël 来访。访许世英。下午出席协和医学校校董会。胡适与林行规、方石珊合宴协和的董事、教授、副教授等 50 人。（据《日记》）

次日之天津《大公报》报道协和医学院董事会：

> 协和医学院本年度董事会，于昨日午后二时半在该校举行。出席董事胡适、金叔初、贝诺德、张伯苓、方石珊、刘瑞恒、林行规、胡敦、柏乐五、伊博思、周诒春等十一人。周诒春主席，除报告上年度院务进行等经过外，讨论议决：（一）修正办事细则。（二）前任副院长顾临（Roger S. Greene）辞职，推胡敦继任。（三）推举胡敦、金叔初、李廷安、周诒春、翁文灏为新任董事，任期三年。（四）决定新任执行委员及董事会职员等人选：一、执行委员，胡敦、胡适、林行规、方石珊、金叔初。二、董事会职员，董事长周诒春，副董事长金叔初，秘书福开森女士，会计卜兰飞，稽核博文。三、财务委员，胡敦、金叔初、贝诺德，至六时许散会云。

同日　容庚日记有记：与三弟及张荫麟访傅孟真于胡宅。（《容庚北平日记》，495 页）

同日　周作人赠胡适《瓜豆集》（宇宙风社，1937 年）一册。（《胡适藏书目录》第 1 册，109～110 页）

3 月 28 日　胡适为出席南开大学校董会赴天津。看胡祖望。下午 1 时出席南开大学校董会，出席董事还有颜惠庆、卞白眉、李金藻、张伯苓、卞俶成、阎子亨等。张伯苓报告校务，讨论任满之颜惠庆、卞白眉、陶孟和三董事去留问题，决议留任；又通过下年度预算案。到颜惠庆宅小坐。回北平。到法国使馆吃饭。晚，许世英来访。（据《日记》；次日之天津《大公报》、《申报》）

3 月 29 日　出席北平图书馆委员会议。送许世英离平。送傅斯年离平。（据《日记》）

3 月 30 日　胡适应邀与宋哲元谈话。陪居正、江庸等吃饭，饭后秦德纯告知：《独立评论》随时可以复刊。（据《日记》）

3 月 31 日　上课。（据《日记》）

同日　胡适作有《〈来凤馆精选古今传奇〉四集》。（《胡适遗稿及秘藏

书信》第 10 册，114～118 页）

4月

4月1日　胡适题陈垣所藏程瑶田题程子陶画的雪塑弥勒。（据《日记》）

4月2日　罗家衡、刘哲等公宴居正、张知本等，胡适出席。独立社聚餐，决定4月18日复刊。谢树英来访，长谈教育问题。（据《日记》）

4月3日　北京大学《歌谣》复刊纪念号（第3卷第1期）印行，作者有胡适、周作人、顾颉刚、朱自清、徐芳等。

4月4日　访客有孙楷第、孙人和。（据《日记》）

4月5日　中国文学系第一年生邀胡适讲演，讲题为"做学问的习惯"。校读汤用彤《汉魏两晋南北朝佛教史》稿本。（据《日记》）

4月6日　校读汤用彤《汉魏两晋南北朝佛教史》稿本。上课。访客有汤用彤、蒋梦麟。（据《日记》）

4月7日　日本东京帝国大学与京都大谷大学学生25人来访。樊止平（弘）来谈。（据《日记》）

同日　胡适夜游东安市场，购得赵诒琛辑《又满楼丛书》十六种二十六卷（昆山赵氏又满楼刻本），胡适认为此书之跋甚俗气。（《胡适藏书目录》第3册，1702页）

4月8日　胡适在中基会与孙洪芬谈，与关琪桐谈。到女子文理学院演讲"做学问的习惯"。访陈衡哲谈四川大学事。（据《日记》）

同日　胡适复函钱玄同，讨论佛经的有关问题。（《鲁迅博物馆藏近现代名家手札（三）》，203～209页）

4月9日　马幼渔将其藏《横山文集》十六卷、《横山诗集》六卷（裘琏著，1914年甬上旅邂轩铅印本）赠予胡适。（《胡适藏书目录》第2册，1264～1265页）

4月10日　胡适编《独立评论》第230号。（据《日记》）

同日　胡适改定《日本霸权的衰落与太平洋的国际新形势》，指出，在

1936年第六次太平洋国际学会大会上，对远东问题有两种相反的态度：一是认为没有办法和平解决的败北主义，占上风；一是乐观主义，胡适持此观点，故不肯轻易放弃和平解决的可能性。败北主义的错误在于认定日本独霸远东，胡适认为：

>……"日本在西太平洋的独霸"，这一句话已成为过去的史实，而不适用于今日了。
>
>日本的独霸东亚，不在今日，而在"九一八"以前的十七年中（1914—1931）。"九一八"以后，因为他滥用他的霸权，引出了一些新势力，造成了一个新均势的局面，那个独霸的局势就维持不住了。这是历史的事实。
>
>………凡一种势力最无害的时期，正是他最强盛最稳固的时期。……
>
>………九一八以后的种种暴行毁坏了那一套保证日本霸权的国际机构。……因为日本的滥用霸力，引起了旁的国家的自危心，引出了许多新势力——起来抗拒日本的暴力。于是日本十七年独霸的局面就不能不结束，于是这些引出来的新势力就联合造成一个太平洋的新均势局面了。
>
>第一是苏联的回到太平洋上来做一个第一流的强国。……
>
>第二是环绕太平洋上的一切非亚洲民族的国家的新兴的军备。……
>
>第三，虽然最后，却不是最不重要，就是近五六年内新兴的统一的中国。……
>
>（《独立评论》第230号，1937年4月18日）

按，此文文前有胡适前记："这是我去年在北美洲游历时的一篇讲演的大意。我最初在哈佛大学把这个见解提出同一些国际政治学者讨论，后来又用这个见解在纽约、华盛顿、费城、绮色佳、芝加哥、司波堪（Spokane）、西雅图、洛杉矶及加拿大的文尼白（Winnipeg）各地讲演过十多次，然后写出来，题为'太平洋的新均势'（The Changing Balance of Forces in the Pacific），登在纽约的《外交季刊》（*Foreign Affairs*）的本年一月号里。我现在把这个见解用本国文字重写出来，稍稍有点增减改写之处，请国内的政治学者指教。"

4月11日　胡适应徐世昌之约前往天津，看其搜寻的颜李学派的新材料，但徐所赠乃胡适久已读之的《颜李师承记》及《语要》，"毫无所得"。（据《日记》）

4月13日　晚，蒋梦麟宴请杭立武、胡适、孙洪芬、曾昭抡、饶毓泰、周炳琳、樊际昌、顾颉刚等。（《顾颉刚日记》第三卷，630页）

同日　胡适在清人陆心源撰《仪顾堂集》二十卷作一题记："此本比十二卷本多出文八十三篇，此目上有○者皆是十二卷本所无。但十二卷本有六篇，为此本所无，大概已被删去了。"（《胡适藏书目录》第3册，1682页）

同日　王士英致函胡适，请胡适评论其《中国新文字方案》。（中国社科院近代史所藏"胡适档案"，卷号757，分号8）

4月14日　胡适作有《读经平议》，提出：我们绝对反对小学校读经。初中高中的选读古文，不妨选读古经中容易了解的文字。（天津《大公报》，1937年4月18日）

同日　J. E. Woodbridge 将 *Nature and Mind* 一书题赠 To Virginia Hartman: "Some say this is a weighty book, I could wish it were heavier, if that would help me when I try to weigh my indebtedness to you. Sincerely yours, Frederick J. E. Woodbridge April 14, 1937." 此书后归胡适。（《胡适藏书目录》第4册，2843～2844页）

4月15日　胡适改作高梦旦墓碑文，仍不满意。中基会开执委会，下

午到机场接 Roger S. Greene。(据《日记》)

4月16日　胡适改写高梦旦墓碑文，仍不满意。独立社聚餐，谈到夜深。(据《日记》)

4月17日　胡适重改高梦旦墓碑文，分请张子高、毛子水看过。(据《日记》)

同日　中美工程师协会在北平华语学校开第十七届年会。晚间在欧美同学会聚餐，胡适、梅贻琦、张维藩等应邀讲演。(次日之天津《大公报》)

4月18日　胡适试作高梦旦年表，又改作碑文，仍不满意。为江世禄、周源证婚。访刘亚休，谈四川事。编《独立评论》。(据《日记》)

同日　胡适作有《中日问题的现阶段》，重申解决中日问题的最低条件。又呼吁政府在一年中完成第一阶段必须要做到的事。(《独立评论》第231号，1937年4月25日)

4月19日　胡适到北大办公。读黎庶昌《续古文辞类纂》。到琉璃厂。孙洪芬约顾临吃饭，胡适作陪。为张小涵写对联。(据《日记》)

同日　胡适致函傅斯年，问其患中耳炎情形，又请其为《独立评论》写稿。(王汎森:《史语所藏胡适与傅斯年往来函札》，《大陆杂志》第93卷第3期，2页)

4月20日　胡适校汤用彤书。上课。黄齐生来谈。(据《日记》)

4月21日　雷嗣尚邀胡适吃饭，秦德纯同席。(据《日记》)

4月22日　上课。吴晓铃来借去胡紫山《大全集》一部、齐如山书两种，李桢(劲莽)借去《藏书》一部。胡适各送他们《太霞新奏》一部。陶元珍来谈。赵太侔、邓以蛰招饮，同席有俞珊、周炳琳夫妇、邓仲纯等。校《挂枝儿》上卷。(据《日记》;《胡适藏书目录》第2册，1231页)

4月23日　上课。访客有曲莹生、周作人、David Rhein。草法文助学金章程。(据《日记》)

4月24日　到北大。叶玉华、吴晓铃来谈。(据《日记》)

同日　太平洋国际学会总书记 Edward C. Carter 致函胡适，告:正和 Mr. Holland 考虑1939年太平洋国际学会的会议议程，预计包括三个圆桌会

议，一场一个主题。诚挚希望胡适给予建议。（中国社科院近代史所藏"胡适档案"，卷号 E-146，分号 1）

4月25日 上午，胡适出席清华大学26周年纪念会，并演讲"中国近代考证学的来历"，驳中国考证学系由明利玛窦来华传教时由西洋传来之说，并述考证学之起因。编《独立评论》第232号。到蒋梦麟家吃饭，会见 Mr. Kirk-Patrick。勾增启（捷三）来访。（据《日记》；次日之天津《大公报》）

同日 胡适复函蒋廷黻，请蒋为《独立评论》写稿。又谈道：

> 国内的情形使我们仍不能乐观，大原因只是一个"陋"字。眼光太陋，胸襟太窄，所以一切总是放不开，放不下。放得下，方挑得起。放得开，方收得拢。此言不但指一二个人，实可指一般干政治的人。国民大会的问题，不过是其一例。
>
> ……
>
> 关于日本，我近一年来真成了一个"反日者"，因为我渐渐觉得厌恶，轻视那一个民族了。我觉得这个民族实在太不聪明，太笨，笨的令人生厌，令人生气！天下尽有笨干而有小成的，决没有笨干而能大成的。日本人的成功已超过那个民族的本领的限度，此时真有人才寥落之感。若再不悔祸，我看终有大坍塌国际形势，我与你同意，苏联不会有与日德故意冲突的事。日苏，德苏，都不易到太紧张的程度。……
>
> 我的"东亚新均势"的说法，你大概会同意的。我实在看不出，除了太平洋区域安全保障一条路之外，还有什么国际好戏可唱。……
>
> 新疆问题，务望留意。……
>
> 我向来常劝人努力学乌龟——笨干。近来大悟，爱迭生所谓九十九分汗下，一分神来，乃是聪明人勉励笨人之说，实不足为训。无论作何事业，成败之分终在那"一分神来"，而不在那九十九分之汗下。（《胡适全集》第24卷，342～344页）

4月26日 下午，胡适南行，出席中基会年会和中研院评议会。（据《日记》）

4月27日　胡适抵南京。周诒春、张慰慈、刘驭万、竹垚生、程沧波来接，住首都饭店。傅斯年、杨亮功来谈。(据《日记》)

4月28日　胡适往中央研究院，见到傅斯年、陶孟和、王显廷等，略谈评议会议案事。刘驭万、潘光迥约饭。访高君珊不遇。访刘驭万、张慰慈、张公权。访王世杰、段锡朋，久谈，力拒王要中基会捐15万元为义务教育费之议。王世杰力劝胡适参加东京的世界教育会议。陶孟和邀饭，见汪敬熙及沈性仁。看望丁文江夫人。访高君珊，谈高梦旦碑事。夜车赴沪。(据《日记》)

4月29日　早7点，胡适抵上海。访 Dr. Monroe。看望蔡元培。午后4时，陈布雷来访于国际饭店。下午5点开中基会预备会。7点拜访蒋介石(陈布雷陪同)，"小谈即辞出"，未谈大局，胡适向蒋介绍协和医院骨科专家孟医生。出席中基会宴会。(据《日记》;《陈布雷从政日记(1937)》，开源书局出版有限公司，2019年，88页)

同日　太平洋学会总书记 Edward C. Carter 函寄他给 John Wesley Dafoe 信之副本与胡适，并云：此函也寄给刘驭万一份，但尚未寄给其他中国太平洋国际学会的成员。这是因为我访问中国以后，在对远东局势更深入了解后，我可能会完全修正我的观点。(中国社科院近代史所藏"胡适档案"，卷号 E-146，分号1)

4月30日　胡适出席中基会年会，"我从前年起，改革议案的形式，事前每议案均拟出全文，故近年开会半日可毕"。分访 Holland 夫妇、任鸿隽。访 Abend 不遇。(据《日记》)

次日之天津《大公报》报道中基会年会：

中华教育文化基金董事会于昨日上午九时，假上海中央研究院会议室举行第十三届年会。……出席者有董事蔡元培、孟禄、周诒春、胡适、贝诺德、金绍基、司徒雷登、任鸿隽、贝克、顾临、李石曾、徐新六及干事长孙洪芬。列席旁听者有教育部代表杜光埙、外交代表赵铁章、美大使代表高斯等，由董事长蔡元培主席。开会后，首由董事会执行

委员会、名誉秘书、名誉会计及干事长相继提出一年来会务报告……旋即按照议程讨论会务（一）会务细则修正案。议决：……依照董事会章程第十条及会务细则第三条之规定，授权财政委员会拟定自身办事详细规则若干条，该规则经董事大会或执行委员会核定后，试行一年，期满后，如认为便利，可连同必要之修正条文，提请董事会制定之。（二）二十六年度科学研究奖励金及补助金候选人名单。议决，通过。……（三）静生生物调查所与江西农业院继续合办庐山森林植物园案，议决，通过。……议案讨论毕，即开始选举董事及职员。结果，顾临、孟禄、周诒春三董事一致票选联任，并改选职员如下：董事长蔡元培、副董事长孟禄、周诒春，名誉秘书胡适，名誉会计贝诺德、金绍基，执行委员贝诺德、金绍基、司徒雷登。财政委员贝克、徐新六、玛凯，副会计司特烈、叶良才。此外并通过续聘林可胜、颜任光为科学研究奖励金及补助金审查委员会委员，陈焕镛为植物学研究教授，金绍基、孙洪芬、王家驹为静生生物调查所委员会委员。……

按，5月15日胡适将贝诺德当选执行委员事函告之。（中国社科院近代史所藏"胡适档案"，卷号E—90，分号8）

5月

5月1日　访客有高谨轩（谈高梦旦碑文）、王云五、王徵、张歆海。孙科邀吃茶。与徐新六、竹垚生、任鸿隽同饭。（据《日记》）

5月2日　访张元济。访李拔可不遇。与竹垚生、竹淼生同饭。张慰慈、孟禄来谈。访徐新六夫人。在刘驭万家吃饭，有沈昆三、Holland、张慰慈三夫妇。夜车赴宁。（据《日记》）

5月3日　上午9时，胡适出席中研院评议会第三届年会。李书华、姜立夫、叶企孙、吴宪、赵承嘏、李协、凌鸿勋、林可胜、胡经甫、谢家声、胡先骕、陈焕庸、叶良辅、朱家骅、张其昀、王世杰、何廉、周鲠生、陈垣、赵元任、吴定良、丁燮林、庄长恭、周仁、李四光、余青松、竺可桢、傅斯年、汪敬熙、陶孟和、王家楫等到会。会议由议长蔡元培主席并致辞，继朱家骅、傅斯年分别报告院务、会务，继由该院各所长报告。各氏报告毕，即将本届提案12件，经大会决定分三组审查：第一组审查有关调整学术研究六项各案，第二组有关高等教育及国际学术合作各案，第三组有关设备事项各案。三组分别由胡适、王世杰、李协担任主席。中午，蔡元培、朱家骅设宴款待全体评议员。下午分组审查。晚，王世杰设宴招待全体评议员。晚，胡适与王世杰久谈。与Zingshan久谈。（据《日记》与当时国内各大报纸）

5月4日　继开评议会。下午5时，胡适出席南京北大同学会欢迎蔡元培的茶会，胡适报告北大最近情形，对现任蒋校长之苦心经营，推崇尤至。当即决定以同学会名义电蒋校长慰劳。6点访王宠惠。出席考试院的晚宴。夜车赴沪，送行之人颇多。（据《日记》；次日之《申报》）

5月5日　到沪后住国际饭店。与马叔平同去商务印书馆，与王云五谈汉简事，又与王谈编国文书事，允6月底交2册稿。访客有E. C. Carter、吴经熊、梅兰芳、陈宗山。遇司徒雷登及傅泾波。晚出席太平洋学会招待Carter的宴会，胡适有演说。与高仲洽商高梦旦碑文事。（据《日记》）

5月6日　胡适电唁牛惠生之丧。访施博群。船津辰次郎来谈。与Carter、刘驭万同饭。冯幼伟等邀晚饭。会见张仲述（新从重庆来）。晚12点上车北去。（据《日记》）

5月7日　7点半过南京下车，仍住首都饭店。访客有刘荫仁、杭立武。"过吴研因家，访静山，不在。"访王世杰，谈①世界教育会议，②经农欲去湘，③司徒雷登的干预中国政治。力劝王不可存去意。过徐百揆家见静山，徐邀去同饭。晚上与段锡朋、张慰慈、钱端升、刘驭万同饭。访傅斯年，访丁文江夫人。（据《日记》）

5月8日　登车北上。与唐在复谈。（据《日记》）

5月9日　车上与林可胜谈。抵平。（据《日记》）

同日　胡适致函孙伏园，将其投给《独立评论》的稿子退回，并说明理由，希望孙继续投稿，又谈及为高梦旦写碑文事，等等。（《胡适遗稿及

秘藏书信》第 19 册，404～405 页）

　　同日　胡适复函傅东华，谈及：

　　我在《读经平议》里提到先生的高中国文，本意只是要指出文字不易懂的古经传不宜选作中学教材，借此两诗作例。我以为古文字所以不易懂，最要紧的关键在于"虚字""助词"，故举"汜""式"为例。先生不注此二词，以《词源》已备为解，然而《六月》首句的"栖栖"，《词源》亦已注"不安居貌"，亦引"六月栖栖"，与先生所注"往来不止之貌"似亦无大出入。鄙意终以详注此项作文字关键脉络的虚字为是。(《胡适遗稿及秘藏书信》第 20 册，130～131 页）

　　5 月 14 日　写《缀白裘序》。日本女士大月照江、今城来访，朴锡胤同来。（据《日记》）

　　5 月 15 日　胡适作成《缀白裘序》，大意谓：

　　从元代的杂剧变到明朝的传奇，最大的不同是杂剧以四折为限，而传奇可以有五六十出之长。这个区别起于那两种戏曲的来源不同。元朝的杂剧是勾栏里每天扮演的，扮演的时间有限，看客的时间有限，所以四折的限制就成了当时公认的需要。况且杂剧只有一个角色唱的，其余角色只有说白而不唱，因为唱的主角最吃力，所以每本戏不可过长。每一本戏必须有头有尾，可以自成一个片段。万一有太长的故事，可以分成几本，每本还是限于四折（例如《西厢记》是五本，《西游记》是六本，每本四折）。这个四折的限制，无形之中规定了元朝杂剧的形式和性质。现存的一百多部元曲之中，没有一部的题材是繁重复杂的。这样的单纯简要，不是元曲的短处，正是他们的长处。我们只看见那表面上的简单，不知道那背后正有绝大的剪裁手段：必须有一番大刀阔斧的删削，然后能有那单纯简要的四折的结构。所以四折的元曲在文学的技术上是很经济的。

　　明朝的传奇就不受这种折数的拘束了。……

1937年　丁丑　民国二十六年　46岁

……这些传奇的绝大部分都是可删的，都是没有演唱的价值的，所以在明朝的晚期就有传奇摘选本……

《缀白裘》在这一百几十年之中，流行最广，翻刻最多，可见得这部摘选本确能适应社会上的某种需要。……

……一般爱读曲子的人大概都从这部《缀白裘》里欣赏明清两代的传奇名著的精华。……

以上泛论《缀白裘》的性质，我现在要指出这部选本的几个特别长处。第一，《缀白裘》所收的戏曲，都是当时戏台上通行的本子，都是排演和演唱的内行修改过的本子。……

第二，《缀白裘》所收的曲本，虽然大部分是昆腔"雅"曲，其中也有不少是当时所流行的"俗"曲——所谓"梆子腔"之类。……（汪协如标点：《缀白裘》，中华书局，1937年）

5月16日　胡适在清华大学出席留学考试委员会会议。（据《日记》）

同日　胡适作有《伦敦的英日谈判》一文。（《独立评论》第235号，1937年5月23日）

5月17日　张詠霓来谈。下午2时，胡适去车站接Dr. Paul Monroe，来迎接的还有蒋梦麟、任鸿隽、孙洪芬、袁同礼、李蒸、李建勋、梅贻琦、陆志韦及华语学校校长裴塔斯等。（据《日记》；次日之天津《大公报》）

同日　胡适致函吴景超，主要是希望吴为《独立评论》撰稿。（《胡适中文书信集》第2册，506～507页）

同日　胡适复函傅斯年、赵元任，主要谈罗常培在北大，此时万万不能回中研院。理由有：罗一走，北大的国文系就塌台了。史语所历史组主任陈寅恪能在清华大学工作，罗常培亦可援引此例。故正式答复几点：罗常培不能脱离北大，但下学期起，课时数可减少；罗和史语所的关系仍可照旧；罗是否续任国文系主任，此时不必讨论。（《胡适中文书信集》第2册，505～506页）

同日　胡适复函翁文灏：

我最近曾对人说，国家的进步退步都是依着几何学的级进的。近十年的建设进步，愈来愈快，确有几何学的级数之象。试想当初刘纪文造南京中山路之时，何等困难。……在前几年也曾发表《建设与无为》的议论，明白的反对那初期的盲目建设……直到前年，我才稍稍转变过来……我的转变也正是因为最近二三年中，人才稍多，计画稍周详，而成绩之积聚稍多亦是一个重要原因。

关于人才之教育，诚如尊论，国家教育应供给国家所需要之人才。但解释"国家需要"，亦不宜太狭。国立机关如北大，如中基会，似仍宜继续为国家打长久算盘，注重国家的基本需要，不必亟亟图谋适应眼前的需要。……我们所应提倡的，似仍在社会不注意的纯粹理论科学及领袖人才的方面。……此时我所焦虑的是：兴学五十年，至今无一个权威的政治学者，无一个大法官，无一个法理学家，无一个思想家，岂不可虑？兴学五十年，至今无一部可读的本国通史，岂不更可焦虑？在纯粹科学方面，近年稍有生色，但人才实尚甚缺乏，成绩更谈不到。故我以为中央研究院、北大、中基会一类的机关此时还应该继续注重为国家培养基本需要的人才，不必赶在人前面去求眼前的"实用"。……关于兄将来的工作，京、沪、平三地朋友都很关切。……新六、垚生都曾与我谈此事。他们都希望兄做中研的总干事。……

闭会后，我因事又到上海，曾与新六细谈一次。我们的结论是这样的：詠霓待人和平，而御下稍嫌过严，不免以中世修士之道律己而又律人，故不甚适宜于做中研总干事。……此时最宜蓄养资望，将来中研院长一席于你为最适宜。此非"亲民"之官，不必常与各所所长直接接触，既有余闲可以从容整理平生要做的研究工作，又有余闲可以为天下国家想想一些真正重要问题，为国家社会作一个指示者。……新六之意颇希望你归国之后摆脱一切政治关系，也不必回到调查所去，最好到北大来做几年地质教授。……我也觉得他的意思大致不错。

来书说，"欲跳出政府机关，在中国又决非容易"。此是事实，我所以始终不敢跳进去者，亦正是为此。但此时若不跳出，将来更难跳出了。……

来书主张地质调查所应更换新人，我也赞同。但你若抛弃了调查所而长久跳入政治机关，则是学术界一大损失，于你自身亦是一大损失。

据友人传说，也许你回来专办钢铁厂，此是国家大事业，能得你主持，当然最好。……今日的建设大事业，若能得翁詠霓、丁在君之老成持重，加上曾养甫一流人的蛮干，那是再好没有的"两美具，二难并"了！我颇嫌老兄谨慎有余而蛮干的魄力不大。……有你这样老成持重的领袖，不妨充分利用客卿人才，开创时期的成效可以加快许多。……

你大概不免"躬亲细事"，此是一病。蔡先生最能用人；付托得人之后，他真能无为而治。可惜他早年训练太坏，不能充分利用他的闲暇来做点学术著作。你若能学他的用人，你无论做何大事业，一样可以有闲暇做你的研究工作。(《胡适遗稿及秘藏书信》第19册，373～384页)

按，4月17日，翁文灏在旅欧船上致函胡适，谈近来之经济建设、人才建设，自己赴欧之工作安排，以及将来工作出处等，并请胡适赐示意见。(《胡适来往书信选》中册，354～355页)

5月18日　上课4小时。李国钦带其子来访，久谈。下午到李寓中，与美国政府派来的Warren L. Pierson夫妇吃茶。(据《日记》)

5月19日　上课。李国钦来谈。出席北大第三次校务会议。出席者还有蒋梦麟、周炳琳、饶毓泰、樊际昌、郑天挺、章廷谦等。通过各院本国休假及出国研究之教授、助教名单，决议改课业处称教务处。(据《日记》；《北京大学纪事(1898—1997)》，298页)

同日　胡适发一电去澳洲：

Aceres, Melbourne: Planned trip upset by government's insisting heading delegation to Tokyo World Education Conference August. Regretfully beg you release me 1937. Hu Shih.（据《日记》）

5月20日　因江丕桓患猩红热，胡适到协和去为他接洽住院疗治事。与Pierson夫妇及李国钦等到颐和园午餐。为张詠霓的六小姐证婚。上课。（据《日记》）

5月21日　胡适赴松井大佐茶会，谈1小时，朴锡胤翻译。"到政治学会主席。"（据《日记》）

5月22日　访客有连士升、王静如。下午出席中国文学系送别会，胡适有短演说。晚中基会宴请Dr. Paul Monroe，胡适有短演说。编《独立评论》第236号。（据《日记》）

5月23日　李国钦携其子固钦来，一定要拜胡适为师。（据《日记》）

同日　胡适作有《再谈谈宪政》一文，赞同张佛泉《我们究竟要甚么样的宪法》一文的观点，重申：民主宪政不是什么高不可及的理想目标，只不过是一种过程。宪政随时随处都可以开始。（《独立评论》第236号，1937年5月30日）

5月26日　上课。取《金陀粹编》中的家集来校定远方氏所藏的《岳忠武奏草》，发现此卷子是清朝人伪作的，写一跋。晚，胡适出席袁同礼为购买李盛铎藏书而召集的饭约，并居中调停。任鸿隽来谈。（据《日记》）

5月27日　胡适在中基会校译稿。（据《日记》）

5月28日　晚，蒋梦麟夫妇、胡适宴请孟森、董康、沈兼士、徐芳、顾颉刚、姚从吾夫妇、毛子水、樊际昌、钱穆等。（《顾颉刚日记》第三卷，647页）

5月30日　方希孔来谈。下午2时，胡适到中南海福禄居出席风谣学会首届年会，出席者还有顾颉刚、沈从文、陶希圣、罗常培、范天祥、徐芳、魏建功、吴世昌等30余人，顾颉刚临时主席。到魏建功家小谈。编《独立评论》第237号。公宴丹麦物理学家Bohr。（据《日记》）

1937年　丁丑　民国二十六年　46岁

同日　顾颉刚日记有记：与晶心同到福禄居，开风谣学会年会，到者约40人，予为主席，并被推为会长。6时散。(《顾颉刚日记》第三卷，647页)

同日　陈垣致函胡适云：

> 日前谈《隋书·外国传》语体文，今已检出，另纸抄呈。又唐时与突厥往来文件亦有同样文体，不知是当时白话否？此外类此者尚多，稍暇当续呈。敝店对于此项货物销路颇窄，故只可请贵行代为发行也。(《陈垣来往书信集》，219页)

5月31日　胡适出席辅仁大学董事会，并代主席。参观辅仁大学。出席北大文科研究所委员会会议。(据《日记》)

6月

6月1日　上课4小时。得王世杰电，要胡适于7月10日至18日到牯岭讲演。胡适复电：拟16日去，讲毕即东下到京沪料理赴东京事。晚，胡适与陶希圣请方希孔吃饭，谈话。(据《日记》)

6月3日　胡适复函杨鸿烈，关于杨向北大谋职事，因北大本年度要增加预算，而尚未得政府正式通知，故一切计划不能做。史学系主任陈受颐休假在外，代理主任姚从吾只肯守成，不肯多所变更。"史学通论""史学史"等课程，在北大都是不敢开的学程，至今亦不敢设。自己亦和法学院长周炳琳谈及杨事，但周一时亦无办法。自己大概须出席世界教育会议，但出席人员名单，均由教育部圈定，自己恐怕无法为杨夫妇出席会议帮忙。(《胡适中文书信集》第2册，510～511页)

6月5日　章希吕日记有记：适兄今天开始为商务编高初中国语教科书，帮助他抄写《墨子》并标点。(《胡适研究丛录》，274～275页)

6月6日　是日印行之《独立评论》第237号刊登胡适所作《编辑后记》，其中有这样一段话：

最近我们接到周恩来先生从西安寄来的《我们对修改国民大会法规的意见》，虽然没有月日，我们看其中的说话，可以知道此文是在本年4月底立法院修正国民大会两法规之前发表的。现在修改这两法规的机会虽然已成过去了，周先生那篇文字里有一些主张至今还是值得讨论的。我们现在发表陶希圣先生的《论开放党禁》一篇文字，其中讨论的就是周君的主张的一部分。这是周君文中所谓"陕甘宁苏区改成边区后"我们第一次公开的和平的讨论中国共产党人提出的一个政治主张。我们希望这样开始的政论新风气能得着全国舆论界的同情和赞许。

同日 周炳琳致函胡适，谈及最近到庐山晤蒋介石等情，蒋表示上次胡适南下时未得晤谈深以为憾。希望胡适出席世界教育会议前能到庐山与其畅谈，这与邀胡适出席庐山谈话会是两事，等等。(《胡适遗稿及秘藏书信》第30册，15～16页)

同日 晚，邓哲熙于丙子联欢社宴请蒋梦麟、胡适、梅贻琦、徐诵明、何其巩、查良钊、陆志韦、陶希圣、顾颉刚等。(《顾颉刚日记》第三卷，651页)

6月7日 胡适编《国文》中的"古诗歌"部分，共选诗15首。(据《日记》)

6月10日 中基会的 Clarence L. Senn 函寄 The Regulations Governing the Establishment、Awarding of Scientific Research Fellowships 两个文件与胡适，随函寄上有关文件，并云：The Regulations Governing the Establishment of the Committee on Examination 将会做些修改，特征求您的意见。兹将 The First-mentioned Regulations 的原本与改本均寄给您，供您参考。(中国社科院近代史所藏"胡适档案"，卷号 E-339，分号 6)

6月12日 晚，司徒雷登、博晨光、陆志韦宴请蒋梦麟、胡适、梅贻宝、陈寅恪、孙洪芬、福开森、张亮丞、沈兼士、梅贻琦、冯友兰、陆侃如、黎锦熙、洪煨莲、袁同礼、顾颉刚等。(《顾颉刚日记》第三卷，653页)

6月13日 胡适作有《冀察平津举办国大选举》一文，对此事表示欢

迎态度，因其在国难当前有特殊的意义。(《独立评论》第239号，1937年6月20日)

6月15日　最后一次上课，讲唐代之中国学思想。下课后赴天津；袁同礼接站，晚饭后同到李盛铎宅看其遗书，赵万里、徐森玉同看。到半夜始散。寓裕中饭店。(据《日记》)

> 按，胡适此次天津之行，完全为教育部价购李盛铎(木斋)藏书之事。李氏于本年2月4日去世后，家属拟将其藏书出售，并要价60万元。教育部乃委托北平图书馆洽购。胡适、沈兼士、董康诸人均从旁促成，极希望政府能全部接收。6月14日，北平图书馆馆长袁同礼奉教部命，邀赵万里、傅增湘、徐鸿宝诸人来津验看藏书，并与李氏家属面洽。胡、袁等发现珍贵文籍甚多，"认为确有由国家接管之价值，对其家属现在之处境，亦极表同情，一再与教部电商结果，教部愿增拨十万元，胡适并允负责交涉，再增二万元，总数为四十二万元。李氏家属，则希望政府拨足五十万元……故尚待继续商洽。闻胡适允于参加'庐山茗叙'之便，向蒋委员长陈述，代为面恳"。(天津《大公报》1937年6月3日、30日)

同日　蒋介石致电蒋梦麟并转胡适：请其早莅临庐山并告行期。(台北"国史馆"藏档，档号：002-080200-00279-074)

6月16日　上午，胡适又到李盛铎宅看书，11点赶快车回平。下午与Dr. Paul Monroe谈。试写高梦旦碑文。(据《日记》)

同日　章希吕日记有记："协如来快信，因浙江省政府要取缔蚕种，提高标准。这个命令发在各制种场已将蚕种制成之后，则所有不及格蚕子都要烧毁，损失太大。想适兄为具一信给浙江当局，解释困难，徐行此令。……我将协如来信事告知他，他允写一信给浙江建设厅长王文伯先生，介绍协如去和他说明困难情形。夜即写了一封信复协如，快信寄出。"(《胡适研究丛录》，275页)

6月17日　上午，胡适访蒋梦麟，决定胡适次日南下到南京"出席世

界教育会议代表"之集会。下午续写高梦旦碑文,"写到半夜,只成一大半,还有误字,甚不满意"。(据《日记》)

  按,6月16日之天津《大公报》报道,我国出席世界教育会议代表,已经推定胡适等17人参加,将于20日在南京举行第一次代表会议。

  6月18日 胡适写女儿素斐与侄儿胡思聪墓碣(江冬秀把他们改葬在万安公墓)。下午5点多登车赴南京。(据《日记》)

  6月19日 胡适在车上读《晏子春秋》《荀子》及日人石丸著《蒋介石评传》。遇旧同学程伯商(延庆)。晚10点20分到浦口,杨亮功来接。住首都饭店。(据《日记》)

  同日 蔡元培致函胡适,介绍北大校友余又荪到北大任教:"可否为在北大安排一副教授之位置?好在两方面情形,均可由先生主持,务请逾格关垂,有以栽成之。"(《胡适遗稿及秘藏书信》第39册,306～307页)

  6月20日 10时,胡适到中央政治学校研究部参加"出席世界教育会议代表第一次集会",出席者有程其保、周鲠生(陈剑翛代)、黄建中、陈礼江等18人,胡适主席。通过议案5条,包括定名"第七届世教会议中国代表团",推胡适为团长、程其保为秘书长、刘湛恩为干事长,7月23日在沪集合,29日到神户等。午饭在德奥瑞同学会。下午访客有周炳琳、傅斯年、王世杰、周鲠生、钱端升。晚杨亮功、陈剑翛宴请胡适,陪客有段锡朋、罗家伦、周炳琳、周鲠生、钱端升等。饭后又应吴之椿夫妇邀宴。后到王世杰家谈到半夜。(据《日记》;次日之天津《大公报》)

  6月21日 胡适北返。周炳琳、张慰慈等来送行。车上读《战国策》《国语》《西安半月记》。与萨本栋谈。次日抵平。(据《日记》;次日之天津《大公报》)

  同日 张颐致函蒋梦麟、胡适,告自己不得已继任鸿隽担任四川大学校长,希望诸公鼎力支持。已电邀朱光潜来担任文学院院长,请胡、蒋代为劝驾。又请张奚若担任法学院长,亦请代为劝驾。(《胡适遗稿及秘藏书信》第34册,29～30页)

1937年　丁丑　民国二十六年　46岁

6月22日　北平新闻社社长兼总编辑 Wilson S. Wei 函寄其书稿 The History of Philosophy of Education in China 与胡适，请胡适批评指教。（中国社科院近代史所藏"胡适档案"，卷号 E-83，分号 1）

6月26日　北京大学蒋梦麟校长签署聘书，聘胡适为北大文学院院长，自 1937 年 8 月起，至 1938 年 7 月止。（中国社科院近代史所藏"胡适档案"，卷号 2321，分号 3）

6月27日　高仲洽致函胡适云：胡适为高梦旦写的碑文，李拔可、张元济都很赞赏；蒋介石在庐山召集教育界谈话，高君珊也受邀其中；高君珊寄来文稿欲投《独立评论》。（中国社科院近代史所藏"胡适档案"，卷号 1602，分号 7）

同日　天津《大公报》报道，汪精卫、蒋介石暑期在庐山邀请各大学教授谈话，北平被邀各教授请柬已于前日分两批寄到。谈话进行共分两期，第一期定 7 月 15 日至 23 日，第二期 7 月 25 日至 8 月 2 日。北平被请人数，以清华、北大两大学为最多，北平研究院与北平图书馆均有。胡适大名在列。

6月28日　Clarence L. Senn 函寄会议程表、执行委员会第 118 次会议的建议案以及翻译的相关文件与胡适，并请将这些文件带到 7 月 3 日的会议上。（中国社科院近代史所藏"胡适档案"，卷号 E-339，分号 6）

7月

7月2日　胡适作有《我们能行的宪政与宪法》一文，大要是：

……宪政不是什么高不可攀的理想，是可以学得到的一种政治生活的习惯。宪政并不须人人"躬亲政治"，也不必要人人都能行使"创制，复决，罢免"各种政权。民主宪政不过是建立一种规则来做政府与人民的政治活动的范围；政府与人民都必须遵守这个规定的范围，故称为宪政；而在这个规定的范围之内，凡有能力的国民都可以参加政治，他们的意见都有正当表现的机会，并且有正当方式可以发生政

治效力,故称为民主宪政。这种有共同遵守的规则的政治生活就是宪政,其中并没有多大玄妙……

……宪政可以随时随地开始,但必须从幼稚园下手,逐渐升学上去。宪政是一种政治生活的习惯,唯一的学习方法就是实地参加这种生活。宪政的学习方法就是实行宪政,民治的训练就是实行民治……我们主张先从有限制的选举权下手,从受过小学教育一年以上的公民下手,跟着教育的普及逐渐做到政权的普及。这不是用教育程度来剥夺多数人的选举权;这只是用选举权来鼓励人民读书识字。我们也不赞成现在的人轻易主张"创制,复决,罢免"三权。这些民治新方式都是在代议制的民主宪政长久实行之后用来补充代议制之不足的。我们此时应该从一种易知易行的代议制下手,不必高谈一些不易实行的"直接民治"的理想。

我们的结论的第三点是:现在需要的宪法是一种易知易行而且字字句句都就可实行的宪法。宪政的意义是共同遵守法律的政治:宪政就是守法的政治。如果根本大法的条文就不能实行,就不能遵守,那就不能期望人民尊重法律,也就不能训练人民养成守法的习惯了。……(《大公报·星期论文》,1937年7月4日)

7月6日　翁文灏致函胡适,谈对苏俄五年计划的看法。(中国社科院近代史所藏"胡适档案",卷号 E-387,分号 7)

7月7日　卢沟桥事变爆发。

同日　胡适为给汪原放谋职事,致函王云五。(《回忆亚东图书馆》,192页)

7月8日　胡适致函《大公报》:

今天读张菊生先生致贵报书,我很感动,也很兴奋。张先生是七十一岁的老翁,他对于国事还如此热心,真可以使我们年青人惭愧,也可以给我们做一个最好的公民模范。因此,我也写这一封信表示我对于贵报揭载纱布投机一案的新闻,和连日发表的正论,都十分钦佩。

我也赞同张先生要求法院"将所有各项支票逐节根究"的主张。我希望上海熟悉投机黑幕的正当商人与银行家都应该把他们的知识贡献给政府与法院，遇必要时，应该出头做证人。我们若要国家的政治清明，贪污绝迹，只有一条路，那就是我们个个公民，都得挺身出来管管闲事。如果人人都能像张菊生先生那样爱打不平，爱说正话，国家的政事就有望了。(天津《大公报》，1937年7月9日)

7月9日　胡适离北平南下，12日自南京乘飞机往庐山出席谈话会。(天津《大公报》，1937年7月10日、7月13日；8月11日胡适致张元济函，《张元济全集》第2卷，552页，附6)

7月12日　王世杰日记有记：蒋院长一方面因日军之大部动员，一则因冯玉祥、胡适诸人之进言(是日行政院会议在牯岭蒋院长宅举行，余亦力主为"切实有效之动员")，决然命令中央停驻河南边境之动员部队(孙连仲所统帅)，迅即开赴保定，盖已毅然不复顾虑所谓《何梅协定》之任何束缚矣。(王世杰著，林美莉编辑校订:《王世杰日记》上册，台北："中央研究院"近代史研究所，2012年，21页)

7月13日　胡适访陈布雷。(《陈布雷从政日记(1937)》，137页)

7月16日　胡适出席庐山谈话会，中央社报道如下：

庐山谈话会今晨九时，在牯岭图书馆举行，到宾主共一百五十八人，九时正谈话会邀集人汪主席、蒋院长两氏同时莅临，开会后……继王云五发言，国民中今日多数心理信任政府于救亡已有准备，但我们国民如何尽量供献其力量于后方，尤望政府指示。……谈话至十一时完毕，会场空气严肃和谐，精神大为振奋。又讯，今午，汪蒋两氏在图书馆礼堂宴请谈话会全体参加人。餐毕，汪主席起立致辞，勖全国优秀份子，在国家生命受着重重压迫中，一致培植元气，增强力量，末由来宾代表胡适答辞，谓今日会场中所表现，足以代表全民族之一致，今日是国家高于一切，谈话会中各方面所表见解，皆能由此共同之点而成全国之一致，最为欣慰云。又讯，谈话会今日下午休息，明

晨九时起续开，十八日邀全体来宾赴海会寺午餐，不能去者由汪主席在牯邀请午餐。（次日之《申报》）

按，庐山谈话会期间，胡适曾演讲"颜习斋哲学及其与程朱陆王之异同"。上篇讲"颜习斋所反对的理学"，下篇讲"颜习斋的哲学"。胡适指出：颜元反对理学，屡说理学是"集汉晋释道之大成"；颜元最伟大之处在不屑同和尚道士争玄斗妙；颜元的教学方法注重实习实行；颜元的教学，要以粗代精，以实代虚，以有用代无用，以实习实行代诵读玄谈，以动代静；颜元的思想也有很鄙陋之处，也有不能完全撇开中古宗教思想之处。他的失败是由于他那个时代的知识技能都太幼稚了，不够帮助他做那正德利用厚生的教学工具。只有世界最新的科学知识和工业技术可以真正达到那三个大目标。（香港《文史杂志》第1卷第8期，1941年7月16日）

同日　天津《大公报》报道：第七届世界教育会议，我国代表团亦已选定并准备出席，因日本准予伪满参加，为保持我国尊严起见，中国代表团已决定不赴日参加会议，并将向该会会长孟禄博士提出严重之质问。现已由该团团长胡适、秘书长程其保、总干事刘湛恩等，具名分别函知各代表。

7月17日　庐山谈话会进行至第三日。晨9时起仍在图书馆共同谈话，出席人员如昨。集中研讨目前重要时势。首由汪精卫择要报告外交问题，次蒋介石致辞，首述时局真相及其趋势之重要，旋郑重声述政府所持之一贯方针，与夫应付时局之重大决心。次由胡适答言：对政府苦心非常感佩，并特别提示卢沟桥事变决非小问题，关系全北方之存亡。（次日之天津《大公报》）

7月18日　章希吕日记有记：为适兄理出紧要的文稿装成一箱寄存浙江兴业银行保险库。（《胡适研究丛录》，275页）

7月20日　上午9时至11时，教育组谈话会（最后一次茶话会）。汪精卫主席，江恒源、朱经农、陶希圣、刘湛恩、吴贻芳、高君珊、傅斯年、廖世承、胡适等先后发言。胡适发言大要：

1. 国防教育不是非常时期的教育，是常态的教育。

2. 如果真需要一个中心思想，那么，"国家高于一切"可以作共同行动的目标。

3. 主张恢复"有同等学力者"一条招考办法。……

4. 教育应该独立，其涵义有三：

①现任官吏不得作公私立大学校长、董事长；更不得滥用政治势力以国家公款津贴所长的学校。

…………

③中央应禁止无知疆吏用他的偏见干涉教育，如提倡小学读经之类。（次日之天津《大公报》；胡适当日《日记》）

同日 中央社电讯：中国国际联盟同志会会长朱家骅暨全体理事胡适等，为卢沟桥事件致电日内瓦国联同志会总会："日本军队在《辛丑条约》规定以外之地方（卢沟桥）任意实弹练习，并夜袭控制北平、汉口铁路交通之宛平县城，遂使负有守土责任之中国军队不得不正当抵抗。现日本更违约增派重兵，包围曾为七百年京都之北平，且轰炸火车、霸占车站，甚至侵入邮局，中国政府及人民因绝对之必要，将一心誓作合法之抵御。吾人谨电贵会，速将日本破坏世界和平之侵略事实，向本会各同志团体及世界舆论机关申告，希奋起为正义之声讨，并各促其政府与代表民意机关迅为实力有效之制裁，以维正义、藉保和平。"（天津《大公报》，1937年7月23日）

7月21日 "与人谈话最多……谈的都是北方形势。"与吴铁城谈中国公学事，"力劝他设法使这个害人的学校关门"。晤陈诚、卫立煌。傅斯年夫妇邀吃饭。（据《日记》）

同日 李光耀致函胡适云，《独立评论》上《对于政府彻查投机的期望》一文中提到的纱交案中七星公司幕后的主持者，系"大阿姐"。大阿姐一到庐山，就有停止彻查的命令。又说，近来各部办事都很有精神，唯有财部则独开倒车，请胡适就此点多发些议论，以提醒当局。（《胡适遗稿及秘藏

书信》第 28 册，173～175 页）

7月22日　胡适与程沧波、裴复恒诸人谈。胡宗南来谈。与湖南财政厅长尹任先长谈。胡适对他说：切不可把我们自己知识经验得来的见解认作"上帝意志"，人的见解是可以有错的，可以修正的；变作了神意，就有武断的危险。（据《日记》）

7月23日　高梦旦去世1周年，胡适函慰高君珊，并写有怀高梦旦的诗一首（次日改定）。梅思平夫妇邀胡适、陶希圣同午饭。访朱经农、陈源、凌叔华。晚饭在彭浩徐家。（据《日记》；《胡适手稿》第10集卷3，287～288页）

7月24日　来长谈的有吴康、金曾澄、萧一山、马荫良、洪深、王芸生、戴君亮，傅斯年夫妇、陈源（陈西滢）夫妇、高君珊。罗仪元（忠诒）邀吃饭。晚与程沧波、王芸生长谈北方事。（据《日记》）

同日　《申报》报道刘湛恩对记者谈话称：此次世界教育大会在日东京举行，我国代表团自经决议不参加后，现由团长胡适等办理一切结束手续。

7月25日　胡适在陈源夫妇处午饭，有周炳琳、朱经农。下午与周炳琳、陈布雷长谈国事。胡适请陈布雷电告政府："要研究关于华北的一切外交文件，就使不能发表，亦应印成密件，使政府当局知道他们（文件）的实在文字与意义。"朱经农邀晚饭。夜与程沧波长谈。（据《日记》）

陈布雷是日日记：

又访胡适之长谈，适之滔滔剧辩，多责望政府之语。（《陈布雷从政日记（1937）》，143页）

7月26日　胡适约朱经农、高君珊与罗仪元夫妇同午饭。第二期谈话会今晨非正式开始，由汪精卫约谈话。彭浩徐约吃晚饭。（据《日记》）

7月27日　汪精卫约第二期谈话会的一部分人聚餐，下午与诸人谈。胡适与朱经农、周炳琳等同晚饭。夜与程沧波长谈。（据《日记》）

同日　胡适致函徐芳，云："我不曾写信给你，实在是因为在这种恶劣的消息里，我们在山的人都没有心绪想到私人的事。我在山十五六天，至今没有出去游过一次山！每天只是见客，谈天，谈天……只有一次我写了一首小诗。其中第五、六行，似尚有点新鲜，所以我寄给你看看，请你这位诗人指教。我明日飞京，小住即北归。"（蔡登山：《重看民国人物》，中华书局，2015年，124页）

7月28日　胡适飞回南京。起飞前，在九江与陈布雷、张群、曾仲鸣、顾毓琇谈时局。寓教育部。探赵元任病。（据《日记》）

7月29日　到美大使馆赴Johnson约谈。到华寅生家吃午饭，见着Michon。下午美大使馆参赞Peck来访。与张慰慈、刘驭万、蒋梦麟、梅贻琦同饭。（据《日记》）

7月30日　在高宗武家午饭，在座的有萧同兹、程沧波、裴复恒，深谈国事，决定两事："①外交路线不能断绝，应由宗武积极负责去打通此路线。②时机甚迫切，须有肯负责任的政治家担负此大任。"打电话与陈布雷，"勉他作社稷之臣，要努力做匡过补缺的事"。（据《日记》）

陈布雷是日《日记》：

胡适之来电话，主张后方准备未完前勿轻易发表文件。（《陈布雷从政日记（1937）》，146页）

7月31日　蒋介石约胡适等午饭，在座者有梅贻琦、张伯苓、陶希圣、陈布雷、蒋夫人。胡适在临辞时进言："外交路线不可断，外交事应寻高宗武一谈，此人能负责任，并有见识。"蒋告将找高谈话。下午，高宗武来谈蒋招其谈话详情。胡在日记中记道："我们此时要做的事等于造一件miracle，其难无比，虽未必能成，略尽心力而已。"在何淬廉家遇吴达诠、王世杰、傅斯年等。在Peck家与Johnson等吃饭，长谈。（据《日记》）

周佛海是日日记：

午，蒋先生宴胡适、张伯苓及希圣等，托希圣等乘机进言，盖渠

等以宾客地位，易于说话，不如吾辈部属之受拘束也。……二时半希圣来，言张、胡均进言，不可操之过急，仍须忍耐一次。闻之甚为欣慰，此时不宜在蒋先生前作刺激之言也。(周佛海著，蔡德金编注：《周佛海日记全编》上编，中国文联出版社，2003年，55页)

陈布雷是日日记：

十二时卅分到官邸，招待张伯苓、梅贻琦、胡适之、陶希圣诸君。一时委员长与四君接谈，论大局形势，至为明晰。(《陈布雷从政日记（1937）》，146页)

同日　胡适复函蒋廷黻，谈及：

苏俄可以有避战的资格，而我们没有避战的资格。苏俄所以能避战，第一因为对外有抵抗力量，第二因为对内能有控制的力量。我们这两件都没有。对外力量太弱，故不能阻敌人深入，六年的避战只见敌氛日深，受逼日甚，结果是因为无力抵抗，故终不能避战。第二个因素更重要。我曾说过，只有强固的政府能忍辱，能接受屈辱的和平。你在"九一八"之前所见，我在民廿、民廿一二年所见，在当时所以不能实行，只为政府的力量不够实行。若政府在民廿能有民廿四的巩固，"满洲"问题还可以和平解决。至今想来，史实如此，不足怨悔。

今日政府比廿四年更强了，但恐怕还没有强到一个可以忍辱避战的程度——又无政治家能担负大责任——故至今漂泊（drifting），终陷入不能避免的大战争。

但此信并未寄出，1938年1月12日夜，胡适在这封未发出的信上批注：

此信似未寄出。但此信很可以看出我的思想的开始转变。我在八月中，还做过一次（似不止一次）和平的大努力。但我后来渐渐抛弃和平的梦想了。

九月八日离京，那天我明告精卫、宗武、希圣三人，我的态度全变了。我从此走上了"和比战难百倍"的见解。(《胡适遗稿及秘藏书信》第20册，200～202页)

8月

8月1日　胡适与Fisher同饭，同座者有新闻记者Dr. Abegg。邵力子来长谈。(据《日记》)

同日　教育界领袖蔡元培、蒋梦麟、胡适、梅贻琦、罗家伦、竺可桢、王星拱7人，致电国联智识合作委员会，报告日军侵略华北暴行。原电略称：日本在华北之军事侵略，现已蹂躏北平附近，并沦天津为废墟。日军除残杀数千非武装的市民外，并以炸弹燃烧弹，蓄意毁灭南开大中学之图书馆、实验室及宿舍之全部，南开为张伯苓博士卅三年来辛苦经营之学府，为文化及人道计，鄙人等请求贵会对于此种野蛮屠杀及肆意摧毁教育机关之行为，公开加以谴责，并请转达各国政府，对侵略建采有效制裁方法，庶公道复彰，而此项惨酷行为，不致再现云云。(次日之《申报》)

8月2日　胡适在吴之椿家吃饭。(据《日记》)

8月3日　晚，程沧波宴请胡适、蒋梦麟、周佛海等，诸人谈至9时。(《周佛海日记全编》上编，56页)

同日　王世杰日记有记：

今日午后与胡适之先生谈，彼亦极端恐惧，并主张汪、蒋向日本作最后之和平呼吁，而以承认伪满洲国为议和之条件。……

今日午后约胡适之、吴达铨[诠]、周梅荪、彭浩徐、罗志希、蒋梦麟诸人在家密谈。胡、周、蒋均倾向于忍痛求和，意以为与其战败而求和，不如于大战发生前为之。……余谓和之大难，在毫无保证；以日人得步进步为显然事实；今兹求和不只自毁立场，徒给敌人以一、二月或数月时间，在华北布置更强固，以便其进一步之压迫。(《王世

杰日记》上册，28页）

8月4日　汪精卫致函胡适，云：今日之事，最好是国民党以全党殉此最后关头。而将未了之事，留之后人。(《胡适遗稿及秘藏书信》第27册，236～237页）

8月5日　顾颉刚来教育部，见到胡适、梅贻琦、周炳琳、马叔平、朱经农、陈源、陈受颐、吴之椿。(《顾颉刚日记》第三卷，675页）

8月6日　胡适回寓见蒋介石约见通知，先作一长函，预备补充谈话之不足。此函云：

我所欲陈说者，只有一句话，就是在应战之前，还应该做一次最大的和平努力。理由有三：

（1）近卫就任之前，曾有一个根本要求，要求军人不得阻碍他的外交政策。近卫内阁所以不放弃和平路线者，正以此故。我们亦不可放弃这个机会。

（2）日本财政确有根本困难，故和平解决并非无望。

（3）我们今日所有的统一国家雏形，实在是建筑在国家新式军队的实力之上，若轻于一战，万一这个中心实力毁坏了，国家规模就很难支持，将来更无有较光荣的和平解决的希望了。

外交努力的目标有二：

（1）彻底调整中日关系，为国家谋五十年的和平建设的机会。

（2）充分运用眼前尚有实力可以一战的机会，用外交方法恢复新失的疆土，保全未失的疆土。……

…………

今日为国家设计，必须用最大努力求得五十年励精图治的机会，使国家有资格可以为友，也有资格可以为敌，方才可以自立于世界。凡能国家如此设计者，终久必能得国人与世界的谅解与敬爱。

至于外交的方针，鄙见以我们应该抱定"壮士断腕"的决心，以放弃东三省为最高牺牲，求得此外一切疆土的保全与行政的完整，并求得中日两国关系的彻底调整。论者多怀疑此说,以敌人必不能满足。此大误也。日本人对于"满洲"之承认,真是梦寐求之。彼亦知我国必不肯放弃,故造出"不需要承认"之说,其实彼万分重视此一点,因为彼亦知我不承认则国联会员国与美国皆不肯承认,故彼四年来在华北的种种暴行,十分之一二是对俄,十分之八九是要造成种种局势以逼迫我国之承认"满洲"也。

故我方外交方针必须认定东三省之放弃为最大牺牲,必须认定此最大牺牲是敌人最欲得而愿意出最大代价的。认清此主要之点,则外交必可为,否则外交必大失败。此是最扼要之点,千乞留意考虑。

关于外交之手续,似宜分两步:一步为停战撤兵,恢复七月七日以前的疆土状态,以"调整中日关系的正式交涉"的初步。第二步为正式交涉,可于两三个月以后举行,由两国从容筹备,切不可再蹈以前覆辙,于手忙脚乱之中自丧重要权利。

此上关于外交方针及内容的鄙见。

……鄙意以为,大政治家谋国,切不可将一人或一党之政治前途与国家的千年大计混作一事。大事当前,只赖领袖人物负责立断,不可迟徊瞻顾,坐失事机。成败存亡系于先生谋国之忠,见事之明。如果先生认清国家五十年的和平是值得一切牺牲的,那么,只有掬至诚请求政府与国人给先生全权作战前之最后一次和平努力。一切悠悠之口,反对之论,都不能阻碍一种至诚的责任心,此可断言也。(《胡适日记全集》第7册,429页;《胡适中文书信集》第2册,514～515页)

按,台北"国史馆"所藏蒋介石的档案中,有一份类似于"说帖"的文件,可作为胡适上函中放弃东北三省以保存其他国土的补充,兹引录于下:

原则:解决中日两国间一切悬案,根本调整中日关系,消除两个民族间敌对仇视的心理,建立两国间之友谊与合作,以谋东亚的长期和平。

方针：

（一）中华民国政府在左开条件之下，可以承认东三省脱离中华民国，成为"满洲国"：

（1）在东三省境内之人民得自由选择其国籍。

（2）在东三省境内，中华民国之人民得享受居留、经营商业及购置土地产业之自由。

（3）东三省境内之人民应有充分机会，由渐进程序，做到自治独立的宪政国家。

（4）在相当时期，如"满洲国"民以自由意志举行总投票，表决愿意复归中华民国统治，他国不得干涉阻止。

（5）热河全省归还中华民国，由中国政府任命文官大员在热河组织现代化之省政府，将热河全省作为非武装之区域。

（6）自临榆县（山海关）起至独石口之长城线由中华民国设防守御。

（二）中华民国全境内（包括察哈尔全部、冀东、河北、北平、天津、济南、青岛、汉口、上海、福建等处），日本完全撤退其驻屯军队及特务机关，并自动的放弃其驻兵权、租借地、领事裁判权，此后在中国境内居留之人民，其安全与权益，完全由中国政府负责保护。

（三）中国与日本缔结互不侵犯条约，并努力各与苏联缔结互不侵犯条约，以谋亚洲东部之永久和平。

（四）中国与日本共同努力，促成太平洋区域安全保障之国际协定。

（五）日本重回国际联盟。

外交手续：

（1）两国政府商定上项方针（不公布）之后，两国政府同时宣布撤退两国军队，恢复七月七日以前的疆土原状。中国军队撤退至河北省境外，日本军队撤退至长城线外。北平、天津及河北省曾被日本军队占据地域内之政务警务，由中国政府派文官大员接管。其治安维持，由中国保安队担负。

两国政府宣布撤退军队时，同时声明在公布之后三个月之内，由两国选派全权代表在指定地点开始"调整中日关系"的会议。

（2）第二步凭根本调整中日关系的会议，依据两国政府会商同意之原则与方针，作详细的节目的讨论。此第二步之谈判，应不厌其详，务求解决两国间一切悬案，树立新的国交。谈判期间不嫌其长，至少应有两三个月之讨论。交涉之结果，作成详细条约，经两国政府同意后，由两国全权代表签字。（《胡适中文书信集》第2册，516～517页）

8月10日　章希吕致函胡适，告胡祖望6日自北平乘火车抵天津（费11小时），胡适的藏书已装箱。江冬秀拟偕胡思杜、李固钦及江泽涵一家明日动身赴沪。（《胡适遗稿及秘藏书信》第33册，203页）

8月11日　晚，杨公达宴请胡适、陶希圣、周佛海等。（《周佛海日记全编》上编，59页）

同日　胡适复函张元济，谈及：

……一时不拟北去，舍间有两次报平安的电报来，想无他虞。北大一时亦无法救济，一家一校在此时都是小事，都跟着国家大局为转移。国家若能安全渡过此大难关，则家事校事都不成问题。若青山不在，何处更有柴烧？适所以恋恋不忍舍去者，只想在此能出一分一厘力量，于大局稍稍有所挽救耳。……（《胡适全集》第24卷，355页）

按，张元济原函载《张元济全集》第2卷，551～552页。

8月12日　胡祖望到南京，暂住汪敬熙家。胡适电江冬秀："暂留津待电。"（《胡适遗稿及秘藏书信》第21册，415页）

8月13日　淞沪抗战爆发。

8月14日　胡适致电江冬秀："沪路阻，可试胶济路转京，否则暂留津。可往访开滦总局陈廷均兄，请其指示。"（《胡适遗稿及秘藏书信》第21册，415页）

同日　晚，周佛海宴请胡适、高宗武等10人，10时始散。（《周佛海日记全编》上编，60页。）

8月16日　上午，胡适、程沧波、高宗武访周佛海，在周处午饭。(《周佛海日记全编》上编，60页。）

8月17日　胡适得江冬秀电报："余等留津均安。"(《胡适遗稿及秘藏书信》第21册，415页）

同日　胡适与樊际昌同出门。晚与傅斯年、陶希圣、蒋百里、彭浩徐等到中山文教馆吃饭。（据《日记》）

同日　晚8点半，在汪精卫宅参加国防参议会第一次会议。出席的正式成员有胡适、傅斯年、李璜、陶希圣、梁漱溟、蒋方震、张伯苓、毛泽东的代表周恩来。该会共有成员16人，除出席者外，张耀曾、蒋梦麟、沈钧儒、马君武、黄炎培、曾琦、晏阳初、张嘉森缺席。参议会只是建议机关，暂时且不向外公开。列席者有蒋作宾、王世杰、吴达诠、张群。（据《日记》；《王世杰日记》上册，33页）

8月18日　下午6点，胡适与张慰慈、樊际昌、周炳琳、吴景超同饭，游湖。周佛海约去谈话，计有高宗武、程沧波、梅思平、顾祝同、郭心崧等人。（据《日记》）

周佛海是日《日记》：

高宗武来，谈与汪先生谈话经过，因约胡适之来，请其在国防参议会约集同志，制订方案，促进外交。谈至十二时，警报忽至。……(《周佛海日记全编》上编，61页）

8月19日　应高宗武、程沧波、周佛海的要求，胡适与陶希圣下午4时拜会蒋介石。蒋请胡适去美国。胡记道："谈话不很有结果。我们太生疏，有许多话不便谈。但我们可以明白，他是最明白战争的利害的，不过他是统兵的大元帅，在这时候不能唱低调。此是今日政制的流弊，他也不能不负其咎。（他不应兼任军与政。）他要我即日去美国。我能做什么呢？"与周炳琳、吴之椿、樊际昌、傅斯年在教育部躲空袭。到吴之椿家晚饭。（据

《日记》)

　　同日　汪精卫复函胡适云,已商请蒋介石转司法院设法开释陈独秀。(《胡适遗稿及秘藏书信》第 27 册,238 页)

　　8月20日　胡适在罗家伦家躲警报。看中央大学被轰炸情形:大礼堂后墙被炸穿、女生宿舍震塌、化学实验室炸烧。与樊际昌访竺可桢,遇胡刚复、郑晓沧。由教育部迁居到中英文化协会(偕胡祖望)。(据《日记》)

　　8月21日　胡适在程沧波家午饭。下午 5 点,杭立武约胡适、周炳琳、傅斯年商谈救济大学教育问题,大致决定二事:"(一)将来各大学教员有余人,可送往边地大学服务。(二)将来宜在内地筹设一个科学工程研究所,以应付国家的需要。"晚 8 点,到参议会第二次会,无重要决议。马君武、沈钧儒报告上海情形,其使人感动。(据《日记》)

　　同日　王世杰日记有记:蒋院长意欲胡适之赴美宣传,促予与之商宣传纲要。(《王世杰日记》上册,34 页)

　　8月22日　夏禹鼎医生来诊视胡适自昨晚开始的腹泻。在医院住至 28 日。(据《日记》;《胡适遗稿及秘藏书信》第 21 册,421 页)

　　8月24日　美国驻华大使 Johnson 致电国务卿,其中谈道:

　　August 23, 11 p.m. Buck requests that the following message be communicated to the Secretary of the Treasury:

　　August 24, 1937. Hu Shih, an intellectual leader and a member of the new war Senate, has seen me and states "until August 13 possibility peaceful settlement good and even on August 3 [13?] a peace delegate was sent by Chiang Kai-shek to see Kawagoe but interruption communication prevented a meeting before hostilities began...."

　　…(*FRUS*, 1937, Vol. Ⅲ: *The Far East*, p.467.)

　　8月25日　陈布雷日记有记:10 时往中央医院视胡适之,代表委员长加以慰问。适之于 22 日患痢疾入院,兹已痊愈矣。(《陈布雷从政日记(1937)》,158 页)

8月26日　胡适致函江冬秀，谈在南京情形以及江冬秀的南下安排等，谈及朋友情况。又谈到自7月18日回南京后一直寄食在朋友家。要江"此时最好是安心暂住天津"。(《胡适遗稿及秘藏书信》第21册，415～417页)

8月28日　晚，胡适在程沧波寓与高宗武、梅思平、周佛海等谈时局。(《周佛海日记全编》上编，64页)

同日　教育部高等教育司奉部长王世杰密谕：指定张伯苓、梅贻琦、蒋梦麟为长沙临时大学筹备委员会常务委员，委员杨振声为长沙临时大学筹备委员会秘书主任。另有朱经农、皮宗石为委员。王世杰为主席。每校各加派代表一人，北大为胡适，清华为顾毓琇，南开为何廉。(《北京大学纪事（1898—1997）》，300页)

8月29日　王世杰日记有记：今日午后与胡君适之商赴美计划，未获结论。(《王世杰日记》上册，36页)

8月30日　周佛海约胡适、高宗武商对日外交进行步骤及要点等具体方案，由高起草。此稿由陶希圣略加修改后，周佛海抄一副本，"交天翼随时进言，正本决由希圣明晨送汪先生转陈"。(《周佛海日记全编》上编，65页)

同日　胡适致函张伯苓、梅贻琦：梦麟因故一时不能来湘，他全权委托樊逵羽兄来湘代劳，同行的有叶公超、梁实秋、曾昭抡诸先生，也许还有张忠绂同来，如此则北大三院都可有人在湘计划了。梦麟兄决定推伯苓先生为对内对外负责的领袖，伯苓先生不在长沙时，则由月涵兄代表。我此时因政府颇有意把我充军到海外去，所以不能来。(《北京大学史料　第三卷　1937—1945》，2页)

9月

9月2日　顾颉刚访胡适于中英文化协会，晚与胡适父子、傅斯年、周炳琳同饭。(《顾颉刚日记》第三卷，687页)

同日　胡适复函陈受颐，告：经与傅斯年、周炳琳商量，决定准陈向北大续假一年,如无大故,请假满回校。自己恐须美国一行,行期尚未确定,到美约在9月下旬。陈在檀香山,请努力为国事宣传。(《胡适中文书信集》第2册,521页)

9月3日　周佛海来访,"力言其赴美不如留住国内较有作用,惟蒋先生意旨已决,姑设法进言,如能展缓固妙"。(《周佛海日记全编》上编,66页)

同日　顾颉刚来访。(《顾颉刚日记》第三卷,688页)

9月4日　王世杰日记有记:近日与蒋先生商定,托胡适、钱端升、张忠绂三君赴美宣传,定日内启行。(《王世杰日记》上册,39页)

9月5日　陈布雷日记有记:11时到办公处一转,即至北平路访胡适之。(《陈布雷从政日记(1937)》,165页)

9月6日　胡适致函江冬秀,谈及:

> 我日内就要出门,走万里路,辛苦自不用说,但比较国内安全多了。一切我自保重,你可放心。……
>
> 祖望,我要带到武汉去,想交与武汉大学的王抚五或陈通伯,等候二次招考,或作旁听生。……
>
> 小三,我只好交给你安排了。
>
> 此时山东尚无事,你若有妥伴,可以早点南来,到济南换车南下,到南京可先住旅馆,再打电话……给周枚荪和傅孟真,他们一定能招呼你,你可以回徽州去住。
>
> 你若南行,须自己决定主意。……
>
> 你若决定住天津,也是一个法子。
>
> ……
>
> 一切事,请你自己作主,我完全放心。我知道你是最能决断的。最要紧的是保重身体。……(《胡适遗稿及秘藏书信》第21册,418～422页)

同日　晚，翁文灏来访。(《翁文灏日记》，168页）

同日　徐新六复函胡适，认为胡适的美国之行"为国关系至巨"；"在兄尽一分力，国家或可多得一分助。此次希望固非仅友朋间之祷祝也。吾兄在京情形，弟已略有所知。火已燎原，将来如何，不得而知。吾兄汲水工作或有奏效之一日乎！"望胡适"为国珍重"，"一切俟将来握手畅谈"。(《胡适遗稿及秘藏书信》第32册，250～251页）

同日　周佛海有函致胡适。(《周佛海日记全编》上编，67页）

9月7日　胡适拜访蒋介石，谈半小时，陈布雷在座。忙出行各种准备。王世杰为胡适等饯行。与翁文灏久谈。高宗武、程沧波为胡等饯行。致电郑铁如，写信与江冬秀、萧一山、王云五等。(据《日记》；《陈布雷从政日记（1937）》，166页）

同日　胡适致函叶良才，云：

I am glad to learn that the August instalment of the Indemnity was duly received.

I have asked the Ministry of Education to transmit your telegram to Y. C. Mei in Changsha. The best way to reach him is

"长沙教育厅

朱经农先生转

梅月涵校长。"

I wish to inform you that I am now leaving for Hankow whence to fly to Hong Kong where I'll catch the clipper leaving on the 16th for the USA. My stay abroad is of indefinite length, depending upon the international situation.

Kindly inform Hsü, King and Bennett. But avoid publicity on my trip.

The China Institute in New York, and the Chinese Consulate-General in San Francisco, and the Chinese Embassy at Washington, D. C., will be best places to reach me.

If you can reach Mr. Senn, tell him to inform Prof. 张子高 and Mr. 关

（Kwan）, my secretary of the Foundation is to be moved to the South, I hope the office of the Translation Committee will be moved with it.

So far there is no talk of suspension of payment of indemnity funds asked-王世杰 has an eye on problem. Dr. Y. T. Tsur is writing a letter to the Shanghai trustees suggesting that the Finance Committee invest heavily in the Liberty Bonds（救国公债）. I fully agree with him.

A letter came from Chairman Tsai Yuan-pei. I enclose it to you and hope it will be forwarded to Messrs. Hsü and King. Kindly request Mr. Hsü to transmit whatever decision the Shanghai trustees may arrive at.（中国社科院近代史所藏"胡适档案",卷号 E-115,分号 6）

9月8日　胡适到英国大使馆访 Blackburn 参赞,谈时局。与 B. Gage 秘书小谈。访汪精卫,"劝他不要太性急,不要太悲观"。与高宗武共进午餐,"也劝他不要太性急,不要太悲观。我说,我们八月初做的'在大战前作一度最大的和平努力'工作,是不错的。但我们要承认,这一个月的打仗,证明了我们当日未免过虑。这一个月的作战至少对外表示我们能打,对内表示我们肯打,这就是大收获。谋国不能不小心,但冒险也有其用处"。陶希圣、张慰慈、段锡朋、陈立夫、罗家伦、王世杰等来话别。晚9点,偕胡祖望出门上船,张慰慈、周炳琳、吴之椿、段锡朋、陈布雷、邵力子、彭浩徐等为胡适、钱端升、张忠绂送行。（据《日记》;《胡适遗稿及秘藏书信》第21册,423页;《陈布雷从政日记（1937）》,167页）

9月9日　船到芜湖。胡适在船上与张静江谈。与 Dr. Wilson 谈。（据《日记》）

同日　胡适致函郑天挺:

……弟与端（钱端升）、缨（张子缨,即忠绂）两弟拟自汉南行,到港搭船,往国外经营商业,明知时势不利,姑尽人事而已。此行大概须在海外勾留三四个月。

台君（台静农）见访,知兄与知老（周作人）、莘（罗常培）、建（魏建功）诸公，皆决心居留，此是最可佩服之事。鄙意以为诸兄定能在此时期埋头著述，完成年来未能完成的著作。人生最不易得的是闲暇，更不易得的是患难——今诸兄兼有此两难，此真千载一时，不可不充分利用，用作学术上的埋头闭户著作。

弟常与诸兄说及，美慕陈仲子葡匐食残李时多暇可以著述（陈仲子即独秀）；及其脱离苦厄，反不能安心著作，深以为不如前者苦中之乐也。

弟自愧不能有诸兄的清福；故半途出家，暂作买卖人，谋蝇头之利，定为诸兄所笑。然寒门人口众多，皆沦于困苦，亦实不忍坐视其冻馁，故不能不变节为一家糊口之计也。

弟唯一希望是诸兄能忍痛维持松公府内的故纸堆，维持一点研究工作，将来居者之成绩，必远过于行者，可断言也。（孙卫国：《胡适与郑天挺——以胡适的三封信为中心》，台北《传记文学》第105卷第3期，2014年8月）

9月10日　胡适过九江。船上读室伏高信《南进论》。与蒋百里谈。（据《日记》）

9月11日　胡适抵汉口。刘驭万来接。住中央饭店。路遇罗文干。写信与傅斯年等。（据《日记》）

同日　胡适致函江冬秀，要其早日偕胡思杜南下，并谈及南下后诸种安排。又说，江泽涵夫妇、饶毓泰、姚从吾、张奚若等人都应早日南下等。（《胡适遗稿及秘藏书信》第21册，424～426页）

按，9月28日，江冬秀复此函云，12号接到8号信后即函告北平亲友来津以便一同南下回家乡。又谈及最近分赠、借与亲友款子等事。又说，孙洪芬要其与孙家一起走。胡思杜在耀华学堂念书，等等。若有信，仍请朱继圣先生转。（《胡适遗稿及秘藏书信》第22册，432～434页）

9月12日 胡适到武汉大学访友,见周鲠生、王星拱、邵逸舟、陈源、汤佩松、叶雅各、刘南陔、丁庶为、凌叔华等人。张忠绂"因母妻皆病,他是独子,不敢远离",故不想一同出国。胡适劝其不必勉强,许其"取消同行之议"。(据《日记》)

9月13日 胡适与钱端升飞抵香港。送机的有高一涵、刘驭万、张忠绂、李得庸、丁庶为、赵太侔等。经停长沙时,朱经农、梅贻琦、樊际昌、皮皓白等来话别。抵港时,郑铁如、邓宗弼来接。住半岛饭店。与 I. A. Richards、Empson、Victor Purcell 畅谈。(据《日记》)

9月14日 胡适与 Forster、Purcell、Empson、I. A. Richards 共进午餐。晚在 Forster 家吃饭。(据《日记》)

9月15—19日 胡适因台风滞留香港。18日日记记道,"今天是第七个'九一八'……今回总算是用飞机炮火来纪念'九一八'了",故晚饭时叫了一瓶白葡萄酒,"举杯祝福前方的士兵"。饭后与钱端升、樊泽培夫妇谈。19日 Richards 夫妇请吃午饭,晚陈伯庄夫妇与孙铁生(谋)夫妇请饭。(据《日记》)

9月20日 胡适自香港飞抵马尼拉。涂允檀总领事来接。住马尼拉饭店。访客有薛敏佬兄弟、李清泉、记者及学生会代表。应菲律宾总统 Quezón Manuel Luis(寇桑)之约前往会见。(据《日记》)

同日 胡祖望禀胡适云,自胡适离开后,自己先在高一涵家住了几天,现在暂住武汉大学。又闻南开中学学生可入临时大学,现正候讯。23日,祖望再禀胡适道,希望将胡思杜送到南渝中学就读等。(中国社科院近代史所藏"胡适档案",卷号677,分号6)

9月21日 胡适飞抵关岛。22日过威克岛。次日飞抵中途岛(第2个22日)。23日飞抵檀香山。Mr. Loomis 与梅景周总领事来接。住 Moana Hotel。晚8点到 Dillingham Hall 讲演1小时。作小诗《早行》:"棕榈百扇静无声,海上中秋月最明。如此海天如此夜,为谁万里御风行。"(据《日记》)

9月22日 胡适致函江冬秀,谈近期之旅程,报平安。(《胡适遗稿及秘藏书信》第21册,427~428页)

按，10月28日，江冬秀复函，云暂不拟回绩溪，先暂住天津，看情形再去上海或香港；胡适书籍都已带到天津等。又云："请你不要管我，我自己有主张。你大远的路，也管不来的。"（《胡适遗稿及秘藏书信》第22册，435～437页）

9月24日 上午，胡适访Mrs. Benigna Green（Thurston Ave.）。下午梅总领事邀游览。晚与李绍昌、陈荣捷、梅总领事等共餐，久谈。（据《日记》）

9月25日 胡适与钱端升、Dr. Min H. Li共进早餐。Lt. Col. Robert Candee（of The Air Corps of U.S. Army）来谈。飞往旧金山。登机前分别致电驻美大使王正廷和驻旧金山总领事黄朝琴，告行期。致黄电云："前次蒙侨胞盛大欢迎游行，此行为国难来，万不可招摇，务乞预为阻止至感。久飞甚劳苦，亟需稍息，在西岸留久暂，均听儒堂大使电示，故不能多作公开讲谈，务希预为留意。"（据《日记》）

同日 胡适致函韦莲司小姐，告将飞抵旧金山，又云：

……我必须说：离开每天甚至于每小时都有危险的中国，而住到比较舒服而又完全安全的外国土地上，这是完全违背我的意愿的。

但是我已无法再长期抗拒督促我访美的压力。最后，在既没有外交使命，也不需做"宣传"工作的条件下，我决定来美。我来此，只是回答问题，厘清误会，和发表我自己的观点。（《不思量自难忘：胡适给韦莲司的信》，211页）

9月26日 胡适飞抵旧金山。黄朝琴夫妇与各团体代表来欢迎，有中国飞机三四架在空中欢迎。到中华会馆茶会，小有谈话。午后在大中华戏院演讲"中国抗战意义及前途"。胡适谈了卢沟桥事变八十几天以来"全国展开大规模抗战的意义，和国内得到的好影响，好结果"。他说："这八十日来……最令人感动和兴奋的，即是中国已经达到百分之百的统一了，真正的统一了。"又说："国内无论前方或后方，现在都已得到一种新的经验，新的训练；这种新经验新训练，是国家民族生存的不可少的。"关于中国究竟能抗战到什么时期,胡适认为要看三个因素:日本能打多久、中国能打多久、国际上将有何种可能的大变化。胡适分析了日本的财政、军力以及民众发生革命的可能性三个方面,认为:日本一定续打下去,我们打算盘要打最不如意的算盘,然后方能作最大的努力。胡适分析美、英、俄三国对战争的态度后认为:"希望国际上那一国能实力帮助中国,参加战事,未免太乐观了。"关于中国自己能打多久这个问题,"可以分人力、财力和军火接济三点来研究,这是比较可以乐观的"。胡适最后说:"总结来说:日本能打多少时候,国际能否帮助中国,这些问题都可以不管,只要注意我们自己的力量,即是由现在这种统一的民族,和这有组织有训练之新国家,坚持下去,就好了。……全要看自己能坚持至什么程度,只要自己能坚持,各国自然会说话,自然会有行动,不怕没有人不帮助中国。……将来日本的海陆空军自会请美国加入战团的。……自己可以有力量支持下去这一点最重要。……只要中国能持久,那时,日本内部便会发生问题,国际也便缓缓会起变化,最后的胜利是属于我们的。"(据《日记》;《香港工商日报》1937年11月6—7日;《集美周刊》第22卷第11期,1937年12月6日)

9月29日 胡适在Commonwealth Club演说,题目为"Can China Win?"。胡适认为有六大因素决定战争的结果,决定战争能打多久:第一,战争是否具有正义性?第二,政府与人民是否团结一致将战争继续下去?第三,国家是否有足够的财力支撑战争?第四,国家是否有足够的武力装备进行战争?第五,国家是否有足够的人力打持久战?第六,国际上是否有其他国家参战帮助中国?胡适最后说,第一次世界大战爆发时,美国总统威尔逊宣布中立。但是置身战争之外三年之后,于1917年对德宣战。是什么原因让美国参战呢?是德国无限制的潜艇战将美国卷入战争,而今天把美国卷入战争的将是无限制的空军战争。胡适认为苏联、英国、美国将会卷入战争,整个太平洋都将会卷入战争,将会爆发第二次世界大战,以战争来终止战争,从而使整个世界确保享有民主政体。(据《日记》;胡适:《中国能赢吗?》,中国社科院近代史所藏"胡适档案",卷号E-12,分号37)

9月30日　胡适在加州大学早餐会上演说30分钟。见到 Prof. Kerner 及 Prof. Gettell。访 Prof. Ralph Chaney。到 International House，见到吴健雄及王伯琨诸女士。出席加州大学午餐会，主人为副校长 Dr. Dentoch，见到雷兴等教授。访马如荣于其寓。Mrs. McLanghlin 接胡适到斯坦福大学赴校长 Wilbur 先生夫妇的招待会。（据《日记》）

10月

10月1日　General Gilmore 邀胡适午饭。（据《日记》）

同日　胡适在哥伦比亚广播电台讲演13分钟，题目为 "What China Expects of America in the Present Crisis"。胡适说：尽管中国人并不想把美国拉入战争，而且认为美国力求保持中立和置身战争之外的想法完全是正确和合法合理的，但是，消极的绥靖主义是不能使美国避免战祸的。在这个世界，战争与和平实际是不可分的。不管中立也好，绥靖主义也好，都无法使美国置身事外。一个侵略国家的黩武主义者逼迫美国加入了第一次世界大战的愚昧行为，仍将同样把美国拉入战争中。中国对美国所期望的，是一个国际和平与正义的实际领导者；一个阻止战争、遏制侵略，与世界上民主国家合作和策划，促成集体安全，使得这个世界至少可使人类能安全居住的领导者。（《胡适未刊英文遗稿》，64～68页）

10月5日　胡适登机东飞。次日抵克利夫兰，于焌吉总领事、孟治、顾毓瑞来接。7日登车赴华盛顿。（据《日记》）

10月7日　胡适、钱端升致电陈布雷并转蒋介石：美总统演说宣言赞同国联大会议决步骤，其行动迅速可见决心对日，舆论除 Hearst 一系报纸外，几一致拥护总统舆论。英、美计久当有具体主张也。现鄙意其方式若为国际调停，似宜及时接受，至少可增敌之推进。但同时亦宜保留敌撤兵恢复7月7日以前情形为先决条件，若此时我嫌其主张过于和缓，联络武装干涉或经济制裁，则适贻反对总统者之人民以机会转多不利。盖美政府既封锁化，若第一主张失效自有其他步骤随之，不必故意助长也。（《胡适

中文书信集》第 3 册，3 页）

10 月 8 日　胡适抵华盛顿。到大使馆，与驻美大使王正廷谈半小时。见到应尚德、谭绍华等，又遇陶行知、林霖。在华盛顿共住 7 天。（据《日记》；《胡适遗稿及秘藏书信》第 21 册，429 页）

10 月 11 日　傅斯年致函胡适，谈抗战爆发后国内形势及希望胡适在国际上所努力者：

……国内抗战之意识有增无减，老百姓苦极而无怨言。上海前敌兵士，真是再好也不能了。……

……两广对出兵助战之卖力气，可算一百分。……阎、韩亦皆好……只是那些杂牌如东北军、二十九军，太不好生打了。

……上海方面，今日之战线大致与先生走时差不多。……

……江阴方面……我们在开战前未完之工事均已完成了。……

……津浦路糟透了。二十九军闻声即跑……

……平汉路也弄到一塌糊涂。……

……晋绥局面皆坏于刘汝明，二十九军也。……

……空军有增加，足与损失相抵……

……贼军空袭近日以交通线为主题……南京警察、壮丁之好使人可泣……太原更有妙法。

……蒋公兴致甚佳，甚兴奋，可佩。……汪公似甚忧虑，无固定之主意……

…………

……只有"打"之一事我们最弄得好，此外皆不足谈……

此时国内渴望者是经济制裁。希望先生向他们说明，我们的抗战力虽不小，然外助愈早愈好，愈早愈容易也。

…………

……我们在此时有下列几个顾虑：

一、怕的是过些日子又冷淡下去，所以希望先生多多加火。

二、英、美对此事之观点似不甚同。英全是他的那一套老奸巨猾，希望得了且了。但美国不动则已，一动很有些 idealism，希望他们不要再弄僵了。……

三、如果日本或他的与国 bluff 一下，在英美国内或又有助退缩派议论之趋势。实则日本及意大利等，皆不敢此时对世界开战，希望勿为彼等之 bluff 所愚。此点先生必可向外国人士阐明之也。(《胡适遗稿及秘藏书信》第37册，450～453页)

10月12日　胡适在王正廷大使陪同下拜谒罗斯福总统。当日，胡适致电蒋介石，云：

今午大使觐见总统，彼甚关心战局，问我军能否支持过冬，当答以定能支持。彼谈及九国会议日本或不参加，中国代表陈述事实后似可退席，请各国秉公商讨对策，但最好同时声明日本宣称之困难如人口出路之类，中国愿考虑以和平方式助其解决，如此则中国可得更大同情。彼又云：依照中立法应先判断战争状态是否存在，而彼坚避免承认战争存在，实已超越宪法权限矣。又云彼今日晚将有演说，仍以求得世界公论同情为目的。临别更嘱不要悲观，态度甚诚恳。(台北"中华民国外交问题研究会"编印：《中日外交史料丛编》第四编《卢沟桥事变前后的中日外交关系》，1964年，361～362页)

按，同日王正廷致蒋介石电：

今午陪适之兄谒罗总统，彼以中国好友资格，表示数点，确有研究价值。(一)日本恒以人口繁衍为侵略理由，中国代表不妨在九国公约会议时表示与互商经济问题。(二)会议时，中国代表报告中日问题固不妨避席，表示深信各国主张公道。(三)罗总统坦白询问中国抗战能否持久？答以"能"。罗总统谓"切愿"等语，谨此电呈。(《卢沟桥事变前后的中日外交关系》，361页)

又钱端升当日日记：

1937年　丁丑　民国二十六年　46岁

适之与王儒堂今午见Roosevelt，态度颇诚恳，用意甚佳，云如日本不出席九国公约会议，中国可自请退席，请公决方案，以博更大同情云。（钱元强：《抗战初期胡适钱端升出使欧美记》，此系钱氏在2016年12月举办的"胡适与中国新文化"国际研讨会上宣读的论文）

10月14日　王正廷、胡适拜访赫尔。

The Ambassador of China came in to present Dr. Hu-Shih who has just come from China, apparently bearing a message from General Chiang Kai-shek primarily to the President. He proceeded with the conversation by saying that for some weeks during the military activities he had seen and talked with General Chiang Kai-shek very frequently; that the latter is desirous of communicating his thanks and the appreciation of his Government for the moral support, as he termed it, of this country; that China, of course, does not expect this country to employ military force in aid of China; that it is her moral influence which they seek and which they are receiving as fully as they could hope for or expect. He said that his Government is interested in a stable peace in China; that by this he meant that they distrust the Japanese Government in this connection; that, therefore, it is desired that a peace be brought about based on such principles as would not permit Japanese interference and infiltration contrary to existing treaties and in violation of the sovereignty and the territorial integrity of China a peace based upon such principles as this Government has proclaimed on July 16th and later on August 23rd with special application to the Pacific area. He said that his Government would not be in a position to abandon any right to its territorial integrity and sovereignty in any peace agreement which might be worked out; that it would be disposed to make any other reasonable adjustments relating to any reasonable complaints. I inquired whether by that he meant a return to the *status quo ante* as it existed on July 7th, and he replied in the affirmative.

I inquired, very confidentially, as to Russia's attitude towards Outer Mongolia and with respect to observing the integrity of China generally. He did not undertake to give an opinion, except to minimize the influence and attitude of Russia with respect to Outer Mongolia at this time, adding that Outer Mongolia continues to claim herself as a part of China and to assert Chinese sovereignty.

The Ambassador and Dr. Hu-Shih both said they would like very much to see the Nine Power delegates convene as early as possible. They did state in that connection that of course they were concerned to guard against any proposals of settlement by this Nine Power group which would interfere with the integrity of China, both as to sovereignty and territory. I indicated that this Government stands for the principles I made public on July 16th and August 23rd and their application in every part of the world.

I inquired about the extent and equipment of Chinese forces in Northern China, but with little definite response except that they were not the best equipped nor the best trained and that they are not yet clear as to whether Japan has practically secured control to the Yellow River. They were slow to make predictions about the future, except that they are bent on fighting and defending China and her rights. (*FRUS*, 1937, Vol. III : *The Far East*, pp.610-611.)

8月26日美国驻华大使 Johnson 致电国务卿：

August 25, 9 pm. Hu Shih called on me on August 21 and stated that he was still optimistic about peace negotiations. He said that when he arrived in Nanking on July 28 he went to see the Generalissimo and the Minister of Foreign Affairs and urged upon them the necessity of keeping open diplomatic relations with Japan and of their accepting responsibility of attempting to find a peaceful settlement even to the point of being ready to discuss thoroughly with

1937年　丁丑　民国二十六年　46岁

the Japanese all possible fundamental differences between the two countries. His idea was first a truce with restoration of the *status quo ante bellum* and after 3 months a second and final step would be an official peace conference at which all matters could be discussed and settled. He said that authorities were favorably disposed and had even invited Kawagoe to come to Shanghai to meet an emissary, but that all this was stopped when trouble began at Shanghai on the 13th. Hu Shih stated that the Shanghai trouble had completely obliterated his first opinions, but that he was still optimistic and had recently again sought out the Generalissimo; however, he had found him somewhat less interested in peace measures.

Hu Shih then referred to the proposal of the consuls at Shanghai which called for the evacuation of Shanghai by the forces of both sides. He said that he felt that General [Mayor] Yui's response to this proposal, while official, was not completely final, and that there was a possibility that responsible Chinese authorities might yet be willing to accept it. I told Hu Shih that if responsible persons in the Chinese Government were to place before me and my colleagues a definite undertaking to accept the consular proposal as a basis for discussion, I felt no doubt that we would be willing to transmit this in order that it might be placed before the Japanese Government. Hu Shih stated that he expected to attend a meeting on the night of the 21st and would see whether something could be done along this line. I have not heard from him since. I did not report this conversation to Washington as I did not consider it of sufficient importance. I decided to await further word from Hu Shih which he referred to.

I do not know what is meant by the Davidson neutral zone plan unless it is the consular proposal referred to by Hu Shih and reported in Shanghai's 473, August 13, 9 pm., to the Department. On the other hand the press at Shanghai at one time designated the British proposal referred to in the Department's telegram 165, August 19, 10 pm., as having been put forward by British Acting Consul General Davidson at Shanghai.（*FRUS*, 1937, Vol. Ⅲ : *The Far East*, p.474-475.）

同日　陈布雷日记有记：胡适之自华盛顿来电，告谒见美总统谈话始末，美国之态度似尚畏惧日本，未必有如何积极行动也。（《陈布雷从政日记（1937）》，183页）

10月16日　陶行知致函胡适，云：传闻胡适在卢沟桥事变之后曾提出和平方案，又在国防参议会里曾提出承认伪满洲国的主张，请告是否属实？若真有这主张和方案，对美国当局交换意见时是否也拟提出？等等。（《胡适遗稿及秘藏书信》第36册，433页）

10月17日　胡适致电陈布雷并转蒋介石："谒国务卿赫尔，又与其高等顾问洪贝克深谈。铣谒新任比京会议专使戴维斯久谈。综合观察，知政府内外颇有人虑日顽强，故主席就仅撤退沪日军而不撤退华北。适力陈我国必不能接受，必须恢复七月前原状。赫、戴均是正人，似能助我。此议赫、戴有意劝苏联变更外蒙地位，增高中国在外蒙主要权，以为解决伪满先例。盖美国为不承认原则之父，故不至轻言伪国承认，而欲寻一出路。戴、洪等铣受命，驾即赴英。据戴言非正式折冲似在英进行，鄙意比京会议为美国首次正式参加中日争端，我国应充分运用此会议，做到一个比较光荣可靠的和局。倘不成亦应在会议中充分运用国际形势，促成太平洋国际组织，为将来之用。务望委员长与国防会议，早决政策。密电训令出席代表，俾知所准备。"（《胡适中文书信集》第3册，4页）

10月18日　李国钦邀请40位工商业、银行的领袖与胡适同午饭。顾临来谈。孟治邀杜威、Chamberlain、Malory、Stevens、Goodrich、顾临等10位朋友与胡适同饭。致电郭泰祺大使。（据《日记》）

同日　张忠绂飞抵纽约。（《胡适遗稿及秘藏书信》第21册，429页）

10月19日　胡适访孟禄。（据《日记》）

同日　胡适致函江冬秀，谈近期行程。又谈到商务股票挂失事。又谈

到"这一回出门,十分辛苦",准备补牙等。(《胡适遗稿及秘藏书信》第21册,429～430页)

同日　James G. McDonald致函胡适,确认在电话中的邀约:欢迎您在10月31日与其夫妇的Bronxville朋友们会面。(中国社科院近代史所藏"胡适档案",卷号E-294,分号1)

10月21日　胡祖望禀胡适:自己已来长沙入临时大学,"妈妈本订于九月二十四日南来的,但届时她因为想把你的书运出些来,所以她又不曾走,她已托基金会代为设法,如能运出,则她将先到上海再说"。(中国社科院近代史所藏"胡适档案",卷号678,分号7)

10月24日　王世杰复函胡适、钱端升,谈旧金山展览会事,谈战事,"华北之挫折,大半由于无国防工事(我国防工事起自豫晋)与廿九军晋军及万福麟等部之训练不足。上海方面,我军过去作战,真可动天地而泣鬼神。现时各军士气之盛有增无已,如国际形势日佳,当可持久"。九国公约会议,以调解案中提出停战日期暨双方撤兵日期与撤兵地点于我为便。请函告胡等拜会罗斯福及其他人士详情。(《胡适遗稿及秘藏书信》第23册,576～578页)

10月25日　杜威致函胡适,询问胡适可否于11月10日或12日前来,期待与胡适见面。(中国社科院近代史所藏"胡适档案",卷号E-176,分号1)

10月26日　韦莲司小姐致函胡适,详谈自己对一位名字缩写为R.S.男士向其求婚的态度。韦函云,胡适立即赞成这桩拟议中的婚事,自己并不感到惊讶。假如自己和这位男士结婚,是因为个人确实想得到"照顾",而此人的体贴、周到和无私达到了惊人的程度。这是一个中年人的合同,并不是真正的婚姻。胡适和邓肯在心智上和精神上给予自己的远比这位先生多,但实际上想保护自己和照顾自己的意愿却远不如这位男士。在自己身强力壮又不过分疲倦的时候没有把这些事放在心上,但现在不这样想了。(胡适批道:这就是说,我们两个都很自私的缘故。)自己无法把邓肯当成丈夫。"在一个小范围里,我不知道你是否言行不一;你并非受制于一种高压的道德,而只是自己胆小……"又云:"我唯一一个愿意嫁的男人,我却连

想都不能想。"自己一方面对 R. S. 先生的体贴和关怀有感,而其不懂音乐、没有创造性、缺乏想象力和远见都是自己避之而唯恐不及的。(《胡适与韦莲司:深情五十年》,112～115 页)

10月29日　陈布雷日记有记:覆胡适之纽约来电,告以中枢对九国公约会议方针之大概,逆料彼接电以后必不免失望也。(《陈布雷从政日记(1937)》,190 页)

11月

11月6日　陈布雷日记有记:适之来电询德国单独调停说何如,即覆以我方未闻有此事。(《陈布雷从政日记(1937)》,194 页)

11月8日　Arthur N. Holcombe 致函胡适:很高兴您将来到剑桥出席 the Harvard-Yale game,并与此间的朋友欢聚,希望您把希望会见的朋友开列一个名单,我将做出适当的安排。12月4日您在波士顿的演讲将会有许多公众领袖前来聆听。又云: Plans are now being made, I understand, for the other speakers at that meeting, and the question will arise whether there is another Chinese scholar or diplomat in this country who might well be invited to share the platform with you. I have suggested to the officers of the Foreign Policy Association who are planning the meeting that they give you as large a portion of the time as possible. I told them I could think of no Chinese who could use the time available for representatives of China more effectively than you could, but if there is an available scholar or diplomat who you think this Boston audience ought to hear, I should be glad to forward your suggestion to the proper persons. (中国社科院近代史所藏"胡适档案",卷号 E-229,分号 1)

11月10日　Jerome D. Greene 致函胡适云:关于邀请您于11月18日访问 The Thursday Evening Club 事,原本是要在 The Tavern Club 共进晚餐,现改在 Charles E. Cotting 家中。(中国社科院近代史所藏"胡适档案",卷号 E-213,分号 1)

1937年　丁丑　民国二十六年　46岁

11月11日　韦莲司小姐致函胡适,谈及胡适多次问自己是不是生了胡适的气,表示"我是永远不会跟你生气的","有时,只是现实的情形让我伤心"。对胡适所说的假如自己结婚,会使胡适能"从责任或负担中解脱出来",这令自己伤心,因为自己从来没有要胡适感到任何责任或负担。自己没有要和胡适结婚,也没有怪胡适对结婚所有的一种恐惧。自己不会为了讨胡适的欢心而跟别人结婚。又云,自己无法和邓肯结婚,"而讽刺的是,我也永远无法和我唯一想结婚的人结婚"。(《胡适与韦莲司:深情五十年》,118～119页)

11月13日　胡适在纽约外交政策协会演讲"The Issues Behind the Far Eastern Conflict"。胡适说,今日远东冲突后面的问题有二:日本帝国主义与中国国家主义合法渴望的冲突,日本军国主义和新世界秩序道德的限制之间的冲突。中国抗日的情绪和行动就是愤恨和抗拒日本侵略的表现。中国国家主义有利于东方的和平。(《胡适英文文存》第2册,远流版,727～734页)

11月15日胡适致江冬秀函:

前天礼拜六,有一次大演说会,听的人有1000多人。那天早起,我觉得不大舒服,吃了早饭,全吐出了。午刻到了宴会上,全无胃口,所以没有吃中饭。到了两点钟,轮到我演说,我站起来,病也没有了,演说很有力量,也不觉吃力。说完了,又答复了许多问题。人多,外面大雨,窗不能开,所以屋子里很热。我出了力,出了一身大汗,里衣全湿了。回到旅馆里,我不敢脱衣服,也不敢洗澡。但这一身汗出来之后,我的小病全好了。到了五点钟,肚子觉得饿了,我才叫了点东西来吃。吃了之后,精神完全好了。(《胡适遗稿及秘藏书信》第21册,431页)

按,台北胡适纪念馆收藏一份英文剪报,题目为"China Cause Wins Cheers at Forum",该文章报道了胡适的讲演,大意是:中国是为

了生存而对日本的无止境侵略作战。他指出当时日本已占领中国的土地面积相当于欧洲的五分之一,行了许多羞辱中国的密谋,引起中国人全体沸腾的仇恨。当时胡适以北京大学文学院院长身份在美国作国民外交工作。在阿士打饭店的集会上与胡适对抗的是日本 Osaka Mainichi & the Tokyo Nichi Nichi 报的编辑高石真五郎。(台北胡适纪念馆藏"胡适档案",档号:HS-NK05-331-017)

同日 "五点一刻李固钦的父母来接我下乡去,在他家里换礼服,八点到前任大总统罗斯福的大儿子家中去吃饭。席上有英国大文豪韦尔斯先生。饭后闲谈到十点半,回到李家过夜。"(《胡适遗稿及秘藏书信》第21册,431~432页)

11月14日 胡适在李国钦家休息。(《胡适遗稿及秘藏书信》第21册,432页)

11月15日 胡适回到纽约。"中饭在哥伦比亚大学同一位老师吃饭。下午有人来吃茶,谈了两点钟。晚上又换了礼服,出去到一个朋友家吃饭。到十一点半才回家。写完这信,我也要睡了。"(《胡适遗稿及秘藏书信》第21册,432页)

11月17日 胡适致电顾维钧:国内形势想兄等洞悉,会议万一无能为力,应请会议委曲求全,美国全权任调停,使会议散而不散。主张至要,恳请留意。(王建朗主编:《中华民国时期外交文献汇编(1911—1949)》第七卷,上册,中华书局,2015年,203页)

11月19日 Verne Dyson 赠其所著 Land of the Yellow Spring(New York: Chinese Studies Press, 1937)与胡适,并有题记:"Presented by the author to Dr. Hu Shih, a loyal and distinguished son of China, with compliments, and the sincere hope that China may survive disaster as she has done so many times in her long and splendid history."(《胡适藏书目录》第4册,2405页)

11月20日 Herbert S. Little 致函胡适,述近期前往纽约、华盛顿的具体行程,大约会在12月的第一周周末由纽约返回西岸。他期望能在纽约与胡适会晤，希望在华美协进社和太平洋国际学会拜访胡适。欢迎胡适来西雅图访问，并祝胡适健康转好。为最近的东方军事现状感到不安，但期待能如 Chester Rowell 所说的，即使中国每一场战斗都失败了，但依然会赢得这场战争。（中国社科院近代史所藏"胡适档案"，卷号 E-274，分号 5）

11月22日　胡适致函 Hamilton：

When I saw the President on October 12, he asked me one question: Can China fight on through the winter? I answered in the affirmative. But the news of the last week was a little alarming to me, so I sent a cable to Nanking asking for information. When I returned today from New Haven, I got the following cable signed by General Chiang Kai-shek: "Our army must fight till the very end and we will not yield to the enemy. Even if the Capital City falls, we must of necessity fight on, not only 'over the winter', but for a very long time to come. Please inform the American Government of this determination". The cable is dated the 21st of November. May I ask you to be so kind as to transmit this message to the Secretary of State and to the President?

I hope to visit Washington again toward the end of this week and look forward to the pleasure of seeing you and the other friends in the State Department.（*FRUS*, 1937, Vol. Ⅲ：*The Far East*, p.711.）

11月29日　胡适复函江冬秀，说他的书运到天津，很放心。现在南方也不安静，建议江冬秀最好还是暂住天津。书不必搬走，就存在竹垚生分行库里。胡祖望已到长沙，算是南开的正式第一年级学生。"小三应该写信给我"。胡适说自己昨天从纽约来巴第摩尔（Baltimore），明天到绮色佳，后天到波士顿，在波士顿和哈佛要住 5 天，然后回纽约。"我身体很好，就是睡觉太少。"（《胡适遗稿及秘藏书信》第 21 册，433～437 页）

12月

12月8日　胡适复函傅斯年，谈及在此最大困难是大使馆不肯相助，"因此不便长去美京……不愿叫使馆中人感觉不安"。又谈道："可感激的美国朋友真好！……我自己所到各地，许多朋友给我大请客，邀各界领袖与我谈。"又谈及：

此邦领袖有心而无术，是最大困难。舆论当然厌兵，故孤立之论至今未全衰。但自总统芝城演说（十月五日）以来，舆论已大变。……

领袖的困难有三：1. 美国内政问题实在太复杂，太重要，有四五件重要内政议案急待议会解决，故实无多余力顾及外交，又不敢太得罪众议会。2. 中立法案派仍在议会有相当势力，可以时时与政府为难。……3. 总统是一位残废的人，虽然非病弱者，但精力恐不如一九一五—一九一八的威尔逊，亦不能用全力去与议会作战，不能向全国人民作大力量的宣传。……

最不幸的是总统今年大胆要捋虎须，要改革最高法院，蒙了一鼻子灰，至今未完全恢复人民的信心。……

根本的弱点是美国的国家领袖多来自各地方政府，多是先在地方政府有政绩者，一旦当了国家（Federal）领袖，他们那一套地方贤长官的本领全不适用，颇像乡下人上京城，身在魏阙，而心仍在江湖山林，遥望见国际大问题，真是莫测甚玄妙，只好以深闭固拒的孤立主义为最大本领，最高法术！

罗斯福与赫尔都是例外的好身手……

我的策略是要他们出头做 active leadership in international affairs，其大致如我的广播演词所说。总统芝城演说使我大惊叹其大胆，故我决计"不为物先"，要让他们（罗赫）事事出于自动。我十月七日有电给蒋公；即说，其第一步必为调停主和，其时我尚未见总统。以后发展略如我所预测。但现时第一步之比京会议已失败,第二步如何,至今不能拿出来。最大困难不但是如上所述之内部情形,而又加上两种困难:一是我国军力之不振,二是英国仍不能响应。故我预测,此下一步仍是调停主和的方面为多。

主和的困难,也有几点:1. 此时主和,必须要中国大牺牲,此非美国人民与政府所愿主张。如司汀生即不愿闻人主张抛弃不承认主义,他曾恳切告我此意。我很感动。但我写长信告他:列强可以以"不承认"了责,中国则必不能也,将奈何?他亦不能答我。2. 如条件太好,则敌不肯受,调停亦必无成,3. 美国政府领袖对远东的详细情形,实亦不甚了了,至今不知如何下手。(外部中则有极熟悉远东情形的人,又都甚热心助我,其中有系司汀生之旧部。)

我日内入京,将以三事说当局:

一、能与各共和国家合作,作强硬的干涉吗?

二、能与各共和国家合作,细细拟具一个"国际秩序"的方案,然后邀集好战诸国,公同协商一个调整世界的总方案吗?

三、万不得已,能由美政府出面调停中日战事吗?

我的揣测是这样的:第一项此时必不可能。因英国的实力没准备好,至少我们必须再苦撑半年以上,国际形势始可有转机。又因为在这种内政情形之下,政府必须静候日本的"挑衅的行为"……无法自动。第二项除我[这]个理想主义者之外,似无人说过,也许无人认真想过。张子缨兄嫌我此意太近理想,太大,不能动人,不如缩小到一个调整远东(太平洋)的总方案。此意我甚愿采纳。至于第三项,似非不可能,已去电问政府意旨,如不能得回示,亦不妨依据兄与宗武诸人之前电作一试探也。(王汎森:《史语所藏胡适与傅斯年来往函札》,《大陆杂志》第93卷第3期,8～10页)

12月9日　胡适在华盛顿妇女记者俱乐部演说,据云:"中国不问南京之遭遇如何,仍将继续对日抗战,即使须延长二三年,亦所不顾。"胡氏又

称，蒋委员长最近曾有电致彼，确言南京之失陷，并不终止中国之抗战云。（《申报》，1937年12月11日）

12月11日　胡适拜访Hamilton。

　　Memorandum by the Chief of the Division of Far Eastern Affairs（Hamilton）：

　　Dr. Hu Shih, the eminent Chinese philosopher who was received by the Secretary and by the President some weeks ago, called on me this morning at his request. He said that he was very much concerned as to what he should report back to China, on the question whether any new development might be expected in the international situation which would be of benefit to China. He commented at length in regard to this matter and when he asked me for my views I said that I could not undertake to answer his query. I said, however, that so far as the United States was concerned there was nothing new on that subject.

　　Dr. Hu Shih said that in traveling about the United States and discussing the Far Eastern situation with representative Americans, he often was asked the question as to why the American Government either singly or in cooperation with the British Government could not mediate. He said that he replied to such questions by stating that in his opinion there were very real difficulties which the average person did not appreciate; that in any mediation there would almost certainly come up the question of China's recognition of "Manchukuo" and of other matters not consistent with principles to which the American Government and the American people were committed; that if the American Government undertook to mediate and as a result of that mediation China accepted harsh terms some of which would be repugnant to the concepts and beliefs of the American people, the American people would severely criticize the Government. He said that the foreign powers could adopt a policy

1937年　丁丑　民国二十六年　46岁

of non-recognition in regard to "Manchukuo" and could rest on that declaration of policy. He said that such a course was not possible for China; that China had to deal with Japan in countless ways every day; that as a result of China's unwillingness to recognize "Manchukuo" there had ensued constant friction between China and Japan, and Japan had made constant incursions of one sort or another into north China. (Comment: In view of this statement by Dr. Hu Shih, the question arises whether the non-recognition doctrine as applied to "Manchukuo" represents a service or a disservice to China.)

Dr. Hu Shih said that China had already twice declined offers of mediation put forth by the German Ambassador to China. He said that the first such offer had been made during the early days of the Brussels Conference and the second offer was made during the recent visit of the German Ambassador to Nanking. Dr. Hu Shih referred to a statement made by the American or the British delegate to the Brussels Conference to the effect that a settlement must be reached between China and Japan which would be in accordance with commonly accepted principles of justice among mankind. He asked how that was possible in the present situation. He said that if China could not look for mediation on the part of countries like the United States and Great Britain, what was there left for China to do. I told him that I wished that I could answer his questions but that I could not do so. (*FRUS*, 1937, Vol. III : *The Far East*, p.790-791.)

12月12日　下午，王正廷、胡适拜访霍恩贝克。

Memorandum by the Adviser on Political Relations (Hornbeck) :

On the evening of December 11 the Chinese Embassy called me on the telephone and asked for an appointment for the Ambassador. I made an appointment for yesterday afternoon, Sunday, December 12—so that before seeing the Ambassador I would have reported at the Department.

...

When we met yesterday afternoon the Ambassador had with him Dr. Hu Shih. The Ambassador asked for news of the Brussels Conference. I gave a brief account of the Conference and we exchanged some comments—especially on the work of the Chinese Delegation.

The Ambassador said that he was very anxious to know what would be henceforth the attitude and what might be the action of the United States. I said that I was unable to make forecasts; that any observer might make his own estimates of possibilities; and that in all probability the Ambassador and Dr. Hu, having been here during recent weeks and having doubtless followed developments very closely, would be able to answer the question which was in the Ambassador's mind just as accurately as might I—if not more so: courses of action would depend in considerable part upon developments in the Far East and developments here and elsewhere. I then inquired what effect the most recent developments at Nanking would have on the situation in China. The Ambassador replied promptly and emphatically that China would continue to fight.

Dr. Hu said that public opinion in this country was developing in a manner more and more sympathetic toward China and indicative of awareness that the situation in China presents a problem of concern to all nations. He cited, in evidence, recent editorial opinion, in particular that of the *New York Times* and the *Christian Science Monitor*.

Dr. Hu then left to go to the train.

...（*FRUS*, 1937, Vol. III : *The Far East*, p.796–797.）

12月13日　日寇攻陷南京，对中国军民实施疯狂大屠杀。

12月14日　胡适电贺 Lincoln E. Patterson 生日快乐。（台北胡适纪念

馆藏"胡适档案",档号：HS-NK05-164-006）

12月17日　胡适致函江冬秀，述昨晚到现在所做之事：先同张忠绂谈到1点多钟。又同韩权华之未婚夫谈到2点多。上床后看书，直到4点才睡。10点半吃早餐后写文章到三点一刻。四点三刻，出门到哲学会，听杜威读一篇论文，有13个人参加讨论，一同吃饭。回到旅馆，看见韦莲司小姐送来庆生玫瑰花以及陈翰笙夫妇赠送的剃须刀。(《胡适遗稿及秘藏书信》第21册，438～440页）

同日　胡祖望禀胡适：祝贺生日；临时大学准备搬迁；自己想投考高级航空机械生；"妈妈和弟弟去上海已有二十多天了，但是至今还没有信来"；"长沙人对于伤兵丝毫没有帮助的意思"等。(中国社科院近代史所藏"胡适档案"，卷号677，分号7）

同日　徐芳致函胡适，祝胡适生日快乐，并倾诉爱意。(中国社科院近代史所藏"胡适档案"，卷号1708，分号3）

同日　Felix Frankfurter 致函胡适，云：

My warm thanks to you for your kindness in sending me your sugges-tions for reconciling peace with justice in the East and, therefore, in the world. Since our last talk events have moved rapidly to cast a still more lurid light on what the rule of force means.

It was a rare and, therefore, memorable evening that my wife and I had with you...(中国社科院近代史所藏"胡适档案"，卷号E-202，分号3）

12月20日　胡适复函韦莲司小姐，感谢其生日时寄来的玫瑰花和充满情意的信，述自己生日那天的工作（内容与17日致冬秀夫人函一致），又云：

我长期以来预测的事件终于发生了。现在还未尘埃落定。这是大战之中一个新局面的开始——这个国际局势〔的发展〕使发生在中国内部的事务变得不那么重要了。

老实说，我不知道在未来几天或几周之内会发生什么事。我只是

含糊的试着把一些想法打进一些朋友的心中。但此刻人们不是太兴奋了,就是太害怕了,都无法冷静的思考,我不知道清醒的一些想法如何能深入人心呢?

我亲爱的克利福德,谢谢你充满情意的信!玫瑰花是差不多 3 点到的;跟着玫瑰一块儿来的还有一朵紫罗兰,我把它别在大衣上。我外出的时候,又把它放在书里头。晚上我回来的时候,发现这朵紫罗兰保存的非常完好,所以我就让它夹在书里头。现在我把这朵保存完好的紫罗兰再寄还给你。请你把它当作一份小小的爱的思念。

想到我至少有一个朋友,用她全部的同情和爱心来了解我的工作,我感到非常舒畅和快慰。这是一种我实在并不非常喜欢的工作——从早到晚,不断的谈话、看报,为一些我知道我不可能起任何作用的事写信、发电报!

我期盼有一天我能回到我真正感兴趣的工作上,那也是过去 20 年来努力的方向。我现在两鬓已经斑白,我不能再浪费我自己〔的生命〕了。谈战争和国际政治,对我是何等的浪费啊!(《不思量自难忘:胡适给韦莲司的信》,212～214 页)

12 月 22 日　江冬秀复胡适 10 月 19 日函云:12 月 17 日胡适生日那天,孙洪芬夫妇、叶良才夫妇等曾邀其与胡思杜为胡适祝寿。现在旌德、绩溪等地有战事,不拟回家乡了。现在胡适的保险费到期了,拟续费。胡思杜上学很有进步,应小姐替他补习英文,等等。(《胡适遗稿及秘藏书信》第 22 册,440～441 页)

同日　The Simon and Schuster, Inc.(西蒙与舒斯特公司)致函胡适云:1930 年,您曾为我们的 *Living Philosophies* 撰文,现在我们计划出版第二部,再邀请您撰写关于世界基本信仰的文章。(中国社科院近代史所藏"胡适档案",卷号 E-337,分号 4)

同日　王世杰日记有记:"自英、美军舰被日轰炸后,美国舆论近渐激昂;胡适之来电,谓罗斯福似有扩大事态之决心。英国有不得保障,即派遣

大批海军来远东之决意。"(《王世杰日记》上册，75页)

同日 陈布雷日记有记：胡适之来电，告美国自巴纳舰被击沉后态度强硬。(《陈布雷从政日记（1937）》，215页)

12月26日 胡适致电陈布雷、翁文灏：委员长宥电敬悉。炸舰案已了结，然此案之经过深切证明，美国人民厌战贪和心理虽非笔舌所能转移，而一旦具体暴行发生，即几全摧破。谙者皆抨倘有同类事继起，则战祸难幸免。此案今虽暂了，而排日心理与排货运动半月来力量骤增，普及全国。适等深知国力之艰，待援之迫，然此时舍苦撑待变一途，实无捷径。如适本是反对作战最久之一人，到此时亦只能主张苦撑到底。昨晚适到京与政府要人长谈，告以委员长来电，彼甚喜。并言制裁强暴只有作战一途，经济制裁等均缓不济事，只要中国能支持，必有意想不到的转变。(《胡适中文书信集》第3册，13页)

12月28日 江冬秀致函胡适，告：胡祖望决定去读航空机械；胡传的文稿及详细书目都在天津。(《胡适遗稿及秘藏书信》第22册，442～444页)

12月30日 胡适复函江冬秀，说："今天是十二月卅日，是我们结婚二十年的纪念。我写这封信给你，要你知道我时时想念着你。"又说：

> 我在外国，虽然没有危险，虽然没有奔波逃难的苦痛，但心里时时想着国家的危急，人民的遭劫，不知何日得了。我有时真着急，往往每天看十种报纸，晚上总是睡的很晚，白天又是要奔走。二十七早七点，我去费城赴会，住了两天，昨天到华盛顿，今早赶回纽约，来往共是四百五十三英里。这样的奔波，是常有的事。
>
> 精神上的痛苦，往往是比身体上的痛苦更难受。我现在两边鬓发差不多全白了。我的兴致还不坏，饭量也还不差。
>
> …………
>
> 本来我们这回出来，除了每人一千五百元国币作安家费之外，我们都预备实支实销，此外不支薪水。后来我看张先生家中有病母病妻，钱太太又要生产了，所以我决定每人每月支两百美金的薪水，可以寄

作家用。……现在我要汇四百美金给你……不够的时候我再多寄。(《胡适遗稿及秘藏书信》第 21 册，441～442 页）

是年　李心传编《道命录》由商务印书馆出版。胡适在其第 1 册序页 2 末有注记："李心传是史学者，他这部书编的很好，材料搜的很勤，注中记载判断也大体都很好。例如张浚是朱熹给作行状的，此书卷三对张浚无恕词。胡适。"(《胡适藏书目录》第 1 册，630～631 页）

是年　余嘉锡撰《四库提要辨证》(史部四卷子部八卷附校记）出版，余氏曾将此书赠送胡适。(《胡适藏书目录》第 2 册，1535 页）

1938年　戊寅　民国二十七年　47岁

上半年，胡适仍在美国宣传中国抗战，研究国际形势，尤其是美国的远东政策。

1月24日，胡适自纽约西行，经美国中、西部，到加拿大，3月18日返纽约。沿途发表抗战演说数十次。

7月13日，胡适自美赴欧，出席8月在苏黎世举行的世界史学大会。

7月20日，胡适得蒋介石劝任驻美大使的电报。

9月17日，国民政府任命胡适为中华民国驻美利坚国特命全权大使。

10月6日，胡适到驻美大使馆视事。

12月，胡适、陈光甫谈成"桐油借款"。

12月5日，胡适因心脏病住进医院。

1月

1月1日　胡适致电陈布雷并转蒋介石：据可靠消息，美政府一月内扩充空军，限制飞机出口，我国需购机应赶早定货，迟则无及。现闻许仕廉订购飞机，得此邦某高级当局极力帮助，故价特廉。极盼政府利用此机会大量定购，授以全权以增进效率。许君第一次购机草约已定，政府宜早日批注，勿令友邦助我者失望。(《胡适中文书信集》第3册，19页)

同日　胡适在李国钦家过元旦。(据《日记》)

按，本年引用胡适日记，均据《胡适的日记》手稿本第 13 册，以下不再特别注明。

同日 徐芳致函胡适，述对胡适的爱意，希望胡适致函孙洪芬或徐新六，介绍其到中基会工作。（中国社科院近代史所藏"胡适档案"，卷号 1708，分号 5）

按，是年徐芳写给胡适的示爱信尚有多通。

1 月 2 日 胡适回纽约，到 N. B. Sergent 处吃晚饭。与张忠绂夜谈。（据《日记》）

1 月 3 日 新从欧洲来的朱懋澄来谈。电询翁文灏"政府改组的意义"。Professor and Mrs. Vladimir Gregorievr Simkhovitch 邀吃饭，饭后有演说。（据《日记》）

1 月 4 日 John Crane 来谈。同一班 G. T. Co. 的银行家聚餐，饭后有演说。与钱端升、张忠绂谈。（据《日记》）

1 月 5 日 郭泰祺来电询胡适何时去英国。严群来谈。到 Chow Mein Inn 吃饭，与王正廷、于焌吉同饭，遇 Miss Hilda Yen。（据《日记》）

1 月 6 日 John Crane 约胡适到其家中与其姊 Francis Crane 同饭，谈两小时。到旅顺楼会见李国钦与 McLensh、Ivens、Injersoll、Miss Hellman，谈制影片作宣传事。（据《日记》）

1 月 7 日 胡适复电郭泰祺：

Indecision due to desire remaining America as long as possible. What kind lectures are desired by Committee, academic or a general? May spend month March or May in England. Wire preference.

发电接受芝加哥"American Friends of China"讲演之约，以为西行之始。与许仕廉和 Dr. I. B. Grant 同晚饭。晚 11 点半上车赴克利夫兰。（据《日记》）

1 月 8 日 上午抵克利夫兰，Mr. Brooks Emeny 来接。午饭在 City

Club，听 Harry Elmer Barnes 演说"The Last Chance of Capitalism"。下午到 Emeny 家做客。到 Mrs. Newton D. Baker 家吊唁 Baker。(据《日记》)

1月9日　上午与 Emeny 一家出去散步。午饭有 Dr. & Mrs. Munro、Dr. Stoyan Pribichevich。晚饭在 Mrs. C. C. Bolten 家，同席有 Dozinsky、Dr. Sheppard。(据《日记》)

1月10日　上午，胡适与 Emeny 同到克利夫兰。12点到 Hotel Cleveland 赴 Foreign Relations Council's 会，胡适演说20多分钟，题为"China's Struggle for Freedom"，有答问。遇 West Reserve 大学校长 Dr. Leutner、Mrs. Prentiss。奥伯林校长 Wilkins 的助理 Dr. Wm. Fred Bohn 来接胡适同去奥伯林，住 Dr. C. H. Hamilton 家。晚饭同席者为 Dr. & Mrs. Bohn、Mrs. Wilkins、Dr. & Mrs. Craig。(据《日记》)

1月11日　午间，胡适在奥伯林的礼拜堂作15分钟的演说。与此间一班教职员同饭。Dr. Wm. F. Bohn 陪胡适游览奥伯林学院。Mr. Strong 陪胡适参观奥伯林的美术院、图书馆、化学室及神学院。Strong 与胡适长谈。下午4点半，胡适演说"The War in China & the Issues Involved"。夜回纽约。(据《日记》)

同日　胡适致电韦莲司小姐：抱歉必须赶回纽约，无法在绮色佳小停。会从纽约回 Gaskill 小姐的信。延迟的原因是想不出在一小时之内讲中国历史的适当题目。(《不思量自难忘：胡适给韦莲司的信》，215页)

1月12日　胡适返抵纽约。王正绪约胡适与 Mon. Jean Monnet 吃午饭，谈甚久。关于中国的抗战，胡适与 Monnet 均认为"除苦撑一途，已无他法了"。(据《日记》)

同日　陈布雷日记有记：胡适之等在美京几不可一日居，只得避纽约。(《陈布雷从政日记(1938)》，7页)

1月13日　与钱端升、张忠绂同去旅顺楼吃饭，约的朋友有 Lilian Taylor 等10人。(据《日记》)

1月14日　胡适往华盛顿，赴 Association of Progressive Education 的年会宴会，演说"Education for Peace or War"。会后，与 Lerner 久谈。(据

《日记》）

1月15日　胡适与旧同学 Carl Karsten 等同吃饭，久谈。到大使馆。张忠绂来谈。（据《日记》）

1月16日　中国驻美大使馆武官室郭德权诸人邀吃饭。探望 R. C. Mackay 夫妇。晚上，到大使馆贺王正廷之母生日。夜车回纽约。（据《日记》）

1月17日　看牙医。于斌主教来谈。（据《日记》）

1月18日　看牙医。到 Mrs. George Barbour 的父母家去吃饭。晚上到 Quill Club 演说。（据《日记》）

1月19日　郑天挺与蒋梦麟商谈临时大学迁昆明后之人事安排问题，拟以胡适为文学院长，周炳琳为总务长，潘光旦为教务长，黄子坚为建设长，吴正之为理学院长，方显廷为法商学院院长，施嘉炀为工学院长。（郑天挺著，俞国林点校：《郑天挺西南联大日记》〔上〕，中华书局，2018年，8页）

1月20日　胡适到华盛顿，赴大使馆茶会。赴 Mr. MacKay 的晚餐，有 Hamilton 夫妇、Adams 夫妇等。对 Hamilton 太太的"中国不幸不能继续忍辱谋和平"深感诧异。当晚回纽约。（据《日记》）

同日　胡祖望禀胡适，谈及学校已经决定迁往昆明，一般学生对战争都不悲观，等等。（中国社科院近代史所藏"胡适档案"，卷号678，分号1）

1月21日　胡适复函郭泰祺。看牙医。在王际真家午饭。（据《日记》）

1月22日　胡适决定西行。与钱端升、张忠绂两人谈，"他们都想回去"。（据《日记》）

1月23日　Robert W. King 邀吃饭，会见旧同学 O. E. Buckley。（据《日记》）

同日　午后2时，国际反侵略运动大会（即"国际和平大会"）中国分会假汉口市商会大礼堂举行成立大会，各界参加者极为踊跃。大会推定赴英参与2月11日大会代表团，由国内出发者，为宋庆龄、蔡元培；由国外参加者，推张彭春、李石曾、胡适、王景春、陆征祥、钱端升等多人。（次日之《申报》汉口版）

1月24日　上午去看牙医（是为最后一次）。到王际真家吃饭。10点

半上车，开始西行，钱端升、张忠绂、顾毓瑞夫妇、Mai Mai Sze 等来送。（据《日记》）

1月25日　午前到安阿伯，Prof. Robert B. Hall 与张沅长及中国学生多人来接。到 Prof. Charles F. Remer 家中吃茶，见着不少人，有讨论。6点到 Michigan Union，赴 Dinner Meeting of the Division of the Social Sciences，有短演说。（据《日记》）

1月26日　到 University Hall。见 Prof. I. Raleigh Nelson、Dean W. Carl Rufus，与 Loan Committee 谈中国学生救济事。与 Hayden 小谈；Dean Handman 与 Prof. Arthur Wood 来谈。Handman 问胡适："How would you characterize the Chinese Civilization?" 午刻赴 Rotary Club 午餐，胡适演说 "Chinese Youth"。4点，在 Michigan 大学讲演 "Democracy of Fascism in China?" 6点与中国学生会职员同饭，饭后为全体中国学生谈美国对远东的政策。散会后到张沅长家小坐，张夫人亲做春卷供客。11点上车赴芝加哥，Hayden 夫妇、Hall 夫妇来送。（据《日记》）

1月27日　早到芝加哥，住 International House。下午与 Miss Lucy Driscoll 同到 Mrs. Cyrus McCormick 家，赴 "American Friends of China" 茶会，演说 "Can China Survive?" 得张忠绂电，说他得家电不得不归，今日就走了。胡适记道：

他去年早因家事想走，我也不劝他留，后来他决定不走了。

端升总嫌没工可做，今年病后也想回去。

我对他们说：本来深知来此无事可做，无功可立，所以当时不肯来。既来了，必须耐心住下去，有事就做事，无事就留心研究。（据《日记》）

1月28日　胡适与 Prof. Charles William Morris 同吃中饭。谈他们计划的 Unity of Science 丛刊。到 G. T. Lanphorne 家吃茶。副校长 William B. Benton 夫妇请吃饭，胡适自邀的客人有 Prof. & Mrs. A. Eustace Hayden、Prof. & Mrs. Quincy Wright、Prof. & Mrs. William F. Edgerton、Prof. & Mrs. H. F.

MacNair。（据《日记》）

1月29日　10点访 Professor Charles Edward Merriam。11点多到 Oriental Institute 访 Herrlee Glessner Creel。到 Benton 处，见到校董 Paul Hoffman、Prof. Harold Dwright Lasswell，同去 Faculty Club 吃饭，大谈。访 Prof. Samuel Northrup Harper。4点半到 MacNair 家吃茶。7点半到 Quincy Wright 家吃饭，见到 Dr. & Mrs. Oswald Hope Robertson、Dr. & Mrs. Phillip Miller。饭后 Prof. Merriam 来大谈。（据《日记》）

1月30日　到 Bill Edgerton 家吃早饭。访 Phillip Miller 夫妇。到 Brent House 赴东方学生聚餐，听 Lasswell 演说。International House 晚餐，胡适演说 "Some Permanent Aspects of Chinese Civilization"。11点登车赴明尼阿波利斯。（据《日记》）

1月31日　10点，胡适到明尼阿波利斯，住 Curtis Hotel。Foreign Policy Association 主席 Phillip S. Duff 约胡适同会中诸位职员聚餐，胡适有小演说。晚5点，Duff 与 Joshi 接胡适同去 F. P. A. 晚餐，胡适演说 "The Issues Involved in the War"，最后指日本为 "Public Enemy No.1"，又说美国是 "Public Enemy No.2"，"Sins of omission are just as great as Sins of commission"。住 Duff 家。（据《日记》）

同日　韦莲司小姐致函胡适，认为胡适不仅属于中国，更属于整个时代和时代里的危局。又云："You belong to the whole world."又谈及：若胡适眷属来美国，自己的房子可以安顿他们，"没有任何事能比这件事更让我高兴"。（中国社科院近代史所藏"胡适档案"，卷号 E-383，分号1）

2月

2月1日　午刻，Professor Harold S. Quigley 邀胡适和明尼苏达大学教员会餐，会见 Dean Lord、Dean Miller 及 Prof. Corger 等20余人。3点半，为大学讲演，题为 "Nationalist China"。5点与中国学生会见。7点到 Quigley 家中晚餐，同席有 Dean Fracer、Professor Benjamin E. Lippincott、Lefkovitz，饭后久谈。住 Quigley 家。(据《日记》)

2月2日　早9点，Quigley 夫妇送胡适上车，往斯波坎。(据《日记》)

2月3日　晚上9点10分到斯波坎，华侨李者仁等八九人来接，Dr. B. H. Kizer 与其女儿 Caroline、Col. Walter S. Drysdale 也来接。住 Davenport Hotel。(据《日记》)

同日　胡适致函韦莲司小姐，告北美巡回演讲事，又忆及韦莲司小姐1933年在 Clifton Springs 火车站接自己，一起驾车从加拿大入境美国事：

> 我现在正在一个九千哩的旅途中，这次旅行是1月24日由纽约首途，要到3月15日康奈尔的演讲才结束。我出发时，并未完全计划好，但比我预计的要长得多。我要去 Spokane 和西雅图；西雅图是我原计划的终点。后来洛杉矶和加拿大方面也希望我去一趟。为了能从西雅图去旧金山和洛杉矶，再返回西雅图，从维多利亚进入加拿大，我必须延长旅行的时间。为了从太平洋岸的维多利亚和温哥华去参观加拿大国际事务研究所(Canadian Institutes of International Affairs)再到多伦多、渥太华，和东岸的蒙特娄，我得在加拿大境内停八九站。这次行程比我1936年的那次还长。(《不思量自难忘：胡适给韦莲司的信》，216～217页)

同日　胡适致函孙洪芬、叶良才、林伯遵，简告近期行程，又告不能赴香港参加中基会年会，若需要投票，则拜托徐新六代投。又云："我在外五个月，全无成效可言，但既已来了，却又有不能不多住一些时的需要。"(《胡适中文书信集》第3册，20页)

同日　胡适复函江冬秀，嘱江"不要去云南，且住上海"。又云，胡祖望要学航空机械，"自可可听他去罢"。又说自己身体、精神都好，"但是几时回家，我也不知道。大概是能住几时是几时；有事做就多住几个月；没有事可做，就只好回来了"。(《胡适遗稿及秘藏书信》第21册，443～444页)

2月4日　胡适会见新闻记者。Mrs. Kizer 与 Caroline 接胡适到 Eastern Washington College of Education 讲演"Conditions in China"。校长 Hargreave

邀胡适吃饭，席上有 Governor Martin 之夫人。饭后到 Lewis & Clark High School 演说，学生 2200 人皆出席。到 Kizer 家小坐。A. Rodier 来谈。7 点 50 分，Dr. Kizer 接胡适到 Civic Hall 演讲 "Issues Involved in the War"。接到中国驻英使馆回电："May preferred, letter follows."（据《日记》）

2 月 5 日　中午与此地商学宗教界领袖人物 20 余人同午餐，饭后有问答。后有雇役向胡适捐款：

> 散后我走到楼梯边，有一个白衣的雇役招我说话，他拿着三块银元给我，说要捐给中国救济。我接了他的银元，热泪盈眼眶，谢谢他的好意，他说："I wish I could do more." 他的名字是 I. E. Mauldin……我把这钱交给 Dr. Kizer，托他转交红十字会。我又把昨天所得的讲演费卅五元捐出，以陪衬此人的义举。

与 Univ. of Idaho 教授 Charles F. Virtue 谈。晚上与 Kizer 同在广播台用问答体广播。李者仁等约吃饭，饭后演说中国形势。Col. Walter S. Drysdale 接胡适住其家中。（据《日记》）

2 月 6 日　上午，胡适与 Col. Walter S. Drysdale 出去看雪景。下午到 Kizer 家。晚在 Central Methodist Church 演说，到者有 1200 人。夜搭火车赴西雅图。（据《日记》）

2 月 7 日　11 点 15 分，胡适抵西雅图。Herbert S. Little 来接，住 Hotel Edmond Meany。Professor Charles E. Martin 邀吃饭。4 点在 University of Washington 演说 "Issues Behind the Far Eastern Conflict"。7 点到 Martin 家吃饭。客人有 Mrs. O'Brien、Mr. & Mrs. Locke 等。（据《日记》）

2 月 8 日　Martin、Prof. Maxim von Brevern、Prof. Linden A. Mander 与胡适同去 Bellingham，到 Washington College of Education 演讲 1 小时，校长 Fisher 邀吃午饭。饭后同归西雅图。Brevern 到车站送行。晚赴 Puget Sound Group of the Institute of Pacific Relations 的晚饭，胡适有演说。（据《日记》）

2 月 9 日　胡适与 *The Seattle Star* 记者谈话。McClelland（H. T.）携其著作请胡适证明他的成绩，拒之。中午到 Sunset Club 去演说，谈中日 Cul-

tural Changes 之不同。下午青年会 Secretary Wesley F. Rennie 与教士 Ralph V. Conard、Earl Dome、P. Malcolm Hammond、Mrs. Harry Bell、Mrs. A. G. Todahl 来谈，他们要胡适指示他们对远东问题应采的态度。胡适说，只有三条路：国际合作、经济封锁、注重重新建立国际秩序。Dr. Eldon Griffin 来访。到 China Club 演说一点钟。到 Lew Kay 家小坐。（据《日记》）

同日　胡祖望禀胡适，自己将去上海探母，两个礼拜后去昆明。代转梅贻琦致胡适函一通。（中国社科院近代史所藏"胡适档案"，卷号 678，分号 2）

2 月 10 日　胡适到 Faculty Club 赴 Research Club，演讲 "Research Work in China"。约同 Martin、von Brevern、Pollard、Cole、Mrs. Davidson 吃午饭。与 von Brevern、Martin 同到 Tacoma 去赴 Foreign Affairs Forum 晚餐，演说一小时。（据《日记》）

2 月 11 日　Maxim von Brevern 来吃早饭，同去看 UW 校长 President Sieg。陆士寅领事邀去领馆吃面。赴大学社会科学研究生聚餐，有谈话。到刘吉祺家晚饭，饭后到 Moore Theatre 赴 China Club 主持的 Mass meeting（募中国救济捐），演说一小时。晚，登车离开西雅图。（据《日记》）

2 月 12 日　胡适到波特兰，华侨巫理庚、袁全、李廷栋、陈明东夫人等 20 多人以及驻当地中国领事苏尚骥来接车。Prof. Bernard Noble 来接胡适到 Reed College 午饭，有小演说，有问答。6 点半到 University Club、Reed College，校长 Dr. Keezer 主席，饭后演说一小时。7 点半 Prof. Noble 送胡适到车站。（据《日记》）

同日　胡适复函江冬秀，告自己不知道几时回家，"恐怕我要多住几个月，也许要住一年"。又云，"有些地方要我留在这里教书，我至今没有答应，现在正要考虑这些问题。旅费用完了，若要多住，必须先寻一个地方教书。现在旅费还没有完，可以不愁此事"。（《胡适遗稿及秘藏书信》第 21 册，445～446 页）

同日　胡适复函胡思杜，告：字体不要潦草，正帮其收集邮票。（《胡适遗稿及秘藏书信》第 21 册，447 页）

同日　陈布雷日记有记：夜接胡适之函告美国政策。(《陈布雷从政日记（1938）》，22页）

2月13日　7点，胡适到 Klamath Falls，因大风雪车阻12小时。（据《日记》）

2月14日　下午到奥克兰，住 St. Francis Hotel。黄朝琴总领事来访。（据《日记》）

2月15日　马如荣来。在黄朝琴家午饭。陈受康来。访 I. P. R. Office，与 Mr. Fisher 谈，与 Mr. Okai 谈。下午 William Holland 来访。胡适认为，此次中日战争的结局，不会是日本的撤退，"因为日本这一回走的太远了，不容易回头"。晚黄朝琴请 Chester Rowell 等与胡适同饭。（据《日记》）

2月16日　上午到 San Francisco Chronicle Office 看 Chester Rowell。访陈照不遇。与黄朝琴同饭。下午，马如荣来接胡适去 Berkeley，到 Dr. Lessing 家吃饭。饭后，胡适到 Wheeler Auditorium 讲演 "Scientific Research in China"。住 International House。孙治平来访。（据《日记》）

2月17日　上午，Owen Lattimore 和 Holland 夫妇来访。11点，访加州大学副校长 Monroe Deutsch，谢他约胡适来此教书的好意。与学生领袖二三十人同饭。下午，马如荣夫妇送胡适回旧金山。在领事馆，与华侨领袖七八人谈话一个多小时。在黄朝琴家晚饭后登车南行。（据《日记》）

同日　Charles R. Crane 致函胡适：很遗憾错失与您见面的机会，但我理解您正致力于重要的工作，很忙。我真正关注的是，您不应该错失机会会见在 The Ojai Valley 的 Krishnamurti，否则对您两位来说，都是很不幸的。（中国社科院近代史所藏"胡适档案"，卷号 E-165，分号1）

2月18日　9点到洛杉矶，张紫常领事与华侨代表十余人来接。住 Ambassador Hotel。10点到南加州大学讲演，von KleinSmid 校长主席。12点到 University Club 吃饭，饭后有演说与答问。在座者有 Pomona College 校长 Dr. Edmmud、Dr. von KleinSmid、Robert Hughes、Dr. von Kármán、Prof. Flewelling，及本地教育家、舆论家共30人。博晨光在座。3点半到 Pomona College，到博晨光家小坐。4点在 Pomona College 礼堂演说。到万

珍楼与华侨代表吃饭。(据《日记》)

2月19日　张紫常等来接胡适到 International Institute，与中国学生五六十人谈话一个多小时。胡适讲歌德遇国家大患难，爱莫能助时，每专心治一种离时局最远的学问。并劝他们暂时忘了现实，努力将来。von KleinSmid 接胡适到 Pasadena 的 Hotel Vista del Arroys，赴 World Affairs Assembly 大宴会，席后胡适演说"For a Better World Order"，"我的演说用猛药，因为此间来的人都是各地来避冬的要人，机会不可失也"。(据《日记》)

2月20日　萧叔宣来同吃早饭。Bernardine Fritz 派车来接胡适到其家。张紫常接胡适与华侨午餐，胡适演说，大旨仍是"打最不如意的算盘，作最大的努力"。晚登车去西雅图。复电韦莲司小姐，告大约14日抵绮色佳。(据《日记》;《不思量自难忘：胡适给韦莲司的信》，218页)

同日　胡思杜致函胡适，谈到向胡适问好的友人有胡刚复、黄国聪、陶小芳等。今天是大年夜，上海一声爆竹都没有。应小姐正帮自己补习英文等。(中国社科院近代史所藏"胡适档案"，卷号685，分号1)

2月21日　胡适致函江冬秀，谈近期行程，嘱江请人帮忙抄一份家藏书目寄来。若有合适的房子最好自己租等。(《胡适遗稿及秘藏书信》第21册，448～451页)

同日　马如荣托 Inglish Hosang 将其 Revolution and Politics in Modern China 一书的目录转交胡适，希望胡适能拨冗为此书撰写前言。(中国社科院近代史所藏"胡适档案"，卷号 E-284，分号4)

2月22日　下午2点，胡适抵西雅图，Martin 夫妇与 von Brevern 来接，同到 Brevern 家。(据《日记》)

2月23日　9点开船，下午1点15分到 Victoria，Dr. D. M. Baillie 和 Dr. Cassidy 来接，到 Express Hotel。受邀到 Dr. D. M. Baillie 家小坐。Dr. D. M. Baillie 送胡适到 The Left Book Club 讲演。到 Canadian Institute of International Affairs 吃饭，饭后演说"The Issues Behind the War"，有问答。到 Cassidy 家小坐。半夜船开，与 Lett 深谈。(据《日记》)

2月24日　早7点到温哥华，保君皞领事、John. N. Finlayson 来接。下

午，与 Finlayson 同游 Stanley Park。晚八点一刻，在 Finlayson 家开 C. I. I. A 的会，胡适演说"China Today"。(据《日记》)

2月25日　晚7点，胡适登车赴 Edmonton，保领事父子来送。(据《日记》)

同日　Clifton Fadiman 致函胡适：根据我们关于"Living Philosophies"的通信，请在函寄的合同上签字并寄回，您的评论最好不要超过 1000 字。我们会在 6 月 1 日之前将书寄给您。(中国社科院近代史所藏"胡适档案"，卷号 E-194，分号 2)

2月26日　晚9点，胡适到 Edmonton。Professor George M. Smith、Mr. R. Martland 与余荣润来接，住 The MacDonald Hotel。Professor Smith 来旅馆谈到半夜。(据《日记》)

同日　胡适复赵元任一明信片，知道赵身体已好，很高兴。问候赵元任一家及中研院同人。(《鲁迅研究月刊》2020 年第 2 期，49 页)

2月27日　余荣润来吃早饭。与 Smith 和 Martland 共进午餐。下午 3 点，为 Institute of International Affairs 谈话，有问答。6 点到 Purple Lantern 吃饭，饭后为华侨演说近日国难情形。晚 9 点等车，前往 Saskatoon.（据《日记》)

2月28日　早5点到 Saskatoon，住 Hotel Bessborough。C. I. I. A. 副主席 I. E. MacDermid 来小谈。与 MacDermid 同吃午饭，同席有 Dean McKenzie、Prof. Simpson、Prof. Britrell。下午访客有麦仲柏、陈藉扶。晚 6 点半，赴 C. I. I. A. 晚餐，席后胡适演说 1 小时，有问答。10 点上车。（据《日记》)

2月　胡适在其收藏的 *The Holy Bible: Containing the Old and New Testaments*（New York: American Bible Society）一书上作有题记一则："民国廿六年十二月，我在纽约，想翻读《新约》，买了一部《旧新约全书》。后来我的朋友 Edwin C. Lobenstine 在我的房里看见这本子，他去买了一部 *The Bible Designed to be Read as Living Literature* 来送我。这两本各有长处，应该对照着看。"（《胡适藏书目录》第 4 册，2357～2358 页)

3月

3月1日　晚6点到温尼伯市，E. J. Tarr 来接，住其家。饭后到 McWilliams 夫妇家中座谈。（据《日记》）

3月2日　早9点，Winnipeg Free Press 编辑人 G. V. Ferguson 来谈。Tarr 在 Manitoba Club 宴请胡适，陪客有 Richardson、Chester、Murray、Dafoe、Ferguson 及 Winnipeg Tribune 编辑 McTavish，饭后有问答。晚上到 Canadian Institute 演说，有答问甚久。散后与 Dafoe、Tarr 同到 Manitoba 座谈。（据《日记》）

3月3日　中午到 Canadian Club 吃饭，饭后有演说。下午与 Tarr 闲谈。晚6点半上车。（据《日记》）

3月4日　在路上。致电 Carter，吊 Pyke 之死。写信多通。（据《日记》）
同日　胡适致函韦莲司小姐，云：

> 东方的情况还是很糟。我们在打一场非常艰难的仗。
>
> 有30万的人经受着无家可归的痛苦。《纽约时报》说，有1亿的老百姓成了难民！这场仗才打了7个月！
>
> 这让我想起你我年轻时的日子，那时我们经常用年轻的理想主义的观点来谈〔第一次〕世界大战。昨天在温尼培格（Winnipeg）的会上，一个朋友介绍我的时候，念了我在《国际关系中有无替代武力之途径》中的一段话。这篇文章，也许你还记得，是1915年写的，1916年6月由国际绥靖会发表。
>
> 真奇怪，这段话即使今天听来仍有新意！多么愚蠢的世界，总不会从教训中学习！
>
> …………
>
> ……盼望在绮色佳再见到你，并希望在长途旅行之后，能在绮色佳略事休息。（《不思量自难忘：胡适给韦莲司的信》，219～220页）

同日　E. J. Tarr 有致胡适函。(中国社科院近代史所藏"胡适档案",卷号 E-356,分号 11)

3月5日　早7点40分到多伦多,住 Royal York Hotel。Mr. E. B. Rogers 来接。与 Mr. Stewart 同来吃早饭。1点10分,搭车去汉密尔顿,2点5分抵达,先到 McMaster University(Baptist)去为 International Relations Club 演讲,有讨论。晚到 Canadian Institute 演说聚餐,有讨论,到10点半始散。(据《日记》)

3月6日　早10点半从汉密尔顿回多伦多,住 Royal York。4点 Mr. Norman I. McLean 派其子 Bill 接去吃茶,遇 McKenzie、Glazebrook 等,久谈。8点,McLean 送胡适到 Glazebrook 家吃夜饭,同席有 Dr. & Mrs. Graham,久谈到11点始散。(据《日记》)

3月7日　早8点半起程到 London, Ont, Mr. A. G. Bisset 来接,住 Hotel London。见秘书 Byron A. Swayse。Mr. W. B. Yendall 邀去扶轮社吃中饭,饭后听 Dr. H. F. Lewis 讲"Conservation of Wild Life in Canada"。下午 Mr. Bisset 邀去参观 University of Western Ontario,见校长 Dr. Fox。6点前,C. I. I. A. 会长 Lt.-Col. G. H. Ellis 来接去 C. I. I. A. 晚饭,饭后胡适演说,有讨论。会散后,到 Ellis 家中,与 Ellis、Bisset 谈到半夜。(据《日记》)

同日　Emergency Committee for Far Eastern Students in America 的主席 Charles D. Hurrey 致函胡适:为 Chin Hu 突然返回中国的决定感到非常震惊,我们曾借给他60美元,我们已经写信给他在江西牯岭227号的地址,请其归还。(中国社科院近代史所藏"胡适档案",卷号 E-239,分号 6)

3月8日　*London Free Press* 主任 Ford 派记者 Eliot 来谈。Mr. Bisset 送胡适上车到 Windsor, C. I. I. A. 秘书 Keith Laird 来接。得 Professor Elissiéeff 信,要胡适在 Harvard 做一年的 Visiting professor。6点赴 C. I. I. A. 聚餐,胡适演说一小时,有问答。散会后,又与会员4人闲谈,到半夜上车睡。(据《日记》)

同日　陈垣致函胡适,询胡适是否参加今年的中基会年会,又谈及去年胡适主持召开辅仁大学董事会议时,曾拟议今年向中基会请款补助,请

胡适今年多多帮忙。又寄赠《旧五代史辑本发覆》一书。(《胡适遗稿及秘藏书信》第35册,39～40页)

3月9日　胡适抵多伦多,赴 Canadian Club 聚餐,有演说。饭后,与 Bishop W. C. White、I. M. Menzies 同参观 Royal Ontario Museum 的中国部分。晚赴 Hart House 出席 C. I. I. A. 聚餐。11点半上车。(据《日记》)

3月10日　早起7点3刻,胡适抵蒙特利尔。住 Mount Royal Hotel。与 Mr. Armstrong 谈,见着 Canadian Pacific Railway 的总理 Sir Edward Beatty 及副总理 Dr. Coleman。Armstrong 陪胡适游全市。中午赴 Canadian Club 演说。赴 C. I. I. A. 晚餐,饭后胡适演说,有讨论甚久。胡适对华侨求字甚不满,"到这时候,他们还不忘求名人墨宝,真不愧精神文明的子孙!"得张慰慈信,知顾湛然为国事奔走,在天津跌伤脑身死。(据《日记》)

3月11日　12时胡适抵渥太华,陈长乐总领事与 Mr. Bowman 等来接,住 Chateau Laurier。Bowman 邀胡适到议会午饭,会见议员 Paul Martin、Tucker、Miss McPhail。饭后 Martin 陪胡适参观议会,与总理 MacKenzie King 谈半小时。晚,到 Ridean Club,赴 Canadian Institute of Int. Affairs 的晚餐,胡适演说三刻钟,有很长的讨论。(据《日记》)

3月12日　Mr. Inch 邀胡适参观 League of Nations Union 办事处。一点赴 Canadian Club 午餐,Prime Minister MacKenzie King、女议员 Miss McPhail 均与会,胡适的演说甚受欢迎。与 Mr. T. A. Crerar(Minister of Mines & Resources)谈。与陈长乐同到 King 总理处吃茶。Mr. King 介绍见一位正给他雕像的青年美术家 Weiss,胡适记此次会见:

> Mr. King 说,他的学术生活习惯与他的政治生活不相宜:最苦的是事事想细细研究,而又不轻易相信助手所做的收集材料工作,故他早年的政治生活几乎使他病倒。近年来,他才利用公家研究机关的材料。他说,他从前只有书记,而没有助手。此病与我正相同!我所以不能干政治工作,一来因为要保存独立地位,二来因为此事与学术生活不相宜也。King 与我同生日。今年六十三,至今不娶。(据《日记》)

晚，在外交部 Mr. Keenleyside 家吃饭，见外交部副部长 Dr. Skelton 及他客，谈到夜分。（据次日《日记》）

3 月 13 日　陈长乐邀胡适吃中国饭，见着华侨首领数人。下午，赴 T. A. Crerar 家吃茶，见 Senator Lambert 等。陈长乐自述身世，甚感慨。半夜上车。（据《日记》）

3 月 14 日　11 点 10 分到水牛城，Mrs. Georgia M. G. Forman 来接。参观 Mr. C. Hamlin 的 Buffalo Museum of Science。Mrs. F. 请 Dr. & Mrs. Washburn、Spaulding 夫妇、Mrs. Evans 与胡适同吃饭。（据《日记》）

3 月 15 日　早 10 点上车，遇 Dean Richtmyer，同车谈到绮色佳。韦莲司小姐与叶君来接，住 Telluride House。到 Miss Gaskill 的中国史班上，为学生讲"宋儒"。预备次日的讲演，题为"Recent Discoveries of New Materials for Chinese History"。（据《日记》）

3 月 16 日　预备讲演，写了 6 个钟头。Professor W. F. Willcox 约了一些老教授陪胡适吃饭，谈远东问题与美国政策。到 Mrs. Martin W. Sampson 家吃饭，同到 Law School，讲演 1 小时。到 Miss G. E. Gaskill 家吃茶，见着 Becker、Mrs. Sampson、Clifford。胡祖望 19 岁生日，遥祝他有点成就。计此次出行共 51 天，在美国、加拿大共作 56 次演说。（据《日记》）

同日　Walter F. Willcox 函寄一份美国的外国政策之概要给胡适。（中国社科院近代史所藏"胡适档案"，卷号 E-377，分号 3）

3 月 17 日　韦莲司小姐陪同胡适访 Patterson、Prof. Maynard。Willcox 送来 James M. Bertram 的 *Crisis in China* 一本。到中国学生会作演说，是为胡适此行第 57 次演说，"真是收场白了"。韦莲司小姐、叶谦吉、王兴来送胡适上车，赴纽约。（据《日记》）

3 月 18 日　早 8 点半到纽约，钱端升、于焌吉、许仕廉来接。在旅馆中与王正廷大使同早饭。因不能参加中基会在香港的开会，故发一电与 Roger S. Greene，略贡意见。与钱端升畅谈。读 Secretary Hull 在 National Press Club 的演说，十分高兴。认为这与罗斯福总统的芝加哥演说有同等功能。（据《日记》）

1938年　戊寅　民国二十七年　47岁

3月19日　致电翁文灏。看牙医。(据《日记》)

同日　胡适复函顾维钧,谈及美国外交政策,"全在领袖手里"。引述他给蒋介石电报中的一段:"适以为海军合作进展到相当程度时,或尚有武装调停一阶段。此意我至今更相信为最可能之一阶段。比京会议是第一次调停。今后必有第二次调停,其方式将为挟海军(英美两国或美国一国)之力为后盾,然后开口调停。调停不成,则以海军封锁日本之进出口商务。如此则美国舆论必可运用作为美政府的后援,因为调停主和是美国舆论所不能反对的。调停而失败,则咎在日本,舆论必助政府。"又云:"最近英国政局之变更,欧洲政局之骤变,颇足影响美国政策之前途,故我在旅行途中甚为焦虑。"又认为,"英国不敢公然取袒日本之态度"等。(《胡适全集》第24卷,384~387页)

3月20日　胡适访牙医Dr. Fournier,邀他到Canton Village吃中饭。于焌吉总领事请吃饭,客人有刘维炽夫妇,胡适"实在不高兴,勉强吃完了就走"。N. Y. Times说国会中有人发起取消中立法案,胡适认为这是"好消息"。(据《日记》)

3月21日　胡适到I. P. R. Office与Carter谈。新西兰的Strachan夫妇来谈。与于焌吉同饭,饭后看Walter Disney的电影《白雪公主和七个小矮人》。拟长电致翁文灏,说"国际局势似将好转","因为徐州甚危急,故我发这打针之电"。(据《日记》)

同日　曹诚英致函胡适,谈及自己于去年12月到了重庆,今年1月到了成都,现为川大农学院农艺系特级教授,讲授遗传学。从曾景贤那里知道胡适曾为曾谋职事致函梅贻琦与朱经农。朱经农已经将曾介绍与湖南大学校长皮宗石,并在湖南大学谋到一讲师职位。又谈及曾追求自己事,而自己绝不会与曾结婚等。她对胡适说:"穈哥,你知道我是个什么人,你知道我是个重灵魂而厌恶肉欲的人,而且是个理智最强的人。"(中国社科院近代史所藏"胡适档案",卷号1763,分号2)

3月22日　胡适参加Dr. Cotin组织的National Committee on Medical Aid to China的事务所开幕茶会。与于焌吉、韩权华女士、孟治同饭。(据《日记》)

同日　卢逮曾致函胡适，告北平沦陷后北平、山东之伪组织先后来拉拢等情，又告周作人等附逆、孟森饮恨而死等；自己现在已逃离北平，希望胡适能转托翁文灏介绍工作以报国。（《胡适遗稿及秘藏书信》第40册，226～231页）

3月23日　胡适读小说 The Citadel（by A. J. Cronin），认为"此书甚好"。（据《日记》）

3月25日　下午，胡适访李美步女士。（据《日记》）

3月26日　胡适与李国钦同到纽约律师张天濬（乾濯，Jack King Chung）夫妇家吃饭。胡适谈北平协和医院的政策的决定问题。（据《日记》）

3月27日　胡适住 Glen Cove 李国钦家。（据《日记》）

3月28日　胡适回到纽约。与钱端升谈。写长信与翁文灏、傅斯年。（据《日记》）

同日　韦莲司小姐致函胡适，关心胡适的病（感冒和牙疼），希望胡适每天能在户外轻松一下，"你的美国家人很惦记你"。（中国社科院近代史所藏"胡适档案"，卷号 E-383，分号 1）

3月29日　胡适访 Dr. Stevens，谈韩权华事。抵华盛顿；到大使馆吃饭，客人中有霍恩贝克。写演讲"To Have Not and Want to Have"的大纲。（据《日记》）

3月30日　胡适访林行规。到美国国务院访霍恩贝克、Hamilton、McTray。胡适日记有记：

……毫无所得。Hamilton 的态度尤为□□。他说，这是中国人自己争生存的问题，必须自己尽力，别人谁也不能帮忙。我气了，我说："我们何尝不尽力！"小官僚可气也可怜！

到 Brookings Institute，访 Dr. Harold G. Monlton、Dr. Leo Pasovolsky 及 Dr. C. O. Hardy。梁友松、林霏来谈中国外汇问题。晚上与张彭春、钱端升到大使馆吃饭。与张彭春久谈。（据《日记》）

3月31日　上午准备演讲稿。与张彭春同饭。下午到费城，Mr. Charles J.

Rhoads 来接，住 Stratford Hotel。赴 College Chinese Scholarship Committee 的晚餐，饭后演说 1 小时。（据《日记》）

4月

4月1日　胡适到 American Academy of Social & Political Science 的年会听论文。赴年会晚餐，见着 Dr. René Seydoux、Mr. Henry F. Grady 诸人。年会第一场大会，胡适读"To Have Not and Want to Have"，颇受欢迎。与 Dr. Benjamin Wallace、Mr. Harold D. Gresham 谈。听 Leo Greben 读的"Self-Sufficiency and Imperialism"。（据《日记》）

胡适在"To Have Not and Want to Have"一文中说道：

What has happened in the world during the last seven years—ever since the first acts of Japanese aggression in China in September 1931—is nothing but this philosophy of force of the so-called have-not nations being ruthlessly but methodically tested out in actual application.

It is the purpose of this paper to point out that this philosophy is economically unreal, politically self-defeating and suicidal, and philosophically impossible....

……

As a philosopher, I may be permitted to venture a prophecy that the gravity of the world situation, the prevalence of international anarchy, and the frightfully costly wastefulness of "rugged individualism" in armaments and defense, will before long compel mankind to realize the futility of unorganized force, and to endeavor to revive, reform, and reinforce that world order which represented decades of idealistic thinking, and the destruction of which by the aggressor nations is now threatening to plunge humanity into the abyss of another world conflagration.

It is only in a world under some form of law and order that the have-nots and the haves may live in peace and prosper by sharing what they have.（中国社科院近代史所藏"胡适档案"，卷号 E-13，分号 42）

按，"外研社版"《胡适英文文存》第 3 册收入该文时，加了如下的摘要：

独裁者和侵略者为其武力哲学自我辩护，称国际社会的弱者必须为强者的利益作出牺牲。日本自九一八事变以来对中国的侵略就是这种武力哲学的代表。胡适从人口、资源、政治战略等角度分析，驳斥这种武力哲学在经济上是空中楼阁，在政治上是自欺欺人、自我毁灭，在哲学上也是不成立的。（该书 83 页）

4 月 2 日 胡适为出席 "The Position of the U.S." 一场，决定留一天，"结果很满意"：

这一场有三个人，第一个是 Theodore Roosevelt, Jr., 他的演说是孤立论，很不高明：此人本没有头脑，不足怪。次为 Lawrence Duggan, 讲 Good Neighbor Policy（Chief, Div. of the American Republics），很好。最使我高兴的是 Clark M. Eichelberger（of the League of Nations Association, 8, W. 40th St.）讲 "The Last Frontier"，他说 Collective Security 是美国的 Last Frontier；美国决不能孤立，亦无法可以孤立；他盼望美国用他的最大力量，出来领袖世界，消弭战争，重立一个新的 Society of Nations。最可喜的是听众对他的热烈欢迎，鼓掌之声最多最久。

教会中人 Mr. Barnes 与 Harold Butcher、郑领事，与胡适同吃饭，Barnes 谈罗斯福的远东政策。罗斯福认为美国调停远东的"时候没有到"，"We have to scare the Japanese off their pants. We have to force the bandits to a position until they can be scared and educated." Barnes 说，罗斯福的反日政策是由于他在哈佛大学时与一个日本同学同住，那人曾对他说日本的国策，而终身不能忘。（据《日记》）

1938年　戊寅　民国二十七年　47岁

同日　韩权华复函胡适，希望能与胡适一谈，欲到纽约拜会胡适。(《胡适遗稿及秘藏书信》第40册，559页)

4月3日　胡适回到纽约。与钱端升诸人同饭。晚上与林行规谈。改写在费城的演说。(据《日记》)

4月4日　胡适访曾友豪、许纯夫妇不遇。与林行规谈。写长信与中基会同人。(据《日记》)

4月5日　与林行规谈。写了几封信给钱端升带往英国，晚为钱端升饯行。台儿庄已失守，"此次徐州战事已近三个月，成绩虽不劣，然牺牲精锐太多，念念寒心"。Mrs. Charles J. Rhoads 寄百元支票来，"To be used in any way you think best for the wounded or sick or starving in China"。(据《日记》)

4月6日　胡适送钱端升登船赴英。曾友豪夫妇来谈。与潘学彰等8人（潘学彰、金希武、吴学蔺、张乔蔷、顾光复、曾炳钧、刘恢先、张树德）在旅顺楼吃饭，长谈。(据《日记》)

4月7日　胡适与林行规谈，与 Bernardine Fritz 谈。赴 American Bureau for Medical Aid in China 的晚餐，有演说。(据《日记》)

同日　胡适致函江冬秀，谈近期行程，又谈道："我现在还没有决定将来的计画，但我这几个月大概还在美国。"(《胡适遗稿及秘藏书信》第21册，452～453页)

同日　American Academy of Political and Social Science 的主席 Ernest Minor Patterson 致函胡适：得知您会寄上4月1日的演讲稿以刊载在 The Annals 杂志的7月号，请问您可以尽早交上吗？(中国社科院近代史所藏"胡适档案"，卷号 E-314，分号2)

同日　Clarence L. Senn 复电胡适：关于整顿编译委员会的建议已收到。请电传您的意见以便董事会参考。目前预算5万元，Tsun Chang 提议下年度同样数目。(中国社科院近代史所藏"胡适档案"，卷号 E-404，分号1)

4月8日　胡适函辞哈佛大学 Prof. Serge Elisséeff 前往做 Visiting Professor 的邀请：

The Propositions You intend to make to the Treaties are very generous. I am particularly attracted by the assurance of Dean Donham that the University can protect me from annoying propositions for outside lectures.

Unfortunately, after a full day's reflection, I have come to the conclusion that, as the war situation continues, I cannot conscientiously accept a position which is financially very comfortable and which at the same time imposes on me a moral obligation to devote my whole time to teaching and research. I am reasonably certain that I shall not have sufficient 'peace-of-mind' to do full justice to so generous an offer as you are going to suggest to the Treaties.

I am most grateful to You for this very kind suggestion which I shall long remember as one of the great honors I have received from Harvard.（据《日记》）

4月9日　胡适请牙医拔了一颗牙齿。与许仕廉同去李国钦家，与王正廷等打牌。Miss Robertson 来谈华人街子弟的教育问题。（据《日记》）

4月10日　杨钟健赠其所著 Mammal-Like Reptiles from Lufeng, Yunnan, China 与胡适。（《胡适藏书目录》第4册，2432～2433页）

4月12日　胡适在 Fletcher Pratt 著 The Navy: A History, the Story of a Service in Action 一书扉页上有题记："此书前几天刚出版，今天我已在旧书店里寻着他了。"（《胡适藏书目录》第4册，2470页）

4月14日　Roberta Lowitz 邀胡适吃茶。（据《日记》）

同日　陶行知读到胡适《秋柳诗》，反其意作《秋柳答》："这是先生自写照，诬吾献舞真冤哉。君不见吾鞭但一指，东风西风都滚开。"（《陶行知全集》第7卷，634页）

4月15日　胡适在345E. 77th吃饭，见着 Edgar Lee Masters，欢谈。（据《日记》）

同日　陆侃如、冯沅君致函胡适，告已离平抵昆，请胡适为其介绍云南大学教职。（《胡适遗稿及秘藏书信》第34册，638页）

1938年　戊寅　民国二十七年　47岁

4月16日　Robby来谈，同饭。（据《日记》）

4月17日　曾炳钧来谈。与林行规同吃茶。为卢逮曾写二信。复函Vice-President Monroe E. Deutsch，辞去U.C.的聘约。（据《日记》）

4月18日　与林行规同坐Harold Riegelman的车子（其书记Miss Eleef同行）去Albany，住De Witt Clinton Hotel。同去看State Constitutional Convention的主席Judge Frederick Crane。晚，与林行规同去Constitutional Convention旁听。此种Periodic修改宪法，是值得参考的。（据《日记》）

同日　曹诚英致函胡适，云："你怎么也不来个字儿？你在哪儿我也不知。你好吗？你在美做些什么事呢？自然我知道你是忙，而且国事如此，哪有心肠写不关重要的私信。但我却不能和你一样的大公无私，我可要数：'糜哥走了半年多了，一个字儿也不给我！'"又谈到自己哥哥和自己的近状。又谈及吴素萱在美国与胡适接触情形以及吴对胡适由不满而夸奖的过程。并说："糜哥，你要答应我以后不再和吴素萱、吴健雄接近，除了不得已的表面敷衍之外，否则我是不肯饶你的。糜哥，答应我说'不'！一定答应我！给我一封信，快点回我'不'！别人爱你我管不着，然而若是我的朋友，她们爱你，我真会把她们杀了。"又向胡适解释追求自己的曾景贤的情况，并说自己把曾当小孩子，因为他现在的处境太可怜了，自己为报恩，有爱护他的必要，然而等他环境渐好，他的痛苦渐减，自己会放弃他去。（中国社科院近代史所藏"胡适档案"，卷号1763，分号1）

4月19日　与林行规搭火车回纽约。看赫贞江（Hudson R.）的山水，想写一诗，竟不能成。到Bell Telephone Co.的Research部分，与Bob King诸人同饭，谈中国情形。到China Medical Board的会，列席旁听，Dr. Henry S. Houghton有报告。（据《日记》）

按，在台北胡适纪念馆藏"胡适档案"里，有一首《从纽约省会（Albany）回纽约市》，标注时间为"1938年4月19日"，诗云：

四百里的赫贞江，

从容的流下纽约湾，

恰像我的少年岁月，

一去了永不回还。

这江上曾有我的诗，

我的梦，我的工作，我的爱。

毁灭了的似绿水长流。

留住了的似青山还在。(《胡适手稿》第 10 集卷 3，289 页)

4月20日　与 Robby 谈。与林行规谈旧事，"检出去年八月初拟的和平解决中日问题方案旧稿，久不看此件了，今天我重看一遍，不胜慨叹"。应李美步女士之请，为纽约唐人街拟中国藏书第一目。(据《日记》)

同日　胡适致函韦莲司小姐，云：

在过去几天之内，我很坚定的辞谢了哈佛和加州大学明年请我去教书的聘约。我在回信中〔辞聘〕的理由是："只要战争继续，我不能安心的接受待遇如此丰厚的职务，〔要是我接受这份工作〕，我有道义上的义务全心全力的教书和做研究。我实在无法心安理得的接受这份待遇优厚的工作。"

…………

就如我以前告诉你的，演讲并非我兴趣所在，也不是我主要的工作。我的工作是研究国际形势，尤其是美国对远东的政策。我一天看 10 份报纸，并做剪报，和人们随意谈话。这份工作有些像历史研究也相当有趣。有些技巧就像历史研究一样！我向自己提出假设，并为自己求证。到目前为止，工作的兴趣支持着我，也经常让我很高兴！(《不思量自难忘：胡适给韦莲司的信》，221～223 页)

4月22日　胡适到费城，出席 The American Philosophical Society 的年会。此会外国人 31 人，远东会员只有胡适一人。

同日　加州大学伯克利分校副校长 Monroe E. Deutsch 复函胡适："已收到 4 月 17 日来函，我们理解您希望和自己的人民共同面对当今的国难，而不是躲离国难到美国的大学里教书。我们期盼在中国的国难结束后，您能再接受这项邀约。"（中国社科院近代史所藏"胡适档案"，卷号 E-174，分号 10）

4月23日　到学会年会。到 Bryn Mawr 赴 Charles J. Rhoads 夫妇之约，见到 W. W. Comfort 夫妇。赴年会年宴，胡适演说"Scientific Method and International Understanding"。（据《日记》）

4月24日　到南京馆，与中国学生谈国际形势。访 Prof. George Lincoln Burr。此老为博学之人，而终身不著书。晚 7 点回纽约。（据《日记》）

4月25日　胡适日记有记：

约陈翰笙兄谈。

极感觉孤寂。斐成先生住此地，我们常见面，常谈天，给了我不少的快乐。他今早走了，故我今天甚感觉难过。晚饭时，独自走出门，寻到他和我同吃饭的"俄国熊"小馆子，独自吃饭，真不好受！

孤单客子最无聊，独访"俄熊"吃"剑烧"。

急鼓哀弦灯影里，无人会得我心焦。

4月26日　胡适致电陈布雷，说自己与钱端升都主张此次国联理事会开会，英国提承认意大利在埃塞俄比亚主权，中国代表应投反对票。张仲述来谈。（据《日记》）

4月27日　胡适致函某君："我本是世界主义者，从不是一个民族主义者。……我们即使有自己的地位，至多不过受人怜悯的人，决不能抬头见世人，开口说响话。……此意应令青年人知道。"（转引自侯外庐：《揭露美帝国主义奴才胡适的反动面貌》，《新建设》1955 年 2 月号）

同日　胡适得傅斯年来电：Continue work in States. Don't accept American lectureships."朋友意皆与我相同，可喜也。"朱懋澄来谈。与张仲述谈，晚上同去看戏（Steinbeck 的 Of Mice & Men）。"我不大赴娱乐场，只是因为国家在破败状态。我们应该自己慎重，不可让人因我们而讪笑我们这民族

全无心肝。"（据《日记》）

4月28日　胡适到 Smith College Club 演说"The Chinese Renaissance"，胡适认为此种无关战事的讲演比直接的宣传为更有效。Julian Arnold 来久谈，同饭。E. H. Cressy 来谈。（据《日记》）

同日　Charles D. Hurrey 致函胡适：我们从孟治处得知他与您谈论关于 Chin Hu 向委员会借款 60 美元之事的谈话内容。又述 Chin Hu 借款的详细信息。我们为 2 月中 Chin Hu 突然返回中国，而行前又不给我们任何信息感到震惊，我们曾于 3 月 7 日写信请 Chin Hu 偿付此借款，但未获回音。有很多学生向我们寻求帮助，我们希望能够对他们做出回应，在这种情况下，如果您能够偿付我们这 60 美元，然后再从 Chin Hu 那里收回，我们就会利用这 60 美元帮助有需要的学生。（中国社科院近代史所藏"胡适档案"，卷号 E-239，分号 6）

4月29日　张纯明来谈。林熙天来谈。与 Robby 同饭。（据《日记》）

4月30日　任鸿隽致函胡适，长信告知中基会实际运作状况以及计划腹案。（《胡适遗稿及秘藏书信》第 26 册，625～628 页）

5月

5月1日　孟治开车邀同胡适与张纯明夫妇游 Fort Tryon Park。修改渥太华演说稿及费城哲学年会论文稿。（据《日记》）

5月2日　胡适读 Hubert Herring 的"Where Are You Going, Mr. President?"，这是一篇很详细的美国远东政策概述。重读 Andrew D. White 的"Cavour"，甚佩服 Cavour 的政治手腕。（据《日记》）

5月3日　胡适往韦斯利学院。下午两点到 Framingham, Prof. Leland H. Jenks & Prof. Proctor 来接，同车到韦斯利学院。在校中演讲"China's National Unity"。（据《日记》）

按，关于韦斯利学院演讲委员会主席 Leland H. Jenks 与胡适洽商此次演讲之事宜，可参考中国社科院近代史所藏"胡适档案"，卷号E-244，分号4、分号9。

同日　赵元任致函胡适，谈及中研院、西南联大及友人近情，下学年将到夏威夷大学做客座教授等。(《胡适遗稿及秘藏书信》第38册，428～431页)

5月4日　胡适到Framingham换车回纽约。与Dr. F. D. Lessing谈，他为胡适辞去加州大学的教职感到失望。到顾毓瑞夫妇处吃饭。饭后到International House演说"五四的故事及其意义"。(据《日记》)

5月5日　胡适访Edward C. Carter。在他家中看见Moteler编制的大地图。(据《日记》)

同日　胡适复函江冬秀，希望江搬家。希望江不要多打牌，要管教儿子或看书写字。又谈近几日行程，又云："我的行止计画，现在还不能定。教书的事，我很费踌躇，后来决心都辞掉了。这个决定是不错的。我不愿在海外过太舒服的日子。良心上过不去。"(《胡适遗稿及秘藏书信》第21册，454～455页)

5月6日　胡适得翁文灏询问行止的电报。胡适到杜威家吃饭，遇Alvin Johnson博士夫妇。(据《日记》)

5月7日　胡适看牙医。访王际真夫妇。李国钦邀往他家过周末，同去看电影 *Tom Sawyer*。(据《日记》)

5月8日　胡适与李国钦夫妇同游园林，其中W. R. Coe家的园子最好。在Mrs. Leeming家午饭。到Montclair的Rothchild家晚饭，见着爪哇来的陈泽炳。(据《日记》)

5月9日　胡适与孟治夫妇去看音乐剧 *Pins and Needles*。(据《日记》)

同日　David H. Stevens就Miss Han的进修问题致函胡适。(中国社科院近代史所藏"胡适档案"，卷号E-350，分号3)

5月10日　胡适到普林斯顿，住Prof. E. Corwin家，晚饭客人是胡适"自己挑的"，有Prof. Frank Fetter、Prof. Kemmerer、Prof. Earle、Porf. Elmer

Beller。此外有 Prof. Rowley & Prof. Carpenter。晚饭后，到 Graduate College，为政治院研究生谈中日问题，教员亦有十几人。（据《日记》）

5月11日　早饭客人有 Dr. Nancy Lee Swann。到 Rowley 处看他的中国画。Corwin 夫人陪胡适游览普林斯顿风景。在 Prof. Poole 家吃饭。饭后上车回纽约。到 Carter 家吃茶，见着 Chatham House 来的 Miss Cleeves。与 Roberta Lowitz 去看电影 Susan & God。（据《日记》）

5月12日　胡适到 Shelton Hotel 赴协和医校聚餐，Dr. Vincent 主席，席后有演说。胡适的演说意在安慰罗氏一系的人心。应校长 Dr. Wm. C. Dennis 的邀请，搭火车西行，赴印第安纳州里士满的埃尔默学院。（据《日记》）

同日　胡适致电蒋介石：王、许报告之美银行 2000 万元借款，宜促其即速签订。（《胡适中文书信集》第 3 册，28 页）

5月13日　下午 3 点到里士满，住 Richmond-Leland Hotel。Dr. Dennis 邀吃晚饭。晚 8 点，到 Institute of Foreign Affairs 会场，讲 "The Cultural Background of the Sino-Jap. Conflict"，有讨论。读 Times，知陇海战况紧迫，日本分十二路进兵，甚忧虑。（据《日记》）

同日　孙洪芬复函胡适，谈中基会及有关决议，又谈及胡适家人现况。（《胡适遗稿及秘藏书信》第 32 册，450～452 页）

同日　中国驻旧金山总领事黄朝琴函寄一张 64.48 元的支票与胡适，以偿付 1937 年 9 月 28 日、9 月 30 日与 10 月 1 日的电报费用。（中国社科院近代史所藏"胡适档案"，卷号 E-235，分号 7）

5月14日　胡适听 Dr. F. Wilhelm Sollmann 讲 "Inside Germany"，听 Dr. Fred K. Nielsen 讲 "Recent Tendencies in the Application of International Law"。胡适讲 "Issues Behind the Conflict"。Dr. Sollmann 讲 "From Versailles to Vienna"。与 Dr. Dennis 稍谈，他是 Quaker，故反对美国牵入战争。（据《日记》）

同日　陈布雷日记有记：胡适之来函，为借款事，即以原电转孔院长。（《陈布雷从政日记（1938）》，70 页）

1938年　戊寅　民国二十七年　47岁

5月15日　搭公共汽车到辛辛那提，Prof. George B. Barbour 夫妇来接，住其家。见到 Prof. H. Vinacke 与 Dean Merton Hubert。与中国学者张铭（制革）、樊海珊（外科）谈。Barbour 陪胡适游览山水。晚饭客人有 Dinsmore 夫妇、Esky 夫妇、Prof. Gardner、Dr. & Mrs. Mills。饭后来的客人有 Prof. Gale Lowrie、Dr. Chandler、Hessler 夫妇、Prof. Clark，谈到夜深始散。报纸载日本兵的一路已截断陇海路的一段。与 Vinacke 谈美国政策。（据《日记》）

5月16日　胡适到 Univ. Union 午饭，Barbour 先生约了 Dean Schneider、Dean More、Prof. Fenneman、Prof. McGrane、Prof. Roclop 同餐。到 Vinacke 的外交政策班上谈1个半小时。Hubert 约晚饭。同席有 Prof. Hewert、Mr. Bagmaster。夜车回纽约。（据《日记》）

5月17日　下午，胡适回到纽约。（据《日记》）

同日　Edward C. Carter 函谢胡适寄赠 The 37-volume geography of Soviet Russia 的剪报。（中国社科院近代史所藏"胡适档案"，卷号 E-146，分号1）。

5月18日　胡适访杜威先生。冀朝鼎来谈，他要胡适为 *Amerasia* 写书评。打电话与 Paul Schuman 夫妇，"甚快慰"。（据《日记》）

5月19日　胡适读 Lederer 的书。与张仲述同到江易生家吃中国菜。英国外交部国际贸易司长 Ashton Gwatkin 来访谈。他说：英国不会卖中国。（据《日记》）

同日　William H. Kilpatrick 致函胡适，请胡适支持 Yu Sui-wen 申请奖学金以在美国进行中国研究，又介绍并称赞 Yu Sui-wen 的研究才能。（中国社科院近代史所藏"胡适档案"，卷号 E-254，分号6）

5月20日　Mrs. Jones 来谈到 Quakers General Conference 讲演的事。访 Paul Schuman 和他夫人 Carmen Reuben。同吃饭的有同学俄国人 A. Bodansky。（据《日记》）

同日　胡适函谢 John Story Jenks 之5月5日来函以及100元支票（中国社科院近代史所藏"胡适档案"，卷号 E-244，分号4）。又云来函中提到的自己在韦斯利（Wellesley）的演讲，本打算讲"National Unity and Nationalism in China"，但因为时间的关系，只讲了"National Unity"。胡适又说：

... I mentioned 3 new factors:

1. a new political centre of gravity.

2. a new physical basis.

3. a new set of national activities and ties.

I had in mind a 4th factor which was to be the second half of my talk, — a new dynamic force, namely, nationalism, as what you have called a "new focus of integration".

The great thinkers of the pre-Empire day were not strictly nationalistic. Confucius, according to Mencius, made a distinction between leaving his own state of Lu and leaving any other state. He would leave Lu "with reluctance", but that did not prevent his seeking opportunity to carry out his teaching elsewhere. Mencius himself made a sharp distinction between Hsia (North China) and Yi ("Barbarian" south), a distinction nearest to a racial and cultural Consciousness of ancient China.

Nationalism is essentially negative and irrational. It is negative in the sense that it is always anti-somebody, is resistant to an outside danger. Irrational in the sense of opposed to the commonsense attitude of leaving misrule and flocking to better government, irrespective of race and nationality. (We do not belittle a Scandinavian emigrant for deserting his fatherland and becoming an American citizen.)(incomplete)(中国社科院近代史所藏"胡适档案",卷号 E-98,分号 7)

5月21日　Mrs. Charles R. Crane 来谈。Mr. Foster Bain 约吃饭,欢谈。中国驻渥太华总领事陈长乐来谈。晚上为清华、南开同学讲话,"要他们不必太悲观"。胡适日记记与 Forster Bain 谈话:

……他与在君最相得,故我们谈话甚亲切。他与 Aikawa 相知甚久,颇敬爱其人,故受他的影响,以为中国必须与日本携手,使日本发展中国。他以为日本可与中国讲和,"满洲"华北都成中国人独立国,在一定时间之后仍归还中国。我怕他影响银行界的人，故极力为我说明他的主张决不能实现，日本决不肯在一定时期后把华北"满洲"归还中国。

我老实对他说，我虽是国际和平的信徒，但我预料日本必难幸免大祸，必弄到海军消灭，降为三等国而后已。此是日本的自杀，但不能幸免。

5月22日　胡适致信Dr. Foster Bain，劝他不要误信Aikawa的话。与英国学者Professor C. G. Seligman夫妇、Dr. Heine-Geldern同午饭。访Robby。访Dalton School的校长Miss Parkhurst，共进晚餐，会商毕业讲演之事。（据《日记》）

5月23日　胡适与Miss Lowitz同吃饭。晚上听Professor Seligman讲演"The Roman Orient and the Far East"。（据《日记》）

5月24日　青年会萧君邀胡适吃饭。到哥伦比亚大学，见着Prof. Cyrus H. Peake，谈杨鸿烈困在日本的事。与Peake、Goodrich、王际真谈。与张彭春、于焌吉同吃晚饭。写红十字会的广播词。（据《日记》）

5月25日　General Frank McCoy派车来接胡适，渡到Governors Island，见着McCoy夫妇，同饭客人为W. Cameron Forbes。饭后回纽约，到Harvard Club，会见Prof. Rusk，谈Emerson传记事。晚上赴Mrs. Murray K. Crane家开China Institute理事会，会后吃饭，有Col. H. L. Stimson及王正廷等。（据《日记》）

5月26日　Red Cross打电话来要改动演说词，胡适不允。Robby来吃午饭。陶行知来访。到Charles R. Crane家吃饭。到WOR广播台，与George E. Sokolsky同广播。（据《日记》）

胡适在演讲中说：

On January 24th, President Roosevelt sent a letter to the American Red Cross, requesting that organization to appeal to the American people to contribute to a "good will offering of as much as perhaps a million dollars" for the relief of Chinese civilian sufferers in the war.

Four months have passed since the President's first appeal. During these months, I have traveled across the length and breadth of the North American Continent, and I can most truthfully testify that the American people everywhere are 100 percent sympathetic with China and her people in their great need.(《胡适未刊英文遗稿》,71页)

按,《胡适未刊英文遗稿》收入此讲演时,编者所加提要说:
在演说中,胡适提到一.个感人的小故事:"二月的某一天,我从华盛顿州斯波坎市一个旅馆的餐厅出来,一个侍者拦住了我,给了我三块钱,说:'我要把这三块钱捐给中国。'我还来不及说什么,他接着说,'但愿我能多捐一些。'我感谢他的时候,想到对一个穿着白色制服,领周薪的侍者来说,这三块钱是多么的不容易啊,我流泪了。"

胡适说,这件感人的小事只是无数美国人民对苦难的中国人民表示同情和支持的一个例子。(《胡适未刊英文遗稿》,70页)

同日 王景春致函胡适,云:希望您将"What Korea Pays for Japanese Rule"一文(刊载于 1938 年 6 月号的 *Pacific Affairs*)译成中文,并在中文报刊上广为发表,那样就会使更多的中国普罗大众认识到:假如日本能战胜我们的抵抗,我们将面临什么样的处境。此文是如此重要和生动,它应该让更多的中国人知道。这事应该让最合适的人来做,所以冒昧给您写这封信。(中国社科院近代史所藏"胡适档案",卷号 E-369,分号 1)

5 月 27 日 Bert Anderson 从纽黑文来,与 Dr. Fournier 同来谈。Anderson 家世奉宗教甚笃,听胡适自称是无神主义者,使他的思想起大变化;Fournier 买了一本 *Living Philosophies*,要胡适题字,胡适写:"You have saved my teeth, but I have saved your soul."(据《日记》)

5 月 28 日 李国钦夫人邀胡适与张彭春、张天潜夫妇到 Glen Cove 玩 3 天。(据《日记》)

5 月 30 日 夜回纽约,得翁文灏、傅斯年电报(中国社科院近代史所

藏"胡适档案",卷号404,分号48),要胡适赴英国,并出席在苏黎世举办的史学会。(据《日记》)

5月31日　胡适复电中央研究院和翁文灏。看牙医Fournier先生,照了两张X光照片。阅报知武汉各政府机关准备搬移,"使我心更烦"。(据《日记》)

6月

6月1日　胡适看牙医Fournier,写第二天的讲演稿。(据《日记》)

同日　辛辛那提大学McMicken College of Liberal Arts院长George B. Barbour函介胡适:一位对中国农业研究有兴趣的德国科学家Ehrenfried Pfeiffer现在美国,希望胡适能会见此人。如果胡适不想会见此人,拜托指定一位可以与之见面或者通信的人。(中国社科院近代史所藏"胡适档案",卷号E-124,分号3)

6月2日　胡适到Dalton School作毕业讲演,题为"Values to be Cherished"。(据《日记》)

同日　胡适复函江冬秀,告自己除了牙痛身体都很好。请江尽早搬家。书目不必抄了。4月中已决定把美国教书的事全部辞掉。7月13日去英国,然后,"大概还是回到美国来,再住几个月。现在还不能十分确定"。(《胡适遗稿及秘藏书信》第21册,456~457页)

6月3日　Nathaniel Peffer来谈。与Brodie吃饭,他谈Ch. R. Crane所创立的Institute of Current Affairs的历史与用意。探视Mr. C. R. Crane的病。到Dewey先生家欢谈。Crane送了一大包"Desert Gold" grapefruit。(据《日记》)

6月4日　胡适到International House,赴高丽学生年会聚餐,有演说。(据《日记》)

6月5日　胡适到Paul Monroe家做客。到西点军校看阅兵典礼。(据《日记》)

6月6日　胡适看牙医。发一长电与陈布雷，"请政府注意外交方略"。（据《日记》）

同日　胡适致函傅斯年，谢劝勿就教书之聘，现已辞去所有聘请。决定7月13日赴英。可出席8月苏黎世之史学大会。"到英国后，我的行止如何，颇难决定。私心颇想于十月初回到美国，再住几个月。虽然未必有所作为，总想他人在此强些。但心里总觉得像个'逃兵'，未免有归思。"认为此时局势实最危急。日本大概知道苏俄决不出兵，故敢抽调驻满军队；美国有决心，"但牵掣的因子亦不少"（如欧洲之变局、国会大部分改选）。又云：

最重要的是在我自己要定外交政策。你们在国内必须十分努力此一点。政府没有外交方针，我们在外的人有什么话可对负责人说！故当此危急之秋，必须有一个灵敏的外交中枢，必须有一个根本的外交方针。今日正当充分运用外交，而我们毫无所动作，致命之伤在无此二事。此一点，我去年在南京曾对你们几位说过：中枢没有方针，在外的使节全无所适从，虽有圣智之人亦无能为力。……今日在外之人，如王正廷之流，日夜所作，无一事是外交——如借款买械，如捐钱，如宣传，皆不是外交。此辈不足责，中枢不能主持一个外交方针，使节有何外交可办！

今日之事，只有苦撑下去，以待国际变化。……（王汎森：《史语所藏胡适与傅斯年往来函札》，《大陆杂志》第93卷第3期，10～11页）

同日　Charles D. Hurrey 致函胡适：附上您代 Chin Hu 支付60美元借款的收据，希望您能从 Chin Hu 那里收回这笔款子。很高兴能聆听到您6月4日晚上的演说。（中国社科院近代史所藏"胡适档案"，卷号E-239，分号6）

6月7日　胡适电贺 Paul Monroe 69岁生日。发电与 Greene、钱端升。写长信与钱端升。（据《日记》）

6月8日　胡适日记有记：今日实在忍不住了，晚上写长信与某公，此为第一次作"秦庭之哭"。

6月9日　胡适看牙医。（据《日记》）

1938年　戊寅　民国二十七年　47岁

6月10日　胡适得陈布雷电,"九月后仍请留欧美"。(据《日记》)

6月11日　胡适探视 Robby 的病。(据《日记》)

同日　江泽涵致函胡适云,自己和校长、饶、周看到胡适的信后,才觉得前途没有绝望,心里舒服多了。不过近来战事很不顺利,汉口已受威胁。述近况,已将胡适的薪水代领出来转给江冬秀。胡祖望拟进航空学校,因江冬秀反对和他自己身高不及格,也就没有去。(《胡适遗稿及秘藏书信》第25册,164～166页)

6月12日　胡适与 Lowitz 同吃饭。到 Great Neck 访杜威于其儿子 Fred 家。与杜威同回纽约。(据《日记》)

6月13日　胡适请 Dr. Johnson 诊察眼睛。香港大学的 L. Forster 来谈。Mr. Charles R. Crane 请他的画师朋友 Mr. F. Zakharov 为胡适画像。(据《日记》)

6月14日　胡适到杜威家吃饭。(据《日记》)

6月15日　胡适探视 Robby。Col. Theodore Roosevelt 邀吃午饭,要胡适为《论语》作一新译本。Malvina Hoffman 邀夜饭。她曾为胡适雕像,在 Field Museum 陈列,但胡适不喜欢那像。(据《日记》)

6月16日　Mrs. G. H. Rublee 邀吃饭,久谈。Dr. Fournier 邀胡适与 Mr. Cyr 同饭,久谈。晚赴"一碗饭"募捐大会。(据是日及次日《日记》)

6月17日　胡适看牙医。(据《日记》)

同日　太平洋国际学会主席 John Wesley Dafoe 致函胡适:鉴于太平洋学会的几位成员任务繁重,很难找到合适的时间和地点让所有成员都能出席,因此今年不打算举行会议。(中国社科院近代史所藏"胡适档案",卷号 E-170,分号1)。

6月18日　国民政府公布国民参政会参政员名单(共200名),胡适名列其中。(次日之国内各大报纸;又可参考中国社科院近代史所藏"胡适档案",卷号2023,分号1)

同日　W. Cameron Forbes 函邀胡适去做客。(中国社科院近代史所藏"胡适档案",卷号 E-199,分号6)

6月19日　胡适为 E. R. Hughes 的 *The Invasion of China by the Western*

World 和 Emil Lederer 的 *Japan in Transition* 所写书评写完，共费四整天。（据《日记》）

6月20日　Institute of Current Affairs 的主事者 Walter S. Rogers 邀胡适吃饭，久谈，甚快慰。"此人甚有见解，他办此会，不求速效，只求有相当人才，能作长期研究，此意甚可法也。"接受 Paul Monroe 到法国的 Dinard 讲演的请求。Chatham House 来一电，要胡适作公开讲演。（据《日记》）

6月21日　杜威邀胡适与 Robby 同饭，久谈。（据《日记》）

同日　胡适被任命为国民参政会参政员（任状号数：110）。（台北"国史馆"藏档，全宗号"国民政府"，档号：00103200041042）

6月22日　是日为画像最后一次，与 Robby 同去看。瑞士人 Ehrenfried Pfeiffer 来谈。（据《日记》）

同日　任鸿隽致函胡适，告：编译委员会留下，但预算稍有被砍；列举三样编译委员会急需进行之事。编译委员周作人已经附逆。国内战事已到了焦苦的关头，等等。（《胡适遗稿及秘藏书信》第26册，629～631页）

6月23日　李国钦来谈，告知国内形势，令人叹息。与冀朝鼎、Mr. Jaffe 同吃饭。请王正廷、于焌吉、王正绪夫妇、李国钦夫妇及诸友在 Canton Village 晚饭。写明晚的演说稿。（据《日记》）

6月24日　Dr. A. Stampar 来吃饭，谈国际形势。到唐人街，为一班土生中国男女青年演说。到 Columbia Broadcasting Network 广播"What Can America Do in the Far Eastern Situation"。听罗斯福总统广播。

胡适在"What Can America Do in the Far Eastern Situation"中说道：

…What China expects of America—indeed what the whole civilized world expects of America—is an active and positive leadership for international peace and justice, a leadership to prevent wars, to call a halt to aggressions, to plan and cooperate with the democracies of the world to bring about collective security, and to make this world at least safe for humanity to live in. （中国社科院近代史所藏"胡适档案"，卷号 E-13，分号 40）

按，此讲演又收入"外研社版"《胡适英文文存》第 3 册，有编者所加摘要如下：

胡适分析抗战爆发以来远东形势三方面的发展：(1) 中国将血战到底；(2) 美国对中国抗战的同情愈加强烈和清晰；(3) 美国政府声明将为维持和平、重建秩序付诸积极行动。胡适慨言，以血肉之躯对抗飞机大炮，终究悬殊过大，中国有精疲力竭的危险，大声疾呼国际社会特别是美国加快维护和平的积极行动。（该书 93 页）

6 月 25 日　胡适得 Chatham House 回电，仍要胡适 10 月 11 日演讲，只好更改回美洲的日期。与 Miss Lowitz 同到 Longchamp 吃饭。下午为许亚芬、杨绍震证婚。（据《日记》）

同日　胡适致函韦莲司小姐，请转交一张 240 元的支票给 Liu Tien，并请代向 Stevens 博士致意；另及在唐人街"一碗饭"餐会中见到 Duncan。（《不思量自难忘：胡适给韦莲司的信》，226 页）

6 月 26 日　杜威、Robby 同来，与胡适共早饭。杨绍震来谈。（据《日记》）

同日　胡适复电陈布雷："当遵命九月后留欧美。惟阳电所陈外交应有方略，此事万不宜忽视。适因阳电未蒙示复而心虑国势困难，故于九日曾密痛陈美京领袖，欲救中国应于我抵抗力未衰竭时发动，不可太缓，径夜向全国广播亦本此旨。罗总统日内出巡，闻卅日在纽约演讲或将有重要表示。"（《胡适中文书信集》第 3 册，31~32 页）

6 月 27 日　胡适到 Cape May，N. J. 赴"Friends' General Conference"。胡适的讲演题为"Force & the World Order"，大意谓：

……"不抵抗"之旨必须假定一个更高更有力的秩序（order）的存在，否则无根据。

如老子能深信天道无为而无不为，"有司杀者杀"，"天网恢恢，疏而不失"，故能持不争之说。

如耶稣能信一个全仁全能的上帝，能照管田间的野花，与林中的麻雀，则"不抵抗"之旨自然有理。

> 今日之问题不是暴力与不抵抗的问题，而在如何组织力量（force），使他成为一种有力的秩序。（据《日记》）

日记又记：

> 住在海滨一个旅馆，海潮终夜打岸，使我十分难过，使我想起在君和我两次在海滨避暑的生活，此乐何时再得耶？

6月28日　胡适主持一个讨论会。Mrs. H. H. Brinton 邀胡适同车到 Pendle Hill, Pa.。为当地学生50人作短演说。从 Wallingford 搭车到费城，换车回纽约。（据《日记》）

同日　胡适致函韦莲司小姐，沉痛哀悼 Burr 教授：

> Burr 教授突然去世让我大震惊。我永远忘不了过去这么多年来他对我的爱护。我在费城看到他，他正在整理行装准备回到他所热爱的纽约来。他说打算去 Pasadena 的 Huntington 图书馆去完成他的工作。他最后〔跟我说的〕话是容忍比反叛重要，虽然容忍没有反叛这么耀人眼目。这样博学而又包容的学者，死后竟没有留下主要的著作，这真是人文学界的一大损失。（《不思量自难忘：胡适给韦莲司的信》，225页）

6月29日　胡适得霍恩贝克一信。分别致电钱端升、郭泰祺、顾维钧。与 Miss Lowitz 同游郊外。（据《日记》）

6月30日　胡适日记有记：

> 下午四点上车，又孤身行旅了。
>
> 预备演说。
>
> 读 Sir Norman Angell 的 "An Appeal for Peace with Honor"，甚感动。
>
> 大战以来，"Peace at Any Price" 的主张最有力，其原因不仅在厌战的心理，而在 Marxism 之唯物史观。许多妄人以为战争皆由于经济的动机，故不认战争有金钱以外的动机。和平主义从而和之，从而利

用之，故二十年为主义而战的老话就成了一种被人冷笑的迷梦了。

Angell 之论似有意避开此点？但其言实中要害，他仍是那机［样］老而益壮的理想主义者！

7月

7月1日　胡适抵 LaSalle St. 站，董霖等来接。到中国基督教学生大会，为他们讲 "National Crisis & Student Life"。Dr. Ernest Price 夫妇邀吃饭，有吕总领事夫妇及 Professor McNair 夫妇。（据《日记》）

胡适演讲大要：

第一，我们必须清楚地了解这个国难实在太大了，像这样深巨的一个国难，我们个别地所能做的太渺小了，即使是一个小的团体吧也未见得有甚贡献。

……真正需要的乃是国际的行动来恢复远东的和平。这为我们所能合法地期望的。这才是阻止战事之积极行动。然而这个，你与我却是无能为力的。

让我们彻底地认清楚这次战争并不是一件偶然的事，我们的损害与遭遇也并非是出于意外，这是早为每一个人以至包括我们自己所预料到的。我们受摧毁的主因是那样根本，致使我们无可否认。这个根本原因就在于我们的落后，教育上落后，科学上落后，实业上落后，技术上落后，以至于军备上的落后。现代战争是一个机械的战争，一个科学化与技术设备的战争；这是一个社会与政治的组织之战争，一个教育程度与行政管理的战争。

我们都知道这个原因，然而我们都不承认这个原因。只有一少部份人敢于承认这个原因，倘使我们说战争会有胜利，我们便是缺乏智慧上的诚实。……战争不能也不会转变我们落后的水准，而只会增加

这落后。这次战争对我的落后是一个严厉而惨酷的惩罚。它证明着和昭示着我们的落后给予全世界的人看,至少这使我们自己比从前看得更其清楚了。纵使战争胜利了也并不会给我们造成一个强国。我们的落后依然如故,而这破坏,这糜烂,这惨遇,将使这个落后变为更其落后了。

同时更须切记的,这是一个长期战争,参与"满洲"事变阴谋的板垣很明白这个情势,他尝断言这次战事会延长到十年或者二十年。假令没有国际的行动,这个战争就不会有结束的一天。因而我们这个战争决不能在短期内结束。即使这个战争是过去了,而那对付贫穷、疾病与普遍地落后的战争一定是一个更长更艰苦的战争。

但是这些却都不应归结到失望上去。中国的古训道:"治七年之病,可求三年之艾。"准备我们的未来是决不会太迟的。在眼前去准备立时生效的事情是太迟了,但是为未来而准备,你是决不会不及的。现在正是苦干的紧急时期,不要懊丧,懊丧只会领你到绝处去,惟有苦干才将导你以出处。日人是愚蠢的,他们知到这个,然而在他们的初级课本之第一课上他们就得学学一个龟与兔竞赛的课程。这个锦标的获胜者是龟而不是兔。如果你不把兔的速力放在龟的勤勉上,你就寸步难行了。……(《战时南路》1940年第1卷第5期,228～229页)

同日 A Movement for World Christianity 的行政秘书 Fred Atkins Moore 致函胡适,进一步确认今早在 Brent House 谈及胡适 1938 年 11 月 6 日为 The Oak Park Community Lectures 演讲事。信中说:此次演讲,恰逢第一次世界大战结束 20 周年。阁下不仅是作为在这危急时刻的中国的代言人,而且也将作为世界公民与文明的代言人。若阁下同意接受此邀约,建议阁下以 "China's Problems and Possible Future" 或 "The Crisis in Civilization" 为题。将会致赠酬金。也请提供个人简介与照片。(中国社科院近代史所藏"胡适档案",卷号 E-302,分号 5)

7月4日 黄汝琪来谈,同吃早饭。吕子勤领事来送胡适上火车。抵安

阿伯，Prof. Robert B. Hall、张沅长、张瑞与其夫人丁文莹、王如玉等人来接。（据《日记》）

7月5日 下午4点，胡适开始第一讲"The Political Thought of the Classical Schools of Ancient China"。见到Charles Martin夫妇，甚亲切。（据《日记》）

7月6日 胡适讲第二讲"Social and Political Development in Medieval China"。到中国学生会，为他们作抗日一周年演说。胡适认为，一年抗战的结果有三事可说：我们自己抗战的能力，超过预算；国际的援助，超过预算；日本的弱点暴露之速，超过预算。（据《日记》）

7月7日 下午讲演。Prof. Robert B. Hall夫妇约吃饭，客人有Nelson夫妇、Dr. & Mrs. Woods、Ingliss夫妇。（据《日记》）

同日 Clarence L. Senn将司徒雷登给他的信的副本以及司徒雷登给汤尔和信与备忘录的副本寄予胡适。这些文件谈及国立北平图书馆遇到的困难，提到"新民会"从中掠走书籍、报纸与杂志。（中国社科院近代史所藏"胡适档案"，卷号E-339，分号6）。

7月8日 胡适与Cornell中国学生俞镇等4人谈。Robert Bartlett来谈。Prof. Hayden介绍Captain Stanton Babcock, Jr.来谈。作第四次讲演。张瑞夫妇送胡适上车，张沅长、王如玉来送。（据《日记》）

7月9日 早6点，胡适到马萨诸塞州匹兹菲尔德，Miss Kate Mitchell来接，住E. C. Carter家。见Professor James T. Shotwell、Jeesup、Prof. Charles A. Beard & Mary Beard。上午开一次讨论会，下午又开一次。（据《日记》）

7月10日 续开会两次。Mrs. Carter送胡适上车，车上与冀朝鼎、陈翰笙夫妇谈。回到纽约Robby邀胡适同游Hudson Parkway。（据《日记》）

7月11日 胡适与李国钦吃饭，李告知他调查王正廷、许仕廉两人借大款被骗的详细情形，"令人叹息"，"真是辱国误国"。到Customs House，取得Sailing permit。纽约友人给胡适送行，在Port Arthur，有演说。（据《日记》）

同日 World Federation of Education Associations的主席孟禄致函胡适：

欣闻您同意接受邀请参加 9 月 16 日至 19 日在法国举行的 The Carnegie Corporation 的 Examination Conference。将在会议之前于伦敦或巴黎与您联系。（中国社科院近代史所藏"胡适档案"，卷号 E-301，分号 6）。

7 月 12 日　早 7 点到华盛顿。到大使馆辞行。到国会图书馆，见 A. W. Hummel 夫妇，辞行。到国务院，见着霍恩贝克、McKay、Ballantine，辞行。与霍恩贝克和 McKay 吃饭，久谈。饭后回纽约。Robby 邀胡适同游 Henry Hudson Parkway。（据《日记》）

同日　Edward C. Carter 致函胡适：照您的建议，重新起草了 The China Section of the Secretariat Inquiry 的大纲，请您表示意见之后寄还。（中国社科院近代史所藏"胡适档案"，卷号 E-146，分号 1）

7 月 13 日　胡适自纽约上 Aquitania 船赴欧洲，送行者包括李国钦、Roger S. Greene 等多人。接送行电报，有马如荣一家、孟治夫人、Carter、Miss Margaret Chew、Miss Mary A. O'Hallovan。与同船的 Bishop Logan Roots 谈。船上听开滦公司的 Captain W. B. Chilton 谈顾湛然死的情形，甚感叹。（据《日记》；《北京大学图书馆藏胡适未刊书信日记》，67 页）

同日　《申报》香港版报道，中国参加世界青年大会代表团组成，胡适被任命为顾问。

同日　William B. Feakins 致函胡适，告：得知胡适将会在美国停留一段时间。"I have been hoping that I might represent you in the booking of any lectures you may do away from the university." 就如为罗素做的那样（罗素从 10 月 1 日至 3 月 17 日停留在芝加哥大学，罗素在大学以外的行程安排，都是由他来负责的）。"If you would be interested in having me do this I would be very glad to see you and go over the matter with you in detail."（中国社科院近代史所藏"胡适档案"，卷号 E-195，分号 1）

同日　G. E. Hubbard 致函胡适云：从 Carter 处得知您访问欧洲的行程概要，知道您将在 7 月底抵达伦敦，您肯定希望见到 Far Eastern Group 的朋友们。如果可能并方便，我希望在您到达后在 Chatham House 安排一个小型聚会。（中国社科院近代史所藏"胡适档案"，卷号 E-235，分号 8）

1938年　戊寅　民国二十七年　47岁

7月14日　胡适访 Bishop Logan Roots，大谈，日记有记：

他问我中国的个人主义有何根底，我详答之。中国的个人主义出于自然主义的放任政治论，但宋明理学亦是一种个人主义，其认人人得天理之一部分，正是抬高个人的尊严。

他又问《正气歌》占什么地位，这问题甚有意思，我对他说：

《正气歌》代表两方面：——①"天地有正气，沛［杂］然赋流形……"正是理学新创的人生观，把个人看得极重，认他为得天理的一部分（一体），而《正气歌》把人中的豪杰更看作得天地之正气，故责任尤重。这是"正气"（The spirit of Right consciousness）的负荷者，故能与强权争斗，而不忧不惧。后来的东林复社，后来的许多与强暴争斗的正人君子，都本此精神。此是个人主义的积极方面，是新儒教的贡献也。②《正气歌》的作者，以状元宰相地位代表民族自卫的战争，受蒙古拘囚，终不屈服，其所代表是中国的民族主义的精神。

7月15日　再与Bishop Roots谈，胡适谈他对Oxford Group运动的看法：

①我根本反对Oxford Group的运动，因为其主旨是说"上帝总有一个安排"（God always has a plan）。我是无神论者，绝不能认此意可成立。即如今日中国之被摧残屠杀，岂可说是上帝有安排！如上帝真有安排，我们应该认上帝为负屠杀摧残中国之责任的人了，我们就应该痛恨上帝了。

②我不承认基督教运动在中国新运动中占多大势力。蒋介石先生确有点宗教信心，但宋家一群男女的基督教义不过是皮毛而已。不但现在，即在将来，基督教运动在中国实无发展可能。今日中国确有一个新宗教，其名为"民族主义"……

③至于他谈话中说的日本人亦有Oxford Group信徒，可为和平基础，此说更不可信。日本人的宗教，无论挂何招牌，其实只是一个忠君爱国的国教。其他宗教都莫妄想侵入！（据《日记》）

同日　国民参政会第一期集会继续举行会议，会议选举驻会委员会委员，当选者为张君劢、左舜生、曾琦、张炽章、胡石青、董必武、陶希圣、孔庚、胡适、刘百闵、蒋方震、秦邦宪、傅斯年、刘巍静、邓飞黄、范予遂、许孝炎、马亮、梁漱溟、刘叔模、郭英夫、李水新、罗隆基、沈钧儒、陈绍禹 25 人。（次日之《申报》汉口版）

7月16日　胡适写信与 Prof. Hall、孟治、Robby。（据《日记》）

同日　杨鸿烈复函胡适，感谢胡寄赠美金 150 元的支票，又谈及自己在日本的"俘虏生活"，又希望胡适能介绍其到西南联大等处执教等。又谈道：

> 在日本人眼中，先生是他们的"侵略主义"的大对头，他们甚至说蒋总司令现在的政权也是建设于您的"《独立评论》的哲学"之上。先生在美的一言一动，日本的报纸都详为揭载。日本人或以为先生故意诬蔑他们的皇军在我国施行武力的假"王道政治"（此"王道政治"并非如儒家的理想，实乃为其神话传说的神武天皇的建国宣言，纯粹为野蛮夸大，兼弱攻昧，取威定霸的原始政治的理想）；或以为先生们善于为有组织的宣传，而同时政府又肯拨给巨万的宣传费，不似日本代表宣传技术既已拙劣，政府又过于小气，故使美国排日的空气甚为浓厚……（《胡适遗稿及秘藏书信》第 38 册，269～272 页）

按，本年 5 月 16 日，哥伦比亚大学中日系教授 Cyrus H. Peake 致函胡适，告：最近收到杨鸿烈的来函，述没有足够的钱回到云南，请求胡适与林语堂以及他本人借 300 元，询胡适可否帮这个忙。胡适即托 Peake 寄 150 元给杨。（中国社科院近代史所藏"胡适档案"，卷号 E-315，分号 1）

7月17日　胡适致函江冬秀，赞其向学堂捐钱义举。告知自身生活、身体状况，以及接下来的行程。（《胡适遗稿及秘藏书信》第 21 册，458～460 页）

1938年　戊寅　民国二十七年　47岁

同日　胡适写信与蒋梦麟、徐新六、胡祖望、胡思杜、罗常培。（据《日记》）

7月19日　船抵Cherbourg，钱端升早6点上船来，同吃早饭。转搭火车到巴黎。顾维钧等来接。住California Hotel。下午与钱端升共同观看英王、英后访法盛况。（据《日记》）

同日　陈布雷日记有记：发胡适之一电，征询其对驻美大使任务之意见。（《陈布雷从政日记（1938）》，104页）

7月20日　与郭泰祺通电话。与吴一飞、傅秉常同去看孙科。得纽约转来蒋介石要胡适做驻美大使的电报，"此电使我十分为难。下午与端升谈此事，亦不能决"。（据《日记》）

7月21日　胡适因未收到蒋介石所说"已由孔院长专电敦劝"的电报，故未复蒋电。送次日搭船回国的钱端升上车。顾维钧力劝胡适就驻美大使一职。到Col. & Mrs. Isaac Newell寓吃饭，久谈。到Centre des Etudes de Politique estrangire聚餐，Pelliot主席。（据《日记》）

同日　胡适有致国内某友人电：

> 卅日罗总统或有表示。是日罗有二演说，虽指斥强暴，并言善是相互的，非单方的，此外无他表示。廿八日，美外部友人告廿日来我国内及国际形势变化皆于我有利，势已大缓云。适虑其过于乐观，因于十二日赴美京辞行与此公长谈，告以庄子索我于枯鱼之肆之喻。彼谓中国形势实非困竭之鱼可比，美政府亦非无所助力，但有二事相告，一则美国出而主张停战，势不可能；二则中国若有具体购置而需信用借款，非不可设法，若今日妄人谋借大款，慢慢支用，则是梦想，非徒无益，实损信用云云。此指王儒堂、许仕廉之大借款案，其所信托之人名赖苏，是一无业游民，贫至半年不能付房租，屡为房主所逐，而中国大使馆与订六万万金借款合同，实为大荒诞。其事由李国钦详查报告孔院长。鄙意，许仕廉是书生，急于为国立功，最易受欺骗。适初不察，会受其敦迫，为发〇月〇电及〇月〇电为彼等购机借款事

125

有所陈说……始知许、王二人十分荒唐，虽其心无他，而实大损国体。鄙意，许仕廉宜早日召回，王大使亦宜加以告诫。以后购械借款两事，宜由中央审慎决定方案，派足以取信之专家负责办理。需何械始购何械，需何款始谋借何款，然后足以树立……（《北京大学图书馆藏胡适未刊书信日记》，67 页）

7 月 22 日　胡适仍未收到孔祥熙电报，"大概孔须要敷衍王儒堂，必须得王辞职电，然后能发电"。与吴一飞谈。与顾维钧谈。大使馆傅晓峰约去郊外晚餐。（据《日记》）

7 月 23 日　顾维钧在大使馆为胡适请了一班人来午饭，有西班牙大使 M. Pascha、经济部长 Raymond Patenotre 和夫人、巴黎大学校长 M. Rousoy 和夫人、委内瑞拉公使 Aristimuno-Coll 和夫人、Academy 前次长 Mon. Jean Perrin、英大使馆参事 Sir Robert Cahill & Lady C.、Pelliot & Roger Levy、Mon. Paul Mantoux 等。晚，大使馆施君约吃饭，有郑莱庭夫妇，相见甚欢。9 点 50 分火车开。郑君夫妇、傅秉常、吴一飞等来送。（据《日记》）

同日　E. R. Hughes 致函胡适：感谢您寄赠《胡适论学近著》有关老子部分的英译本。得知您今天会抵达欧洲，可能停留巴黎直到周末再前来伦敦。王维诚将在秋季举行演讲。王和我都希望在此地见到您。（中国社科院近代史所藏"胡适档案"，卷号 E-236，分号 5）

7 月 24 日　胡适抵伦敦。王景春、陈维城、夏晋麟、郭泰祺来接。（据《日记》）

同日　E. R. Hughes 致函胡适云：您若 17 日之后停留伦敦，将邀请 Lytton 勋爵与您见面。（中国社科院近代史所藏"胡适档案"，卷号 E-236，分号 5）

7 月 25 日　胡适得孔祥熙要胡适任驻美大使的电报。林行规力劝胡适莫辞。到 Universities' China Committee，见到 Sir Neill Malcolm、Hubbard、Morkill、Mr. Swire 诸人。想辞卸大使事，但拟数电，均不能满意。（据《日记》）

7 月 26 日　胡适日记有记：

1938年　戊寅　民国二十七年　47岁

得顾少川信，知他有电去探询，回电（当是徐谟回电）说政府领袖对儒堂甚不满意，故有此更动。

我拟一电，说"廿余年疏懒已惯，决不能任此外交要职"，最后推荐施植之，许以"以私人助其疏导舆论"。

林斐成兄见此电稿，大不以为然，他不赞成我此时推却此事。

夜与复初长谈，他也不赞成我推却。

回寓后又修改此电，半夜后始决定，此时恐无法辞却；既不能辞，不如"伸头一刀"之为爽快。故最后修改电文为接受此事。

7月27日　胡适发最后修改之致蒋介石电，如下：

……国家际此危难，有所驱策，义何敢辞。惟自审廿余年闲懒已惯，又素无外交经验，深恐不能担负如此重任，贻误国家，故迟疑至今，始敢决心受命。……（据《日记》）

同日　胡适与 Miss Hackney 谈。Mr. Swire 约吃饭。（据《日记》）

同日　胡适致函顾维钧，告知已复电同意接任驻美大使，感谢顾和郭泰祺的坦诚忠告，"如我对您所讲，此事完全打乱了我二十年的自由学术生涯"。又云："我真诚地希望，如果我必须承担这毫无经验又最不适合的工作，我可以指望您不断予以坦诚忠告和朋友式的帮助。"（《胡适全集》24卷，396～397页）

同日　A. Rose 函邀胡适在休假时到其农场见面。（中国社科院近代史所藏"胡适档案"，卷号 E-330，分号 4）

7月28日　王景春夫妇约吃饭。陈维城陪胡适到英国外交部看 Ashton-Gwatkin，见着 Sir Hugh Matchbull-Huggeson 大使。到财政部，访 Sir Frederick Leitz-Ross，小谈。（据《日记》）

同日　俄亥俄州立大学历史系主任 George A. Washburne 函邀胡适在1938—1939学年的秋季或冬季学期前去做4场关于远东问题的演讲，询胡适能否接受此邀约，并希望知道胡适要求多少酬金。又云：因为敝校关于这

方面的演讲并没有太多资金，但我们会尽力满足您的要求。（中国社科院近代史所藏"胡适档案"，卷号 E-372，分号 2）

7月29日　胡适写一短信推荐陈寅恪为剑桥大学教授。访外交次长 Sir Alexander Cadogan，见东方司司长 Mr. Howe。郭秉文约吃午饭。李国钦之弟夫妇同来，留此吃饭，久谈。（据《日记》）

同日　胡适致函徐新六，拜托徐为江冬秀决定住处。（中国社科院近代史所藏"胡适档案"，卷号 639，分号 11）

同日　陆侃如、冯沅君致函胡适，请胡适向朱经农、吴俊升介绍他们中的一人任国立师范学院教职。又听说武汉大学需要一名国文教员，请胡适向王星拱、陈源推荐一下。（《胡适遗稿及秘藏书信》第34册，639～640页）

同日　Margaret Cleeve 致函胡适，确认今早在电话中所做的安排：8月3日下午3点45分在 Chatham House 会见 Mr. Rose、Mr. Hubbard，讨论太平洋国际学会国际秘书处制定的计划。又云："Mr. Alexander suggested that it would be most valuable if you could discuss further with Mr. Rose and Mr. Hubbard the points which you raised with him."（中国社科院近代史所藏"胡适档案"，卷号 E-159，分号 1）

7月30日　谭葆慎约胡适吃饭。与 Timperley 谈。访刘锴。到王景春家吃茶。Arthur Waley 来谈。（据《日记》）

同日　胡适致函傅斯年，说自己答应就任驻美大使是受逼"上梁山"，已决定出席苏黎世的世界史学大会，并宣读一篇论文，题为"Newly Discovered Material for Chinese History"。又谈道：

> Cambridge 大学中国教授 Monle 退休，寅恪电告 Cambridge 愿为候选，他们将展缓决定，以待商榷。Pelliot 允为助力。我已写一推荐书，昨交去。大概不成问题。
>
> 国事至此，除"苦撑待变"一途，别无他法。昨晤外部诸人，又晤李兹洛斯，态度都好。英外部甚袒我，财相 Simon 则仍是旧西门也！

复初在此甚好；少川在法亦甚得信仰。

关键仍在苏俄与美，此二国较有余力，而在华无大"既得权益"，故无"投鼠忌器"之虑。不动则已，动则有力也。（台北胡适纪念馆藏"胡适档案"，档号：HS-NK05-105-002）

同日　胡适复函江冬秀，谈近期行程及同意任驻美大使事，希望在战争结束后回到学术生活等。（《胡适遗稿及秘藏书信》第21册，461～462页）

7月31日　胡适与林行规谈，同到Pagani吃饭。应邀到翁姓商人家吃饭。（据《日记》）

同日　行政院秘书长魏道明致函外交部：本院据胡适来电表示愿就驻美大使。奉谕"先由外交部征求美政府同意"等因，相应抄同并原电查照。（台北"国史馆"藏档，档号：0001017）

同日　王芸生致函胡适，云：《大公报》拟在香港出版，定8月13日出刊，由胡政之主持，特向胡适邀稿。（《胡适遗稿及秘藏书信》第23册，628页）

8月

8月1日　胡适与林行规、夏晋麟谈。与郭泰祺在长途电话上谈日俄事。写信与Charles Merg、K. C. Li、Miss Hackney。（据《日记》）

8月2日　得陈布雷一电，要胡适"先准备一切"。与夏晋麟谈，希望夏同到美国，不果。与Charles Buxton长谈。与Prof. Duyvendak小谈。晤Prof. Privat。访T. K. Li夫妇。（据《日记》）

同日　田伯烈（H. J. Timperley）函寄Earl Leaf与Harry Price采访Key Pittman参议员的报道与一位在日本的记者寄来的报道与胡适。又告知Norman Angell的地址，如果胡适给其写信，他会很高兴。（中国社科院近代史所藏"胡适档案"，卷号E-359，分号22）

8月3日　胡适到Chatham House吃茶，见着Archie Rose、Hubbard、

Gull、Haward、Buxton、Ellinger、Lawson、Professor Fisher、Miss Cleaves，久谈。与郭泰祺、夏晋麟谈日俄事。（据《日记》）

按，7月27日，Charles Roden Buxton函邀胡适在8月2日至4日之间共进午餐或茶叙。（中国社科院近代史所藏"胡适档案"，卷号E-142，分号3）

8月4日　胡适与郭泰祺同访苏俄大使Maisky，谈日俄事。与郭泰祺、夏晋麟同赴王礼锡夫妇约，在中山楼吃中国饭。夏晋麟仍不同意去美国。（据《日记》）

同日　寄一诗与周作人：

藏晖先生昨夜作一梦，
梦见苦雨庵中喝茶的老僧
忽然放下茶碗出门去，
飘萧一杖天南行。
天南万里岂不大辛苦？
只为智者识得重与轻。——
梦醒我自披衣开窗坐，
谁人知我此时一点相思情！（据《日记》）

按，11月30日，邓广铭致函胡适云："吾师诗札到后，似乎很引动起他的一些愧悔的心情，不但于答诗的末尾作了切实的声明，面对此唱和二诗也竭力向友人间广播，想是以此作为忏悔录了。"（《胡适遗稿及秘藏书信》第40册，209～210页）

又按，周作人又和诗，也于9月23日复函胡适。（函载《胡适遗稿及秘藏书信》第29册，616～617页）

同日　杨鸿烈致函胡适云，前蒙胡适推荐到云南大学教书，一年来不曾收到云南大学的片言只字。收到胡适美金支票后，感激得流泪。现在自已有非回滇不可的趋势，恳求胡适写信给龙云证明其在日本为等待毕克博士，以保证生命安全。又要求胡适写信给傅斯年、蒋梦麟、梅贻琦等，以便在中研院、北京大学、清华大学谋一职位。(《胡适遗稿及秘藏书信》第38册，273～274页)

同日　崔存璘函寄中国教育部长请胡适担任 The Second World Youth Congress(Vassar College，1938年8月16日至24日)中国代表团顾问的信与胡适。又告：大使已经电复教育部长，有鉴于您此时不在美国，您无法担任此职。(中国社科院近代史所藏"胡适档案"，卷号 E-362，分号3)

8月5日　胡适与郭泰祺同车到 St. Ives(Cornwall)小住两日。途经 Salisbury Plain，去看"Stonehenge"。7日返回伦敦。(据《日记》)

8月8日　胡适致电陈长乐，约他作使馆参事。梁鋆立来谈。武官处龙武官请吃饭。胡适认为，大使馆的武官处应裁，商务参赞应添。(据《日记》)

8月9日　Miss Jean McLachlan 来接胡适到剑桥大学。下午游剑桥。晚饭在 Peter House。(据《日记》)

同日　卢逮曾致函胡适，告自己现在参与艺文研究会的工作，希望胡适对此会能有所指示。又谈及战况。又谈及傅斯年在参政会颇受打击等。(《胡适遗稿及秘藏书信》第40册，232～233页)

8月10日　胡适到剑桥大学图书馆，A. C. Moule 教授陪胡适同去看馆藏中国书。陈长乐回电，允作参事。刘锴同意做驻美大使馆一等秘书。(据《日记》)

同日　顾维钧致函胡适：您可能已听说王正廷将回中国，期望您能早日抵美。又谈及对苏联与日本在边境的冲突的看法。从孙科处得知您将在本周末前来，请不要改变计划以和您会面。这里人们认为，对日本应该强硬，此点非常令人鼓舞。(中国社科院近代史所藏"胡适档案"，卷号 E-258，分号1)

8月11日　《字林西报》主笔 E. Haward 邀胡适同 Mr. Gull 茶叙，长谈。(据《日记》)

8月12日　胡适得顾维钧信，知王正廷请假。Harry T. Silcock 来吃午饭。与 Manchester Guardian 主笔 W. P. Crozier 谈。（据《日记》）

同日　Edward Bradby 致函胡适：6月16日曾函邀您为 The University Outside Europe 撰写一章之事尚未得到回音，望能回复。（中国社科院近代史所藏"胡适档案"，卷号 E-136，分号 2）

8月13日　Prof. Perceval Yetts 邀胡适吃饭、长谈。得张慰慈、郑铁如电，知使美事"已暂时停顿"，"这一切使我极感兴趣。我抱着一线希望，即能发生某些事使我不必承担这一实际上最不受欢迎的工作"。（据《日记》；《胡适全集》24 卷，401 页）

同日　胡适拟一长电与陈布雷。一部分说使美事因故搁置，"此最合鄙怀。倘政府有困难，须取消前议，正是私心所盼祷"。大部分论国际形势。（据《日记》）

同日　胡适致函蒋廷黻，云：

六载主和，然十个月来观察国际形势，深信和比战更难百倍。欧战时，威尔逊谋调解，三年不成，而参战反易做到，可为明鉴。西班牙事也是和比战难。适信苏美两国均不欲我议和。英人虽有调解，亦决不敢提。英首相廿六日明说英政府不能独立调解，可证。故我惟有咬牙苦撑。……（据《日记》）

8月14日　胡适到 Harry T. Silcock 家吃午饭。回途过海德公园，参观各种演说。（据《日记》）

按，8月5日，Harry T. Silcock 致函胡适，约14日一同参加晚宴。（中国社科院近代史所藏"胡适档案"，卷号 E-343，分号 1）

8月15日　钱阶平（泰）大使来谈。与王景春夫妇、刘锴夫人、钱阶平同去游河。（据《日记》）

同日　Chang Yu-lee 函邀胡适于9月21日前来为 China Institute 的学生演说，并请告知演讲的题目。（中国社科院近代史所藏"胡适档案"，卷号

E-150，分号 3）

8月16日　胡适到大英博物馆，访 Lionel Giles 不遇。到大使馆，与郭泰祺谈。Archibald Rose 邀吃晚饭，见着 Peter Fleming 夫妇。（据《日记》）

同日　胡适致函韦莲司小姐：一直到 24 日赴苏黎世开史学会议以前才会离开此地，"在我去欧洲大陆之前，能见到你吗？"（《不思量自难忘：胡适给韦莲司的信》，227 页）

8月17日　The New Commonwealth Institute 邀吃饭，见着主任 Prof. Erntt Jäckh、Dr. George Schwarzenberger 及外部次长 Sir Orme Sargant 等人，郭泰祺、王景春均在座，胡适有短演说。与郭泰祺谈。访 Prof. Eileen Power。访伦敦大学的美术部，Prof. Perceval Yetts 同陪同看中国艺术考古部。Yetts 邀胡适吃饭，同去看戏，演的是 St. John Ervine 的 *Robert's Wife*。（据《日记》）

同日　陈布雷日记有记：接胡适之寒电，请示委座后即覆之，仍以驻美使节相嘱。（《陈布雷从政日记（1938）》，120 页）

8月18日　胡适与郭泰祺一家吃午饭，谈李四光的夫人，"……为仲揆慨叹。仲揆是圣人，而此妇是一个疯子！"Mr. Bernard Ellinger 邀去他家中吃饭，在座的有 Edwin Haward、Mr. Harrold of the Imperial Chemical Industry。读 G. C. Allen 的 *Japan, the Hungry Guest*（G. Allen & Unwin）。（据《日记》）

按，Barnard Ellinger 为安排这次与胡适的餐叙，曾两度致函胡适。（中国社科院近代史所藏"胡适档案"，卷号 187，分号 4、分号 11）

同日　王景春复函胡适云："您建议我将公开发表的文章结集出版，目前我已将拟结集的 18 篇文章篇目记下，期望您能为我撰写前言。如果您能为此集想个好的书名，我将会很高兴。随函寄上 2 篇范文。"（中国社科院近代史所藏"胡适档案"，卷号 E-369，分号 1）

8月19日　胡适与韦莲司小姐同饭，是为 3 月在绮色佳相见后第二次重逢。Edwin Haward 来吃茶。约 Miss Jean McLachlan、刘锴夫妇同吃饭，久谈。（据《日记》）

同日　Edward C. Carter 致函胡适：和您确认今日 The Pacific Council 主席 John Wesley Dafoe 致您电中提及 The Pacific Council 将在 1 月初开会讨论下次会议的相关细节，敬请转告您的成员。而 1 月的会议也将选出新主席，因原定接任的 Justice Newton W. Rowell 身体不好，因此须再选出新人选。（中国社科院近代史所藏"胡适档案"，卷号 E-146，分号 1）

8 月 20 日　胡适译出钱端升电：王正廷给假两月，应代办。胡适任驻美大使事未公开，似有鬼，请勿有所举动。胡适覆电云：greatly amused。得孔祥熙电。得李国钦电话，知王正廷在纽约活动借款。（据《日记》）

同日　胡适致函顾维钧，云：中枢来电云，"我的任命'现正在征美国同意'，我确信这大概至少需几个月的时间。对此，我一点也不担心，实际上我感到颇为有趣。如我在巴黎时对您所说，我仍存一线，能获准享受政治上自由和独立的生活，此种生活我已保持了廿一年。我对此的希望似正在增长。作为一个'无可救药的乐观主义者'，我满怀信心地期望在失去自由前重新获得它。"（《胡适全集》第 24 卷，401～402 页）

同日　密歇根大学 The Institute of Far Eastern Studies 主任 Robert Burnett Hall 致函胡适：代表密歇根大学 The Institute of Far Eastern Studies 的全体成员答谢您的莅临以及进行一系列的精彩演讲，期望之后您能有机会来敝宅做客。关于收录您的文章的书，书名是 The Background of Far Eastern Civilization。又云："Ancient Chinese Political Philosophies and the Practical Influence in Empire Building."（中国社科院近代史所藏"胡适档案"，卷号 E-218，分号 1）

8 月 21 日　胡适到 China Institute 为中国学生演说。到 Mrs. Eleanor（John W.）Young 家吃茶，韦莲司小姐亦在，同去吃夜饭。（据《日记》）

同日　蒋介石思考外交问题，认为对美外交应积极进行，令胡回国一次。（《蒋中正日记》）

8 月 22 日　胡适访 Lionel Giles，知伦敦藏敦煌卷子共 7000 件。与 Giles 父 Herbert A. 同饭。与韦莲司小姐同观博物馆中的中国部分。与 George H. Rublee 夫妇吃茶，遇美国使馆参赞 Mr. Johnson 及 Lord Strathallen。（据

《日记》)

　　同日　胡适致电王世杰：

　　　　弟上月廿在法得介公皓电，劝弟担任使美，云已由孔电敦劝，廿五日在英始得孔漾电。弟前后踌躇七日，始发沁电允任。迄今近一月，颇疑此事甚使当局为难。行政院与外部至今均无只字寄我。儒堂给二月假回国报告，弟仅从驻欧各使馆知之。然昨得纽约电，彼仍在美，未有行期。弟离美时曾允八月尾赴瑞出席史学会，九月十八在法讲演，十月十一在伦敦讲演。原购十月十三船回美，十月廿五、十一月六日在美有讲演。凡此诸宿约是否能践，均视政府要我何时去美或先回国。弟非急欲发表，但欲知内幕实情，以便计划行止去就。故恳兄与詠霓密商，将实情电复初译转，并请转电布雷。弟廿四赴瑞。(《北京大学图书馆藏胡适未刊书信日记》，68页）

　　同日　胡适致电外交部长王宠惠及两位次长：

　　　　适七月抵欧后，叠奉介、庸二公电，敦劝任驻美大使事，想事先曾蒙诸公推许。适因国难严重，未敢辞避。本月东日，奉庸公世电，嘱先为准备。鄙意拟约驻坎拿大总领事陈长乐为驻美大使馆参事，又约驻英大使馆一等秘书刘锴为美馆一等秘书加参事衔，此二君已允相助。此二君皆富于学识经验，倘蒙三公准予即调用，于发表适使美时并予提请任命发表，并将现任二人调回，不胜感激。适素无外交经验，深虞陨越，贻误国家，务恳诸兄时赐指导。又此事似多周折，致适甚难计划行程。倘蒙于确定后早日电英馆转示，以便准备，尤感。(《北京大学图书馆藏胡适未刊书信日记》，68页）

　　同日　蒋介石致电孔祥熙："适之任大使事，务请即日发表。究有征美同意否？"次日孔祥熙复电：已转告外交部速办。昨日 John Lossing Buck 云，"据伊新自美返所得印象，似以胡适使美不甚相宜。惟既已征得适之同意，自不能以此而改变也。"(转引自江勇振：《舍我其谁：胡适》第四部，联经

出版社，2013年，286～287页）

  同日 孟禄致函胡适：确认9月16日至19日在法国Dinard之皇家旅馆举行的Examination Conference之相关细节，并请您尽速交上发言稿。（中国社科院近代史所藏"胡适档案"，卷号E-301，分号6）

  同日 A. C. Moule将Mr. McAleavy的学位论文（此论文涉及中国语问题）函寄胡适审查，并在9月20日之前提出审查报告。（中国社科院近代史所藏"胡适档案"，卷号E-305，分号4）

  8月23日 上午Lord（Viscount）Strathallen来谈。下午，胡适坐火车到牛津，在H. N. Spalding家吃茶，与他兄弟Spalding谈。与夏晋麟谈，夏谈施肇基种种美举，胡适甚钦佩。（据《日记》）

  8月24日 胡适与自柏林来的程天放同午饭，郭泰祺在座。韦莲司小姐邀吃茶。到Harwich上船赴瑞士，与Professor Harold Temperley同行。（据《日记》）

  同日 张忠绂致函胡适，谈自己回国在军委会参事室供职以及国民参政会等情，又谈及国内战事及武汉疏散等。（《胡适遗稿及秘藏书信》第34册，237～239页）

  8月25日 胡适抵瑞士。路上阅报知敌机轰炸徐新六乘坐的客机，致电郑铁如，询徐新六安危。（据《日记》）

  同日 胡适复函韦莲司小姐，告出任大使前的心情，并谈及徐新六罹难事：

    我在本质上是个"害羞"的人，这得自于我母亲。可是我父亲是个坚毅而有决断的人。有时，我能维护自己的权利，办些事情并解决困难的问题。可是，就一般而言，我宁可过我的学术生涯，扮演一个社会和政治的评论家，而不愿作一个实际的改革者和政客。惰性和训练是造成这种偏好的主要原因。

    我不能完全同意你的话"〔在政治上的〕我极力避免让自己的生命作充分的发挥"。可是我相信，征召来临的时候，我应该勉力一试，这是我的责任。我非常认真的在做目前的工作,相信我是能适应的。只是我并不喜欢这个工作。也许在工作中必要的战斗会使我越来越喜欢这个工作。我希望是如此的。

我答应你,我不会完全心不甘情不愿的来进入这个新的〔外交〕生涯。但是我并不相信这是我"充分发展"的方向。我会全力以赴,因为这是攸关我同胞生死的事。如此而已。

当然,我并不是说你说得完全不对。我纵容自己把精力浪费在一时我感兴趣的事情上。我一任自己受对政治生涯厌恶的影响,而在待人处事上则过分矜持。我一直在安慰自己,要是不直接的介入政治,我反而能起更大的影响。在这一点上,约翰弥尔(John Stuart Mill)一直是我理想的一个人物。

过去20年来,我是社会和政治运动背后的一股积极力量,但我只是一个评论者,最多只是一个思想家。

有时我问自己:"要是直接介入〔政治〕,我是否能把事情办得更好,或者加快〔改革〕?"但是我的矜持总是让我迟疑不前。

在1935到36年之间,我曾自愿担任驻日大使。但是,因为长期以来,我一直是个"独立的人",我认真的话,却被视为玩笑!或许也有人不要我做这件事。(《不思量自难忘:胡适给韦莲司的信》,228～229页)

同日 王世杰日记有记:胡适之使美事,本已确定。王儒堂近又电孔庸之,意欲候其请假返国报告后,然后发表胡为美使,孔庸之复欲令儒堂在美继续奔走借款事,胡事遂致搁置。胡适之今日自英来电询问内容。予今日电陈布雷请其转陈介公,确定发表期。(《王世杰日记》上册,137页)

8月26日 胡适得郑铁如复电,知徐新六果罹难(张慰慈亦电告徐之死讯),"悲哀不能自已",电唁其家,并告Carter。"致电梁鋆立,说此事与一年〔前〕袭击英大使案同例,应在国际公法学会提出"。致电郭泰祺。"心乱不能作一事。这些有用的人都不尽其用而死,我辈后死者的责任更重了。"

与 Temperley 夫妇同午饭，遇大会秘书长 Michel Lhéritier。（据《日记》）

8月27日　胡适得郑铁如"发现徐新六遗体"的电报。出席史学会的 Far Eastern Commission，遇 Prof. Otto Franke，此为第一次相见。（据《日记》）

同日　胡适致函江冬秀，谈徐新六之死，备极伤恸。又谈到自己的事至今没有定妥，决定之后会托郑铁如与张慰慈转告。（《胡适遗稿及秘藏书信》第21册，463～465页）

8月28日　胡适出席在 St. Peter 教堂举行的 The 8th Congress for the Historical Science 开会典礼，会后遇 C. K. Webster、Miss Cam、Prof. I. H. Clapham、Dr. Waldo G. Leland 诸人。与 Leland 同饭，遇 Prof. Frans van Kalken（比）、Prof. H. Koth（挪威外交部部长）。史学会理事会开会，通过三个新会员，一为中国，二为 Vatican 史学会，三为爱尔兰。晚与 Prof. Otto Franke 同饭。（据《日记》）

8月29日　史学会论文讨论会第一日，胡适去听了一二篇。写出自己论文的后半。得 Miss Roberta Lowitz 来自伦敦的电话。（据《日记》）

同日　外交部长王宠惠致电驻美大使王正廷：政府拟任胡适为驻美大使，希征询美政府同意，并电复外交部。（台北"国史馆"藏档，档号：0001018）

同日　陈布雷日记有记：发孔院长及外部各一电（为适之使美事）。（《陈布雷从政日记（1938）》，125页）

同日　陈之迈致函胡适，自述近况，中国在战争中的进步异常迅速，"中国的前途尚极可乐观"，又为《艺文丛书》向胡适邀稿：

……题目不拘，字数亦可随便。迈现拟多请几位写"乌托邦"，用有兴趣的方法，设计中国建国的途程，也许比较官样文章的计划方案容易发生深刻的印象。先生如对此有兴趣，能写一本，将来可以自成一套。……（《胡适遗稿及秘藏书信》第35册，154～155页）

8月30日　胡适出席讨论会，共有4篇论文宣读，胡适报告"Newly Discovered Materials for Chinese History"。与 Prof. Franke 同吃饭。（据《日记》）

8月31日　胡适出席会议，听 Father Heras（Bombay）讲"The Story of Minotaur in the Light of Mohengo-Daro Inscriptions"。与 Prof. Waldemar Westerguard 同饭。与 Prof. Franke 同去参加游湖，路上与 Miss Jean McLachlan、Miss Betty Behrens、Prof. Michael Postan 谈。得王世杰复电，知王正廷离美后始发表新任。（据《日记》）

同日　陈布雷日记有记：为胡适之使美事再发孔院长一电。（《陈布雷从政日记（1938）》，127页）

同日　韦莲司小姐致函胡适，鼓励胡适就任驻美大使，这不只是为了"你的同胞"，也是为了整个大病的世界。又云："胡适，你知道，我爱你。一个小人物这样的一件小事，丝毫起不了任何作用，有时，我写信给你，都是一件荒谬的事。"（《胡适与韦莲司：深情五十年》，134页）

同日　Clarence L. Senn 函告胡适，1938年8月15日中基会执行委员会第127次会议决议：1938年10月的会议，由于没有迫切的问题需要讨论，决定取消。此决定在商之于蔡元培董事长之后发布，也已通知孙科与李石曾。（中国社科院近代史所藏"胡适档案"，卷号E-339，分号6）

同日　王世杰日记有记："今日孔庸之为余言，胡适之使美事，彼早已电令王儒堂向美政府征求同意，儒堂以美总统不在京，遂搁置。此言自属遁词。孔复谓，儒堂经办之六万万元美金借款，款既未能成交，而经纪人反以为责在我方，依约坚索佣金三百万元美金！孔以此事如不了结，将使胡适之为难，故暂留儒堂了结此事，而将胡适延缓发表。此殆为胡事延置之真因。余因请其一面电促儒堂负责速了，一面预定十月一日为胡适之赴美递国书之期，孔应允。余遂电告胡适之。"（《王世杰日记》上册，139页）

9月

9月1日　胡适得王世杰长电，云得孔祥熙函，谓彼早已电令王正廷将胡适使美事向美征同意，王以总统尚未返京，且因自己所办借款，非特无效，并发生佣金纠纷，遂延缓。致 R. C. Mackay 一电。与李国钦通电话，

李劝胡适早去美国。得蒋介石一电，云在一两周内发表胡适使美消息。（据《日记》）

9月2日　胡适到大会听 Temperley 的论文，题为《英国 19 世纪外交史上的维持土耳其独立完整》。与 Prof. Clapham 夫妇吃饭。听经济史的论文。得孔祥熙长电，说王正廷为借款合同纠纷，不能即结束。（据《日记》）

同日　胡适致函傅斯年，谈此次史学大会，谈到自己论文重在史期材料，分 6 组：安阳的殷商史迹；新出土的金石与其新研究；敦煌卷子；日本朝鲜所存中国史料；中国宫殿官署所出档案；禁书、逸书、忽视的书的"钩沉"。又谈到自己为徐新六之死极为悲恸。又谈到答应接任驻美大使的简要经过，又云："大概此事我不能逃，亦不愿逃。明知不能有所作为，姑尽心力为之。我大概十月初可回美；以后总得牺牲学术生活两三年。但战事一了，我必仍回我老生涯去。"又谈及：

> Cambridge 大学的中国教授席，寅恪最有望。但 Cambridge 的朋友有两点怀疑：
>
> 1. 寅恪能在此留五年以上吗？
> 2. 此间书本不充足，他能安居吗？
>
> 我到 Cambridge 去看了一次，藏书确不多，图书馆虽新造，但远不如美国图书馆便利舒服。Cambridge 的人都对寅恪期望甚殷。若寅恪能带一些应用书来，安心住五年，可在欧洲立一"中国学重镇"。此二点乞兄与寅恪切实一商，电告我或电告郭复初（Quotaichi，"Sinoembasy" London）越早越好。（王汎森：《史语所藏胡适与傅斯年往来函札》，《大陆杂志》第 93 卷第 3 期，11～12 页）

同日　Edward C. Carter 函寄 9 月 1 日报道游击队和农民行动的《纽约时报》的剪报与胡适。（中国社科院近代史所藏"胡适档案"，卷号 E-146，分号 1）

9月3日　胡适参观 Landes Museum。出席史学会闭幕礼。与 Professor O. Franke 去看马戏（Circus Knie）。（据《日记》）

1938年　戊寅　民国二十七年　47岁

9月4日　胡适出席理事会会议。为 Franke 送行。发一电与孔祥熙。得香港空邮两封，一封是徐新六8月23日的信，是其绝笔遗书，劝胡适不必与小人闹争。又劝胡适不要再辞大使一职，"此时当一切一切以国家为前提也"。（据《日记》）

同日　王世杰日记有记：今晚接陈布雷函，谓蒋先生已电孔庸之，大意略谓，"儒堂应毅然撤回，勿使再误国事，胡适之使美事应于一星期内发表"。（《王世杰日记》上册，140页）

9月5日　胡适搭"Excursion B"的车，略游览瑞士。到 Interlaken，游 Jungfraujoch；游"冰宫"。住因特拉肯。（据《日记》）

9月6日　胡适到 Lucerne，游览全市及 Lucerne 湖。住 Hotel Wagner。（据《日记》）

同日　John McC. Roots 致函胡适：希望胡适已见过 Lytton 勋爵，也希望胡适能出席关于"Moral Re-armament"的国际研讨会。（中国社科院近代史所藏"胡适档案"，卷号 E-330，分号2）

9月7日　胡适独游 Pilatus 峰。登 Esel 峰、Oberhaupt 峰及 Tomlishorn 峰。（据《日记》）

同日　The Royal Institute of International Affairs 的会议部秘书 David H. Loch 函告胡适：您10月11日的演说，将由 A. D. Lindsay 担任主席，建议您演讲题目为"A Chinese View of the Conflict in the Far East"（6月24日去函已提到）。这一安排如符合您的愿望，我们将会很高兴。（中国社科院近代史所藏"胡适档案"，卷号 E-276，分号6）

同日　The New Commonwealth Institute 的秘书 Georg Schwarzenberger 致函胡适：在午宴上与您第一次接触后，我们想邀请您成为 General and Political International Research Committees 的会员，期望您能接受，并附寄本委员会的相关资料给您。（中国社科院近代史所藏"胡适档案"，卷号 E-337，分号8）

9月8日　胡适作诗追哭徐新六。抵伯尔尼，到 Bellevue-Palace 旅馆，见着老友 General & Mrs. Wm. Crozier。使馆汪少长来访。Crozier 夫妇邀同游。

141

到熊圈。登 Gurten，吃茶，大谈。（据《日记》）

按，8月27日，William Crozier 函约胡适于是日晤面。（中国社科院近代史所藏"胡适档案"，卷号 E-168，分号 2）

同日　路透社电讯：中枢顷已决定任胡适继王正廷为驻美大使。（次日之《申报》香港版）

9月9日　上午，胡适到大使馆，会见李润明。游历史博物馆。下午与 Crozier 夫妇同游 Morat、Avenches。归途在 Morat 的 Restaurant Terrasse 吃茶。（据《日记》）

9月10日　胡适与胡世泽公使及刘锴通电话。与 Crozier 夫妇同出游，坐汽车到 Thun 市，到 Interlaken，在 Victoria Hotel 吃茶。回伯尔尼。晚见阿尔卑斯山诸雪山。晚饭后与 Crozier 夫人步行游"大寺"（Münster）。中午 Colonel & Mrs. Isaac Newell 来同吃饭，叙谈。（据《日记》）

9月11日　胡适与 Mrs. Crozier 同步行伯尔尼市中可看的几处。中午与 Crozier 夫妇及美国使馆秘书 Biglow 夫妇同饭。饭后，汪少长来，同去日内瓦。（据《日记》）

9月12日　在日内瓦，胡适到国联大会。（据《日记》）

9月13日　The United Hospital Fund of New York 的主席 David H. McAlpin Pyle 致函胡适云：从太平洋国际学会您的好友 Dr. Chen 得知，您将在10月13日来到美国。The United Hospital Fund of New York 将在10月24日举行年度晚宴的开幕式，期望您前来演说，我们想邀请房龙再度前来为我们演讲，如果您能接收邀约，我们将会很荣幸。很有可能，您的演讲将会公开广播。（中国社科院近代史所藏"胡适档案"，卷号 E-322，分号 6）

9月15日　E. R. Hughes 复函胡适，感谢胡适寄回他的书，又谈及欧洲危机，又谈及王维诚对下学期的讲座感到紧张，如果胡适能函慰之，可能对他有所帮助。（中国社科院近代史所藏"胡适档案"，卷号 E-236，分号 5）

9月16日　驻美大使王正廷致电外交部长王宠惠："刻接美外部照复：胡适博士使美，美政府可予同意。"（台北"国史馆"藏档，档号：0001020）

1938年　戊寅　民国二十七年　47岁

同日　钱端升致函胡适，谈到因徐新六死耗之不高兴，谈到国人之散漫及无组织，谈到自己行止，重点是谈蒋介石对发表胡为驻美大使的态度等：

> ……布雷先告我，蒋回彼即告儒堂给假事，又告蒋我在香港亦听见一些传说。蒋谓："我不知道，催孔快征同意发表，适之先生我决借重"，继又谓："王大使不能再留。"布雷请其于致函孔时亲自提及之，蒋领首，and with a knowing smile。盖近来侍密印之电又不甚吃响［香］，与家族中往来之电文，须亲笔书始灵，蒋亦知之也。又布雷并告蒋："我已请端×××电适之××"（即明电云云），蒋曰好极。我见蒋，其精神颇佳，且作极愉快状，所谈者俱不相干。……（《胡适遗稿及秘藏书信》第40册，489页）

9月17日　国民政府任命胡适为中华民国驻美利坚国特命全权大使。（台北"国史馆"藏档，全宗号"国民政府"，卷名"驻美大使人事"，档号：001032133013073）

同日　王宠惠致电胡适：本日政府发表执事为驻美大使，任命状及国书航邮大使馆，以后行程希电告外交部。（台北"国史馆"藏档，档号：0001020）

同日　胡适得外交部说政府任命其为驻美大使的电报，又收到王宠惠贺电，"二十一年的独立自由的生活，今日起，为国家牺牲了"。（据《日记》）

11月15日胡适复函陈受颐：

> 我七月十九到巴黎，次日即得蒋先生电劝任使美事，廿四到伦敦，又得行政院电，我踌躇了八日，始决心接受。明知"伸头也是一刀，缩头也是一刀"，不如伸头更爽快了。以此事之故，在欧洲两个月，实在无心休假。中间又经许多波折，最后才见命令。我自知不能作外交官……但在此时间，我无逃避之理。也许我的一点虚声，在国家最倒霉的时候，还有点用处。国家承平，用不着我；国家越倒霉，也许越

需要我们平日养成的一点点地位。至少，我可以补偏救弊，可以洗刷前任遗留的一大堆烂污。以此之故，我决心为国家暂时抛弃学术生活一两年。(《胡适中文书信集》第3册，51~52页)

　　按，中国政府发表胡适为驻美大使前后，有不少中外友人向胡适致函致电。据有关档案可知，至少有以下诸人：Edward C. Carter、Vuces Marrg、Educe Biller、Oliver J. Todd、许世英、Alfred E. Cohn、John D. Rockfeller、金问泗、Ruth D. Carter、霍恩贝克、King Senn、L. Carrington Goodrich、Austin P. Evans、William H. Kilpatrick、于焌吉、马如荣、J. W. Garne、Maxim von Brevern、H. H. Love、Hugh Borton、William C. Johnstone、Hans Nordewin von Koerber、Joseph P. Chamberlain、Philip C. Jessup、Clarence Y. Palitz、Lenning Sweet、Mrs. Helen Howell Moorhead、Frank K. Nebeker、Robert Burnett Hall、梅华铨。(据中国社科院近代史所藏"胡适档案"不完全统计)

9月19日　中午，胡适在美国领事Bucknell家吃饭。晚上到Mr. Sweetzer家吃饭。(据《日记》)

9月20日　韦莲司小姐致函胡适，云：虽然自己很希望胡适能辞掉不喜欢的驻美大使一职，但找不到一个和胡适能力相当的人。胡适接受了这一工作，中美两国都应该受到恭贺。希望这个工作对胡适不至于是太大的牺牲。深信胡适能运用最高的智慧来应付困难。(中国社科院近代史所藏"胡适档案"，卷号E-383，分号1)

9月21日　胡适到国联，听Litvinov演说。与顾维钧谈，与郭泰祺谈，与金问泗谈。晚，离开日内瓦，送行者甚多。(据《日记》)

9月22日　在巴黎。见美国大使Wm. Bullitt，他说："在美国做大使不难，只须公开，只须说老实话。"(据《日记》)

　　同日　孔祥熙致电胡适："启程莅任，至深欣慰。此次使美，国家前途利赖实深。列强惟美马头是瞻，举足轻重，动关全局，与我关系尤切。吾兄长才，自能应付裕如。此次国联开会，我方引用十七条，默禁趋势，关键仍在美国。倘能赞助，必能使英法等国提高勇气，而国际安全可达到目的。务希设法运用促进。"（中国社科院近代史所中华民国史组编：《中华民国史资料丛稿》专题资料选辑第三辑《胡适任驻美大使期间往来电稿》，中华书局，1978年，1页）

9月23日　胡适到英国。到大使馆，托陈维城代办船票。写 Mr. Henry McAleavy 的论文的报告。（据《日记》）

同日　The Royal Institute of International Affairs 的会议部秘书 David H. Loch 致函胡适：和您确认今早的电话谈话，很遗憾得知您10月11日无法前来演说。但我们非常理解无法前来演说的原因，对于您就任中国驻美大使再送上祝福。也会函告 The Master of Balliol 此次会议不得不取消，并代达您的歉意。（中国社科院近代史所藏"胡适档案"，卷号 E-276，分号6）

9月24日　胡适访加拿大的 Higher Commissioner Mr. Massey，略谈几分钟。（据《日记》）

同日　胡适复函江冬秀，抄示悼徐新六的诗。简述答应任驻美大使的大致经过。又云：

> 我二十一年做自由的人，不做政府的官，何等自由？但现在国家到这地步，调兵调到我，拉夫拉到我，我没有法子逃，所以不能不去做一年半年的大使。
>
> 我声明做到战事完结为止，战事一了，我就回来仍旧教我的书。请你放心，我决不留恋做下去。（《胡适遗稿及秘藏书信》第21册，467～468页）

同日　外交部长王宠惠呈文国民政府主席，呈请给予胡适二等采玉勋章，理由是胡在外宣传"卓著勋劳"。（台北"国史馆"藏档，全宗号"国民政府"，档号：001035111002155）27日，国府主席林森签署命令，给予胡适二等采玉勋章。（台北"国史馆"藏档，全宗号"国民政府"，卷名"外交使节勋章"，档号：001035111002158）

同日　E. R. Hughes 函谢胡适对他的著作的批评与意见。（中国社科院

近代史所藏"胡适档案",卷号 E-236,分号 5)

同日　孔祥熙致函胡适,寄上 8 月 22 日中国银行 Tsuyee Pei 致他信的副本,内容为讨论太平洋借贷的发展架构,孔之复函也一并寄上,期望胡适能通知 J. P. Morgan 与公司的行动在此架构下运作,并请通知中国银行如随函附上的信函所指示的事项,再向孔报告胡适处理此事上的办法。(中国社科院近代史所藏"胡适档案",卷号 E-259,分号 10)

同日　张彭春致函胡适,告:今天傍晚将飞往马赛,29 日抵达曼谷,大约在 10 月 10 日抵达重庆,并请胡适注意健康。(中国社科院近代史所藏"胡适档案",卷号 E-316,分号 1)

9 月 25 日　胡适致电顾维钧、郭泰祺、钱阶平三人:

倾得蒋先生敬(24)电云:

欧局变动之际,美国对远东态度,至关重要。即国联如能通过实施第十六条,欲使制裁有效,亦将视(？此二字有误,码不明)美为枢纽。……务望尽力推动为要。

鄙意以为蒋先生此论甚为肯要。国联多数国家多想把第十六条看作 optional(非强制性的)。鄙意小国之态度无关远东大局,但苏、英、法、荷与美五国之态度,及英属坎纳大、Australia(澳大利亚)和 New Zealand(新西兰)三国,此八国必须抓住,然后有办法。第十七条第二节中"Resort to war"(诉诸战争)一句也与美国中立法有关系,又与 Pact of Paris(巴黎公约)有关系。故鄙意以为我国代表团似宜设法把美国拉来商量,或召集 Far Eastern Advisory Committee(远东顾问委员会)开会,或由 Council(国联理事会)请美国特别参加。如美苏两国肯卖气力,则英、法、荷亦必不会卖我。无论如何,美国应该与商量,想诸公当赞同此意。(《胡适全集》第 24 卷,409～410 页)

9 月 26 日　胡适去替李国钦办一件事。王景春约吃饭。访美国大使 Mr. Kennedy。访 George Rublee 夫妇。访 Lord Lytton。(据《日记》)

1938年　戊寅　民国二十七年　47岁

同日　胡适复电陈布雷云："以今日形势看来，欧局必演成大战，甚难挽回。此亦适八月寒电，和比战难百倍之明证。英法以全力主和，故捷克政府何委曲求全，不虞内乱。然和平不易得，此最足供吾人借。今国际形势已活动，我必须咬牙苦撑，立定脚跟，始能运用此世界动态。乞呈介公，特别注意。"《泰晤士报》发表欢迎胡适的社论，题为《一个受欢迎的大使》，文中有云："吾人可信胡君之外交，必能诚实公开。""适亦将本此四字，黾勉做去。"（《胡适中文书信集》第3册，46页）

9月27日　郭泰祺自日内瓦来电话，谈国联事。约王景春一家、陈维城一家、刘锴夫人、谭葆慎夫妇、李德燨夫妇吃饭，"大战似不可免，大家都不能安心坐谈"。（据《日记》）

9月28日　下午，胡适乘火车到Sonthampton，王景春、谭葆慎、陈维城、李维炳、樊弘、夏晋麟来送行。登Queen Mary。（据《日记》）

9月29日—10月2日　胡适在船上，写信、电多通。（据《日记》）

9月30日　竹垚生致函胡适，谈徐新六丧葬等事宜，又谈及江冬秀夫人得知发表胡适为驻美大使后大不高兴，声泪俱下。（《胡适遗稿及秘藏书信》第26册，73～75页）

10月

10月1日　胡适函贺霍恩贝克新婚，又告自己已接替王正廷担任中国驻美大使。又云：

...It took me a long time to decide to accept a job which meant a sharp break in my twenty-one years of freedom and independence. The appointment was announced on Sept. 17th when I was in Geneva, and I was asked to proceed to America as soon as possible.

...

I have accepted this work, not only because I have no way of escape, but because I am confident that I can count upon the friendly advice assistance of men like your good self, & Hamilton, and others and that my task is made easy by the tremendous sympathy of your propel for my country in the present struggle.（中国社科院近代史所藏"胡适档案"，卷号 E-96，分号 24）

同日　外交部致电胡适，述对美方针：该大使就职伊始，朝野期望甚殷。兹将政府对美方针列举于下：（甲）欧战发生时各问题：（一）英美对于远东合作素为我国所期待。欧战发生，英或倾向与日协，且必需求美国援助。我应与美成立谅解，请美严促英国勿与日本妥协，增我抗日之困难。（二）促请美总统实行其隔离（Quarantine）侵略者之政策，对日采行远距离的封锁。（三）日本企图夺我主权、英法在华利益，望美勿置身事外，尤以维持上海公安局之地位及现状为要。（乙）美国实行中立法问题：（一）促成美国修正中立法，区别侵略国与被侵略国。（二）日本未对华实行战时封锁前，仍望美国避免施用中立法。（三）日本断绝中国交通时，应请美国将中立法中禁止军火及军用品之输出及财政援助等，对日切实尽量施用。（丙）财政援助问题：应继续重视，并努力促美政府于最短期间助成对华现金或信用之借款。（丁）军用品售日问题：美国现劝商民勿以飞机售给日本，应相机商请美国扩大其劝告范围，使美油、钢铁亦不售给日本。俾各国对于国联盟约第十六条之实施较易实现。（戊）情报问题：美国朝野之主张及活动应多方探采，随时报告以上各节，仰切实注意，并将办理情形，随时电部为要。（《中华民国史资料丛稿》专题资料选辑第三辑《胡适任驻美大使期间往来电稿》，1页）

同日　崔存璘致函胡适：欢迎胡适来到美国。"当您抵达时，国务院会派人去接"；随寄《纽约时报》欢迎胡适就任中国驻美大使的剪报；陈光甫现正在华盛顿与席德懋、任嗣达以及 A. Young 等人一起。（中国社科院近代史所藏"胡适档案"，卷号 E-362，分号 3）

10月3日　早6点，胡适抵纽约。（据《日记》）

同日　顾维钧致电胡适：给您寄去国联关于中国问题的报告。英国、法国和苏俄都强调美国合作的必要性。鉴于目前欧洲的形势，在远东的任何都需要首先由美国发起。华盛顿可否与其他国家达成默契，对日本实施禁运？（中国社科院近代史所藏"胡适档案"，卷号 E-399，分号 1）

10月6日　胡适看牙医。访 Nathaniel Peffer。赴华盛顿，于焌吉、郭武官、应尚德、许仕廉同行。抵达时，美国国务院礼仪司司长 Summerlin 代表国务院来接，远东司长 Hamilton、国务院高等顾问霍恩贝克，及馆中同事、华盛顿华侨代表等在车站相候。到"双橡园"（Twin Oaks）官舍。（据《日记》）

同日　陈介致电胡适："前在日内瓦所谈，似有研讨必要。鄙意，军事上既未易挣（撑）持，外交上当另谋途径。……此后世界阵容，亲德反英政策需当一变。德除党方领袖及外交、海军当局外，多数对我表示好感，连日接谈，均不直其政府，各地工商界尤甚。……群认中德邦交有好转可能。……惟自抗战以来，苏联助我最力，倘我方向他国进行之计划，无具体功效，因此妨害中苏邦交，亦不可不虞耳。"（《中华民国史资料丛稿》专题资料选辑第三辑《胡适任驻美大使期间往来电稿》，2页）

同日　L. Carrington Goodrich 致函胡适，云：It may be tinged with a little regret to have to postpone many of the works of scholarship on which you have been engaged, but in these days it is essential for far more pressing matters to be put first. Some day I hope you may find it possible to return to your "History of Chinese Philosophy", Volume 2.（中国社科院近代史所藏"胡适档案"，卷号 E-210，分号 6）

10月7日　胡适访代国务卿 Sumner Welles，"告以国书未到，先行视事"。到远东司，Hamilton 令全司同事来见。访霍恩贝克。到礼仪司，谢 Summerlin 司长。李国钦从芝加哥来，与陈光甫同来吃饭，久谈。（据《日记》）

10月8日　胡适得蒋介石齐电。到霍恩贝克家夜会，为 Mr. Myers 送行。与霍恩贝克谈，托他将蒋介石齐电交与代理国务卿，转送美国总统。（据《日记》）

同日　胡适致函 Benjamin B. Wallace：数月前曾收到尊伉俪的友善招待，对尊夫人的辞世震惊，并致以诚挚的哀悼与慰问。（中国社科院近代史所藏

"胡适档案"，卷号 E-113，分号 3）

按，10 月 13 日，Benjamin B. Wallace 复函与胡适致谢。（中国社科院近代史所藏"胡适档案"，卷号 E-367，分号 3）

10 月　胡适致电孔祥熙："适六日到馆视事。七日谒外长，告以国书未到，先行视事。鄙意外交至重要，当以全副精神应付。此外如借款、购械、宣传、募捐四事，虽属重要，均非外交本身，宜逐渐由政府另派专员负责。光甫（陈光甫）兄等来后，借款事空气顿肃清，即是最好例证。宣传一项，美国九月七日新法令拘束外国宣传机关甚严，尤非使馆所应经营。儒堂（王正廷）兄任内宣传事业最要者有二，一为杨光淮所创横太平洋通讯社，每月费金千五百元，现毫无的款，已欠一月。二为美国人贝尔，原为每月六千金，工作费在外。据儒兄说，此人已支十七万二千金，尚欠彼八万金，此款儒兄回国自向公说明料理。但儒兄与彼续订新约，每月三千金，尚有十个月，亦毫无的款。此二事单雇费已共每月需四千五百金，效力至微，似宜及早结束，赔累或可稍少。至购械事，当与光甫、国钦（李国钦）会商妥善办法，集中办理。"（《中华民国史资料丛稿》专题资料选辑第三辑《胡适任驻美大使期间往来电稿》，3 页）

10 月 9 日　胡适访 Dr. Jacob Gould Schurman，久谈。（据《日记》）

10 月 10 日　胡适访 Norman Davis。（据《日记》）

同日　蒋介石致电胡适、陈光甫：借款务望于本月内完成。（台北"国史馆"藏"蒋中正'总统'文物"，档号：002-020300-00030-007）

同日　顾毓瑞致函胡适，感谢胡适的栽培并希望能跟随胡适工作。（中国社科院近代史所藏"胡适档案"，卷号 1670，分号 1）

10 月 11 日　蒋介石致电孔祥熙、王宠惠：请以蒋名义致电罗斯福总统，托胡适转请为中国仗义协助，更希望其对于中国经济借款能早日成功。（台北"国史馆"藏"蒋中正'总统'文物"，档号：002-020300-00030-008）

同日　美国外交政策协会主席 Raymond Leslie Buell 函邀胡适在感恩节假期时来他的寓所做客。（中国社科院近代史所藏"胡适档案"，卷号 E-140,

分号4）

同日　顾毓瑞复函胡适云：使馆中既无须添人，当安心等待机会；近期将赴华府晋谒。(《胡适遗稿及秘藏书信》第41册，626～627页)

10月12日　外交部致电驻美大使馆：自美政府表示不愿其本国厂家出售飞机与日本后，颇有相当成效。倘美政府仍不能以法律形式单独禁运军火于日，我方切望美政府再以切实劝告态度，令各商家停止以军用物品接济日本，尤以钢铁与煤油最关重要，勿命直接或间接输运日本。倘此项态度能推广至经济援助，尤足为他国之倡导。希切商美政府办理。(《中华民国史资料丛稿》专题资料选辑第三辑《胡适任驻美大使期间往来电稿》，2页)

10月13日　胡适到国务院，见次长Sayre、次长Messersmith、Counsellor More。与霍恩贝克谈日本侵华南事。下午到财政部，见财长亨利·摩根索（Henry Morgenthau）、次长Taylor、司长Lochhead。霍恩贝克深夜来谈。（据《日记》）

同日　蒋介石致电胡适：敌在粤登陆，实为威胁英国，甚至向美挑战，此为美国促起英国对远东与美合作共同干涉之唯一良机，务请竭力运用，促成英美共同行动，解决远东问题，但仍须由美领导也。（台北"国史馆"藏"蒋中正'总统'文物"，档号：002-020300-00028-007）

10月14日　胡适复函韦莲司小姐，谈及被任命为驻美大使等情：

> 就如同军事上的一道征召令，而我又不能昧着良心做个逃兵。……
> 我在欧洲的那一个月，尤其是我在英国的5天……对我而言，是激动人心，而又饶富教育意义的。眼看着一个爱好和平的国家，突然之间卷入战争。动员正在进行，上百万的防毒面具发给了老百姓。27日的夜晚，8条地下铁道为了"工程"而封闭。
> 张伯伦（Chamberlain）宣称，英国要是参战，必须为一个重大的原因，那也就是，一个国家（译者按：此指德国）若用武力的恫喝，而坚持强加他的意志于全世界，这是必须抵抗的。英国人同意为此而

战，显然没有什么反对。

我 28 日离开英国的时候，人人都觉得战事已不可避免！

我相信，就是英国人这种奋战的决心使希特勒和莫索里尼头脑清醒了一些。

我的工作还没有完全正式开始，因为我的到任国书还没来。

但鉴于形式的危急，我必须立刻开始工作；所以从 10 月 6 日到此以后，我相当忙。

多谢你给我的同情与支持，这是我时时都需要的。

我正在学习怎么做我的工作。国书晚到，对我倒很合适；目前还没有交际应酬，因为从官方的角度来说，我还不存在。(《不思量自难忘：胡适给韦莲司的信》，230～231 页)

同日　胡适复电蒋介石，告罗斯福昨日召见陈光甫语意至恳切，有云："我必尽力助中国尽力做到派员力谋所许，并超出之。"临别又重述此语。陈光甫认为，经济援助甚有望。敌侵华南，外部尚无正式表示，部中友人则以为敌此举最易引起国际冲突。(《胡适中文书信集》第 3 册，47 页)

同日　外交部致电驻美大使馆：日军已开始攻击华南，英、法、美之远东地位与商务利益，将受直接威胁。我方深望有关国家取联合积极步骤，以制止侵略。希速密商美政府。(《中华民国史资料丛稿》专题资料选辑第三辑《胡适任驻美大使期间往来电稿》，3 页)

同日　卓聂其纯致函胡适，详细介绍其子之学历、经历，希望能"追随左右，以供驱策"。(中国社科院近代史所藏"胡适档案"，卷号 1427，分号 2)

10 月 15 日　胡适致函 Wm. C. Bullitt，托其将蒋介石致罗斯福总统元电转交罗。(据《日记》)

同日　陈布雷日记有记：午后接胡适之大使元电，即覆一长电，告国内情形。(《陈布雷从政日记（1938）》，150 页)

10 月 16 日　胡适请陈源代抄徐新六遗书三通，寄给竹垚生。题小诗于其后："三书不厌十回读，今日重钞泪满巾。眼力最高心最细，如今何处有新人！"写信与霍恩贝克。到霍恩贝克家晚餐。写递国书致辞。（据《日记》）

10月17日　胡适校补蒋介石致罗斯福删电译文。与陈光甫谈。崔存麟电话告知，说罗斯福广播，宣言拟调解远东争端，盼两国都能接受他的 offer of good offices。次日，胡适阅早报，全无罗斯福出来调解之说，崔君误听了。（据《日记》）

同日　外交政策协会会员 Mrs. Helen Howell Moorhead 致函胡适，恭喜胡适就任中国驻美大使：以前曾与您谈过鸦片在中国的问题，期望能有机会在华盛顿与您会面，并邀请您来敝宅做客。（中国社科院近代史所藏"胡适档案"，卷号 E-303，分号 1）

同日　陈布雷日记有记：复胡大使一电。（《陈布雷从政日记（1938）》，151页）

同日　郑天挺致函蒋梦麟，谈校务，其中谈及：胡适出任大使，闻须两三年后始归，北大文学院长如何办理？郑认为，胡适离开北大，一方面为北大之损失，一方面亦可谓北大之新发展。但使离开学校，不使离开干部（郑主张，干部不必限于本校之人），其有利于北大仍如旧也。（《郑天挺西南联大日记》〔上〕，99页）

10月18日　陈受颐致函胡适，云：胡适任驻美大使，"中美外交不久必可打开新局面了"；旧金山华侨做事很努力，但颇受使馆勒索；夏威夷大学怕事，不准讨论中日问题。宋以忠与应小姐订婚。（《胡适遗稿及秘藏书信》第35册，379～380页）

10月19日　胡适访霍恩贝克，久谈。访国务卿赫尔，面交蒋介石删电。霍恩贝克交来罗斯福复蒋介石齐电一文，"措辞甚婉转，实则谓调解时期未到。总统是政客，不能不顾到半个月后的选举。此时不能出面有惊人的国际行动，是意中之事。于此可见 Chamberlain 之斡旋捷克，为其愚不可及也"。（据《日记》）

同日　胡适致电陈布雷并亲译转蒋介石：今午友人交来罗斯福复蒋介石齐电文："……远东之形势向为我深切注意及思考的一个问题，今仍继续

如此。远东之悲剧的冲突如何能用和平协商方法，基于公道之上，不用武力，亦不用武力的威吓，而得着一个解决。此事之需要，为重立世间之安定秩序计，实日益感其迫切。我深盼能这样寻得调整解决的办法，可解除冲突之原因，又可符合真正公允之标准，因之又可为和平有效的贡献。请公信我，倘我认为我可以襄助达到上述的目标之相当机会已到时，我必乐意效力。……"友人并致意谓："右件辞意似不着边际，总统实意非冷淡。盖此时调解，必无公道的和平之可能，决非美国舆论所许，故必须撑持待时。"又外部转来蒋介石致罗斯福删电，今午已面递外长转交。(《胡适中文书信集》第3册，47页)

10月20日 胡适致电蒋介石，详陈"和比战难百倍"，中国目前唯有等待时势演变：

昨日电陈美总统复文……此事可为适屡向公言和谈比战争更难百倍之明证。就最近欧洲大局言，战祸暂似幸免，和平能否维持成功仍有赖下述三要素：(一)有负责尽职、不畏诽谤致力和平的调停人。(二)弱国在调停人掩护下，愿意承受相当大的牺牲，并且不怕发生内乱。(三)调停人需要有充分的毅力与坚定的决心，使强者受制裁，侵略国能承许遵守其与弱国间所调停之结果。上述三点，缺一不可。……适于八月中曾电陈：美苏两国均不愿中国讲和。就目前情形论，此言已得印证不容再有存疑。苏俄不愿我讲和，故以武器助我。美国不愿我溃败，故愿经济援助。故就我国现况言，惟有等待时势演变。(《胡适中文书信集》第3册，48页)

同日 胡适读 Phillips Russell 的 *Benjamin Franklin: The First Civilized American*。有感于 Franklin 在法国住了8年，借来巨款之故事，"此事可使我与光甫增加一点勇气。今日之事，与当年相同，必须'挨光'，必须有耐心"。(据《日记》)

同日 杜威赠其 *Logic: The Theory of Inquiry* 一册与胡适。(《胡适藏书目录》第4册，2427页)

1938年　戊寅　民国二十七年　47岁

10月21日　广州沦陷，胡适与陈光甫皆十分悲愤，"两次见面，皆甚难过"。（据《日记》）

同日　翁文灏致函胡适，对国内的主和主张及行动感到"焦灼"，又云：

弟以为在国内，政权必须统一，介公不宜允许其他职员在未得介公允许以前自由言和或对外表意见。在国外，惟望美国早日实行对日之经济制裁，在日本甚受压迫情形之下，由美政府召开会议，解决远东问题。如此则时局可得解决。盖目前仅赖"抗战必胜"之信念实犹不足。国内意志既不免分歧，而安南、香港运输时有问题，世界政局变化莫测，如不积极寻觅出路，则人人有河清难俟之感，而实际困难确又层出不穷。实际出路，似又莫如由美国严重压迫日本，联络英、法，召开会议，共图解决。国命存亡，关系至巨，兄能否与美国要人面商具体办法，以达救国目的。专此密商……（《胡适遗稿及秘藏书信》第32册，326～327页）

同日　汪孟邹致函胡适，谈陈独秀现在江津县卖文为生，胃病发作，血压高亦发，拜托胡适："如就吾兄在美之便，或向政府设法，为他筹得川资，使他与他爱人潘女士得以赴美游历旅行，病体当可易愈……到美之后，如林语堂卖文办法，陶知行演讲办法，该可生活无虞。"又谈到章希吕与铁岩都平安等。（《胡适遗稿及秘藏书信》第27册，444～445页）

同日　The New Commonwealth Institute 的秘书 Georg Schwarzenberger 复函胡适：感谢9月30日来函，借此机会恭喜您被任命为中国驻美大使，非常感谢您接受邀请成为 The New Commonwealth Institute 的 General and Political Research Committees 的成员。期望您再来伦敦时，我们能有机会宴请您。（中国社科院近代史所藏"胡适档案"，卷号E-337，分号8）

10月22日　胡适与李国钦电话交谈李今日拜会罗斯福总统时进言的要点。陈光甫、席德懋邀吃晚饭，有 Mr. Nicholson。日记又记：广州事引起的国外感想极坏。（据《日记》）

同日　H. Perley 致函胡适：10天前曾写信询问您是否有意在10月20

日访问纽约，但未获回音。我将在明天前往加拿大演讲，10月31日返回纽约，之后与John Gunther一同参加The Council on Foreign Relations Inc.的晚宴，然后再前往加拿大。遗憾您取消接受在纽约的邀约，期望您能再考虑。（中国社科院近代史所藏"胡适档案"，卷号E-316，分号4）

10月23日　陈光甫来长谈，同饭，谈国内消息，"光甫、德懋都甚懊丧。我力劝他们不可灰心，我说：我们是最远的一支军队，是国家的最后希望，决不可放弃责守"。（据《日记》）

同日　胡适对馆员说："我是明知国家危急才来的。国家越倒霉，越用得着我们。我们到国家太平时，才可以歇手。"（据《日记》）

同日　李国钦打电话来报告昨日见罗斯福总统情形。（据《日记》）

同日　胡适复电王宠惠：广州陷落，海外热诚爱国之华侨多有恶感。然美国态度尚佳，仍积极进行经济援助之谈判。尊电所示，适于旬日前虽曾一度进言，然因其回答：尚未见有公正和平之时机。故适拟于呈递国书后再相机进言。近日谣言纷纷，企望尽速电知事实，以便防止侨胞之离心力。（《胡适中文书信集》第3册，49页）

同日　褚民谊致函胡适，托人赠其著《太极操》《武术言论集》等书，又云："抗战年余，收获虽多，损失亦巨，长此何以为国？以弟愚见，外交之运用，实尤胜于军事之得失，而美国执世界牛耳，诚能左右大局，尤望其能主张公道，维护吾国之生存独立，此则有赖于我公之斡旋。"（《胡适遗稿及秘藏书信》第38册，405～408页）

10月24日　胡适与美驻法大使Bullitt同吃饭，谈3小时，"他也看不出路子来"。与霍恩贝克谈1小时，"他是一个好人，但他是官，没有决断的力量"。（据《日记》）

同日　翁文灏致函胡适，云："广州不战而失，武汉守至明日为止，和不可能，战无可战。政府中人，毫无挽救办法……大局如此，如何可免亡国之痛，实不能不望美国方面即有负责态度，否则我国已尽其力，只有沦胥以没耳。美国方面对于中国经济事业未知有无何种祈望？"又谈及中基会及参加纽约博览会事等。（《胡适遗稿及秘藏书信》第32册，328～330页）

1938年　戊寅　民国二十七年　47岁

10月25日　武汉退却。胡适有记："战事开始至今，凡十五个月另十几天；我多年的噩梦，今日都一一实现；而我十二个月的好梦，至今还没有一点影子！"（据《日记》）

同日　晚，美国财长亨利·摩根索，约见胡适、陈光甫，转达罗斯福的意旨。当夜拟电报给蒋介石、孔祥熙，报告谈话内容。（据《日记》）胡适、陈光甫致电蒋介石云：

> 今晚财政约谈面告辉、适云：桐油借款两千另六十万元手续已完。今午面陈总统请示，总统略思考云："不幸广州、武汉相继陷落，倘我今日批准，明日中国忽换政府，忽变政策，我定遭非议。但若在数日内，蒋介石将军能明白表示中国政府安定而政策不变，则我可立即批准此批借款"云云。辉、适当即致谢财长与总统救危扶倾之高谊。并云："即将此意电告政府。财长又谓粤汉路阻塞后，桐油与货品如何输运出入？倘有具体计划，甚愿详告"云。今夜谈话大意如此，至盼政府日内即昭示政府安定而政策不变，并乞即电复，以便转告。（《胡适中文书信集》第3册，49～50页）

10月26日　顾维钧致函胡适，告：为日本南进攻粤，特访苏联大使，告以为远东利害关系最切者，为与英、法、美一致策动，以增强三国之警告，并可促成英法美俄四强集团之先声，渠颇以为然，并允即电苏联外交部长。（《胡适遗稿及秘藏书信》第41册，641～642页）

10月27日　彭乐善致函胡适：作为在Vassar举行的The Second World Youth Congress的中国代表团的秘书，通知您：我将到美国参加The American Youth Congress。今早我阅读一篇新闻报导"America Warns Japanese"，得知您担任中国驻美大使，向您祝贺。在中国，我在汉口担任Y.M.C.A.的秘书，去年我曾在电台工作8个月，每天广播15分钟的英语新闻。随函附上我致于焌吉函，以让您了解相关情况。（中国社科院近代史所藏"胡适档案"，卷号E-316，分号2）

10月28日　下午5点，胡适应约向罗斯福总统递交国书。旋招待新闻

记者 24 人。(据《日记》;《胡适中文书信集》第 3 册,52 页)胡适在记者会上说:

> It was with a heavy heart that I presented today my Credentials of the President as Chinese Ambassador to the United States... But I am proud to serve as the official representative of my country at a time when it has made and is still making its supreme effort and supreme sacrifice in fighting for its national existence and independence.
>
> ...I am reasonably sure that my Government and people will go on fighting the war of resistance for an indefinite time to come until we are assured of a just and honorable peace...(中国社科院近代史所藏"胡适档案",卷号 E-13,分号 43)

同日　江冬秀于沪寓招待郑天挺晚饭,江泽涵出示胡适寄周作人诗及周答诗。郑评曰:

> 据闻两师均以诗代简,此外不着一字。启明师久居北平,颇不为时人所谅,故适之师自国外投诗讽其南下。启明师家累较重,师母又为日人,自有其困难……两诗并可传。(《郑天挺西南联大日记》〔上〕,102～103 页)

10 月 29 日　胡适复函 Overseas Writers 主席 Erwin D. Canham,感谢 27 日来函(中国社科院近代史所藏"胡适档案",卷号 E-144,分号 6):接受于 The Overseas Writers 午餐会上演说的邀请,请提供合适的日期以供选择。赞赏 Christian Science Monitor 杂志刊载阁下的作品。(中国社科院近代史所藏"胡适档案",卷号 E-91,分号 4)

10 月 30 日　张慰慈致函胡适,告翁文灏邀张赴美处理博览会之事。谈应胡适之请为其要各机关和个人密码本的情况等。(《胡适遗稿及秘藏书信》第 34 册,423 页)

同日　陈梦家致函胡适,自述近况及自己的研究心得。希望胡适能助

其至哈佛大学读书。(《胡适遗稿及秘藏书信》第 35 册，514～517 页)

10 月 31 日 Chester Rowell 到此，胡适约他来吃晚饭，畅谈一夜。陈光甫来谈，胡适赠其照片一张，并题小诗：

略有几茎白发，心情已近中年。

做了过河小卒，只许拼命向前。(据《日记》)

11月

11 月 1 日 胡适函谢 The American Council of Learned Societies 的常务秘书 Waldo Gifford Leland 之两通来函，并祝福其夫人早日康复。接受于 11 月 5 日 Literary Societies 会议上担任嘉宾的邀请，感谢 The American Council of Learned Society 拟为自己举办午餐会，建议选在 12 月 3 日。(中国社科院近代史所藏"胡适档案"，卷号 E-100，分号 10)

按，10 月 31 日，The American Council of Learned Societies 的常务秘书 Waldo Gifford Leland 致函胡适，谈几件事：邀请胡适于 11 月 5 日举行的 The Literary Society 的会议上担任嘉宾，届时林肯秘书的女儿 Helen Nicolay 有演说。另邀胡适出席 12 月 3 日 The American Council of Learned Societies 的午宴。期望在之后两周内能与胡适共同讨论该组织在远东方面的研究以及中研院与 Union Academique Internationale 的事情。(中国社科院近代史所藏"胡适档案"，卷号 E-265，分号 1)

又按，11 月 2 日，Waldo Gifford Leland 函谢胡适 11 月 1 日来函。为胡适同意参加 11 月 5 日的会议及 12 月 3 日的午宴感到高兴。(中国社科院近代史所藏"胡适档案"，卷号 E-265，分号 1)

同日 Leonard S. Hsu 致函胡适，否认与纽约的 Dorland International, Inc. 签约之事；述与 Mr. Barber 商谈以及 Dr. Wang 与 The Guaranty Trust 商议的情况；并祝福陈光甫的任务成功。(中国社科院近代史所藏"胡适档

案"，卷号 E-234，分号 10）

11月3日　胡适致电刘驭万：若12月能来美国，我将贡献一半的旅费，太平洋国际学会将支付在美国的旅费和生活费。（中国社科院近代史所藏"胡适档案"，卷号 E-275，分号 7）

同日　陈布雷日记有记："十一时再谒委员长，命发致胡大使电，询我如宣战，则美国采何态度。"（《陈布雷从政日记（1938）》，162页）

11月4日　蒋介石致电胡适，请胡适询问美国政府关于中国欲对日宣战的意见。（中国社科院近代史所藏"胡适档案"，卷号2023，分号1）

同日　孔祥熙致电胡适：陈光甫带来蒋介石的宣言。询问胡适美方态度究竟如何。（中国社科院近代史所藏"胡适档案"，卷号2023，分号1）

11月7日　陈布雷日记有记："发致胡适之君覆电，即交机要室拍发。"（《陈布雷从政日记（1938）》，164页）

11月8日　胡适得翁文灏电，说国内有"一部人鉴于实力难久持，愿乘此媾和"。拟长电复翁文灏，致蒋介石，又致郭泰祺。（据《日记》）

同日　陈布雷日记有记：适之来电，告美国有再举行九国公约会议之意向。（《陈布雷从政日记（1938）》，164页）

11月9日　胡适致电陈布雷："十日来日美关系甚形严重，美十月六日抗议书，逾月不得答覆，闻美政府密约英、法诸国协力对日作经济制裁，郭使昨电证实此说，今晨传美、英、法将有平行抗议长江通航之事，更可证东京对美支持《九国公约》态度甚愤慨。昨美选举结果，政府党在国会两院仍占大多数。总之，国际形势已开始好转，我方必须坚忍撑持，稍一松懈，则全盘皆输矣。"（《胡适中文书信集》第3册，51页）

11月10日　孔祥熙致电胡适、陈光甫：11月9日的电报，是为你们撰写给罗斯福总统的备忘录提供材料的。最好以我的名义提交备忘录。蒋介石将军已经将王正廷卸任事电告罗斯福总统了。（中国社科院近代史所藏"胡适档案"，卷号 E-399，分号 1）

同日　胡适复电孔祥熙：信已经用蒋介石的名义送出了。（据《日记》）

11月11日　翁文灏日记有记：胡适来佳电言，和比战更难百倍，除苦

撑待变,别无路走,国际形势正好转,密呈汪、孔诸位,须立定脚跟。(《翁文灏日记》,282 页)

同日　陈布雷日记有记:接适之庚电,摘呈之。傍晚又接适之佳电,仍抄呈。(《陈布雷从政日记(1938)》,166 页)

11 月 12 日　Admiral Bristol 夫妇邀胡适吃饭,饭后到古巴大使馆赴茶会,见到古巴的 dictator, Colonel Batista。得翁文灏电,说汪、孔甚主和,蒋"尚未为所动","文中有使我甚着急之消息,故译完后,我拟长电复他"。(据《日记》)

11 月 13 日　胡适复电翁文灏:"六年之中,时时可和,但事至今日已不能和。六年中,主战是误国,不肯负责主和是误国,但今日屈伏更是误国。"杜威来午饭,Miss Roberta Lowitz 同来。霍恩贝克夫妇带 E. S. Little 来谈。陈光甫来谈。读 John Fiske 的 *The American Revolution*。认为美洲革命战,真可以作为借鉴,"写革命军之种种困难与困苦,使我心宽一点"。(据《日记》)

11 月 14 日　陈光甫来谈。先后拜访驻美的墨西哥大使、西班牙大使,与身为哲学家的西班牙大使谈了 1 个半小时。读 John Fiske 的书,感慨甚多:"美之独立战,所以能转败为胜,亦是由于国际形势,英国当时为众矢之的,北美战起,法国与西班牙都乘机而动,法更明白的助美,才有最后的成功。"(据《日记》)

11 月 15 日　陈光甫带交通专家赵祖康、张君来谈。拜访波兰驻美大使。(据《日记》)

同日　钱端升、周鲠生、杭立武联名致电胡适:推荐国际联盟的秘书周书楷供晋用。(中国社科院近代史所藏"胡适档案",卷号 E-404,分号 1)

同日　Joseph P. Chamberlain 致电胡适:"得知 12 月 6 日您将参加 Chinese Institute 的晚宴,请问 12 月 5 日至 7 日哪一天您能莅临敝宅出席茶会?"(中国社科院近代史所藏"胡适档案",卷号 E-436,分号 1)

11 月 16 日　胡适复电外交部长王宠惠:"(一)10 月 6 日发表时舆论一致赞许,但多数报纸论调以为此问题不值一战,然精明之观察者则谓门

户开放与九国公约是一事。6日照会与10月4日外部对三国宣言,实使美政府走上与日本正面敌对之路,其影响关系半个世界云。(二)此照会东京将于18日答复,闻其影响,美政府将有重要表示。又闻总统已亲草表示之文字,此讯无从证实。(三)三国同时要求开放长江,昨敌拒绝。此似为平行动作起点,即下一步倾向经济报复。(四)国会选举结果,民主党在参议院占四分之三,众议院占五分之三,其对外政策上影响现难测,但政府在两月中对远东若取积极态度,则国会势不能不拥护政府。(五)最近美政府正对日有所表示,故选举后适未请见政府领袖。(六)顷与苏代办长谈,彼云除非日侵苏领土,苏不致有武装行动。"(《中华民国时期外交文献汇编(1911—1949)》第七卷,中册,925页)

11月17日　胡适拜访秘鲁大使、哥伦比亚大使。访霍恩贝克。赴Orientalia晚餐会,有Hummel、Sweet、Wagner、Graves、Swingle、MacKay诸人,为他们演说中国近状。(据《日记》)

同日　胡适致电外交部:"(一)英国昨承认意在阿主权,英意协定昨生效,此间观察美国仍不抛弃不承认政策。(二)英美商约今日签字,以为HULL外交政策最大成绩,英、美关系以后将更密切。(三)德国虐待犹太人,美总统前日公开斥责,谓不信二十世纪可有此等事,全国舆论一致拥护。美召回驻德大使,论者谓意义等于正式撤回。"(台北"国史馆"藏档,档号:020-010102-0020-0072a)

同日　外交部致电驻美大使馆,并分电驻中、南、北美各使领馆及千里达名誉领馆:"民国廿七年金公债在筹募委员会未成立前,业经财部委托中央、中国、交通三银行代募。其海外部分,交中国银行负责推销,并由该行委托华侨、中兴、广东、东亚等银行之海外总分行处代为劝募。金公债劝募规则另发。"(《中华民国史资料丛稿》专题资料选辑第三辑《胡适任驻美大使期间往来电稿》,3～4页)

11月18日　上午,胡适拜访厄瓜多尔大使;拜访德国大使,知德亦召回驻美大使,德美竟成绝交状态,"此可见国际关系最容易变化;只要有事实上的重大发展,就可以急转直下"。见《基督教科学箴言报》记者Mr. I.

Roscoe Drummond，允为该报作一文，论"Western Democracy"的前途。下午，到加拿大使馆，访其首相 Mackenzie King。拜访法国大使；见 Raymond Buell。（据《日记》）

同日　David M. Freudenthal 致函胡适：已与 Harold Riegelman 联系，期待多年未见之后于12月4日与您见面。（中国社科院近代史所藏"胡适档案"，卷号 E-436，分号1）

11月19日　胡适复电外交部："长江航行只是整个门户开放问题之一个实例，门户开放亦只是《九国公约》目标之一，今日美日正面对抗之主要争点，在《九国公约》是否有效。昨夜东京发表覆美十月六日抗议全文，此文结语明言'在今日明日而欲援用已过去不适用的原则，既无补于东亚的真和平，亦不能解决当前问题'云云。此言等于明白否认《九国公约》之原则，美政府今晨无表示情势，须待至星期一。前日美召回驻德大使，昨德亦召回驻美大使，三日之中顿成绝交形势，殊非五日前任何人所能悬料。国际动态皆由事亦促成，此最可供玩味……"（《胡适中文书信集》第3册，54页）

同日　胡适致函 The Chase National Bank of New York：寄上1张3000元的支票存入 The Chase National Bank of New York 我的账户中，烦请寄上收据。（中国社科院近代史所藏"胡适档案"，卷号 E-484，分号1）

11月20日　胡适致电蒋介石："前奉外交部转公致美总统十月十五日英文电。本日美外交部交来总统十一月十日函复，其……要点：一、中日冲突美政府屡次声言反对违背条约而用暴力，又屡次主张和平必须顾全公法公道。二、然美国政府必须遵循不悖至法律的方法，必须顾及人民的舆论，必须不外吾人所认为可以实行。三、尊电提及此间进行讨论之事，其所以均正式加以最慎密同情的考虑。四、远东如何可以早日得到公道的和平？此问题正是今日与今后的恳切愿望。适按总统函所谓进行讨论之事，即指经济援助。现交通部所派专家二人已到，此昨光甫引见财长，计初步结果，不日当可揭晓。美政府十月六日抗议东京日大使之答复，结论云对现在自办之事势，犹欲援用已过去之不能适用的原则，即无补于东亚真正和平，

亦不能解决当前问题云云。美使面告与舆论，均表大不满意，闻下星期或将有所表示。"（《胡适中文书信集》第 3 册，54～55 页）

11 月 21 日　张慰慈函告胡适：应翁文灏之邀赴美处理博览会之事，虽知不会办成，但想赴美帮助胡适。因经济部做官人多做事人少，所以不想回部工作。徐新六之事尚未结束，竹垚生有长信说明。江冬秀不愿迁移，将来如有迁移的必要，自己可以帮同办理。（《胡适遗稿及秘藏书信》第 34 册，424 页）

同日　顾维钧致函胡适云：在 11 月 9 日，我致电给您谈关于运送战争物资以及获得美国支持的问题。期望您能函告获得美国援助以及从美国运送战争物资的前景，等等。（中国社科院近代史所藏"胡适档案"，卷号 E-258，分号 1）

11 月 22 日　孔祥熙致电胡适："英外长允联合美、法就人道立场予我国际借款，设一国际机关，实行生产救济。兹由我方拟具具体计划如下：（一）由特设之国际机关承借英金三千万磅，一次交存指定银行，专供我国稳定金融及救济生产事业之用。如必要时，可由该承借机关考核用途。（二）年息四厘。（三）自借款交付之第三年起，分十年平均偿还，并得以出口货物抵。……特电洽办。"（《中华民国史资料丛稿》专题资料选辑第三辑《胡适任驻美大使期间往来电稿》，4 页）

同日　胡适复电孔祥熙：

……昨东京《读卖新闻》载，闻驻日英大使曾向近卫提调停四条件：（1）华停止抗战，取消排日。（2）华取消抵制日货。（3）日维持中国门户开放，各国机会均等。（4）日不得歧视在华外人。右四事与公哿电转示港报所载条件，似均属揣测谣传。美国朝野似均不理会此类传闻。

鄙意此时国际局势已呈动态。美与日已成正面对抗，其争点为九国公约是否有效，门户开放只是此约目标之一，而长江通航又只是门户开放之一个实例。英法既已追随抗议，后此步骤当亦略同。此时我方必须忍痛苦撑，以待世变。

适最近答詠霓两电详陈愚见，知均经转陈公与精公，想蒙鉴察。（周谷编著：《胡适、叶公超使美外交文件手稿》，联经出版事业公司，2001年，35页）

同日　胡祖望禀胡适：西南联大本来准备24号注册，但延迟到下月1号。今年新生特别多，校舍不足。询武汉、广州失守后国外舆论情形。（中国社科院近代史所藏"胡适档案"，卷号678，分号9）

11月23日　胡适次第拜访驻美的阿根廷大使、葡萄牙大使、埃及大使、尼加拉瓜公使、土耳其公使、西班牙大使。中午与Dr. Leonard Hsü共进午餐。（据《日记》）

同日　胡适函谢Haverford College校长W. W. Comfort之11月19日来函（中国社科院近代史所藏"胡适档案"，卷号E-162，分号1）邀请自己于1939年6月10日在该校毕业典礼发表演说，自己将很高兴地如期前往。（中国社科院近代史所藏"胡适档案"，卷号E-91，分号24）

同日　外交部致电胡适："此次英大使来渝，迭与各要人会谈，知我方对英方现政策颇为不满，朝野又切望其有所动作。部长向英大使提四事：（一）借款。（二）以条约立场正式宣示英方拥护远东权益之决心，并请以美政府十月六日照会为最低限度之参考。（三）对日报复。（四）实行国联决议，包括制裁。英大使个人表示极度同情。已将此间意见，尽量电陈政府。"（《中华民国史资料丛稿》专题资料选辑第三辑《胡适任驻美大使期间往来电稿》，4页）

同日　郭泰祺致电胡适云："十八日晤外相，谈及英、美对犹太事愤激援助，具见维持人道正义……惟中国人民痛苦之程度与范围，世界实无伦比，在人道立场，更应有国际援助。可否由英、美、法等国予我借款，组织一国际机关，从事生产救济。英外长谓：此事有可能性，如我政府正式提出，彼愿与美、法商酌云云。……又英外部谓：对日采取进一步办法，英、法均愿与美一并行动，美方亦明了此意，故关键在美。Cadogan（贾德干）

并笑谓，望兄特别努力云。"（《中华民国史资料丛稿》专题资料选辑第三辑《胡适任驻美大使期间往来电稿》，4页）

11月24日　胡适复函江冬秀，谈及：准备明年夏天带胡祖望出来，叫他进一个好的大学，可以安心读书。关心江冬秀的身体。又谈道：

> 我读你信上说："但愿你给我信上的一句话，'我一定回到学术生活上去'，我恨自己不能帮你助一点力，害你走上这条路上去的。"我将来要做到这一句话。现在我出来做事，心里常常感觉惭愧，对不住你。你总劝我不要走上政治路上去，这是你的帮助我。若是不明大体的女人，一定巴望男人做大官。你跟我二十年，从来不作这样想，所以我们能一同过苦日子。所以我给新六信上说，我颇愧对老妻，这是真心的话。
>
> 我现在过的日子，也是苦日子。身体上的辛苦，精神上的痛苦，都不是好过的。
>
> 我到此已五十日，没有领到一个钱的薪俸，全馆十余人，还须我垫借钱应用。
>
> 我每天总是很忙的，晚上睡觉总是很晚的。睡觉总是睡半边床，因为二十年的习惯，从来不会睡在床当中。
>
> 我不怕吃苦，只希望于国家有一点点益处。头发两边花白了，现在当中也白了不少。
>
> …………（《胡适遗稿及秘藏书信》第21册，514～517页）

11月25日　胡适致电蒋介石："今晚报载联合社上海电讯云：'据中国方面消息，英大使在湖南某处谒蒋委员长，委员长责备英国在我抗战期中未能实际助我，若英不改变政策，我将弃英别作打算。'云云。其辞甚长，大致与灰日尊电告支日谈话颇同，是否由尊处发表？倘美方问及应如何答覆？乞电示。"（《胡适中文书信集》第3册，56～57页）

同日　W. W. Willoughby致函胡适，谈及在中国的美国公民购买交战国公民的财产及相关法律规定。（中国社科院近代史所藏"胡适档案"，卷号

E-385，分号8）

11月26日　胡适到Cosmos Club听Harold Laski演说，他大骂张伯伦的和平。主人请胡适说话时，胡适极力替张伯伦辩护。（据《日记》）

11月27日　晚，胡适访霍恩贝克夫妇，同饭。（据《日记》）

11月28日　胡适到Overseas Writers Club演说。晚与霍恩贝克夫妇同饭。（据《日记》）

同日　胡祖望禀胡适：阅报悉天津浙江兴业银行保管箱库门进水，担心胡适的藏书被泡在水里。附寄剪报。（中国社科院近代史所藏"胡适档案"，卷号678，分号10）

11月29日　晚，胡适访霍恩贝克，同饭，久谈。胡适把10月25日晚上的事告知他，"此事必须明告State Dept.，光甫太慎重，故我不能不负责做此事"。（据《日记》）

11月30日　胡适在共和国餐厅为Freda Utley小姐举行午宴。（中国社科院近代史所藏"胡适档案"，卷号E-494，分号1）

12月

12月1日　陈光甫来谈，始知昨日美国财政部与国务院会议，Morgenthau部长把10月25日的事告诉外部的代部长、远东司长及霍恩贝克。此会甚关重要。（据《日记》）

12月2日　胡适的私人秘书分别函辞C. E. Krochmann、John O'Hara Cosgrave：胡适因另有邀约而无法出席The Dutch Treat Club于12月6日在大使旅社举行的午宴。（中国社科院近代史所藏"胡适档案"，卷号E-164，分号1）

12月4日　胡适到纽约，同Harold Riegelman到Harmonie Club，晚饭后演说，题为"Japan's War in China"。饭后胸口作痛，呕吐，终夜大汗。（据《日记》；中国社科院近代史所藏"胡适档案"，卷号2023，分号4）

胡适在演讲中说：中国正流着血死里求生的在抗战。中国政府声明：在

目前的情况下，绝不能企望和平，中国将抗战到底。在中国持久抗战中，也许有一天国际情形转变到对中国有利而对日本不利。中国希望各民主的及爱好和平国家的人士，阻止武器和重要军需原料这样不人道地继续输入日本。日本是今日国际团体中第一个公敌。（重庆《大公报》，1939年2月10—11日）

按，此讲演又收入"外研社版"《胡适英文文存》第3册，有编者所加摘要如下：

作为中国驻美国大使，胡适在纽约发表演讲"日本在华战争"，向美国民众介绍中国军民浴血奋战的惨烈事迹。胡适把中国的抗战与美国独立战争、法国革命、俄国革命以及土耳其民族解放运动相比较，将其视为中国的"革命战争"。胡适还借喻了华盛顿将军领导美国独立战争的故事，指出中国抗战的最终胜利取决于二者：一是中国军民坚持抗战，二是国际社会的援助。（该书98页）

又按，次日，The Harmonie Club of New York 的主席 Ralph Woff 函谢胡适所做的这一演说，说演说获广大回响。（中国社科院近代史所藏"胡适档案"，卷号 E-436，分号 1）

同日 胡适致电蒋介石："美外长之前四日赴秘鲁主持全美会议，总统休假未归，美政局表面上颇沉寂，惟十一月卅日，外财两部会商远东问题，曾讨论财长所提借款，微闻结果甚好，总统下周回京后，当可有定局。其购置所需组织，已由光甫兄等布置就绪，至美对外日复文不满意，尚在研究中，未有表示。又儒堂兄日前已起程归国，外传彼尚拟回美经营购械事，其所信托，殊非端人，鄙意盼公婉劝其勿再来。"（《胡适中文书信集》第3册，57页）

12月5日 李国钦来。胡适因身体不适，取消上午的所有约会。午间到 Lawyer's Club，赴李国钦的午餐，出席者有 Rockefeller, Jr.、Roy Howard 等50人。略作演说（内容为昨夜演说之大意）。下午，赵不凡医生来为胡适诊视，说胡适昨夜心脏病发作。住进 Harkness Pavillion——the Presbyterian Hospital。自此后9天，胡适不吸烟，不看报，不读书，不见客，不办公事，不起床。（据《日记》；《胡适遗稿及秘藏书信》第21册，471～475页）

按，胡适住院后，秘书分别函告Robert Ashton Smith、W. W. Comfort、Waldo Gifford Leland、Arthur C. Earnshaw，取消之前定的所有约会。（中国社科院近代史所藏"胡适档案"，卷号E-436，分号1；卷号E-439，分号1；卷号E-265，分号1）

同日 胡适复电蒋介石："宣战于我毫无益而大有害。一、宣战，美国不能不施《中立法》，借款与军械都不可得，而敌有船仍可运原料。二、宣战，则日本可享受交战国熙可搜检中立商船，可使封锁更有效，可宣布武装占领中国而拒绝他国抗议干涉。三、敦请上最大影响，是使美国政府领袖更不得自由行动。现国际形势正在转变，美国外长昨宣言，距立场完全是尊重美国与中日诸国共同签字之条约。前日美外部纠集比京，九国会议拟在，其意甚明。若我于此时宣战，则国际步伐又乱。……望公毅然阻止。"（《胡适中文书信集》第3册，57～58页）

同日 张慰慈致函胡适，谈自己回沪，并脱离资源委员会，也不想回经济部工作。又谈及徐新六家事复杂，又谈道："胡太太说吕伯威的《经言明喻篇》已经印出五百本，存在北平，她要问你怎样分送外国各大学及图书馆，请你开出一单子寄来，由此间照单直接寄出。"（《胡适遗稿及秘藏书信》第34册，425～426页）

12月6日 翁文灏复电胡适："经费事询外部，谓系银行手续迟延，另函达。中国对外方针迄欠确定。弟意应以联络英、美，促成行动为主干，法当可加入。联苏求助亦甚重要。对德、义近例几濒破裂，亦待酌为补救。"（《中华民国史资料丛稿》专题资料选辑第三辑《胡适任驻美大使期间往来电稿》，4页）

12月8日 胡适致电外交部："美国外交部召美大使詹森回国述职，并指令取道滇缅公路，由仰光转英来美，一月中旬可抵京。闻此系总统意旨。又据密报。"（台北"国史馆"藏档，档号：020-010102-0020-0188a）

同日　江冬秀致函胡适：报上惊见胡适住院，惊吓不已，劝胡适好好休养，早日离职。(《胡适遗稿及秘藏书信》第 22 册，455 页）

12 月 12 日　胡适将发病、治疗情形电告翁文灏，静养 7 日后，血压、体温、脉搏均日渐正常。(中国社科院近代史所藏"胡适档案"，卷号 2023，分号 1）

12 月 15 日　蒋介石复电胡适：已嘱人转知王正廷不要去美国。(中国社科院近代史所藏"胡适档案"，卷号 2023，分号 1）

12 月 17 日　胡适作有《四十七岁生日》，曰："卖药游方廿二年，人间浪说小神仙，如今回向人间去，洗净蓬莱再上天。"(《胡适手稿》第 10 集卷 4，431 页）

同日　崔存璘致函胡适，云：借款协议已公布，所有华盛顿报纸都有关于借款的报道，会将报纸报道的摘要寄给外交部。(中国社科院近代史所藏"胡适档案"，卷号 E-362，分号 3）

同日　蒋梦麟、汤用彤、姚从吾、魏建功等北大同人、学生多人联名致函胡适，祝贺北大 40 岁、胡适 47 岁生日。(《胡适遗稿及秘藏书信》第 39 册，499 页）

12 月 18 日　蒋介石致电胡适并转陈光甫："借款成功，全国兴奋，从此抗战精神必益坚强，民族前途实利赖之。惟望为国珍重，常保健康。"(《中华民国史资料丛稿》专题资料选辑第三辑《胡适任驻美大使期间往来电稿》，5 页；台北"国史馆"藏"蒋中正'总统'文物"，档号：002-020300-00030-015）

按，1938 年 12 月 16 日，友人 Timperley 亦电贺胡、陈光甫成功完成借款谈判。(中国社科院近代史所藏"胡适档案"，卷号 E-399，分号 1）

又按，1958 年 12 月 31 日陈光甫致函胡适说：我对 1938 年那段最晦暗的日子仍记忆犹新，当时我们一起工作，为了值得的原因向美国政府与国会恳求。虽然我们商议订立的两笔借款相当小，但无论如何，

那是开拓了美国对我国援助的一条路。(台北胡适纪念馆藏"胡适档案",档号:HS-NK05-091-016)

同日　翁文灏复电胡适:"美借款成立,国人心极慰谢,于时局定有好影响。中研究(院)总干事新任任叔永,故兄询傅孟真各事,俟彼等商定再复。兄与陈光甫论孔(孔祥熙)意见弟极赞佩。光甫公忠爱国,亦久佩。孔本人亦相当有用。惟其手下有若干活动人物,恐端立如光甫者,亦感不易应付。故进贤退不肖,实为当前急务耳。"(《中华民国史资料丛稿》专题资料选辑第三辑《胡适任驻美大使期间往来电稿》,5页)

12月19日　游建文代胡适致函韦莲司小姐,告知胡适自12月6日住进纽约哥伦比亚医学中心,正在静养中,情况极佳,但医生不许写字。又感谢韦寄来的花和礼物。(《不思量自难忘:胡适给韦莲司的信》,232页)

> 按,同日韦莲司小姐复函胡适云:无论胡适得了什么病,自己都很高兴,因为胡适能有个长时期的休息。(中国社科院近代史所藏"胡适档案",卷号E0383,分号1)

12月20日　郭泰祺致电胡适:"据英方及美国使馆告:此次美对华借款,并未通告英方。……弟意以为,美既诚意助我,盼兄转商美方,嗣后关于此项举动,最好能较正式通知英方,以资策励,而维并行动作。"(《中华民国史资料丛稿》专题资料选辑第三辑《胡适任驻美大使期间往来电稿》,5页)

同日　江冬秀复函胡适,告得知胡适任大使的消息后,非常难过,加上得知徐新六死亡的消息,难过万分。又谈及胡适生日那天来很多客人,等等。(《胡适遗稿及秘藏书信》第22册,456~457页)

12月27日　郭泰祺致电胡适:"二十五日接汪先生(汪精卫)由河内来电谓:日方所提尚非亡国条件,应据以交涉,谋和平而杜共祸,拟向中央以去就力争,故暂离渝,并嘱转告云云。弟以汪先生此举与党国无益,徒滋敌人口实。除一面电雪艇(王世杰)询问详情外,并一面电汪先生切陈

国内外情势,力劝万勿出此。"又转述王世杰复电。(《中华民国史资料丛稿》专题资料选辑第三辑《胡适任驻美大使期间往来电稿》,5页)

12月28日　王世杰致电胡适:汪先生欲以去就争和平,用心苦而所见非是。弟向介公建议三点:(一)请汪先生勿作反乎国策公开表示。(二)请其勿与中央断绝关系。(三)请其勿住港,但不妨暂赴欧。介公均赞同,并嘱请兄同向汪先生恳劝。诸希秘密。(《中华民国史资料丛稿》专题资料选辑第三辑《胡适任驻美大使期间往来电稿》,6页)

同日　聂其杰复函胡适,谈自己的史料观,曾说"先生是极端崇拜西方人,看不起东方人者,我是极端看不起西方人,崇拜东方人者"云云。(《胡适遗稿及秘藏书信》第41册,85～87页)

12月29日　胡适致电郑铁如并转汪精卫,谈上月曾由翁文灏详陈和战问题之意见,"此时国际形势果好转,我方更宜苦撑,万不可放弃十八个月的牺牲。适六年中不主战,公所深知,今日反对和议,是为国家百年设想,务乞公垂听"。(《胡适中文书信集》第3册,59页)

12月30日　孔祥熙致电胡适、陈光甫:"顷奉委员长手示:'美国国会即将开会,对于美馆宣传与对其各议员之联络,应特别注重。其目的则在修改或废除其中立法与提倡主(召)开九国公约会议,与召集太平洋和平会议'等因。兹电汇宣传运用经费美金二万元,即希查收,迅为运用,期达目的。并盼电复。"(《中华民国史资料丛稿》专题资料选辑第三辑《胡适任驻美大使期间往来电稿》,6页)

同日　外交部致电驻美大使馆:"国联行政院一月十六日举行例会。我方深望美外部照会对于(一)援助中国;(二)制裁日本;(三)对日报复,拟就具体方案,于会前密告我方及英、法政府,俾可促成国联采用同样武力解决。"(《中华民国史资料丛稿》专题资料选辑第三辑《胡适任驻美大使期间往来电稿》,6页)

12月31日　胡适复电王世杰,告自己已经致电汪精卫。但30日汪已经公布其主张,盼王等促汪赴欧;"又中央应正式表示汪先生所主张绝不代表政府与党";美国舆论似不重视此事。(《胡适中文书信集》第3册,

59～60页）

　　同日　陈布雷致电胡适："久不得电。清恙痊愈否？介公至系念，嘱电问候。再此间俭日发表斥近卫声明演说词，美国观感如何？请电示。"(《中华民国史资料丛稿》专题资料选辑第三辑《胡适任驻美大使期间往来电稿》，6页）

　　同日　陶希圣致函胡适，谈这一年来的求和之路及随汪精卫出走的因由。(《胡适遗稿及秘藏书信》第36册，287～288页）

1939年　己卯　民国二十八年　48岁

是年，胡适仍任驻美大使。

6月6日　哥伦比亚大学授予胡适荣誉法学博士学位，是为胡适任大使以来的第一个荣誉学位。

1月

1月1日　江冬秀致函胡适，知道胡适出院，很高兴，希望胡适多多保重。又谈及丁文江夫人、徐新六夫人近况。(《胡适遗稿及秘藏书信》第22册，462～463页)

按，新年以来给胡适发来问候病情或祝早日康复的中外友人还有王景春、Edward C. Carter、霍恩贝克、孔祥熙、Nelson T. Johnson、Arthur C. Earnshaw、席德懋等。(中国社科院近代史所藏"胡适档案"，卷号E-369，分号1；卷号E-146，分号1；卷号E-231，分号2；卷号E-400，分号1；卷号E-247，分号7；卷号E-67，分号1；卷号E-234，分号1)

1月3日　Edwin Carlyle Lobenstine 函寄 Dr. Stuart 致燕京大学理事会以及 H. S. Houghton 的来函与胡适。(中国社科院近代史所藏"胡适档案"，卷号E-276，分号5)

同日　Lake Forest College 院长 Herbert McComb Moore 函邀胡适在该校于1939年6月10日举行的毕业典礼上演讲，并授予他荣誉法学博士学位。

（中国社科院近代史所藏"胡适档案"，卷号 E-302，分号 8）

按，1月6日，胡适的私人秘书以胡适正住院，医生建议取消演讲行程为由婉辞了这一邀请。（中国社科院近代史所藏"胡适档案"，卷号 E-302，分号 5）

1月5日　外交部致电胡适：探查美国当局及舆论对日本平沼骐一郎组阁的观感。（《中华民国史资料丛稿》专题资料选辑第三辑《胡适任驻美大使期间往来电稿》，7页）

同日　Alice Carter 函谢胡适答应前来演说中国文艺复兴问题，并询演讲时间可否选在3月13日。（中国社科院近代史所藏"胡适档案"，卷号 E-146，分号2）

1月7日　王宠惠致电胡适：美总统咨国会文甚好。关键现全在国会。希对此多注意，并随时电告。（《中华民国史资料丛稿》专题资料选辑第三辑《胡适任驻美大使期间往来电稿》，7页）

1月10日　胡适复电外交部：

美政府世日复东京牒，态度之强硬坚决，为向来所未有，而后半明白宣示放弃中立条约修改，须经关系国用和平协商方式为之，日军人正疯狂，必不肯采此和平协商方式。昨参院外交委员长毕特门宣言，日答复若不满意，美国应采取经济制裁。据毕所云，总统有权可禁日货进口，但禁美货运日则需国会通过；毕又言经济制裁必不致促成战祸，因日本必不敢对美宣战也。

……此三个月中，美政府对德对日均表示最坚定态度，造成不易挽回之局势，使舆论与国会均不便公开反对政党外交政策，故以后发展应较顺利，英美合作更无可疑。最近有田宣言与近卫声明，美国舆论均不重视，介公俭日驳近卫语，美报有扼要登载。汪先生主和事，颇引起注意。元旦政府毅然处分，各报均极重视，认为抗战决心之最明表示。（《中华民国时期外交文献汇编（1911—1949）》第七卷，中册，

931 页）

同日　胡适复电陈布雷："介公俭日演说，美报简略登载全文，三日后，收到各报均未取用。近卫声明，美方根本不重视。故我方驳斥因之亦不注意。美政府昨日发表致日复牒，不承认日本所谓在华新秩序。可见其态度强硬如故。此间观察美方指示，日本召集会议修改条约途径已留和平解决余地。如日本仍无满意答复，恐将取强硬应付方法。经济报复似为办法之一。国会三日开幕，稳健派可占优势。政府浪费政策势将缩减，但增加军备可望通过。《中立法》将稍有修改，其目的系对欧，故废止颇难办到。"(《中华民国史资料丛稿》专题资料选辑第三辑《胡适任驻美大使期间往来电稿》，11 页；《胡适中文书信集》第 3 册，63 页）

1 月 11 日　胡祖望禀胡适：成绩还算不错。昆明物价飞涨。钱端升办《今日评论》。（中国社科院近代史所藏"胡适档案"，卷号 679，分号 1）

1 月 13 日　胡适复电外交部："美报评论均谓年来日政府久已法西斯化，平沼组阁不足怪诧。惟平沼登台，至今仅有五分钟之广播词，故各方无从推测其政策。贱恙承慰问，至感。"（台北"国史馆"藏档，档号：020-010102-0020-0115a）

1 月 16 日　胡适致电王世杰云：外交部电告张伯苓将向美国广播，鄙意距废约期近，美政府政策并无动摇，我方负责人对白宫当特别慎重。劝告美国废约，不必劝其废约后实行对日禁运。对美国之对外经济政策，宜提早暗中努力。至若公开宣传，非徒无益，反有害也。(《胡适中文书信集》第 3 册，64 页）

同日　郭泰祺致电胡适，谈及：国联地位堕落至今日，实与我国引用第十七条一案无关。现操纵国联者仍不外英、法。……我方站在国际法与世界主义立场，亦不能不以国联为号召。(《中华民国史资料丛稿》专题资料选辑第三辑《胡适任驻美大使期间往来电稿》，7 页）

同日　江冬秀复函胡适，对胡适住院感到焦虑，又劝胡适离开政治，因为，"说真话，政府里要不愿意听，你说假话，（一）你不会，（二）你的人格不能"。劝胡适"千万退走下来，免的对不起老百姓，可怜百姓的死路太惨了"。(《胡适遗稿及秘藏书信》第22册，464～465页)

同日　John F. Bush 函告胡适：The Presbyterian Hospital 的主管会议1939年1月10日决定：减免胡适的住院费用，并附寄1月16日胡适住院期间费用的修正报告。(中国社科院近代史所藏"胡适档案"，卷号E-141，分号8)

1月17日　美国驻华大使詹森由于焌吉陪同，前往医院探视胡适。(《胡适之先生年谱长编初稿》第五册，1664页)

1月19日　王世杰致电胡适：闻胡适病愈，能否正常工作？蒋介石盼胡适向孤立派活动。(《中华民国史资料丛稿》专题资料选辑第三辑《胡适任驻美大使期间往来电稿》，7页) 胡适稍后复电王宠惠并转蒋介石云：王世杰电悉，自己早已开始工作。又云：

> ……承介公嘱向孤立派努力，自当遵办。美国外交政策，向分对美洲、欧洲、亚洲三种。如中立法孤立主张等，实际上专对欧洲。中日战起，美政府不引用中立法，反借我款项，停止供给日本机件等等，即孤立派亦未反对。故弟目前方针，乃在使美国政府人民，明了我国待援情形及抗战决心，使美能多多助我制裁日本。(《中华民国史资料丛稿》专题资料选辑第三辑《胡适任驻美大使期间往来电稿》，11页)

1月21日　胡适复电外交部："据上议院外交委员会秘书长告，该会只暂时展缓公开讨论中立法，报界误传为长期搁置云。闻近因西班牙军火开禁问题，各方意见分歧，中立法案，该委员会或将先秘密讨论。至众议院外交委员会，则因委员长病，尚未开始讨论。中立法第二款，现款购货自备运输一节，于四月底失效，国会势必有所决定。总统一月四日在国会演说中，曾表示其意见。但国内外之非战派与孤立派，势力仍未可完全轻视。一两月内之国际形态如何变迁，均足以左右此法案之前途。"(《中华民国史资料丛稿》专题资料选辑第三辑《胡适任驻美大使期间往来电稿》，7～8页)

同日　胡适致陈布雷转蒋介石电，报告国际形势：

（一）远东问题，经美国倡导，英、法均已追随。其方式同为维持九国公约各原则及其他条约之继续有效，并否认日本所谓新秩序。但同时又皆留一后步，谓有关各国可以和平协商讨论日本之主张。此方式似为三国平行动作之纲要。

（二）美国会曾委任专家作国防新设计，其报告中主张增设海军、空军根据地四十余处，国会集会后，罗总统提出国防增费五万五千余万元。两院国防股依此提议先修筑海空根据地十二处，其中九处均在太平洋。尤以关岛与韦克岛之修筑工事为最足威胁日本。日本《国民新闻》曾发表狂论，谓美若防筑关岛，日本将击破美海军云。然美府院领袖昨仍公然表示赞成关岛浚筑费五百万元案。舆论界名人 Walter Lippmann（李普曼）前日著论谓关岛浚筑案应即通过，但不必即实行，使政府可用此案为促进对日谈判之一种武器云。此论或可助此案之顺利通过。

（三）自去年六月以来，美外长用道义劝告方式，劝美军火商勿供给日本飞机、军械，各商均听受，据外部年底报告，只有一家不听劝告。但前日美外部发表，此一家亦已接受劝告。故关于飞机、军械，美政府之道义劝告政策已完全成功。

（四）美之借款助我，亦是其整个远东政策之一部分。此款成于我国力最倒霉之时，其富于政治意义至显。

（五）至于原料禁售日本一事，须有国会明文。前外长史汀生等鼓吹此事最力，鄙意此点与中立法有关，两三个月中，当可见分晓。

（六）中立法案问题，另详致外部第八五七号电。

（七）总之，美之远东政策纲领已见除夕通牒。其实行方向有三：一为经济助我，二为对日经济制裁之各种方式，三为大增军备以威胁日本。三者皆足以激怒日本，使其发狂。亦皆足以促日本之觉悟猛省。故若猛省回头，远东问题可有和平解决之望。故若更发狂，则太平洋国际大战终难幸免。（《中华民国史资料丛稿》专题资料选辑第三辑《胡适任驻美大使期间往来电稿》，8页）

1939年　己卯　民国二十八年　48岁

同日　Joseph Beech 致函胡适：上次在胡适北京的家中会面深感愉快。祝福胡适就任驻美大使，并向胡适介绍 Wesleyan 大学的校长 James McConaughy。（中国社科院近代史所藏"胡适档案"，卷号 E-126，分号 9）

同日　袁同礼致函胡适云：知道您对国立北平图书馆关于战时的收藏感兴趣，现寄上目前的收藏状况及未来的计划之报告书。中基会年会将在 4 月 10 日举行，希望您能与顾临讨论上述计划，并得到一万美元的资助。我们特别希望您在欧美的演讲。（中国社科院近代史所藏"胡适档案"，卷号 E-393，分号 11）

1 月 24 日　霍恩贝克函谢胡适之 1 月 22 日来函，欣闻胡适健康恢复，送上祝福。（中国社科院近代史所藏"胡适档案"，卷号 E-231，分号 2）

同日　Homer F. Swift 致二函与胡适，一是询胡适可否为 Dr. Cohn 的生日写文章，一是邀请胡适出席 2 月 28 日的会议。（中国社科院近代史所藏"胡适档案"，卷号 E-354，分号 3）

同日　Wang Chung-wei 函介英国新闻记者 Gerald Samson 给胡适，希望胡适能有机会与 Gerald Samson 见面。（中国社科院近代史所藏"胡适档案"，卷号 E-369，分号 2）

1 月 25 日　George A. Walton 致函胡适：一些 George School 的学生聆听了去年 6 月您在 The Friends General Conference 上的演说，请求能安排与您会面，并了解中国大使馆的工作。期望能在 3 月 13 日至 15 日访问华盛顿期间在中国驻美大使馆与您见面，请问您是否同意接受此邀约？（中国社科院近代史所藏"胡适档案"，卷号 E-494，分号 1）

同日　王世杰日记有记：今日中央执行委员会全体会议开会时，冯玉祥委员向大会宣读一私人来函，指述胡适之在美对人谈话，倾向于失败主义与和议。外交部王部长对于胡适之去年 11 月间演词中，有所辩明。孔庸之云彼亦接有与冯委员所述报告相同之报告，正在查询中。事后余以此事颇有挟嫌捏造之痕迹，致一书面于蒋先生，请其纠正。（《王世杰日记》上册，177～178 页）

1 月 26 日　胡适复电外交部："日政府近确竭力向美让步解决悬案，以

期一月二十六日废约后，仍能维持目前商业状态，即不实行禁运，不征收罚税，不增加船钞。美方深知日本用意所在，但日本如对重要原则不表示让步，美政府必不放弃其既定政策，亦无法商谈订约。惟目前日本内阁既趋向和平策略，美国似不可压迫过甚，故拟继续商谈，以求引导日本走入和平解决中日战事道上，但同时必维持以上三种威吓，随时恐制日本。"（《胡适中文书信集》第3册，67～68页）

1月27日　胡适复电陈布雷并转蒋介石：

西班牙战事急转直下……五六日来谣言甚多，谓欧洲大战将爆发；又谓欧战一起，日本即攻取荷属东印度。故连日世界证券市场震动……此时欧局如何演变，尚难推测。……连日美国同情西政府之人士纷纷请美政府取消军火运西之禁令，但已缓不济事。然西班牙事确使一般人士感觉中立法之无益而有害，故间接的此事于我国不无裨补。军火运西之禁令原案为美政府所提，前年正月通过国会时，众院为四一一票对一票，参院为八一对零票，可见当日孤立论确风靡一时。前年五月，中立法修正通过时，两院票数尚略如正月时。乃不满两月，中日战事即爆发，实非当时人士所意料。其后，总统与外部对中日战事坚不施行中立法，国会内外亦无如之何，实为孤立派失势之起点。一年半以来，孤立论更衰。……只有事实的演变，与领袖人物的领导，可以使孤立的国家转变而积极参加国际政治也。……（《中华民国史资料丛稿》专题资料选辑第三辑《胡适任驻美大使期间往来电稿》，9～10页）

同日　王世杰日记有记：冯玉祥于前日据私人报告，在会场指责胡适在美言论不当（指其有"失败主义"之倾向）后，另有函致蒋先生，请其撤回胡适。（《王世杰日记》上册，178～179页）

1月28日　胡适复电王宠惠：

……十一月十八日，并未演说。惟十一月二十六日夜，听英国名人 Laski 演说攻击张伯伦后，适曾指出张伯伦之和平政策确未可厚非。

1939年　己卯　民国二十八年　48岁

弱国所最期望者，为威尔逊之仗义执言。若世无威尔逊，则张伯伦之负责态度亦为难能。此为谈话主旨，余语皆妄传。当日在座有苏俄代办及西班牙大使。听者多左倾分子，宜其不能懂此种讽刺论调。当日主席宣称，谈话均不发表，以求自由讨论。岂意其展（辗）转讹传至万里之外，为我罪状耶？弟在美国最久，发言之缓急轻重，颇能自己量度，望政府诸公放心。又国内外宣传有不同之处。例如：最近国内表示中国军需足供二年之用，美方即以"果如是，则中国无须外国援助矣"来问。弟因此到任后，曾密商美外部负责人，决定以最诚恳态度，向各方声明我国抗战决心，同时表示急待援助情形，颇能得各方同情。以后我国高级官员如向报界谈话，对外宣传，最好注意此点。（《中华民国史资料丛稿》专题资料选辑第三辑《胡适任驻美大使期间往来电稿》，10页）

按，1月27日，外交部致电胡适云，有人提询11月18日胡适在华盛顿演说，据称内有粤汉陷落后，中国政府态度曾发生动摇等内容。蒋介石嘱外交部查询，希胡适迅将实在情形电告。（《中华民国史资料丛稿》专题资料选辑第三辑《胡适任驻美大使期间往来电稿》，9页）

又按，胡适有大致相同之电报复外交部。（《中华民国史资料丛稿》专题资料选辑第三辑《胡适任驻美大使期间往来电稿》，9页）

同日　王世杰日记有记：前晨余致一书与蒋先生，力言胡适之近来态度极坚定，对于战事力主苦撑后，蒋先生曾自行密查。现蒋于此事已极明了；并悉前此不实之报告，为王正廷所用之人李明绅，蒋介石闻悉后甚愤恨。（《王世杰日记》上册，178～179页）

1月30日　胡适复电王世杰："此电后段论孤立派问题，关键在事实演变，在政治领袖，而不在舆论。当威尔逊对德宣战前一星期，内政部长派人去中部探察民意，回报尚谓主战与反战约各半数。然此不足阻止参战也。此意弟去年与端升（钱端升）讨论多次。端谓民意最重要，弟不谓然。倘领袖者不能领导舆论，则美国四十年来参与世界政治各次均必不可能矣。

最近两三月中之事，更可为明例。如对日两次严重通牒，如对华借款，如对德召回大使，如对法许其购买军用飞机，而对日则劝阻军火飞机之售日，此皆政府领袖决心为之，孤立派与和平派亦无可如何。弟非抹杀民意，但谓外交着眼自有射马擒王之必要。至于舆论与国会方面，弟亦不欲忽略也。"（《中华民国史资料丛稿》专题资料选辑第三辑《胡适任驻美大使期间往来电稿》，10～11页）

同日 蒋介石致电胡适："全会今日闭幕。先后八日，全场精神贯注，意志团结，对抗战前途益坚自信，气象良好为前此所未有，堪以告慰。会议中检讨国际形势，对于英、美、法之日趋积极感觉兴奋。此皆兄等努力宣勤，善于折冲之所致。遥企海天，弥深欣佩，特电致意。并望继续努力，以策全功。"（《中华民国史资料丛稿》专题资料选辑第三辑《胡适任驻美大使期间往来电稿》，10页）

1月31日 胡适已被允许早午各起来2小时。（台北胡适纪念馆藏"胡适档案"，档号：HS-CW01-008-032）

同日 中基会代理秘书 Clarence L. Senn 致函胡适：按财政委员会主席施肇基之要求，转交一份 The Trusteeship of the Tsing Hua Current Endowment Funds 给您，但施肇基交代请先不要引用。（中国社科院近代史所藏"胡适档案"，卷号 E-438，分号 1）

同日 胡适的私人秘书致函 George A. Walton：感谢1月25日的来函通知期望3月13日至15日 George School 的学生访问华盛顿期间能前来中国驻美大使馆与胡大使会面。由于胡大使目前不在，当胡大使由医院出院之后会转告此讯息。（中国社科院近代史所藏"胡适档案"，卷号494，分号1）

1月 郭有守将《战时征集图书委员会征书缘起》函寄胡适。（《胡适来往书信选》中册，400～401页）

2月

2月1日 胡适致函韦莲司小姐，告此次生病、住院情形。（《不思量自

难忘：胡适给韦莲司的信》，233～234页）

2月2日　Co Tui 致函胡适云：*An Evening in Cathay* 感谢 China Society of America 的帮助，尤其是李国钦夫妇的帮助。已收到3卷中国红十字会的活动影片，您若想看，请与美国医药助华会联系。(中国社科院近代史所藏"胡适档案"，卷号 E-362，分号5)

2月3日　外交部电询胡适：美国是否打算以大量飞机接济法国？(《中华民国史资料丛稿》专题资料选辑第三辑《胡适任驻美大使期间往来电稿》，11页)

2月4日　外交部致电胡适：美派军舰送斋藤遗体至日，事属创举。是否美发动？用意是否在增进美、日友谊？有无对内作用？希电复。(《中华民国史资料丛稿》专题资料选辑第三辑《胡适任驻美大使期间往来电稿》，11～12页)

同日　席德懋致函胡适云，Jian H. Chen 来电请求胡适向李国钦推荐其子进入州立军事学院，如同1月8日孔祥熙致胡适电里所请求的。(中国社科院近代史所藏"胡适档案"，卷号 E-234，分号1)

2月5日　胡适复电外交部：一二七三号电敬悉。此事已于二日详电请陈布雷兄转陈。美总统昨午正式否认曾有美国第一道防线在莱茵河之语，舆论大体赞同援助民主国家。即孤立派亦只能攻击政府外交不公开，谓将牵入欧战旋涡。(台北"国史馆"藏档，档号：020-010102-0020-0121a)

2月7日　胡适致唁函与 C. Walter Young 夫人，吊 C. Walter Young 先生之丧，代表中国政府致上诚挚的哀悼与慰问之意。(中国社科院近代史所藏"胡适档案"，卷号 E-115，分号3)

同日　翁文灏致电胡适：日本曾急欲停战言和，不幸愿直接言和，而不愿开国际会议，又误信汪能主和，而不与蒋接洽，致完全失败。近卫因而去职。汪去后，益见中国政府团结一致，并不动摇。……和平成前，我方自强固抵抗，已成国策。而和能否成功，全视日本是否接受国际会议。介公处讨论时局，意多如此。(《中华民国史资料丛稿》专题资料选辑第三辑《胡适任驻美大使期间往来电稿》，12页)

同日 外交部致电胡适：法国拒绝我军火通过越南事，我方与之交涉已数十次。……我方深感美政府过去对于此事代为疏通之热诚，此时可否再请美政府向法方关说，促共改变态度。(《中华民国史资料丛稿》专题资料选辑第三辑《胡适任驻美大使期间往来电稿》，12页)

2月8日 Nelson T. Johnson致函胡适，为李国钦在The Chinese Chamber of Commerce宣读的讯息感到欣赏，并祝胡适恢复健康。(中国社科院近代史所藏"胡适档案"，卷号E-247，分号7)

同日 陈布雷日记有记："惟果送来胡大使在美演词之译文，为携归斟酌修改之。"(《陈布雷从政日记（1939）》，24页)

2月9日 卢逮曾致函胡适，谈及：

（一）汪氏去后数日间，此地即传说师座参与其谋，为此说者，经详探询，知为惺农所发动。后以事实胜于雄辩，流言终于不攻自破了。（二）五中全会席上，有人以路透社之错误消息为根据，对师座大发攻击之论，经孔院长的辩解而罢。席上发言者，为某无兵将军。此举自系另有所主，想吾师亦能喻及，不必深述。总之，美国对吾国的协助更进一步，则吾师受攻击的机会也就更多一分。这纯是一班联俄论者误解这是联俄工作的阻碍的缘故。国人不明外交的运用，而只图投降求助，思之令人不寒而栗。后闻委座已专电慰劳，心始略快。素念师座胸怀广大，以为祖国努力为志，始敢以此种消息上阵，敬博一粲，想万不至于以此而惹起吾师之消极。

岂明先生被刺轻伤，而沈启无奉殉。……(《胡适遗稿及秘藏书信》第40册，234页)

同日 陈布雷日记有记：交季鸾函，附去胡适之讲演译文。(《陈布雷从政日记（1939）》，25页)

同日 孙洪芬致函胡适，认为胡适的讲演，非大智大勇之人不能说此实话。又谈及月底去财政部催促庚款发放等。(《胡适遗稿及秘藏书信》第32册，455页)

1939年　己卯　民国二十八年　48岁

2月10日　王世杰致电胡适："兄十二月四日演词全文已代译出，业经介公发交各报全文刊登。"（《中华民国史资料丛稿》专题资料选辑第三辑《胡适任驻美大使期间往来电稿》，12页）

同日　李国钦致函胡适：在您的指示下，于焌吉、游建文和我已经在1939年2月8日与Wm. M. Chadbourne谈话讨论建议中国参加世界博览会，附寄会议纪要。请注意Wm. M. Chadbourne说的"I will make sure nothing is done"。（中国社科院近代史所藏"胡适档案"，卷号E-269，分号1）

2月11日　霍恩贝克复函胡适：很高兴您2月10日来函说能很快见到您。您谈到的情况与问题将慎重地考虑。（中国社科院近代史所藏"胡适档案"，卷号E-231，分号2）

2月13日　周鲠生、杭立武、钱端升电询胡适：在英国的周书楷是否能入美国使馆工作。胡适拟复稿：美馆中级人员现无更动，现在无法安排周君。（《胡适遗稿及秘藏书信》第30册，115～116页）

同日　胡祖望禀胡适，述第一学期的学校生活。又谈及中国空军的训练及中国的运输方式等。（中国社科院近代史所藏"胡适档案"，卷号678，分号3）

2月14日　外交部复电胡适："美政府对日军进攻海南究取如何态度？是否认为危及斐律宾？是否更将促成关岛之设防？闻法政府为海南事，正与英方取得联络。美方态度，法亦极关心。法之拒绝假道运输军火，原为海南。今该岛既被侵占，法无所过虑，不应再示怯弱。除电顾、郭二使外，希密商美政府，劝请法方立即撤销军火通过越南禁令。"（《中华民国史资料丛稿》专题资料选辑第三辑《胡适任驻美大使期间往来电稿》，12页）

2月15日　Clarence L. Senn函寄贝诺德1939年1月25日函与胡适。（中国社科院近代史所藏"胡适档案"，卷号E-438，分号1）

2月18日　胡适复电外交部：一二七八号电敬悉。日攻击海南，美政府曾令驻日大使探询其用意。据日外长答称，日本在华并无领土野心，占领海南亦不越出军事需要等。闻假道越南事，美方曾密劝法方予我便利，但法方答以法国不愿因此事与日冲突云。除再设法密商并详情另电外，谨

先电复。(台北"国史馆"藏档，档号：020-010102-0020-0126a)

同日　外交部致电胡适：日侵海南后，法方人士亦有主张撤销军火通过越南之禁令。而法此时正倚赖美之接济，美若再加紧劝逼法从速取消运输限制，必可见效。希即与美政府密洽。(《中华民国史资料丛稿》专题资料选辑第三辑《胡适任驻美大使期间往来电稿》，13页)

同日　顾维钧致函胡适：为胡适的康复及将返回华盛顿高兴，3周前曾与 Harry Hussey 谈起胡适，Harry Hussey 在纽约的朋友 William Chadbourne 可以推荐第一流的医生给胡适。(中国社科院近代史所藏"胡适档案"，卷号 E-258，分号 1)

2月20日　下午，胡适离开隔离室，回华盛顿。游建文与护士哈特曼夫人同行。此次在医院共住 77 天。(据《日记》)住院期间，胡适作有"More Easily Said than Done"一文。胡适在文章中说：

> I do not say that such an attitude of intellectual responsibility will free us from error or fallacy in social and political thinking. Nor do I imagine that I myself was able always to practice such a discipline with success. I merely wish to state my own conviction born of ten years of painful observation and experience, that we who think for the public should have the sense of public duty to cultivate as far as possible such an attitude of responsible thinking. (《胡适未刊英文遗稿》，79 页)

按，《胡适未刊英文遗稿》收入此文时，编者为该文所作摘要说：
1936 年胡适由美返国，在途经日本时，日本的新闻界称胡适为"在中国最有力的抗日领袖"，但在中国他又被认为太过温和。1937 年，胡适对日的态度由和转战，并暂时放下了他的学术研究，从事外交工作。他深感一个知识分子的责任重大，真是"一言可以兴邦，一言可以丧邦"。就一定的意义来说，哲学家也是皇帝。皇帝只能统治于一时，而哲学家却能影响人心于千秋。(该书 75 页)

1939年　己卯　民国二十八年　48岁

同日　胡适致函韦莲司小姐，告知上星期六曾去看海文路92号那栋房子。"这封信只是要告诉你，我健康恢复了，体重增加了，正要出院。"又拜托韦将出院的消息告诉Wilcox教授和Northup教授、Patterson一家人，还有Sampson夫人。（《不思量自难忘：胡适给韦莲司的信，235～236页》）

2月22日　胡适致电外交部：日本对上海公共租界事，美外长称前已授权美国驻沪总领事及其他在沪代表就近酌办。美报舆论均以此事及轰炸香港为日本试探英美法三国态度之故意行动。（台北"国史馆"藏档，档号：020-010102-0020-0129a）

2月23日　胡适复函芝加哥大学副校长Frederic Woodward：感谢1月31日您来函以及2月20日的秘书来函（中国社科院近代史所藏"胡适档案"，卷号E-439，分号1）。感谢芝加哥大学将原定12月授予荣誉博士学位延到3月。我曾专为此事咨询医生，但因医生建议我不要回到华盛顿后这么快就出门旅行，故，很遗憾无法接受此邀约。目下我已大体恢复，每天可以从事1～2小时的工作。（中国社科院近代史所藏"胡适档案"，卷号E-114，分号15）

2月24日　胡适致电陈布雷，云："昨夜美国会众议院以三六八对四票之绝大多数，通过空、海军新根据地案，但其中浚筑关岛部分，因和平派集中攻击，卒被抽出单独讨论，经两日之纷争，表决三次，最后以二○五对一六八票决定打销［消］。适按此次关岛案之取消，我国人士闻之必甚感失望，故愿陈说鄙见，以备参考：（一）此是确可证明美国和平、孤立派之势力尚未可抹煞，适上月感电所谓孤立论是美国传统信仰，非笔、舌能催破，只有事实的演变与领袖的领导可以转移，此是明证。（二）关岛案打消实无关大局，全案共设空、海军根据地十二处，其九处在太平洋，除去关岛尚余八处，其中二处沿ALASKA，三处在檀岛附近，而中道岛与韦克岛两处更近关岛。故关岛之打消并不妨碍美国之太平洋新海防。（三）鄙意关岛案或可增长日本军人狂焰，使其更发疯，以为美国仍是孤立国，不是畏惧。如此局势演变或将更速，或将于我更有利，廿年前欧战往事可鉴也。（四）总之，美国今日以非安慰国，其举足轻重，皆影响欧、亚两洲，而其

187

领袖人物已明白表示其趋向所在。此次关岛案有小顿挫，即使参院不能恢复原案，亦与月来好转之国际趋向无害也。"（《胡适中文书信集》第 3 册，72～73 页）

同日　胡适的私人秘书致函 George A. Walton：感谢 1 月 25 日与 1 月 31 日的来函，关于您期望 3 月 13 日至 15 日 George School 的学生访问华盛顿时能在中国驻美大使馆与胡大使会面一事，胡大使同意于下午 4 点 30 分或 5 点接受茶会招待，与学生见面，敬请告知此安排是否适合。（中国社科院近代史所藏"胡适档案"，卷号 E-494，分号 1）

2 月 25 日　胡祖望禀胡适，谈及上海难民约 40 万，近来治安不好等。（中国社科院近代史所藏"胡适档案"，卷号 678，分号 4）

2 月 27 日　胡适致函 The American Council of Learned Societies 的常务秘书 Waldo Gifford Leland：自己已回到华盛顿，健康恢复，体重增加。感谢其致电 UAI（The Union Academique Internationale）的秘书，将中研院申请加入 UAI 的提案排在 5 月 8 日会议的议程中。由于有其他的行程不能参加 5 月的会议，会代为向中研院提出请其他人参加，推荐李方桂教授，李是语言学以及语音学研究最好的学者之一，李自 1937 年就担任耶鲁大学的访问学人。（中国社科院近代史所藏"胡适档案"，卷号 E-100，分号 10）

按，Waldo Gifford Leland 的来函作于 1 月 9 日。3 月 3 日，又复函胡适，邀请胡适参加 The Literary Society 本年度于 3 月 4 日、4 月 1 日或 4 月 15 日举行的会议，并邀请胡适于 3 月 13 日与他们夫妇共进晚餐。胡适接受了这一邀约，答应出席 4 月 1 日的会议。（中国社科院近代史所藏"胡适档案"，卷号 E-265，分号 8、9、10；中国社科院近代史所藏"胡适档案"，卷号 E-265，分号 1）。

3 月

3 月 3 日　胡适到 Mrs. George H. Rublee 家吃饭。（据《日记》）

1939年　己卯　民国二十八年　48岁

同日　胡适函谢 Syracuse University 地理与地质学系主任 George B. Cressey 之2月2日来函（中国社科院近代史所藏"胡适档案"，卷号 E-166，分号2）：愿参加 Syracuse 大学冬季的演讲计划，期望能通知演讲的时间以及对于演讲题目的建议；遗憾现在不能为您提供 The National Agricultural Research Bureau of Nanking 的现地址，但建议您把手册提供给西南联大、中央大学农学院或经济部这三个单位，他们会非常欣赏这些手册。（中国社科院近代史所藏"胡适档案"，卷号 E-91，分号31）

按，3月8日，George B. Cressey 有复函与胡适。（中国社科院近代史所藏"胡适档案"，卷号 E-166，分号2）

3月4日　胡适出席美国国会成立150年的纪念典礼。是为病后第一次出席活动。（据《日记》）

同日　外交部致电胡适云："并速转美洲各使领馆，但马尼剌、火奴鲁鲁总领事馆除外。自'七七'至岳州沦陷为抗战第一期；以后为第二期。在第一期内敌不战而屈、速战速决之阴谋，已为我击破。现至第二期，军事转入山岳地带，于敌不利，兼以敌内政紊乱，经济枯竭，外交孤立，民众反战，距总崩溃期已不远。敌为挽回颓势，乃企图速和速结，因提出建立东亚新秩序谬说，冀以控制我政治、军事、文化，以为其奴隶，并排斥欧美在远东利益，且定自本月三日至九日举行东亚新秩序宣传周，摇惑视听。我方为击破敌此项阴谋计，亦决定于本月六日至十二日，举行第二期抗战第一次宣传周。仰该馆即于是项期间内，（1）根据总裁驳斥近卫声明演词，及五中全会开会词；（2）根据维护九国公约，促进国际联盟第十六条实施，敦促英、法、美、俄等国对敌积极行动等主张，以演讲广播投稿或其它方式，针对敌东亚新秩序谬说，分别力予驳斥宣传。又日方宣传国府迁昆明，绝对不确。"（《中华民国史资料丛稿》专题资料选辑第三辑《胡适任驻美大使期间往来电稿》，13页）

3月6日　胡适约霍恩贝克来谈。（据《日记》）

同日　胡适复函 Wesleyan University 校长 James L. McConaughy，感谢

2月16日与3月2日来函（中国社科院近代史所藏"胡适档案"，卷号E-293，分号6），婉辞该校拟授予的荣誉法学博士学位，理由是6月18日那天康奈尔大学有班级聚会，无法出席Wesleyan的毕业典礼。（据3月5日《日记》；中国社科院近代史所藏"胡适档案"，卷号E-102，分号17）

3月7日　席德懋来谈，谈徐新六临死前一夕的情形，带来一些文件去拜访财政部长亨利·摩根索及次长Haines，谢谢他们对中国的厚谊。（据《日记》）

同日　Henry L. Stimson 致函胡适：感谢2月25日的来函通知我获选为The Chinese American Institute of Cultural Relations 的荣誉主席，我愿意去做我能力范围之内的为自由而奋斗的中国人民。如果这个荣誉主席的职位只是我同情的象征，而不再牵扯更多的精力，我将很高兴使用我的名字。但如您所知，我已经不能再做我工作以外的更多的工作了。（中国社科院近代史所藏"胡适档案"，卷号E-191，分号5）

同日　胡适的私人秘书函谢 George A. Walton 之2月27日邀请参加 George School 在3月14日举行的茶会及与学校的学生见面的来函，因胡大使刚出院，不能允许每天太多时间的活动，因此期望能以指定一些人见面的方式进行。（中国社科院近代史所藏"胡适档案"，卷号E-494，分号1）

3月8日　胡适复电外交部：一二九一号电敬悉。外国驻美使节在任病故，其遗体美政府照例派舰护送。斋藤因病辞职，未及回国而死，美政府待以在任病故大使之礼稍示优待。因斋藤在美，有与日本军阀不相容之名，死后美国舆论同声悼惜。美总统此举似亦有意表示其对日无恶感以消除反战及孤立派之口实。（台北"国史馆"藏档，档号：020-010102-0020-0131a）

同日　为 Mrs. Nelson T. Johnson 题画两幅云：

从你们的窗子上，
你们望见的是那一排排绿树高头，
那没有云的青天底下，
那暗澹的宫墙，

拥簇着映日的琉璃瓦。

你们望不见的,
而我心里怪惦念的,
是在那故宫北面,景山脚下,——
那儿曾有我的工场,
那儿曾有我的家!（据《日记》）

3月9日 席德懋与M. R. Nicholson同来吃饭。与游建文谈。请他写信去英国询问A. E. Hippisley是否还生存,现在何处。（据《日记》）

同日 胡适致函Haverford College校长W. W. Comfort：由于长期住院,大使馆的同仁担忧健康状况,取消了6月10日于Haverford College的毕业典礼发表演说之邀约。现经长期休养后,医生可能不再反对我演讲。假如您仍希望我发表演讲,我将会很高兴前往。（中国社科院近代史所藏"胡适档案",卷号E-91,分号24）

按,3月11日,William W. Comfort再函胡适确认此事。15日,胡适又复函William W. Comfort,明确表示将在6月10日Haverford College的毕业典礼发表演说,并就演讲的内容与其商酌。17日,William W. Comfort复函表示,期望胡适能为学生提供关于所处的世界的建议,不仅提及世界,也能提及远东,并邀请胡适莅临其宅参加午宴。（中国社科院近代史所藏"胡适档案",卷号E-162,分号1；卷号E-91,分号24）

同日 胡适复函芝加哥大学校长Robert M. Hutchins：感谢2月27日来函（中国社科院近代史所藏"胡适档案",卷号E-240,分号2）邀请参加6月、8月、10月或明年3月的会议。愿参加6月13日的会议,请告知有关的会议时间、地点等相关信息。（中国社科院近代史所藏"胡适档案",卷号E-97,分号10）

3月10日 顾临来谈。将题Johnson画二则译为英文,交与Miss Elizabeth Johnson 带到 Cody，Wy. 交与 Johnson 夫妇。（据《日记》）

同日 胡适致电陈布雷，云："近日美国外交颇呈动态。（一）政府陆军设备费五万万元案，不经讨论、不用表决及通过众议院。（二）参院以七七对八票通过空军飞机六千只案。（三）据现时形势，参院讨论海、空军根据地时，或可恢复关岛浚筑费案。（四）总统七日对报界谈话，直指《中立法》三年来无补于世界和平，反使侵略者更无忌惮。（五）参院外交委员长毕特门宣告该委员会将于十日内公开讨论《中立法》问题。政府大概不提修正方案，《中立法》为美国孤立主义、反战主义之结晶体，当其初成立时，政府与人民皆奉为良法美意，以为国策上一大创获。二月以来，政府领袖与明眼学者均已深见此法之流弊，但国会内外尚不少拥护之人，其势力尚未可侮视。目前以拟有提案数起，有主张直截废除者，有主张修正原法，使总统得请国会授权，向侵略国实行经济制裁者。按现时趋势，后项修正案似比较可望通过。（六）去岁春初，众议院有宣战须经人民复决案，政府用力打消之。今年参院极孤立派十五人重提此案，总统与外长均表示反对，此案大概不成立。然一九三七年民意测验，赞成此案者占百分之七三；最近测验则赞成者以减至百分之五八，然此数字亦可见美国反战心理之普遍也。"（《胡适中文书信集》第3册，73页）

同日 罗文干致函胡适，云："汉口别后，忽又年余。广州失守，无家可归，流落至此。梦麟兄约再教读，但此间书藉（籍）甚少。美近译大陆书颇多，Price Pound 提倡法学，论著必富。Wigmore 等更研究我旧律，有何近作？望兄暇代搜求各种法律书目寄下。外汇甚贵，如贵大使能见赠数本，尤深感谢。闻兄近来发电已用文言，是白话快寿终正寝。我昔年请兄任德使而不为，今任美使，闻命即飞，圣人之出处，自与常人不同。美使约翰森，有见面否？老钱在此时见，后起之秀也。余再谈，即问近好。"（《北京大学图书馆藏胡适未刊书信日记》，134页）

同日 朱偰函托胡适在美国代为接洽出版其《故都建筑摄影集》。（《胡适遗稿及秘藏书信》第25册，223～226页）

3月11日 最高法院新推事 Felix Frankfurter 夫妇约吃饭，饭后 Benjamin Victor Cohen 来谈。是日日记又记：

> 我从前谈文字改革，思想改革，明知其有利无害，故从来不感觉迟疑。近十年来，事势所迫，我不能不谈政治，才感觉"替社会国家想出路，这是何等重大的责任！这是'一言可以兴邦，一言可以丧邦'的事，我们岂可不兢兢业业的思想"？……近年我不能不讨论对日本和战的问题，责任更重大了，有时真感觉到担不起这大责任。然而替《独立评论》或《大公报》写文字，究竟还只是"言论"，还不是直接负责任。去年十月十一月两个月的经验，才是负实际政治的责任——有一次我拟了一个电报，我的两个秘书不敢译发，要求我改动，我叫他们照原文发出。这种责任心使我常感觉担负不了！

同日　外交部致电胡适：华北日伪禁用法币事，法外部已训令驻日大使与英大使同时提出抗议，并商美政府采取同一态度。……英、法银行否认伪币，深盼其他外国银行合作等情。希与美政府密洽进行并电复。(《中华民国史资料丛稿》专题资料选辑第三辑《胡适任驻美大使期间往来电稿》，13页）

3月12日　于斌主教与朱学范来吃饭。到 Justice Brandeis 家吃茶。（据《日记》）

3月13日　到 Dr. W. G. Leland 家吃饭。（据《日记》）

3月14日　Dr. Abernethy 来访。到 MacKay 家吃茶，与 Dr. J. C. Ferguson 谈，"我劝他不要多管中日问题的闲事，因为他的行动，无论如何好意，总容易引起误会的"。日记有记：

> ……〔Rajchman〕此人自是最聪明的人，但有时不免为聪明所误。我在1931年初见他时，他给我看一大堆 Economic Council 的文件，一望可知是全无实在，难道他不知道吗？
>
> 我常说：许多大事都为"立功"一念误了。Rajchman 在当日也只是要立奇功，故不惜误了中国，毁了国联。

为天下国家作事,当存"为而不有"的观念。

同日 陈布雷日记有记:接胡大使自美来电,摘呈之。(《陈布雷从政日记(1939)》,43页)

3月15日 上午,Professor G. Catlin 来谈。下午访 Senator Key Pittman。(据《日记》)

3月16日 Miss Jeannette Monroe 和 Miss Cowell 来吃茶。谈 World Federation of Education 大会的事。(据《日记》)

3月17日 Bishop Logan Roots 来吃茶。Edward C. Carter 来吃晚饭,谈到九点。(据《日记》)

3月18日 The Chinese "Cultural Theatre" Group 唐谭霭、李时敏、关鸿宾、卫仲乐、陈锦婷、孙裕德等13人到华盛顿,胡适邀他们吃饭。(据《日记》)

同日 孔祥熙致电胡适、陈光甫:"日伪在华北统制外汇,正金银行曾通知外商及外商银行,如照规定办法,以出口外汇用十四便士定率售与正金,则正金允许随时售给外商外汇,亦用十四便士汇率;但售出总额,以不超过购入总额为限。华北美商认为可行,已向美国银行筹商。……英政府又不允照行。……此种阴谋,英虽不允照行,美政府如何,向不可知。商人为利己计,纵或政府不许,难免不径向正金交易,不可不防等语。此事关系财政金融极巨,应请迅速密告美国财部及国务院与英、法取一致态度,严禁美商银行破坏我国币制。"(《中华民国史资料丛稿》专题资料选辑第三辑《胡适任驻美大使期间往来电稿》,13~14页)

3月19日 晚,胡适访霍恩贝克,"与他家夫妇同饭",请他注意毕特门的修正案。(据《日记》)

3月20日 顾维钧夫人来住胡适寓中。李国钦夫妇来,住胡适寓中。(据《日记》)

同日 胡适复电外交部:

……毕特门提案今晚尚未见全文。昨晚弟访外部友人,亦指出毕案似于我国不利，友谓毕君实只欲乘机推动此问题，毕对华素同情，当请其注意云。参院所提《中立法》修正案有五件，毕案只其中之一，参院外交股廿二日开会讨论。七日来美政府领袖充分利用欧局为促进外交形势，打破孤立主义之利器，同时反战分子亦将用全力维持《中立法》，以为孤立论之最后壁垒，故此时所争乃在根本原则，而不在细目，弟正日夕注意……（《胡适中文书信集》第3册，76页）

3月21日 夜9点，胡适请客，到的有400多人。访霍恩贝克讨论中立法事。（据《日记》）

同日 胡适血液测试正常。但Theodore J. Abernethy医生仍建议胡适多休息，不要有太多忙碌的行程。（中国社科院近代史所藏"胡适档案"，卷号E-119，分号4）

3月22日 胡适复电王世杰，内容与复外交部电一致。（《胡适中文书信集》第3册，76～77页）

> 按，王世杰原电拍发于20日，云：外电传毕特门拟有新中立法案五点，其内容似侧重欧洲，仍于中国不利，盼示真相。兄曾与毕氏谈过否？（《中华民国史资料丛稿》专题资料选辑第三辑《胡适任驻美大使期间往来电稿》，14页）23日，王又复电胡适云：蒋介石认为毕特门的新中立法没有侵略与被侵略的分别，美国不易与他国或国联采平行行动，故请胡适斡旋，并托李国钦、张彭春由侧面活动支持。（《中华民国史资料丛稿》专题资料选辑第三辑《胡适任驻美大使期间往来电稿》，14页）

同日 胡适复电外交部："国会参院外交股今日开始讨论《中立法》，提案共五件，最详尽者为毕特门案……其中于我国最不利者有四条：（一）此案包括不宣之战，故可适用于中日之战。（二）此案偏重欧局，故凡用现金，而自有船舶装运之国家皆可在美买军械及原料，原意在援助英、法，而亦可有利日本，而大不利于我。（三）禁止美国船及美国人往战争区域，若严

格解释,美国须召回在远东之炮舰、巡洋舰等。(四)交战国完全不能在美国发售债券及借款。以上各点,均于昨日向外交部友人说明,并拟即向提案人说明。舆论对毕案不甚热心,《纽约论坛报》社论直说修正不如废止。今日下午得密报,政府示意不愿毕案成立,而愿鲁威斯修正案成立。鲁案共两点:(一)1935年以来之各种中立法规。(二)外国战争与美国无关时一切中立政策,应由总统签证,以命令施行。"(《胡适中文书信集》第3册,76～77页)

3月23日 为与Senator Pittman谈中立法案,胡适特意出席大使馆武官举行的宴会。(据《日记》)

同日 外交部致电胡适:"马(廿一日)晨二时青年四人闯入河(内)汪宅,曾仲鸣被狙击重伤,下午身死;余伤四人。汪是否在内,现尚未确知。"(《中华民国史资料丛稿》专题资料选辑第三辑《胡适任驻美大使期间往来电稿》,14页)

3月24日 Harold Riegelman来谈。(据《日记》)

同日 W. Randolph Burgess函邀胡适出席5月3日在纽约举行的The Academy of Political Science的半年会,会议主题是The Preservation of Democracy-America's Preparedness;而晚餐会的主题则是Democracy and the Issue of Preparedness。(中国社科院近代史所藏"胡适档案",卷号E-140,分号9)

3月25日 胡适读Clarence Darrow的 *The Story of My Life*。(据《日记》)

同日 胡适致函Senator Pittman,论中立法:

It was very kind of you to come to Colonel Kuo's party the other night and to give me the pleasure of talking to you so intimately. I know that, because of your great sympathy for the Chinese people, you will forgive my frank expression of what I consider the Chinese point of view on the important bill you are sponsoring in the senate. For that reason I am writing you this not more or less to recapitulate what I had in mind the other day but did not have the opportunity to finish.

I was greatly disturbed when I first read your radio speech last Sunday, in which you took pains to show that the effect of the new neutrality policy would not be disadvantageous to China. Your main arguments were twofold: First, "Every port in China is controlled by Japan, and nothing going into such ports can reach the Chinese Army: whatever the Chinese receive must come overland from the West." Second, you said, "China has not asked any credit in the United States. What it buys here it buys with silver that we coin into money."

I was trying to point out the other night that your second point was apparently based on misinformation regarding the amount of silver China possesses. Before going to Colonel Kuo's dinner the other night I took care to verify my information concerning the amount of silver China has today. As I told you the other night, China is reaching the bottom of her silver reserve and is hoping desperately to have financial assistance from her friends abroad. What has worried my government during the last few days is a deep fear that your new bill, if enacted, will completely close the door to China as far as loans and credits are concerned.

With regard to your first point, I beg to offer two observations. First, a number of less important ports are still in Chinese hands; notably, those on the long coastline between Shanghai and Amoy, including such well-known ports as Ningpo, Wenchow, and Foochow. There is much important material and ammunition that reach the Chinese armies and guerrillas through these minor ports. Second, as our war of resistance is likely to be one of long duration, it is not impossible that China may from time to time recapture some of the important ports lost to the Japanese army. The absolute embargo of materials and shipping to areas of combat operations will make it impossible for China to get things from America, "directly or indirectly," even if China could recover all or some of her ports.

Finally, we who are victims of aggression naturally entertain the warmest hope that the neutrality policies of the greatest and most powerful nation in the world might take some distinction between the aggressor nation and its victim.

I must very humbly beg your forgiveness for writing you so frankly on a question that should be controlled primarily by what is deemed to be the true interest of the American people. I have been emboldened to make these observations to you only on the assumption that I know you and the other great leaders of your government, in reconsidering your neutrality policies, certainly do not wish thereby to unwritingly injure the interests, or dampen the burning aspirations, of a people who have had the good fortune to be the object of your sympathy and concern.（*Chinese Studies in History*, 26：4, 1993, p.75—76.）

3月26日　冀朝鼎来谈。（据《日记》）

3月27日　张彭春来谈。新任意大利大使来拜。希腊公使来拜。（据《日记》）

3月28日　周仁夫人聂其璧来访。写一个讨论毕特门《中立法》提案之备忘录。（据《日记》）

同日　胡适复电孔祥熙："毕特门《中立法》草案初出时，声势颇夺人，近日似稍衰减，美国当局与外部均间接表示此案并不代表政府意旨。毕君对我国素极同情，正当理由因偏重欧局，故稍忽视远东，实非本怀，适已向外部及毕本人详说此案有害于我各点。明日参议院外交股开始讨论，将公开征询各方意见，距表决期尚远，适等当继续谋改善。"（《胡适中文书信集》第3册，77页）

同日　胡适函谢 Syracuse 大学 Hendricks Chapel 院长 William H. Powers 之3月22日来函（中国社科院近代史所藏"胡适档案"，卷号 E-320，分号

6）邀请在秋天时莅临 Syracuse 大学演讲，愿在 11 月 14 日前往演说，至于酬金，通常由邀请方决定，请告知会议时间与其他细节。（中国社科院近代史所藏"胡适档案"，卷号 E-106，分号 12）

3 月 29 日　12 时，胡适拜会美国国务卿赫尔，面交蒋介石电文，又谈中立法事。旋与霍恩贝克商讨备忘录，霍恩贝克质直讨论，乃取回修正几处；下午送交霍恩贝克，请他转交国务卿。（据《日记》）

同日　王重民致函胡适，告大约 5 月 20 日以前能抵华盛顿。又拜托胡适，若遇 Hummel，顺便请其给刘修业女士发 5 月份生活费等。（《胡适遗稿及秘藏书信》第 24 册，134 页）

3 月 30 日　Dr. Leland 请 Sir David Ross 吃午饭，邀胡适作陪。Admiral Leahy 夫妇约吃晚饭。（据《日记》）

同日　胡适复电外交部："适昨与外部谈话要点，在说明此时西班牙内战已完，而欧战只是一种悬测。毕案若成立，只有中日战争，当然受其拘束；则是欧洲民主国未受其利，而远东为民治主义作战一年半之中国已先蒙其大害。前与毕德门谈话及通信则在指出其三月十九日演说中事实上之大错误……毕案只六案之一，参院各派对此意见分歧，故毕案前途此时尚难预测。参院外交股定自四月五日起公开征询意见，约在二星期后可由该股决定方案，提交参院讨论。"（《胡适中文书信集》第 3 册，78 页）

同日　外交部致电胡适：向美外部及毕特门说明后，彼等对执事如何主张，有无变更希望？盼即详电谈话情形。（《中华民国史资料丛稿》专题资料选辑第三辑《胡适任驻美大使期间往来电稿》，14 页）

3 月 31 日　Dr. Abernethy 来诊视。厄瓜多尔大使 Captain Alfaro 来回拜。苏俄大使馆代办 Oumansky 来谈。Senator Pittman 打电话来，说他将修正他的提案，把不宣而战除外。此是一大进步。张履鳌太太请吃饭，宣布她的女儿 Virginia 与游建文订婚。（据《日记》）

同日　胡适复电外交部：顷得毕德门君电话，彼已自行修正其所提案，要旨在将本法仅适用于正式宣战之战争，中国战事可以不受其限制。此种修正虽未尽满意，然确系进一步……（《胡适中文书信集》第 3 册，78 页）

同日　胡适血液测试正常。但 Theodore J. Abernethy 医生仍建议胡适多休息，不要有太多忙碌的行程。（中国社科院近代史所藏"胡适档案"，卷号 E-119，分号 4）

4月

4月1日　渥太华总领事时昭瀛来访，带来许多朋友的好意。文化剧团诸人今天来告别，胡适请他们吃便饭。（据《日记》）

同日　外交部致电胡适：参院外交股原案征询意见时，如属可能，似可密觅适当美国人士列席，详细说明毕案对中国不利之点；并指明公正之中立法，其实行之结果应有利于被侵略者如中国，而不利于侵略者如日本；俾各参议员明了真相，并收宣传效果。希就近与专家商酌。又前与毕特门及外交部之谈话与通信，外交部与毕氏如何表示？（《中华民国史资料丛稿》专题资料选辑第三辑《胡适任驻美大使期间往来电稿》，14页）

4月3日　胡适复电外交部："致詹森（Johnson）电已照转，《中立法》案，一面根据于利害传统政策及人民心理，一面又与欧洲政局动态息息相关，故民主党在两院之间占大多数，而政府领袖至今尚不能公然有所主张，其困难可想。毕特门（Pittman）案若能照修正通过，已为一大转机。路义思（Lewis）案授权与总统太多，在本届议会恐无成立希望。汤麦斯（Thomas）案之原则闻或将单独成为议案，但此时尚无十分把握。"（《胡适中文书信集》第3册，79页）

同日　胡适致函美国国务卿赫尔：

I beg to refer to a Statement issued by His Excellency Dr. H. H. Kung, President of the Executive Yuan, on January 16, 1939, and the Memorandum of this Embassy under date of March 23, 1939, about the desire of the Chinese Government to maintain the loan service as far as practicable under the existing conditions.

1939年　己卯　民国二十八年　48岁

The Chinese Government particularly regrets that circumstances have forced it to apply the measure as announced on January 16, 1939, to the payment of the Indemnity of 1901 as well as to the Loans. I am instructed by my Government to request that the American Government agree to the temporary deferment of the Indemnity payments during the hostilities. I beg to assure you that this request is made with much reluctance as my Government fully realizes that the action of the American Government in taking the lead in remitting the Indemnity has produced far-reaching and lasting benefits to China.

The Belgian, British, French and Netherlands Governments are also being approached concerning the Indemnity payments. (*FRUS*, 1939, Vol. Ⅲ: *The Far East*, p.827-828)

按，4月22日，赫尔复函胡适，云：

I have received your communication of April 3, 1939, and have noted the statement to the effect that the Chinese Government particularly regrets that circumstances have forced it to defer temporarily during the period of hostilities in China the payment of the Indemnity of 1901.

I regret the existence of the conditions which, as you state, cause your Government with much reluctance to bring this matter to the attention of the American Government. The educational and cultural activities which the remissions of the American share of the Indemnity have supported in China have, I believe, proven beneficial to the Chinese people and have constituted an important factor for goodwill between the Chinese people and the American people. The cessation of that support would have a most unfortunate effect upon Tsinghua University and other projects and individuals dependent for support upon the remitted payments. I am therefore pleased to note that, in your conversation with Mr. Hamilton on April 5, you were in position to state that, if educational and scientific institutions which are being supported by

American remissions of indemnity should experience difficulties, the Chinese Government would endeavor to do what it could to meet their needs.（*FRUS*, 1939, Vol. III : *The Far East*, p.830.）

同日　Dr. Esson M. Gale 来谈。多米尼加共和国公使 Pastoriza 来拜。Mrs. George Fitch 来吃饭。（据《日记》）

同日　胡适函寄《中研院概述》与 Waldo Gifford Leland，并指出，所作修改大部分都是事实方面的订正。并感谢在为纪念 Sir David Ross 所举办的午餐会上的招待。（中国社科院近代史所藏"胡适档案"，卷号 E-100，分号 10）

按，4月13日，Waldo Gifford Leland 有复函与胡适。（中国社科院近代史所藏"胡适档案"，卷号 E-265，分号 1）

4月4日　匈牙利公使 Pelényi 来拜。（据《日记》）

同日　胡适致电陈布雷并转蒋介石，云：

（一）三月十五日捷克被分裂毁灭，于是去秋明兴四强会议所造成之和平暂局成为骗局。三月十七日英首相张伯伦发表长演，痛斥希特拉之不守信义，同日美外部发表宣言，痛切警戒德国非法的暴行，并承认捷克之灭亡为暂时的。三月十八美政府宣布依据入口税法，认德国货物为受有政府资助，应增加特税百分之廿五，此举为最有力之经济制裁。据专家观察，此税可以完全抵制德国货物之入口。适于一月三日致兄电，曾引参议院外交股长毕德门语，谓总统有权可禁日货进口，但禁美货运日则须国会通过。此次对德国货物加罚税百分之廿五，可证此邦领袖实有心对侵略者作经济制裁。又可证到相当时期美国可用同样方式制裁日本也。

（二）三月廿三日立陶宛国将 Memel 米美尔区交还德国，三月廿六日意大利首相墨索里尼演说向法兰西要求解决殖民地问题，廿九日法总理演说答复墨氏，谓法兰西不能割让一寸土地，卅一日英首相在国会宣布英、法两国对波兰的政策声明，若波兰因独立被侵害而抗战，则英、法必将尽力助之，四月一日希特拉演说痛诋英国，谓廿五年前英国包围德国之政策今日重现，德国必将用全力摧破之，并声言德国准备与任何国家比赛其武力云。同日希氏宣布废止英德海军协定。昨日英首相又宣布凡不愿受德国武力压迫之国家，英国皆愿与以援助。柏林则宣言英国有意促成大战祸，德国不得已自卫云。综合上述形势，欧洲大战祸甚有可能性，十日来伦敦、纽约之战时保险价格飞涨，债券市价亦动摇，现已均运往美洲，皆令人有战事即将爆发之感想。但同时亦有作乐观论者，谓正因英国采取积极政策，故德、意将不敢轻易开衅，故大战祸或可避免，如墨索里尼之软化，是其一证。然鄙意欧洲各强国均剑拔弩张，刀光上岂能久坐，即令战祸可暂缓，和平恐终难持久。

（三）西班牙内战，上星期完全终了，共历三十二个月。美国四月一日正式承认佛郎哥将军的政府，美国由革命开国，向来均承认革命成功的政府，故此举与美国对华、对意、对捷克之不承认主义并不相违背。上月意大利新大使因为递国书中称意大利国王及 Ethiopia 阿比西尼亚皇帝。罗斯福答词仍只称意国王，而不理其帝号。

（四）因三月中旬欧局恶化，故美国政府领袖颇欲利用人民厌恶德、意、日之心理推翻中立法规之束缚，凡在行政首领权力范围以内者，如宣布德国暴行，如对德国加百分之廿五罚税，如不承认捷克灭亡，均已做了。但孤立主义之最后壁垒即中立法规，尚未能完全摧毁，其故由于欧局恶化，使人感觉战祸更迫切，故孤立非战各派均用死力拥护《中立法》。政府派如毕特门君此时只能希望能将《中立法》稍加变更，使其在欧洲可以声援英法，而在远东不致危害中国而已。其详已另见致外交部各电。

（五）三月尾，日本突然占领安南、西贡东南三百余英里外之 Spratly 斯巴特莱七岛，距海南岛约七百哩，距香港约千哩，距星加坡约六百四十哩，距吕宋约八百哩，美国报纸与政府均认此为日本海军

南进论之实行开始,同时东京宣布将设立航空新路线,由横滨直达关岛北面七十哩之 Saipan 岛,美京专家认此线有军事意义。此二事均与太平洋海权有关,英、美、法、荷均甚注意。

（六）近来东京屡否认《德意日反共协定》改为军事同盟之消息,但不否认反共协定之应增加强度,平沼内阁又有不与民主国家作敌对之表示,美国政府与舆论似均不甚计较此种消息是否可信,其意以为（无论）东京、柏林如何说法,德、意、日三国总应看作相应的同谋犯,此为反共协定造成之心理反应,最堪注意。当中、日争端初起时,世人往往视为远东之局部问题,及廿五年反共协定成立后,世人始渐将德、日、意目作同盟国,及去秋欧局一度紧张,而日军在粤登陆,今年欧局再度紧张,而日军先占海南岛,最近又占其南七百哩之七岛,于是远东势与欧局成为铜山崩而洛钟应,于是我国之抗战真成为世界民主国家抗拒侵略暴行之第一道战线,而非复仅为远东部问题矣。事至今日,即今东京正式取消协定,世人亦终信其为德意之军事同盟国也。(《胡适中文书信集》第 3 册,79～81 页)

4月6日　胡适复函密歇根大学远东研究所教授 Robert B. Hall,为迟未回复 10 月 20 日与 3 月 4 日的来函致歉:关于您计划撰写的书籍《远东文明的背景》(Backgrounds of Far Eastern Civilizations),假如您能告知我已经为此计划做了哪些工作,我将非常感激。关于在 8 月中旬为 The Institute of Far Eastern Studies 连续做三个讲座的邀请,因大病初愈,请求改为只做一次报告。(中国社科院近代史所藏"胡适档案",卷号 E-96,分号 2)

同日　胡适致电外交部:"本日参议院外交股公开征询中立法意见。近日所询专家为前外长史汀生,明日为罗斯福总统。……众议院外交股于昨决定本月十一日公开征询中立法意见,众议院提案共十四件,其性质亦由极端孤立主义至绝对废止中立法。至参议院六案大旨仿佛,两院征询情形及结果,容后综合报告。"(台北"国史馆"藏档,档号: 020-010102-0020-0160a)

4月7日　陈布雷日记有记：胡适之有长电来，论欧局及美国动态极详尽。(《陈布雷从政日记（1937）》，55～56页)

4月8日　R. G. Sproul 致函胡适：请问您1939年5月20日可否前来加州，因为加州大学伯克利分校将授予您荣誉法学博士学位，请尽速回复是否同意接受此邀约。(中国社科院近代史所藏"胡适档案"，卷号E-347，分号7)

4月10日　新任巴西大使 Martins 来拜。(据《日记》)

同日　外交部致电胡适："迩来英、法鉴于欧局之危急及日本之南进，正式筹划合作办法。我国拟乘机加入其关于远东之联锁关系。因拟就中、英、法合作原则，电顾、郭两使。嗣据复，已密达法、英政府。彼方对此计划，影响尚佳，正在考虑。法谓此类事，必须商之华府。……希将上项计划，密达美政府，并请其分告英、法政府，美国赞助此项计划。密洽情形，盼电复。"(《中华民国史资料丛稿》专题资料选辑第三辑《胡适任驻美大使期间往来电稿》，15页)

同日　江冬秀复函胡适，劝胡适不可太劳苦，"少管点生气的事。不怕天，不怕地，只怕生闲气，请你原谅我瞎说。我想着你每次病，我都在身边，这次病全不知道，心里实在不好过呀！"又谈及电托翁文灏准胡适辞职事：

> 我有一件事对不起你，我托慰慈去电托翁文灏先生请转上去，准你辞职。他回电一定劝我，他即设法贤协助。你看了一定要怪我瞎来。不过我想，你这个机会不辞，日后上不来，下不来，怎样好罢。请你细想想看。(《胡适遗稿及秘藏书信》第22册，470页)

4月11日　胡适致电外交部："参议员 Lewis（路义思）逝世，《中立法》征求意见，延至十三日继续举行，众议院外交股明日开始征求意见，将由该院提案人先表示意见。国会方面目前有三种趋势：（一）维持原案，但将现款运输一节延一年。（二）通过毕案，或类似毕案之法令，但另通过议案，侵略国与被侵略国以备实行适当制裁。（三）商承总统决定中立方式，又美总统昨日返京，适已请订期往谒。"(《胡适中文书信集》第3册，82页)

同日　哥伦比亚大使 Lopéz 来回拜。海地公使 Lescot 来拜。康奈尔同学 Creed Fulton 来访。（据《日记》）

同日　胡适致函江冬秀云："我此时的情形，当然不能辞职，翁先生也明白此意。你也得原谅我不得已的苦心。"（《胡适遗稿及秘藏书信》第 21 册，482 页）

同日　胡适函贺 Chief Justice 生日快乐。（中国社科院近代史所藏"胡适档案"，卷号 E-404，分号 1）

4 月 12 日　智利代办 Gazitna 来拜。晚上赴苏俄大使馆宴会，此为病后第一次赴大宴会。李方桂夫妇从巴尔的摩赴东方学会来华盛顿，住在大使馆内。（据《日记》）

4 月 13 日　郭泰祺复电胡适："惟昨日英政府已答复：认为目前远东局势尚未发展至相当阶段，足使其对于中国政府提议，为有用之研讨。但英政府于处理一般政治与国际情势时，当并予密切注意云云。译文似无电达之必要，已付邮。如仍须电达，乞即电示。再顷晤 Rajchman，悉兄已恢复健康，至慰。"（《中华民国史料丛稿》专题资料选辑第三辑《胡适任驻美大使期间往来电稿》，15 页）

4 月 14 日　Harold Riegelman 致函胡适，述关于 Quimby、Tilson 等事情的处理，"若能由您写信给 Gilbert T. Trachman，此契约可能由我获得"；并提及 The Quimby Contract 目前的处理进展。（中国社科院近代史所藏"胡适档案"，卷号 E-327，分号 1）

4 月 15 日　Theodore J. Abernethy 函告胡适：X 光检测结果正常。（中国社科院近代史所藏"胡适档案"，卷号 E-119，分号 4）

同日　外交部致电胡适：关于中日事件，我决请求下月国联行政院例会设立调整委员会策动制裁，或至少设立一范围较小之委员会，由与远东有特殊关系之各国首先参与，并重申具体要求。（《中华民国史资料丛稿》专题资料选辑第三辑《胡适任驻美大使期间往来电稿》，15～16 页）

4 月 17 日　胡适致电韦莲司小姐："衷心的祝愿你，往后还有许许多多愉快的生日。我还是东奔西跑，但心中常想着你。"（《不思量自难忘：胡适

给韦莲司的信》，237 页）

同日　韦莲司小姐复函胡适，感谢胡适赠送的鲜花和刺绣，又说："你的思念——那可爱鲜活却短暂的花朵和那永生不死的刺绣——围绕了我。从你的思念中，我寄上我的爱和晚安。"(《胡适与韦莲司：深情五十年》，140 页）

同日　顾维钧夫人函谢胡适在华盛顿的友善招待，又谈及其女顾菊珍仍期望为大使馆服务等。(中国社科院近代史所藏"胡适档案"，卷号 E-258，分号 1）

4 月 19 日　12 点，罗斯福接见胡适，谈中立法事和对日本制裁事。谓据现在形势众议院可望通过直接废止中立法，但参议院形势稍复杂，唯毕特门最同情中国，彼必不忽视中国之利害云。当日早上东京《朝日新闻》报道说，罗斯福有同样通牒给日本，胡适问罗斯福此事，罗斯福表示这全是捏造。罗斯福认为，世界形势有两种可能，若世界大战爆发，日本即不攻俄亦必加意防俄，中国形势可以好转；若万一世界大战可免，而欧洲各国听其劝告和平，协商经济政治各问题，则他可断言日本亦必要求参加和平协商之局面，故无论世界形势如何转变，他相信中国必须撑持到底。（据《日记》；《中华民国时期外交文献汇编（1911—1949）》第七卷，下册，967 页）

同日　晚，胡适约 Hamilton 夫妇、Spiker 夫妇（汉口总领事）来吃饭。（据《日记》）

4 月 20 日　医生来诊视。（据《日记》）

同日　胡适致函郭泰祺：关于 Union Académique Internationale（UAI）考虑中研院申请会员资格入会之事，得 Waldo Gifford Leland 告知，Union Académique Internationale 将在 1939 年 5 月 8 日于伦敦召开会议，如果中国申请成为会员，可将此案纳入会议日程。我曾为此事电询中研院，在我大病期间，中研院电复授权我通过 Waldo Gifford Leland 来申请。我即提交了申请。胡适又说：4 月 4 日接到任鸿隽的同意电报。Waldo Gifford Leland 表示，"成为三分之二的票数通过"，但出席本次会议的会员可能不超过三分之二。无论如何，Waldo Gifford Leland 希望到达伦敦之后能与您联系。（中国社科

院近代史所藏"胡适档案",卷号 E-107,分号 1)

4月21日　胡适赴 American Society of Newspaper Editors 的 Annual Banquet。(据《日记》)

同日　胡适致函郭泰祺,向郭介绍 Waldo Gifford Leland。他将抵达伦敦参加 5 月 8 日 The Union Académique Internationale(UAI)的会议,在会议上也将受理中研院申请成为新会员之事。(中国社科院近代史所藏"胡适档案",卷号 E-107,分号 1)

同日　胡适致函 Waldo Gifford Leland:寄上介绍 Waldo Gifford Leland 给郭泰祺的信,以及致郭泰祺关于中研院申请加入 UAI 经过的信函复印本。秘书告知我,您希望我把您介绍给林语堂,但林现已离开法国,全家回到纽约,会在林语堂到华盛顿的时候向您介绍他。为无法与您前往英国与欧洲感到遗憾,请代为向朋友传达温暖的祝福。(中国社科院近代史所藏"胡适档案",卷号 E-100,分号 10)

按,4 月 24 日、6 月 11 日,Waldo Gifford Leland 为此事又致函与胡适。(中国社科院近代史所藏"胡适档案",卷号 E-265,分号 1)

同日　胡祖望禀胡适,谈留美的顾虑的几件事(如外文不好等),又谈及胡夫人江冬秀赞成其去美国读书。(中国社科院近代史所藏"胡适档案",卷号 679,分号 3)

4月22日　胡适阅报知 Dr. Jackson 去世,电慰其家人。去 Folger Library,听 Prof. Charles Frederick Tucker Brooke 演说 "Queen Elizabeth in Youth & Age",又参观馆中今天的特别展览。见到 Dr. Hummel 夫妇、Dr. Zuker 夫妇及其他熟人。(据《日记》)

同日　顾维钧致电胡适:"兄对国联看法,正与弟同。一年来,欧洲小国被侵略灭亡者有三,而国联置若罔闻。远东问题,更难望其为有效之努力。惟俄仍重视集体安全原则。如英、法、俄互助协定成立,包括远东,或有推动国联之望。……深盼英、美采取一致行动。弟意任何抵制报复办法,均较不办为优。对日货加高关税,亦系积极之表示。"(《中华民国史资料丛稿》

专题资料选辑第三辑《胡适任驻美大使期间往来电稿》，16页）

4月23日　胡适致电即将调任仰光的旧金山总领事黄朝琴，对其在旧金山任内的工作给予充分肯定，并欢迎黄氏夫妇赴任前来华盛顿小住。(《从遗落在大陆暨晚年书信看胡适先生的为人》，台北《传记文学》第41卷第5期，1982年11月）

4月24日　外交部致电胡适："美政府考虑中、英、法合作原则后，有无何种表示？我方固知美政府在此事区，不愿担任何项积极行动。但深望美方至少能于此时向英、法、苏联秘密表示：对中、英、法、苏合作计划原则完全赞同，借以促进此事之成功。希商办。"(《中华民国史资料丛稿》专题资料选辑第三辑《胡适任驻美大使期间往来电稿》，16页）

4月25日　应尚德致函胡适，谈及尼加拉瓜对中国处境表示同情，尼加拉瓜总统将访美，希望胡适在美国能招呼他们，请他们吃饭，可以使在尼加拉瓜工作的中国外交人员得到很大帮助。(《胡适遗稿及秘藏书信》第40册，543～545页）

4月26日　胡适致函美国国务卿赫尔：

Referring to a Statement issued by His Excellency Dr. H. H. Kung, Minister of Finance, on January 15, 1939, and the Memorandum of the Chinese Embassy under date of March 23, 1939, concerning the service of the loans secured by the customs and salt revenues, I beg to enclose herewith for your information and consideration copies of telegraphic messages from His Excellency Dr. H. H. Kung, dated Chungking, April 14, 1939, and April 20, 1939, respectively.（*FRUS*, 1939, Vol. Ⅲ：*The Far East*, p.831.）

同日　外交部致电胡适：法外部向顾大使表示，认为中、法、英合作问题时机已成熟，可望进行，但深欲得美国之合作。因知我方已通知美政府，故即拟电令驻美、法大使与美外部商谈。此事之成败，美国态度关系甚巨，务望美政府表示赞助。希迅密商电复。(《中华民国史资料丛稿》专题资料选辑第三辑《胡适任驻美大使期间往来电稿》，16页）

4月27日　顾颉刚日记有记："子植见告，渠去年到浙大，彼校骂胡适之，骂顾颉刚，成为风气。……"(《顾颉刚日记》第四卷，368页)

5月

5月1日　胡适访霍恩贝克，谈1小时。日记有记：

政府要我去商洽中英法在远东合作办法，又要我去请美国赞助我们对国联行政院的要求。后者我搁置半月余，不肯去说。前者我明知无效，不得已于四月十四日送去。

今天 Hornbeck 代表外部答复了。其词云：

It is believed that the Chinese Embassy is fully aware of this government's attitude on the subject of cooperation and parallel action. Clear indications of this attitude are given in the texts of documents which have been released to the press by the Dept. of State and by the White House.

这真是丢人！幸而 Hornbeck 是熟人，他能谅解，否则更难堪了。H. 说，当日施大使很能明白，但中国政府则以为他不出力，所以叫王大使来，要他大出力。现在你来了，你们的政府当然要你大有为。H. 这番话很中肯。我去年早就宣布了我的"无为主义"，现在还是如此。无为不是不做事，只是不乱做事，不求立功。

Hornbeck 说，去年借款的成功是因为蒋先生十一月十日的回电。

同日 Memorandum by the Adviser on Political Relations（Hornbeck）：

The papers here attached were handed to me by the Chinese Ambassador this afternoon.

The Ambassador said that he was giving me this informally in order to inform us of action which the Chinese Government is contemplating taking at the May session of the Council of the League of Nations. He said that he realized that the hope expressed that the American Government will associate itself with the League in adopting "similar measures" and will join Great Britain, France and the Soviet Union in making a joint or parallel declaration reaffirming points specified is an expression of wish rather than of expectation. He hoped, however, that the American Government would move in the general direction contemplated and suggested to the powers in the Chinese Government's outline and expression of request and hope.（*FRUS*, 1939, Vol. Ⅲ: *The Far East*, p.335-336.）

同日　胡适复电外交部：毕氏新提案已交外交委员会审查，各方意见尚不一致。唯提案措词侧重美国人民权益或有通过可能性，但中立法案两院征询意见，5月6日始可结束。新案在一二星期内恐不能由外交委员会提交全院讨论。（台北"国史馆"藏档，档号：020-010102-0020-0182a）

5月2日　胡适致电陈布雷并转蒋介石：美国外交政策，近日因一偶然事件，忽成为全国注意焦点。数日前洛杉矶一新型轰机在试验时坠落，驾驶者死，同乘有法国空军武官亦受伤，因此全国始知美总统与陆军、财政两部曾特许法国政府在美国以现款购办最新式军用机数百架，孤立派与和平派因此大哗。总统前日召见参院军事股各委员，恳切谈话甚久，此谈话虽名为秘密，国会中传说总统明言政府决定援助英、法充实其军备，即等于充实本国之军备。报纸所载，谓总统曾言美国之第一道防线在莱茵河，此语似不确，但轰传全球，英、法舆论当然赞扬，于是法国会中有呼罗斯福万岁者，德、意则大攻击总统，谓威尔逊再现，将挑起世界大战云。昨美国会中孤立派领袖要求外交公开，反对美国参预国际战争，然适观察舆论趋势，似乎拥护总统援助民主国家之政策，此次国会，孤立派似将失败，数日后当更可明了。此正是适屡电所云美政策关键在事实演变与领袖导率之明例，最关系我抗战前途……（《胡适中文书信集》第3册，87页）

5月4日　孙洪芬函告胡适，中基会第十五次董事年会推举胡适续任董事，任期5年。（《胡适遗稿及秘藏书信》第32册，456页）

5月6日　外交部致电胡适："本月三、四两日，日机对渝市大轰炸，投烧夷弹甚多，全市多处被毁，死伤甚众。英大使馆落三弹，一炸。秘书Tahourd微伤。英领馆落二弹，未炸。法领馆中二弹，一炸。德领馆附近亦中弹，但房屋无恙。恣睢残暴，目无国际。仰广事宣传。"(《中华民国史资料丛稿》专题资料选辑第三辑《胡适任驻美大使期间往来电稿》，17页)

同日　翁文灏致电胡适："重庆受敌空炸甚烈，正积极救济。弟在港时，王文伯面谓，赞同兄继续使美工作。惟谓如能加一参事，使张忠绂担任，当可相助为理。尊见如何？盼见示。又驻美使署如添商务专员，张慰慈似相宜。此事兄曾商外部否？"(《中华民国史资料丛稿》专题资料选辑第三辑《胡适任驻美大使期间往来电稿》，17页)

5月7日　Col. Magruder 和 Major Betts 同来谈。Captain A. F. Patterson 来吃饭。到丹麦使馆，见 Crown Prince 和 Crown Princess。到霍恩贝克家。晚上与陈光甫招待 Henry Morgenthau, Jr. 部长夫妇吃饭。(据《日记》)

5月8日　医生来诊视。(据《日记》)

5月9日　第一次回到使馆楼上办公室。收到《藏晖室札记》10部。(据《日记》)

同日　国民政府文官处核准中央执行委员会函，胡适等因任政府官吏，解除参政员职务。(台北"国史馆"藏档，全宗号"国民政府"，典藏号：001032100005078)

5月10日　胡适函谢并婉辞克拉克大学校长 Wallace W. Atwood 之5月6日来函(中国社科院近代史所藏"胡适档案"，卷号 E-122，分号3)邀请参加6月4日毕业典礼并授予荣誉法学博士学位之约。(中国社科院近代史所藏"胡适档案"，卷号 E-89，分号7)

同日　胡适复函 George H. Blakeslee，感谢5月6日来函(中国社科院近代史所藏"胡适档案"，卷号 E-132，分号6)邀请参加6月3日克拉克大学的毕业午宴，不克参加，请对方见谅。(中国社科院近代史所藏"胡适档案"，卷号 E-90，分号17)

同日　Robert L. Levy 致函胡适：为6月6日上午能在我的办公室与您

会面感到高兴，并再邀请您与敝夫妇在 Mt. Kisco 共聚。（中国社科院近代史所藏"胡适档案"，卷号 E-267，分号 4）

5月11日　Raymond Buell 来谈。胡适得 Riegelman 信，也说有人要和其谈中日休战议和的事。晚上到 George Rublee 家吃饭，客人有 Ambassador Wilson、Admiral Leahy、Walter Lippmann、Judge Hand，谈得甚畅快。（据《日记》）

同日　胡适致电外交部：昨日报载日军禁止红十字会及其他慈善团体运送救济物资品前往中国战区，美方高级官员均表愤慨。今日《纽约时报》标题……以日军此种政策其残酷不亚于飞机轰炸，此种野蛮举动不论有无理由，日人无法置辩。如日政府认美国舆论反日，当知全由其残暴行动所造成云。（台北"国史馆"藏档，档号：020-010102-0020-0389a）

同日　Clarence L. Senn 函告胡适：中基会第十五次年会决议，关于该会的财务监督问题，议决由董事长指派一个五人委员会研究，并向下次年会报告。蔡元培董事长已任命胡适、翁文灏、施肇基、贝诺德、Clarence L. Senn 五人为委员。（中国社科院近代史所藏"胡适档案"，卷号 E-339，分号 6）

5月12日　赵祖康来谈。胡适为游建文、张太真证婚。（据《日记》）

同日　胡适函寄一份《纽约时报》与 Raymond Leslie Buell，并云：这证实了我对您所说的法国对日本商品实施禁运之事。关于您邀请我前往 Richmond 参观农场之事，遵医嘱，近日无法前往，敬请见谅。（中国社科院近代史所藏"胡适档案"，卷号 E-90，分号 28）

5月13日　闻 Rear Admiral Mark Lambert Bristol 今天在医院去世，胡适写信去慰问 Mrs. Bristol。写长信与陶希圣，力劝他们不要抛弃"建议被拒即便退休"之原意。（据《日记》）

同日　胡适复电外交部：日机轰炸重庆、福州、宁波、汕头等处，美外部已令驻日大使根据人道立场，向日抗议。日占领鼓浪屿租界，美外部已据厦门领事报告，正在研究。各报均载此消息，尚无评论。（《胡适中文书信集》第3册，88页）

5月15日　胡适到Fort Myer参加Admiral Bristol的丧礼。（据《日记》）

同日　胡适复George V. Denny, Jr.之5月9日的函（中国社科院近代史所藏"胡适档案"，卷号E-440，分号1），接受冬天到纽约市的Town Hall演讲之邀请，对12月5日的演讲日期和演讲题目"The Present Situation in China"都很满意，请对方告知演讲所用的时间，很高兴在演讲之后担任他的午餐会嘉宾。（中国社科院近代史所藏"胡适档案"，卷号92，分号5）

按，5月19日，George V. Denny, Jr.又复函胡适道谢。11月28日又函寄入场券。（中国社科院近代史所藏"胡适档案"，卷号E-440，分号1）

同日　胡适复函Clarence E. Lovejoy，感谢5月6日来函（中国社科院近代史所藏"胡适档案"，卷号E-279，分号2）邀请参加6月6日哥伦比亚大学的毕业午餐会以及发表演说，然因与医生约定检查，故不能前往。（中国社科院近代史所藏"胡适档案"，卷号E-101，分号5）

同日　胡适致函Mrs. Mark L. Bristol，转达孔祥熙5月15日给她的电报，对Mark L. Bristol的辞世表示哀悼与慰问。（中国社科院近代史所藏"胡适档案"，卷号E-435，分号1）

5月16日　胡适第一次出门拜客。回拜巴西大使Carlos Martins、南非公使Ralph William Close、泰国公使Phya Abhibal Rajamaitri。日记有记：

凡此种拜会，若看作例行酬应，则有苦无乐。我与人谈，必聚精会神，不敢松懈，如此则我自有所得：可以交朋友，所得一也；可以广见闻，二也。

如今早所访之南非公使Close是一个有名法学家，其人纯粹学者，我与他谈话，深有所得。

5月17日　胡适回拜意大利大使Prince Colonna、荷兰公使Dr. Loudor、匈牙利公使Mr. Pelényi。下午，赴Mrs. Bloom & Miss Bloom茶会。晚上，

赴匈牙利使馆宴会。(据《日记》)

同日　胡适致电外交部:关于日机轰炸事,美外部已得日政府答复,谓日政府已饬飞行人员注意,藉免毁伤平民及非军备区域,并将抗议转知在华军官云。(台北"国史馆"藏档,档号:020-010102-0020-0186a)

同日　胡适复函韦莲司小姐并寄赠《藏晖室札记》一套。函中说:"这些日记记录了我的国际主义,我的和平主义,我对不争的信仰,尔后又逐渐的摆脱这个信仰,我对中国文学改良和革命的主张,我的宗教观,我的一些重要研究报告的雏形,一些我所参与过的运动的演变等等。"函中又标出韦莲司小姐名字出现的页码。并说:"在许多条日记中,我信手写下,在我经验的成长和主张的成熟上,我所对你的感激。请你收下这套书,作为我俩友谊不渝的象征。"又谈及近期行程。(《不思量自难忘:胡适给韦莲司的信》,238~240页)

同日　胡适复函Ernest B. Price,感谢安排6月12日与13日的住宿。又谈及行程的具体时间等问题。(中国社科院近代史所藏"胡适档案",卷号E-106,分号13)

5月18日　捷克斯洛伐克公使Mr. Vladimir Hurban来拜。(据《日记》)

同日　胡适致电外交部:日占领鼓浪屿租界事,此间舆论与部长向报界谈话,均谓日本大陆政策试探各国态度,为占领上海租界之先声。此次美政府派舰队往厦门,同时向日抗议,皆与英法取一致行动,实则美政府处领导地位。盖美政府深知此事影响重大,故郑重应付。若厦争因此得解决,则不但沪租界可望保全,即整个远东国际合作形势亦得一大进展。(台北"国史馆"藏档,档号:020-010102-0020-0187a)

同日　胡适函谢Robert M. Hutchins之5月16日来函(中国社科院近代史所藏"胡适档案",卷号E-240,分号2),6月13日确定可以参加会议。秘书也已函告Leon P. Smith院长,希望不会再有什么事阻碍参加会议,将于6月13日上午10点45分与老师们会面。(中国社科院近代史所藏"胡适档案",卷号E-97,分号10)

同日　胡适致函Admiral Leahy:

So President Roosevelt has gotten ahead of the Chinese Government in sending you to Porto Rico. Kindly accept my heartiest congratulations and best wishes for this new opportunity of service after your premature retirement. But I still think that a better place for you would be High Commissioner in the Philippines where you could watch over the situation in the Far East.（中国社科院近代史所藏"胡适档案"，卷号 E-100，分号 5）

同日　胡适函谢 Clarence E. Lovejoy 之 5 月 16 日来函（中国社科院近代史所藏"胡适档案"，卷号 E-279，分号 2），将出席午餐会并且演说几分钟。仍未看到 George Sokolsky 在 10 月 7 日 The Columbia Alumni News 上刊载的文章，期望他能寄该期报纸。（中国社科院近代史所藏"胡适档案"，卷号 E-101，分号 5）

按，5 月 31 日，Clarence E. Lovejoy 又复函致谢。（中国社科院近代史所藏"胡适档案"，卷号 E-279，分号 2）

5 月 19 日　胡适回拜罗马尼亚公使 Mr. Irimescu，回拜拉脱维亚公使 Dr. Bilmanis，回拜瑞典公使 Mr. Boströn。Dr. Mortimer Graves 来谈。晚上到 Judge Henry White Edgerton 家吃饭。（据《日记》）

5 月 20 日　胡适访霍恩贝克，与他和 Mr. Green 谈甚久。"他们真关切我们的事情。"（据《日记》）

5 月 21 日　胡适到 Fairfax, Va. 赴 Counselor Walter Moore 家的茶会。到 Prof. Edward Handy 夫妇的田庄上去玩了几个钟头。（据《日记》）

5 月 22 日　于斌主教来谈。Bishop Roots 来吃饭。朝鲜的李承晚来谈。（据《日记》）

同日　胡适复函 Cornelius Vander Starr，告收到其 4 月 24 日来函（中国社科院近代史所藏"胡适档案"，卷号 E-348，分号 1）后，已写信给 Y. S. Tsaw，建议应让徐大春今夏前与胡祖望一同来美，理由有二：对于工程专业来说，美国大学优于英国大学；欧洲可能发生战争，美国是较好、较安全的学习之地。6月5日至7日将会来到纽约,敬请告知7日举行派对之时间和地点等。(中国社科院近代史所藏"胡适档案",卷号E-110,分号8)

按,5月23日,Cornelius Vander Starr又有复函与胡适。(中国社科院近代史所藏"胡适档案",卷号E-348,分号1)

同日　曾炳钧致函胡适,云:嘱购John William Burgess的 The Reconciliation of Government with Liberty 一书,迄未买得,已托人代觅,至今亦尚无消息。又云:国际形势目前显然于我不利,Thomas Amendment似难望通过美国会等。(中国社科院近代史所藏"胡适档案",卷号1818,分号4)

5月23日　刘敬舆(哲)到此。胡适请他住自己寓中。Prof. Robert C. Park & Mrs. Park与Ben Kizer来吃饭。李国钦来。陈光甫来。(据《日记》)

同日　赵祖康致函胡适,云:我国自抗战以来,各种设施,仅就应付而言,均感捉襟见肘,财、才、材三者,莫不贫乏……中美协进社孟治先生对于培植后进,为国储才,至具热诚,此次训练交通学生,幸得先生登高一呼,通过会议……承嘱傅安民兄来纽约协办文书,渠为人少年老成,办事勤恳细到,实属难得,附此申谢。(中国社科院近代史所藏"胡适档案",卷号1502,分号2)

同日　胡适复函Cyrus H. Peake,感谢5月22日来函(中国社科院近代史所藏"胡适档案",卷号E-315,分号1)告知杨鸿烈在上海生活安适这一好消息,感谢他为杨所做的一切。胡适说自己正在迅速恢复健康,将参加6月6日哥伦比亚大学的毕业典礼。(中国社科院近代史所藏"胡适档案",卷号E-106,分号6)

5月24日　胡适整天写成一篇演说,为当晚Columbia Alumni Club Banquet之用。带了稿子去,又突然决定不用写成的"The New Disorder in East Asia and the World at Large",另演说自己对哥伦比亚大学的回忆。(据《日记》)

胡适在"The New Disorder in East Asia and the World at Large"中说:

... two years after the whole of "Manchuria" returned to the unified control of Nationalist China, Japan's military started the famous "Mukden Incident" on the eve of September 18, 1931. In the course of a few weeks, Japanese troops occupied almost the whole of the Three Eastern Provinces.

That marked the beginning of the new disorder in Eastern Asia....

... There has been in China a progressive spreading of the gravest disorders—economic, financial, social, military and political." These disorders are the natural outcome of Japan's war of aggression which has been going on for twenty-three months and which in all probability will go on for another two or three years...

But it is not in Eastern Asia alone that this new disorder has prevailed....（《胡适未刊英文遗稿》，120～127页）

按，周质平先生为此演讲做了如下摘要：

这篇演讲是针对1938年11月3日，日本政府向世界宣布："日本正在寻求一个新的秩序，以确保东亚永久的和平"这一点而提出的批驳。

胡适指出，过去8年，日本在东亚不但没有建立一个新的秩序，而且打破了40年来，由"门户开放"政策所建立起来的，为各国所公认的旧有秩序，并为东亚带来了乱局。

胡适引用了《纽约时报》特派员 Hallet Abend 1939年2月1日的报道："日本正极为成功的在东亚制造了新的乱局，中国政府所辛苦营建起来的法律和社会的基础，经济的稳定，正受到最彻底的破坏。经济，金融，社会，军事和政治上的严重混乱正在蔓延。"

世界正在日趋缩小，任何一地的战争都将影响到世界各地，任何只图自救，而无视别人存亡的孤立主义想法，在此时已经行不通了。（该书119页）

又按，次日，Herald L. Stendel 致函胡适，感谢胡适今晚的精彩演

说，又告演说获极好回响。(中国社科院近代史所藏"胡适档案",卷号E-350,分号1)

同日　胡适复函傅斯年：

当十月、十一月两个月之中,我深知国内和战两途的明争暗斗。尤其是十一月初,近卫广播主和之后,渝府要人甚倾向和议。……其时渝方主和者汪、孔为首。后来十一月中蒋先生坚决主持抵抗,政策始定。但我当时深感觉两点：1.蒋在外时,渝府有甚大势力,可以决定政策,至少,可以大影响政策。2.我从詠霓电文里,窥见蒋的主张可以抓住孔,而不能抓住汪。因此,我颇悬念政治组织与政治连系的问题,因设一问：当此和战未决之局(十一月初),若行政院长为精卫,其结果如何？若汪长政院而兼外长,其结果如何？若政院为宋子文,其结果如何？若为孙哲生,其结果又如何？

我当那时候,收到的电讯之中,不但有极右倾的主和,并且有左倾的"立即宣战"。……

因此,我在临出行之前夕发那电给詠霓,指出此时蒋先生需要一个可以受商量的行政院长。

后来我在病中得知汪先生十二月底出走发电主和一大段,我更感觉我十二月三夜之电为不错。因病中不能写长信,始终不曾补一封信说明此中经过。

国中形势,我甚盼你多给我消息。此一年之中,全赖詠霓与我通电,徐新六与廷黻的信都很重要,可惜新六死了,而T.F.太多成见,太悲观。所以我深盼你写信给我。(王汎森：《史语所藏胡适与傅斯年往来函札》,《大陆杂志》第93卷第3期,12页)

同日　顾临致函胡适,告自己已返美。谈及在上海见到施肇基、颜惠庆,在香港见到宋子文、蒋梦麟、翁文灏、周诒春、袁同礼、任鸿隽、梅贻琦以及在日本目击物资缺乏的情形。又谈及中基会目前的财务情状,以

及新董事。目前尚未有前往纽约和华盛顿的计划，但在弄清 World Citizens Association 的事务后，一定去一趟华盛顿，看在限制日本的贸易方面是否可以做一些事情。（中国社科院近代史所藏"胡适档案"，卷号 E-214，分号 1）

5 月 25 日　胡适回拜巴拿马大使 Dr. Boyd，回拜捷克斯洛伐克公使 Dr. Hurban，回拜苏俄代办 Mr. Oumansky。（据《日记》）

同日　胡适函谢 S. K. Materne 之 5 月 22 日的来函。已知聂其璧来美之事，介绍聂其璧与其丈夫周仁，并愿资助旅费帮助聂其璧返回中国。（中国社科院近代史所藏"胡适档案"，卷号 E-484，分号 1）

5 月 26 日　胡适回拜多米尼加共和国公使 Señor Pastoriza。医生 Dr. Abernethy 来诊断，心脉很好。（据《日记》）

同日　胡适函谢 L. Carrington Goodrich 之 5 月 23 日来函（中国社科院近代史所藏"胡适档案"，卷号 E-210，分号 13）：6 月 6 日将在 King's Crown Hotel 与您见面并参加午餐会。因当晚将参加 Mrs. Crane 的派对，无法参加毕业典礼之后的晚宴。（中国社科院近代史所藏"胡适档案"，卷号 E-95，分号 9）

同日　胡适函谢 Charles J. Rhoads 之 5 月 22 日来函（中国社科院近代史所藏"胡适档案"，卷号 E-325，分号 7）：同意 6 月 9 日晚上与尊伉俪共聚。6 月 2 日也将在由 Mrs. Adolph C. Miller 举行的晚餐会上与尊伉俪碰面。已恢复健康，盼望造访府上与 Haverford College。（中国社科院近代史所藏"胡适档案"，卷号 E-108，分号 5）

同日　胡适函谢 Cornelius Vander Starr 之 5 月 23 日来函（中国社科院近代史所藏"胡适档案"，卷号 E-348，分号 1）：关于 7 日餐会的时间，还是以晚餐会更为合适。（中国社科院近代史所藏"胡适档案"，卷号 E-110，分号 8）

同日　胡适函谢 Herald L. Stendel 之 5 月 25 日的来函（中国社科院近代史所藏"胡适档案"，卷号 E-350，分号 1）：昨日拜访巴拿马大使 Don Augusto S. Boyd 时，他提到对于 The Washington Alumni Club 很感兴趣，将此讯息转达给您，期望阁下邀 Don Augusto S. Boyd 参加您的会议，让他对

贵俱乐部保持兴趣。（中国社科院近代史所藏"胡适档案"，卷号E-110，分号9）

5月27日　胡适回拜海地公使Mr. Lescot，回拜萨尔瓦多公使Dr. Don Castro，回拜立陶宛公使Mr. Zadeikis。（据《日记》）

同日　胡适复电外交部："连日英、法船舶在海上被敌舰勒停受检查事，美各方面均甚注意，现尚无美船受同样待遇，报纸记事均谓敌方欲不宣战而取得交战国之封锁搜查权。鄙意揣测敌方在此时忽有此举，似不无更深用意，倘果敌不停勒美船，则其势显明似在离间美与英法欲其不合作。然适颇疑敌此举似与美国会《中立法》事不无关系，盖英法与美之不同，不但太平洋上之实力悬殊，而实力有《中立法》之束缚，故虽有力量而不能运用，今日之事，此点最为关键。美国海军之调回太平洋已足使敌人震惊，鼓浪屿之美、英、法海军合作尤出敌之意外，号称受《中立法》束缚之美国，忽然与英、法各调兵舰到厦，各派四十二名陆战队登陆，而美国报纸无抗议，国会无质问，岂非揭破《中立法》之大谎乎？盖美国总统为海陆军元帅，其权力足以造成作战局面，此点似甚使敌人注意。鄙意以为海上勒停英、法船舶之举动，其用意似在耸动美国会内外反战孤立各派，使其更感觉行政首领对外权限之必须减缩制裁也。鄙意如斯揣测，其确否当待事实证明。近日国会两院外交股密商《中立法》案，闻颇有回到旧日国际公法之中立概念之趋势。毕德门、汤姆斯（Pittman, Thomass）两派及根本废止《中立法》一派似均不能得多数欢迎，参议院有Gillette案，众议院有Bloom案，其意皆欲恢复旧日国际公法所谓中立国权利而略加限制。其中最重要之限制，为总统所公布指定之斗争活动区域，在此区域内美国船舶不得行驶，此区域之外，则美国船舶如商品往来包括军械贸易，均不受限制。众议院此案提案人Bloom是众议院外交股代理主席，与政府甚接近，其案至今尚不公布，但已发外交部研究签注，闻外交部颇袒此案，倘此派主张得成立，则现行《中立法》之劣点十去其七八，而往日中立国战时权利十复其七八，已近于上次欧战时之状态。此亦日所忧虑。故鄙意谓海上搜查英、法船舶，不但威吓英、法而离间美国，实亦有意明示海军冲突之危机，使美国潜伏

反战分子更出力拥护《中立法》恢复孤立政策也。"(《胡适中文书信集》第3册，91～92页）

同日　胡适函嘱胡思杜让亚东图书馆邮寄10部《藏晖室札记》过来，又询章希吕现住何地。(《胡适遗稿及秘藏书信》第21册，580页）

5月28日　胡适复电外交部：美外长前日邀众议院外交委员会多数议员到其寓所谈论《中立法》制。此为政府领袖第一次对此问题表示意见。昨日外长又有长函致两院外交委员会长，发表其对《中立法》各案之意见，其大旨云美国立法避免牵入国际战争固属重要，而谋维持世界和平使战争不致发生，尤为根本要图。美国在今日决不能孤立，如此一个大国所立法令之内容不独影响本国，亦足影响其他各国，吾人切勿妄想普遍而无弹性之原则可以随时应付一切新兴之境地。吾人为避免战祸而立法，只能谋在吾人所能想象之境地中保存本国权益，同时使本国人民所增之非常负担及平时经济生活所受障碍皆不超过最低限度。故立法要旨应与国际公法之传统观念相左不太远：第一，现行《中立法》中对交战国禁售军械一条，应删除。第二，美国无论禁运何物均应禁其驶入战斗区域。第三，美国人民在战斗区域旅行宜加限制。第四，一切输入交战国之货品，均应于起运之前交割与外国买主，以后损失与卖主无干。第五，现行法中关于交战国借款及信用一项可以继续。第六，交战国在美募集款项应加管理。第七，现行法中国家管理军械委员会及军械出入口执照办法均可继续。总之，上述各项用意不出两途，一为避免卷入战祸，二为使本国容易维持中立云云。(《胡适中文书信集》第3册，92～93页）

5月29日　胡适复电外交部："美外长函大旨，即昨电所谓回到国际公法所谓战时中立国权利，而自行略加限制，有二：一为本国船只人民禁入战斗区域；二为对交战国不借款。此外商业往来包括军械买卖均不禁止，但须于起运之先，将货品所有权交割与外国买主，以免纠纷。此函大致与众议院代理外交股长Bloom未公布之草案最接近，而略采Pittman案之现购自运原则。案Bloom案所谓战斗区域，系指有战斗行动之某个地带，由总统随时指定公布，并可随时改定取消，例如中、日战争中心在汉水与洞庭，则武汉至京沪均在战斗区域之外矣。赫函七项之中，对交战国不借款一项，总统及财、外部要人均明知于吾国最不利，但恐难履行，无法避免此原则，至多能将寻常商业信用借款及短期借款除外而已。其故有二：一为上次欧战各国战债总数约有三百万万，至今分文无着，故不借款与交战国几成为天经地义。二为欧战后二十年中，美国有一派议论谓：美国当年所以参战，实由于其前三年中协约国在美购买军用品太多，经济关系太深，美国不能坐视英法战败，以此故孤立和平各派均反对借款与任何交战国云。"（《胡适中文书信集》第3册，93页）

5月31日　胡适致电翁文灏，讨论：①添一额外参事。②设商务专员，任张慰慈。（据《日记》）

同日　胡适电辞Lucy Driscoll在胡适访问芝加哥期间由American Friends of China茶会招待的邀约。理由是：这是在久病后第一次旅行，医生叮嘱不能在沉重的行程之下再增加约会，请代向芝加哥的朋友致歉。（中国社科院近代史所藏"胡适档案"，卷号E-439，分号1）

6月

6月3日　胡适致电外交部：美外长对中立法意见，总统亦已表示赞同，并暗示本届国会对中立法，应有相当修正。众议院外交组将于星期一讨论Bloom提案。众议院方面闻有通过该案可能。该案对我虽无大便利，但与总统相当自由权，在大体上为一进步。又闻总统已饬有关各部研究油、铜、铁各项是否能依飞机办法由场商自行停售与日本。（台北"国史馆"藏档，档号：020-010102-0020-0200a）

同日　王世杰致函胡适，以胡适病情脱离危险为慰。又介绍李迪俊。又谈到"自四月反攻获有相当效果后，士气较前益胜，政府中人自信心均以加强"等。（《胡适遗稿及秘藏书信》第23册，580～581页）

同日　翁文灏致电胡适：李释戡确在南京伪政府任秘书长。（中国社科院近代史研究所藏"胡适档案"，卷号2024，分号1）

6月4日　张忠绂致函胡适，谈及："国内情形如恒，日方之士气较前颓唐，中国之士气，则仍历久不衰……抗战之满意结束，必赖外力，无可讳言，而对于美国之期冀尤大。"(《胡适来往书信选》中册，418～419页)

同日　韦莲司小姐致函胡适，谈读胡适《留学日记》的感受，对胡适送其"友谊不渝的象征"致以感谢。(中国社科院近代史所藏"胡适档案"，卷号 E-383，分号 1)

6月5日　11点往纽约，于谦六、孟治来接。住 King's Crown Hotel，到 President Nicholas Murray Butler 家中吃饭。(据《日记》)

同日　胡适复函 Helen K. Powell，感谢5月23日的来函，已转交给孔祥熙。又云：对您编辑 Mr. Crane 自传材料之工作很感兴趣，将尝试撰写关于 Mr. Crane 对中国、中国人民，特别是对我本人关注的回忆。会在6月旅行之后第一时间撰写这些回忆，并寄给您。最后，寄上之前寄给您但被退回的信函，内容包括您对 Chinese Relief 捐款的收据。(中国社科院近代史所藏"胡适档案"，卷号 E-106，分号 11)

6月6日　胡适与英国牛津的富人 H. E. Spalding 夫妇同吃早饭。到 Dr. Robert L. Levy 处，请他诊察。在哥伦比亚大学 Alumni Luncheon 作4分钟的演说。下午哥伦比亚大学举行毕业典礼，授予胡适荣誉法学博士学位。此为做大使后得的第一个名誉学位。晚上在 Mrs. M. K. Crane 家吃饭。见着 Dr. Monroe、Dr. Duggan、Dr. Joseph Chamberlain、Dr. E. Hume、姚叔来诸人。(据《日记》)

按，关于胡适答应接受此荣誉博士学位的档案，可参考3月9日胡适复 Nicholas Murray Bulter 之3月6日来函(中国社科院近代史所藏"胡适档案"，卷号 E-90，分号 32；卷号 E-141，分号 12)；5月12日胡适复 Frank D. Fackenthal 之5月3日来函，5月15日 Frank D. Fackenthal 复胡适函。(中国社科院近代史所藏"胡适档案"，卷号 E-94，分号 1；E-194，分号 1)

6月7日　胡适与 Spalding 夫妇吃早饭。Dr. Peake 来谈。为王正序送行。

1939年　己卯　民国二十八年　48岁

访牙医 Dr. J. O. Fournier。访 Prof. Frederick W. J. Woodbridge。访王际真夫妇。到 Harold Riegelman 的事务所里同他吃中饭。访杜威不遇。访 Robby Lowitz 不遇。刘敬舆来访。孟治来。C. V. Starr 夫妇邀了 John Gunther 夫妇、Smith 夫妇同吃饭，看 Mrs. Hartman，12 点上车，回华盛顿。（据《日记》）

同日　翁文灏致电胡适：纽约博览会一事已提行政院会。（中国社科院近代史所藏"胡适档案"，卷号 2024，分号 1）

6月8日　11点半，胡适到白宫。（据《日记》）

同日　胡适复电外交部："众议院外交组连日讨论中立法案，以 Bloom 提案为根据，逐条研究，反对派提出禁运军火及限制总统划定争斗区域权限等修正案，均被打消。惟因英皇今日来美京，此案将于下星期一继续讨论，届时或可通过外交组，提交众议院全体讨论。据现时趋势，此案通过众议院，似有可能性。"（《中华民国时期外交文献汇编（1911—1949）》第七卷，下册，967 页）

同日　胡适致函美国国务卿赫尔：

Referring to my note of April 26, 1939, enclosing two telegraphic messages from His Excellency Dr. H. H. Kung, Minister of Finance, I beg to enclose herewith a copy of another telegraphic message from Dr. Kung, dated Chungking, June 7, 1939, concerning the service of the loans secured by the customs and salt revenues and the deferment of payment of the Indemnity of 1901, for your consideration.（*FRUS*, 1939, Vol. Ⅲ : *The Far East*, p.839.）

6月9日　胡适搭 1 点的火车去费城，Mr. Charles J. Rhoads 来接。晚饭有 Prof. Rufus Jones 夫妇及 Miss Gertrude Sly 等。（据《日记》）

同日　胡适复函 New School for Social Research 的 Conference on Methods in Philosophy and the Sciences 之秘书 Sidney Ratner，感谢代表该组织于 6 月 6 日来函邀请出席 10 月 22 日举行的纪念杜威 80 岁诞辰的纪念会（中国社科院近代史所藏"胡适档案"，卷号 E-323，分号 6）。为获邀在会议上作关于杜威在哲学与逻辑方法上所做贡献的主题演讲感到荣幸。但考虑到组

织方的这一安排会受到严厉批评，期望可以寻觅更适合的人来演讲。自己将会出席会议并且参与讨论，祝贺 Modern Giants Series 刊载杜威文选，对长篇介绍杜威深表感激。（中国社科院近代史所藏"胡适档案"，卷号 E-108，分号 1）

同日　胡适复电 Roger Sherman Greene：将于星期一下午 2 点 30 分抵达，并将停留于 International House。（中国社科院近代史所藏"胡适档案"，卷号 E-439，分号 1）

同日　胡适函贺 Archibald MacLeish 被任命为美国国会图书馆馆长，并期望在华盛顿能经常见面。（中国社科院近代史所藏"胡适档案"，卷号 E-102，分号 4）

按，6 月 19 日 Archibald MacLeish 有复函。（中国社科院近代史所藏"胡适档案"，卷号 E-282，分号 1）

同日　罗尔纲致函胡适，告：自己得陶孟和之助入中研院社会科学研究所工作。已写成的《湘军新志》《捻军的运动战》两书均先后由商务印书馆刊行。其中《湘军新志》已列入中央研究院丛刊，兹奉寄一册与胡适。现正从事绿营制度研究。（《胡适遗稿及秘藏书信》第 41 册，页 429～432）

6 月 10 日　10 点半，胡适到 Haverford College，见到 President Comfort。11 点，参加 Haverford College 的毕业礼，并演说。（据《日记》）胡适在演说中说道：

......

I would like to suggest that every college graduate should have one or two or more problems sufficiently interesting and intriguing as to demand his attention, study, research or experimentation. All scientific achievement, all research, has come from problems that happen to have caught the curiosity, and the imagination of a particular observer...

......

Therefore my advice to you would be that on this memorable day you should spend a few minutes to take an intellectual inventory of yourself and see to it that you should not go forward into this big world without being armed with one or two intellectual puzzles, which you resolve to solve...（中国社科院近代史所藏"胡适档案"，卷号 E-14，分号 47）

同日　下午，胡适返回华盛顿。（据《日记》）

同日　胡适复函韦莲司小姐，云：日记中提到她的部分都是"无关个人的"也是"抽象的"——经常是一些对大议题严肃的讨论。那几首诗也是无关个人的——都没有主语；三首诗中的一首，胡适说他很花了一点心思来说明这首诗和个人无关。（《不思量自难忘：胡适给韦莲司的信》，241 页）

6月11日　霍恩贝克来吃饭。胡适起程前往芝加哥，王恭守同行。（据《日记》）

6月12日　下午，胡适到芝加哥，Roger Sherman Greene、Ernest Price、吕子勤总领事、侨胞代表七八人及领馆同人来接。住 International House。Mr. Wm. Benton 约吃茶，久谈。到 Dr. & Mrs. C. Phillip Miller 家吃饭，有 Dr. & Mrs. McCleen，有 Roger S. Greene。9点半到 Chicago Club，赴 Col. Knox 的约，有 Ex-Gov. Phil. La Follette of Wisconsin，久谈。（据《日记》）

同日　外交部复电胡适：关于我国国际博览会出品协会拟参加纽约博览会事，所建议由政府予以劝阻一节，业经行政院采纳。……希转电驻纽约总领馆知照。（《中华民国史资料丛稿》专题资料选辑第三辑《胡适任驻美大使期间往来电稿》，17 页）

同日　外交部致电胡适：汪精卫通敌叛国已全面通缉，请鼓动舆论予以抨击。（中国社科院近代史所藏"胡适档案"，卷号 2024，分号 1）

6月13日　胡适出席芝加哥大学毕业典礼，得名誉法学博士学位。校长 Robert M. Hutchins 夫妇请吃午饭，有四五十个人。Mrs. Harriet Welling 来久谈。Miss Lucy Driscoll 来久谈。Dr. Ernest Price 夫妇邀吃饭。与 Roger Greene 久谈。（据《日记》）

按，胡适在芝加哥大学期间，曾与芝大副校长 William Benton 晤叙、聚会三次。可参考 6 月 7 日，William Benton 致胡适函；6 月 9 日胡适复 William Benton 电；6 月 26 日胡适致 William Benton 函。（中国社科院近代史所藏"胡适档案"，卷号 E-127，分号 5；卷号 E-90，分号 9）

同日　外交部致电胡适：孔祥熙拟以中美文化协会会长名义，于美国国庆日在中央广播电台对美广播祝词。希驻美大使馆就近与 National Broadcasting Corporation（全国广播公司）或 Columbia Broadcasting System（哥伦比亚广播公司）接洽。届期，由纽约或旧金山电台转播 10 分钟，时间由美方规定。（《中华民国史资料丛稿》专题资料选辑第三辑《胡适任驻美大使期间往来电稿》，17～18 页）

6 月 14 日　胡适复电外交部："众议院外交委员会昨日以 12 对 8 票通过中立法案，其要点与美外长建议相同，闻将于二星期后提交众议院全体讨论。此次外交委员会投票，民主党议员均赞成，共和党议员则反对。现众议院内民主党议员占多数，故一般推测此案通过似无困难云。参议院尚无举动。"（《中华民国时期外交文献汇编（1911—1949）》第七卷，下册，968 页）

同日　胡适致电外交部：美国驻日大使 Grew 已到美京，连日向总统及外长等有所报告。美外长表示，该大使例假回美，并无特殊任务。（台北"国史馆"藏档，档号：020-010102-0020-0405a）

同日　上午吕总领事来谈领馆事。韦文起来谈他的论文。沈作谦领事谈他著书事。中午在 Quincy Wright 家吃午饭。下午见客。晚赴吕总领事之约，到南京楼吃饭。夜 11 点，起程东去。（据《日记》）

同日　胡适致电韦莲司小姐："我星期四下午 1：37 到达，不是星期五。待到星期天晚上。"（《不思量自难忘：胡适给韦莲司的信》，242 页）

同日　卢逮曾致函胡适，谈重庆大轰炸情形，谈胡适的朋友孙洪芬、任鸿隽等人近况，又云：

近日接得北平消息，说希圣派武鹤飞（史系生）赴平拉拢，到处散布师座赞成他的主张之言论,以致许多在平而尚能持身清白之教育界人士颇有恍惚惋惜之感……生除已积极设法辩解外,谨以奉闻。(《胡适遗稿及秘藏书信》第 40 册,235 页)

同日 胡适的私人秘书致函 The Brooklyn Institute of Arts and Science 主席 James G. McDonald:胡适同意 1940 年 1 月 8 日的演说邀约。(中国社科院近代史所藏"胡适档案",卷号 E-442,分号 1)

> 按,6 月 5 日,James G. McDonald 致函胡适:为上周的拜访感到高兴。自己已向 The Brooklyn Institute of Arts and Science 的同仁报告您将在冬天为我们进行演讲,又询演讲时间可否选在 1940 年 1 月 8 日。(中国社科院近代史所藏"胡适档案",卷号 E-442,分号 1)

6 月 15 日 胡适到水牛城。到绮色佳,Dr. H. W. Peters 来接,中国学生来接的有七八人。住 President E. E. Day 家中。夜饭与 Peters 在 Willard Straight 斋吃,见老同班多人。(据《日记》)

6 月 16 日 胡适致电外交部,报告美国民众对中日战争之民意测验结果:同情中国者 74%,同情日本者 2%;中立者 24%。赞同不买日货者 66%;反对者 34%。赞同禁运军用品与日本者 72%,反对者 28%。赞同禁运军用品与中国者 40%;反对者 60%。又国会现有禁运军用品与日本提案数起,惟因国会闭幕近,恐不及讨论,故提议人拟作为中立法修正案提出。但两院外交总所主张分别讨论,结果如何,尚难预测。(《中华民国时期外交文献汇编(1911—1949)》第七卷,下册,976~977 页)

同日 胡适与 Harold Riegelman 同去赴同班的 Picnic,在 Taughannock Falls。(据《日记》)

> 1939 年 9 月 23 日胡适复赵元任函:6 月 16 日我回到 Cornell 去赴 1914 Class 的 "Reunion",遇见不少的熟人,很多人问起你。同班的中国同学何止十人,只有我一个人"回家",思想起来,好不孤寂!(《鲁迅研究月刊》2020 年第 2 期,52 页)

6月17日　赴 Alumni Luncheon，遇见许多熟人，仍回到 Day 校长家吃饭。晚上到同班（1914年）的年宴。年宴席上，主席 I. I. Munus 请校长致辞，用全班名义给胡适一纸荣誉证书，称为"本级最有荣誉的成绩的人"。胡适有简短答词。席后到 Alumni Rally，到的有 2000 多人。（据《日记》；台北胡适纪念馆藏"胡适档案"，档号：HS-NK05-210-007）

同日　G. B. Mathews 函告胡适：北平辅仁大学授予您荣誉法学博士学位，以表彰您对于中国现代化做出的突出贡献。（中国社科院近代史所藏"胡适档案"，卷号 E-291，分号 7）

6月18日　胡适到 Sage College 去看 Mrs. E. J. Anderson。Professor Needham 来访。中午中国学生会邀胡适去 Enfield Falls 野餐，有 Kerr 夫妇，有 Miss E. Clifford Williams。胡适做简短演说。晚饭在 Prof. Biggerstaff 家，有 Miss G. Gaskill。晚上 10 点 40 分离开绮色佳，往纽约去。（据《日记》）

6月19日　胡适到纽约，住 Ambassador Hotel。10 点半，访 Dr. Robert L. Levy，与总领馆同人吃饭。李国钦约吃饭。见着周珊凤（周寄梅之女）和江易生。（据《日记》）

同日　胡适致电外交部，报告《中立法》案修改进展情形：《中立法》案近因参议院反对空气浓厚，有通过众议院后，俟明年再提出参议院讨论传说。今日美总统召见两院领袖，群坚持于本届国会通过两院云云。（《胡适中文书信集》第 3 册，96 页）

同日　顾维钧致函胡适：在 The League Council 最近的会议上，建议 The League Council 采取飞机与石油的禁运。请驻美大使馆能寄一份美国国务院制止美国的飞机制造厂商提供飞机给日本的官方信函。欣闻您已恢复健康以及美国已经注意到天津的情况，希望知道美国政界对此事的反应。如果有进一步的侵略，是否将会与英国采取一致的行动。（中国社科院近代史所藏"胡适档案"，卷号 E-258，分号 1）

6月20日　陈光甫来吃早饭。报馆访员来谈。与 Miss Roberta Lowitz 同吃饭。见谭明德女士。访陈光甫，访 Charles Merz，与张彭春、于谦六同吃饭。晚上 12 点 50 分离开纽约。（据《日记》）

同日　Chang Yu-mei 致函胡适云：

We deeply appreciate your kind letter of June 19, which gave us numerous encouragement and valuable advice.

We realize our duty of improving the transportation facility of our country and the importance of creating a good impression on American people. We shall make every possible effort to get technical knowledge for use in the near future, to work in close co-operation among ourselves, and to show the good spirit of new Chinese young men.（中国社科院近代史所藏"胡适档案"，卷号 E-150，分号 4）

6月21日　胡适回到华盛顿。12点去拜访赫尔国务卿，又访远东司长 Max Hamilton。陈光甫来吃饭。Herbert S. Little 来吃饭。与 Little 大谈到夜深，他是 Senator Schwellenbach 的朋友，Schwellenbach 有一个提案，是专对日本的，故胡适与 Little 相商，要他出力推动此案。（据《日记》）

6月22日　胡适日记有记：

光甫来深谈，他很高兴。光甫办银行三十年，平日只有人求他，他不消看别人的脸孔。此次为国家的事，摆脱一切，出来到这里，天天仰面求人，事事总想不得罪美国财政部，这是他最大的忠诚，最苦的牺牲。我很佩服他这种忠心。

光甫做此事，真是没有一点私利心，全是为国家。他有时也很愤慨，说："我头发白了，还来受这气恼，何苦来！"

我今天对他说，我最佩服他这种委屈求全的精神。

6月23日　陈光甫来谈。顾临来谈。丹麦公使来拜。Professor George B. Thorp 来谈。张庆松来谈。（据《日记》）

6月24日　胡适复电外交部："美总统提议以借款方法恢复繁荣，其总数约卅九万万元，其中五万万元拟借与外国政府用以购买美国货物，以谋增进国外贸易。此计画之用意实系为我国借款开一途径。陈光甫兄现正留意此事，但其关键仍在《中立法》之修改，如《中立法》新案能成立，则以后借款可购军火飞机不受限制。现众议院已定下星期讨论表决中立新法案，依一般观察，可勉强通过。"（《胡适中文书信集》第 3 册，96 页）

　　同日　胡适函寄 The New Commonwealth Institute 的会员申请书以及签名支票与该组织的主任 George W. Keeton，并表示：为 The New Commonwealth Movement 的领袖们的理想主义没有因去年的事件受挫而感到高兴。（中国社科院近代史所藏"胡适档案"，卷号 E-99，分号 3）

　　按，6 月 2 日，George W. Keeton 函邀胡适成为 The New Commonwealth Institute 的会员。（中国社科院近代史所藏"胡适档案"，卷号 E-251，分号 1）

　　同日　胡适致函 Cornelius Vander Starr，请其协助运送自己的 70 箱书籍：

I am writing to ask you to do me a great favor. My books, packed in 70 wooden cases, and several suitcases of notes and manuscripts are deposited in the Tientsin Branch of the National Commercial Bank（Hsu Sing Loh's Bank）. My wife sent me a catalogue of the books arranged according to the numbers of the cases. In April, I wrote to my wife and to Mr. Y. S. Tsaw asking them to send me by freight through the American Express IS of the wooden cases and all the suitcases. Now I learn from my wife's letter, dated May 24th, they had not sent these boxes fearing that I might not have enough space here to house them.

The critical situation in Tientsin has greatly alarmed me. I am writing to ask you if you can find a way of cabling your office to tell Mr. Tsaw:

（1）to get all my books and manuscripts out of Tientsin and deposit them in Shanghai, if and when possible; and

（2）to send to me by freight those cases which I had wanted.

If your office can render any assistance to Mr. Tsaw in transferring these books, I shall be most grateful. Please let me know all the expenses that this request may cause you.（中国社科院近代史所藏"胡适档案"，卷号 E-110，分号 8）

6月25日　Dr. Waldo G. Leland 来谈。

同日　胡适复电江冬秀：

我不是要用这些书，只是因为你费了心血把书救出北平，我总想搬一部分到美国来，免得一齐毁了。其实我那有工夫用这些书。我的意思是，能保全多少，就是多少。（《胡适遗稿及秘藏书信》第 21 册，492～493 页）

6月26日　苏俄新大使 Oumansky 来拜。周珊凤来看胡适，住在这里。Mrs. Paul Welling 来谈。（据《日记》）

同日　胡适致电蒋介石："美政府态度与舆论转变，昨已详电外部，请其转陈，并已同时电郭、顾两大使，供其参考。美外部六月皓日曾有书面宣言谓，天津案原来争点与美国无关，但美国对于天津问题之广阔方面，则甚关心。其所谓广阔方面当然包括一般政治问题。惟以美国政制特殊，行政首领在外交上不能预对外国作肯定的承诺，或积极的担承，但能依事实之演变随时运用，例如鼓浪屿之美国、英、法海军合作，若事前有所表示，则国会内外之和平论者，必群起攻击政府矣。"（《胡适中文书信集》第 3 册，98 页）

同日　胡适致函 Robert M. Hutchins：对芝加哥大学授予荣誉博士学位致谢，感谢尊伉俪的午餐会招待，为能在会上遇见许多老朋友而高兴。（中国社科院近代史所藏"胡适档案"，卷号 E-97，分号 10）

按，6月28日，Robert M. Hutchins 复函胡适说，芝加哥大学为能授予胡适荣誉博士学位感到荣幸。（中国社科院近代史所藏"胡适档案"，卷号 E-240，分号 2）

同日　胡适致函 Mrs. W. Murray Crane：在 19 日返回纽约之后，医生检查后告知此次旅行对健康不会有不好的影响；感谢您为华美协进社主任以及本人的晚宴招待。（中国社科院近代史所藏"胡适档案"，卷号 E-91，分号 29）

同日　胡适函谢 C. Phillip Miller 夫妇访问芝加哥时给予的友善招待。已返回华盛顿。Dr. Robert L. Levy 检查后告：两周繁重的旅行并没有带来任何健康上的不良影响。参加康奈尔大学的班级第 25 次聚会很是愉快。（中国社科院近代史所藏"胡适档案"，卷号 E-103，分号 11）

同日　胡适函谢 Ernest B. Price 在上次访问芝加哥时的友善招待，感谢他们夫妇举办的晚餐会。（中国社科院近代史所藏"胡适档案"，卷号 E-106，分号 13）

6 月 27 日　上午见客：陈宗贤、Dr. Hume、Dr. Cressy。Senator Tom Counally 介绍 Dr. J. Frank Norris 来谈。Mrs. Roger S. Greene 和她的儿子、女儿来吃饭。（据《日记》）

同日　胡适函谢 Quincy Wright 夫妇在上次访问芝加哥时的招待。（中国社科院近代史所藏"胡适档案"，卷号 E-114，分号 16）

6 月 28 日　见客。张彭春来，住在这里。晚上与他长谈。下午访财政部长亨利·摩根索。（据《日记》）

同日　孟治函寄 Automotive Training 的主题报告与胡适，答谢 6 月 26 日的来函以及军事委员会的暂时法规，并期望能够见到陈光甫。（中国社科院近代史所藏"胡适档案"，卷号 E-298，分号 1）

6 月 29 日　Hallet Abend 来谈。Carl Byoir 来谈。沈有乾夫妇来吃中饭。（据《日记》）

同日　胡适复函韦莲司小姐：

> 我并未失去信心，我确信这场世界大战所带来的新秩序将更好也更持久。毕竟，今天只剩下 3 个侵略国家，这是值得欣慰的。
>
> 我衷心感谢你送我那个戒指，谢谢你在戒指上刻的字。14-39 提

醒了我，我们的友谊已有25年了！我会永远珍惜这个戒指。(《不思量自难忘：胡适给韦莲司的信》，243页)

6月30日　上午，菲律宾副总统Osmeña来访。下午保加利亚公使Mr. Dimitri Naoumoff来拜。他说国联之失败，由于盟约第十九条之不曾实行。胡适深以为然。读英国外长Halifax昨夜的演说全文，甚为感动。可惜太迟了。李承晚夫妇来吃中饭。(据《日记》)

同日　胡适函谢Sidney Ratner 6月22日函邀自己参加10月22日在The New School for Social Sciences举行的杜威哲学研讨会(中国社科院近代史所藏"胡适档案"，卷号E-323，分号6)，同意就杜威对哲学方法的贡献作简短谈话。(中国社科院近代史所藏"胡适档案"，卷号E-108，分号1)

7月

7月1日　胡适复函Cornelius Vander Starr，云：

Thank you most heartily for your very kind letter of June 26th, in which you told me what you have done in connection with my books. You have set my mind at ease—at least on that score.

I am sorry not to have written you before you sailed for England. I wish you and Mrs. Starr a very pleasant summer in England which I hope will not be interrupted by the war scares of Europe.(中国社科院近代史所藏"胡适档案"，卷号E-110，分号8)

7月2日　胡适读Clarence K. Streit的*Union Now*。(据《日记》)

同日　江冬秀函告胡适：胡祖望6月26日起程赴美。(《胡适遗稿及秘藏书信》第22册，478页)

7月3日　西雅图新任领事江易生夫妇来谈。读毛姆的*Tellers of Tales*。(据《日记》)

7月4日　胡敦元来谈。读短篇小说：托尔斯泰的《伊凡·伊里奇之死》、契诃夫的《莫兹克斯》、琳·拉德勒的《冠军》、舍伍德·安德森的《种子》。（据《日记》）

7月5日　胡适日记有记：

> 今天下午来了一个客人，名片上写的是李锐，字毅斋。他说是桐油商人。我招呼他坐下，他忽然向我谈《新旧约》改译的大问题，我颇诧异。后来才知道此君有志改译《新旧约》，曾学希腊与希伯来文，凡十余年！我竟不知道中国有学过十余年的希伯来文学者。他谈此事颇有见地。
>
> 我虽不是基督徒，但我很希望有学者多人出来做重译《新旧约》的大事业。从前萧恩承曾说他要想从希腊文重译《新约》，我很鼓励他。后来他做官去了，全忘了这件事。
>
> 李君似确有此志向，又有多年的准备。将来我们应该给他寻一个教授希伯来[文]的机会。
>
> 今天下午参院通过两院会商的 Monetary Bill，票数是48-39，政府大胜利！
>
> 中立法改在星期六讨论。

7月6日　武官郭德权来谈。上午9点半，胡适去看 Dr. Abernethy，请其查身体，结果很好。（据《日记》）

7月7日　对日抗战2周年纪念。华盛顿的中国侨民有游行大会，胡适与众议院议员 Coffee 有演说。前旧金山总领事黄朝琴调加尔各答，今早到此，住胡适寓中。新任旧金山领事冯执正夫妇今天下午到此，晚上同饭。（据《日记》）

7月9日　纽约出版家 B. W. Huebsch 来吃饭，他约胡适写一部自传由其出版。（据《日记》）

同日　外交部致电胡适："法国前此禁止与国防有关之金属品出口，并停发金属品出口特许证，其初意原欲领导英、美，对日禁运原料。嗣以英、美未能合作，法方有弛禁趋势。……英以美不合作，不克收效为词。希相机向美政府商洽，与英、法采平行动作。"(《中华民国史资料丛稿》专题资料选辑第三辑《胡适任驻美大使期间往来电稿》，18页）

7月10日　胡适到进出口银行访 Warren Lee Pierson，谈棉麦借款合同修改事。（据《日记》）

7月11日　中国银行纽约分行新行长 Rowe 来吃饭。4点去外部见远东司司长 Max Hamilton。晚上与陈、游二君及游夫人、韩权华同去看电影 Invitation to Happiness。（据《日记》）

同日　*Memorandum by the Chief of the Division of Far Eastern Affairs (Hamilton) of a Conversation with the Chinese Ambassador (Hu Shih)*：

> The Chinese Ambassador called at his request. He had with him a number of telegrams which he said he had received from his Government during the past two weeks and in which the highest officials of the Chinese Government indicated their deep anxiety in regard to the Tientsin situation.
>
> The Ambassador said that his Government was perturbed lest the British and the French make too great concessions to the Japanese and that, according to statements in some of the telegrams which he had received, high officials of the Chinese Government felt that the outcome of the Tientsin situation really hinged on the attitude taken by the American Government. The Ambassador said that he had telegraphed his Government that he did not agree wholly with the view that the outcome of the Tientsin situation hinged largely on Washington and that he had expressed to his Government the opinion that the Japanese attitude was really the determining factor.
>
> The Ambassador said that in one of the telegrams there was mention of the fact that the British and the French might agree to turn over to the Japanese the Chinese Government's silver now on deposit in foreign banks in the British and French Concessions at Tientsin. The Ambassador said that his

Government had approached the British and French Governments and asked that those Governments not agree to turn over this silver to the Japanese. He said that his Government had expressed to the British and French Governments the hope that they would not make too great concessions at Tientsin.

The Ambassador said that in view of the various telegrams which he had received he was calling at the Department to express to us, on behalf of his Government, the hope that the American Government would use its influence with the British and French Governments to the end that those Governments not make too great concessions in reference to the Tientsin situation. The Ambassador said that he realized that we could not make any statement to him on this matter and that he therefore laid the matter before us for consideration.

I said that I would of course make note of what he had said and would bring it to the attention of the higher officers of the Department. (*FRUS*, 1939, Vol. Ⅳ: *The Far East*, p.221-222.)

同日　胡适致电外交部:"国会参议院现有三个制裁日本之单独法案:一为 Pittman 案,欲对违反《九国公约》之门户开放原则者加以经济制裁。二为 Schwellenbach 案,欲对违反《九国公约》之尊重中国主权领土完整原则者加以经济制裁。三为 Vandenberg 案,因日本违反《九国公约》,故主张废止 1911 年之日美通商友好条约,并请美政府重召集比京会议。众议院亦有与前两案略同之提案。两院皆在外交委员会审查时期,众议院外交委员会三日前开始公开征求意见,前北平协和医校校长 Roger S. Greene 昨出席陈述意见,据彼观察,诸案在本届国会恐均将搁置,甚少通过希望。昨日《纽约时报》亦作同样观察。"(《中华民国时期外交文献汇编(1911—1949)》第七卷,下册,980 页)

同日　胡适得宾夕法尼亚大学校长 Thomas S. Gates 来信(中国社科院近代史所藏"胡适档案",卷号 E-207,分号 10),说明年(1940 年)是该校 200 年纪念,要请 20 个人去作学术讲演,要胡适担任一个。这 20 个人

都是大学预备赠予名誉学位的。(据《日记》)

同日　胡适函谢 Union College 校长 Dixon Ryan Fox 通知该校将邀请自己担任 1940 年度的荣誉校长。然因 1940 年 6 月 10 日将在毕业典礼发表演说，期望能在 6 月 10 日之前访问 Union College，也感谢寄赠该校的美丽图片相册以及学刊等。(中国社科院近代史所藏"胡适档案"，卷号 E-94，分号 12)

> 按，Dixon Ryan Fox 的来函写于 7 月 7 日。收到胡适函后，渠又于 13 日复函致谢。(中国社科院近代史所藏"胡适档案"，卷号 E-201，分号 6)

同日　胡适为 Samuel Davis McReynolds 之丧函慰其夫人并致哀悼。(中国社科院近代史所藏"胡适档案"，卷号 E-103，分号 5)

同日　王世杰日记有记：陈诚云，白崇禧对胡适甚为不满，前中央全会时攻击胡适最力者非冯玉祥乃白崇禧。王世杰认为，1936 年两广事变和西安事变时，胡适曾为文切责白崇禧。如白之反对出自此等嫌怨，则其为人未免狭刻可畏。(《王世杰日记》上册，210 页)

7 月 12 日　胡适致电外交部："参议院外交委员会以十二对十一票表决暂行搁置《中立法》案，俟下届国会再行讨论，美总统及外长均公开表示不满，现政府方面正在研究重提此案之方式。又两院外交委员会均定十四日讨论对日禁运军用品，各提案众议院并定十八日开始，公开征询意见。"(《胡适中文书信集》第 3 册，98～99 页)

同日　合众社重庆电讯：Reports current here today said that Dr. W. W. Yen would be made Chinese Ambassador at Washington, a post he held from 1929 to 1932, to succeed Dr. Hu Shih, reported to have been in ill health for months past. A Foreign Minister spokesman said, however, that Dr. Shih would remain as Ambassador "for the present." (据胡适次日《日记》)

7 月 14 日　见客。到 Dr. Leslie Benton 家吃茶。到 Madame Lombard 家吃饭。有陆军部长 Henry Woodring 夫妇，有 McClure Newspaper Syndicate

主人 Richard H. Waldo，有 Warren Lee Pierson 夫妇。是日日记有记：

今天总统送信给两院，重提中立法问题，中附 Hull 的长篇意见书，文字甚好。

写信给 Greene 讨论 Streit's *Union Now*

（1）我不赞成他强分别 Union of peoples vs. League of governments。

（2）我不赞成他用 ideological line 来分别国家——应该只分爱和平的与侵略的两类。

（3）我不赞成他抹煞现有的国联。我以为国联之改良应从这三方面入手：

① Principle of definite commitment，

② Principle of Regional Leadership，

③ Principle of Graded Responsibility。

同日　胡适复函 Thomas S. Gates，感谢 7 月 10 日来函邀请在宾州大学 200 周年的纪念会上发表演说并授予自己荣誉博士学位，这都是莫大的荣誉。又说："I wish to express to you and through you, to the Trustees and the faculties of the University my deep appreciation of the great honor which the University desires to confer on me. I shall be very glad to prepare to deliver an address in one of the symposia concerning problems and progress in various fields of scholarship."（中国社科院近代史所藏"胡适档案"，卷号 E-95，分号 4）

同日　胡适函谢 Hobart Nading Young 夫妇上周二所赠鲜花与祝福。并期望自己到纽约，或者他们过华盛顿时可以晤面。（中国社科院近代史所藏"胡适档案"，卷号 E-115，分号 4）

7 月 15 日　胡适约于焌吉来谈 Byoir 欠款事。（据《日记》）

同日　胡适复电外交部："桐油借款，虽由财部经手，然交涉经过，外部皆随时闻知。至（廿七年）十一月三十日，外部与财部会商，外部尤极力赞助借款之早成。此皆光甫与适所深知，故传闻所谓外部不悦，而财政部责难云云殊非事实。现时借款所以有困难：（一）因国会授予总统之紧急财政权力将满期,直至七月五日,费尽全力,国会始准延长两年,财部畏忌国会,故特别谨慎。(二)因中立新旧案,将有不借款与交战国之明文,上次(桐油)借款所以取纯粹商业信用形式,即是避免指摘,然孤立论者犹欲并商业信用借款而加以限制。此次六月底众院通过之《中立法》新案,即将商业信用借款改为以九十日为限,并不得转期。此种束缚不除,财部不能不有所顾忌也。借款真困难,实在此两端。六月初,宋子文兄托人接洽棉麦借款,美财部婉谢,亦由于此。六月二十一日,适谒外长,谈话中曾表示:桐油借款二千五百万元实已用罄,甚盼第二次借款,能由外长提议。外长答称:此事应为中央贷款主任琼斯(Jesse Jones)商榷,如有关涉外交问题时,财政当局自会与本部商讨云。此言亦可证外交部对我国借款并无困难也,又此次孔院长与美大使馆商洽棉麦借款展期还本及减息事,光甫与适皆时刻在心,并完全合作。美政府外财两部态度皆极好。最近总统提议卅九万万元贷款案,其中有五万万元为借与外国政府购买美货之用。此计画即系财部专家所拟,其用意实欲为我国开借款门路。但此议后来稍有改动,五万万原议,现改为增加进出口银行资本一万万元。此案已提出,大致可望通过;我国借款希望在此。"(《胡适中文书信集》第3册,99~100页)

  按,同日胡适有致蒋介石电,内容与致外交部电相同。

  同日 胡适致电外交部:参议员外交委员会今晨讨论对日禁运军火、原料案,决议先征询外交部,该案是否违背日美商约。一般舆论均表赞助。昨接郭大使来电谓:毕案如通过,英可仿效。适已密示外交部。(台北"国史馆"藏档,档号:020-010102-0020-0216a)

  同日 胡适致电外交部:中立法案,美外长今午发表意见书,以国会未能通过其所主张之中立政策为憾。外长驳斥主张禁运军火者之不合中立原则,并详述其所主张中立政策之理由。意见书全文,由总统正式函致国会两院,均已提交外交委员会审查。(台北"国史馆"藏档,档号:020-010102-0020-0217a)

同日　胡适复 Paul B. Hartenstein 之 7 月 12 日来函（中国社科院近代史所"胡适档案"，卷号 E-221，分号 5）：已接受宾夕法尼亚大学 Thomas S. Gates 校长的邀请，同意于 1940 年 9 月在该校成立 200 周年的纪念会上担任嘉宾。又说："In your letter you were kind enough to offer to answer any questions which may arise in my mind. For the present I would appreciate it very much if you could give me some information as to the nature and scope of the symposia and of the addresses expected of the invited guests."（中国社科院近代史所藏"胡适档案"，卷号 E-96，分号 9）

7 月 17 日　胡适函介韩权华拜访陈受颐夫妇。(《胡适中文书信集》第 3 册，101 页）

同日　顾临函谢胡适 7 月 15 日来函，并寄上一篇给纽约大学 Eagleton 教授的备忘录 "Asia and Africa and the 'Union of the Free'"，欢迎胡适批评。（中国社科院近代史所藏"胡适档案"，卷号 E-214，分号 1）

7 月 18 日　荷兰驻中国使馆参赞 H. Bos 来吃饭。日记有记：

> 我们谈日本人与德国人的相似之点，我说，这大概是历史环境所造成。这两国都脱离 feudalism 最晚，似不无很深影响。荷兰人与德国人最接近，然而两国民族性情大不相同，我疑心荷兰人推翻封建制度，建立民主国家，似有重要的解放作用。德国人与日本人则同是长期的封建制度造成的奴性民族，能奉行命令，而不能独立思想也。

同日　Harry Price 和顾临来吃晚饭。他们为国会立法，来此作运动，欲使 Pittman 的制裁日本案通过国会，其用心最可感。Greene 也赞成胡适的"环境造成日本民族的笨相"说。他说，在大战后的十几年，日本空气较自由，此时期内的青年人就和别时代的人大不相同。（据《日记》）

同日　胡适函贺 Sol Bloom 获选为 Foreign Affairs Committee 主席。（中国社科院近代史所藏"胡适档案"，卷号 E-90，分号 19）

7 月 19 日　康奈尔同学 Robert Hendry 来访。Bishop（Methodist）Ward 来访。R. R.（Dick）Smith 来吃晚饭。（据《日记》）

同日 胡适复电外交部："关于中立法案，总统与外长曾用大力劝告国会于本届通过修正新案，但昨夜参议院两党领袖在白宫作三小时之详细讨论，结果各方均承认本届国会不能再提此案，但国会领袖允于明年1月国会重开时首先讨论中立法问题。今晨白宫有宣言，谓总统与外长均认此时参议院不能修正中立法，实足减低美国之国际领袖地位，使其不能充分运用其力量为世界维持和平云。"(《中华民国时期外交文献汇编（1911—1949）》第七卷，下册，970页)

7月20日 Dr. John Lossing Buck 来吃茶，久谈。英国商人 Mr. A. E. Marker 来谈。传教士 George Fitch 之妻 Mrs. G. A. Fitch 在华盛顿做宣传，明日将归西岸，忽要求在大使馆接见新闻记者，与胡适合照一相片。胡适回电云：

> Unfortunately I have the greatest abhorrence for anything that will get me into press. I consider the whole idea as unworthy of you. But if you can come without the press, I'll treat you with Hangchow tea. （据《日记》）

同日 胡适复电陈布雷：

> 关于《中立法》之争，前夜白宫召集参院两党领袖会商半夜，终于决定暂时搁置。
>
> 美政府领袖此次对《中立法》问题，着眼在废除禁运军械军火一项，故不惜迁就其他各项如不借款与交战国等。其所以如此下手，全系欲用美国经济工业力量来助英、法，维持欧洲和平。盖英、法四个月来决心用武力维持欧洲和平，不惜对波兰、土耳其、罗马尼亚、希腊诸国作负责之武力担保，亦不惜请求苏俄参加共同维护和平之大计。此种决心实已足使侵略国有所顾忌而不敢轻易发难。故美政府与舆论领袖均以为倘侵略国能明知美国之经济力量工业生产皆将用作民主国家之后盾，则必更畏忌而不敢开衅。此是最近《中立法》之争的主要理论。此次政府主张在众院参院皆告失败，其故亦因孤立和平论者尚

占势力。盖政府以为军火解禁足以帮助维持欧洲和平,而反对者则以军火解禁是存心褊袒英法,是违反中立原则,足使美国卷入战争。现时欧局未即爆发,美政府无法可使中立派心服,故此案遂搁置。

此次《中立法》之争,虽无结果,然亦不无进步。毕德门原案之打消,实为一大幸事。众院六月底通过一杂凑新案,不但禁止借款与交战国,且限制商业信用短期借款不得过九十日,又不得转期,于我国最不利。此案之被参院搁起,亦是幸事。外长 Hull 五月廿七日之长函与七月十四日之意见书,均是心平气和之文字,使国人明了此案争点所在,使全国舆论渐趋一致。前夜半夜之白宫会议,使全国明了《中立法》之搁置,应由参院负其责任。万一数月内欧亚局势突然恶化,则行政领袖将更得国民信仰,临时国会召集时,此问题应可得较满意之解决。

总之,此次争论最可表示美国政制之特殊情形,又可见中立孤立论之势力尚未可侮视,其摧破必须靠国际事实之演变,而非言论文字所能转移。然吾人对此正不必悲观。廿二年前德国军人深信美国不致参战,故决定潜艇政策,欲制英国之死命,而不出三日,美政府即对德绝交;不出两月,即宣战矣。倘德、日等国见此次罗总统之失败,遂以为美国决心孤立,不致干预外事,而彼等可以横行无忌,则今日《中立法》案之失败正是世界局势之绝大转机之开始也。(《胡适中文书信集》第 3 册,103～104 页)

同日　王世杰致电胡适:合众社所传兄因病去职或以颜(颜惠庆)继等语,纯属虚造。亮畴对兄之敬重与介公同。足见英国绅士式教育未可非也。日前,弟在港晤令郎,曾嘱其经欧赴美……(《中华民国史资料丛稿》专题资料选辑第三辑《胡适任驻美大使期间往来电稿》,18 页)

同日　吴健雄复函胡适,为胡适恢复健康而高兴。又云,胡适来函曾建议自己申请中基会的研究生补助,因避嫌而没请胡适做推荐人。又函介一位愿意帮助中国抗战的美国朋友与胡适,希望胡适能见见他。(《胡适遗

1939年　己卯　民国二十八年　48岁

稿及秘藏书信》第28册，500～501页）

7月21日　Mrs. George Fitch来吃茶，Dr. Buck来吃午饭。上午访远东司长Hamilton，谈"外汇"情形的危急。（据《日记》）

同日　胡适电告外交部：国会参议院三个制裁日本之单独法案与众议院两个制裁日本之法案在本届国会恐均将搁置，甚少通过希望。（《胡适中文书信集》第3册，104页）

同日　胡适复函Charles J. Rhoads：感谢7月19日来函（中国社科院近代史所藏"胡适档案"，卷号E-325，分号7），接受1940年9月15日出席宾州大学成立200周年纪念活动期间到贵府做客的邀约。（中国社科院近代史所藏"胡适档案"，卷号E-108，分号5）

同日　胡适致函Herbert W. Schneider：在杜威80岁生日之际，已收到两个庆祝活动的邀请：一是在The New School of Social Research举行的讨论哲学方法的会议，二是The John Dewey 80th Anniversary Committee的晚餐会。已允诺参加第一个会议，至于第二个会议，尚未答复，为是否该接受第二个活动的邀约征求您的建议。（中国社科院近代史所藏"胡适档案"，卷号E-109，分号5）

7月22日　胡适致电王世杰，告有田与英使之谈判，只有二人，故消息无从泄露。英国首相既宣称英、日谈判经过会通报美、法，则我国政府也可要求英国向我国通报。（据《日记》）

同日　王世杰日记有记：日前美国合众通讯社电传胡适之将因病去职，政府拟以颜惠庆继任等语。外部立即予以否认。余电适之谓王亮畴是受过英国绅士教育的人，由此一事足见英国绅士教育未可厚非。（《王世杰日记》上册，212页）

7月23日　开始写"Let's Look a Little Ahead"。霍恩贝克夫妇来吃夜饭。（据《日记》）

同日　胡适致函胡思杜："我盼望你好好的用功，也许我明年能接你出来上学。"（《胡适遗稿及秘藏书信》第21册，582页）

7月24日　H. L. Stivenson复函胡适：已收到7月21日来函与电报副本，

希望我在中国人民为自由与正义而斗争中贡献更多的力量，我也真诚地希望能坚持到日本的侵略失败。（中国社科院近代史所藏"胡适档案"，卷号 E-350，分号 10）

7月25日　胡适离华盛顿经纽约到 Greenwich，Conn.。Dr. George E. Vincent 来接住其家。颜雅清来。Dr. Walter Judd 来。Vincent 为 American Bureau for Medical Aid in China 请客，胡适与 Dr. Judd 有演说。（据《日记》）

7月26日　早起赶回华盛顿，陈光甫与 Dr. Lossing Buck、Mr. Lawrence Morris 同来吃饭。谈得很好。美国今天正式照会日本，声明废止1911年美日商约，6个月后失效。摘要电告国内。（据《日记》）

同日　翁文灏致电胡适：英对日迁就，法恐不免从同。万一英、法对我金融及进口运输均不协助，势殊可虑。美国向主条约有效，英、法亦曾仿效行之。美在此时宜有正当表示，俾申正义。近来商洽如何？盼能见示。（《中华民国史资料丛稿》专题资料选辑第三辑《胡适任驻美大使期间往来电稿》，18页）

7月27日　外部萧吉珊来吃饭，谈罗隆基、汪精卫等人。陈光甫来吃饭，长谈，内容是：交通专家三人定8月15日赴中国，二次借款如何发动，Secretary Morgenthau 注意云南的瘴气疟疾，表示愿帮忙。陈光甫又说看不懂胡适编的《词选》。"真难怪他看不懂。我选的是最容易的词，然而看这些词确也需要特殊的训练。"（据《日记》）

同日　胡适复电外交部："昨晚美政府照会日本，废止美日商约，据闻系白宫、外部与参议院领袖协商之结果。主要原因约有三:（一）为连日汉口、芜湖、北平各地美人受敌军强暴待遇。（二）为江海各埠之美国商业，在两年来受敌军种种限制、歧视、打击。（三）为政府中立法案之失败与国会制裁日本诸案之搁置，均足使侵略国误解美国立场，故行政首领毅然作此表示，使欧、亚之强暴知美政府实有制裁暴行之权力，但不轻易行使耳。参议院两党领袖对此举均表示赞同，国内舆论之一致赞同似可预测。"（《中华民国时期外交文献汇编（1911—1949）》第七卷，下册，982页）

同日　胡适函贺美国助理国务卿 Francis B. Sayre 被任命为 High Commissioner to the Philippines: "I feel very happy about it because your presence in the Philippines will mean so much to the whole Far East as a center of wise counsel and guidance in these troubled times."(中国社科院近代史所藏"胡适档案",卷号 E-109,分号 3)

7月29日　胡适致函美国国务卿赫尔:

I beg to enclose herewith for your information and consideration a copy of telegraphic message I have just received from His Excellency Dr. H. H. Kung, President of the Executive Yuan and concurrently Minister of Finance, dated July 28, 1939, in regard to the critical question of our national currency and foreign exchange.(*FRUS*, 1939, Vol. Ⅲ: *The Far East*, p.695-696.)

同日　胡适又致赫尔一函,云:

Acting under instructions of His Excellency, Dr. H. H. Kung, President of the Executive Yuan and concurrently Minister of Finance, I beg to inform you that the Chinese Government has earnestly desired to make an arrangement for the resumption of foreign loan services as the result of the negotiations initiated last Spring. However, the unexpected difficulties in the Shanghai Exchange Market in the past few weeks which were considerably aggravated by the Japanese threat to the Foreign Concessions, have forced the Government to delay putting forward the offer it had intended to make. Under existing circumstances, the Government has been most reluctantly forced to the conclusion that it is not able at this time to proceed with these negotiations and to transfer abroad the substantial amounts of foreign exchange contemplated.

I am instructed to assure you that the interruption of debt services which is caused solely by the Japanese invasion is only temporary and that the Chinese Government intends to resume full services of its obligations at the earliest possible moment.

Similar communications are being sent to the Belgian, British, French and German Governments.

I shall be greatly obliged if you will be good enough to explain this situation confidentially to the Foreign Bondholders' Protective Council, J. P. Morgan & Company and Continental Illinois National Bank and Trust Company of Chicago.（*FRUS*, 1939, Vol. Ⅲ : *The Far East*, p.850. ）

7月30日　Miss Roberta Lowitz 来吃饭。刘鸿万来谈。（据《日记》）

同日　叶德真致函胡适，自述近况，请胡适审阅其自述文章。据叶同年10月12日复函可知，9月3日胡适曾复函叶给以鼓励，并提出建议，胡函现不得见。（《胡适遗稿及秘藏书信》第37册，238～242页）

同日　蒋介石致电胡适转陈光甫，告为稳定币制，此后一年内如能备足1500万镑之外汇基金，决可应付裕如。英国无积极援助决心，如美国出以有力援助，可促成英国之决心，且可显示协同一致之道义权威。现值美国会闭幕在即，务请相机活动，多方策应。（台北"国史馆"藏"蒋中正'总统'文物"，典藏号：002-020300-00030-017）

同日　陈布雷日记有记：9时起草致适之、光甫电。（《陈布雷从政日记（1939）》，114页）

7月31日　陈光甫来谈。（据《日记》）

同日　胡适复函江冬秀说，胡思杜要学政治，也不要紧。"小孩子学什么，说不定后来都改变了。我初学农，后来改了多少次。你不用着急！"（《胡适遗稿及秘藏书信》第21册，496～497页）

同日　翁文灏复电胡适："美国毅然废止美日商约，人心为之一振。惟盼美能设法妨碍日货销路，停止售日军需，庶更见实效。中国外汇困难，极盼美助。西南实业如水电铜矿等，欢迎美国投资及协助，并盼兄相机绍介。慰慈兄行装就绪，即可起程。电本及经订实施方案先邮奉。"（《中华民国史资料丛稿》专题资料选辑第三辑《胡适任驻美大使期间往来电稿》，19页）

1939年　己卯　民国二十八年　48岁

同日　孔祥熙复电胡适并转陈光甫：已告顾维钧向美国驻法大使提出三事："（1）续订购银合同，美先付款，我分长期运交，俾收借款之实。弟已复其：美已减低购价，我运输较前困难，费用增巨，必须先付全数购价，容我分期运交，可以二千万盎司为额。（2）订立进出口货新贷款，设法使一部分能由我移作平衡基金。弟已复其：如拟进行贷款，数额须相当巨大。（3）与英、法接洽，三国分头代运存津现银到欧美。弟已复其：如能办到，自属甚佳。请其并向英、法接洽。惟值此英、日妥协之时，阻碍必多，请其专致力于一、二两项，而尤重第二项办法。务请两兄就近在华府及进出口银行方面多方为力，期早有成。"（《中华民国史资料丛稿》专题资料选辑第三辑《胡适任驻美大使期间往来电稿》，19页）

同日　外交部致电胡适云："顾大使电称：法外次面谓：远东问题之枢纽，全在美国努力，应集全力鼓动美国舆论，使其增长对华感情，赞助其总统之外交政策。凡美所发起，英、法均可赞同云云。希查照相机进行侧面工作，力促美方对我援助更趋积极。"（《中华民国史资料丛稿》专题资料选辑第三辑《胡适任驻美大使期间往来电稿》，20页）

同日　竹垚生致函胡适，谈将胡适稿件运美事，又谈到万勿与汪精卫之左右通讯等：

> 兄之存沪稿件，原拟托美国运输船中一运输官带美，后来此公忽然奉命再留华二年，致又搁置。此间检查甚严，存稿当中即使无触犯皇军文字，然经不起翻得乱七八糟，或者抽出几本投入黄浦，这岂不是大糟；所以一直不敢冒险尝试。现在托一大来公司职员……将兄之稿件装入行箧，作为公司职员行李先送入柯立芝总统船（避免检查），开船后再交祖望，此为千稳万妥办法，必可安全达到。天津存件已与津友一再函商……认为尚非其时，解围后俟外轮可直达，再为设法先行运沪存放……（《胡适遗稿及秘藏书信》第26册，76～79页）

同日　张元济致函胡适，关注胡适健康。又云："弟校印正史，幸于前岁三月告成。"札记已由商务印书馆出版，并托王云五寄上一本。又告知搬

家后地址。(《胡适遗稿及秘藏书信》第 34 册，106～107 页)

8月

8月1日 胡适邀梅贻宝夫人来吃饭。为了滇缅一带的瘴疟问题，Morgenthau 邀胡适、陈光甫及卫生署的医官长 Dr. Parran 及医生 Dr. C. L. Williams、Dr. L. L. Williams，与外部远东司长 Hamilton 来谈。晚上胡适、陈光甫与两位 Dr. Williams 吃饭，久谈。阅王正廷与孔祥熙往来电报两大档："读了真如同看神怪小说。庸之的忠厚待人使我不能不佩服。"(据《日记》)

同日 胡适函贺 Frank R. McCoy 担任 The Foreign Policy Association (F. P. A.) 的主席：正如媒体所说，这是 F. P. A. 对于这一职位最好的任命。希望在您的领导之下，F. P. A. 可以更好地发挥其功能并不断发展。(中国社科院近代史所藏"胡适档案"，卷号 E-102，分号 19)

同日 胡适函谢 William T. Stone 之 7 月 28 日来函 (中国社科院近代史所藏"胡适档案"，卷号 E-351，分号 8)：拟受邀出席 12 月 9 日的午餐会，敬请告知会议之相关细节；建议您另邀他人出席 11、12 月间在加拿大举行的每三年一度的太平洋国际学会会议；祝贺外交政策协会任命 Frank R. McCoy 担任主席。(中国社科院近代史所藏"胡适档案"，卷号 E-110，分号 14)

同日 霍恩贝克致函胡适：归还之前您寄上的顾临的信函，对此信函的内容极感兴趣。(中国社科院近代史所藏"胡适档案"，卷号 E-231，分号 2)

8月2日 胡适到 Hotel Carlton 与李国钦、陈光甫同吃早饭。饭后，同去美国国务院，与霍恩贝克谈政府买飞机的纠纷。下午霍恩贝克来谈。Carl Neprud 来吃饭。(据《日记》)

Memorandum by the Adviser on Political Relations (Hornbeck) of a Conversation with the Chinese Ambassador (Hu Shih):

The Ambassador had called on me with regard to another matter.

1939 年　己卯　民国二十八年　48 岁

At the conclusion of the conversation begun at the Ambassador's instance, I said that there was a matter regarding which I had been asked to speak with him. I referred to the letter and enclosure above indicated. I said that the Ambassador was doubtless cognizant of the action taken in Congress yesterday with regard to the "lending and spending" bill. The Ambassador said that he was. I said that I knew that the Ambassador was studying closely the general situation in this country and developments not only in the political and economic fields but in other fields, and that he was aware of attitudes and trends as well as of constitutional and legal procedures and limitations. I said that our Government has been observing with care developments in the currency situation in China and appreciates the difficulties which confront the Chinese Government in connection therewith, a situation which affects adversely not only the Chinese Government but also interests of other countries, including the United States. I said that the Ambassador was thoroughly familiar with methods which this Government has used for the safeguarding of its interests and of benefits which have accrued to China therefrom. I said that each government has to proceed within the framework of the institutions and capacities of the country for which it acts. Thus, each of the governments to which the currency situation in China presents a problem must proceed in its own way.

The Ambassador said that he was well aware of this and that he was sure that Chiang Kai-shek understood it completely, but that there were some other of the Chinese officials who seem slow to understand. He said that he was constantly sending telegrams not only to Chungking but also to his colleagues in London and in Paris trying to get them to understand the realities. I said that I hoped that he and his colleagues would be successful not only in getting Chinese officialdom to understand but in getting some officials of some other countries to understand—to understand especially that each country has its own responsibilities and, even where there may be a common objective,

251

must do its own utmost toward its own fulfillment of its own responsibilities and toward its own safeguarding of its own interests.

The Ambassador said that there had taken place yesterday between Mr. K. P. Chen and Mr. Warren Pierson a conversation regarding the situation in the light of the defeat of the spending and lending bill. He said that he fully understood the sympathetic attitude of the people and the Government of the United States and that he was sure that, pursuing our own methods, we would continue doing things among the consequences of which there would be benefits to China.（FRUS, 1939, Vol. Ⅲ：The Far East, p.699-701.）

同日　胡适致孔祥熙并转蒋介石、王宠惠：

八月一日众院搁置总统之放贷案，其中有进出口银行增加资本一万万元，亦被牵连搁置。总统原拟提五万万元，借与外国政府，用以购买美国商品。后减至五分之一，数日前参院减为七千五百万，今又全部被搁置，殊为不幸。

光甫昨访进出口银行总理，彼仍许为我另筹借款方法。适昨访外部要人，彼对进出口银行案之被搁置亦深致惋惜，但彼亦云，美国对华经济援助，现当另觅途径。彼云，此是本国特殊政制之束缚，其中亦有本国内政党争之影响。英法两国政府并无此种宪法的限制，其已担负之援华各项办法，似可由中国政府请其尽力继续担负。

外部此君又云，中国领袖必须明了各国政制之不同，甲国所能做者，乙国无法仿效。例如维持中国金融一事，英法可以参加平衡基金，美国则非有国会特别授权，政府决不能参预。故美方至今只能取购买白银及信用借款两种方式云云。（台北胡适纪念馆藏"胡适档案"，档号：HS-NK05-008-002）

8月3日　胡适电告外交部：美国务卿称，美政府对于远东局面，曾与英、法两政府交换意见。但美政府能否向英贡献意见，实属疑问。最近美

财政部向我购银六百万盎士,即美政府在其宪法范围内,愿赞助我国币制之明证也。(《胡适中文书信集》第 3 册,109 页)

同日　胡适函谢 Jerome Nathanson 之 7 月 13 日的来函(中国社科院近代史所藏"胡适档案",卷号 E-307,分号 6),将出席 10 月 20 日在纽约举行的庆祝杜威 80 岁诞辰纪念会的晚餐会。(中国社科院近代史所藏"胡适档案",卷号 E-104,分号 2)

8 月 4 日　胡适复电郭泰祺:

> 三日电悉。关于我国金融问题,凡美国政制法令所许可者,美政府皆已努力为之,如我国白银全数皆由美财政部买去,最近运出之七百万两,亦于上周卖给美财政部。此外信用贷款,上周因总统之大规模贷款案失败,不能不另谋途径,但财政当局实仍在为我方筹划。美国政制,兄所深知。对于天津白银事,美外部不能对英国作切实劝告,何则,因美外部此时无法承担共同对付日本之责任也。
>
> 又英方宣称,凡非地方问题,均与美法交换意见。据弟所知,实不尽如此。想系由于地方问题的界说各有不同耳。又弟上周曾电部及雪艇兄,谓英方既宣称谈判经过均通知美法两国,则我国政府亦宜以诚恳负责态度要求英国随时将谈判进行通知我国,以免为报纸谣传所误。后得雪艇复电云已向英国如此交涉。弟以为英政府若随时将谈判真相通知吾国,则我方可以随时陈说我方意见,推诚相商,如有需要美法襄助之事,则由我方劝英政府商请美法协助。或更有效也。此意是否有当,敬乞吾兄裁夺。弟适,四日。(《胡适、叶公超使美外交文件手稿》,39 页)

8 月 5 日　胡适致函华盛顿州参议员 Lewis B. Schwellenbach:由衷赞赏上周三您在参议院关于远东形势的演讲,您的演讲包含许多有用的材料与信息,期望能得到 50 份抽印本以赠送给中国的领袖与组织。感谢您在维护国际正义方面所做的不懈努力。(中国社科院近代史所藏"胡适档案",卷号 E-109,分号 8)

按，8月8日，Lewis B. Schwellenbach 复函胡适致谢，并答应收到抽印本就即寄上50份。（中国社科院近代史所藏"胡适档案"，卷号 E-337，分号 9）

同日　胡适函贺史迪威晋升为美军旅长，期望能在华盛顿与其晤叙。（中国社科院近代史所藏"胡适档案"，卷号 E-110，分号 13）

同日　外交部电令胡适向美国接洽：由美政府疏通暹罗政府，使其停止排华。（《中华民国史资料丛稿》专题资料选辑第三辑《胡适任驻美大使期间往来电稿》，20页）

同日　孔祥熙致电胡适，希望胡适能在这方面努力：美国能够将欧战时英国所积欠美国的债务转移给中国，或委托我国代收。（《中华民国史资料丛稿》专题资料选辑第三辑《胡适任驻美大使期间往来电稿》，21页）

8月7日　孔祥熙致电胡适，请胡适向美国洽商助我国维持币制稳定。（《中华民国史资料丛稿》专题资料选辑第三辑《胡适任驻美大使期间往来电稿》，21页）

同日　华超致函胡适，述因王云五误会而在商务印书馆不得志之详情，请胡适帮忙说项，欲重回编审部并加薪。（《胡适遗稿及秘藏书信》第37册，112～114页）

8月8日　胡适复函 Frederick L. Hovde，感谢7月12日来函（中国社科院近代史所藏"胡适档案"，卷号 E-232，分号 5）：拟接受为 The City Club of Rochester 的成员进行演说的邀请。演说的时间可暂定1940年3月，请安排合适的日期并告知本人，并请代向 The Board of the Governors of the City Club of Rochester 表示感谢。（中国社科院近代史所藏"胡适档案"，卷号 E-96，分号 26）

同日　胡适复函 Cyrus H. Peake，感谢8月7日来函（中国社科院近代史所藏"胡适档案"，卷号 E-315，分号 1）。接受美国历史学会大约在12月28日至30日于华盛顿举行的年度会议午餐会上演说的邀请。演讲内容是其所建议的两个主题之一：The Modernization of China and Japan—a Comparative Study in Cultural Conflict。期望能尽速提供确定的会议相关细节。(中国社科院近代史所藏"胡适档案",卷号 E-106,分号 6)

同日　胡适日记有记:

> 我写文字,无论是中文英文,都很迟钝。人家见我著作在三百万字以上,总以为我的文思敏锐,下笔千字。其实我的长处正在于"文思迟钝",我从不作一篇不用气力的文字。
>
> 我觉得最容易写的文字是考据的文字,例如我写《辨伪举例》,一点钟可写一千字,比抄手还更快。但这是因为搜集证据,整理判断的工夫,都早已做了,故坐下来写,毫不费力。即如《醒世姻缘》的考证,写时不大费力,但材料的收集,费了我五年多的时间!
>
> 《科学与人生观》序的最后一节(paragraph)费了我一个整天!

同日　孔祥熙致电胡适,谈论天津存银问题,并希望获得美国协助,与英国立场一致。维护法币稳定,即间接维护美国在远东商业利益。(《中华民国史资料丛稿》专题资料选辑第三辑《胡适任驻美大使期间往来电稿》,21 页)

同日　吴健雄复函胡适,谈论国际对华态度,告知乃叔之信息(胡适询及),又云:

> 您告诉我说,大师兄打算来此学航空工程,那实在太好了。想来不是去 M. I. T. 便是 C. I. T.。在 Pasadena 的航空系主任对中国抗战非常表同情,设备内容也都臻上乘,尤其是 Dr. Millikan 因为对您钦佩万分,因此对中国异常同情,他写信给加省的议员 Hinshaw,Hinshaw 很听他的话。最近他还亲去劝告胡佛请赞助对日禁运军火案,很可惜的他碰了胡佛的钉子。(《胡适遗稿及秘藏书信》第 28 册,502～504 页)

8 月 9 日　萧吉珊来,谈及汪精卫、高宗武等。下午赴 Ann Arbor, Michigan。读 Morgan Young 的 *The Rise of a Pagan State*。(据《日记》)

8 月 10 日　胡适到 Ann Arbor 时,曹友德、Professor Robert B. Hall 均

来接。住 Hall 家。中午到 Michigan Union 与 Hall、Hayden 及 Institute of Far Eastern Studies 同人吃午饭。晚上 Hall 夫妇约了一些朋友来茶会。（据《日记》）

同日　下午 4 点，胡适在密歇根大学远东研究所讲演 "Let's Look a Little Ahead"。胡适在讲演中说，现阶段的中日战争，仍可用其去年关于抗战情势的三个观点：中国抗战的力量远超吾人所预料，日本的弱点远超世界各国所想象，国际对中国的援助远超我们多数人所期望的。又对未来的局势有所判断。（据《日记》）

按，此文又被收入《胡适未刊英文遗稿》，编者加有中文摘要。（该书 88 页）

又按，关于此次演讲的邀约与商洽情形，可参考 4 月 13 日密歇根大学 The Institute of Far Eastern Studies 主任 Robert Burnett Hall 之来函（中国社科院近代史所藏"胡适档案"，卷号 E-218，分号 1），5 月 2 日胡适复函，5 月 6 日、7 月 28 日 Robert Burnett Hall 来函，8 月 1 日胡适复函，8 月 7 日胡适复电。（中国社科院近代史所藏"胡适档案"，卷号 E-218，分号 1；卷号 E-96，分号 2；卷号 E-439，分号 1）

同日　孔祥熙复电胡适：美虽法令限制甚严，但对维持我国币制，即保全彼在华商务利益，似与法令并无不合，总统仍有理由可藉。仍希查照迭电，设法运用。（《中华民国史资料丛稿》专题资料选辑第三辑《胡适任驻美大使期间往来电稿》，22 页）

8 月 11 日　Hall 夫妇与张沅长夫人陪胡适游 Dearborn。下午 6 点，中国学生会请胡适吃饭，有演说。（据《日记》）

8 月 12 日　上午访 Will Edgerton，到张沅长家吃饭。Hall 夫妇邀胡适去看歌剧 Iolanthe。（据《日记》）

1939 年 9 月 23 日胡适复赵元任函：

八月初我到 Ann Arbor 讲演，见着 Will Edgerton 夫妇，到他们的寓所谈了一个早晨。他兄弟三人，Franklin 是梵文专家，Will 是埃及学

1939年　己卯　民国二十八年　48岁

专家，Henry 是法律专家，现做 D. C. 的 Federal Court Judge。真是一门三杰，可比 Compton 家的三弟兄。(《鲁迅研究月刊》2020 年第 2 期，52 页）

8月13日　Professor J. Hayden 邀吃早饭，有 Lanbarger 夫妇、Professor Cressy 等人。午后去拜访校长 Dr. Ruthven，午后 3 点多钟胡适到底特律上车。(据《日记》)

8月14日　胡适返抵华盛顿。(据《日记》)

同日　胡适电谢密歇根大学远东研究所教授 Robert B. Hall 及其夫人：安全返回，感谢愉快的 4 天行程。(中国社科院近代史所藏"胡适档案"，卷号 E-439，分号 1）

同日　胡适致唁电与 Charles Seymour，吊 Rogers 之丧，并致以诚挚慰问。(中国社科院近代史所藏"胡适档案"，卷号 E-109，分号 10）

同日　Roger Sherman Greene 复函胡适：收到您 8 月 8 日询问美国何时成为"United States"来函，为此请教了许多人，推测应是经过许多代的变革；又谈 Tribune 与 The Keeshin Company 达成协议的看法。(中国社科院近代史所藏"胡适档案"，卷号 E-214，分号 1）

同日　胡适在 Vilfredo Pareto 著 *The Mind and Society*: *Trattato di Sociologia Generale* 一书扉页上有题记："廿八年八月十四日，我从外面旅行回来，收到此书；同时见报载 Professor James Harvey Rogers 在巴西飞机上惨死的消息，记在这里，留作纪念。胡适，原价廿元，我用 $9.92 买的。"(《胡适藏书目录》第 4 册，2450 页）

同日　江冬秀复函胡适，因整理信件中"里面有几封信上面写的人名是美的先生"，乃劝胡适"不要弄到人人疯疯颠颠的……你这次是为国家走上官路，你也快五十岁了，一个人在外面也回头想想，再要错一次，不那脸色出来，再要闹个笑话出来，就太把自己同国家都完了"。(中国社科院近代史所藏"胡适档案"，卷号 667，分号 1）

8月15日　陈光甫与夏小芳来吃中饭。起草美政府襄助除瘴疟的公文。

读 Morgan Young 的 *The Rise of a Pagan State*。（据《日记》）

同日　胡适复电外交部：日本在美活动借款已久，实则全无成功希望。（《胡适中文书信集》第3册，110页）

按，8月9日，外交部电胡适探查日方派贺武、藤原银次郎以及伍堂卓雄等经济界人士赴美借款三千万美金之事。（《中华民国史资料丛稿》专题资料选辑第三辑《胡适任驻美大使期间往来电稿》，21～22页）

同日　胡适复 Nathaniel Peffer 之6月18日来函（中国社科院近代史所藏"胡适档案"，卷号 E-315，分号6），谈及："For Your information I may say that I don't regret spending the hot summer months in Washington. One can't do very much in a situation when even your President could not move a Congress where the party in power controls three-fourths majority in the Senate and three-fifths in the House. But one gets the satisfaction that he is on the spot when anything happens."（中国社科院近代史所藏"胡适档案"，卷号 E-106，分号8）

8月17日　胡适与崔存璘、游建文夫妇同去 Blue Ridge Summit（Pa.），同游 Gettysburg 战场。胡适在此住4天。（据《日记》）

8月18日　晚，Ginny 自纽约来访。（据《日记》）

8月20日　Pardee 致函胡适：Wellington 上周寄信请我到 The S. S. Coolidge 与徐大春会面，我去后见到徐大春以及您的儿子，感到很高兴。我也请您的儿子传信给您，请您来做客，若您能前来，将为您举行招待会；若您能在双十节来并做个演说，也将为您安排。（中国社科院近代史所藏"胡适档案"，卷号 E-312，分号9）

8月21日　胡适回华盛顿会见赴古巴的新任公使李迪俊，长谈。（据《日记》）

同日　Clarence L. Senn 致函胡适：欣闻您的健康已恢复，可以到中西部进行演讲。令公子于8月2日离开这里前往华盛顿。前几天也收到刘驭万通过中国银行汇来的300元。附寄6月8日贝诺德给我的信给您，谈的是关于目前中基会财务受汇率影响之处理，以及对于中基会的一般组织与

财政组织之看法。并询您的意见。(中国社科院近代史所藏"胡适档案",卷号 E-339,分号 6)

同日　曹诚英作一诗寄胡适:

> 孤啼孤啼,倩君西去,为我殷勤传意。道她末路病呻吟,没半点生存活计。忘名忘利,弃家弃职,来到峨眉佛地。慈悲菩萨有心留,却又被恩情牵系。(胡适 1940 年 2 月 25 日《日记》,"远流本"第 14 册)

8 月 22 日　胡适复函韦莲司小姐,告胡祖望 18 日到了旧金山,他要进哪个大学完全由他自己决定,"但是我想把他送到一个没有中国学生的小学院去。我担心,要是他到一个中国学生太多,而又没有机会说英文的地方,他会被惯坏的。他很需要在英文的口语上好好下点工夫"。又感谢韦把美国总统终止与日本商贸条约的事归功于胡适,但实在不敢居功。(《不思量自难忘:胡适给韦莲司的信》,244～245 页)

同日　胡祖望禀胡适:8 月 18 日抵达旧金山,约 9 月 3 日到华盛顿。(中国社科院近代史所藏"胡适档案",卷号 679,分号 5)

同日　黄朝琴致函胡适,告知行程,又谈道:"据金山来信,我公允赐宏文,尚未收到,或因忙未果。如做文章不及,可否赐题几字,径寄金馆,以光篇幅,幸甚幸甚。"(《胡适遗稿及秘藏书信》第 37 册,91～93 页)

8 月 23 日　晚,胡适访霍恩贝克。(据《日记》)

同日　胡适电贺 Mrs. Dwight Morrow 就任 Smith College 院长,认为 Smith College 的未来将拥有一个好的领导者。(中国社科院近代史所藏"胡适档案",卷号 E-103,分号 24)

8 月 24 日　胡适致函韦莲司小姐,谢赠 Harry Scherman 的 *The Promises Men Live By*,又云:

> 去年我把这本书带到欧洲,发现是一本很好的有关经济学的书。他〔作者〕让我懂了经济学,这是一件了不起的事,因为我一向觉得经济理论非常难懂。我是跟艾尔文·约翰逊(Alvin Johnson)博士学经

济理论的，他是一位好老师，可是，他却没能让我懂得不同学派的经济理论，这些理论对我来说，似乎都是非常抽象的，我讨厌抽象的思想。(《不思量自难忘：胡适给韦莲司的信》，246 页)

同日　胡适在日记中评价了苏德条约。

8月26日　胡适致电外交部：

> 昨日波兰总统电复美总统，声明愿在美总统提出之根本原则之下，采用和解（conciliation）方式与德国协商解决争端，并表示盼望罗总统能负担和解之责。美总统今晨已将波兰复文电致希忒拉，请其赞同波兰所已接受之解决方式，电文末句云，全世界均祈祷德国亦能接受云。
>
> 昨晚希忒拉分别接见英法日各国大使，与英大使谈最久。今午英大使飞回伦敦，即谒见政府领袖。其所谈尚未知。此事与罗总统之和平努力或不无关系。欧美两洲今晨颇怀乐观，谓和平未绝望。
>
> 惟全欧各国已动员之军队在千万以上，刺刀尖上终难久坐，恐和平努力甚难挽回浩劫也。适。(《胡适、叶公超使美外交文件手稿》，42 页)

同日　孔祥熙致电胡适："沪关税务司称，九月一日起停止使用关金。……务请通知美政府，明告海关因有赔款及外债关系，且有将来商务利害。以前美政府已向日人提出警告，故日人承认保全海关行政完整，而不加干涉及损害。现因伊等不甚注意，故日人得寸进尺。此时如不据理抗议，则伊等利权为日人破坏无余，我不能代为负责。态度如何？务盼切实探复。"(《中华民国史资料丛稿》专题资料选辑第三辑《胡适任驻美大使期间往来电稿》，22 页)

8月27日　胡适复函左明彻，云：

> 《秋兴》八首乃是后世一个初学作律体的妄人作的。本来没有诗意，文笔又庸劣，不但没有一首好诗，简直没有好句。其中如"丛菊两开"一联，如"江间波浪"的下句，都是不通的句子。北宋时，有人妄自作聪明，误收了不少的诗到杜甫集子里去，王荆公序文可证。这八首

大概也是妄收的。(据《日记》)

同日　外交部致电胡适:"日本对英态度陡变,沪、港压迫已松弛,英自默感。在抗德期中殆将与日求妥洽,沪海关税收将容纳伪币即其朕兆。现我方正力劝英政府,勿以中国为牺牲,但恐无效。美国此时言行最关重要,切望美国力促英方勿对日过事让步,致妨碍中国之抗战前途。希密商电复。再,闻美海军将自太平洋边岸调至夏威夷,确否?望并探询。"(《中华民国史资料丛稿》专题资料选辑第三辑《胡适任驻美大使期间往来电稿》,22～23页)

8月28日　翁文灏复电胡适:承赐照片,容色颇佳,慰谢。德苏联好,欧局甚危。远东事,英、法势难兼顾,尤赖美国支持,亦非有美国明切表示,不易使英不向日迁就。日势甚孤,内阁正在改组,美国执言较易有力。安危所系,极盼斡旋。(《中华民国史资料丛稿》专题资料选辑第三辑《胡适任驻美大使期间往来电稿》,23页)

8月29日　新任丹麦公使Henrik Kauffmann来拜,畅谈。(据《日记》)
同日　胡适复电外交部:

一四二零电悉。美国西岸海军及其他军队有奉令准备听调之消息,但无从探悉调往何地。昨晚消息则谓巴拿马运河区域有增兵必要,但至今无海军调夏威夷之确讯。至日本对英态度变缓和,似未必足以使英国与之妥协而妨害我国。此时英国绝对不敢开罪美国牺牲中国。倘英国存心卖我,何必待至此时乎?

率陈鄙见,乞明示。适。(《胡适、叶公超使美外交文件手稿》,57页)

同日　胡适致电外交部:

欧洲形势,渐见分晓。苏德新约,德方原期其能威胁波兰,使其不战而屈服。但波兰亡国百余年,不愿轻易抛弃其独立自由,且有鉴于捷克往事,不复信赖希忒拉之誓言。英法亦觉悟姑息和平,决不能长久,故此次决定援助波兰,不复退缩。希忒拉昨晚致法总理书,其

辞已露迟疑之意，然仍要求但泽与走廊之归还，故法总理答辞但劝其与波兰直接谈判而已。英国复文，今晚夜深可到柏林，闻其大旨亦为拒绝希忒拉之要求。

如此形势之下，希忒拉只有软化与作战两途。悬崖勒马，要具绝大魄力，希忒拉恐非其人也。适年来常谓和比战更难百倍，古今中外实同此理。去秋明兴（Munich）和议不出半年已成废纸。自捷克被吞灭以后，波兰英法皆抱绝大决心，欲忍痛作一劳永逸之计。故今日之事，若非希忒拉作大让步，战祸恐无可免也。

至于远东方面，苏俄虽未明示态度，然日本对德抗议苏德新约，又在华北侮辱德侨，今日内阁竟全体引咎辞职，皆可证日政府确为希忒拉所卖，故既羞且恨如此。

然苏俄如此决心联德，其动机为何，至今无从确定。凡向来爱护苏联或同情我国之人士，当然甚盼苏联此举为欲解除西顾之忧，使其全力可以对日本。若苏联能如此做，则此次苏联骗卖英法，尚可得世人一部分之谅解。

惟鄙意颇疑苏联此次举动之主要动机在于避免大战祸而实行其孤立政策。其所以欲如此者，消极的似顾虑内乱，积极的欲用全力建立社会主义国家也。如此看法，似是忠厚，亦接近事实。此说若不大误，则鄙意以为苏联此后对日本亦未必有大规模作战之决心，然日本军阀今日似甚疑惧苏俄，若因疑惧而有意大开衅，则苏联亦未必忍受耳。

近日欧美人士向来憎恶共产主义者，均责苏联欺骗英法，助德威胁波兰，欲掀动世界大战，而坐收渔人之利。此种论者，谓苏既卖英法，亦可卖中国；既可联德，当然亦可联日本。此论似太刻（薄？），然日本新内阁似不无尝试联俄之意，我亦不可不留意也。

自苏德新约宣布后，世界各国共产党员及左派人士备受舆论讽刺揶揄状颇难堪。想国内亦有此种心理。鄙意以为我国此时各党各派同心抗敌，既同认国家至上，民族至上，不应因国外变化引起内部相轻相疑。……

自欧局骤变以来，美国行政首领之声望信誉皆骤增高。孤立主义虽未消声绝迹，然气焰大减。苏德新约发表后，美国人士忽然觉悟英法不能得苏俄之助，其力量单薄可虑，故来论者更了然于美国国力之真足以左右全世界，不容其袖手旁观。倘欧战爆发，罗总统必召集国会开特别会议。其时舆论自必更赞助总统外长。大概中立法可以根本改正或废止，也许还有他种特权授予行政首领。

至于美国对远东，其关切自不待言。现时所以畏首畏尾，未能明白作有力的援助，皆因行政首领被立法机关牵掣太紧。倘因欧局而中立法等束缚得划除，而行政首领对外权限得增大，则我国必受其实惠，可无疑也。

总之，我国抗战二年余，国际形势果骤变至此，此正国运大转机之开始。大战若发生，眼前或有多少困难，但只有我能立定脚跟，咬牙撑持，定有苦尽甘来之日。

此电敬乞转陈蒋孔二公并抄送翁詠霓王雪艇陈立夫诸兄为感。适。（《胡适、叶公超使美外交文件手稿》，59～61页）

同日　蒋介石致电胡适云：德俄协定订立后，英俄关系恶化，"而对远东前途甚有损失，其实俄对欧与对亚之方针不同，在远东甚望英美法能与其一致以对日，且其对日确有作战决心"；"如美能出而领导远东问题，为英苏作中介，使英美法苏对远东问题能共同一致对日，则远东问题即可迎刃而解"。令胡适以此意面陈美国总统，"望其特别注意运用对于欧亚问题之解决……尤应严防英日同盟与东京会议之复活，否则九国公约必完全毁弃，而远东形势将不可挽救矣"。（吕芳上主编：《蒋中正先生年谱长编》第六册，台北"国史馆"、中正纪念堂、中正文教基金会，2014年，139页）

同日　郭泰祺致电胡适："敌受苏德协定打击，将力图缓和英、美，故英、日妥协最为我方顾虑。弟昨晤英外长，谓：中国坚苦抗日，与法之决心抗德同为抵御侵略。请英方坚持原则，勿分欧亚。彼答'英方决非苏、德可比，当续行其既定政策。即欲改善英、日关系，亦以不侵害中国权益及不背英

方条约义务为限'等语。但重光昨与英外长谈后,颇放妥协空气。果欧战发生,此种危险更大。但美政府意见及舆论极为英方所重视,请兄注意随时运用为荷。"(《中华民国史资料丛稿》专题资料选辑第三辑《胡适任驻美大使期间往来电稿》,23 页)

8 月 30 日　胡适复电外交部并转蒋介石、孔祥熙:"本日发表之民意测验,关于美政府废止《日美商约》事,赞成者百分之八十一,不赞成者十九。又关于六个月后商约期满,美国应否禁售军火原料与日本,赞成禁售者百分之八十二,不赞成者十八,以上测验最足证明美国行政首领之具体作为最能领导人民意志,而立法机关对行政领袖外交权力之怀疑,实不足代表民意也。"(《胡适中文书信集》第 3 册,110～111 页)

8 月 31 日　Memorandum by the Assistant Chief of the Division of Far Eastern Affairs (Mackay) of a Conversation with the Chinese Ambassador (Hu Shih):

Dr. Hu, upon invitation emanating from Dr. Hornbeck, called at the Department and, in conformity with prior arrangement, was received by Mr. Mackay.

Mr. Mackay outlined at considerable length developments relating to the unfortunate situation in which American holders of the Russian Series of the Chinese Government Reorganization Loan of 1913 have found themselves as the result of the refusal of the Chinese Government to honor the bonds indicated. Mr. Mackay also mentioned the numerous representations which over a period of many years have been made by the American Government to the Chinese Government—representations which thus far have been barren of satisfactory result; the fact that over three years ago a settlement was made with British holders of the bonds under reference; that no settlement has been made with or offered to American holders; and that the Department continues to be importuned by these holders for some action in protection of their

1939年　己卯　民国二十八年　48岁

interests. Mr. Mackay added that the most recent development of importance in the matter was the receipt by the American Ambassador to China of a note under date June 27, 1939 from Dr. H. H. Kung to the effect that, provided certain stipulations are complied with, the Chinese Ministry of Finance would be prepared, when circumstances permit, to use its good offices with a view to causing one or more Chinese banks to purchase a limited number of American held bonds of the issue under reference but not necessarily on the same terms as were accorded British holders. Mr. Mackay remarked that this statement had not been favorably received by certain representatives of the concerned American bondholder, some of whom, although frankly stating their sincere sympathy with China in its present difficulties, nevertheless felt that they were being discriminated against and treated unfairly by the Chinese Government. Mr. Mackay then handed to Dr. Hu a copy of a letter under date August 26 received by the Department from Mr. John J. McManus, in which letter request for such action was made. In conclusion, Mr. Mackay said that in view of the many factors in the situation he felt that Dr. Hu would wish to have the subject brought to his attention.

Dr. Hu said that he greatly appreciated being thus informed in regard to the matter; that he was not wholly unaware of the situation as he had received a number of protests from American holders of the bonds in question; that he could not in all fairness take exception to the critical attitude assumed by such American holders; that, in his opinion, Dr. Kung's note of June 27 to Ambassador Johnson could not fail but create a "most unfortunate" impression; and that he would without delay send to his Government by air mail a statement of his views on the subject.

Upon taking leave Dr. Hu again expressed his sincere thanks for having the matter brought to his attention by the Department.

Note: In the course of his conversation Dr. Hu said that as he had not yet received a copy of the note of June 27 addressed to the American Ambassador by Dr. Kung he would appreciate the Department's cooperation in providing him with a copy. Following reference to and approval by Dr. Hornbeck, this request was complied with.(*FRUS*, 1939, Vol. Ⅳ：*The Far East*, p.378-379.)

8月　胡适在 George Catlin 所著 *Anglo-Saxony and its Tradition* 一书的扉页上题道：著者赠送给我的。题赠页有作者题签：To Hu Shih, who perhaps alone among my friends can read this book with detachment. 其后有作者题记：and personally presented to the most honoured of his friends, by Geg. C., 3. xii, 39。(《胡适藏书目录》第 3 册，2147 页）

9月

9月1日　胡祖望与徐大春同到美。胡祖望带来胡适日记、文稿、诗稿、杂件，满满两箱。(据《日记》)

同日　胡适复电蒋介石："毛财长赴芬兰避暑，系故意派去英、法诸大国。因欧局危急，提早径回国，不日即可到美。感电三项，适与光甫当共留意。艳电所虑英日同盟之复活，事实上绝对不可能，务请放心。英国此时正依赖美国，若转而亲日或竟缔结同盟，必大失美国朝野同情，此英国所决不敢为，而坎拿大及澳洲、纽丝伦等三个自治邦，亦决不许帝国政府出此也。公希望美国出而领导远东问题，为英俄作中介，使英、法、美、俄共同一致对日。昨夜外交部电告，公致罗总统词亦侧重此意，惟昨夜欧战爆发，美政府领袖日夜勤劳，急切难请见，遵即托友人密达尊旨，外部对英日同盟，亦认为绝不可能。关于苏联与英法在远东关系，外部友人谓美国政治限制甚严，决不能负联络三国之责。美国向来皆系独立行动，有时与他国所行偶合，实无联络也。鄙见以为，此时国际形势急转直下，显见问题已自然成为整个问题之一部份。此事与我国最为有利，只要我国能站稳脚跟继续苦撑，则两年来助我之友邦必不中途负我卖我，必能继续助

我，不须疑虑也。"(《胡适中文书信集》第3册，111页)

同日　蒋介石复电胡适："英、法与日本妥协非出臆断，乃有事实……对英、日妥协事，请勿过作乐观与大意，若美国不作警告，则英、法不止与日妥协，而且安南、缅甸对我后方之惟一交通，亦将即生阻碍，则罗总统二年来援助中国卫护正义之苦心，亦将为之虚耗矣！情势危急，无论如何，请速设法面告罗总统是荷！"(《蒋中正先生年谱长编》第六册，146页)

同日　法西斯德国突袭波兰。3日，英、法对德宣战。

9月2日　Major Bassett 约了 Colonel Magruder 与胡适同吃饭。(据《日记》)

同日　蒋介石在其《上星期反省录》中记道："……内外军政皆不得其人，不能不令人悲愤，尤其胡适，余令其向美办外交，而彼乃向余辩难办内交。作中国首领之苦痛，无论何国，恐无此种情形也。"

9月3日　A. Bassett 来吃饭。他盼望此次大战事可以促成中日战的结束，胡适不信此说。(据《日记》)

9月4日　胡适检点胡祖望带来的稿件。(据《日记》)

9月5日　胡适拜访 Rear Admiral H. E. Yarnell。(据《日记》)

同日　胡适致函赵元任夫妇，希望赵元任切实保重身体。希望赵家一家不要来胡适家，因为胡祖望、徐大春均住此。9月18日，胡适再致函赵氏夫妇，为5日不要他们来访致歉。并急于知道赵元任是否完全好了。又告10月里将去纽约两次，问可否来看望他们。(《鲁迅研究月刊》2020年第2期，51页)

同日　孔祥熙致电胡适：运用美方向日抗议海关事，不容再缓，洽商情形如何，立盼电复。(《中华民国史资料丛稿》专题资料选辑第三辑《胡适任驻美大使期间往来电稿》，23页)

同日　外交部致电胡适：莫斯科路透社电称，苏、日有开始商议不侵犯条约之说，德国驻苏联大使正从中拉拢……切盼注意探查密报。(《中华民国史资料丛稿》专题资料选辑第三辑《胡适任驻美大使期间往来电稿》，23页)

9月6日　胡适拜会美国副国务卿 Welles，谈远东局势。（据《日记》）

同日　胡适致函韦莲司小姐：我把儿子胡祖望和他的朋友徐大春送去看看康奈尔大学，请你照顾。我有些犹豫送他们去绮色佳念书，因为我担心许多在康奈尔的朋友对他们太好，使他们无法去别的地方。（《不思量自难忘：胡适给韦莲司的信》，247页）

同日　孔祥熙致电胡适："欧战发生，敌方深悉英、法无暇东顾，有倾力侵华，抢夺租界，驱逐英、法驻军，及排除欧美在华利权之阴谋。……美国态度举足轻重，与我关系最切。……总之，空言道义同情，无补时艰。究竟美方是否彻底明白太平洋与彼利害，赞同我国继续抗战，并予我以实际上之援助，庶我得以支持。现事态严重，不容稍缓，务请即日设法亲谒美总统，痛陈一切，请其当机立断，予我明确表示，俾我参酌。"（《中华民国史资料丛稿》专题资料选辑第三辑《胡适任驻美大使期间往来电稿》，24页）

同日　外交部致电胡适："传苏、日将商订互不侵犯条约，希向驻在国政府探查真假。如有此事，并希设法阻止，并将办理情形报部。"（《中华民国史资料丛稿》专题资料选辑第三辑《胡适任驻美大使期间往来电稿》，23页）

9月7日　胡适与陈光甫细谈借款事。决定先由胡适向罗斯福开口。借款原则可以桐油加押，不足时加锡为抵押品。（据《日记》）

同日　胡适复电蒋介石："今日往访最接近总统之副国务卿韦尔斯君，与细谈远东新形势，韦君云：美国对远东向来立场君所深悉。至于最近远东形势与英、法困难情形，确正在深切注意，惜本日尚不能有所奉告。但欲君知晓，吾人正在审虑本国对此局势之如何处置耳。韦君又云：'顷读苏俄新驻华大使在重庆递国书时致辞，全文颇觉其言恳切，中俄关系料不至此有问题。贵政府方面所得关于苏俄对远东政策之事实，倘蒙随时赐知，甚可觅求参考，可帮助本国今后远东全部形势之了解。尚乞留意'云云。适按苏俄驻美大使久缺人，今年代办升大使不出一月忽即回国，至今无回任消息，外传已在被肃清之列。美驻俄大使新赴任，为日甚浅，故美、苏之间消息确甚隔阂，事后就职确报，随时赐示。苏俄最近对华援助之各种事实，当可助美政府之通盘筹划。又公江电谓'英、法谋与日本妥协已有事实'。适今日与美副国务卿谈，仅能列举沪海关用华兴伪钞票，及沪厦英、法驻军有回国消息，及豪电所示等事。此外，随时有重要事实发现，敬乞电示。总统与外长因欧战初起应颁紧急法令甚多，连夜工作往往达旦，外客偶见，均苦无法深谈。故适今日先与最参与外交大计之韦君长谈。总统现已请白宫定接见时间，想本周内可谒见，敬先奉闻。"（《胡适中文书信集》第3册，112页）

9月8日　罗斯福约见胡适，谈英法、苏俄，胡适请美国再打一强心针，作二次之借款。提及远东战事调停的可能条件。胡适颇着急。晚上与霍恩贝克谈。（据《日记》）

同日　胡适将罗斯福谈话内容电告蒋介石："总统嘱代覆候起居，今日所谈约有多点：（一）为苏俄。总统云，苏俄行动无人能确知，依我揣测，苏俄意在自己避免牵入战争，凡可以避免战争者，诚以无不可为，但似不致与他国协谋，转而侵略第三国。关于苏俄，总统申言只能猜度，无从捉摸也。（二）为英、法。总统云意大利不参加欧战，已宣布其航海船只照常行驶，故英、法在远东之地位，不致受欧战影响，英国应可调海军充实星、港防务。前日上海颇有危险之风说，今日似已过去，美国态度坚决，决不认欧洲战事能变动本国在华权益，英、法亦不致退却让步。若日本用武力逼迫英、法，发生两海军战争，日本此时未必敢出此也，关于此点，总统似甚乐观。（三）为对华援助。适告以去冬之二千五百万，确有振衰起懦之大功效。但已支配净尽，资本所需，还得总统再打一强心针。指令外财两部计划第二次更大之借款，总统亦以为然，并询问借款节目，当即进行。连日与光甫商妥者约略告之，大旨为桐油尚可加抵，锡亦可作抵。总统云，财长星期日可在乡相见，当与商谈。嗣适将辞出。总统忽又云，近来日本方面颇盼我出面调停中日战事，蒋先生自去年以来，亦曾属望于我，此事我时刻在怀，但时机甚难恰好，总统因又泛词可能的解决条件。乙'满洲'恐难收回，此外有一两处恐须仿前年英美协商解决太平洋中两三个小岛

（CANTON AND ENDERBURY ISLANDS）之法，以处理之云云。适以事由未奉训令，不知我公最近对美大使谈话时，曾否提及调停条件。故但答云，蒋先生完全信任总统，凡总统认为公道的和平，蒋先生必肯考虑也。此最大问题，务乞政府详密训示为祷，早日有所准备，至感。"（《胡适中文书信集》第 3 册，113 页）

同日　孔祥熙复电胡适："英购货借款，自战事发生后，依照英国防法，除颁发出口特许证外，无论何种货品，均不得运出。惟我国情形稍有不同。据郭泰祺来电，现正与英政府特别商洽。即使可得英方特别通融，交货期限恐亦难如所预期，现正筹计择要在美订购。"（《中华民国史资料丛稿》专题资料选辑第三辑《胡适任驻美大使期间往来电稿》，24 页）

9 月 9 日　胡适函辞 Frederick C. McKee 之 10 月 9 日演讲的邀请，愿出席 10 月 6 日的午餐会。（中国社科院近代史所藏"胡适档案"，卷号 E-102，分号 23；卷号 E-296，分号 4）

按，9 月 12 日 Frederick C. McKee 函谢胡适同意出席 10 月 6 日的午餐会，又询胡适是否同意发表广播演说。14 日，胡适复电云：最好不要安排广播演说。（中国社科院近代史所藏"胡适档案"，卷号 E-296，分号 4）

同日　唐瑛女士与其夫来游，住胡适寓中。霍恩贝克来谈。胡适把罗斯福谈的调停条件告诉他，请他千万留意。（据《日记》）

同日　许世英致函胡适，张善子、于斌赴美办画展，以募捐从事赈济事业，拜托胡适鼎力相助。（《胡适遗稿及秘藏书信》第 33 册，94 页）

9 月 10 日　胡适整理自己的日记。（据《日记》）

同日　上午 8 时，国民参政会第四次大会第一次会议在重庆大学开幕，会议决议：胡适因已任官吏解除参政员职务。（国民参政会秘书处编印：《国民参政会第四次大会纪录》，1939 年 11 月，13 页）

9 月 11 日　天津律师 Richard T. Evans 来访，谈起张学良在外国有巨额财产，可由中国政府征用。胡适并不完全赞同此意："因为若由政府征用，必至诉讼，必至报纸纷传，必闹到人人皆知中国官吏贪污积财，富可敌国等等。"自己献出积财，"委托政府代为收回征用。如此则汉卿亦可以赎罪，而政府的名义更顺"。写《广源轮案跋》。（据《日记》）

同日　胡适致电外交部："（一）关于苏联乞参看适九八八号电，若苏联动机果为避免大战祸而实行孤立，则彼对德不至作政治上或军事上之进一步合作而对日之未尝不可订不侵犯条约，惟据美国军事专家报告，自七月一日以来，苏俄在远东陆续增兵二十万人，苏兵数不骤减，日本即与苏俄订不侵犯条约，亦不敢疏减其对苏防范也。（二）关于英法，鄙意以英法对日或不免作一局部的妥协，但凡有关根本原则者，似不至退让，因英法今日皆须依赖美国，决不敢牺牲我国而大失美国感情也。（三）领袖早料欧战不可免，故屡次谋修改《中立法》，欲令国会授权总统可以利用美国经济力量以维持欧洲和平，万一欧战不能免，亦可以此力量援助控制海权之民主国家，但国会多数不能明了此旨，故《中立法》案竟致搁置，只其中有自 Cash and Carry 之部分，因五月一日满期而失效，其余各项均继续有效。欧战爆发后政府只能依据国际法宣布中立，次依据现所行《中立法》颁布各项紧急法令，故此时政府所设施只是严格守中立而已，英法各国所定购之军火价值五千万美元以上，均因此禁运出口。今日消息有本周内发出召集国会令之意，倘此讯可靠，则国会修约在十月初。旬日来总统曾与两党国会首领商谈，务要做到对外交全国一致之阵容，今以国会召集令下，必是总统对此点已有把握矣。（四）美国现势为此故，尚谈不到对远东及对欧战有何具体行动。现所着眼者乃在解除行政首领在外交上之各项牵制束缚，此点若有成，我国将受其实惠。（五）在现势之下，我国只有咬牙苦撑一途。两年之抗战已过，世界形势骤变至此，此正国运转变之纽。倘能立定脚跟安然应付，终有苦尽甘来之日。"（《胡适中文书信集》第 3 册，114～115 页）

同日　蒋介石日记有记：胡适与杨杰太不成事，应速更调。

9 月 12 日　蒋介石致电胡适，对罗斯福表示调停之意甚感。请胡适以蒋私人名义再与罗斯福密谈：远东和平，中国以罗斯福主张是视，并请其主持一切，蒋介石无不推重；蒋介石已派密使颜惠庆来美，届时请罗斯福

指导一切。请告罗斯福：日本军队对于和战问题，决非其政府命令所能决定，故日本政府之商谈条件甚至已经签字以后能否生效实施是为问题；中国抗战已历二年，苦战目的在求《九国公约》之有效及领土与主权之完整，请罗斯福特别主持援助，勿使日本野心更大，以后更难制御。至于将来议和方式亦应注重。（台北"国史馆"藏"蒋中正'总统'文物"，档号：002-020300-00028-015）

按，次日蒋介石又致电胡适云，上电之最后两条在见罗时可不必提。15日再电胡适，补充两条：询问罗斯福，日本既希望美国调停，不知其有否具体办法和条款；前言一、二处将照英美对几个小岛合作办法，未知此一、二处有否指明地点。（台北"国史馆"藏"蒋中正'总统'文物"，档号：002-020300-00028-016，002-020300-00028-017）

又按，9月18日胡适复电蒋介石云，以上诸电均悉。日来罗斯福为召集国会事，正忙于疏通两党两院，故未便进谒。最近美国又因苏俄对日停战而进攻波兰而朝野大惊，无暇他顾。拟俟国会开会后再进谒罗斯福。（台北"国史馆"藏"蒋中正'总统'文物"，档号：002-090103-00003-207）

9月13日　孙观汉致函胡适，谈道德、宗教等问题。（《胡适遗稿及秘藏书信》第32册，685～692页）

9月14日　律师 Alfons B. Landa 来谈 Carl Byoir 的事。英国新大使 Lord Lothian 来拜。（据《日记》）

同日　胡适复函 William M. Chadbourne：感谢9月8日来函，很高兴接受 The China Society of America 请我担任今秋晚餐会荣誉嘉宾的邀约，请就10月23日或10月30日确定一个日子。（中国社科院近代史所藏"胡适档案"，卷号 E-91，分号 9；卷号 E-148，分号 1）

按，9月19日，William M. Chadbourne 函谢胡适复函，并定午餐会的日期为10月30日。（中国社科院近代史所藏"胡适档案"，卷号

1939年　己卯　民国二十八年　48岁

E-148，分号1）

同日　外交部致电胡适："兹又接孙院长来电称，苏当局谈：（一）苏联政府对欧战态度，依据一贯政策及最近最高会议决定，当严守中立，决不参战。（二）增加援助中国抗敌，始终如下（一），决不因欧局变化而有所影响。（三）对日本仍随时准备予以迎头痛击。苏、日商订不侵犯条约之谣言，或另有作用，绝无其事，云云。"（《中华民国史资料丛稿》专题资料选辑第三辑《胡适任驻美大使期间往来电稿》，24～25页）

同日　Clarence L. Senn 致函胡适：关于中基会董事会第15届年度会议任命五人委员会之事，贝诺德已有建议。请您检阅其意见之后，将其建议以及您的意见回复给办公室，以便讨论。（中国社科院近代史所藏"胡适档案"，卷号 E-438，分号1）

9月15日　下午，胡适与徐大春、胡祖望同去费城，住 Bellevue-Stratford Hotel。打电话去约好了 President Comfort，明天带大春去看他。又打电话和 Mr. Charles J. Rhoads 谈，约了明天去看他。与徐大春、胡祖望同去看电影 The Old Maid。（据《日记》）

9月16日　胡适与徐大春、胡祖望访 Haverford College 的校长 President W. W. Comfort。徐大春决定：留在此地，President Comfort 也准许了。Mr. Rhoads 陪胡适等同到他家吃饭。回费城，去游独立厅。回华盛顿。（据《日记》）

9月19日　胡适复电蒋介石：日来美总统为召集国会事，正忙于疏通两党两院，故未便进谒。最近又因苏俄对日停战而进攻波兰，美国朝野均大震惊，均虑英法若不能支撑，美国恐难免卷入大战祸。两日来议论均集中于此火急问题，无暇他顾。尊电所示，时刻在心，拟俟国会开会后再进谒罗斯福。（《胡适中文书信集》第3册，115～116页）

同日　夏屏方来谈。（据《日记》）

9月20日　Raymond Buell 来吃晚饭。（据《日记》）

同日　胡适致电外交部并转蒋介石、孔祥熙："美总统召集特别会议最

大目的，在修改《中立法》取消禁运军火限制，为求全国对待一致起见，今日总统邀请两党两院领袖预作磋商，照近日形势禁运军火一案可望取消，其他法案或均将俟现届国会讨论。又欧战起后美政府会调航空母舰及军舰赴斐，其名义为祝贺斐政府保守中立。又闻美政府最近决定调兵赴沪增援驻军云。"(《胡适中文书信集》第 3 册，117 页）

同日　胡适复函 Jerome Nathanson：将出席 10 月 20 日庆祝杜威博士 80 岁诞辰的晚餐会，并发表演说，又询晚餐会的地点和时间。(中国社科院近代史所藏"胡适档案"，卷号 E-104，分号 2）

同日　胡适函辞 Frederick L. Redefer 出席庆祝杜威 80 岁诞辰会议的邀约，因已答应另两场相同活动的邀约。(中国社科院近代史所藏"胡适档案"，卷号 E-108，分号 4）

同日　陈布雷日记有记：夜拟致顾、郭、胡大使电各一件。(《陈布雷从政日记（1939）》，142 页）

9 月 21 日　胡适回拜英国大使 Lord Lothian。到国会听罗斯福总统亲自宣读对国会特别议会的"旨意"(message)。律师 Harold Riegelman 来，长谈王正廷遗下的三件案子。(据《日记》)

同日　胡适致函江冬秀：

> 我是为国家的事来的。吃点苦不要紧。我屡次对你说过，"留得青山在，不怕没柴烧"。国家是青山。青山倒了，我们的子子孙孙都得做奴隶了。
>
> …………
>
> 你给儿子的第一封信，我看了之后，仔细想想，没有转给他。冬秀，你对儿子总是责怪，这是错的。我现在老了，稍稍明白了，所以劝你以后不要总是骂他。你想想看，谁爱读这种责怪的信？所以我把你信上关于他的朋友李君的事告诉他了，原信留在我这里。
>
> 我和你两个人都对不住两个儿子。现在回想，真想补报，只怕来不及了。以后我和你都得改变态度，都应该把儿子看作朋友。他们都

大了，不是骂得好的了。……

高梦旦先生待他的儿女真像朋友一样。我现在想起来，真觉得惭愧。我真有点不配做老子。平时不同他们亲热，只晓得责怪他们工课不好，习气不好。

祖望你交给我，不要骂他，要同他做朋友。(《胡适遗稿及秘藏书信》第21册，503～504页)

9月22日　胡适整理胡祖望带来的旧稿件，寻出不少可以保存的朋友信件。(据《日记》)

同日　胡适致函Maxwell M. Hamilton：上周曾赠送Maxwell M. Hamilton太太一些来自双橡园的葡萄，感谢Maxwell M. Hamilton太太的来函。将寄上5套由中国政府为纪念美国宪法以及联邦政府成立150周年而发行的邮票，请在远东司官员中分发，并请告知国务院里有哪些政府官员对收集这些邮票有兴趣。(中国社科院近代史所藏"胡适档案"，卷号E-96，分号6)

同日　胡适致函Harold L. Ickes：去年冬天读了Mr. Farley的 *Behind the Ballots* 之后，知道您对于集邮很有兴趣，将寄赠一套由中国政府发行的美国宪法以及联邦政府成立150周年的纪念邮票。(中国社科院近代史所藏"胡适档案"，卷号E-98，分号1)

同日　胡适致函Cornelius Vander Starr，谈徐大春申请学校的事：徐大春和犬子已来美，原想带大春拜会您，却因故无法成行。建议徐大春进入文理学院就读，多学一些数学与物理，毕业后再进行更高级的基础科学的学习或者是开始他的工程学习。徐大春决定进入宾州的Haverford College就读。(中国社科院近代史所藏"胡适档案"，卷号E-110，分号8)

同日　胡适函寄中国政府新发行的纪念美国宪法与联邦政府成立150周年的邮票与Edwin M. Watson，请其转交罗斯福总统、Stephen Early等人。并请告知白宫对此邮票感兴趣的人士。(中国社科院近代史所藏"胡适档案"，卷号E-113，分号10)

9月23日　下午，California Institute of Technology 的教授 Goetz 来谈。Mrs. Virginia Davis Hartman 到华盛顿，胡适请她吃饭。（据《日记》）

同日　胡适复函赵元任夫妇，反复叮嘱请赵元任保重身体，以"爱惜精力，专力做生平最想做完的事业"。又谈及6月回康奈尔大学等事。（《鲁迅研究月刊》2020年第2期，52页）

9月24日　整理胡祖望带来的稿件。（据《日记》）

9月25日　外交部致电胡适："越督以接巴黎训令，不准军火、汽车、汽油通过"，希即商请美政府转劝法方勿因对日让步而牺牲我方，仍予我假道便利。（《中华民国史资料丛稿》专题资料选辑第三辑《胡适任驻美大使期间往来电稿》，25页）

同日　茅以升致函胡适，请胡适照顾其在美留学的儿子，并自述抗战后自己近况。（《胡适遗稿及秘藏书信》第30册，235页）

9月26日　胡适访财政部长亨利·摩根索谈借款事：

……他说："我等候了你两个星期了。"

总统果然于九月十日对他说了。

今天的进行甚好。他请 Dr. Harry D. White 和 Mr. Cotton 来和我谈细目。我们谈了三刻钟。

White 问我四项问题：

①中央对云南的锡有无实力管理？

②锡如何运出？

③货物如何输入？

④究竟中国和战宗旨决定否？（据《日记》）

同日　胡适到 Women's National Press Club 吃午饭，有短演说。Harry Price 来长谈。（据《日记》）

同日　胡适致电孔祥熙：今早访毛财长，谈借款事，毛君又嘱财部专家二人与适细谈，形势甚好。光甫下午来，当与细商进行手续。请暂秘密。（《胡适、叶公超使美外交文件手稿》，68页）

1939年　己卯　民国二十八年　48岁

同日　胡适电谢 George B. Barbour 邀请。由于10月的演讲行程过于沉重，请求取消在辛辛那提的演讲行程，推荐改由 Walter Judd 担任演说者。(中国社科院近代史所藏"胡适档案"，卷号 E-455，分号 1)

同日　外交部致电胡适："日本要求英、法撤退陆海军事，曾经英、法询〔？〕美政府意见，兹闻美政府反对英、法让步撤退。确否？希探询。"(《中华民国史资料丛稿》专题资料选辑第三辑《胡适任驻美大使期间往来电稿》，25页)

同日　Francis B. Sayre 函谢胡适赠送菊花：遗憾在您离开华盛顿之前没有机会见到您，我们将在中国与您联系。(中国社科院近代史所藏"胡适档案"，卷号 E-335，分号 7)

9月27日　George Sellett 来谈，丁世祺来谈。接待荷兰使馆的一位外交官。请全馆的人员及其家属来馆过中秋节。(据《日记》)

9月28日　陈光甫和任嗣达来，久谈。同午饭。下午 Archie Lochhead 夫妇来吃晚饭，起草借款说帖。(据《日记》)

同日　胡适致函 George H. Danton：分别多年后，为能再得您的音讯而高兴。已答应 Union College 校长 Fox 之邀担任来年 Union College 的荣誉校长。关于您询问如何寄赠书籍到中国，建议可以通过正规的书籍邮递或国际书籍邮递到重庆。也为将读到您讨论中国的书籍而高兴。我的儿子胡祖望今年会到康奈尔。期望有机会可以与您会面。(中国社科院近代史所藏"胡适档案"，卷号 E-92，分号 1)

按，9月25日，George H. Danton 致函胡适：自己向 Fox 校长建议邀请胡适在下学年担任 Union College 的荣誉校长并来该校演说。另，自己收到一封重庆的学生 Lu Yen-ying 的来函，请求寄赠一些书籍提供使用，但不知在战争的情况之下如何寄赠这些书，请予建议。10月3日，George H. Danton 复函胡适云：为胡适允任 Union College 荣誉校长而高兴，期望胡适能来其家做客。假如胡适前往费城，也希望胡适能在 Temple 大学图书馆停留，因为他的儿子在那里担任图书馆员。(中

国社科院近代史所藏"胡适档案",卷号 E-171,分号 2)

9月29日　陈光甫来吃饭。夏小芳(鹏)与韩朝宗来谈 Criterion Trading Corporation 与杜邦公司订的卖炸药合同事。(据《日记》)

同日　胡适复电 John H. Tsui：孔子诞生于公元前 551 年,逝世于公元前 479 年,但黄帝的时间是传说的与不可靠的。John H. Tsui 昨日来电说：黄帝纪年至现在是 4636 年。(中国社科院近代史所藏"胡适档案",卷号 E-111,分号 11；卷号 E-362,分号 2)

同日　席德懋致函胡适云,女儿席与真赴美,拜托胡适给予照顾。(《胡适遗稿及秘藏书信》第 31 册,380～381 页)

9月30日　陈聘丞(世璋)从纽约来。住胡适家。(据《日记》)

10月

10月1日　胡适与陈聘丞谈。(据《日记》)

同日　孙元良来访并在此午饭,胡适将其《四十七岁生日》小诗写赠孙。(胡适 1960 年 2 月 18 日《日记》；台北胡适纪念馆藏"胡适档案",档号：HS-NK05-194-003,HS-NK05-065-003)

10月2日　孟治来,住胡适家。与陈聘丞谈。程天固来,住胡适家。张仲述、蒋纬国、于焌吉来。(据《日记》)

同日　胡适电辞 George B. Thorp 星期五之晚餐邀约。(中国社科院近代史所藏"胡适档案",卷号 E-111,分号 7)

10月3日　程天固来谈。"他也渴望和,我把 1935 [年] 六月我给王雪艇的两封信给他看。今日的和,不是渴望可得的。咬牙苦撑,方才熬得出一个可和的资格。"陈光甫、任嗣达来谈。张彭春来谈。(据《日记》)

10月4日　胡适函谢 James A. Farley 之 10 月 3 日来函：将寄给您拙著 *Behind the Ballots*。而中国政府为纪念美国政府实行宪法 150 周年以及联邦政府的建立而发行的邮票,若您还需要,愿再奉赠。(中国社科院近代史所

藏"胡适档案",卷号 E-194,分号 9）

同日　胡适复电 George B. Barbour：同意接受 12 月 12 日的午宴邀约。（中国社科院近代史所藏"胡适档案",卷号 E-455,分号 1）

10 月 6 日　早晨到匹兹堡,住 Schenley Hotel,拜匹兹堡大学校长 Dr. Bowman 并参观 Cathedral of Learning。中午,Dr. Bowman 请吃饭,有匹兹堡重要人物 20 余人。下午参观 Mellon Institute。晚上 China Memorial Room Committee 请吃饭。（据《日记》）

同日　晚 8 点半,行中国纪念室落成礼,胡适有演说。讲演稿又收入周质平编《胡适未刊英文遗稿》,编者曾为此讲演所作摘要如下：

> 在献词中,胡适指出 27 个月之前的今天,日本对中国进行全面侵略。整整 150 年之前,美国的联邦政府在新宪法之下成立,法国大革命发生。31 年之前,美国国会通过了庚子赔款法案,拨款美元 1200 万,作为庚子赔款的教育基金。30 年来,中国已经选送了 1800 名留学生到美国来。这些事都是值得纪念的。但是中国纪念室是为了纪念中国伟大的教育家孔子。略述孔子有教无类的教育思想,并高度评价了科举制度,认为这个公开而又公平的考试制度对中国的民主化是有贡献的。（该书 103 页）

按,关于此次活动邀约、洽商的文件,可参考 John G. Bowman 与胡适往来函电、John H. Tsui 与胡适往来函电、Ruth Crawford Mitchell 致胡适函（中国社科院近代史所藏"胡适档案",卷号 E-134,分号 21；卷号 E-90,分号 23；卷号 E-362,分号 2；卷号 E-111,分号 11；卷号 E-300,分号 9）。

关于胡适在这里会见友人情形,可参考 10 月 17 日胡适致 Carl J. Engelder、Frank W. Hoyt, Jr.、Cornelius D. Scully、George B. Thorp、John H. Tsui、E. R. Weidlein 等人函。（中国社科院近代史所藏"胡适档案",卷号 E-93,分号 6；卷号 E-97,分号 2；卷号 E-109,分号 9；卷号 E-111,分号 7；卷号 E-113,分号 13）

同日　张慰慈致函胡适，谈政府将驻美商务参事一案暂缓执行等，又云：

> 我对于现在的局面确甚悲观。在这两年来抗战之中，受到最大损失，甚至家破人亡者都是中下级人员，中上级人民鲜有受到损失者，不但如此，并且其中很有不少的人反而因之大发其"国难财"。这一笔账将来总不免有总结算账的一日。（《胡适遗稿及秘藏书信》第 34 册，438～439 页）

10 月 8 日　胡适复函傅斯年，说道：

> 我去年十二月四日发给詠霓一电，即是对你的打孔家店妙文而发。次日我就病倒了。今夜翻阅此电颇自信此中见解真是阅历有得之言，惟恐詠霓与孟真均不能完全了解此意。我写此电，踌躇半夜，最后终不忍不发，实是在外一年，深有所见，深有所悟，故忍痛为诸兄发此议。今日此意尚值得考虑，值得深思。我在此看陈光甫手下诸人任劳任怨，一年之中，真能做到"弊绝风清"境界，为 New Dealers 所叹赏佩服。此一组人是老孔所最信任，而宋子文所绝不能合作者也！（王汎森：《史语所藏胡适与傅斯年往来函札》，《大陆杂志》第 93 卷第 3 期）

同日　胡适致函钱端升，认为长沙大捷是"自助"之最好的例子。这一个多月来欧洲大变化的发生是我们所预料的，"其如此这般变化，是我们没料到的"，所以有点心慌意乱。自己在这时期的工作只有"打针"一途，长沙大捷是一大强心针。（《胡适中文书信集》第 3 册，120～121 页）

同日　胡适复电郭泰祺：读 9 月 19 日郭函及所附电稿，深感郭与自己对国际形势之观察大致相印证，快慰之至。（《中华民国史资料丛稿》专题资料选辑第三辑《胡适任驻美大使期间往来电稿》，25～26 页）

同日　胡适致电顾维钧：上月 10 日承电示与美大使商谈经过，又承抄示节略，弟与光甫兄均至感谢。此事最近由光甫兄进行接洽，俟有具体结果，当即电告。闻嫂夫人本月将来美，乞电示船期，以便欢迎。（《中华民国史

资料丛稿》专题资料选辑第三辑《胡适任驻美大使期间往来电稿》，26页）

10月9日　胡适到纽约，住 Ambassador Hotel。夏屏方请吃饭。有短演说。晚上到 Robby 家与杜威同饭，客人有 Miss Kisby、Mr. Raynolds、Dr. Kallen、Dr. & Mrs. D。（据《日记》）

同日　胡适出席纽约世界博览会"中国日"典礼，并有短演说。此讲演收入周质平编《胡适未刊英文遗稿》。

同日　胡适到李国钦家小住。（据《日记》）

10月11日　胡适回到纽约。哈特曼夫人来吃饭。到 Mr. Thomas Lamont 家吃茶。到杜威家看他的两个女儿 Lucy 和 Jane。到 C. V. Starr 家吃饭，晚上回华盛顿。（据《日记》）

同日　冀贡泉致函胡适，谈读胡适赠书的感想，赞佩不已。（《胡适遗稿及秘藏书信》第40册，567～568页）

10月12日　胡适与陈光甫同吃饭，有 Jesse Jones、Warren Lee Pierson，有次长 Hanes，有 Lawrence Morris。（据《日记》）

同日　胡适复函江冬秀，详细解释自己身边没有女人。（《胡适遗稿及秘藏书信》第21册，505～506页）

10月13日　晚上胡适与陈光甫约 Thomas Corcoran、E. H. Foley Jr.、Miss Foley、Huntington Cairns 夫妇、Lawrence Morris、Miss D. 来吃中国饭。（据《日记》；中国社科院近代史所藏"胡适档案"，卷号 E-494，分号1）

10月14日　胡适与霍恩贝克长谈。谈美国和解中日战事的可能性。与 Alexander Saks 同吃饭，久谈。Robert Fitch 夫妇来谈。晚上到霍恩贝克家吃饭，有 Dr. & Mrs. Robert Fitch，有 Dr. & Mrs. Grosvenor，有 Coville 夫妇，有 Mr. Buell。（据《日记》）

10月15日　日记有记：

> 起草一个说帖。（mediation）
> 此事甚关重要（参看九月八日与九日的日记）。
> 我知道总统九月八日所说的话是在那全世界最动摇的时期，他老

人家也不免手忙脚乱，所以我只用"挡"的方法，四十天不去见总统；一面托 S. K. H. 特别留意白宫的主张。

这个密帖是用最宛转的语气，说明"和议"的种种困难。其下篇第（6）理由，即是解说总统所提东三省"共享共管"的办法之不能实行。因为不便明驳总统，故只列为和议八大难之一。

第（7）（8）两段即是我去年对 Munich Peace（慕尼黑和平）的见解。今年捷克灭亡，我益信此种和议之不可恃。

此帖甚费心力。

政府若知道我这四十多日的苦心，必定要大责怪我。(看 Sept. 28 Times 所记王部长的谈话。) 此种地方只可由我个人负责任。我不避免这种责任。

同日　王维诚致函胡适，因所搭客轮改期，拜托胡适代收汇款。(《胡适遗稿及秘藏书信》第24册，507页)

10月16日　瑞士新公使 Dr. Bruggmann 来拜。加拿大新公使 Mr. Christie 来拜。(据《日记》)

同日　胡适致陈布雷并转蒋介石：

关于美总统调停中日战事。自接公九月文、元、删、巧诸电后，审慎考虑，颇感此事不可急促，故月余未去谒总统谈此事。一则因总统于九月中曾指示财长与适及光甫商洽第二次借款事，寖日适与财长及财政部专家详谈后，俭日光甫与财政部专家详谈。十月豪日夜，光甫与适商谈后，次日光甫谒财长即正式提出请求，再借款七千五百万元。虽未必能尽如愿，情形颇可乐观，其详情已由光甫电达庸之院长转呈，美国借款其意实欲支撑我抗战力量，故此时不便谈调停主和事，以免妨害经济援助之进行。二则适仔细打听，日方只有私人谈说，实无政府正式代表向总统进言调停事。九月二十七日，王亮畴部长向合众社访员发表谈话，明言中日战事美总统为最适当之调人。二十九日，驻沪日使馆发言人，即以书面表示云，日本向不容许第三国干预或调处中日两国间之争执云。

又连日德国希特勒演说及宣传部发言人谈话均表示，罗斯福为调解欧战最适宜之人。然美国政府则谓总统并未接到欧洲任何方面之正式请求云。右二事均足使吾人明了，总统九月八日所谓时机甚难恰好一语之意义。适迟回不欲急切进言，此一因也。

此事延搁至今，违命之咎不敢辞责。然一个月来，此事实时刻在心，亦曾遵公九月文电第五节所示，详加研究准备一切。适所虑者，惟恐总统或轻易发表远东停战主和之条件，如九月八日适所报告之二事，则甚足使我为难。故甚盼政府详示方针范围及步骤，俾有以应对。至感。颜骏人先生来电谓船又展缓，须十一月二日到京。(《胡适中文书信集》第3册，122～123页)

10月17日 胡适连日读杜威的著作，今天读完他在1935年出版的 Liberalism and Social Action，觉得这书真是一部最好的政治思想书。(据《日记》)

同日 胡适复电外交部：日本要求英、法撤退在沪驻军，致牵及越界筑路之警权及驻军 Defence Sector（防御分区）问题。英、美、法、日四国在沪代表现正磋商解决办法。美外部尚未据驻沪总领事报告。(《中华民国史资料丛稿》专题资料选辑第三辑《胡适任驻美大使期间往来电稿》，26页)

同日 胡适致电王世杰：

极密。9月27日美合众社发表亮畴兄长篇谈话，谓美总统为调停中日战事最适当之人。29日沪日使馆以书面表示云，日本向不容许第三国干预或调停中日两国间之争执云。又谓亮畴兄谈话为中国哀求美总统调解云。亮畴谈话及敌方反响，弟所见止此。如国内报纸无有记载，乞兄转告亮兄为盼。

合众社长 Roy Howard 是名好名喜功之人，前年即思拉拢中日，请罗斯福总统调停战事，曾与弟及张子缨兄谈过，其态度甚不好，详情可问子缨兄。

鄙意美国调停困难正多，吾人不可存奢望，亦不可求其速成。弟两年来深信和比战更难百倍。去年明兴之和议，签字去四大国首领，然不满半年已成废纸。凡此类调停，使弱者牺牲轻易，而使强暴者跻踌满志为最难，而求得将来之保障为尤难。今日即令美国出面调停，终不易解决此二大国难。诸兄专治外交问题，不知有无具体方案与步骤。倘蒙详示，至感。

咏霓、子缨诸兄均此。（孙修福选编：《胡适任驻美大使期间函电一组》，《档案与史学》，1999年第1期）

同日　胡适在杜威著 Characters and Events: Popular Essays in Social and Political Philosophy 第2卷书末题记："'Reconstruction in Philosophy' 的第一章即是如此说。此讲在 Nov. 1918, Dewey 不久即渡海到日本，讲 'Reconstruction'。以文字论，此讲有甚精彩处。我想来若译完'改造'，定译此文为附录。适，Oct. 17, 1939。"（《胡适藏书目录》第3册，2191～2192页）

10月18日　胡适写短文 "Instrumentalism as a Political Concept"。（据《日记》）

同日　胡适致电外交部：今日美外长发表美日在鼓浪屿驻军均于今日同时撤退，地方治安仍由工部局维持，外长并声明此事并未经两国政府交涉，只系两国当地代表磋商之结果，其意指出此系一个地方局部问题告一段落而已。（台北"国史馆"藏档，档号：020-010102-0020-0242a）

同日　陈布雷日记有记：10时接胡大使电，适委员长约谈，遂携呈核阅。（《陈布雷从政日记（1939）》，157页）

同日　陈受颐致函胡适，谈及韩权华、宋以忠夫人、赵元任等人的情况，又谈及西南联大情形和国际形势等。（《胡适遗稿及秘藏书信》第35册，389～392页）

10月19日　胡适函谢 J. C. Trees 赠送一箱苹果：已请大使馆同仁们享用。您赠送苹果让人想起一句中国谚语 "What you can't eat, you carry home"。（中国社科院近代史所藏 "胡适档案"，卷号 E-111，分号9）

同日　陈布雷日记有记：往官邸见委员长，面呈胡大使来电应如何答复之意见。（《陈布雷从政日记（1939）》，157页）

10月20日　胡适到纽约。晚上到Pennsylvania Hotel赴杜威80岁生日纪念聚餐会，有演说。（据《日记》）

同日　胡适致电外交部：美大使在东京之演说，美外长认为符合美政府迭次致日牒文之原则及范围，表示同意。（台北"国史馆"藏档，档号：020-010102-0020-0243a）

同日　陈布雷日记有记："覆胡大使一电（以余名义覆之）。"（《陈布雷从政日记（1939）》，158页）

同日　王世杰日记有记：昨晚电胡适之，请其转告颜骏人，于晤罗斯福时，只照蒋先生原函所列诸事与之商谈，勿言及调停。（《王世杰日记》上册，230页）

10月21日　Carl Byoir来谈王正廷时代欠他的宣传费事。与赵元任夫妇、Bob W. King夫妇、孟治夫妇同午饭。晚上于烺吉约吃饭，有王树常及其二子，有张学铭夫妇以及程天固。（据《日记》）

10月22日　王毓铨来谈。陈光甫来谈。到Gene's Restaurant吃饭，主人为Professor K. Llewellyn。遇见Prof. Walter H. Hamilton、Albert C. Barnes、A. E. Murphy、J. W. Randall, Jr.、V. J. McGill、Y. H. Krikorian、Albert Hofstadter、Sidney Ratner夫妇。到Conference on Methods of Philosophy读短文，略参加讨论。Dr. Ruth Anshen来谈。程天固来谈。Mr. Huebsch邀吃饭。有Rice夫妇、Harry Sherman夫妇、Irwin Edman、Herbert W. Schneider夫妇。（据《日记》；中国社科院近代史所藏"胡适档案"，卷号E-235，分号10；卷号E-97，分号4）

后来，胡适将是日宣读的短文修改为"The Political Philosophy of Instrumentalism"。在这篇文章里，胡适说：

> After rereading practically all the political writings of Dewey, I have come to the conclusion that he began to work out a truly instrumentalist political

philosophy early in 1916, but, for some unknown reason, has apparently never taken up nor continued to develop this instrumentalist line of political thought during the last quarter of a century...

...

This instrumentalist conception of "force" as power to realize ends, of "law" as a formulation of the conditions for the use of force, and of "coercion" as an incident in the passage from chaos and waste to a more efficient realization of ends. — all this can be applied, and has actually been applied by Dewey himself, to all aspects of political theorizing...（台北胡适纪念馆藏"胡适档案"，档号：HS-NK05-200-003）

10月23日　Robby Lowitz 与 Joseph Ratner 同来吃饭。（据《日记》）

同日　Clarence L. Senn 函告胡适：中基会董事会的第 15 届年度会议通过了 1939 年至 1940 年中基会稽核员的任命，委员会包括 3 名人员：司徒雷登、施肇基、Clarence L. Senn。司徒雷登将在返回北平的途中出席在上海的会议。（中国社科院近代史所藏"胡适档案"，卷号 E-438，分号 1）

10月24日　"得慰慈一信，知老孔借欧战发生为理由，令商务参事一事暂缓进行。此事真令我生气。"Joseph W. Rowe 与其女儿来吃饭。（据《日记》）

10月25日　胡适致函 Mrs. Frederick A. Dewey：遗憾未能在宾州旅社举行的杜威先生诞辰纪念会上见到尊伉俪，祝福您全家身体健康。20 日在晚餐会曾进行演说以及 22 日在 The New School for Social Research 论哲学方法的会议上有宣读论文。原想与您电话联系，然由于过于忙碌而未果。从纽约返回时，收到杜威先生的来函。很高兴杜威教授没有参加祝寿会，虽然他健康良好，若参加庆祝会依旧是过劳。这实为中国的所谓"避寿"习俗。（中国社科院近代史所藏"胡适档案"，卷号 E-92，分号 6）

同日　胡适函寄在庆祝杜威 80 岁诞辰讨论会上宣读的论文给 Huntington Cairns 夫妇，又答谢出借 Feldman 的著作《杜威的哲学》。（中国社科院

近代史所藏"胡适档案",卷号 E-91,分号 1）

同日　胡适致函 Frederick J. E. Woodbridge：上周末前往纽约参加纪念杜威 80 岁诞辰纪念会,由哈特曼夫人处得知您生病,寄上 22 日讨论哲学方法的会议上宣读的论文给您。（中国社科院近代史所藏"胡适档案",卷号 E-114,分号 14）

10月26日　胡适读 John W. Burgess 的 *The Reconciliation of Government with Liberty*,确是孙中山的"监察权"的来源。（据《日记》）

同日　胡适复电 Richard C. Patterson：很高兴接受邀请于 10 月 31 日共同聚餐,由于旅程的不确定而延迟回复,敬请见谅。（中国社科院近代史所藏"胡适档案",卷号 E-106,分号 5）

10月27日　写演说稿。（据《日记》）

同日　张慰慈致函胡适,云：

> 上次你寄交文伯致希圣一函,当时文伯因在港未曾找到此人,曾寄沪托我设法代交。现在我知道此人确已来沪,《中华日报》上有许多社论是他做的,不过我想来想去,此函还是不交为是,他们既已到了现在的地位,劝也无效。并且像这位陶先生又是很靠不住的一个人,前在香港与顾孟馀谈起此人,孟馀说："他是很靠不住,他同老汪离开重庆后,还写信给二陈求谅解。"此是确实的事,因为在重庆看见邵力子时,他亦说希圣屡次来信求谅解。可见此公说不定想骑两头马,亦未可知。（《胡适遗稿及秘藏书信》第 34 册,440 页）

同日　杜威复函胡适：感谢胡适寄来的讨论以及对其政治哲学的阐释。拙著 *The Public and Its Problems* 最能呈现"Instrumental"的意涵。又就胡适指出的"problem of democratic control of the machinery of the state"等观点谈了自己的意见。（中国社科院近代史所藏"胡适档案",卷号 E-176,分号 1）

同日　郑铁如函托胡适为其兄郑馥如推荐植物病理及昆虫两方面人才。（《胡适遗稿及秘藏书信》第 39 册,233 页）

同日　胡适复电外交部："《中立法》修正案本日通过,参议院票数为

六十三对三十，本案要点为：废止军械、军火、军用品之禁运，而一律改用现购自运原则；美国船只不准往欧洲战争区域，但亚洲不在禁域之内。余俟全文印出后续陈。此案现交众议院，恐仍有修改，预计下月中旬可通过云。"（《胡适中文书信集》第 3 册，124 页）

10 月 28 日　写演说稿成。（据《日记》）

同日　胡适复电陈布雷："第二次借款进行，已逾一月，因《中立法》尚在讨论中，政府不欲孤立派借端攻击助华政策，故特别戒慎。又因夏间进出口银行增资本案被否决，故款项来源须待筹划。《中立法》新案昨已通过参议院，预计两周内可通过众议院，款项来款现正寻觅途径。惟近来美政府收到各方情报，或谓和议有望，故法币汇价近忽增长；或谓我政府不久即将改组，行政院与外财两部均将换人，故六中全会提早于十一月开会云云。适窥测美政府领袖，似不免因此稍存观望。关于和战，适已将最近兄等所示确讯转达。惟六中全会是否提前，政府是否将改组，倘蒙询明密示，俾可真相解释疑虑。"（《胡适中文书信集》第 3 册，124 页）

10 月 30 日　到纽约赴 China Society 宴会。钱端升、周鲠生亦到。访颜惠庆。胡适在 China Society 演说 "We Are Still Fighting"。提出中日和议的必要条件，日记有记：

1. 必须满足中国人民建立一个统一的，独立的，有力的民族的国家的合理要求。

2. 必不可追认一切用暴力违反国际信义造成的土地掠得及经济优势。

3. 必须恢复并加强太平洋区域的国际秩序，使此种侵略战争不得再见。

此三个条件也是我个人拟的，没有请示政府。

按，10 月 31 日，William M. Chadbourne 函贺胡适昨日演说成功。当日胡适亦有函致 William M. Chadbourne。（中国社科院近代史所藏"胡适档案"，卷号 E-148，分号 1；卷号 E-91，分号 9）

10月31日　胡适与颜惠庆同去 India House 吃饭，主人为 Philo Parker。与颜惠庆、周鲠生、钱端升三人谈。Richard Patterson 夫妇约吃饭，饭后同去看戏，戏名 The Man Who Came to Dinner。半夜后上车回华盛顿。（据《日记》）

11月

11月1日　胡适致电陈光甫：

> 陈布雷元日电一纸，乞省览。
>
> 此电果如老兄所料，没有什么确讯。昨日听周鲠生、钱端升两兄说，上次参政会开会，颇多攻击庸之。庸之说此次美国借款系以中国不换政府、不变政策为条件。参政员大哗，说不换政府当然系指蒋先生不倒，并不是说孔庸之不下台也！
>
> 据周、钱两人说，政府恐无改组之事。此事应如何进行，尚乞老兄指教。（孙修福选编:《胡适任驻美大使期间函电一组》,《档案与史学》1999年第1期）

同日　郑天挺日记有记：傅斯年致函陈寅恪、罗常培云，此次中研院改选评议员，傅拟推胡适、陈垣、陈寅恪、朱希祖、金毓黼、汤用彤、蒋廷黻、顾颉刚为史学候补人……（《郑天挺西南联大日记》〔上〕，205页）

同日　Frederic William Wile 在其赠胡适的 News Is Where You Find It: Forty Years' Reporting at Home and Abroad 一书扉页上有题记："To my distinguished friend Dr. Hu Shih, scholar, diplomat and brother scribe, whose tactful advocacy of his country's cause in the United States has forged new ties of sympathy for China and the gallant people, with the cordial esteem of Frederic William Wile."（《胡适藏书目录》第4册，2478页）

11月2日　胡适与颜惠庆同访美国国务卿。（据《日记》）

11月3日　胡适陪颜惠庆谒美国总统。刘驭万到，住胡适寓中。晚上

久谈。(据《日记》)

同日　胡适复电陈布雷并转蒋介石,报告颜惠庆来美后拜访国务卿和罗斯福情形。"骏老所携介公函,已于前数日,由适将副本呈总统阅览,使其有所准备。今日骏老面递原本,并略述函中三点大旨,总统答言:吾外祖父 DELANO 少年时,即在华经商,吾家在中国有三世友谊,中国危难我常在念。对日商约之废止,驻日大使格鲁之最近演说皆我所授意,曾使日人震惊失措,但最近两日内,东京态度忽又变坏,似军人又占优势云云。总统盼于骏老回国之前,能再晤谈云。"(《胡适中文书信集》第 3 册,125 页)

同日　胡适复函 Bryn Mawr College 院长 Marion Edwards Park,感谢 10 月 23 日来函邀请出席 1940 年 6 月 5 日该院的毕业典礼并发表演说,暂时同意接受此邀约。(中国社科院近代史所藏"胡适档案",卷号 E-106,分号 2)

11 月 4 日　钱端升、周鲠生来,住胡适寓。加拿大驻澳大利亚 Higher Commissioner 来访。Barnet Nover 夫妇约吃晚饭,遇见 Associate Justice Douglas、Associate Secretary of State Grady、Mr. Bruce Smith、Mrs. Flemming。(据《日记》)

同日　胡适复电外交部:据罗安琪领事馆查复:石油公司并无与日方签订合同,至日商以现款购运大批煤油,则系实情等语。现无禁运法令,美政府无法制止,但正考虑。(台北"国史馆"藏档,档号:020-010102-0020-0246a)

同日　胡适在 John W. Burgess 著 The Reconciliation of Government with Liberty 一书扉页上有题记:"我访求此书,今年才得着这一册,价美金五元。胡适。孙中山的五权宪法必曾受此书(页 2—8)的影响,故我要寻得一册,将来带回国送给国内的图书馆。"(《胡适藏书目录》第 4 册,2550 页)

11 月 5 日　翁文灏致函胡适,希望胡适为国珍重;盛赞李国钦、陈光甫等爱国忠诚等。(《胡适遗稿及秘藏书信》第 32 册,333~335 页)

同日　陈布雷日记有记:接胡适之江电报告颜骏人谒罗斯福情形。(《陈布雷从政日记(1939)》,166 页)

11 月 6 日　胡适将星期日上午杜威致胡适函的副本与 Joseph Ratner,

并请其注意杜威提到的"*The Public and its Problems* probably the best balanced of my writings"以及"also the most instrumental, at least by implication"。(中国社科院近代史所藏"胡适档案",卷号 E-108,分号 1)

11月7日　胡适请颜惠庆吃饭,客人有 Sol Bloom、Sumner Welles、霍恩贝克、Hamilton、Messersmith。(据《日记》)

同日　王世杰复电胡适、颜惠庆:"介公已出巡数日,今日可返渝,当即转陈。六中全会将于本周举行,以宪政案为主要议。外间所传政府改组,纯属揣测。介公迄无表示或决定。纵令政府人选有变动,亦与对苏外交无关。中苏关系诚然日趋艰险,惟依杰观察,介公重视英、美友谊过于一切。"(《中华民国史资料丛稿》专题资料选辑第三辑《胡适任驻美大使期间往来电稿》,26 页)

11月8日　王世杰复电胡适、颜惠庆:已将来电转蒋介石。"政府重视英、美过于其他友邦,惟不可公开表示耳。望继续努力。"(《中华民国史资料丛稿》专题资料选辑第三辑《胡适任驻美大使期间往来电稿》,26 页)

11月9日　胡适复电陈布雷并转蒋介石,报告美国《中立法》新案实行后之局势:"(一)新《中立法》禁止美国船只与人民路经入欧洲战斗区域,可以暂时避免牵入战祸。大概欧战无绝大刺激,美国在一整年内不致参加。(二)新《中立法》显然运用美国之经济工业力量为英法作后援,故英法对美国将格外倚仗,格外迁就,此与我国亦甚有利。(三)美国对日态度更明显。此次借款合同驻日大使格鲁十月十九在东京演说,总统明说是他六七星期前在美京商定之步骤。格鲁之演说与支日之谈话有两层可能之意义:一为促日本军阀觉悟,或可使其和缓一时局势,或竟促其走上和平之途。一为呼应表示立场,虽令日本军阀狂怒亦所不惜。若敌人转而趋向和缓,英法与我均可受其惠。若敌人狂怒转为排英、法、美,则美国海军与经济两方均颇有准备,实惟恐其不狂怒也。(四)《中立法》通过后,国会已休会。借款事现继续进行,光甫今日谒财长与次长,结果如何,容续陈。"(《胡适中文书信集》第 3 册,125~126 页)

11月10日　罗斯福复函蒋介石:

I acknowledge the receipt of your letter of July 20, 1939, which was delivered to me on November 3 by your distinguished countryman, Dr. W. W. Yen, who was at one time Chinese Minister to the United States.

I greatly appreciate receiving through your letter and through Dr. Yen an expression of your views in regard to various aspects of the situations in the Far East and in Europe. As the situations have changed in important respects since your letter was written, especially by reason of the outbreak of hostilities in Europe, and as Ambassador Johnson called upon you on September 5 and, under instruction, discussed various questions bearing upon those which you mention, I shall not attempt to comment in detail on the views expressed in your letter.

I assure you that, as stated to you by Ambassador Johnson, the fundamental and traditional foreign policy of the United States is unchanged. Our attitude and position in regard to the situation and problems in the Far East have on numerous occasions been made known to various of the other governments concerned.

I have had several pleasant conversations with the present Chinese Ambassador, Dr. Hu Shih. Officials of the Department of State are at all times accessible to him, and the agreeable relations which he maintains in Washington provide continuous opportunity for helpful exchanges of views in regard to all aspects of the situation in the Far East, which situation continues to receive the closest attention of a number of officials of this Government including myself.

I have greatly enjoyed meeting and talking with Dr. Yen.（*FRUS*, 1939, Vol. Ⅲ : *The Far East*, p.714-715.）

11月11日　胡适在哥伦比亚广播电台广播，题目为"国际大家庭"，提出建立未来的联合国必须有的几个基本观念：未来的世界秩序必须建立在各国确切的许诺，而不是在缥缈的抽象观念上；古老的各国间形式上平等的观念必须辅以分等级负责任的原则;由分担责任观念可推广至地区领导与合作的原则。(《胡适之先生年谱长编初稿》第五册,1687页)周质平编《胡适未刊英文遗稿》收入此文时,作有如下摘要:

> 1939年11月11日是第一次世界大战停战第21周年纪念日,胡适发表这篇演说一方面检讨国联之所以失败,另一方面指出一个新的国际秩序必须由一个有力量的国际组织来维持。
>
> 对所有爱好和平国际秩序的人,今天来纪念第一次世界大战停战第21周年纪念,一定觉得很难过,因为一场大战在东亚已经进行了28个月,而一场更大的战在欧洲已经进行了70天了。国联,这个代表战后的国际组织,已完全失去了它的作用。我们此刻与其悼念过去的失败,不如从过去的失败中吸取一些教训。胡适提出制定国际组织的两项基本原则:
>
> 第一,将来的世界秩序必须建立在各国负责的基础上,这个责任必须清楚而且准确的界定,而不是模糊而抽象的。第二,旧有各国在形式上平等的概念,需视各国的能力、强弱、地理位置等,而定其责任之大小。要求丹麦与英国在国际事务中担负同样的责任,是荒谬的。(该书114页)

同日　翁文灏致函胡适,谈中国抗战形势外交以及世界局势的转变等。(《胡适遗稿及秘藏书信》第32册,336～340页)

同日　严文郁致函胡适,谈抗战以来北大图书馆、西南联大图书馆变迁等情形。(《胡适遗稿及秘藏书信》第41册,581～583页)

11月14日　在Syracuse,N.Y.,住Syracuse Hotel。晚上在大学演讲。电唁Dean F. K. Richtmyer。(据《日记》)

同日　胡适致函江冬秀,解释不让江来美的理由:江冬秀不懂英语,在此未免太寂寞;夫人不在此,可以免去许多应酬;自己不指望久居,故要减轻担负,可以自由来去。自己卸任后,须找一处教职,以为胡祖望赚两年学费。不久即可寄钱与江。《胡适遗稿及秘藏书信》第21册,507～510页)

11月15日　中午与"Syracuse-in-China" Group 吃饭，谈话。晚上为 Philosophy Club 演说。半夜回美华盛顿。（据《日记》）

11月16日　胡适致电外交部："日军进攻北海，美代理外长向报界表示：美方极为关切，惟尚未接到详细报告，不便表示意见云。又近日报界常来询问，国内军政近状，如六中全会开会情形及国共合作近状等，拟请随时电示，至感。"（台北"国史馆"藏档，档号：020-010102-0020-0250a）

11月17日　胡适在大使馆请颜惠庆吃饭，客人有墨西哥大使、苏联大使、葡萄牙公使、韦罗贝、容揆等。皆颜旧交。（据《日记》；中国社科院近代史所藏"胡适档案"，卷号 E-494，分号 1）

11月18日　胡适函谢 John O. Crane 所赠的亲切礼物——Zakharov 为胡适做的肖像，期待下周的晤面。（中国社科院近代史所藏"胡适档案"，卷号 E-91，分号 30）

11月20日　与 Bruce Smith 夫妇吃晚饭，并同去看戏 Madam, Will You Walk。（据《日记》）

同日　胡适复函 George B. Cressey：感谢 11月 16日来函以及访问雪城时尊伉俪给予的友善招待。（中国社科院近代史所藏"胡适档案"，卷号 E-91，分号 31）

11月21日　胡适复电赵元任：倘若能赶上 28日往纽约的火车，将很高兴接受 Northrop 的邀约。（中国社科院近代史所藏"胡适档案"，卷号 E-91，分号 11）

11月22日　胡适致函 Cornelius V. Starr：得 Y. S. Tsaw 来函，知贵公司已将我的书运出，并将运到上海 Y. S. Tsaw 处保存。兹寄上 2 份书籍目录给您。欣闻徐大春与您一同度假。我在感恩节时将到新港出席 Timothy Dwight College 的活动，返回纽约后，会前往拜访。（中国社科院近代史所藏"胡适档案"，卷号 E-440，分号 1）

同日　胡适函谢 William Ernest Hocking 之 11月 18日来函：关于您代表 The American Academy of Arts and Science 邀请在 1月份做有关中国思想与中国哲学的演讲，由于在 12月与 1月已有较多的演说计划，可能没有充

足的时间准备，请给予几个月的时间，愿在之后演讲。（中国社科院近代史所藏"胡适档案"，卷号 E-96，分号 18）

同日　陆征祥函告胡适：马相伯于 11 月 4 日过世。（《胡适遗稿及秘藏书信》第 34 册，657 页）

11 月 23 日　胡适到耶鲁大学的 Timothy Dwight College 院长 James Grafton Rogers 家中。访耶鲁校长 Dr. Seymour。下午 Rogers 请胡适到 Dwight College 吃茶，为院中学生讲话，讲"负责任的思想"。晚 7 点在 Lawn Club 吃饭，有演说。（据《日记》）

按，关于胡适此次耶鲁之行的邀约、洽商情形，可参考：Curtis L. Harrington 之 10 月 23 日、10 月 25 日、10 月 28 日致胡适各函（电），11 月 1 日胡适复 Curtis L. Harrington 电，11 月 6 日 Curtis L. Harrington 复胡适函；11 月 4 日 James Grafton Rogers 致胡适函，11 月 8 日胡适复 James Grafton Rogers 函，11 月 10 日 James Grafton Rogers 致胡适函，11 月 22 日 James Grafton Rogers 致胡适电。（中国社科院近代史所藏"胡适档案"，卷号 E-220，分号 10；卷号 E-329，分号 6；卷号 E-108，分号 13）

11 月 24 日　与 Rogers 谈话。中饭与中国学生会聚餐，有演说。下午 Rogers 家中茶会。晚上，Rogers 请客吃饭，大谈。（据《日记》）

11 月 25 日　上午与 Rogers 谈，赵元任来接胡适到他家。下午到 Hotel Taft，韦莲司邀胡适和赵家夫妇吃茶。晚上到 Professor Northrop 家吃饭。回纽约。（据《日记》）

按，11 月 24 日，胡适曾复函赵元任，谈此次耶鲁之行的行程安排。（《鲁迅研究月刊》2020 年第 2 期，53 页）

11 月 26 日　哈特曼夫人来吃午饭。到陈光甫家吃晚饭。日记有记：

我去年十二月四日曾密电咏霓转告孟真勿攻击孔庸之。今日要发

的电文，大概也是要指出庸之与光甫处处合作，是一年中借款购货大成绩的一大原因。我虑宋子文不能与光甫合作，光甫或急于求去，则美国我方少了一个重要力量。

我是向来主张"打孔家店"的人，今反过来为庸之说好话，是很伤心的事。但我为国家计，认为应该如此干，故不避嫌疑，决心发此电。

十一点回 Baltimore……

11月27日 12点半，胡适回华盛顿。（据《日记》）
同日 胡适复电陈布雷并转蒋介石：

介公兼长行政院，报纸传说各部将改组。上月拉西蒙（Rajchman）飞来美国，即屡对人说宋子文兄将任要职。近日报纸又有子文将长财部或贸易部之说。

弟向不满于孔庸之一家……然弟在美观察，此一年中庸之对陈光甫兄之事事合作，处处尊重光甫意见，实为借款购货所以能有如许成绩之一大原因。……一年来光甫在美所办各事业，所以能放手做去无内顾之忧者，多因庸之绝对合作。……

今回第二次借款，用滇锡作抵。此后桐油与锡之输出，皆与美国借款息息相关。弟默察光甫诸人在美所建立之采购输运机构，真能弊绝风清，得美国朝野敬信。不但在抗战期中为国家取得外人信用，亦可以为将来中美贸易树立久远基础。

鄙意对行政各部改组消息，颇有顾虑：（一）虑子文个性太强，恐难与光甫合作。（二）虑报纸所传贸易委员会改由宋子良代光甫之说如属实，则光甫所办事业，恐不能如向来之顺利。（三）子文今年夏间，曾向美财部重提棉麦借款，美财部疑为有意另起炉灶，印象颇不佳。以上各种情形，国内恐无人为介公详说，故弟不敢避嫌疑，乞吾兄密陈，供介公考虑。鄙意以为，倘能由介公切嘱庸之屏除手下之贪佞小人，而令其仍任财部，实与光甫在美借款购货事为最有益。否则，无论何人长财部与贸易部，必须由介公切实叮嘱，令其与光甫诚意合作，

力戒其邀功生事，贻讥国外而妨害事机。(《中华民国史资料丛稿》专题资料选辑第三辑《胡适任驻美大使期间往来电稿》，27页)

11月28日　胡适函谢 W. Chapin Huntington 函之11月24日来函（中国社科院近代史所藏"胡适档案"，卷号 E-239，分号 3），通知获选为 The Literary Society of Washington 的荣誉会员，感谢 The Literary Society of Washington 授予此荣誉。感谢其赠送 Helen Nicolay 的文章"60 Years of the Literary Society"之复印本。（中国社科院近代史所藏"胡适档案"，卷号 E-97，分号 8）

同日　胡适致函 Jerome D. Greene：考虑将长篇英文文章结集出版，敬询哈佛大学出版社是否同意将"The Indianization of China"收入此集中。（中国社科院近代史所藏"胡适档案"，卷号 E-95，分号 13）

> 按，12月12日，Jerome D. Greene 函复胡适同意此请。（中国社科院近代史所藏"胡适档案"，卷号 E-213，分号 1）

同日　胡适函谢 Jerome D. Greene 之11月23日的来函（中国社科院近代史所藏"胡适档案"，卷号 E-213，分号 1），已在11月22日函辞 Hocking 教授在1月份演讲的邀约。不过已请 The Academy 给予之后几个月的行程表，若有机会将在 The Academy 的会议演讲。答谢他们夫妇邀请在他家停留并与一些朋友共进晚餐。（中国社科院近代史所藏"胡适档案"，卷号 E-95，分号 13）

11月29日　胡适致电王世杰："美借款事据财部友人观察，年底或可成功，数目约在三五千万之间，尚乞秘密。鲠、端已去赴会，款似足用。"贺王新任中宣部。"以后美议员言论，我方以不表示意见为最宜。"(《胡适中文书信集》第3册，129～130页)

11月30日　胡适致函 Earl H. Cressy：中国政府已经决定授予 Paul D. Cravath、Arthur V. Davis、E. M. McBrier、Ralph E. Diffendorfer 双十国庆荣誉勋章。请通知这些先生，大使馆收到这些勋章后将尽快奉交他们。感谢

11月29日来函（中国社科院近代史所藏"胡适档案"，卷号 E-166，分号 1），1月27日确定将会在 The Cornell Alumnae Luncheon 上演说，时间以1月26、27或28日较适合。（中国社科院近代史所藏"胡适档案"，卷号 E-91，分号 31）

12月

12月1日 胡适读钱端升的 China's Unity: an Examination，并给予好评。（据《日记》）

同日　朱少屏致函胡适云，寰球中国学生会请胡适赞助50美金。（《胡适遗稿及秘藏书信》第25册，280～281页）

12月4日 胡适复电陈布雷并转蒋介石："美国政府对远东态度，最近更为明显，美驻日大使格鲁十月十九日之演说，明是一种挑战书，其作战之武器，仍是《日美商约》废止后对日经济压迫。……日人近日颇手忙脚乱，造作各种流言：或谓日、美不久将订新约……或谓中国国共水火……此诸说自相矛盾，不能取信于人。白宫与外部均不为所动。上星期外部声明从未与日本商谈新约，并云此问题前途，当看此后如何演变云。对华第二借款，已由光甫与美财政部商谈多次，光甫与适均盼借款能于国会重开前告成。以现势观之，或有如期实现之可能。至于《日美商约》之如期废止，决无问题。现问题乃在废约后国会能否通过对日经济制裁。依适观察，此种提案，下届国会当可提出，赞成者亦必甚多，但阻力恐亦不少……其阻力有三：（一）为和平孤立分子，惧牵入远东战争。（二）为南方各州不愿完全牺牲棉花贸易。（三）因《中立法》禁美船只开往欧洲战争区域，美航业已蒙大损失，海员失业者甚多，故国会对日本案影响所及，现有甚大顾虑。此外尚有政治原因，盖明年为大选举之年，总统、副总统之外，众议员全部改选，上议院改选三分之一，两大党方面对国际重大问题，恐有将存审慎态度。故鄙意揣测，《日美商约》废止后，下一步举动，若全靠国会立法，则必旷日持久，故仍须白宫、外交部运用时势，在行政权限之间，先便宜行事，最低限度，可先做到对日货进口加惩罚税，或利用军用品原料节制法，禁止若干项原料货品售卖与日，此种行政措施，比较容易办到。鄙意明年大选举之前，我方所能期望于美国者不过如此。若敌方对美恼羞成怒，而大发疯狂，则局势演变，或大出今日吾人意表。今年若无封锁天津英租界，侮辱英国男女，及侮辱美国人等事，则七月二十六日废止'商约'之事，亦必未能如此神速也。"(《胡适中文书信集》第3册，130～131页)

同日　胡适复电俄亥俄州州长John W. Bricker：感谢11月30日来电(中国社科院近代史所藏"胡适档案"，卷号E-136，分号15)。俄亥俄州首府的The Church Committee for China Relief已同意将访问Columbus的日期延后，期待日后再前往拜访。(中国社科院近代史所藏"胡适档案"，卷号E-90，分号25)

12月5日　胡适到纽约。在纽约市政协会演讲"The Present Situation in China"。胡适说，中国的抗战力量日益加强，而日本愈加削弱。又以数字指出日本基本的经济弱点。中国的反侵略战争不但获得整个文明世界的同情，而且获得友邦的物资与政治的援助；而日本不但是孤立的，而且成为国际间众矢之的。中国还将继续抗战下去，中国是为文明和爱好和平的世界作战。(《胡适英文文存》第2册，远流版，787～791页)

同日　胡适致电外交部："日本外相与美国大使晤谈谓：日本外相曾提出商约废止后之过渡办法原则，但美国外长今日答报界谓：尚未接美国大使报告，并谓美国大使不致提及商约问题。"(台北"国史馆"藏档，档号：020-010102-0020-0254a)

同日　系胡适因心脏病入院1周年的日子。晚，胡适约李国钦夫妇、Robert L. Levy夫妇、赵不凡夫妇、容显麟夫妇、C. V. Starr夫妇、哈特曼夫人、Miss Elizabeth Carter、于焌吉、Harold Riegelman夫妇同来吃饭，作一个纪念会。赵君夫妇不能来。余人都来了。(据《日记》)

12月8日　Dr. Alsberg、Condliffe夫妇、Wm. Holland夫妇同来吃饭。(据《日记》)

12月9日　胡适到纽约。出席在The Grand Ballroom of the Hotel Astor

举行的 Foreign Policy Association 的午餐讨论会，"China Today and the Western Powers"。胡适有演讲，同讲者有 Wm. Holland、Osias、Jessup、Gen. Frank Ross McCoy，李国钦夫妇约吃饭，饭后同去看戏。（据《日记》；中国社科院近代史所藏"胡适档案"，卷号 E-56，分号 144；卷号 E-320，分号 7）

胡适演讲大意：

胡适认为日本之所以无视国际秩序，对中国横加侵略，主要是苏联、英国和美国的孤立主义所造成的。

演讲的第二部分则说明中国过去两年半来与日本的苦战，已经使苏联、英国和美国从孤立的美梦中清醒过来，并开始对中国进行物资上和政治上的援助，同时我们有信心英国和法国将透过开放滇缅公路来支持中国的抗日战争。

在结论中胡适强调东亚和太平洋地区的永久和平必须建立在一个主权独立、现代化而且强大的中国的基础上。（《胡适未刊英文遗稿》，129 页）

按，关于胡适受邀出席此次活动的有关文件，又可参考 12 月 6 日 Frances J. Pratt 致胡适函，12 月 7 日胡适致 Vera Micheles Dean 电（中国社科院近代史所藏"胡适档案"，卷号 E-320，分号 7；卷号 E-173，分号 2）

12 月 10 日　与钱端升、周鲠生、刘驭万长谈。在 Louis Slade 夫妇家吃饭。下午 4 点上车赴辛辛那提。（据《日记》）

12 月 11 日　早上，胡适到辛辛那提，Prof. George B. Barbour 来接，住其家。中午在 Netherland Plaza 赴中国救济餐会，有演说。下午到老同学 Merton Jerome Hubert 家。晚上 Barbour 请吃饭，有客 10 人。（据《日记》）

按，关于此次活动的邀约及细节商洽，可参考胡适与 Mrs. Charles P. Taft、George B. Barbour 等人的往来电函（中国社科院近代史所藏"胡适档案",卷号 E-111,分号 1;卷号 E-455,分号 1)。

12月12日　上午,胡适到辛辛那提大学,见着 Prof. Harold Vinacke、Prof. Lowrie 及 Hubert。(据《日记》)

12月13日　早上回到华盛顿。下午谒美国国务卿。又与霍恩贝克长谈。与陈光甫同时谒见美国财长。晚与陈光甫谈。收到周作人寄来的诗和照片。(据《日记》)

同日　胡适、陈光甫复电孔祥熙:"真电所示钨锡情况。辉今日再见毛财长,业已译告。毛财长表示钨作押较锡更佳。辉告以数额不大,允电国内每月运美应销。毛亦赞同,并将我方供给矿产消息。旋谈滇锡借款。毛谓说帖已交总统,总统因芬兰事件事务较忙,尚无回音。据辉观察,财部可无问题。惟款项来源似非财部所能完全指拨支配,恐仍须白宫方面推动。适今日同时见外长,彼亦面允协助。今晚,适、辉会商,决由适日内请谒总统,乞其作最后推动。"(《胡适中文书信集》第3册,131页)

同日　胡适致函周作人:"两张照片诗三首,今日开封一惘然。无人认得胡安定,扔在空箱过一年。"(吴元康先生提供)

12月14日　胡适出席在白宫举行的 Diplomatic Reception,第一次见到罗斯福夫人。从白宫出来,胡适到 Mrs. Beale 家去赴宵夜。(据《日记》)

同日　胡适致电蒋介石:

苏、芬问题,我方处境之困难,美方朝野均能谅解,报纸至今从来未有责备之言。适本月五日、九日在纽约两次讲演,均说明苏俄至今未放弃援华政策,我亦盼其继续助我,听者均甚了解。十一日,得公九日电,即译陈此邦领袖。十三日,适亲谒美外长,又详陈我方对苏俄一面欲其继续助我,一面更欲其不与日本携手之苦衷。

赫外长云,此两点正是美国所希望,故毫无不可谅解之理云。是日,适又为外长谈第二次借款进行情形,请其相机助力,彼允为特别注意。同日,光甫谒美财长续谈借款事,晚间适与光甫会谈,综合观察似借款仍须罗总统大力推动,故决定由适请谒总统,乞其作最后之

推动。(《胡适中文书信集》第 3 册，132 页)

同日　胡适函谢 Jerome D. Greene 之 12 月 11 日来函邀请参加 4 月 9 日的晚餐会，将接受此邀约。(中国社科院近代史所藏"胡适档案"，卷号 E-95，分号 13)

同日　胡适函谢 William H. Powers 之 11 月 21 日的来函，并请代向雪城大学给予 150 元支票及协助安排住宿致谢。(中国社科院近代史所藏"胡适档案"，卷号 E-106，分号 12)

同日　胡适致函耶鲁大学 Timothy Dwight 学院教授 James Grafton Rogers：解释延迟答谢他们在家庭宴会的友善招待的原因。(中国社科院近代史所藏"胡适档案"，卷号 E-108，分号 13)

12 月 15 日　胡适将 Mrs. Henry S. Glazier (Rena Glazier) 救助正受苦难的中国人的 100 美元支票连同自己附搭的 100 元一同交给李国钦夫人，捐作妇女会的救济。Mrs. Henry S. Glazier 此举是为纪念她的先生。Henry S. Glazier 过世后，胡适曾致唁函。(据《日记》；中国社科院近代史所藏"胡适档案"，卷号 E-95，分号 7)

同日　胡适函谢 The University Museum 主席 John Story Jenks：昨日来访及面约到贵府做客，1 月 29 日是适合的日期，今日收到 Charles J. Rhoads 的来函，希望我接受您的邀约。因此，如何安排请你们决定并告知我。(中国社科院近代史所藏"胡适档案"，卷号 E-98，分号 7)

12 月 16 日　胡适致电外交部：昨日亲谒外长，详陈我方对苏俄既欲其继续助我，尤欲其不与日本携手，故不便公然谴责苏俄，务乞谅解。赫外长云，华方处境困难，美政府均充分谅解云。是日适又访外交部诸友人，均对我充分表示同情；报纸亦从未有猜疑之言。钧电所云，闻美方对远东问题本在歧途，美国舆论因我对苏、芬态度将起不良影响云云。作此报告之人，显系南美政客，或有意造谣惑乱政府观听，务乞将报告来源开示，以便就近开导。至美国远东政策大纲早已决定，据所可知者有二事：一为继续经济援华，不久将有表示。二为《日美商约》如期废止，决无问题。至于废约后国会是否能通过禁运办法，其阻力本极多，其通过本不易，但皆与我对苏、芬态度毫无关系，则可断言也。(《胡适中文书信集》第 3 册，133 页)

同日　中央研究院院长蔡元培签署聘书，聘胡适为历史语言研究所通信研究员。(中国社科院近代史所藏"胡适档案"，卷号 2304，分号 1)

12 月 17 日　周鲠生、钱端升、刘驭万、孟治都来贺生日。寓中来客甚多。(据《日记》)

同日　北大校友周炳琳、杨振声、罗常培、郑天挺、罗庸等出席北大 41 周年纪念活动后，邀蒋梦麟一起餐叙，"胡适之师今日生日，联名祝之，年四十八矣"。(《郑天挺西南联大日记》〔上〕，221 页)

同日　胡适与 Mrs. Henry S. Glazier 各捐 100 美元支票与美国医药助华会，以纪念胡适与 Mr. Henry S. Glazier 的同一天生日，李国钦夫妇也附捐 100 元，为二人庆生。(中国社科院近代史所藏"胡适档案"，卷号 E-455，分号 1)

12 月 18 日　胡适到 General & Mrs. Wm. Crozier 家去吃饭，Mrs. McArthur 同席。(据《日记》)

12 月 19 日　胡适到英国大使馆参加宴会。(据《日记》)

同日　胡适致电外交部："日本开放扬子江下游事，美外长对报界云：将俟其开放并核详细报告后再表示意见，美外部负责人员则谓开放扬子江只许多悬案中之一个问题而已。"(《胡适中文书信集》第 3 册，134 页)

同日　蒋介石致电胡适转罗斯福：中国经济困难，"务请阁下在最近期内为我设法援助，尤望能借我现款，使中国法币与金融藉此得以提高信用……"(《蒋中正先生年谱长编》第六册，215 页)

同日　王世杰致电胡适、颜惠庆，请胡、颜晋见罗斯福总统请求贷款维持法币。(中国社科院近代史所藏"胡适档案"，卷号 2024，分号 1)

12 月 20 日　上午，胡适拜谒罗斯福总统，转呈蒋介石致罗斯福电，谈借款事。罗斯福表示，"借款事当即再敦嘱财长及国家贷款总管琼斯两君。惟现款借贷，实无法办到。至歉。进出口信用借款即是增加中国在国外购买的力量，想蒋先生莫不谅解"。罗斯福又云，"维持法币，本应尽力，又

因新兴基金在三十万万金圆以上，而年底以前弗郎终不免大跌"。罗斯福又言，"关于法国、越南船舶登岸，两三日前曾嘱托法总理对中国货物过越出入，务必特别予以协助云"。出后，记者询问消息，胡适说：没有事，我只报告好消息给总统，要他知道我们新造的（广西）公路快完成了，我们的各路总攻击已开始了。（据《日记》；《胡适中文书信集》第 3 册，134 页）

同日　胡适分别致电外交部与孔祥熙，报告当日拜谒罗斯福情形。（中国社科院近代史研究所藏"胡适档案"，卷号 2024，分号 1）

同日　下午，胡适到 Bruce Smith 家吃茶。晚上到 Mrs. Isabelle Farrington 家吃饭。（据《日记》）

12 月 21 日　南京传教士 W. Plumer Mills 来谈。Mills 大谈今日应谋和，应谋中日战争早结束。胡适对他说，和比战更难 1000 倍。到 Warren Lee Pierson 寓中小饮，遇着 Paul V. McNutt、Emil Schram、Henry Grady、Admiral Harold G. Bowen。（据《日记》）

同日　李迪俊致函胡适，邀胡适到古巴作旬日之游，又谈及自己在古巴使馆之主要工作等。（中国社科院近代史所藏"胡适档案"，卷号 1162，分号 1）

12 月 22 日　胡适从当书铺购书预备送人。预备写 29 日史学会的演说稿"Modernization of Japan & China"。（据《日记》）

同日　陈布雷日记有记：胡大使来电告 20 日见总统，现金借款似无希望，唯代我疏通越南当局协助货运，即将此电提呈之。（《陈布雷从政日记（1937）》，139 页）

同日　翁文灏复电胡适：顷与法大使馆商务参赞（Saillens）商谈，力请法方停止钨锑出口禁令。对于法国需要，我方自可设法售供。甚盼美国亦向法方力劝。（《中华民国史资料丛稿》专题资料选辑第三辑《胡适任驻美大使期间往来电稿》，27 页）

12 月 23 日　预备 29 日的演说。（据《日记》）

同日　胡适致函与 W. Cameron Forbes，为上周能在华盛顿见到他感到欣慰。将函寄《胡适留学日记》，日记中有记他的祖父 Emerson。（中国社

科院近代史所藏"胡适档案",卷号 E-199,分号 6)

同日　外交部致电胡适:"斐利宾限制外侨经营零售商业,马尼剌市议员提出,限制外侨在市立菜市租摊营业,影响全斐华侨百分之四十之生计。经总领事馆交涉,据报:美最高专员 Sayre 已呈报美政府核示。仰与美方交涉,俾我在斐侨民得继续经营零售业,租用市立菜市摊位。将来依法入境者,仍得经商。并将办理情形电复。"(《中华民国史资料丛稿》专题资料选辑第三辑《胡适任驻美大使期间往来电稿》,27 页)

同日　胡适致函 George B. Barbour 夫妇,为迟未答谢其传达的善意(尤其是为中国受难的平民所做的工作)致歉,在辛辛那提的两天访问感到很愉快,送上新年祝福。(中国社科院近代史所藏"胡适档案",卷号 E-199,分号 6)

12 月 29 日　《日记》记是日日程:

9:30　　　　 Breakfast with Mrs. Thorpe

11:00　　　　Chinese Historiography

12:45　　　　Luncheon address

5:00　　　　 Eugene Meyer

5:30～7:30　 Mr. & Mrs. Ballantine

5:30　　　　 Hornbeck

7:30　　　　 Dinner Barnet Nover-Black Tie 2737 Devonshire Pl.

9:30　　　　 Smoker-Hungarian Minister 2800 Albermarle St.—Informal

按,其中的"12:45 Luncheon address",是指胡适应 American Historical Association 之邀,在该学会 54 届年度会议的 Luncheon Conference on Far Eastern History 上发表演说事。会议地点在华盛顿的五月花旅馆。演讲的题目为"The Modernization of China and Japan — A Comparative Study in Cultural Conflict"。(中国社科院近代史所藏"胡适档案",卷号 E-502,分号 1;台北胡适纪念馆藏"胡适档案",档号:

HS-NK05-199-029）胡适说：

……经过一世纪的犹豫和抗拒后，中国终于成为一个现代的国家，在物质方面，中国诚然不够西化，但是对于人生观和人生意识却完全是现代化了。换句话说，日本七十年的迅速现代化之后，却突然发现其国民生活的基本方面并没有改变。……

…………

日本式的现代化运动之优点是有秩序的、经济的、继续的、安定和有效的。但我也看出其不利之点来。日本为保护其传统的精神和对人民控制的严密，所以采用军事外壳来防止新文化侵入到日本传统的中古文化里面去。固然日本所保存的传统文化有很美丽的地方，有些地方还具有永恒的价值；但是也有一些原始的和孕育着火山爆发性的危险所在。

中国式的逐渐普及和同化的文化变化不利之点很多，因为这种变化是缓慢的、零落的，并且往往是浪费精力的。

但是中国式的变化也有其不可否认的优点。……中国并不需要特别保守什么以免为西方文化所侵入。也没有一个人或者一个阶级坚主保守什么制度以免为外来文化所感染。简而言之，这种缓慢长久的文化变化过程往往有基本和永久改变的结果的。

…………

所有欧洲以外的国家学习欧洲文化中的军事方面最成功的是日本，并且日本是在其他非欧国家学习这方面的文化失败时单独成功的一国。主要的解释是其他非欧的国家不像日本有一个统治全国达一千四百年之久的军国主义阶级来主其事。

但是这个军国主义的阶级却并非是一个开明和智识阶级。其领袖勇敢、实际、爱国，有时还表现出一点政治家的风度，但是他们对远景和新文化的了解很有限。……

…………

同样的理论也可以用来解释中国现代化的历史。中国西化的失败，就是由于中国缺少使日本西化成功的因素。中国领袖也像日本一样希望采用西方的坚兵利炮和工业系统。他的口号是"富强"。但是中国既没有军国主义的传统，也没有一个有效的执政阶级来领导这个庞大的事业。中国在二十一个世纪以前就脱离了封建制度；社会制度变成完全民主化。所有政府的政策、宗教、哲学、文学和社会的习俗，全都反对黩武主义，并轻视武人。……

……大家认为要使中国走上现代化的道路，其先决条件就是达成政治革命。

……这个政治革命从任何一方面来看都可说是社会和文化的解放。在一个没有统治阶级的国家，推翻帝制等于毁坏了社会与文化改变由中央集权化统筹办理的可能性。但是也创造了一种自由接触、自由批判、自由评价、自由主张和志愿接受的气氛。

所谓中国的文艺复兴就是这种自由气氛的自然结果，这种气氛也促成了各种文化改革的实现。结果中国达成了社会、政治、文化和宗教等生活的现代化。比所谓"现代日本"在这些方面达成更深远的改革。

时间只准许我引述一个重大和基本的事实为例来说明。那就是中国文化改革的性质。前面所述的自由和不必畏惧的批判精神，是中国领袖所用以研究和审查其自己的政治、历史和宗教制度的精神。最近四十年许多懂得以批评的眼光来了解中国传统的东西，并且勇敢和无情的批评中国弱点的人，如梁启超、蔡元培、吴敬恒、陈独秀等具有很大的影响力，并不是一件偶然的事。中国的传统并不是神圣的全不可以加以移易或批评的东西，甚至孔子、老子、佛教、朱熹、帝制、家庭、宗教都不是不能置评的东西。就是以这种准许批评和不畏刑责的态度和精神来说，中国之现代化已经超过日本。

……接触和选择乃是文化改革和传播的最主要的条件。凡是两个文化相接触之后，人民自然的倾向（自然律）乃是向对方学习自己所缺少和不如人的地方。

如果这种自由被剥夺了，如果人为的把整个文化或者某一个特别宝贵的那几方面加以孤立和予以特别保护，那这个文化就成为古老习俗坚实的核心，缺乏辩证和充沛精力的现象。这就是现代日本的现象。

....

……假如说日本人的了解力是天生笨拙和其对生活是保守的，所以学不到现代文化的精神也仍然是不对的。……

至于日本人的保守性，我们看他们从前和朝鲜、中国和欧洲接触时的摹仿可以证明日本人是相反的，绝不是保守的。他们向外国学到一切东西，甚至社会、政治和宗教制度都不例外。……

……自由的因素有一天会像打破中国传统一样的打破日本古老习俗坚实的核心。(《胡适之先生年谱长编初稿》第五册，1696～1702 页)

又按，关于此次演说的邀约和反响，可参考 Cyrus H. Peake 致胡适函。(中国社科院近代史所藏"胡适档案"，卷号 E-315，分号 1)

12 月 30 日　翁文灏、钱昌照函请胡适给予资源委员会国外贸易事务所秘书吴志翔协助。(《胡适遗稿及秘藏书信》第 32 册，341 页)

是年　胡适作有 "A Scroll on the Life and Customs of Peking Pained by Chou Chi-liang"。胡适说：

This scroll was painted by a craftsman and Chinese literary artists may despise it because of its lack of classical artistry. But I am quite in agreement with my friend, Mrs. Nelson T. Johnson, in her appreciation of this scroll.（中国社科院近代史所藏"胡适档案"，卷号 E-14，分号 45）

是年　胡适有 "Living Philosophies Revised"。文章说：

Very often I have tried to remind myself and my friends that we who pose to think and plan for the nation, should discipline ourselves in what may be called "responsible thinking". Responsible thinking implies at least, first, the duty to verify our facts and check our evidences; second, the humility to admit

1939年　己卯　民国二十八年　48岁

the possibility of error of our judgment and to guard against bias and dogmatism; and, thirdly, a willingness to work out as thoroughly as we can all the possible consequences that may follow the acceptance of our theory or policy, and to hold ourselves morally responsible for those consequences. (《胡适英文文存》第 2 册，远流版，774 页）

1940年　庚辰　民国二十九年　49岁

> 是年，胡适仍任驻美大使。

1月

1月1日　胡适在李国钦家过元旦。客人还有颜惠庆、陈光甫、夏筱芳（鹏）、姚叔来、余静芝女士、赵继振女士、胡祖望。（据《日记》）

按，本年引用胡适日记，均据《胡适的日记》手稿本第14册，以下不再特别注明。

1月2日　胡适与李国钦夫妇及李静思同去看电影《乱世佳人》。（据《日记》）

同日　Joseph J. Larkin致函胡适：祝圣诞快乐并祝福1940年身体健康，事事顺心。（中国社科院近代史所藏"胡适档案"，卷号E-484，分号1）

1月3日　上午，胡适与李国钦到Woolworth Bldg.，遇侯德榜。日记有记：

> 侯先生是我们的化学工业大家，他帮助范旭东办制碱事业，最有成绩。他的为人颇像翁詠霓，同是中古修士式的清贫高尚。这是我所谓"新圣贤"之一。
>
> 前几年我在《写在孔子诞辰纪念之后》，曾说："凡受这个世界的新文化的震撼最大的人物，他们的人格都可以上比一切时代的圣贤，

1940年　庚辰　民国二十九年　49岁

不但没有愧色，往往超越前人。"

我举出九个人：

高梦旦、张元济、蔡元培、吴稚晖、张伯苓、周诒春、李四光、翁文灏、姜蒋佐。

我现在要补几个人：

丁文江、侯德榜、陈光甫、范旭东。

同日　胡适与律师 Riegelman 同饭，谈 Carl Byoir 事。看哈特曼夫人与韦莲司小姐，同吃晚饭。（据《日记》）

1月4日　胡适回到华盛顿。J. E. Baker 来谈。Baker、Earl. H. Cressy 夫妇来吃饭，饭后 C. R. Bennett 来谈。为王正廷欠 Carl Byoir 宣传费事与陈炳章及 Riegelman 通电话。（据《日记》）

1月5日　胡适致电 Alice D. Carter：乐意于3月的第一周或第二周为 American Committee for Chinese War Orphans, Inc. 演说"中国的文艺复兴"（除了7号之外），并请您代向 Arthur Upham Pope 致谢。（中国社科院近代史所藏"胡适档案"，卷号 E-443，分号1）

同日　Walter B. Cannon 致函胡适，感谢圣诞与新年贺卡祝福。The China Medical Board 的 Mr. Lobenstine 正在中国游历，返回后给予 The China Medical Board 的建议有助于中国的红十字会。并向胡适表达对于中国的坚定同情。（中国社科院近代史所藏"胡适档案"，卷号 E-144，分号7）

1月6日　写 Brooklyn 演说。访霍恩贝克。（据《日记》）

Memorandum of Conversation, by the Adviser on Political Relations (Hornbeck):

The Chinese Ambassador called on me and said that he had been instructed by his Government to inquire whether there was not something that the Department of State might do toward giving a push to the matter of a new credit or loan, associated with tin, by the United States to China. The Ambassador said that the details of a transaction for sale and purchase of tin have all been worked out in the Treasury Department, and that Mr. Morgenthau favors going ahead with the matter; that the only present obstacle appears to be the problem of finding (here in Washington) the necessary funds; and that his Government evidently felt that the Department of State might, if it saw fit, contribute by pressing for the consummation of the transaction. I said that I would bring the matter to the attention of higher officers of the Department. (*FRUS*, 1940, Vol. Ⅳ : *The Far East*, p.637-638.)

同日　王世杰致函胡适、周鲠生、钱端升，告：近日国军在两广连胜日军；对苏外交最为艰窘……罗斯福与蒋介石函，于胡适信赖备至，不胜快慰。(《胡适遗稿及秘藏书信》第 23 册，582～583 页)

1 月 7 日　胡适写演说稿。题目为 "China and the World War"。(据《日记》)

同日　翁文灏复函胡适，告：目前因英法与苏联感情日劣，故中国欲经安南、香港运货赴苏，向英法交涉亦日见不易。日本对美极尽能力联系拉拢，对于美国人心恐有相当影响。汪伪组织闻月内可成。蒋介石居中主持，百折不回，军事力量有增无减，尚可应付一切。"兄忠诚照人，能与美国人物斡旋接洽，得其信用，裨益国家，良非浅鲜。……"(《胡适遗稿及秘藏书信》第 32 册，342～344 页)

同日　李鹄致函胡适，述近年来中国战局，希望能赴美一游，希望胡适能"大力为之曲全一切也"。(《胡适来往书信选》中册，451～452 页)

1 月 8 日　上午，胡适将演说稿打字，下午 1 点乘火车去纽约。住大使旅舍。李国钦来谈。到 Brooklyn Institute of Arts & Sciences 演说 "China and the World War"。James G. McDonald 主席，演说甚成功。(据《日记》)

胡适在 "China and the World War" 中说：

It is a historical fact that the Second World War was started over eight years ago, in Mukden, China, when on September 18, 1931, Japan's armies

1940 年　庚辰　民国二十九年　49 岁

began her invasion in China...

...

Thus China has been the first victim of the breakdown of the World Order , and has been fighting the first battles of the New World War, —intermittently for over eight years, and continuously for the last two years and a half.

...

Such, then, are the common features which characterize China's War of Resistance and the wars now raging in Europe as different aspects of the New World War. They are all the results of the breakdown of the Post-war World Order. They are all forced on the peaceful and militarily unprepared peoples by the aggressor-states whose appetite for aggression grows with every new success...

...

Whatever effects the European War may produce on the Sino-Japanese conflict, and whatever changes may come in the international line-up in the Far East, one thing is certain: namely, that the Chinese people are determined to fight on, for many more months and possibly for many more years to come, —until our enemy is economically so exhausted and militarily so bogged down that it will be willing to accept a just and endurable peace....（《胡适未刊英文遗稿》, 139～153 页）

按，关于此次演讲之题目等商洽，可参考 Julius Bloom 与胡适私人秘书 Edith W. Phillips 之往来函件。（中国社科院近代史所藏"胡适档案"，卷号 E-442，分号 1）

同日　胡适电贺 Dr. A. W. Grabau 70 岁生日。（据《日记》）

1 月 9 日　胡适召集于焌吉、陈炳章、Harold Riegelman 到旅馆吃早饭，谈 Carl Byoir 欠款事。夏屏方带中国银行的律师来谈 Security Exchange

313

Comm. 与中国公债的事。与 Dr. Maurice William & Dr. Co-tui 同吃饭，谈 American Bureau for Medical Aid 的事。A. Bland Calder 与 Prof. Walter B. Pitkin 来谈。（据《日记》）

1月10日　胡适到国务院与次长 Grady 谈。访霍恩贝克。"霍恩贝克谈，有三项事可做：①援华。②用行政力量禁止日本货入口。③立法使美货不得输给日本。他说：你只能用全力谈第一件事。"苏联大使 Oumansky 来谈。（据是日及次日《日记》）

同日　The American Political Science Association 的秘书兼财务长 Kenneth Colegrove 将该会会员证书等文件函寄胡适，并祝贺胡适于1940年成为该会会员。（中国社科院近代史所藏"胡适档案"，卷号 E-161，分号2）

同日　Frederick J. E. Woodbridge 函谢胡适赠送的玫瑰花与新年贺卡。（中国社科院近代史所藏"胡适档案"，卷号 E-388，分号8）

1月11日　胡适预备明天的演说。陈光甫来谈。（据《日记》）

按，胡适的演讲稿为"Program of the Twenty-Sixth Annual Meeting of the Association of American Colleges"，January 11 and 12，1940。（中国社科院近代史所藏"胡适档案"，卷号 E-501，分号1）

同日　胡适致电 Association of American Colleges 执行主任 Guy E. Snavely：将在星期五上午抵达，并直接前往 The Benjamin Franklin。演讲内容为关于世界大战以及未来的世界秩序。（中国社科院近代史所藏"胡适档案"，卷号 E-110，分号3）

同日　Mrs. Charles P. Taft、Wing 分别致函胡适，送上新年祝福。（中国社科院近代史所藏"胡适档案"，卷号 E-356，分号2；卷号 E-398，分号1）

同日　Clarence L. Senn 函邀胡适出席于1940年4月15日在香港举行的中基会董事会第16次年会。（中国社科院近代史所藏"胡适档案"，卷号 E-441，分号1）

1月12日　早起，胡适到费城赴 Association of American Colleges 的午餐，演说"The World War & the Future World Order"。此稿是："China and the

World War"的修改稿。见到 Oberlin 校长 Ernest H. Wilkins、Earlham College 校长 Wm. C. Dennis、Pomona College 校长 Charles K. Edmmuds、Berea College（Kentucky）校长 W. J. Hutchins、Sweet Briar College 校长 Miss Meta Glass、康奈尔大学文科院长 Robert M. Ogden。下午回华盛顿。（据《日记》；中国社科院近代史所藏"胡适档案"，卷号 E-501，分号 1；卷号 E-18，分号 58）

同日　Union College 的院长 Sixon Ryan Fox 发表公告：中国驻美大使胡适获邀担任该校第 53 任荣誉校长。相关报道说，胡适被认为是最知名的东方与西方文明的诠释者，也是蒋介石之外最著名的中国人。Union College 将授予胡适荣誉博士学位。胡适也将在 6 月 10 日出席该校的毕业典礼并发表演说。（中国社科院近代史所藏"胡适档案"，卷号 E-507，分号 1；卷号 E-190，分号 4；台北胡适纪念馆藏"胡适档案"，档号：HS-NK05-331-042，HS-NK05-331-043）

同日　王维诚致函胡适，云：中国此时不可言和，亦不能言和。和平不能保障，和则亡矣。……中国此时尤须各方团结到底，内政清明。（《胡适遗稿及秘藏书信》第 24 册，508 页）

1 月 13 日　胡适与陈光甫谈。王重民、朱士嘉来谈。将敦煌卷子《降魔变文》及相关材料交给重民去整理。到副国务卿 Berle 家吃饭，见着 Walter Lippmann 及 Justice Reed 等。阅 Howard Spring 的小说 *My Son，My Son!*。（据《日记》）

1 月 14 日　Neprud 来谈。于焌吉来谈。Dr. Alfred Cohn、Justice 和 Mrs. Frankfurter 来吃午饭。谈甚快。（据《日记》）

1 月 15 日　陈光甫来谈。去国务院远东司见罗斯福复蒋介石电。周鲠生、钱端升来谈，畅谈国家大势。胡适说："我今日有两个大希望：一为日本的海军被毁灭。一为此次世界大战后，有一个国际新秩序，可以真正使爱和平的国家如丹麦、瑞典平安生存！"（据《日记》）

同日　胡适复电孔祥熙：

贝尔案，得支电后，适九日在纽约邀于焌吉、陈炳章及律师商谈，决定：在贝尔停止诉讼恐吓手段之前，我方决不与谈判；彼若实行控诉，则令本馆律师代于焌吉应诉。以上办法现已实行。昨律师云：贝尔仍声言将控诉云。此时我方只能如此办理，若因其恐吓而与续商条件，不但失体统，亦必无结果。但彼方若停止诉讼而来商谈，则我方不能不预定解决方针，以便应付。此案要件，均已邮呈，想均达览。

公十月篠电所提总数为四万三千元，适曾于十月下旬据此竭力试办，未有结果。鄙意此时为保全儒堂名誉及国家信用起见，最冠冕又最经济办法为：由政府追认其欠款总数十万四千元，先付三万元左右，余数俟我抗战结束后清偿。以上办法，伏乞公与亮畴兄商定电示，以便有所遵循，至感。（《中华民国史资料丛稿》专题资料选辑第三辑《胡适任驻美大使期间往来电稿》，28页）

按，1月18日，孔祥熙复电胡适："贝尔办理宣传，本未经政府令准，原不可理。弟以美方正在进行借款，又值外交运用紧急之时，不得不息事宁人。故勉允承认儒堂签约部份，但其数即按律师估算，充共量亦不过七万八千元。事关我方在美信誉，请兄全权办理可也。"（《中华民国史资料丛稿》专题资料选辑第三辑《胡适任驻美大使期间往来电稿》，28页）

同日　陶希圣致函胡适，叙述劝阻汪精卫组织新政府过程。自己参与《调整中日新关系要纲》谈判未能同意签署，汪精卫后因周佛海、梅思平怂恿而坚持。请胡适匿其名通告美国政府。自己将远离政治，远走海外。（《胡适遗稿及秘藏书信》第36册，289～290页）

1月16日　Colonel Robert Candee 来吃饭。下午与陈光甫同访美国财政部长，谈无结果。与陈光甫谈到夜深。（据《日记》）

同日　Isaiah Bowman 函谢胡适1月13日来函以及胡适同意接受任命担任在 The Treaty for the Advancement of Peace Between China and the United States 的美国国家顾问，答谢胡适在巴黎和平会议期间的合作。已阅读"The

1940年　庚辰　民国二十九年　49岁

Present Situation in China"这篇文章。(中国社科院近代史所藏"胡适档案",卷号 E-395,分号 1)

同日　郝景盛致函胡适,拜托胡适向商务印书馆介绍出版《中国林学大全》一书。(中国社科院近代史所藏"胡适档案",卷号 1506,分号 7)

1月17日　陈光甫、胡适致电孔祥熙,云:"辉年底年初因财部友人见示,谓毛财长正主持借款事,不宜急催,故未即来京。最近特挽纽约德士古经理马凡君,赴京谒总统代催。辉真(十一)到京,马文(十二)日见总统,面陈我国需要借款急切。据马报告,总统允加考虑,辉当照尊电所述,钨锡及运输状况编备忘录,送交毛财长及财部专员。毛旋约昨日会谈,辉再恳切面催,请其特别帮忙早日告成。毛态度诚恳,谓彼已工作多时,惟最近实无好消息相告,惟有继续尽力,并嘱辉再见简士琼司,更转嘱达观。再见赫耳请求彼等推动。辉后更与财部友人研究,似此事着落前尚有困难。辉、适推测困难来源,约有三事:(一)总统现正注意援助芬兰,其事与援华为同例,故须俟芬事在国会有分晓。(二)进出口银行正在国会中议增资本,亦须有下落。(三)《日本商约》废止在即,美方或不欲逼日太甚,故借款事稍搁置。此事上年十一月内财部友人观察年底可有眉目,实未料至今尚须迁延时日。现正遵尊嘱,分别接洽,容再电闻。"(《胡适中文书信集》第 3 册,139～140 页)

同日　胡适复电加州大学伯克利分校校长 Robert G. Sproul:感谢 1 月 2 日来函(中国社科院近代史所藏"胡适档案",卷号 E-347,分号 7),将参加 3 月 28 日加州大学的年度活动。(中国社科院近代史所藏"胡适档案",卷号 E-110,分号 6)

同日　外交部致胡适电:"驻美日大使十二月二十三日,曾送交美外长关于日美商务关系之 Draft Modus Vivendi(暂时解决办法草案)。确情如何,希探复。"(《中华民国史资料丛稿》专题资料选辑第三辑《胡适任驻美大使期间往来电稿》,28 页)

1月18日　胡适复电外交部:"《日美商约》如期废止已无问题,日方初欲与商订新约,又曾提供过渡办法,美政府均未接受。据现势观察,一

月二十六日后，日、美贸易关系将只以国际公法及美国法令为根据，美总统可审察入口税则，对日货增加罚税（对德货及义丝已实行）。对日船增加船钞及口岸税，建议依据节制军用原料法，禁止某种美货运日。但以上各种办法之实行，恐须视日本态度而决定，因美方此时不便压迫日本，易致失去和平调解可能性，又恐引起国内孤立、和平派之反对也。对日禁运问题，其权操在国会，毕特门表示参议院外交委员会现有提案二起，拟俟一月二十六日后开始审查，于一月三十一日公开征询意见，届时拟请美外长等表示意见云云。此问题本届国会能否通过，其关键亦在日方态度与将来事实演变，按照目前情形，阻碍颇多，此案通过似非易事。又参看民主党议员提议，请总统对中日两国实行《中立法》，因两国间已有战争状态存在云云。此种提案似无通过机会。"（《胡适中文书信集》第 3 册，140 页）

　　同日　胡适复函 Mrs. Edward C. Carter：原定在 2 月 14 日 "Fundamental Aspects of Chinese Culture" 的系列演讲里讲述中国音乐的罗慰忠教授，若因移民身份的缘故，取消其报告，建议由耶鲁大学访问学者赵元任教授参加。（中国社科院近代史所藏"胡适档案"，卷号 E-91，分号 6）

　　同日　胡适复函马里兰大学艺术与科学学院的现代语言学系教授 Adolph E. Zucker，感谢 12 月 26 日来函（中国社科院近代史所藏"胡适档案"，卷号 E-394，分号 7）。将接受邀请，在历史学会的午餐会上对学生发表谈话，不过 1 月与 2 月不合适。（中国社科院近代史所藏"胡适档案"，卷号 E-116，分号 2）

　　同日　外交部致电胡适："合众讯。参议员 Gillette and Danaher，十六日提出议案，请求对中、日、苏、芬援用中立法。关于中、日部分，该提案想不致通过，仍希运用阻止。并将发展详情随时探复。"（《中华民国史资料丛稿》专题资料选辑第三辑《胡适任驻美大使期间往来电稿》，28 页）

　　同日　王世杰复电胡适："弟意与尊见同，并正阻止各方发言。惟对参政会不便强制。又骏老（颜惠庆）来电，竟劝介公对美发宣言，弟已止之矣。"（《中华民国史资料丛稿》专题资料选辑第三辑《胡适任驻美大使期间往来电稿》，28～29 页）

1940年　庚辰　民国二十九年　49岁

1月19日　胡适访Warren Lee Pierson夫妇。访霍恩贝克。访Mackay。到加拿大使馆，访Mr. T. A. Crerar及Senator Lambert。与颜惠庆谈。（据《日记》）

同日　胡适复函Goucher College校长David A. Robertson，感谢1月15日来函（中国社科院近代史所藏"胡适档案"，卷号E-328，分号3）邀请6月11日在该校的毕业典礼发表演说，然由于已获选为Union College的荣誉校长，可能会在6月10日参加该校的毕业典礼，因之辞谢此邀约。（中国社科院近代史所藏"胡适档案"，卷号E-108，分号10）

1月20日　胡适到W. Carr夫妇家吃晚饭，见着General Crozier夫妇、瑞士公使、Senator Gerry及女议员Mrs. Rogers。写信吊唁Borah夫人。（据《日记》；中国社科院近代史所藏"胡适档案"，卷号E-90，分号22）

同日　胡适致函Jackson：对您去年春天在The Society of Newspaper Editors的晚餐会上发表的演说很感兴趣，"In which you pointed out that one of the great achievements of the New Deal had been the gaining of time to think and plan for the solution of the pressing problems"。中国的军委会委员长蒋介石也在一个著名的格言中表达了相同的理念：中国抗战是"以空间换时间"。（中国社科院近代史所藏"胡适档案"，卷号E-98，分号3）

同日　胡适致函Justice Murphy：

> Kindly accept my belated but very warm congratulations on your appointment to the Supreme Court. As I once told you before, I first read in Clarence Darrow's autobiography about the young sympathetic and humanitarian judge of Detroit. I am sure that the world will soon learn of the great sympathy and humanitarianism of the newest Justice of the Supreme Court.（中国社科院近代史所藏"胡适档案"，卷号E-103，分号26）

同日　胡适致电外交部：Borah逝世，已以政府名义向美国外长致唁，并另函家属慰问。（台北"国史馆"藏"外交部档案"，典藏号：020-101700-0103-0084）

同日　胡适函贺 Charles Edison 荣任海军部部长。(中国社科院近代史所藏"胡适档案",卷号 E-185,分号 7)

按,1月24日,Charles Edison 复函致谢。(中国社科院近代史所藏"胡适档案",卷号 E-185,分号 7)

1月21日　胡适与陈光甫、周鲠生谈。与陈光甫回到 Hay-Adams Hotel,与 Mr. Neprud、Mr. Björson 和 Senator Shipstead 同吃饭。久谈。(据《日记》)

1月22日　胡适出席 Senator Borah 葬礼。(据《日记》)

同日　胡适函谢 Miss E. Ratterman 1月18日来函(中国社科院近代史所藏"胡适档案",卷号 E-323,分号 7)及随函附寄作为旅费的50元支票。因 Barbour 教授要求寄上花费的列表,胡适认为不应由辛辛那提助华委员会代为支付此费用,因此将在支票上签记并归还此支票,将之捐献给辛辛那提助华委员会。(中国社科院近代史所藏"胡适档案",卷号 E-108,分号 2)

同日　王世杰致电胡适:高宗武、陶希圣所发表之日汪协定,绝对真确。拟请胡适就近指导在美宣传人员,充分利用此文件,以打击日政府对英、美之假妥协。(《中华民国史资料丛稿》专题资料选辑第三辑《胡适任驻美大使期间往来电稿》,29页)

1月23日　胡适复函赵元任夫妇:

Nora Waln 的 The House of Exile 是1933年出来的,名为"non-fiction",我看大半是 fiction。她是一个 Quaker,历史我不知道。她去年出了一本 Reaching for the Stars,写她看到的 Nazi Germany,听说很可读。(我没有读。)

Kennedy & Edgerton 的信没有来,不知道是有什么困难。

Kennedy 送了我两个 reprints,我还没有看完。

请代问候 Dr. L. L. Silverman.

谢谢你们①寄的照片,②寄还我的毛刷,③寄来的信。

我明天去 New York,匆匆写这几行给你们压惊! 并且问好。(《鲁

1940年　庚辰　民国二十九年　49岁

迅研究月刊》2020年第2期，54页）

同日　胡适复电Maurice William：星期四中午12点15分将在大使旅社恭候。（中国社科院近代史所藏"胡适档案"，卷号E-114，分号7）

同日　翁文灏致电胡适，就出售海防钨砂事，希望胡适与美方洽商。（《中华民国史资料丛稿》专题资料选辑第三辑《胡适任驻美大使期间往来电稿》，29页）

同日　叶恭绰致函胡适，函寄陈孝威所办专论军事的《天文台》三日刊，请胡适转知美国有名各刊物广为披露，亦外交之一助也。（《胡适遗稿及秘藏书信》第37册，187～188页）

1月24日　胡适复电Sweet Briar College院长Meta Glass：同意接受邀请在6月11日贵校毕业典礼上演说，将在上午6点32分抵达。（中国社科院近代史所藏"胡适档案"，卷号E-95，分号6）

同日　胡适复函The Metropolitan Club主席Charles C. Glover, Jr.：为迟复1月10日来函（中国社科院近代史所藏"胡适档案"，卷号E-209，分号7）致歉；支持您的建议，当中国海关税务司Carl Neprud停留华盛顿期间，邀请其加入The Metropolitan Club，成为会员。（中国社科院近代史所藏"胡适档案"，卷号E-95，分号8）

同日　胡适复电New School for Social Research的Conference on Methods in Philosophy and the Sciences的秘书Sidney Ratner：感谢来电。为没有时间修改以及扩充关于杜威的文章致歉。期望能在2月初寄上修正稿。（中国社科院近代史所藏"胡适档案"，卷号E-108，分号1）

同日　下午，胡适与陈光甫同去访Jesse Jones谈借款事："他对我们说，今天参院财政组审查芬兰借款事，决定提议增加进出口银行资本一万万元，但不幸他们附带加上了一层限制，每国借款不得过三千万元！此议若成立，于我甚有害。故我们托他设法。"散出后，陈光甫与胡适分头挽救此案。（据《日记》）

同日　黄伯樵致函胡适，谈他们成立中国经济建设协会之初衷、旨趣，

并请胡适指教。(《胡适遗稿及秘藏书信》第 37 册,24 页)

1 月 25 日　中午,胡适在 American Bureau for Medical Aid to China 赠送勋章给 Col. Theodore Roosevelt, Jr.。晚上在 Hotel Roosevelt 赴 Associated Boards for the China Colleges 的宴会,赠送勋章与 Caravath、Davis、Dffendorfer McBrier。有演说。散会后去访哈特曼夫人。半夜后上车回京。(据《日记》)

按,关于胡适出席此次晚宴的邀约及细节安排,可参考 Associated Boards Christian Colleges in China 高教处秘书 Earl H. Cressy 与胡适以及胡适的私人秘书之间的往来函电。(中国社科院近代史所藏"胡适档案",卷号 E-442,分号 1)

同日　蒋介石致电胡适、颜惠庆：日汪密约完全真实,中可负责证明。如见罗总统,请特别声明。(《中华民国史资料丛稿》专题资料选辑第三辑《胡适任驻美大使期间往来电稿》,29 页)

1 月 26 日　上午,胡适陪颜惠庆到白宫谒见罗斯福总统。访霍恩贝克,为借款事拜托其帮忙。下午到纽约。8 点赴 Grover Whalen 宴会。夜访哈特曼夫人。(据《日记》)

Aide-Mémoire:

1. General Chiang Kai-shek acknowledges the receipt of the letter of the President of the United States, dated November 9 [10], 1939, and the telegram of the President, transmitted by the American Embassy, in reply to his telegram of December 19, 1939, and thanks the President for the same.

2. General Chiang feels deeply grateful to the President for persuading sometime ago the Premier of the French Republic to maintain an attitude of consistent and continuous assistance to China with regard to transportation facilities over Indo-China, and is happy to inform the President that conditions have now somewhat improved.

3. General Chiang hopes that the President will, after the expiration of the American-Japanese Treaty of Commerce and Navigation of 1911, use his best efforts to curb Japanese aggression and render all assistance possible to China, as General Chiang had intimated in his letter brought in person to the President by Dr. W. W. Yen. General Chiang also hopes that, especially as China's finances will meet with increasing difficulties with the approach of February, the President will see his way to render immediate financial assistance to China.

4. General Chiang wishes to inform the President that the text of the secret treaty entered into by Wang Ching-wei and the Japanese, as published in Hongkong on January 22, is strongly supported by external evidence and, as far as his knowledge goes, is absolutely authentic.

5. With the publication of the Wang-Japanese secret agreement, General Chiang earnestly hopes that the United States Government, or the President himself, will in one form or another make known publicly and solemnly the attitude of the United States, as hitherto consistently maintained, as regards this matter and the proposed new puppet government which Japanese machinations have been busily engaged in making. In General Chiang's opinion, such a declaration will not only raise the morale of the Chinese people, soldiers and civilians alike, but will also serve as a great blow to Japanese militarist ambitions, thereby contributing in no small degree to the benefit of Chinese resistance and the general situation in the Far East. (*FRUS*, 1940, Vol. Ⅳ: *The Far East*, p.278-279.)

同日　胡适致电陈布雷并转蒋介石：

本日《日美商约》正式失效，今午与颜骏老同谒总统，骏老述介公昨电大意，总统谈三点：一、《日美商约》废后，美对日压迫当继续进行。但此时应采渐进方法，不可太骤。二、参议院财政股议对芬兰借款事，决定增加进出口银行资本一万万元，但原提案欲规定每国借款不得过三千万元，此实于中国有碍。故美现正设法将此限制改为由本年一月一日起。三、关于伪汪组织，总统拟令外长于相当时期，代达政府不承认之态度，所述为总统谈话大意。借款限制问题两日中，光甫与适皆为此事托各方设法取消。

据总统说，此事全由参议院与中央借贷局总管，一时错误当可矫正，外部与财政部皆正努力相助云。（《胡适中文书信集》第3册，141页）

1月27日　冀育堂同他的夫人张陶然女士来吃早饭。冀朝鼎也来。见客不绝。中午到 Waldorf-Astoria 赴 Cornell Women 的年度午餐会，见着校长 Dr. Day 及副校长 Dr. Peters。有演说。夏筱芳来谈 K. C. L 事，Schwartz 来谈 Fair 事。Carter 陪 Mrs. Richard Blow 来谈。李国钦来谈，同去 Lotos Club 吃饭。饭后听音乐。（据《日记》；中国社科院近代史所藏"胡适档案"，卷号 E-292，分号 9）

同日　陈布雷日记有记：接胡适之宥电。（《陈布雷从政日记（1940）》，15页）

1月28日　陈光甫来谈。夜回华盛顿。劝周鲠生多住几个月，以帮一点忙。周允考虑。（据《日记》）

同日　胡适致电陈布雷并转蒋介石：

美政府借款，均由进出口银行出借，该行资本已罄，上年总统要求国会增加该行资本一万万元，惟其提议被国会搁置，我国第二次借款尚未就绪，此系最大原因。今年国会开幕，总统重申，前请适芬兰事起，各国要求借款者多，参议院财政委员会议决，增加进出口银行资本一万万，但限制每国不能借过三千万，光甫与弟深知此限制与我不利，即竭力分向各方疏通。弟宥日见总统亦直陈利害，总统当允设法将此限制改为由本年一月一日起；修正案国会若能接受，则我国可再借三千万，否则只可再借七百万，因我国前借二千五百万已还二百万

故也。此案已由财政委员会提送参议院,总统既已允设法,想有希望。(《胡适中文书信集》第 3 册,141~142 页)

同日　胡适、陈光甫致电孔祥熙:"敬(廿四)日适、辉同往见简士琼斯,详陈我国抗战情况及需要物资之殷切,并将一年来世界公司购货售油履行借约与美工商之程度作成详细图表,证明我国借款实有商业作用与芬兰不同。又担保七千五百万借款说帖,请其特别援助。琼斯询问华事及油锡产运状况极详,对于我国履行借约表示满意。思索良久谓,国会正议增进出口银行资本一万万元。但本日有一提议,拟定每国最高借额为三千万元。如此议成立,则对华借款亦受向例,彼当准二千五百万桐油借款循环支用,另加借款五百万元。辉告以盛意极感,惟数目不敷所需甚远,务请鼎力设法。彼谓助华常在念中,当尽力图之。辉旋托人向参议院金融组陈述,三千万元限制对华之不利,彼等允重行考虑。寝(廿六)日适再谒总统,总统亦云,彼拟劝国会仅限制本年一月回电之借款,不溯已往,并允尽力设法相助。日内各方友人向国会方面陈说,似不无影响。顷闻国会有人建议,借款限制增至五千万元。又闻外交部方面则颇希望借额不加限制云。"(《胡适中文书信集》第 3 册,142 页)

同日　外交部致电胡适:"去年十一月间,美方曾致牒日政府,告以日本促成汪伪政府,必令日美邦交增加困难。最近义外长与汪通电后,驻义美大使奉令将上述牒文,逐层读于义外长知悉,并请注意美政府此事之态度。义外长支吾其词。希就下列三事迅与美政府密洽:(一)上年致日牒文内容,可否告知?(二)美日商约既已废止,而总傀儡之设立又有急转直下之势,日本之野心,复随密约尽量揭破。美方如于此时再向日本为更严厉之警告,则日本有所顾忌,或可延缓伪政府之设立。(三)美方自动向义政府进言,至以为感。兹闻美政府拟与义政府以美金二千万元之信用贷款,为购棉之用。美方似可警告义方,此项贷款以不承认汪伪组织、不违背九国公约为条件。想义方需款孔亟,必可就范。密洽情形,盼速电告。"(《中华民国史资料丛稿》专题资料选辑第三辑《胡适任驻美大使期间往来电稿》,

29～30 页）

1 月 29 日　上午，胡适在大使馆办公。下午四点一刻到费城。The University Museum 主席 John Story Jenks 来接，即住其家。宾夕法尼亚大学校长 Dr. Gates 来吃茶。晚宴客人有 Carroll S. Tyson 夫妇、Jayne 夫妇、Mr. Keith McLeod、Charles J. Rhoads 夫妇等。九点到大学博物馆，是 Tyson 夫妇给的 Reception。（据《日记》；中国社科院近代史所藏"胡适档案"，卷号 E-442，分号 1）

同日　胡适复电陈布雷并转蒋介石："参议院财政委员会拟限制每国借款之提议，日来反对者颇多，闻矫正办法已有三种建议：一为令此限制不溯既往。二为提高限度至五千万元。三为借款不加任何限度。第三议闻为外交部主张，若能做到，于我国颇有利，现光甫与适均努力此事，容续电。"（《胡适中文书信集》第 3 册，143 页）

1 月 30 日　胡适与 Mr. Jenks 谈，Mr. Jenks 颇想叫 The American Philosophical Society 设法帮助中国。电唁 Edward S. Harkness。晚上邀 Wm. Hunt 夫妇、陈光甫、夏筱芳吃饭。Dr. Harry Miller 来谈。（据《日记》；中国社科院近代史所藏"胡适档案"，卷号 E-96，分号 7；卷号 E-495，分号 1）

同日　孔祥熙复电胡适、陈光甫："运用办法甚佩荩筹，为国贤劳，公私均感。自抗战以来，美当局迭次热诚，助我购银及桐油借款，获益尤多，我政府及蒋委员长并弟均极感激，务请代申谢悃。二次借款环顾各方环境，最好能在 2 月底以前完成，收效更大。至此次借款，除用作向美购买抗战急需器材外，尚拟划出一部分偿还美国债款，总额如能 7500 万最佳，否则支配势必为难。缘我方曾因美财长特别照顾，以存金向美银行抵借美元，为数不少，到期后曾还一半，其余一半仍押存美银行，此项现金为我发行准备，倘得保存，定使法币基础更固，信用益坚，对内对外诸多受益。我方借款可还美债，曾于去年去电请兄奉商美财长，得兄复电认可，现时机已到，务请切实商洽。此事极为秘密，进商诸盼妥慎。至借额运用方面，总统、财长、外长既允力为协助，则国会方面务托有力友人多方活动，想在美方希望我国胜利及借款购美货可协助美方工商两原则下，必能博得多数同情，而加赞助也。如何？请密复。"（《中华民国时期外交文献汇编（1911—1949）》第七卷，下册，985~986页）

同日　周鲠生致函胡适云：本已经决定早日离美，但因胡适认为自己有留下的必要，故愿意考虑留下。只是自己已将2月中离美的计划电告王世杰、陈布雷等，因此，可否请胡适致电王世杰，告以想留周在美国的意思，看王如何回复再行决定。（《胡适遗稿及秘藏书信》第30册，111页）

1月31日　陈炳章和他的新婚夫人从哈瓦那回来，住在大使馆里。到Senator Taft家吃晚饭，有Senator Gerry、Senator Holman、Frank Kent和Mr. Castle。（据《日记》）

同日　胡适致电王世杰：前日劝周鲠生在美多留数月，周颇有允意。倘承兄赞成此意，务恳即来电劝其多留。（《胡适中文书信集》第3册，143页）

同日　胡适函谢John Story Jenks夫妇在他造访他们家时给予的友善招待。（中国社科院近代史所藏"胡适档案"，卷号E-98，分号7）

同日　胡适致函谢Carroll S. Tyson夫妇上周一在大学博物馆的招待会。对博物馆展示的美丽的古代翡翠赞叹不已。（中国社科院近代史所藏"胡适档案"，卷号E-111，分号12）

同日　胡适函谢布朗大学校长Henry R. Wriston之1月23日来函（中国社科院近代史所藏"胡适档案"，卷号E-390，分号4）邀请参加6月17日该校172周年毕业典礼并授予自己荣誉法学博士学位。很乐意在毕业典礼上发表15分钟的演说。很乐意收到关于毕业典礼的后续信息。（中国社科院近代史所藏"胡适档案"，卷号E-114，分号17）

1月　胡适复电陈布雷：英、美、澳商谈，尚未有具体方案可告，盖此邦政制不容许政府对外国有军事上之承诺，此时只可说，三国皆甚注意远东海军实力，尤注意新加坡问题。（《胡适中文书信集》第3册，143页）

2月

2月1日　胡适赴美国国务卿赫尔的茶会。接受了卫斯理大学赠予名誉

学位的邀请。今年共有5个名誉学位：加州大学、宾夕法尼亚大学、联合学院、布朗大学、卫斯理大学。（据《日记》）

同日　胡适函寄12张近半年的照片与 Mrs. Richard Blow，以供造塑像时参考。胡适说还不确定何时会离开华盛顿到佐治亚，请她告知访问华盛顿的时间，以便配合行程与她会晤。（中国社科院近代史所藏"胡适档案"，卷号 E-90，分号20）

同日　胡适致函 Jerome D. Greene：可以出席4月9日在 The Tavern Club 举行的晚餐会，会在波士顿和剑桥停留至少3天。（中国社科院近代史所藏"胡适档案"，卷号 E-95，分号13）

按，关于此次邀约，可参考中国社科院近代史所藏"胡适档案"，卷号 E-213，分号1；卷号 E-97，分号7；卷号 E-239，分号1）

同日　胡适复函卫斯理大学校长 James L. McConaughy：感谢1月29日来函（中国社科院近代史所藏"胡适档案"，卷号 E-293，分号6）再邀请我参加6月16日的毕业典礼并授予我荣誉法学博士学位。已接受布朗大学的 Wriston 校长邀请，参加该校6月17日的毕业典礼，若可以在6月17日上午抵达 Providence 的话，愿接受贵校的邀约。（中国社科院近代史所藏"胡适档案"，卷号 E-102，分号17）

2月2日　周鲠生来，决定多留两三个月。（据《日记》）

同日　胡适、陈光甫复电孔祥熙："美当局迭次热诚助我，弟等已屡达蒋委员长及兄矣。至二次借款，弟等极盼早成。惟此事在国会稍有波折，时日方面自难预期，但似不致过迟。所示借额七千五百万，就目下情势观测，恐无把握。因国会议增进出口银行资金不过一万万元，芬兰、北欧及南美均有需求。我方过去恪守借约，信用树立，得各方赞许，或可邀特别看待，但至多似在三千万左右。昨日琼斯在国会陈说增资议案，亦言我国履行借约，信用良好，裨益美方工商，国会中印像尚佳。惟此项增资专用购买美货之目的，屡经琼斯、庞亚生及有关人员声明，在增资尚未通过以前，关于借款偿还美债之议，似难提出。容后相机再商。"《胡适中文书信集》第

3 册，145～146 页）

同日　郭泰祺致电胡适："关于阻止伪政府，警告日、义事，尊处与美政府接洽情形，乞略示。英方对此问题亦注意，允酌量向义有所表示。"(《中华民国史资料丛稿》专题资料选辑第三辑《胡适任驻美大使期间往来电稿》，31 页）

同日　Irene Kuhn 赠其著 Assigned to Adventure 与胡适，并在扉页题记："For His Excellency-Dr. Hu Shih-with the best wishes of the author who cherishes her memories of her life in China, Sincerely lrene Kuhn, New York, N. Y., 2/2 1940."(《胡适藏书目录》第 3 册，2155 页）

2 月 3 日　胡适到国务院访霍恩贝克。到 Warren 夫妇家吃饭。在座有 Justice Reed、Ambassador Bliss、Mr. Castle、Mr. Thom。（据《日记》）

2 月 5 日　Mrs. Bruce Smith 邀胡适去看戏，戏名 The Little Foxes。（据《日记》）

2 月 6 日　胡适请 Dr. Abernethy 为自己检查身体。血压 104/70，比上次低一点。司法次长 Littell 约胡适吃饭，久谈。到 Congressman Wm. Devereux Byron 家吃茶。陈光甫来吃饭；饭后 Roger Greene 来谈。（据《日记》）

同日　胡适为修改杜威政治哲学方面的论文（去年在杜威 80 岁生日会上宣读）事复函 Horace M. Kallen。（中国社科院近代史所藏"胡适档案"，卷号 E-99，分号 1）

同日　胡适复函 The Nation 的编辑 Freda Kirchwey：遗憾没有办法提供更好的礼物祝福 The Nation 75 岁的生日，只能送上衷心的祝福。（中国社科院近代史所藏"胡适档案"，卷号 E-99，分号 6）

2 月 7 日　胡适乘早车去纽约。颜惠庆来同吃午饭。访牙医 Dr. Fournier，去看 Dr. Fred J. S. Woodbridge 的病。到 C. V. Starr 家吃饭，有 Rockfeller 三世夫妇，有 Mrs. John Gunther。（据《日记》）

同日　胡适致电陈布雷并转蒋介石、孔祥熙，告："今日参议院外交委员会，以十二对六票议决，增加进出口银行资本一万万，并限制以后借款，每国一次不得过二千万，此案日内或可提出参议院讨论，又限制条文之修

改系毕德门提出，完全为便利我国借款。彼已告报界，中国可再借二千万元。"（《胡适中文书信集》第 3 册，147 页）

2 月 8 日　约李国钦吃饭，饭后谈甚久。调解他与夏鹏、王乃宽之间的纠葛。（据《日记》）

同日　陈布雷日记有记："夜接适之七日电（为借款事）。"（《陈布雷从政日记（1940）》，22 页）

2 月 9 日　下午 M. H. 来。回华盛顿。（据《日记》）

同日　陈布雷日记有记：以适之来电寄南岸呈阅。（《陈布雷从政日记（1940）》，22 页）

2 月 10 日　终日大忙。Raymond Buell 来谈他的 Far Eastern Settlement。（据《日记》）

同日　胡适电辞加州大学伯克利分校副校长 Monroe E. Deutsch 3 月 30 日与其夫妇共进晚餐的邀约。（中国社科院近代史所藏"胡适档案"，卷号 E-174，分号 10）

同日　哥伦比亚大学哲学系秘书 Horace L. Friess 致函胡适，通知哲学俱乐部已投票通过胡适为永久嘉宾会员，附寄一份目前的成员名单及接下来的讨论聚会安排，期望胡适也能加入。（中国社科院近代史所藏"胡适档案"，卷号 E-203，分号 8）

2 月 11 日　在霍恩贝克夫妇家吃饭，有 Crozier 夫妇，有 Mrs. Woodrow Wilson。与周鲠生同车去 Sea Island, Ga.，休息一星期。（据《日记》）

2 月 12 日　上午 8 点，胡适到 Thalman, Ga., Newell 来接。（据《日记》）

同日　胡适复函 W. Cameron Forbes：为迟复 1 月 2 日来函（中国社科院近代史所藏"胡适档案"，卷号 E-199，分号 6）致歉。本想出席您 6 月 15 日的 The Saturday Club 之会议邀约，然由于该周要出席 4 所大学的毕业典礼，不克参加。但 17 日之后可以于 Naushon 岛与您会面。（中国社科院近代史所藏"胡适档案"，卷号 E-94，分号 10）

按，W. Cameron Forbes 的 1 月 2 日来函还说，已收到胡适的四册

《留学日记》，认为胡适是中国最杰出的人，也是最能代表中国的人。

同日　胡适复函 Mrs. Arthur N. Holcombe：为迟复1月28日来函（中国社科院近代史所藏"胡适档案"，卷号 E-229，分号3）致歉。本人4月8日或4月11日这两个时间方便。若晚餐会是这两天，将接受您的邀约。（中国社科院近代史所藏"胡适档案"，卷号 E-96，分号20）

同日　谢厚藩致函胡适，告：为庆祝马君武60岁生日，同门集议创办君武中学，公推胡适为董事长，请胡适指示方略。又拜托胡适联络李、白、黄诸人发起创设君武图书馆等。（《胡适遗稿及秘藏书信》第40册，541页）

同日　美国国务卿赫尔复函胡适：关于1940年1月15日您来函要求改变胡祖望目前的移民处境，我已被政府部门通知：胡祖望的移民处境已由短暂访问者做了改变。（中国社科院近代史所藏"胡适档案"，卷号 E-397，分号1）

2月13日　Alfred Newell 夫妇招待茶会。来客甚多。（据《日记》）

2月14日　Mrs. Alfred Newell 陪胡适等看古迹。（据《日记》）

同日　外交部致电胡适："此次美外次赴欧，其目的自侧重欧局。惟远东状况与欧局有密切关系，想早在美政府筹画之中。希与美当局密洽，探询详情。再，我方深愿维持与意大利邦交，乃意当局态度暧昧。深望美外次赴意时，再度为我作友谊的劝告。"（《中华民国史资料丛稿》专题资料选辑第三辑《胡适任驻美大使期间往来电稿》，31页）

2月15日　晚上到建筑师 Francis Abreu 家吃饭。（据《日记》）

2月16日　早10点，胡适与 Col. & Mrs. Newell 及其兄嫂 Alfred Newell 夫妇同去游 Savannah。晚上到 Ernst R. Behrend 家小坐。（据《日记》）

2月18日　胡适与 Col. Newell 出门看他的哥哥。下午有 Judge Gilbert 诸人来吃茶。6点半辞主人，借车到 Thalman 车站。（据《日记》）

2月19日　下午3点才到华盛顿。贺 General William Crozier 85岁生日。Marya Mannes 来访，Carter 荐她为胡适造像。（据《日记》）

同日　孔祥熙复电胡适："敌由关东调第十二师团来桂作战事，询据敬

之（何应钦）面告：敌方作战公式，常将各地队部（部队）之一部份随时调换，以增其作战经验。该师团调桂时，另有部队填防，现又自桂调返。俄方远东军队，未得有抽调赴芬情报。至桂中军事，自本月九日起，敌军开始向南宁撤退。自十四、五日起，并陆续有卡车二百余辆运敌兵及辎重赴钦州一带，似有总撤退模样。敌方虽称拟死守南宁，但目前我方大军已四面合围，逼近该城，收复必不在远。又广东花县、从化以南，敌近正整理运输路线，似有增援窜扰企图。但我方早有准备，不足为虑。外交方面，月前汪精卫与义外相齐亚诺电交来往，并宣传伪政府成立后，义、德将首先承认。义方经美劝似已改变态度。近英国驻义大使面询齐亚诺与汪通电事，据答系与汪私人往还之电，并无其他意义。德方则表示两点：一、在蒋委员长抗战过程中，绝不承认汪政府；二、非汪政府得到中国大多数人民之拥戴，亦绝不予以承认。以上军事及外交消息，必为美方所关切，请兄酌量宣达为幸。"（《中华民国史资料丛稿》专题资料选辑第三辑《胡适任驻美大使期间往来电稿》，31页）

2月20日 Marya Mannes 来，开始为胡适造像。Justice Frankfurter 邀吃饭，坐客有 Justice Reed 夫妇，有 Miss Boardman，有 Mr. Charles Warren。（据《日记》）

同日 胡适复函耶鲁大学秘书 Carl A. Lohmann：感谢2月12日来函（中国社科院近代史所藏"胡适档案"，卷号 E-277，分号2）。将出席6月19日贵校的毕业典礼并接受贵校授予的荣誉法学博士学位，请代向贵校校长致以诚挚的谢意。敬请提供会议之相关细节。（中国社科院近代史所藏"胡适档案"，卷号 E-101，分号3）

2月21日 Marya Mannes 来造像。晚上邀她来吃晚饭，她约了她的朋友 Mrs. Rogers 同来。Roger Greene 也来吃饭。（据《日记》）

同日 胡适电辞中国驻洛杉矶总领事张紫常邀其在接受加州大学荣誉博士学位时，The Los Angeles Chamber of Commerce 为胡适举办午宴并与商业人士见面之邀约。（中国社科院近代史所藏"胡适档案"，卷号 E-443，分号1）

1940年　庚辰　民国二十九年　49岁

2月22日　Marya Mannes 来为胡适造像。Frederic Delano 邀吃饭，客人有 Mrs. Irene de Bruyn Robbins、Sir Wilmot Lewis 夫妇。（据《日记》）

同日　傅斯年致函胡适，告赵元任不回国，对史语所损失极大，所内同人都盼赵早归。但赵此时归来，未免受苦，希望胡适能为之设法捐得一二年之薪。（《胡适遗稿及秘藏书信》第37册，574页）

2月23日　Marya Mannes 来造像，胡适请其夫妇吃饭，徐传保夫妇同来吃饭。与周鲠生谈。（据《日记》）

同日　胡适致电王世杰并转蒋介石，告："昨在外部，部中要人详询近来消息，适告以最近所知似我方上下精神极好、信心极坚。彼又问中央政府无与汪精卫等人妥协之意否？适答以绝无□。彼又问上年粤北之捷与最近桂南之战，报纸所载不同，究竟确实情形如何？适许以随时将国内确讯□。故请兄等陈明介公将粤、桂等处确实战讯随时电示，以便转告美当局。"（《胡适中文书信集》第3册，147～148页）

同日　王世杰致电胡适："关于国际宣传事，弟已嘱董显光分电田伯烈、李复、夏晋麟，随时秉承尊意，取得联络。"（《中华民国史资料丛稿》专题资料选辑第三辑《胡适任驻美大使期间往来电稿》，32页）

同日　Edna Lee Booker 在其赠胡适的 *News Is My Job：A Correspondent in War-Torn China* 一书扉页上有题记："To Dr. Hu Shih, with greatest admiration and memories of an interview during Peking days."（《胡适藏书目录》第4册，2477页）

2月24日　Marya Mannes 来为胡适造像。此为最后一次。霍恩贝克夫人生日，胡适邀他家夫妇，与 Henry Grady、Mrs. Mason Gulick、Mrs. Clayton、周鲠生、崔存璘、游建文夫妇等人同到寓中做生日，极欢洽。（据《日记》；中国社科院近代史所藏"胡适档案"，卷号 E-495，分号1）

同日　胡适复函 Mrs. Arthur N. Holcombe：已收到您2月17日来函（中国社科院近代史所藏"胡适档案"，卷号 E-229，分号3），将保留4月8日的时间以参加您的晚餐会邀约，4月10日朋友聚会。（中国社科院近代史所藏"胡适档案"，卷号 E-96，分号20）

同日　胡适致电 Joseph W. Stilwell：衷心祝贺您有才干的女儿，期望下次访问纽约时能看到她的成就。对尊函所说您思想状态的进步表示祝贺。（中国社科院近代史所藏"胡适档案"，卷号 E-110，分号 13）

2月25日　胡适改写为庆祝杜威80岁生日所撰论述杜威政治哲学的论文。（据《日记》）

同日　王世杰致电胡适：王克敏事，已嘱合众社纠正。粤战敌军伤亡逾万，韶关获固，其重要性逾于湘战、桂战。去岁敌伤亡较重，此次敌自宾阳速撤，敌亡遂较轻，但全局渐入我控制。……陈参事事在商洽中。（《中华民国史资料丛稿》专题资料选辑第三辑《胡适任驻美大使期间往来电稿》，32页）

2月26日　胡适同周鲠生去接李石曾。修改论述杜威政治哲学的论文。（据《日记》）

2月27日　胡适修改论述杜威政治哲学的论文。（据《日记》）

2月28日　胡适宴客。客人有 Assistant Secretary & Mrs. Berle、Mrs. Byron、Col. & Mrs. Lombard、Delano 夫妇、Pierson 夫妇、Dr. Rajchman、李石曾、Bruce Smith 夫妇。（据《日记》）

同日　胡适电告 Sidney Ratner：庆祝杜威80岁生日的论文题目是"The Political Philosophy of Instrumentalism"。（中国社科院近代史所藏"胡适档案"，卷号 E-442，分号 1）

2月29日　胡适写"Memorandum on the Boxer Indemnity Payments"，陈光甫来吃饭。（据《日记》）

同日　胡适致电郭泰祺："郭大使：前承允借刘锴兄无任感荷，嗣以弟得重病，故不愿多所调动，病后又因商洽本馆参事调任问题，颇费手续，至今始稍有头绪。兹拟电部请调刘君为本馆参事，以资臂助。尊处现有夏梁诸兄，人才甚多，务乞俯允电示为感。"（《胡适、叶公超使美外交文件手稿》，72页）

同日　胡适致复电 N. Wing Mah：为延迟回复2月7日来函致歉。出席 The Charter Day 活动后，拟28日下午离开旧金山，飞往 Rochester。无法出

席3月30日Dr. Deutsch的邀约及您的午餐会。(中国社科院近代史所藏"胡适档案",卷号E-102,分号7)

同日　胡适函谢John L. Elliott之2月21日来函(中国社科院近代史所藏"胡适档案",卷号E-187,分号6):关于4月7日的广播演说,拟讲题目为"Social Immortality",请问是否赞同此题?烦请您的秘书寄示广播之相关细节。(中国社科院近代史所藏"胡适档案",卷号E-93,分号2)

3月

3月1日　Col. & Mrs. Magruder邀吃饭。续写庆祝杜威80岁生日论文,定题目为"The Political Philosophy of Instrumentalism"。(据《日记》)

同日　胡适致电陈布雷并转呈蒋介石:"进出口银行增加流动资本一万万元案,前日通过众议院……我国之锡借款二千万元……已告成功……对日本经济压迫各案,目前尚无成立希望……"(《胡适中文书信集》第3册,148页)

3月2日　胡适到国务院访霍恩贝克。到内政部长Harold Ickes家吃饭。客人有Senator Adams、Representative Dempsey、Senator Vandenberg。(据《日记》)

同日　胡适致电外交部,告:威尔基氏"极愿来华,惟计划尚不能定"。又去信函催云。(《胡适中文书信集》第3册,149页)

3月3日　下午6点半,胡适南行。车上遇Professor James T. Shotwell、Prof. Hans Simons、Mrs. Harrison Thomas,都是赴Rollins College会的。与陈光甫同访Mr. Wm. Bullitt。(据《日记》)

同日　胡适复电克拉克大学校长Wallace W. Atwood,感谢2月23日来函(中国社科院近代史所藏"胡适档案",卷号E-122,分号3),同意受邀于6月9日在贵校毕业典礼上演说并接受荣誉法学博士学位。(中国社科院近代史所藏"胡适档案",卷号E-89,分号7)

3月4日　下午6点多,才到Winter Park, Florida,车站上见着Professor Hamilton Holt、Dr. H. A. Atkinson。黄春谷来接，与 Miss Thomas 同住在 Professor John Martin 家。饭后去赴 The Rollins Institute on International Relations，听 Dr. Simons & Dr. Shotwell 讲演。（据《日记》）

3月5日　晚，胡适演说 "The Far East and the Future Peace of the World"。胡适说：

> The Second World War was started, not on September 3, 1939, but over eight years ago in Mukden, China, when on the evening of September 18, 1931, Japan's armies began her invasion in China....
>
> ...
>
> Two years ago, or even half a year ago, if I should have told the world that China was fighting the first battles of a world war, few people would have believed it. But the recent developments in Europe have brought into prominence the striking similarity between China's War of Resistance and the wars being fought by the European democracies against aggression....
>
> ...
>
> ...The peace of the Far East broke down as a result of the breakdown of the World Order. Peace in the Far East, just as peace elsewhere, can be restored only when there is established a new, reorganized, revitalized and re-strengthened international order which shall be capable and ready to enforce the peace and justice of the world.
>
> ...It is not any particular war that can "end all wars" and "make the world safe for democracy." It is a just peace and truly workable and effective international order which will end all wars and make the world safe for humanity to live in.（中国社科院近代史所藏"胡适档案"，卷号 E-18，分号 6）

同日　蔡元培病逝于香港。

同日　陈受颐致函胡适，主要谈自己在檀香山处境不好，得悉哈佛大学有意添聘一个中国思想史的教授，希望胡适能推荐自己。（《胡适遗稿及

秘藏书信》第 35 册，381～382 页）

同日　孙楷第致函胡适，主要是揄扬学友王重民。(《胡适遗稿及秘藏书信》第 32 册，585～588 页）

3 月 6 日　胡适飞返华盛顿。获悉蔡元培昨病逝于香港。"与周鲠生兄谈，同嗟叹蔡公是真能做领袖的。他自己的学问上的成绩，思想上的地位，都不算高。但他能充分用人，他用的人的成绩都可算是他的成绩。"到 Warren Lee Pierson 夫妇寓中吃饭，有 Jesse Jones，有陈光甫、李国钦。（据《日记》）

同日　赵元任函询胡适在蔡元培过世后，对新任院长人选的想法。又希望能在纽约与胡适会晤。(《胡适遗稿及秘藏书信》第 38 册，432 页）

同日　郑天挺日记有记：蔡先生逝世，中央研究院院长人选遂成问题，或拟孟邻师，余则恐师去而北大校长亦成问题，甚且影响于学校之存废，孟真亦以余意为然。除师外则胡适之师最相宜，次则翁詠霓、朱骝先、王雪艇。但诸人均任中央要职，能否兼任亦一疑问。若中央以闲曹视之，畀其任于三数元老，则学术前途不堪问矣。(《郑天挺西南联大日记》〔上〕，251 页）

3 月 7 日　到 Raymond C. MacKay 夫妇家吃饭。有 Huntington 夫妇、Stanley K. Hornbeck 夫妇。张彭春来辞行。（据《日记》）

同日　胡适致电陈布雷转蒋介石，告："我国信用借款二千万元，今日美政府借贷总管已正式发表，并请转呈及分别抄送为感。"(《胡适中文书信集》第 3 册，149 页）

3 月 8 日　伊朗新公使来拜。访 Jesse Jones，谢他发表借款的好意。Carl Neprud 邀吃午饭，有 MacKay、Adams、Maurice E. Sheahan、J. L. Keeshin、Paul Myer。（据《日记》）

同日　胡适致唁电与 Mrs. John H. Finley，吊唁其夫之丧。（中国社科院近代史所藏"胡适档案"，卷号 E-94，分号 7）

同日　胡适致函 Justice Frankfurter：去年 10 月在杜威 80 岁生日的庆祝会上宣读的"Instrumentalism as a Political Concept"一文，已经修改、扩充为"The Political Philosophy of Instrumentalism"。将寄上拙稿。（中国社科院

近代史所藏"胡适档案",卷号 E-94,分号 13)

3月9日　巴拿马大使 Mr. Boyd 来拜。萧秘书(勃)邀吃晚饭,与周鲠生同去。拜新外次 Mr. Breckinridge Long。远东司长 Hamilton,与胡适谈李霞卿女士飞往中美南美事。(据《日记》)

同日　胡适复函哈佛大学校长 James B. Conant:感谢3月4日来函(中国社科院近代史所藏"胡适档案",卷号 E-162,分号 4),很乐意于4月10日与尊夫妇共进午餐。(中国社科院近代史所藏"胡适档案",卷号 E-91,分号 25)

同日　胡适函谢 Mrs. Charles J. Rhoads 3月21日晚餐会并与其家人欢聚的邀约,将接受此邀约。(中国社科院近代史所藏"胡适档案",卷号 E-108,分号 5)

3月10日　胡适约 Frank Ashton-Gwatkin & Dr. Rist 来吃饭,久谈。晚上与 Mrs. Wm. Crozier 去看 Louise Rainer 演萧伯纳的《圣女贞德》。(据《日记》)

同日　梁思成致函胡适,谈营造学社在抗战后所遇到的困难,希望胡适能够协助募款以及给予补助。又提到傅斯年的协助。(《胡适遗稿及秘藏书信》第33册,7～8页)

3月11日　写长信给财部长 Henry Morgenthau,谢他促成第二次借款。(据《日记》)

同日　胡适致函美国国务卿赫尔:

I have the honor to inform you that I have received from Generalissimo Chiang Kai-shek the following telegraphic message, dated Chungking, March 9, 1940, for transmission to the President of the United States:

To the Chinese Government and people who are fighting in resistance to aggression, the newly announced Export-Import Bank credit will mean not only fresh material assistance, but also new moral encouragement. All this has been made possible only by your leadership and direction. Please accept my sincere expression of appreciation and gratitude.

I shall be greatly obliged if you will be good enough to transmit the above message to the President. (*FRUS*, 1940, Vol. IV: *The Far East*, p.648.)

同日　胡适复函杜威，感谢 3 月 6 日来函（中国社科院近代史所藏"胡适档案"，卷号 E-177，分号 1），又说道：

I am really happy to know that you consider the point I make "a very fundamental one" and that my paper has given you occasion to think or re-think your views. I shall be a really happy man if this little effort on my part can be the humble beginning of a new Deweyan political philosophy.

Please do not attempt to write anything to "meet my criticism". My paper was not intended to be a criticism. It is only meant to be a review or a "rethinking" of your many political writings for the purpose of digging up or working out something that may be more constructive (and more consistent with your logical theory) than the views found in Reconstruction, The Public, Liberalism, etc. （中国社科院近代史所藏"胡适档案"，卷号 E-92，分号 7）

同日　胡适复电 Alice D. Carter：愿赴周三的晚宴。（中国社科院近代史所藏"胡适档案"，卷号 E-443，分号 1）

同日　胡适复电 Russell M. Story：遗憾我不能在访问西岸时造访 Claremont Colleges，因时间太短暂。（中国社科院近代史所藏"胡适档案"，卷号 E-443，分号 1）

同日　胡适购得 *The Gods and Other Lectures*（by Robert G. Ingersoll，纽约，1938 年）一书。（《胡适藏书目录》第 3 册，2320～2321 页）

同日　陈受颐致函胡适，详述可能由檀香山大学离职的原因，再度拜托胡适帮忙推荐哈佛大学的教职。（《胡适遗稿及秘藏书信》第 35 册，386～388 页）

3月12日　胡适函谢 Henry A. Atkinson 在访问 The Rollins Institute 期间，Henry A. Atkinson 与 John Martin、Holt 给予的友善招待。（中国社科院近代史所藏"胡适档案"，卷号 E-89，分号 6）

3月13日　早晨，胡适到纽约。与陈光甫商量复孔祥熙电。Rily 来吃午饭。下午去看 K. C. L. 的病。晚上在 Mrs. Murry K. Crane 家中讲演 "Chinese Renaissance"。半夜 Rily 来谈。（据《日记》）

3月14日　胡适与哈特曼夫人共进早餐。邀了李霞卿女士、于总领事、郑宝南，诸人来谈。访 D. H. Stevens，见着 Mr. Raymond B. Fosdick。与 C. V. Starr 夫妇同吃饭，见着 Mr. Rodney Gilbert。与 Grace Li 同去看 New York Flower Show。潘光迥来谈。与李国钦一家同在 Doctors Hospital 吃饭。饭后与 Grace 及李国钦同去看 The Male Animal。（据《日记》）

同日　胡适、陈光甫致电孔祥熙：关于3月8日的中英文电报，美国财政援助中国并非是政治借款的形式，而是以贸易信贷的方式。（中国社科院近代史所藏"胡适档案"，卷号 E-401，分号 1）

3月15日　胡适回华盛顿。陈光甫夫妇住胡适寓。赵元任夫妇来游华盛顿，来吃晚饭。饭后久谈。（据《日记》）

3月16日　上午办公。赵元任夫妇来吃饭。饭后久谈。林语堂一家启程回国。（据《日记》）

同日　胡适函谢杜克大学校长 William Preston Few 3月4日来函（中国社科院近代史所藏"胡适档案"，卷号 E-196，分号 4）邀请于6月3日接受该大学荣誉法学博士学位并发表演说。（中国社科院近代史所藏"胡适档案"，卷号 E-94，分号 5）

同日　胡适致电苏开明，代表中国人民向 The Philadelphia Orchestra 以及 The Curtis Institute of Music 致以诚挚的谢意。他们曾举办为中国演奏的音乐会。（中国社科院近代史所藏"胡适档案"，卷号 E-110，分号 16）

3月17日　胡适复函陈受颐，劝其早日回国执教北大。又云自己在外两年半，终年不能作学术的文字，无日不怀惭愧等。（《胡适中文书信集》第3册，150～151页）

3月18日　陈光甫夫妇别去。邀 Senator Elbert D. Thomas（Utah）和顾临来吃饭。（据《日记》）

同日　胡适复函 Mrs. Arthur N. Holcombe：感谢3月13日来函，将寄上建议邀请的哈佛朋友的名单，以在尊伉俪举行的聚会上与这些朋友见面。也已写信给中国学生告知将停留在剑桥与波士顿的3天行程，中国学生将会安排聚会见面。（中国社科院近代史所藏"胡适档案"，卷号 E-96，分号20）

同日　胡适复电 Mrs. Charles J. Rhoads：可在晚上7点在宾州与您共进晚餐。（中国社科院近代史所藏"胡适档案"，卷号 E-108，分号5）

3月19日　胡适到 Preston Delano 家赴宴，同席有美国财长摩根索夫妇、次长 Bell 夫妇、南非公使及芬兰公使。（据《日记》）

同日　胡适复电蒋介石，告奉蒋佳电，当即译呈罗斯福。外长、财政亦分别致谢。欧洲德、意首领晤谈详情，尚无确实消息，得确息后再详陈。（《胡适中文书信集》第3册，151页）

同日　胡适致函 Cornelius Vander Starr，谈三事：关于胡适的厨师之来美签证问题；关于运送胡适书籍来美事；寄上一张500美元的支票敬请协助转交江冬秀。最后代徐新六的老朋友们感谢他对徐大春的帮助。（中国社科院近代史所藏"胡适档案"，卷号 E-110，分号8）

同日　张忠绂致电胡适："雪艇兄意，此后拟以航邮密码报告时局。此为密报：一湘北大胜，确系事实。桂南之捷，系敌军预防包围，自动撤退。此役敌军八九万人，我军约近三倍，因调动失宜，未能完成包围。前方将领自白以下，均受降级撤职处罚。国共问题，在晋、冀、鲁、豫等省均有磨擦，现正调解中，前途尚难预言。惟国军在此一带有二十四师之多，足资应付。苏联对此问题并未干涉，我亦未与谈商此问题。后方物价高涨，原因颇多，政府正设法平抑。"（《中华民国史资料丛稿》专题资料选辑第三辑《胡适任驻美大使期间往来电稿》，32页）

3月20日　胡适复函杜克大学 Graduate School of Arts and Sciences 的院长 Calvin B. Hoover：为延迟回复3月1日来函（中国社科院近代史所藏"胡

适档案"，卷号 E-230，分号 8）致歉。已复函 Few 校长，将参加 6 月 3 日的毕业典礼并接受荣誉博士学位，感谢贵大学给予的荣誉。（中国社科院近代史所藏"胡适档案"，卷号 E-96，分号 22）

3月21日　胡适复函江冬秀：

> ……你说，你想开年回家去住一年，把小三放到朋友家住。我对这件事有点意见。第一，你还是住上海好，可以有些朋友往来。家乡现在虽然没有战事，但路上很辛苦，你现在是五十岁的人了，不要去冒那长路的险。第二，我颇想小三到昆明去上学。小三要学社会科学，应该到昆明去准备考北大、清华。我此时没有能力送两个儿子在美国上学，所以想小三跟一位朋友到昆明去，跟着泽涵暂住；考进学堂后，搬住学校。你看怎么样？此事不宜迟，你们俩若赞成，就应该早早预备了。
>
> …………
>
> 我去年得了两个名誉博士学位（本有五个，因病后不能远行，辞了三个）。今年春夏秋三季可得八个名誉博士。连以前得的三个，共总有十三个名誉学位。
>
> …………（《胡适遗稿及秘藏书信》第21册，523～525页）

同日　胡适致函胡思杜，希望其到昆明去上学。此时不能令来美国，因为一来没有钱，二来要减轻身上的累赘，"使我随时可以辞职"。又云：

> 你是有心学社会科学的，我看国外的大学在社会科学方面，未必全比清华、北大好。所以我劝你今年夏天早早去昆明，跟着舅舅，预备考清华、北大。上海的大学太差，你应该明白。学社会科学的人，应该到内地去看看人民的生活实况。你二十年不曾离开家庭，是你最不幸的一点。你今年二十了（十八岁半）。应该决心脱离妈妈，去尝尝独立自治的生活。你敢去吗？你把意见告诉妈妈。决定之后，不宜迟疑，望早早作预备。（《胡适遗稿及秘藏书信》第21册，583页）

3月23日　王世杰日记记云：中研院昨、今两日开会，举翁文灏、朱家骅、胡适为院长候选人。据张群言，蒋介石因闻中研院评议会坚拒顾孟馀，并推选胡、翁、朱等，有将适之调回任院长意。(《王世杰日记》上册，259页)

3月24日　胡适邀Dr. W. W. Willoughby和其儿子、儿媳Westel Robison Willoughby夫妇同来吃饭。(据《日记》)

同日　高宗武致函胡适，告：自己受蒋介石命来美，将来有许多地方请胡适帮忙。现在所用姓名为"高其昌"。(《胡适遗稿及秘藏书信》第31册，244页)

3月25日　胡适飞往旧金山。(据《日记》)

同日　胡适复电孔祥熙：

> 国家之困难情形，适等均极明了。此间之特殊困难，均已详于十四日英文电中。
>
> 此次借款用锡作抵，此议实由政府发之。自九月至三月，兄与光甫往来电报盈寸，均无异议。故谈判始终依原议进行。今借款七日始发表，而八日尊电急令尽变原议，光甫与适此时实难如此翻覆。即向美当局开口，非但无益，徒使毛财长与琼斯诸人为难耳。因彼等已迭向国会及报界宣称，我国按期付款，此次借款以锡作抵，全系商业性质，彼等实亦无法翻覆也。尊电所云中美友人云云，当系局外人不明实情，轻易主张，未可轻信。
>
> 适与光甫事事合作，深知此中困难，故特电陈，务乞复核十四日英文电，速电光甫依原议进行商订合同，以免贻误事机。此事至关重要，故敢直陈胸臆，千乞垂听。(《中华民国史资料丛稿》专题资料选辑第三辑《胡适任驻美大使期间往来电稿》，33页)

> 按，3月27日孔祥熙复电胡适云：
> 查美借款初议希望能有七千五百万元之数，预计抗战所需，或可勉图〔后〕计。因纯系商业行为，故允以仅有之巨数滇锡担保抵偿。但自欧洲战事发生，美方增援，中、芬〔参加〕借款同出增〔资〕议案；

中、芬同为抵抗侵略，美方对芬并无担保，显已脱离商业性质而趋于政治援助之途径。此种情形，内外皆知，国内诸人对此极为注意。近日迭接〔与〕美当局有关美友之表示，意亦如此。此弟八日电之由来也。吾辈负人民之重托，谋国家之福利。就政治言，应因时制宜，利用机会，并非变卦；即兄等奉令磋商，亦不得认为翻覆也。公忠如两兄，想亦有此同感。弟个人对两兄贤劳困难实情，极为深悉。〔情形〕如此，倘不有所估价，势必〔惹起〕各方误会。参政会开会在即，更恐引起〔质问〕，势将无以为对。倘若言而无效，则我等〔责〕尽，亦属问心无愧。迭电奉商，实则于此。滇锡抵偿，当然照办。按照目前市价，七年偿清本息，每年运交三千吨已足敷用。期限如能改为十年，与我方尤为有利。万一以磋商为难，亦不必勉强。至于中国银行担保，虽云系属形式，然过去因美方开例，其他各国，均欲照例；屡经交涉，俄、法始允放弃；惟英方仍坚请援用〔美〕例。现该行担负已重，深恐此后再加担负致摇人心。因现正又与英、法洽借，如美允放弃，英亦可照办。此节关系颇大，如能设法洽免，最好。直率奉覆，并请转达光甫兄为荷。情形如何，仍希电覆。(《中华民国史资料丛稿》专题资料选辑第三辑《胡适任驻美大使期间往来电稿》，33～34 页)

同日 胡适函谢 William Crozier 寄来汤佩松的信。又向其介绍汤佩松：他是汤化龙之子，而汤化龙是 1917—1918 年北京政府的内务总长，他退休后来美考察，被暗杀。汤佩松则是中国最好的生物学家之一，将搭机飞往旧金山，于 3 月 28 日接受加州大学的荣誉博士学位并发表演说，至 4 月初再回来。(中国社科院近代史所藏"胡适档案"，卷号 E-91，分号 32)

同日 胡适致函纽约参议员 Theodore Francis Green：6 月 17 日将出席布朗大学的毕业典礼并发表演说，非常感谢您提供住所。(中国社科院近代史所藏"胡适档案"，卷号 E-95，分号 12)

同日 胡适电告 Miriam Faverman 演讲题目："The Far East and the Future Peace of the World"。(中国社科院近代史所藏"胡适档案"，卷号 E-444，

分号1）

　　同日　胡适电请中国驻旧金山总领事冯执正协助保留旧金山旅社的套房。（中国社科院近代史所藏"胡适档案"，卷号E-444，分号1）

　　同日　胡适分电马如荣、李国钦、张紫常，告知行程。（中国社科院近代史所藏"胡适档案"，卷号E-450，分号1）

　　3月26日　胡适的私人秘书复函Thomas M. Spaulding，感谢3月20日来函。2月15日是适合胡适为The Literary Society演讲的日期，可能讲关于中国小说的题目。（中国社科院近代史所藏"胡适档案"，卷号E-450，分号1）

　　　　按，2月8日，Thomas M. Spaulding函邀胡适去演说，胡适的秘书于2月13日复函与他，表示胡适拟接受此邀约，并请建议演讲日期与时间。2月14日、3月20日Thomas M. Spaulding又来函谈此事。（中国社科院近代史所藏"胡适档案"，卷号E-347，分号4；卷号E-450，分号1）

　　同日　张元济致函胡适，《校史随笔》已奉寄；请胡适为其《中华民族的人格》写序；常熟翁兴庆现在美习电学，请胡适为翁实习事帮忙。（《胡适遗稿及秘藏书信》第34册，116～117页）

　　3月27日　中午在Commonwealth Club演说"China After 33 Months Fighting"。下午加州大学中国学生3人来谈。吴健雄来谈。冯执正总领事夫妇在Mark Hopkins Hotel请吃饭，见着市长Rossi、Senator McAdro。（据《日记》）

　　3月28日　胡适到马如荣家用早餐。到加州大学受荣誉法学博士学位。下午到McDuffie夫妇家吃茶。到中国学生会讲演。（据《日记》）

　　同日　胡适复电外交部："已由崔秘书将钧电内容转告远东司长，并请其设法。该司长允考虑，并谓义方如确有此举，似不见有何利益云云。"（《中华民国史资料丛稿》专题资料选辑第三辑《胡适任驻美大使期间往来电稿》，34页）

按，当日外交部原电说："义大利有承认汪伪政权之意，未递国书之义大使，有于日内由上海赴南京之说。除电令驻义大使馆探询并设法阻止外，希向驻在国政府接洽，转请义政府根据《九国公约》取消承认意。"（《中华民国史资料丛稿》专题资料选辑第三辑《胡适任驻美大使期间往来电稿》，34页）

同日　朱世明致函胡适，抄示路透社记者霍克（Walker）记述与汪精卫谈话内容的函。（《胡适来往书信选》中册，462页）

3月29日　中午在 San Francisco Center。（据《日记》）

同日　汪精卫伪政权成立于南京。

同日　胡适复电外交部：美外部负责人对英驻日大使之演说表示不满，并谓"美政府必不变更态度"云云。又副国务卿威尔斯已于昨日到美，曾向总统及国务卿报告。总统今日发表谈话，原词另电。（《胡适中文书信集》第3册，156～157页）

3月30日　胡适到洛杉矶。赴张紫常领事宴会，见着洛杉矶的一班领袖。林语堂夫妇也在。（据《日记》）

3月31日　张紫常夫妇邀往 Bernardine Fritz 家吃午饭。林语堂邀吃饭，见着 Anna May Wong 与 James Wong Howe。（据《日记》）

4月

4月3日　胡适函贺 Felix Morley 获选为 Haverford College 校长。又云：数月前我送一位好朋友的儿子徐大春到贵校就读，如果由我决定的话，我也会把我的儿子送到贵校。一想到我年轻的中国朋友将会受益于您的引导和启发，我就感到非常高兴。（中国社科院近代史所藏"胡适档案"，卷号 E-103，分号 23）

同日　吴健雄复函胡适，感谢胡适于百忙中约见。决定下一年度继续留在此地。请胡适保重身体。（《胡适遗稿及秘藏书信》第28册，

1940年　庚辰　民国二十九年　49岁

509～510页）

4月4日　胡适复函Mary T. L. Gannett：为延迟回复3月9日来函致歉。原定3月30日到Rochester访问时住在您府上，但因在西岸行程紧凑的缘故，行程有作调整。The City Club of Rochester的演讲时间改至4月13日。若您同意延至4月13日，愿在4月13日到Rochester访问时住在您府上。（中国社科院近代史所藏"胡适档案"，卷号E-95，分号3）

4月5日　外交部致电胡适：西班牙政府颇有承认汪伪组织之意，希转商美政府设法劝阻。（《中华民国史资料丛稿》专题资料选辑第三辑《胡适任驻美大使期间往来电稿》，34页）

4月6日　胡适复电Harold Riegelman：很遗憾由于已接受Bob Plaut的午餐会邀约，不能在星期六与您共同聚餐。将会到波士顿访问3天，期望可以在回来时与您相见。（中国社科院近代史所藏"胡适档案"，卷号E-108，分号9）

4月7日　胡适飞抵纽约。陈光甫来吃早饭。Dr. John Elliott接胡适去Society of Ethical Culture，演讲"Society Immortality"。（据《日记》）胡适说：

> This line of reasoning led me to what may be called the religion of Social Immortality, because it is essentially based on the idea that the individual self, which is the product of the accumulated effect of the social self, leaves an indelible mark of everything it is and everything it does upon that larger self which may be termed Society, or Humanity, or the Great Being. The individual may die, but he lives on in this Great Self which is immortal. All his virtue and vice, merit and sin, all his action and thought and speech, significant or trivial, right or wrong, for good or for evil—everything lives in the effect it produces on the Great Self. This Great Self lives forever as the everlasting monumental testimony of the triumphs and failures of the numberless individual selves.（《胡适未刊英文遗稿》，176页）

按，《胡适未刊英文遗稿》收入此文时，编者加了如下摘要：

在本稿的末尾，胡适加了一个小注，说明这篇演讲稿采用了许多他为 Living Philosophies 所写"My Credo and Its Evolution"中的内容。也是胡适中文名篇《不朽》的摘译。首先介绍了《左传》上立德、立功、立言的三不朽，接着说明能做到三不朽的人毕竟太少了。胡适提出了他社会的不朽论。善固然不朽，恶也不朽。小我是会死灭的，但大我却是永存不朽的。在演说中他提到了自己幼时种竹的故事，极有趣味。

1945年4月10日，胡适应哈佛大学邀请又讲了一次"中国思想中的不朽观念"，可以参看。"The Concept of Immortality in Chinese Thought", in Harvard Divinity School Bulletin, no. 122（1945—46）, p.23-46.（该书170页）

同日　王世杰日记有记：杭立武为余言，孔庸之欲调胡适之返国任中央研究院院长，并拟以宋子文使美，宋表示不愿往。(《王世杰日记》上册，262页）

4月8日　早7点40分，胡适抵波士顿，Prof. Arthur N. Holcombe 来接，住在他家。(据《日记》)

4月10日　裘开明来。许亚芬来。(据《日记》)

同日　胡适在 The American Academy of Arts and Sciences 演说 "Some Philosophical Rebels of Seventeenth Century China"。胡适说：

...

...because by the 17th century the orthodox teachings of Rational Philosophy had long become the official standard teachings in the schools and in the examination halls throughout the empire, all criticism, however objective and constructive, was more or less regarded as heretical and rebellious. It was in that sense that the intellectual and philosophical movements since the middle of the 17th century were revolts against the orthodoxy of the age. They had often to undermine or even openly attack the authority of the orthodox schools of Rational Philosophy in order to gain a following or to win a hear-

1940 年　庚辰　民国二十九年　49 岁

ing. Some of the thinkers of this era were always regarded as rebels and heretics till our own time.

…

The philosophical revolt in the 17th century was chiefly in two main directions. First, Rational Philosophy was condemned and summarily abandoned as useless and empty speculation, and a serious movement was started to seek real and useful knowledge through a new scientific methodology. Second, there was also a powerful movement to subject the basic concepts and methods of Rational Philosophy to a detailed examination and criticism and to start a new philosophy to take the place of the old.

…

These were, in general, the two phases of the 17th century rebellion against the orthodox philosophies: on the one hand, the scholars of the so-called "Han Learning" ignored or abandoned philosophizing altogether and devoted themselves to the "revival of learning" by means of an objective and scientific methodology; on the other hand, a new philosophical school arose from the farming village, and insisted upon continuing the destructive criticism of the orthodox thought and education and at the same time advocating a constructive system of thought and education based on the central idea of practice.

…

The movement for the Revival of Learning by means of a critical and objective methodology continued to develop throughout these centuries…

…

It was probably just as well for this last school of Chinese thought to come to the open only at the time of the new political and intellectual changes in China. The time is more ready now to appreciate and evaluate its teachings….（中国社科院近代史所藏"胡适档案"，卷号 E-20，分号 64）

4月11日　胡适飞返华盛顿。与陈光甫细谈。与 Mrs. Ben Kizer & Miss Caroline Kizer 同吃饭。（据《日记》）

4月12日　早7点半，胡适抵纽约，换车往 Rochester, N. Y.。到 Rochester，住在 Mrs. Mary T. L. Gannett 家。（据《日记》）

同日　翁文灏致电胡适，因中基会华董蔡、李出缺，请胡适推荐新任董事。又认为设在上海的中基会办事处似应迁内地，询胡适的意见。（《胡适遗稿及秘藏书信》第32册，347页）

4月13日　上午 Professor Brian O'Brien 邀胡适去参观 Rochester University 的 Institute of Optics。中午在 The City Club of Rochester 演说。下午到 Municipal Museum 灌音，此地收名人语声，也是很别致的一种史料。到 Salem Church 为 Fellowship of Reconciliation 演说"New Pacificism"。到 Brian O'Brien 家吃茶。（据《日记》）

按，关于胡适前往 The City Club of Rochester 午餐会演说接洽事宜，可参考中国社科院近代史所藏"胡适档案"，卷号 E-96，分号 26；卷号 E-443，分号 1；卷号 E-232，分号 5。

4月14日　胡适到纽约，暂住 Hotel Roosevelt，邀 V. W. 来，为他作生日。下午去访 R. Blow 夫妇。写信与胡祖望。乘晚车回华盛顿。（据《日记》）

4月16日　外交部致电胡适："Sayre（美驻菲律宾最高专员）定四月十八日乘轮经港、沪赴日。经电令非正式探询，能否于去日前或后来渝一行？如愿来，我方极表欢迎。顷据复称：俟该氏返马尼剌当遵办，惟该氏在菲外行动，取决于美京等语。希向美政府商洽电复。"（《中华民国史资料丛稿》专题资料选辑第三辑《胡适任驻美大使期间往来电稿》，36页）

4月17日　胡适复电陈布雷，并转蒋介石："昨与毛财长、陈光甫兄同进谒总统。光甫申谢总统及财部援助我国之热诚，并报告第一次借款二千五百万元，现已用完。此项借款所购买货物，均蒙美财部专家特别指示襄助，故成绩尚好。总统温语慰问，表示甚愉快满意。光甫又言，去国已一年半，拟回国一行，特来辞行。总统笑说，望秋天早点回来。适亦向

1940年　庚辰　民国二十九年　49岁

总统致谢其一年半以来对光甫之特别好意。总统笑说：'我是最看重外交部与大使馆的，但我想，我的办法似乎比较便捷一点吧？'我们也都大笑告别而散。"（《中华民国史资料丛稿》专题资料选辑第三辑《胡适任驻美大使期间往来电稿》，36页）

4月19日　中午，胡适与陈光甫同去见赫尔国务卿。午后赶车到纽约，赴 Philosophy Club 听 Dr. John Dewey 读一文，题为 "Interpreting the History of Philosophy"。Montague、Bush、Schneider、Eralman、Randall、Bakewell、Friess 皆在。（据《日记》）

同日　外交部致电胡适："最近八年华侨入菲境，每年平均约五千人。最近菲方制定移民法。菲总统原主张外侨每国每年入境额限二百人。经职与美移民专家接洽，增至千人。现菲国会竟减至五百，二次通过。闻美最高专员亦表同意。此数额对各国待遇平等，我受影响过大等情。希向美政府商请最少增至千人，并电覆。"（《中华民国史资料丛稿》专题资料选辑第三辑《胡适任驻美大使期间往来电稿》，36页）

4月20日　胡适自纽约归。李国钦夫妇来谈。到 Literary Society，听 Mrs. Farrington 读她的 "Three Ways to India"。（据《日记》）

同日　胡适复电外交部：

> 昨与光甫兄同谒赫外长。光甫报告第一次借款购货及运售桐油情形；并云现将回国一行，特来辞行；并致谢外长、财长协助之盛意。
>
> 适因表示对外长前日之荷属印度宣言，致钦佩之意。外长云，彼对此文曾费十七个钟头；又云，彼意欲用此原则，包括太平洋及全世界云。（《中华民国史资料丛稿》专题资料选辑第三辑《胡适任驻美大使期间往来电稿》，36页）

同日　胡适复函宾夕法尼亚大学成立200周年纪念会议主任 John B. Thayer：感谢4月18日来函（中国社科院近代史所藏"胡适档案"，卷号E-449，分号1）提醒尚未回复3月1日来函（中国社科院近代史所藏"胡适档案"，卷号E-358，分号4）。愿意进行有关 "To the Formulation of the

Contrasting Philosophies of Labor Democracy and Totalitarian Autarchy"的演讲。因对 Labor Democracy 有些困惑,"But I was attracted by the general problem which I prefer to formulate as one of reconciling the increase of governmental power and efficiency with democratic control. It seems to me that it is not enough merely to formulate 'the contrasting philosophies' of democracy and totalitarian autarchy. The real problem seems to be the formulation of a new political philosophy that will furnish the intellectual formulation of the reconciliation above referred to".(中国社科院近代史所藏"胡适档案",卷号 E-111,分号 4)

4 月 21 日　胡适复函江冬秀,告自己身体更健康。又告到今年 9 月底,将总共有 14 个博士学位,"这些玩意儿,毫无用处,不过好玩罢了"。(《胡适遗稿及秘藏书信》第 21 册,527～528 页)

同日　胡适致函胡思杜,建议他去考西南联大,且望其早决定。(《胡适遗稿及秘藏书信》第 21 册,529 页)

同日　陈源致函胡适,告其妹与竺可桢完婚。主要谈上月在重庆开中研院评议会,本为选举评议员,因蔡元培病逝,推选院长候选人成为最大议题。大家一致认为最合适的人选是胡适、王世杰、朱家骅、翁文灏。也有提到李石曾、"佛菩萨"、顾孟馀、吴稚晖的。陈本人的意见是,胡适最合适,但美使的任务更重要,不如先推吴稚晖,待和平后再请胡适担任院长。最后投票结果,朱家骅、翁文灏各得 24 票,胡适 20 票。(《胡适遗稿及秘藏书信》第 35 册,115 页)

4 月 24 日　胡适到纽约。赴 Mr. Chadbourne 的晚餐。(据《日记》)

同日　胡适致函杜威:遗憾 4 月 25 日无法在华盛顿到府上拜望,Justice Stone 夫妇也让我代为问候。又云:"I told Justice Stone what you said about the possibility of the Republican party nominating him as a Presidential Candidate. The Justice laughed and said:'There is at least one vote for me. But I would rather have that one vote than 7,000,000 others.'"(中国社科院近代史所藏"胡适档案",卷号 E-92,分号 7)

4 月 26 日　胡适返华盛顿。(据《日记》)

1940年　庚辰　民国二十九年　49岁

同日　江冬秀致函胡适，谈到听说胡适将回国就任中研院院长，要胡适千万拿定主意不要就此职，把"人格、思想"毁了。(《胡适遗稿及秘藏书信》第22册，494页)

4月27日　胡适与周鲠生谈 comparative study of historic civilizations，在社会科学上，此种比较研究最有用，然至今尚无人能用此法也。(据《日记》)

同日　胡适致电陈布雷并转呈蒋介石："第二次借款二千万元已于二十日签约。陈光甫兄自前年九月抵美，至今一年零七月，其努力经营之排除万难者有两端：一为二次借款共四千五百万元之成立，二为组织机关经营借款之支用，货料之购办、运输，桐油之运销等，均能弊绝风清，故能得美国政府与工商制造家之敬信，实为我国家民族抬高信用于经济援助之前途有最大助力。"现陈将回国，希陈转呈蒋介石，"即日赐电陈光甫，嘉奖其二十个月之辛劳，并嘱其在滇缅视察后，早日到渝晤谈。又适近闻政府欲设立贸易部，以光甫为部长。适意光甫在美之功用最大，美总统与财政部均希望其秋天早回美国……决不可留他任部长。又美国两次借款，均由光甫以私人名义组织贸易公司接洽，在美国特殊情形下最为方便，若光甫任部长，必反为不便矣"。(《胡适中文书信集》第3册，160页)

同日　胡适函谢 Jerome D. Greene 之4月18日来函（中国社科院近代史所藏"胡适档案"，卷号 E-213，分号2）：上次给尊夫人送花时未曾写一短笺致谢。请转告尊夫人，本人的身体已康复。(中国社科院近代史所藏"胡适档案"，卷号 E-95，分号13)

同日　胡适函谢 George D. Birkhoff 夫妇在上次访问剑桥时给予的友善招待，希望他们再到华盛顿时能告知自己，这样就可以再见到他们了。Stechert 寄来 Pontrjagin 的 *Topological Groups* 也已转交给昆明的 T. H. Kiang.（中国社科院近代史所藏"胡适档案"，卷号 E-90，分号15）

同日　胡适函谢 Russell S. Codman, Jr. 在最近访问波士顿时午餐会之友善招待：感谢您和您的朋友为抗战期间的中国人所做出的努力。(中国社科院近代史所藏"胡适档案"，卷号 E-91，分号21)

同日　胡适函谢 James B. Conant 在访问哈佛时的友善款待：刊登在 The Atlantic Monthly 的您在柏克莱的演讲稿，其主题非常吸引我。并云："Education for a classless society has always been the ideal of the Chinese educational system under which a son of the lowliest family could achieve the highest honors in the civil service examinations and attain the highest position in the government. Confucius, who more than anybody else was the spiritual founder of that system, almost expressed your thoughts when he said: 'With education there is no class'（you chiao wu lei）."（中国社科院近代史所藏"胡适档案"，卷号 E-91，分号 25）

同日　胡适函谢 Prof. & Mrs. Arthur N. Holcombe：感谢停留在尊宅时给予的友善招待。（中国社科院近代史所藏"胡适档案"，卷号 E-96，分号 20）

同日　胡适复函耶鲁大学秘书 Carl A. Lohmann：感谢 4 月 24 日来函所谈贵大学毕业典礼之安排，将参加 6 月 18 日耶鲁大学校长的晚餐会以及毕业典礼之后的校友午餐会，敬请提供帽子与礼服。（中国社科院近代史所藏"胡适档案"，卷号 E-101，分号 3）

同日　胡适致函 Robert G. Sproul：为延迟感谢您与贵大学授予的荣誉与给予的友善招待致歉。两周前在剑桥时，"I learned from Professor Arthur N. Holcombe that his son Waldo, who is a post-graduate student at Berkeley and who was present at the Charter Day Exercises, had written to his parents, remarking that while 'Prexy' Conant had to make four lengthy speeches to earn his honorary degree, Dr. Hu Shih only smiled gracefully to get his"。（中国社科院近代史所藏"胡适档案"，卷号 E-110，分号 6）

4 月 29 日　胡适到纽约。中午与于焌吉邀律师 Nordlinger、Corper、Riegelman 同饭。下午到 Mrs. Henry Stratton 处吃茶。晚赴陈光甫、李国钦的夜饭。哈特曼夫人来。（据《日记》）

4 月 30 日　胡适返华盛顿。到霍恩贝克家茶会。到 Mrs. Walker 家茶会。见着 J. P. McEvoy 夫妇。武官郭德权夫妇邀吃饭。（据《日记》）

同日　蒋介石致电外交部长王宠惠：胡适拟调任中研院院长，"其驻美大使遗缺，以何人为宜"，请与孔祥熙切商。(《蒋中正先生年谱长编》第六册，299页)

5月

5月1日　胡适到巴尔的摩的Engineers Club吃午饭，有演说。遇着Mr. L. Johnson。(据《日记》)

按，关于此次演说之邀约，可参考1939年11月24日Ezra B. Whitman致胡适函。(中国社科院近代史所藏"胡适档案"，卷号E-374，分号8)

5月2日　Mrs. Saleh Chamberlain同她的朋友来吃茶。Dr. John Martin来吃茶。到Mrs. Keep家吃饭。(据《日记》)

同日　张忠绂致电胡适（代电）："此为报告第三号。（一）军事：敌军在中国为三十五个半师团，约一百万。武汉近增兵一师一旅，前言一师有误。晋南三角地带近有激战……我军应付虽苦，但中央军司令长官仍言确具把握。反攻困难，不在缺乏重兵器，而在训练不足。譬如昆仑关之役，即其明证。（二）经济：后方物价涨甚，此为今后最大困难。惟今年丰收有望，若再能改善运输，增借外债，则危机可免。（三）政治：十一月前，国民党将开全体会议，政府届时或改组，党外人有加入政府之要求。……（五）鲠生兄来函，请以张彭春主持全美宣传事宜。张现已被任驻土公使，未必能来美。兄对此事有何意见？（六）美国人若来后方考察参观，均所欢迎。自港至渝，以及在后方游历，我方均可任招待布置之责。人选请兄斟定，自以能助我宣传，或能投资后方者为佳。"(《中华民国史资料丛稿》专题资料选辑第三辑《胡适任驻美大使期间往来电稿》，36～37页)

5月3日　J. P. McEvoy夫妇、Dr. Esson Gale夫妇来吃午饭。到Mrs. Charles J. Bell寓处吃茶，到国会议员Wm. D. Byron夫妇家吃饭。有议员

Thomas G. Hennings，有 Henry Grady 夫妇。陈光甫从纽约打电话来辞行。（据《日记》）

同日　胡适复电陈布雷：陈光甫兄今日离纽约西去，5月15日由旧金山登舟归国。"至盼介公能于其离美之前有慰劳之电"。（《中华民国史资料丛稿》专题资料选辑第三辑《胡适任驻美大使期间往来电稿》，37页）

按，5月3日，蒋介石致电陈光甫："两借美款，悉赖才力，厥勋至伟，尤念勤劳。闻已启程返国，至慰渴望。务请过滇缅路视察后早日到渝，藉图良晤。"（《中华民国史资料丛稿》专题资料选辑第三辑《胡适任驻美大使期间往来电稿》，38页）

同日　胡适函谢耶鲁大学校长 Charles Seymour 4月30日来函（中国社科院近代史所藏"胡适档案"，卷号 E-341，分号 3）邀请自己住在其家里，并感谢耶鲁大学邀请自己担任毕业典礼的嘉宾并授予自己荣誉博士学位。（中国社科院近代史所藏"胡适档案"，卷号 E-109，分号 10）

同日　王世杰致函蒋介石，力陈不宜更换驻美大使："一、现值战时。外交人选，非有重大过失，似以避免更动为宜。至于美国国会在今年有无其他动作，以五、六月为关键。故目前时机，尤为重要。二、胡使常对人言：彼此次出国，虽出于督迫。惟既就任使职，则必于完成使命之时，始作归计。政府如此时调其返国，彼或以为失却政府信任。解职后或竟栖留海外，谦辞新职。三、胡使虽有若干弱点，但对于白宫及国务部要人均能积极联络。其在美国政府及社会两方面，信望日增，远在颜〔惠庆〕、施〔肇基〕诸人之上。"（转引自《舍我其谁：胡适》第四部，365～366页）

5月4日　为纪念五四并庆祝霍恩贝克的生日，胡适请霍恩贝克夫妇、Fuller 夫妇及泰国公使 Phya Abhibal Rajamaitri 夫妇吃饭。（据《日记》）

5月5日　冀贡泉来游，住胡适家中。（据《日记》）

同日　高宗武致函胡适，告本月20日左右可抵纽约。请接船者注意其现在用名为"高其昌"。（《胡适遗稿及秘藏书信》第31册，245～247页）

5月6日　胡适出席芝加哥大学俱乐部年会聚餐会，有演说。（据

《日记》）

5月7日　胡适回拜卢森堡代办M. Le Gallais。约恒慕义（Arthur William Hummel）与王重民同来与冀贡泉吃饭。恒慕义来取走胡适父亲胡传的日记，做缩微胶片，藏在美国国会图书馆。（据《日记》）

5月9日　胡适到纽约，住Hotel Astor，请Dr. Fournier看牙齿。晚上到Economic Club的年会宴会，有半小时演说，题为"National Progress and International Anarchy"。宋以忠来谈。哈特曼夫人来谈。（据《日记》）

胡适在演讲中说：

...no economic prosperity nor social security is dependable or even possible in a world of international anarchy.

...

Whatever form the future world order may take, it must, therefore, fulfill two fundamental conditions for its success: first, it must have power or force of its own; second, it must be based upon definite and precise commitments by the states.（中国社科院近代史所藏"胡适档案"，卷号E-19，分号61）

5月10日　李国钦来吃早饭，久谈。午车回华盛顿。晚上到Eighth American Scientific Congress听罗斯福总统的开幕词。（据《日记》）

5月11日　胡适复函Union College校长Dixon Ryan Fox，为迟复2月12日来函（中国社科院近代史所藏"胡适档案"，卷号E-201，分号6）致歉：已收到寄来的一箱Union College的火柴，感谢来函提及Union College的简史。您5月7日来函（中国社科院近代史所藏"胡适档案"，卷号E-201，分号6）提及将在何时抵达Union College，建议6月5日至9日之间最适合。寄赠《胡适留学日记》，期望收藏于Union College图书馆。（中国社科院近代史所藏"胡适档案"，卷号E-94，分号12）

同日　胡适复电Berea College校长Francis S. Hutchins：感谢5月2日来函。若国际形势不会严重阻碍这个行程，自己将会于5月15日早晨7点

30 分到 Lexington，也可能会说服武汉大学周鲠生教授一同前往。（中国社科院近代史所藏"胡适档案"，卷号 E-97，分号 9）

5 月 12 日　游建文夫妇在双橡园举办结婚一周年纪念。胡适在园中开了一个小小的园会，请了一些美国国务院远东司的人。（据《日记》）

5 月 13 日　胡适致电外交部：美对荷属东印度，美外长已两次声明，希望维持现状。美海军留驻夏威夷即是维持现状最有力量之表示。如日果南犯，美将采何步骤，眼前无人能预测。美国政制特殊，恐不许其与英、法预作任何承诺。但一般观察则谓英、美与荷属东印度之经济关系特别密切，日本若果侵占东印度，则西太平洋之海军大战必难免也。（《胡适中文书信集》第 3 册，162 页）

同日　胡适复电孔祥熙：

……经向财政部非正式探询，据称：克利普曾与该部经济研究股股长晤谈，惟并未提出具体计划。美方最近二千万借款及购买白银，皆足见其愿意助华。但关于平衡基金办法，目前实无可能云云。

克利普爵士在美京时，适亦曾与谈话多次。其人甚不了解美国政情，故其关于平衡基金之推测，未免过于乐观。（《中华民国史资料丛稿》专题资料选辑第三辑《胡适任驻美大使期间往来电稿》，38～39 页）

按，5 月 2 日，孔祥熙致电胡适：接郭大使来电称，克利普爵士来谈，在美时，与外、财负责当局关于平衡基金事有所商谈；深信此时我政府如派专员前往接洽，必有结果。再由美来英亦必有成云云。究竟实在情形如何？有无可能？希速详密探询电示。（《中华民国史资料丛稿》专题资料选辑第三辑《胡适任驻美大使期间往来电稿》，37 页）

同日　胡适致电 Francis S. Hutchins：周鲠生教授将一同前往。The Tennessee Valley Authority 的主管 David E. Lilienthal 已写信表示可以在拜访期间进行一小时的会面，请问可否也将此包含入本次行程？（中国社科院近代史所藏"胡适档案"，卷号 E-97，分号 9）

1940年　庚辰　民国二十九年　49岁

同日　胡适复电 David E. Lilienthal：感谢5月10日来函（中国社科院近代史所藏"胡适档案"，卷号 E-270，分号1）。Francis S. Hutchins 校长邀请于5月16日参观 The Tennessee Valley Authority 的工作，已回电请他安排我与您会面。（中国社科院近代史所藏"胡适档案"，卷号 E-100，分号16）

同日　胡适致函宾夕法尼亚大学成立200周年大会的主任 John B. Thayer：参加此次大会演讲的题目尚未最后确定，已拟3个题目，供您采择。这3个题目是：1. Instrumentalism as a Political Concept；2. China Celebrates the Tsui Shu, the Critic of Ancient History；3. The Value of the Comparative Method in the Social Sciences。（中国社科院近代史所藏"胡适档案"，卷号 E-111，分号4）

5月14日　胡适致电询 Meta Glass：可否电告6月11日贵校毕业典礼的确切时间及相关细节？（中国社科院近代史所藏"胡适档案"，卷号 E-95，分号6）

同日　胡适函贺 Lewis B. Schwellenbach 参议员新的司法职务任命。同时，为其在这历史的关键时刻离开参议院表示一丝遗憾。胡适说：在日本侵华的这些年里，您一直对中国及中国人民表示友善与同情，所以您在国会的缺席，意味着中国的事业损失了一个伟大的朋友，我可以向您保证：所有知道您的中国人都会为您的新任命送上最美好的祝福。（中国社科院近代史所藏"胡适档案"，卷号 E-109，分号8）

同日　下午，胡适与周鲠生同去 Berea College。（据《日记》）

同日　胡适致函 Bryn Mawr College 校长 Marion Edwards Park：感谢您4月23日来笺邀我于毕业典礼前一天抵达贵地，以出席晚餐会。但由于6月3日要参加杜克大学的毕业典礼，所以抵达贵地的确切时间尚未确定，确定后即告知您。现正考虑毕业典礼演讲的题目，确定后即告知您，可能不会讲与中国有关的问题。（中国社科院近代史所藏"胡适档案"，卷号 E-106，分号2）

5月15日　胡适到 Lexington, Ky., Prof. E. I. Weeks 来接。到 Berea College，住 Boone's Tavern，去看 Labor Day Exercises，大受感动。（据

《日记》)

5月16日　早，胡适同President Hutchins、Dean Baird游览Norris Dam。(据《日记》)

同日　王世杰致电胡适：南京伪中央电讯社现正设法谋与合众社订交换新闻契约。拟烦兄与合众社社长一谈，以打消之。合众社近与我等合作，在华声望日起；倘与美政府所否认的伪组织订约，其信誉必大挫。盼复。(《中华民国史资料丛稿》专题资料选辑第三辑《胡适任驻美大使期间往来电稿》，39页)

同日　郑天挺日记有记：孟真自重庆还，谓中央研究院院长，政府决以适之先生继任，盖政府中有人不愿其久居美大使任也。(《郑天挺西南联大日记》〔上〕，272页)

5月17日　胡适到Knoxville, Tenn.用早餐，坐T. V. A.飞机去游Tenn. Valley。(据《日记》)

5月18日　上午，胡适返回华盛顿。(据《日记》)

5月20日　胡适复函The Economic Club of New York执行主任Robert E. Ely，感谢5月13日来函(中国社科院近代史所藏"胡适档案"，卷号E-188，分号7)以及随函附上的支票：感谢您对于演讲内容之意见，我准备将那天的演说稿扩充为一篇可读的论文，以备将来使用。感谢您关心我的牙疾，疼痛已消解。上我周参观了Berea College和Tenn. Valley，在战争和毁灭的时候一个人能参观这些永久性建筑，是很受益的。The T. V. A的这些建筑计划是很值得的。它的花费比花在紧急国防费用的三分之一还少。这也是我演讲主题的另一个例子：在国际独裁下，无法致力于国家的发展和进步。(中国社科院近代史所藏"胡适档案"，卷号E-93，分号4)

同日　胡适函谢Francis S. Hutchins：我与周教授在您的陪同下参观Berea College与The Tennessee Valley的愉悦心情难以言表。诚挚祝愿Berea College越来越成功。请代向William J. Baird致以诚挚谢意。(中国社科院近代史所藏"胡适档案"，卷号E-97，分号9)

同日　胡适致函David E. Lilienthal："现已安抵华盛顿，感谢您在我

1940年　庚辰　民国二十九年　49岁

本人和周教授访问期间给予的友善招待，特别是从 The Tennessee Valley 到 Muscle Shoals 的飞行，进而了解更多关于 The T. V. A 的计划。"感叹 The T. V. A 的 9 项计划的花费之少。（中国社科院近代史所藏"胡适档案"，卷号 E-100，分号 16）

5月21日　胡适复函江冬秀，告已收到江托应小姐带来的箱子。双橡园的鲜花正盛开。希望胡思杜到昆明上学。（《胡适遗稿及秘藏书信》第21册，532～533页）

同日　孔祥熙致电胡适，请胡在美秘密设法购买抗战亟需之75毫米野炮540门或720门。（《中华民国史资料丛稿》专题资料选辑第三辑《胡适任驻美大使期间往来电稿》，39～40页）

同日　王世杰向胡适发出代电，通报国内军事、政治、外交等情形。（《中华民国史资料丛稿》专题资料选辑第三辑《胡适任驻美大使期间往来电稿》，40页）

同日　翁文灏致函胡适，告收到胡适推举中基会董事的电报后，选举事宜已结束。蔡元培病故后，"中枢当局曾非正式盼望选举某君为院长，惟各评议员以此项选举应以评议员之自身意见为之，不宜有其他意见之影响，当局亦表示可予尊重"。选举结果，候补人为胡适、朱家骅、翁文灏三人，当即备文呈府，请其遴任，至今尚未见实行任用。传闻消息，谓当局颇侧重于胡适，"惟以驻美大使任务重要，故尚在考虑之中"。（《胡适遗稿及秘藏书信》第32册，348页）

同日　胡适函谢罗彻斯特大学艺术与科学学院光学研究所主任 Brian O'Brien 在访问该大学时给予的友善招待。先前曾提及要寄赠 John Stuart Mill 的自传给他，最近发现一个合适的版本，现在寄上。（中国社科院近代史所藏"胡适档案"，卷号 E-105，分号 2）

5月22日　胡适在双橡园为 Cornell Club 举办游园会，到者有三百六七十人。晚10点半，访霍恩贝克。（据《日记》）

同日　张慰慈致函胡适，谈及内地各种情形实在不能乐观。近来关于胡适辞职的谣言甚多，而且是很有相当地位的人说的（如程沧波、颜惠庆）。

(《胡适来往书信选》中册，467～469页）

5月23日　胡适到纽约，与Archibald MacLeish同车。到Mrs. Murray K. Crane家，赴华美协进社（China Institute of America）的董事年会。与Harold Riegelman夫妇同吃饭，久谈。哈特曼夫人来。见着高宗武夫妇。（据《日记》）

同日　胡适复电翁文灏：吾兄远虑至佩。今日曾以尊旨告外部友人，日内当再与当局详谈。据现时形势，似美国决定以海军留在太平洋镇压远东；而以经济力量及飞机大量生产援助英、法。英、法虽目前受窘，一时无崩溃危险。敌人正骑墙观望，此时或尚有所忌惮耳。（《中华民国史资料丛稿》专题资料选辑第三辑《胡适任驻美大使期间往来电稿》，41页）

> 按，5月22日，翁文灏致电胡适：
> 德军大胜，英、法动摇，极虑。日本更进一步封锁越港，使我国外运断绝。唯一希望在美国宣告并出力维持。上月弟赴安南，总督谈话，亦认民治各国宜共同抗御。惟民治国之困难，大半由于行动迟缓。当此紧急关头，实非早决不可。美政府近意如何？见示为盼。（《中华民国史资料丛稿》专题资料选辑第三辑《胡适任驻美大使期间往来电稿》，40页）

5月24日　胡适到纽约，看牙医。与宋以忠夫妇同饭。下午去看老同学Marion Crane Carroll。与高宗武夫妇同吃晚饭，久谈。（据《日记》；《胡适遗稿及秘藏书信》第21册，534～535页）

同日　胡适致电孔祥熙并转蒋介石：奉17日两电后，即与可靠人士私相研究，认为此时蒋介石致罗斯福篠电之方式，似有重新考虑之必要。据私人劝告，此电势必使罗斯福为难，所提建议几无可能，因以现金借款维持币制，当与进出口银行借款之合同不符。敬乞准不将此电转交，仅以口头广泛之辞向罗斯福请求美国政府援助中国币制。（《胡适中文书信集》第3册，165页）

同日　郑天挺日记有记："与锡予作深谈……大意谓北大离北平前之数

年间，赖胡适之师为之中心，校誉、校力为之增进。蒋孟邻师于学术方面关切较疏，三年来因抗战，故幸得无事，长此以往，恐人人引去，将有瓦解之虞矣。"(《郑天挺西南联大日记》〔上〕，274 页)

5 月 25 日　早晨，胡适回华盛顿。H. N. Spalding 来谈，同吃午饭。到外部 Under Secretary Welles 家吃饭。(据《日记》)

同日　胡适致函江冬秀，告：因发现棉袄中的 7 副象牙挖耳而感到夫妻情深等。(《胡适遗稿及秘藏书信》第 21 册，534～535 页)

5 月 26 日　顾临来谈。Mr. Clarence E. Ganos、Pettus 夫妇来吃饭，久谈。(据《日记》)

同日　胡适致电孔祥熙并转蒋介石：19 日得秘密消息，知蒋介石致罗斯福篠电已由美国大使转到，并悉美国政府高级官员希望胡适不要递交蒋介石此电，但胡适"与财政部最高当局商洽后，始发覆电"。(《胡适中文书信集》第 3 册，166 页)

> 按，5 月 28 日，孔祥熙复电胡适：奉蒋介石指示，美总统电仍须转递。至第三项建议，如以为不妥，可由胡适删改，余应照转。以口头转达，不如有文字为可据也。如万一环境关系，文件实难即为转递，则先以口头转述，亦无不可。(台北"国史馆"藏"蒋中正'总统'文物"，典藏号：002-080106-00004-004)

5 月 27 日　胡适复函 Dixon Ryan Fox：关于您 5 月 23 日来函(中国社科院近代史所藏"胡适档案"，卷号 E-201，分号 6)提到的两点，将会在毕业典礼之前一周寄上演讲稿，并准备一份 13 分钟的演讲稿之摘要以在毕业典礼之后于 Station WGY 进行广播演说。(中国社科院近代史所藏"胡适档案"，卷号 E-94，分号 12)

同日　胡适复函 Dixon Ryan Fox，感谢 5 月 18 日来函(中国社科院近代史所藏"胡适档案"，卷号 E-201，分号 6)，决定将原本定于 6 月 5 日至 6 月 9 日访问 Union College 的计划，改为 6 月 10 日一天。并希望秋天再度访问 Union College。(中国社科院近代史所藏"胡适档案"，卷号 E-94，分

号 12）

5月28日　胡适复函 George H. Danton：为迟复尊夫人 12 月 30 日、1 月 15 日以及您 1 月 25 日来函致歉。今日已写信给 Fox 校长表示只能在 6 月 10 日抵达 Union College，因之后还有其他行程，因此很遗憾无法接受住在您家里的邀请，不过今年秋天还会访问 Union College，希望在秋天住在您家里并与您讨论《诗经》。（中国社科院近代史所藏"胡适档案"，卷号 E-92，分号 1）

同日　胡适复函 P. I. Wold，为迟复 1 月 15 日来函致歉，延迟回复的原因是访问 Union College 行程的不确定。今天已写信给 Fox 校长，确定参加 Union College 毕业典礼的时间为早晨去，下午离开，前往 Sweet Briar，并于第二天早晨做毕业演讲。拟于秋天再度访问 Union College，届时将与 P. I. Wold 见面。（中国社科院近代史所藏"胡适档案"，卷号 E-114，分号 10）

5月31日　胡适拜谒罗斯福总统。（据《日记》）

按，6月4日胡适致电外交部，云：上月 17 日孔祥熙副院长转来蒋介石致罗斯福密电，乞美政府襄助维持我国金融。31 日拜谒罗斯福，面递此件。并告以外传中、日代表在港议和之说，完全无稽。并请其继续注意远东形势。罗斯福态度甚好。（《中华民国史资料丛稿》专题资料选辑第三辑《胡适任驻美大使期间往来电稿》，41 页）

同日　王重民致函胡适，告尤桐来信嘱代转达：将于 6 月毕业，希望在北京大学或中央研究院服务，拟请胡适设法等。（《北京大学图书馆藏胡适未刊书信日记》，102 页）

5月　蒋介石在其"本月大事预定表"中记道：决定驻美大使人选。（转引自《舍我其谁：胡适》第四部，365 页）

6月

6月1日　胡适写成演说稿，题为"Intellectual Preparedness"。（据

《日记》）

6月2日　胡适在霍恩贝克家吃晚饭。座上有 Miss Elizabeth Johnson，她说 Ambassador Johnson 有信来，说起中央研究院推选胡适为院长候选人之一。重庆颇有人希望胡适做此事，胡适日记又记：

  Miss J. 此话不为无因。以私人论，中研院长当然是我国学者最大的尊荣；但为国事计，我实不想在此时抛了驻美的使事。

  半夜南下。

6月3日　早晨，胡适到 Raleigh, N. C., Dr. Paul M. A. Linebarger 来接。同到 Durham N. C., 住在 Univ. House, 见着 J. A. Thomas。上午11点，去听 Dr. Wm. A. Neilson 的毕业演说。下午杜克大学赠胡适法学博士名誉学位。（据《日记》）

同日　萧乾致函胡适，告曾给胡适寄上《篱下》和两期 P. E. N. News。现在欧洲很多胡适的朋友一见着中国人，第一句几乎总是打听胡适的近状，也许是出于礼貌，也许是关切。但他们都相信胡适的地位是今日中美邦交最好的保障。自己希望得到胡适在读书作文上的指教。（《胡适来往书信选》中册，469～470页）

6月4日　胡适返回华盛顿。又乘火车北行，到费城。Mrs. Ch. J. Rhoads 来接。（据《日记》）

同日　蒋介石日记有记：美总统对我要求其救济金融财政之电，澹然漠然不加注意，抑我胡大使之不知努力乎？

同日　外交部致电胡适："伪方现已组织一接收租界委员会，俟义国参战，即由日、义两国发动，要求各国在沪驻军一律撤退，伪方即可乘机以强制手段，接收法院、银行等等，对中央人员亦可尽量搜查等语。除已将此事详细报告，由部译送驻华英、法、美大使馆外，仰速与美政府商洽应付办法，藉谋防范。"（《中华民国史资料丛稿》专题资料选辑第三辑《胡适任驻美大使期间往来电稿》，41页）

6月5日　胡适出席 Bryn Mawr College 的毕业典礼，做毕业演说。回

华盛顿。(据《日记》)

同日　胡适复函江冬秀,谈给江带物等杂事,谈及徐大春,又希望胡思杜能出去过独立的生活,"但此事我不勉强你们"等。(《胡适遗稿及秘藏书信》第 21 册,536～537 页)

6 月 6 日　胡适函谢杜克大学校长 William Preston Few 授予自己荣誉法学博士学位。特别感谢校长致辞中的最后一段话:"Honored in this place also as a representative of one people and symbol of other peoples fighting for the right to live and be free."(中国社科院近代史所藏"胡适档案",卷号 E-94,分号 5)

同日　胡适电谢杜克大学教授 Paul M. A. Linebarger 在自己访问杜克大学时给予的友善招待。将寄上自己与周鲠生联署的介绍信。希望在 6 月 8 日 1 点钟共进午餐。强烈建议他能够接种防止霍乱伤寒以及其他传染疾病的疫苗。(中国社科院近代史所藏"胡适档案",卷号 E-100,分号 18)

同日　胡适复函 The T. V. A. 的主任 James P. Pope,感谢他 5 月 31 日的来笺(中国社科院近代史所藏"胡适档案",卷号 E-319,分号 1):很遗憾在访问 The T. V. A. 时没有见到您,期望您下次来华盛顿时能与您见面。(中国社科院近代史所藏"胡适档案",卷号 E-106,分号 10)

同日　翁文灏复电胡适:美政府对远东好意可感。但事实上日军严迫襄樊,如果攻取,沙市、宜昌甚不易守。华南日军大增,运输日益困难。万一停运,汽油即甚可虑。能否长久支持,殊不能必。在此潮流中,实盼美政府筹划具体办法。(《中华民国史资料丛稿》专题资料选辑第三辑《胡适任驻美大使期间往来电稿》,41 页)

6 月 8 日　胡适复函 Bryn Mawr College 校长 Marion Edwards Park,感谢 6 月 6 日来函以及所附酬金(中国社科院近代史所藏"胡适档案",卷号 E-313,分号 15):为参加 6 月 5 日的毕业典礼深感愉快。对于在毕业典礼上讲演获得的赞美之词,我极为感动。特别是两个女孩的母亲和弟弟在校门口等着我,他们在校门口告诉我说,他们的妈妈希望让孩子们拿到一份演讲稿的副本,最好一周读一次,我就把我随身携带的唯一一份给了他们,并为他们亲自签名,我认为这是对于一名演说者而言最好的回报。(中国社

科院近代史所藏"胡适档案",卷号E-106,分号2)

同日　胡适致函Charles J. Rhoads夫妇:感谢上周与尊伉俪在一起度过的安静的休闲时间。我已经回来三天了。今晚我将再度出发到东部和南部的大学演讲。寄上杭州绿茶一包,期望你们会喜欢。我相信战争一定会像我们希望的那样结束。(中国社科院近代史所藏"胡适档案",卷号E-108,分号5)

同日　孔祥熙致电胡适:"美国实施禁运法令,对于我国借款所购器材有无影响,请查洽电覆。并相机交涉,尽量予我便利,为荷。"(《中华民国史资料丛稿》专题资料选辑第三辑《胡适任驻美大使期间往来电稿》,42页)

同日　翁文灏、钱昌照致电胡适:"报载美政府通知日方,凡国防上必不可缺之物资及器材禁止外运。需用物资及器材系指机器及其零件、铁、汽油等而言。此项禁令情形,我国有无通融办法?详情如何?祈询明电示。"(《中华民国史资料丛稿》专题资料选辑第三辑《胡适任驻美大使期间往来电稿》,42页)

6月9日　胡适复电陈布雷:

> 最近国际局势大变,其猛烈迅速,诚有出于吾人预计之外者。然综合观之,其大势及其在美国之反响,仍与吾人所期待者,无大差异。兹分别陈述如下:
>
> 第一,自四月九日丹麦、挪威被侵掠以来,两个月中,美国舆论与国策均受激烈刺戟,决然趋向于援助英、法。至比国一役,英、法危迫,美国人心受震撼之猛烈,尤为有史以来所未曾有。二十年来,一切孤立和平论,至此完全摧破。据最近民意测验,主张积极援助英、法者,已占百分之七十一。日来政府竟明目张胆以所存旧军械及飞机售与英、法,足证其决心。此皆于我国抗战有利。盖英、法能支持,则安南、荷属印度及在华租界各问题,皆不至于急遽恶化。日本所忌惮,仍在民主国家大结合,而不在一时之胜败。
>
> 第二,在德国攻荷、比之前二日,美政府忽宣布,海军全部继续

无定期留驻太平洋,闻系最高当局意旨。项因英、法吃紧,颇有几家报纸,几个名人,主张与日本成立妥协,将海军调回大西洋。但政府政策,系一面以海军驻太平洋镇压远东,一面以经济工业生产力量积极援助英、法。此政策一时决不至变更。适最近谒总统,及屡次与外部要人谈,所得印象均如此。

第三,欧局骤变,使罗斯福总统之地位益加重要。美国开国百五十年,总统无第三任。故去秋民意测验,全国赞成罗斯福总统第三任者,仅百分之四十。至六月,则赞成者骤增至百分之五七。以现势推测,七月中民主党全国代表大会,必可一致推罗总统为候选人。总统若允候选,则十一月初大选时,彼应可当选。

第四,本届国会闻将于六月二十二闭会。本届通过之国防经费,总计逾四十万万元,亦足使欧亚侵略者起戒心。惟对日经济制裁各案,国会迄未能提出。幸最近国会提案授权总统禁止军用原料出口,可以间接达到对日禁运目的。总统在行政权限内所能做之对日各项禁运,日内已宣布者,有造机器之工具一项。此项在美售日各货中,其数值列为第四,而根本重要性实居第一。此次政府以军用需要名义,宣布禁运出口,日本颇感受打击。闻废铁禁运不久亦将继行。但汽油禁运,一时恐尚未能行耳。

第五,意大利至今未参战,其最大原因,在恐英、法不至崩溃,而美国或须参战。近来意大利与日本均日日造谣,惑乱世人观听。其用意均在使英、法与美受其恫吓,或可不用兵而满足其贪欲。最近关于在华租界之种种谣传,亦不外乎此。我方处此,只有镇静与防备两途。日本所虑与美国此时所能救济,均在民主国家阵势之长期支持,其他均枝叶问题。

第六,最近苏俄渐与英、法接近,美国朝野颇感欣慰。此实国际局势中最重要转机。盖苏俄去年秋冬之行动,甚失民治国家之同情,然苏、芬和议迅速干脆,足证苏俄首领能发能收。今当英、法危迫之际,苏俄不下井投石,且屡次警告意大利勿破坏巴尔干半岛现状,皆足稍稍转移世人对苏态度。倘苏俄此后果与英、法接近,则与德、意、日将更疏远,而美、苏关系亦可逐渐改善,此亦与我有利。

总之,我国抗战三年,国际局势果已大变。眼前虽尚未完全于我有利,然世人因此已能了解我国抗战之重要性。论者见欧洲诸小国灭亡之速,然后知介公所谓"以空间换时间"之真义;见英、法两大强国招架之艰苦,然后知我国支撑三年之不易;见意大利之举足轻重,然后知我苦战日本,使其疲敝衰竭不能为世界大患之为最大功勋。此皆足昭示我抗战之世界意义。

惟究因最近变化太骤太大,助我之诸友邦,自身皆困于应付,故眼前远东形势仍含有重大危险性。如敌之并力进窥鄂北、鄂西,如敌之增兵占琼崖以威吓安南,皆最恶毒。此间军事友人谆嘱致意介公,务请镇静备御,尤宜注意西南、安南方面之联防,以备不虞。总须造成一个使闪电袭击决不易成功之局势,然后可使敌人不敢轻于尝试。必须我自身有备无患,然后能有机会充分运用国际动态,以竟我抗战之全功。(《中华民国史资料丛稿》专题资料选辑第三辑《胡适任驻美大使期间往来电稿》,42～43页)

按,6月14日,陈布雷复电胡适:高君在美,奉谕请使馆及领馆多予照拂并维护。(《中华民国史资料丛稿》专题资料选辑第三辑《胡适任驻美大使期间往来电稿》,44页)

6月10日　胡适出席 Union College 毕业典礼,接受该校授予的荣誉法学博士学位。并发表演说"Intellectual Preparedness"。胡适说:

> A person with a trained mind looks at things critically, objectively, and with proper intellectual tools. He does not permit his prejudices and personal interests to color his views and influence his judgment. He is all the time curious, but he is never easily credulous. He does not rush to a hasty conclusion, nor does he lightly echo other people's opinions. He prefers to suspend judg-

ment until he has had time to examine the facts and the evidence.

A trained mind, in short, is one that has been disciplined to be a little incredulous, to be a little suspicious towards the easy snares of prejudice, dogmatism, and blind acceptance of tradition and authority. At the same time a trained mind is never merely negative or destructive. It does not doubt for the sake of doubting: nor does it think "all words are suspect and all judgments phony". It doubts in order to believe, in order to establish or re-establish belief on the firmer foundation of evidence and sound reasoning.

...

The most difficult problem for the university man or woman, after leaving college, therefore, is how to continue to cultivate and master the laboratory and research attitude and technique of mind so that they may pervade his or her daily thought, life and activities.

...

The greatest fallacy of man is to imagine that social and political problems are so simple and easy that they do not require the rigid disciplines of the scientific method, and that they can be judged and solved by the rule of thumb.

Exactly the opposite is the truth. Social and political problems are problems that involve the fate and welfare of millions of human beings. Just because of their tremendous complexity and importance, they are so difficult that they are to this day not yet amenable to exact quantitative measurement and exact method of testing and experimentation. Even the most scrupulous care and rigid methodology do not insure against error. But these difficulties do not exempt or excuse us from tackling these gigantic social and political problems with as much conscientiousness and critical insight as we can possibly apply to them.

...

Responsible thinking implies at least these three elemental requirements:

1940年　庚辰　民国二十九年　49岁

first, the duty to verify our facts and check our evidences; second, the humility to admit the possibility of error of our judgment and to guard against bias and dogmatism; and, thirdly, a willingness to work out as thoroughly as we can all the possible consequences that may follow the acceptance of our view or theory, and to hold ourselves morally responsible for those consequences.（《胡适英文文存》第2册，远流版，827～836页）

按，Union College邀请胡适出席该校毕业典礼的主演讲人，并授予其荣誉法学博士学位，可参考以下档案：中国社科院近代史所藏"胡适档案"，卷号E-448，分号1；卷号E-503，分号1；台北胡适纪念馆藏"胡适档案"，档号：HS-NK05-331-047。

同日　胡适应邀与Howard P. Dunham共进晚餐。（中国社科院近代史所藏"胡适档案"，卷号E-182，分号4）

6月12日　胡适致函克拉克大学校长Wallace W. Atwood：自己已平安返回华盛顿，感谢尊伉俪于访问克拉克大学期间给予的盛情招待与贵校授予的巨大荣誉。感谢6月10日来函与所附支付旅行费用的支票。（中国社科院近代史所藏"胡适档案"，卷号E-89，分号7）

同日　胡适致函W. Cameron Forbes：感谢两个月之前您从佐治亚赶来在Tavern俱乐部会议上对我进行介绍。感叹国际局势迅速恶化。上一封信里提及将在17日参加完布朗大学的毕业典礼之后可以到Naushon岛与您会面，然由于私人医生担心最近沉重的演说行程对健康的影响，期望能在众多事情完成之后再前往拜访您，同时请您的秘书提供去岛上的最好的路线。（中国社科院近代史所藏"胡适档案"，卷号E-94，分号10）

同日　胡适致函Dixon Ryan Fox夫妇：已安抵华盛顿，感谢于访问Union College时尊伉俪给予友善招待以及Union College给予的荣誉，期望能在华盛顿再见面。（中国社科院近代史所藏"胡适档案"，卷号E-94，分号12）

同日　胡适致函Meta Glass：感谢访问Sweet Briar College期间给予的

友善招待，期望能在华盛顿再见面。（中国社科院近代史所藏"胡适档案"，卷号 E-95，分号 6）

同日　胡适致函 James Grafton Rogers：感谢 6 月 10 日来函（中国社科院近代史所藏"胡适档案"，卷号 E-329，分号 6）。已接受 Seymour 校长的邀请，在参加耶鲁大学毕业典礼期间担任校长的嘉宾，期望能与尊伉俪见面。阅读您讨论国际情势的信函甚感愉快。由 Mrs. Stanley Hornbeck 处得知 5 月 4 日您可能在华盛顿，因当日是 Stanley Hornbeck 的生日，也是中国学生运动 21 周年。当时拟议敝宅为 Stanley Hornbeck 举行派对，尊伉俪也在被邀请之列。当得知您两位不能参加时我们都很失望。（中国社科院近代史所藏"胡适档案"，卷号 E-108，分号 13）

6 月 13 日　胡适致函 Mrs. A. Kent Balls：感谢您前日驾车送我从 Sweet Briar 返回华盛顿，您是一位出色的驾驶员和旅伴，希望您允许我登门致谢。（中国社科院近代史所藏"胡适档案"，卷号 E-90，分号 4）

同日　胡适致函 Norman F. Coleman：感谢 6 月 10 日来函对于拙文《不朽》的意见；遗憾 1938 年在 Reed College 演讲时未能会面，请告知现在 Portland 的住址，将寄上一篇在毕业典礼发表的演说稿。（中国社科院近代史所藏"胡适档案"，卷号 E-91，分号 23）

6 月 14 日　胡适复电外交部："近来美国红十字会劝募战区救济费二千万元。闻所得已过半数。据外部要人转达红十字会当局之意云：劝募文件虽未明言中国在内，但本意实包括中国战区之救济云。又前日罗总统致函国会，提议特别战区救济费五千万元。原函文字亦未专指欧洲战区。此案现已通过参院。其文字但只规定此款所采购救济用品，应限于美国农工产品，亦不明言欧洲战区。闻众院即可通过此案云。按上述两项救济费之支配权，操于总统及红十字会之手。务乞陈请蒋、孔两院长，即令主管救济机关拟具急需救济事项，以作准备。"（《中华民国史资料丛稿》专题资料选辑第三辑《胡适任驻美大使期间往来电稿》，44 页）

同日　胡适复电外交部：今日再往国务院。该院表示，美国政府对于在中国之公共租界暨中国国际运输道路之态度，业经再三向有关各国宣明。

1940年　庚辰　民国二十九年　49岁

关于第三点则未表示意见。据最有权威方面告称：美国舰队将不问欧洲情势如何，仍留驻于太平洋。政府方面之领袖深信，立予同盟国以充分之援助即系稳定远东与援助我方最有效之办法云。(《胡适中文书信集》第3册，170页)

同日　陈布雷日记有记："发致胡大使覆电。"(《陈布雷从政日记(1940)》，87页)

6月15日　胡适复电外交部：关于大部一五九一号电所云敌外相通告各国将继续狂炸重庆事，美国国务卿向报界宣称：美国大使馆设于重庆南岸，但美国侨民中有留居于重庆城内者。"美国政府既系中立，政府虽已劝其国民自由离去，但美国侨民固有权继续居留。倘发生损害情事，则责任随之发生。本国政府认为任何责任之发生，将由日本政府负其责任。"(《胡适中文书信集》第3册，171页)

6月17日　胡适出席布朗大学毕业典礼暨该校授予胡适荣誉法学博士学位仪式，并发表演讲"The Alumni Organization as an American Contribution to University Life"。胡适说：

> Historically, the permanence and continuous independence of the university in the Occident, have depended largely upon the degree of success in securing (1) economic independence, (2) self-government and (3) accumulation and preservation of material resources and intellectual tradition.
>
> These three essential elements have been made possible by the growth and development of three institutions: (1) the College Corporation, or the Board of Trustees, as the property-holding and financing body; (2) the Faculty as the center of university government and academic freedom; and (3) the organization of the alumni as the body which not only fosters college traditions and loyalty, but also contributes to the financial support and self-government of the university. (中国社科院近代史所藏"胡适档案"，卷号E-22，分号67)

6月18日　王世杰复电胡适："一月来敌机滥炸，我空军屡以少胜多。我各机关秩序甚好。消防及救护得力，故损失不大，伤亡尤少，亲友均安。敌之消耗超于敌所毁坏……宜昌昨克复，人心益奋。以后每周当嘱董显光致电尊处一次，报告国情。越南事，介公布置中。中国决非比、法，重庆决非巴黎。美政府在空军方面如对我特别接济，必收宏效。希图之。"(《中华民国史资料丛稿》专题资料选辑第三辑《胡适任驻美大使期间往来电稿》，44页)

6月19日　外交部致电胡适："本部前迭接情报，日本逼迫法方不准军火及汽油经越南输入中国。兹接驻河内总领馆来电：越南海关果于十七日突禁汽油出口。此事关系我抗战前途至深且巨。而我方所运汽油均系美货，美方自不能坐视不理。希请美政府迅以最有效之方法，使越南取消此项禁令。"(《中华民国史资料丛稿》专题资料选辑第三辑《胡适任驻美大使期间往来电稿》，44页)

同日　郭泰祺致电胡适："日本欲趁火打劫，攫取越南。此事关系远东时局至巨。美政府态度如何，盼示。"(《中华民国史资料丛稿》专题资料选辑第三辑《胡适任驻美大使期间往来电稿》，44页)

6月20日　孔祥熙致电胡适："敌图占越南，情势日趋迫切。所有我方用美借款订购各项物资，为数颇巨。该项物资原系美方支持抗战原〔厚〕意。万一事变……尤失美方厚意。所有现在存越及在途各货，在未入国境以前，倘能由美方〔商〕出面承受主权，则可确〔？〕保安全。务请迅予设法运用，促其实现。再我方存越矿产品为数亦巨，倘美方能一并予以维护，则尤多裨益也。如何？盼复。"(《中华民国史资料丛稿》专题资料选辑第三辑《胡适任驻美大使期间往来电稿》，45页)

同日　外交部致电胡适："据十九日同盟东京电称：美副国务卿 Henry Grady 曾向日大使堀内（堀内谦介）声称：美国禁运案，将不包括钢板〔？〕碎铁。仰即查明电覆。"(《中华民国史资料丛稿》专题资料选辑第三辑《胡适任驻美大使期间往来电稿》，45页)

6月21日　蒋介石致电胡适：若日本占领越南，则其粮食和重要原料

1940年　庚辰　民国二十九年　49岁

已可解决大半，且越南被日占领后，若美不事先积极表示，则其必占领荷属印度。此时，美欲制止，亦将无效。令胡以此意告知美国政府，望其对越南、荷属印度有同样之表示，"或可制止倭取安南与荷印也"。（《蒋中正先生年谱》第六册，337页）

同日　外交部致电胡适："越南现徇日本之要求，竟于二十日起，将我物质之运输完全停顿；并闻越南已接受日本派员监视之要求。此事关系我抗战命脉。美政府关心越南之运输，前已表示。希迅予密洽，设法令越南仍准我物质过境。又日本对越南终存攫夺之意，美方亦必与和〔荷〕属东印度同样关怀。可否请其表示适当之态度，藉遏敌人野心。"（《中华民国史资料丛稿》专题资料选辑第三辑《胡适任驻美大使期间往来电稿》，46页）

同日　胡适致电孔祥熙：现存越南及在途各货，除油料美商已允出名保护外，其他各货在未运入国境以前，亦须与油料同样办理。非由美商出面承认所有权，不足以言安全。事机迫切，万不可再循常规处理。务盼迅向各美商交涉允办，并将情形电复。（《胡适中文书信集》第3册，172页）

6月22日　蒋介石致电胡适：宋子文将来美，约25日可到，请胡适招待。（《中华民国史资料丛稿》专题资料选辑第三辑《胡适任驻美大使期间往来电稿》，46页）

同日　胡适致函江冬秀，云：

祖望第一学期的工课不好，这一学期颇能用功，居然考的不坏……
…………

上次信上，你谈起中央研究院的事。此事外间有许多传说，我无法过问，也无法推辞。我并不想做院长，但我此时若声明不干，那就好像我舍不得丢现在的官了。所以我此时一切不过问。……（《胡适遗稿及秘藏书信》第21册，539～540页）

同日　胡适致函James L. McConaughy夫妇：感谢访问Wesleyan大学期间的友善招待以及感谢Wesleyan大学授予之荣誉。（中国社科院近代史所藏"胡适档案"，卷号E-102，分号17）

同日　胡适致函 Mrs. Samuel Mowry Nicholson：已平安返抵华盛顿，感谢访问 Providence 期间在府上的晚会招待。（中国社科院近代史所藏"胡适档案"，卷号 E-104，分号 3）

同日　胡适致函 Henry M. Wriston：由衷感谢在最近访问布朗大学期间的友善招待以及布朗大学授予的荣誉。也为在 East Greenwich 和 Lisle 夫妇在一起看了许多有趣的大学建筑物深感愉快。（中国社科院近代史所藏"胡适档案"，卷号 E-114，分号 17）

同日　胡适致函 Charles Seymour：感谢访问耶鲁大学期间受到尊伉俪的友善招待，期待在华盛顿再度见到你们。（中国社科院近代史所藏"胡适档案"，卷号 E-447，分号 1）

6月23日　胡适复电蒋介石：

……安南事，昨美外长有谈话，谓彼曾屡次表示，反对整个太平洋区域内领土变更主权，法属安南当然在内。昨适另有详件，请美政府对安南作与对荷属印度同样之正式表示。闻本日上午外部有星期集会，此问题亦在讨论之列云。

国会昨夜宣告休假七日。在休假前，众院突然以两点钟之讨论，通过建立东西两大洋海军案。计增加海军力量百分之七十，连前两月所增，约共增百分之百。增费总数约近六十万万金，与美国上次参战第一年之海军费略相等。海军扩大一倍，虽非短时期所能做到，然实是对日本作最大警告云。

昨报载敌又威胁英国，要求不准中国军用物料通过缅甸。闻美外部昨曾劝告英大使，请其规谏本国政府，勿听日本恐吓之要求。

又养电敬悉。子文马日在吕宋起飞，宥日可抵金山，到后当妥为招待。（《中华民国史资料丛稿》专题资料选辑第三辑《胡适任驻美大使期间往来电稿》，47页）

同日　胡适复电王世杰：越南事，美外长稍有表示，已电告外部。尊电意旨，昨已特别请此间当局注意。现时英、美正做撑持挽救全局之工作。

全局有救，我亦可得救。但敌人凶狡，不可不防。故仍切盼政府注意滇越、桂越之防务。必须我有自力可靠，才可不吃眼前大亏。(《中华民国史资料丛稿》专题资料选辑第三辑《胡适任驻美大使期间往来电稿》，46页）

按，6月21日，王世杰致电胡适云："越南事，半年来我曾迭向英、法及越南当局提议联防，均被拒绝。目前鄂西战事未了，我无法立调重兵于越、桂界境，以壮法人之胆。政府切盼美政府重视越南与荷印等，对日本能作公开或不公开之严重表示，俾越南交通不至深受影响。然后徐徐设法布置，以善其后。望兄全力图之。我存越物品九万吨，需年始可运罄。并闻。"(《中华民国史资料丛稿》专题资料选辑第三辑《胡适任驻美大使期间往来电稿》，45页）

同日　胡适复电孔祥熙：

号、马电敬悉。此事已与任嗣达君谈过，并与外部谈过。任君有号电详陈……外部友人则谓，眼前法、越政府势不能不迁就日本。最好仍由我驻越当地人员随时疏通，或可有具体通融办法。昨外长有谈话，重申屡次声明反对太平洋区域内领土变更主权之意。安南当然在此原则之内。安南交通问题，美外部与财部皆甚注意。但此与英、法全局相关连，现时英、美尽力做支撑挽救全局的工作，亦正是间接助我也。

宋子文兄马日由吕宋飞美，宥日可到金山。本馆应为之作何布置，乞电示。(《中华民国史资料丛稿》专题资料选辑第三辑《胡适任驻美大使期间往来电稿》，47页）

同日　胡适复电外交部：

越南事，美外长略有表示……昨适另有节略请美政府对安南作与荷属印度同样之表示。至于汽油各货禁运问题，外部方面谓，法、越当局此时势不能不如此做。最好仍由我方驻越南人员就近随时疏通，

或有局部通融办法。美国政府领袖现时所努力者，在于支撑英国，挽救全局。如昨夜国会众院通过海军力量增加百分之七十，造成两大洋并顾之海军一案，亦是对欧亚强暴作有力之警告。（《中华民国史资料丛稿》专题资料选辑第三辑《胡适任驻美大使期间往来电稿》，47页）

6月25日　晨，胡适与周鲠生谈。回华盛顿。出席霍恩贝克家茶会，见着 Mrs. Henry Grady。李国钦来吃饭。（据《日记》）

同日　胡适复电郭泰祺："一个月来，沧海真变桑田。我辈凡夫，那得不急杀！此间领袖原欲努力支撑英、法，即是间接助我。不意法国崩溃太速，英更吃紧，远东局势亦大动摇。此时美政策似仍在全力维持英帝国，其余皆枝叶耳。"（《中华民国史资料丛稿》专题资料选辑第三辑《胡适任驻美大使期间往来电稿》，48页）

6月26日　宋子文今日抵纽约。顾临来吃晚饭，久谈。Dr. Min Hin Li 来谈。（据《日记》）

同日　胡适复电外交部并转蒋介石、孔祥熙：

　　昨日报载美国海军主力部份已开离檀岛，去向不明。外间因猜测系开往巴拿马运河。但海军部、外部及白宫，均不肯发表海军开往何地。昨下午四时，总统对报界谈话，亦但云未得报告云。今晨各报亦谓，海军去向无从探悉。昨晚适曾设法探询，亦不得明白表示。

　　鄙意美海军若系调回巴拿马，政府似不必故作神秘如此。故鄙意海军去向有三可能：一为东回，二为仍在檀岛外海演习，三为西行。（《中华民国史资料丛稿》专题资料选辑第三辑《胡适任驻美大使期间往来电稿》，48页）

6月27日　胡适复电王世杰：（一）越南交通事，美政府甚注意。（二）英、缅方面，复初电告无问题。（三）对日妥协论在美并无力量，乞勿虑。（《中华民国史资料丛稿》专题资料选辑第三辑《胡适任驻美大使期间往来电稿》，49页）

1940年　庚辰　民国二十九年　49岁

按，6月26日，王世杰来电云："军事布置已开始，惟滇、桂边地交通不便，到达需时耳。今有三点请考虑：（一）越南为我输入汽油及其他美货路线，日本胁令停止，无异对美禁运。我似可坚请美政府以对日实施禁运，为遏止或对付日本威胁越、缅交通之手段。（二）日本现又威胁缅甸，美政府如无强硬表示，英国亦或软化。（三）美国主张对日妥协之人，无非欲联络强国。但美如联络强国，联俄较联日为顺。美如经我斡旋，对俄取消禁运，则美、俄妥协成，我可望自俄假道，得汽油、军火。抗战已入最严重阶段，望兄全力进行一切。"（《中华民国史资料丛稿》专题资料选辑第三辑《胡适任驻美大使期间往来电稿》，49页）

同日　胡适复函 Stanly L. Cummings：感谢寄赠演说稿，将寄上一本书，书中包括最近的演讲稿 "The Political Philosophy of Instrumentalism"。在此演说中，我试图阐释关于国家的一种观念 "intelligently conscious of its own instrumental potentialities and at the same time subject to democratic control"。尊函提到的问题 "在未来中国美国的最大利益问题"，我希望稍后函复您。（中国社科院近代史所藏"胡适档案"，卷号 E-91，分号 33）

同日　外交部致电胡适：上海公共租界有设立警察裁判所之议，其法官由日方推荐而由工部局任命。此案似因日方之胁迫，而由工部局提出。希即商请美政府转令上海租界当局，勿使上项计划实现，并仍维持我法院固有管辖权。（《中华民国史资料丛稿》专题资料选辑第三辑《胡适任驻美大使期间往来电稿》，49页）

6月29日　胡适复电外交部：同盟社讯不足依据。美国已实行之禁运办法，尚未包括钢铁。至将来是否实行，现尚无决定。（《中华民国史资料丛稿》专题资料选辑第三辑《胡适任驻美大使期间往来电稿》，49页）

同日　外交部致电胡适：存越物资内，有美借款器材2万余吨。希即商请美政府转饬驻越美领事，以借款未还为理由，向越南提出假扣押办法，以资保护。（《中华民国史资料丛稿》专题资料选辑第三辑《胡适任驻美大

使期间往来电稿》，49 页）

7月

7月1日　胡适复电外交部：美国舰队昨日已回驻檀岛。其总司令声明：此次离开夏威夷，系为依照战时动作之演习，事前不预先宣布云云。(《中华民国史资料丛稿》专题资料选辑第三辑《胡适任驻美大使期间往来电稿》，49～50 页）

7月2日　胡适陪宋子文访 Jesse Jones、赫尔国务卿及 Sumner Welles。1点，陪宋去白宫。下午，陪宋访英国驻美大使。晚上，陪宋去 Hamilton 家吃晚饭。日记记二人谈话：

> 饭后同回到他的旅馆小坐。他说，总统既答应了帮忙，借款一定有望了。我说，"子文，你有不少长处，只没有耐心！这事没有这么容易。"他又批评光甫的两次借款条件太苛。我说："我要 warn 你：第一，借款时间不能快。第二，借款条件不能比光甫的优多少！光甫的条件是在现行法律之下，无法更优的。"

同日　胡适致函 John L. Elliott：从美国医药助华会得知 The New York Society for Ethical Culture 在 4 月 7 日捐赠 106.99 元的支票以援助中国，诚挚地感谢 The New York Society for Ethical Culture 对中国人民的帮助。（中国社科院近代史所藏"胡适档案"，卷号 E-93，分号 2）

同日　胡适致唁电与 Cravath de Gersdorff Swaine & Wood，吊 Paul D. Cravath 之丧。（中国社科院近代史所藏"胡适档案"，卷号 E-404，分号 1）

7月3日　胡适复电外交部：

> 美总统昨日公布，军火、飞机及国防上所需要之用品等四十余种，须有出口证始可外运，但废铁不在内。
>
> 又德国照会各国，请其撤回驻荷、比、那（挪）威等国使节。闻

1940年　庚辰　民国二十九年　49岁

美方将照办，但留领馆保护侨民利益。

又关于有田公布之所谓"东亚门罗主义"，外长只谓，美国政策仍以国际公法及条约为根据云。

又国会参院海、陆军委员会通过总统新任命之陆长司汀生及海长诺克司，即将提出参院，闻通过无问题云。（《中华民国史资料丛稿》专题资料选辑第三辑《胡适任驻美大使期间往来电稿》，51页）

同日　胡适复电郭泰祺：美外长表示，美国政策不变，仍以国际公法及条约为根据。其意若曰：有田宣言算不得数也。美海军已回檀岛原防，敌人似颇惊讶。子文已谒总统外财长，彼等态度甚好。子文昨得港电云，中航公司万一被迫离港，则交通线将断绝。"（《中华民国史资料丛稿》专题资料选辑第三辑《胡适任驻美大使期间往来电稿》，50～51页）

按，7月2日，郭泰祺电告英国立场：缅运不退让；上海驻军为策略计，将撤往香港，但坚持公共租界之不得侵犯；如香港被侵犯，决抗战。英方欢迎宋子文访英。(《中华民国史资料丛稿》专题资料选辑第三辑《胡适任驻美大使期间往来电稿》，50页）

同日　胡适复电陈介："子文到此五日，已进谒总统外财长，彼等对我国态度甚好。美海军已开回檀岛，敌人似颇惊讶。鄙意敌似未必敢攻香港占越南。若攻港，则英必抗战。若侵越，则我必取相当军事行动。六月二十三亮畴兄对越南事有正式声明，想已达览矣。"（《中华民国史资料丛稿》专题资料选辑第三辑《胡适任驻美大使期间往来电稿》，50页）

按，当日陈介原电云："德对日稍冷淡；惟因欧局未了，对我仍依违。倘日果占香港，攻安南，美将采何态度，能略示知否？闻宋子文先生莅美，进行想圆满，乞代候。"（《中华民国史资料丛稿》专题资料选辑第三辑《胡适任驻美大使期间往来电稿》，50页）

同日　胡适复电顾维钧：关于远东情形，美外长最近声明，政府政策仍以国际公法及条约为根据。其意若曰：有田宣言算不得数也。(《中华民国史资料丛稿》专题资料选辑第三辑《胡适任驻美大使期间往来电稿》，51页)

同日　曹聚仁代表香港《星岛日报》向胡适提出："中国往何处去？"具体是：究竟中国有没有前途？如何才是它的出路？如何挽救当前的危机？请胡适赐答。(《胡适遗稿及秘藏书信》第33册，514页)

7月4日　外交部致电胡适："挪威、荷兰、比利时及卢森堡，德已全部占领。嘱将现驻各该国之外交代表撤退，并至迟至七月十五日为止等情。关于此案，美政府对于该国现驻各该国之外交代表，采取何种措置？希即详查电复，以凭核办是要。"(《中华民国史资料丛稿》专题资料选辑第三辑《胡适任驻美大使期间往来电稿》，51页)

7月5日　胡适有"A Brief Statement Regarding Higher Education in China During the War"。胡适在此文中说：

> ...At present there are 104 universities, colleges, and technical schools operating on a regular schedule. Most of these schools have been removed to the interior....
>
> The war has not only not diminished the number of students, but has increased it. As noted before, the total number of students at the beginning of the war was 31, 188. It was increased to 36, 180 in 1938 and to 44, 422 in 1939. At present, it is well over 50, 000....
>
> ...In a great many cases, both teachers and students are working without library or laboratory facilities.... Consequently, there has been a decided downward tendency of the intellectual level among the Chinese colleges and universities despite the fact that the number of students has steadily increased and that class exercises have been regularly maintained. (《胡适未刊英文遗稿》，540～548页)

同日　王世杰致电胡适："顷悉中缅交通英拟维持，惟须美表示赞援。英正向美探询，请注意。"(《中华民国史资料丛稿》专题资料选辑第三辑《胡

适任驻美大使期间往来电稿》，51页）

7月6日　外交部致电胡适："六月八日 Christian Science Monitor（《基督教科学箴言报》）内载加省石油输日近况，引起美国舆论反对，足见美油仍大量输日。现美总统已签准国防法案，并颁布公告，列举禁运物品四十六种。石油是否在内？如不在内，能否乘美国民众反对运油赴日，及日方威胁越、缅运输时机，设法使美方以石油列入禁运，并电复。"（《中华民国史资料丛稿》专题资料选辑第三辑《胡适任驻美大使期间往来电稿》，51～52页）

同日　外交部又电胡适："英国为日方威逼缅甸停运军火事，正与美政府商洽中。现越南运输全停，缅甸一路为我生死关头，谅为美方所深知。究竟美政府对于英方如何表示其意见，希速探询电复。"（《中华民国史资料丛稿》专题资料选辑第三辑《胡适任驻美大使期间往来电稿》，52页）

7月7日　胡适购得 Hermann Rauschning 著 The Revolution of Nihilism。（《胡适藏书目录》第4册，2561页）

同日　外交部致电胡适：越南政府拆去老街附近滇越铁路钢轨一段，外交部已向法方提出严重抗议，希望美政府亦提出抗议。（《中华民国史资料丛稿》专题资料选辑第三辑《胡适任驻美大使期间往来电稿》，52页）

7月8日　胡适复电外交部：

> 罗总统秘书星期六晚之声明，惹起普遍批评。本日《纽约时报》社论，称之为"冲动的声明"。《华盛顿明星报》以为声明不独不确切，且反使根本问题暧昧不明。赫尔于本日新闻记者会议时宣称，以彼所知，此声明无意作政府政策之界说。而彼星期五日答覆德国关于门罗主义回文之宣言，则曾经与总统商洽，确可视为政府政策之界说。
>
> 为解释误解起见，昨晚总统秘书告新闻记者，谓："总统之意对于仅袭取门罗主义之名称与美洲人所认识及持有之门罗主义迥不相同，故特为声明以促世人之注意。在其他半球，尚未见如吾人之真实门罗主义之象征。"总统秘书未例举任何国家。而总统与前电所述赫尔宣言

之完全一致，实无疑义。(《胡适中文书信集》第 3 册，178 页)

7 月 10 日　胡适复电外交部：经与美外部接洽，据称：关于该路中断，月初美外部亦接得报告，但闻现已修复通车。俟查明后，当再考虑应付办法云。(《中华民国史资料丛稿》专题资料选辑第三辑《胡适任驻美大使期间往来电稿》，52 页)

同日　胡适复电外交部：

经询据美外部称，美外长赫尔昨日对此事已有声明，谓总统秘书之声明，其用意并非为任何新政策设定界说，亦非改变现行政策，而美国之政策，业经彼于七月五日宣布矣。

总统秘书更不承认其声明含有给予德国及日本自由处置欧亚两洲事务之意。

白宫及外部均知该项声明引起误解，并实际上已以委婉文字将声明全部取消。除非新情势发生，致有再发声明之必要时，美外部现不拟发表特别声明。

美总统今日宣称，美舰队将无限期留驻太平洋云。(《胡适中文书信集》第 3 册，179 页)

同日　新任泰国公使来拜。新任哥斯达黎加公使来拜。李芑均来谈。J. E. Baker 来谈。Arthur Holcombe 来谈。(据《日记》)

同日　胡适复函赵元任：

"批改"不敢当，只把铅笔记出一些可以改动的地方，请您再审查审查。请你仔细"批改"了，再"打"出清本来，让 Professor E. J K. 斟酌斟酌。

第三页我加上两页，似乎"冠冕"一点（？）

办法的"text"，我略有文字上的更动，不知可以更动吗？(《鲁迅研究月刊》2020 年第 2 期，54 页)

1940年　庚辰　民国二十九年　49岁

7月11日　胡适复电外交部，并转蒋介石、孔祥熙："陆长司汀生、海长诺克司均已通过就职。前日总统宣布美海军将留驻檀岛，不调回大西洋。昨政府又派遣军事工程专家多人，飞往阿拉斯加〔Alaska〕增筑空军根据地。阿拉斯加为美洲大陆最近日本之一角，故此举甚引起注意。又参院昨通过建立两大洋海军经费案。据参院海军股长报告，本案期于六年内完成两大洋海军，约共需百万万元云。又总统昨又提国防新案，请增费四十八万万元。其致国会咨文中有云：'我们不用我们的武备去作侵略战争，我们也不送我们的兵士去参加欧洲的战争'云。此二语，舆论界认为总统对国人之誓约。"（《中华民国史资料丛稿》专题资料选辑第三辑《胡适任驻美大使期间往来电稿》，52页）

7月12日　早晨得郭泰祺电，知道英政府受日本威胁，决定对缅甸问题作暂时让步。"我很焦急，故终日奔忙。"到国务院，与霍恩贝克深谈，请其即为转达中国的危急情形。日记又记：

宋子文也很着急。他说："你莫怪我直言。国内很有人说你讲演太多，太不管事了。你还是多管管正事罢！"

Memorandum by the Adviser on Political Affairs（Hornbeck）of a Conversation with the Chinese Ambassador（Hu Shih）：

The Chinese Ambassador called on me at his request, this noon. He handed me a paper on which there was what he described as a "rough translation" of a telegram which he had received this morning from the Chinese Ambassador in London—in which the Chinese Ambassador stated that he had had a conversation with the British Minister for Foreign Affairs and the Minister had stated that the British Government was making to the Japanese Government a promise to suspend temporarily arms traffic on the Burma road; the Minister had said that they did this with regret, that, having been unable to obtain assurances of support from the United States and being unable by themselves to make resistance, they had no alternative.

The Ambassador said that he had another telegram from the Chinese Ambassador in London in which that Ambassador inquired whether there was not something which the United States might do—either by way of stiffening up the British Government or of restraining the Japanese Government.

There followed some discussion of the world situation and of the problems to which the American Government is compelled to give consideration.

The Ambassador then said that he wished to speak with all the seriousness of which he was capable: he said that he feels that he has kept well abreast of and reasonably well understands the situations both in China and in the United States, and the currents and trends in both countries; he adverted to the fact that he has never pled with the American Government with over-emphasis and he has for the last two years maintained a constantly optimistic attitude regarding the potentialities of Chinese resistance and he has constantly encouraged his Government to maintain that resistance and to expect a favorable outcome; he said that now, with the closing of the railway to Indochina and the impending closing of the highway from Burma, China's situation becomes gravely difficult and the problem of maintaining Chinese morale and China's will to resist becomes critically difficult. He hoped that the American Government would discover some way by which it could make a contribution of influence in this situation toward preventing a breakdown of Chinese morale and toward restraining and holding back Japan. He said that the situation called for something more positive than mere words of encouragement, something more positive than mere promises of financial assistance to China. He hoped that we would think of something and that we would find ourselves able to take some action.

My comments will be offered in a separate memorandum. (*FRUS*, 1940, Vol. IV: *The Far East*, p.47−48.)

1940年　庚辰　民国二十九年　49岁

同日　蒋介石致电宋子文："借款事不必与胡使相商,请兄径自进行为便。此时拟召胡适回国,未知有否不便之处。……"(吴景平、郭岱君主编:《宋子文驻美时期电报选(1940—1943)》,复旦大学出版社,2008年,41页)

7月13日　胡适复电外交部,并转蒋介石、孔祥熙:(奉电后)"即竭力向美外部陈说缅路危机,请其设法挽救。闻昨日下午三时,外长曾对英大使有恳切劝告。今日外部友人密致意,谓政府正考虑有效之挽救办法云"。(《中华民国史资料丛稿》专题资料选辑第三辑《胡适任驻美大使期间往来电稿》,53页)

同日　胡适复电郭泰祺:昨下午英大使访外长,微闻外长曾有恳切劝告。据友人密告,此间政府正考虑有效之挽救办法。但当此在朝政党大会前夕,恐急切未能有所表示。若有确息,当电告。弟所确知者,美政府决不赞成英方所盼望之劝和办法云。(《中华民国史资料丛稿》专题资料选辑第三辑《胡适任驻美大使期间往来电稿》,52页)

同日　胡适致函 Maurice William:昨日与 Mrs. James E. Hughes 在大使馆谈话,我们谈得很愉快。她对于我给您的两个建议感到很高兴:由于华盛顿太热,在7月最后一周若要举行一个花园派对以吸引人们在《希望之书》上签名并将此活动持续到冬天的话,建议将花园派对延到9月的第4周以吸引更多人签名。(中国社科院近代史所藏"胡适档案",卷号 E-114,分号7)

7月14日　胡适致电陈布雷,告:国务院友人谆嘱"我国领袖不可因英国小让步而灰心,并望介公即有宣言,声明无论如何困难,我仍继续抗战。据今晚友人密告,美政府深知我国待援之切,确在考虑有效之声援办法,日内将有所决定"。(《胡适中文书信集》第3册,181页)

同日　外交部致电胡适:缅甸运输所关太重,盼将与美政府商洽情形迅即电复。(《中华民国史资料丛稿》专题资料选辑第三辑《胡适任驻美大使期间往来电稿》,53页)

同日　外交部致电胡适:"关于缅甸运输事,英决定允许在三个月内〔所谓雨季〕停运某种货物。……姑无论英方所持理由如何,其负中国自私,而美方对此事一直未为英作声援,殊令人大为失望。倘美方再无表示,则

日将认为美亦已屈服。……美对此事如有有效表示，实为同时援助中国与英国之一途。希迅商美政府电复。"(《中华民国史资料丛稿》专题资料选辑第三辑《胡适任驻美大使期间往来电稿》，53页）

7月15日　胡适复电外交部：美政府深知我国待援殷切，昨日国务院竟日会议，考虑有效之声援办法，日内将有所决定。深望中国不因英国让步而灰心。美政府决不赞成英方所盼望之劝和办法。(《中华民国史资料丛稿》专题资料选辑第三辑《胡适任驻美大使期间往来电稿》，53页）

同日　宋子文致电蒋介石：美国外交部虽对我同情，然畏首畏尾，尤以东方司人员为甚。胡适待人接物和蔼可亲，惟终日忙于文学研究。公务上唯东方司之命自从，不敢逾越该司，而与其上峰及其他各部接洽，以冀打破障碍，实无胜任大使能力。到任迄今，尚未与陆长、海长晤面。由此可想而知矣。(台北"国史馆"藏"蒋中正'总统'文物"，典藏号：002-080106-00025-002）

同日　郭泰祺复电胡适："十二日、十五日复晤常务次长、政务次长，均言英方无意负我。真意在迁延待时，以渡过目前三个月最大之难关。以为如在此期间内，德侵英告失败，或义海军被毁，则情势转好。无论如何，英之地位三月后当优于目前，对日较可坚强，或能取消暂时限制办法。弟本晚已书面抗议。英对我方与美舆论反感，殊不安，力谋有以缓和之。政务次长允日内对劝和及远东政策有所声言，以释各方面疑虑。但吾人仍须不断运用。美方若有确息，请随时电告为荷。"(《中华民国史资料丛稿》专题资料选辑第三辑《胡适任驻美大使期间往来电稿》，53页）

7月16日　胡适复电蒋介石："最近两日报纸所传英国拟拉拢中、日议和事，此间亦有所闻。十日前，适与宋子文兄同访英大使罗辛，彼即大谈中国应与日本议和。当时尚以为是彼私人见解。最近始知，约半月前，罗辛曾谒美外长，问两事：一，美国能与英国在远东共同作战否？二，若不能，则美能与英同劝中、日议和否？据最可靠消息，外长答：一，作战权在国会，政府不能预先承诺任何国家。二，此时议和，等于劝中国完全屈服，美国不能参与。罗辛对适云：美国的毛病只是一个强项的良心作怪。我答云：强项的良心也有大作用。法国若多一点强项的良心，岂非英国所大愿耶！据罗辛所谈，彼所谓和等于全盘屈服，包括承认汪伪组织。但今晨所传英方消息，则似英国所谓劝和，至多不过拉拢两国，使其直接谈判，而不负调停责任。据适综合各方观察，有下列各点或可供参考：一，美国绝不愿我国屈伏，欲我继续抗战，此点绝无可疑。最近证据，如罗总统两次对子文兄说，我们此时决不可改变宗旨，也不可说民主国家一蹶不振了。二，英国此时所谓劝和，以适所知，似是一种缓兵之计。三四个月以后，英伦三岛日短夜长，又多大雾大浪，袭击不易，而可以攻人。故英国人说：若能支持过十一月，就有转机了。况十一月初，美国大选揭晓，无论结果如何，政策趋向可以分明。故对缅事让步，以三月为期。又声言于此三月中，将拉拢中、日讲和，其意或在暂时和缓远东局势。我方此时似不必过分猜疑，谓为有意卖我。三，美国政府领袖确有心助我撑持。虽其政制拘牵，有时缓不济急，但今日惟此一国具有镇定远东力量，每到我最倒霉时，总伸手助我。前年十月廿五，我失武汉之日，总统嘱财长特召光甫与适，许以借款，最为明证。总统三年不援用中立法，只为要保持对远东可以有一点行动自由。适私心以为，我国对美国应有信心，不必因其迟缓即生失望。"（《中华民国史资料丛稿》专题资料选辑第三辑《胡适任驻美大使期间往来电稿》，54页）

同日　胡适复电外交部：

美外部今日发表声明如次："关于传称英国政府因日本之请求，将暂时禁止若干种货物由缅甸运入中国一事，外长于答复报界询问时谓：美国政府对于保持世界各地通商大道之开放，实有正当之关切，并认为类此之行动如经采取类如最近对于滇越路所采取之行动，将对于世界商业横加不当之阻碍。"

外长于答复关于英国运动中日和平之一问时，谓美国政府对于远东局势，仍保持其多年来采取独立自主途径之惯例。（《中华民国时期外交文献汇编（1911—1949）》第七卷，中册，706～707页）

7月17日　蒋介石致电胡适、宋子文：美国为何不能与英国积极合作，

以支持英国在远东之地位，而使之不畏日本之威胁。此中原因究竟安在？今日远东形势只须英、美海军力量切实合作，美国在远东多负责任，而后英国对日态度才能坚强。此为远东安危最大关键，亦为中国最切之希望。请兄等即向美当局切言此意，盼其速有决定，并明显表示，以转变英国对日态度为要。并盼电复。(《中华民国史资料丛稿》专题资料选辑第三辑《胡适任驻美大使期间往来电稿》，54页）

同日　陈布雷日记有记：拟电稿二件（致胡大使及宋）。(《陈布雷从政日记（1940）》，103页）

同日　外交部致电胡适：赫尔对缅运声明，恐不足壮英方之胆。此外有无其他行动，盼探复。(《中华民国史资料丛稿》专题资料选辑第三辑《胡适任驻美大使期间往来电稿》，55页）

同日　外交部致电胡适：关于缅甸交通问题，经郭大使电由邵大使商请英驻苏联大使 Cripps，就英、苏关系立场，电其外部，阻止对日妥协。该大使允即去电。现美驻苏联大使不日离美，同时盼与执事及宋子文一谈中、美、苏关系，希即洽谈并电复。(《中华民国史资料丛稿》专题资料选辑第三辑《胡适任驻美大使期间往来电稿》，55页）

7月18日　蒋介石致电胡适转宋子文：近卫内阁上台后，必"积极向南洋发展，不但以荷印为目标，且必向澳洲、纽西兰冒险。……美国政府必须有所准备。……甚盼美国能速有一确实与英合作之计划表示于世……苏、美在远东问题上之合作，为遏制太平洋危机之重要因素。值此近卫登台，须有英、美合作与美、苏合作……而且有切实表示，方足以遏止敌人南进野心。"令胡、宋将此意转告美国政府。(《中华民国史资料丛稿》专题资料选辑第三辑《胡适任驻美大使期间往来电稿》，55～56页；台北"国史馆"藏"蒋中正'总统'文物"，典藏号：002-020300-00028-035）

7月19日　宋子文、胡适复电蒋介石：

承询美国为何不能在远东与英国积极合作。此中原因，约有三端：
第一，美国政制风尚皆受其特殊之历史地理影响，对欧洲政治向抱疑畏，不敢参预。故美政府历来不但不与他国缔结同盟，亦不敢对他国预作军事上或政治上之承诺。此为最根本原因。

第二，美国朝野均甚关切英帝国眼前之安危。但眼前所能做到之平行合作，只限于美国海军留驻太平洋，以减轻英国东顾之忧。此为美总统兼海陆军统帅权限以内之事。但因政制所限，美政府无法进一步明白担承在远东多负责任。故将来美国在远东有何动作，全靠事实上有何重大演变。二十三年前美国之参战，亦全由事变促成，而绝无事前之担承也。

第三，美国正当大选前夕，在野之共和党屡指斥现政府主战闯祸。故政府对欧亚均不能不十分慎重，以避免主战党之恶名。此虽属时间问题，但亦关重要。盖美国和平孤立派之潜势力，尚未可完全漠视也。（《中华民国史资料丛稿》专题资料选辑第三辑《胡适任驻美大使期间往来电稿》，56页）

7月20日　胡适复函赵元任：

我是决不要做中研院长的。但我此时不能预先声明不做，因为那就好像我不肯丢"大使"了。我若不做大使，一定回北大去教书，因为那是我爱做的事，而中研院长是我不爱做的事。

做大使也不是我爱做的，但我前年为国家动了一念，决计担任到战事终了，或到"召回"为止。因此，我决心不辞"大使"，恭候"召回"。

万一"召回"，也许是用中研院长为理由，但实际上的理由当然是"责速效"。我们徽州有"病急乱投医"的俗话。现在快到"求仙方"的时期了。你说是吗？

你若寻到了大藏经，可以看看这些人的语录：

黄檗禅师（希运）……

临济禅师（义玄）……

五祖禅师……

大慧禅师……

宗杲有单行专集，其余的在"古尊宿语录"之内。

祝你一家都好。

见颜福庆先生时，乞代问好。(《鲁迅研究月刊》2020年第2期，54～55页)

7月22日　胡适回拜泰国公使，见其夫人。回拜哥斯达黎加公使。访霍恩贝克。晚10时，到霍恩贝克家中久谈，他说："不出几日，就有好消息。"(据《日记》)

同日　胡适致电王世杰，表示：如果不做大使，也决不做中研院院长，理由是：一、舍不得北大，要回去教书；二、翁文灏或朱家骅比自己更适宜；三、自己要保存（或恢复）自由独立说话之权，故不愿做大官；四、大使是战时征调，自己不敢辞避，而中研院院长一类的官不是"战时征调"可比。(《胡适中文书信集》第3册，185页)

7月24日　晚上去纽约。临行之前，霍恩贝克邀去小坐，小谈。他又说，不久即有好消息。(据《日记》)

同日　胡适复电蒋介石："美国在远东虽极愿与他国合作，终因政制之束缚，不能对他国有政治上或军事上之事先承诺。故屡次声明美国在远东保持其独立之政策。闻本月廿日外长曾嘱詹森大使郑重致意于我公，其言虽委婉，其宗旨则甚明显。此项独立政策正在待时展开，不久或将有进一步之表示。"(《中华民国史资料丛稿》专题资料选辑第三辑《胡适任驻美大使期间往来电稿》，56～57页)

7月25日　于焌吉来吃早饭。午后2点，得馆中电话，知白宫宣布把废铁、废金属、汽油、汽油产品列入禁运物。(据《日记》)

同日　胡适复电蒋介石：今午罗斯福总统发表于其7月2日公布之禁运物单内，新加废铁及其他金属废件、汽油及汽油制成品诸项。(《中华民国史资料丛稿》专题资料选辑第三辑《胡适任驻美大使期间往来电稿》，57页)

同日　外交部致电胡适：我存越钨砂原已商得法方同意转售美国，并已领到出口证。兹据报告,法海军总司令部忽又令禁止出口,我及美影响甚大。除已由驻河内许总领事商美领事交涉,暨电顾大使外,希询美政府已否向法、越政府交涉放行。交涉情形如何?(《中华民国史资料丛稿》专题资料选辑第三辑《胡适任驻美大使期间往来电稿》,57页)

同日　外交部电令胡适商请美政府转电上海租界当局,制止日本在上海公共租界废止特区法院、设临时裁判所之举动,仍维持现有法院之原状。(《中华民国史资料丛稿》专题资料选辑第三辑《胡适任驻美大使期间往来电稿》,57页)

7月26日　Dr. Maurice William 来吃早饭。胡适到 Dr. Robert L. Levy 诊室细细检查。函谢霍恩贝克。(据《日记》;中国社科院近代史所藏"胡适档案",卷号110,分号7)

7月27日　胡适到 Westport,Conn.,Morris Cooper,Jr. 夫妇家中避暑。(据《日记》)

同日　王世杰致电胡适:外传调兄返国,均由中央研究院问题引起。政府觉美使职务重于中研院,迄无调兄回国决定。(《中华民国史资料丛稿》专题资料选辑第三辑《胡适任驻美大使期间往来电稿》,57页)

同日　外交部复电胡适:"缅方停运后,美国油商受损殊大。统计六月份到仰之货,美产占百分之七十七;由仰内运者,美计占百分之七十五。特电洽照。"(《中华民国史资料丛稿》专题资料选辑第三辑《胡适任驻美大使期间往来电稿》,57页)

同日　外交部致电胡适:航空委员会据报:汪逆拟向美购 Stearman 教练机,由沪百老汇大楼扬子江公司出名,代向纽约该航空公司接洽。希探询。如确,阻止成立。(《中华民国史资料丛稿》专题资料选辑第三辑《胡适任驻美大使期间往来电稿》,57页)

7月28日　胡适住 Cooper 家中。(据《日记》)

同日　陈布雷日记有记:接胡适之、郭复初、邵先生各电。(《陈布雷从政日记(1940)》,108页)

7月29日　胡适回纽约。12点半,与宋子文同回华盛顿。J. E. Baker、

Ed. Hume 和顾临来吃饭，久谈。(据《日记》)

同日　胡适复函江冬秀：

前些日子，有许多报上谣言，说我要回去做中央研究院院长了。这是同洪芬兄对你说的一样。我当然盼望回去，但我不要做院长。我的意见同你一样，我若回去，还是到昆明北大教书。别的事一概不做。(《胡适遗稿及秘藏书信》第 21 册，541～542 页)

7 月 30 日　胡适致函江冬秀，告："我先父铁花公的稿子(日记、年谱、文稿)，现在存放在美国国会图书馆"，绝对没有危险。这些稿子，先有胡绍之保存，继由胡适保存。这回若不是江冬秀一力保护，带到天津、上海，送到国外，恐怕现在还保不住。(《胡适遗稿及秘藏书信》第 21 册，543～544 页)

7 月 31 日　胡适写信给徐森玉、叶恭绰，谈居延汉简事。司法次长 Norman M. Littell 约吃饭。同席有法国人 Camerlynck，有 Ernest Lindley。(据《日记》)

同日　外交部致电胡适："据驻马尼剌总领事电称：准驻纽约总领事电，以炸药千余吨改运斐岛，二日即到，嘱收存。又另据轮船公司称，亦有炸药千余吨，七日可到。经向美、菲当局交涉，美专员已电美外部请示。又本岛商用仓库已满，最好由美驻菲陆军代存等情。统希商请美政府允许，并电令驻菲美专员施行，并电复。"(《中华民国史资料丛稿》专题资料选辑第三辑《胡适任驻美大使期间往来电稿》，58 页)

8 月

8 月 1 日　胡适复函 The United States Life Insurance Company 的财务长 N. Yakoonnikoff：感谢 7 月 30 日来函以及将胡适的电报内容透过 A. B. Park 传递给 Cornelius Vander Starr。上次写信后，又得知 Samuel Chang(曾替 Mr. Starr 工作多年)的死讯，请您下次写信给 Mr. Starr 时，秘密转告：胡适已

1940年　庚辰　民国二十九年　49岁

向中国政府推荐给予为Samuel Chang死后的认可，包括对于Samuel Chang的家庭之特别的金钱资助，而中国政府对我的建议给予考虑。（中国社科院近代史所藏"胡适档案"，卷号E-115，分号1）

8月3日　胡适复电外交部："美总统七月二十六日布告，只将一等高熔化度废铁、飞机汽油及机器油置于出口统制之下，美总统七月三十一日布告，前经电陈，则明确禁止任何性质飞机汽油之出口，次等废铁与普通汽油仍得自由输出，布告原文已航邮。"（《胡适中文书信集》第3册，187页）

同日　外交部致电胡适："据马尼剌总领馆电称：关于美总统颁令美油及废铁出口领照事，据美最高专员称，该令在斐不适用。当将三年内斐铁苗及废铁运日数值，造具统计表，请其转电美外部注意等情。希查照。"（《中华民国史资料丛稿》专题资料选辑第三辑《胡适任驻美大使期间往来电稿》，58页）

8月6日　胡适复电顾维钧，云：美政府确甚注意安南局势。（《中华民国史资料丛稿》专题资料选辑第三辑《胡适任驻美大使期间往来电稿》，58页）

8月7日　外交部致电胡适："瑞典在美订购飞机，美政府不允给出口证。现经宋子文先生向瑞典公使洽商让与我国。复由部电令驻瑞典使馆向瑞典政府秘密商洽电覆。惟转让后如何运华，似应预筹。仰该馆与宋子文先生先行洽商。"（《中华民国史资料丛稿》专题资料选辑第三辑《胡适任驻美大使期间往来电稿》，58页）

8月8日　胡适复电蒋介石："近来美、俄关系实渐好转。美、俄商约续订一年，昨已公布。又最近美政府特许苏俄雇美船运油赴海参崴，而不许日本雇美船装钢赴日。此皆为美、俄关系进步之确证。至于巴罗的海上三个国家之被苏吞并，美代外长曾重申不承认之原则。而最近苏俄总理演说对此亦有冷嘲之答复。据外部友人观察，此皆应有之文章，未足妨碍美、俄关系之好转。"（《中华民国史资料丛稿》专题资料选辑第三辑《胡适任驻美大使期间往来电稿》，59页）

同日　胡适复电外交部：

关于安南事，顾大使连日有电来，均摘要告美外部。昨驻日美大使格鲁访松冈，询问日对法、越要求真相。敌外务省昨晚发表简报，谓外传对法要求并不正确云。

今日《纽约时报》驻日记者报告此事谓，据日方所言，滇越路停运华货之协定，原以一月为期，昨日〔即八月六日〕满期。日代表加藤现要求越南当局继续停运。外传河内谈判即指此云。

适按《时报》所记，似可注意。越路停运以一月为期，此说向未见记载。想系当时双方约定不发表，故我与英、美均未之知。敌方得此让步，即转而逼迫英国。英国不知越路以一月为期，误受其欺骗，故有缅路停运三月之协定。（《中华民国史资料丛稿》专题资料选辑第三辑《胡适任驻美大使期间往来电稿》，59页）

同日　王世杰日记有记：今午为胡适之事，向蒋先生面言，在此时期，大使不宜更动，蒋先生亦以为然。调适之回国之议，已暂时再度取消。（《王世杰日记》上册，287页）

同日　王世杰复函胡适，云：胡适7月20日来函已经报送蒋介石，蒋令更正召胡适返国之传闻。又云：

兄一生是一个友多而敌亦不少的人。兄的敌人，有的是与兄见解不合的，这可以说是公敌。有的只是自己不行，受过兄的批评指斥，怀恨不已。这种小人也颇不少。兄的友人可以说都是本于公心公谊而乐为兄助的；也许有些是"知己"，却没有一人是"感恩"。这是兄的长处，任何人所不及的。兄自抵华盛顿使署以后，所谓进退问题，便几无日不在传说着。有的传说，出于"公敌"；有的传说，出于"小人"；有的传说，也不是完全无根。同时与这些公敌或小人对抗的，也不少。譬如最近返国的陈光甫，就是一个。我不相信兄是头等外交人才；我也不相信，美国外交政策是容易被他国外交官转移的。但是我深信，美国外交政策凡可以设法转移的，让兄去做，较任何人为有效……我也知道，兄常常遇着苦闷，政府所给外交训令，往往不甚体贴环境，使兄为难。但是兄也要常常记念着，抗战的艰苦，不是兄等所能尽了，政府情急势急，才将难题的一部分硬叫兄等去做。(《胡适遗稿及秘藏书信》第 23 册，589～590 页)

同日　外交部复电胡适：昨日驻日美大使为日拟假道越南事会晤松冈。不知究作如何表示，有无阻止日方侵越可能？法之是否抵抗，似须视美之是否切实援助。美方最大行动究能至如何程度，望立即切商美政府，请其明白告我。(《中华民国史资料丛稿》专题资料选辑第三辑《胡适任驻美大使期间往来电稿》，60 页)

8 月 10 日　胡适访 Dr. Harry D. White，久谈。访霍恩贝克夫妇，久谈。(据《日记》)

同日　外交部致电胡适："顷接驻瑞典使馆电复称：遵向瑞典外部洽商，据复称，瑞典政府向美所订飞机，需用甚急，仍在坚请美方履行合同，发给出口证，歉难相让。惟美政府倘以所扣之飞机售给我方，则瑞典政府可不置问等语。希转告宋子文先生。"(《中华民国史资料丛稿》专题资料选辑第三辑《胡适任驻美大使期间往来电稿》，60 页)

8 月 11 日　胡适看 Laski 的 *The American Presidency*。李芭均来谈。霍恩贝克夫妇来吃饭。(据《日记》)

同日　外交部致电胡适："[越南]对于所有中国进出口货物一概禁运。于八月七日后，再协议何禁何运，此系越、日间之默契云云。现虽有少数存留之进出口货准运他国，然所有入口货仍在一概禁运之列。而日则正在威迫越方。昨日本部文达法大使馆：如日方假道攻华及其他不利于我之军事企图，果属是否，则我国为保持西南各省安全起见，当立即取适当行动等语。"(《中华民国史资料丛稿》专题资料选辑第三辑《胡适任驻美大使期间往来电稿》，60 页)

8 月 12 日　美国驻华大使 Johnson 致电国务院：

August 12, 9 a.m. In acknowledging the receipt of the letter of August 10 from the Chinese Minister for Foreign Affairs, I said I would transmit its substance as requested but suggested that such matters could be handled in a more satisfactory manner through conversations and I referred to the oral message communicated by Peck to Hsu Mo on July 30. This message was the gist of the Department's 124, July 20, 4 p.m. I recalled the salient points of the Department's observations, emphasized the constant contact maintained by Hu Shih with officials of the American Government and expressed confidence that the Ambassador would be able to give the Minister such information regarding the Department's views as the shifting circumstances might permit. (*FR US*, 1940, Vol. Ⅳ: *The Far East*, p.71-72.)

同日　翁文灏复函胡适，云：胡适来书论及越南一事，具佩伟见。美国政府诚意协助中国矿产出口，实出襄助之好意，若胡适遇及主管人员，盼相机说明谢意。远东局面，英有军港而少实力，美可派军舰而缺乏根据地方，双方互助实为必要。中研院院长人选迄未决定。(《胡适遗稿及秘藏书信》第32册，349～350页)

8月14日　傅斯年致函胡适，详谈中研院院长选举的种种内幕。又谈及孔祥熙自胡适初任大使时不断地说，"适之不如儒堂"。又告熟人中之传说，有可请胡适注意者数事：一，馆中工作人员始终未曾组织好，凡事自办，又言馆中纪律亦缺欠；二，对蒋介石未能"奉令承教"，去年说是蒋介石有一电，先生回电，径告以不可行；三，近日高宗武夫妇常往大使馆，此则此间的友人大有议论。至于反对胡适的谈话有：胡适只拉拢与中国既已同情者，而不与反对党接洽；只好个人名誉事，到处领学位。又详细解释为何要攻击孔祥熙。又谈及自己对北大事亦颇尽力，去年恢复北大文科研究所，等等。(《胡适遗稿及秘藏书信》第37册，454～457页)

同日　郭泰祺致电胡适："越南问题，昨晤英外长，面询一切。据答：英方甚了解此问题对华及一般局势关系之重要，正在检讨中。惟究采如何行动，须视其如何发展，未能预告。英方当然不愿见法帝国崩溃，而同情其抵抗。并云正与美政府商洽云云。美政府究持何态度，据英外长云，彼意美政府现注重大西洋方面。弟谓似不尽然。因 Roosevelt（罗斯福）近曾因越南情势，宣告缩短其国防巡视。外长首肯。兄对此如何观察，统乞电示。"（《中华民国史资料丛稿》专题资料选辑第三辑《胡适任驻美大使期间往来电稿》，60～61 页）

8 月 15 日　胡适日记有记：

　　S. K. H. 告我：今天财长约宋子文兄与外部代表（S. K. H）会谈，财长面告子文，借款事现无望。

　　此是意料中事。我当初所以不愿政府派子文来，只是因为我知道子文毫无耐心，又有立功的野心，来了若无大功可立，必大怨望。

8 月 16 日　胡适复电蒋介石：

　　美外部已令驻日大使向日政府申明，美政府迭次发表对荷属印度之宣言，均适用于越南。

　　又十三日钧座宣言，美政府方面颇多好评。（《中华民国史资料丛稿》专题资料选辑第三辑《胡适任驻美大使期间往来电稿》，61 页）

同日　胡适复函 Mrs. Dwight Morrow：感谢 8 月 10 日来函。同意接受邀请，于 12 月 3 日或 4 日您招待金陵女子大学朋友的私人晚宴上对您的嘉宾发表演说，将讲几段关于中国妇女的教育。敬请提供会议的相关细节。对您和您的朋友为中国妇女教育所做的工作表示感谢。对于您成功担任 Smith College 的 Acting President 表示祝贺。（中国社科院近代史所藏"胡适档案"，卷号 E-103，分号 24）

8 月 18 日　胡适为张元济所编《中华民族的人格》作一序言，表示自己很赞成张元济用"先民的榜样"做我们的"人格教育"的材料。但认为张氏所选多是封建时代的"食客""养士"，其行事大都是报仇雪耻，少年读者恐怕不能完全明了这些故事的时代意义。希望张氏能选一些汉以后的人物，要注重一些有风骨、有肩膀，挑得起天下国家重担子的人物。指出："中华民族二千多年的统一建国事业所以能有些成就，所以能留下些积极规

模，全靠每个时代有每个时代的张释之、汲黯做台柱子。这里面很少聂政、荆轲的贡献。"又为张开列汉以后的一个20多人的名单。（傅安明：《一篇从未发表过的胡适遗稿》，台北《传记文学》第50卷第3期，1987年3月1日）

  同日　外交部致电胡适："西南运输处在菲设分处事，美方迄未表示可否。目前军火虽已到菲存贮，惟以菲岛曾公布禁造、禁运军火之法令，若我方不得〔？〕正式允许，在菲设处，终觉不妥。再有军火必须继续运菲，希商请美外部允许在菲设处。如不能以书面允诺，可请以口头表示谅解。闻委员长已电宋委员子文就近疏通。接洽结果如何？"（《中华民国史资料丛稿》专题资料选辑第三辑《胡适任驻美大使期间往来电稿》，61页）

  8月19日　胡适复电蒋介石：昨晤美代外长。彼云：苏、美关系最近颇有进步，但亦不无重大障碍。如波罗的海诸国之被吞并，即使美政府大为难。盖吾人不能一面为中华民国仗义执言，而一面漠视其他友邦之被侵夺也。在最近之将来，若苏俄对芬兰加紧压迫或侵犯，则美舆论恐更反苏。故此时美政府只盼望美、苏两国对远东局势见解大体相同，则关系可以日趋密切。而在欧洲见解不相同，则仍不妨各从其是云云。最近美国在阿拉斯加一带增筑空军根据地，加紧完工。此皆距日本最近之地，外传系对苏俄设防，实际似系对日也。(《中华民国史资料丛稿》专题资料选辑第三辑《胡适任驻美大使期间往来电稿》，61页）

  同日　外交部电告胡适：日方确向越南提出假道及借用军用飞机场要求，现正谈判中。法阁对于抵抗问题，意见不一。务盼立与美政府密洽，请其商请英政府放行飞机，并对法军舰沿途予以便利。又法方并切望美海军能开调一部分至远东。（《中华民国史资料丛稿》专题资料选辑第三辑《胡适任驻美大使期间往来电稿》，61～62页）

  8月20日　胡适到国务院谈西南运输处事，访霍恩贝克，谈法越问题。（据《日记》）

  同日　胡适复电外交部转蒋介石："蒋公致子文寒申电，亦由子文交来。本日适与美外部主管机关接洽，知西南运输处在菲设分处事，七月八日美外部已答复驻菲高等专员云：'乞转告中国总领事，本部对此事不欲表示可否，但盼中国当局考虑可否不设专处，而但由在菲现有机关承办转运事宜'，云云。主管人面谈，原意系为华、菲双方设想。此种事务宜避免张扬，总以不引起外人注意为原则。例如华人有信用之报关行或他种现成机关如领馆、银行之类，似均可代理转运事宜，或无庸专设分处云。至一六四七电所提军火继续运菲一层，务乞参照适——七〇电审处。"（《中华民国史资料丛稿》专题资料选辑第三辑《胡适任驻美大使期间往来电稿》，62页）

8月21日　颜福庆与赵元任夫妇同来。（据《日记》）

8月22日　Arthur Young 来谈。与 Dr. L. L. Williams、Dr. Dyer、颜福庆三人吃饭。到 Lowdermilk 旧书店，买了《一千零一夜》，赫胥黎全集和 Morley 的 On Compromise。到红十字会，知他们电汇了1万元美金去救济重庆被轰炸后的难民。Major James Marshall McHugh 从重庆来，久谈。他的连襟 Col. John Magruder 也来，同吃饭。（据《日记》）

同日　王世杰致电胡适：英正向美购军舰。兄可否密请美政府趁此机会，严促英国承诺英、日、缅甸协定满期后不续订。（《中华民国史资料丛稿》专题资料选辑第三辑《胡适任驻美大使期间往来电稿》，62页）

8月23日　胡适复电外交部转蒋介石、孔祥熙：

……据外部观察，法政府实无抵抗决心，故以西印度扣留飞机等事为推诿。

尊电所述二事，法方并未根据四国公约向美请求。今日得顾大使廿三电，知法政府果已于一周前对日屈伏，原则上承认敌兵可假道安南攻华，并许东京府及东京湾为敌陆海根据地云。顾电云，交涉现在日京进行，法政府已将其交涉训令之内容告知美政府云。顷适向美外部询问。据云，法政府并未有此项通知云。

适意安南局势，美国虽已重申维持现状之原则，但法、越若不战而屈伏，则美与英均无法救急。必须我国准备用自力在安南境内毁坏铁路，抗拒敌兵，务使敌之闪电战无法收效。此意前已为政府陈说。美国友人亦均如此观察。（《中华民国史资料丛稿》专题资料选辑第三

辑《胡适任驻美大使期间往来电稿》，63页）

8月24日　外交部致电胡适：越南局势即将急转直下。美政府究取如何行动？切盼迅即秘密告我。此时仅仅关心之表示，决不能阻止日本之南进也。又我驻河内总领事于必要时撤退后，拟请美国驻领保护我方利益，并希征取同意。（《中华民国史资料丛稿》专题资料选辑第三辑《胡适任驻美大使期间往来电稿》，63页）

8月25日　外交部致电胡适：法允日假道，除非美国许以积极协助，已无可挽回。且我在越境堵截日军时，恐法方视为侵犯越境，加以抗阻，是日、法两方将同时为我敌人。情势异常严重，希再切商美政府为要。（《中华民国史资料丛稿》专题资料选辑第三辑《胡适任驻美大使期间往来电稿》，63页）

8月26日　胡适复电蒋介石：安南事，法贝当政府之决心卖我，似已无可疑。鄙意以为，我国对越南政府似尚可做一番功夫。倘能派法国学术界信仰之大员如王亮畴、翁詠霓二兄往河内，恳切商讨中、越间共同御侮各种问题，或尚有百一之挽救。（《中华民国史资料丛稿》专题资料选辑第三辑《胡适任驻美大使期间往来电稿》，64页）

同日　胡适复电外交部：连日均曾与外部密商，尚未得确切答复。据此间消息，河内当局态度似较尾喜（Vichy）政府态度稍佳。鄙意以为，我方宜速派大员往河内，恳切磋商，或有相当挽救。（《中华民国史资料丛稿》专题资料选辑第三辑《胡适任驻美大使期间往来电稿》，63～64页）

8月27日　胡适致电蒋介石："寝电计达览。本日《纽约时报》东京专电亦言安南问题在尾喜、东京、河内三处交涉，而在河内之交涉颇受挫折云。此与适在此所得消息相印证，似河内方面尚有相当挽救之机会，敬希留意。适。沁。"（《胡适、叶公超使美外交文件手稿》，85页）

8月28日　美使馆友人Oliver Edmund Clubb夫妇来谈。Hall-Patch来谈两次。第二次他带了英大使馆财政副参赞Stopford来谈。Hall-Patch谈霍恩贝克为他邀财部与外部财政专家会谈，请H. P.谈中国法币维持之重要，及现有之平衡基金的办法。H. P. 说，美国领袖的态度是再好没有的了。但借钱给中国还是不容易，因为钱没有来路。到 Barnett Nover 家吃晚饭。见着 Eugene Meyer 夫妇、MacLeish、T. V. Smith（M.C.）等。Marquis Childs 来谈。（据《日记》）

8月29日　陈源致函胡适云：因胡适一信，北大邀陈前往任教，深表谢意。但因母亲老病，所以无法应聘西南联大。不满意国内某些人倾向德国。为美国同情中国感到欣幸。胡适之职责，一向重大，此时更比任何时期、任何其他使节重大得多。(《胡适遗稿及秘藏书信》第35册，116页）

8月30日　友人 Walter Hochcochild 夫妇邀胡适到他们的别墅去住几天。（据《日记》）

8月　胡适复电外交部：

……连日均曾与外部密商。安南事，至此已非仅仅抗议所能收效。俟得确切答复，即奉闻。

此间对法观察，已于适〔〇〕电略述。此间对法之软化，已认为无可救药，无可援助。故今后美国若有所作为，仍在对日本，而不在对法、越。但美国政制特殊，政府对外国不能事先有所承诺。彼若对日有所举动，必是彼自身政策之一部分，既非助法，亦非助华也。

六号尊电所提事，鄙意我方应速派大员赴河内，恳切商讨我军在越境堵截敌军事。此间专家意见亦如此。

又河内驻领撤退后，拟请美驻领保护我方利益事，已商外部，俟得复，再奉闻。(《中华民国史资料丛稿》专题资料选辑第三辑《胡适任驻美大使期间往来电稿》，64页）

9月

9月4日　胡适日记有记：

宋子文兄来谈。

他说,他向美方面谈的三事:

①从 Stablization Fund($2,000,000,000)内借一笔币制借款(平衡金)。

②从 Export-Import Bank 借款,用矿产作抵。

③由苏联供给 Magnesium 与美,由美借款与俄,由苏俄供给军用品与我。

现在这三事均无大希望。

同日　外交部致电胡适:日、越谈判破裂。现越方决定联合我国抵抗,盼我反攻龙州。唯越方需用飞机甚切,盼即商请美政府迅将越方所购飞机放行。法政府致东京驻使对日让步重要训令,已告知美政府。仍盼向美政府力言,九国公约非法方所能单独维护,应即由美政府尽力协助。(《中华民国史资料丛稿》专题资料选辑第三辑《胡适任驻美大使期间往来电稿》,65页)

9月7日　胡适复电外交部并转蒋介石、孔祥熙:今日报载,美国防顾问委员会不久将陈请政府将一切废铁全列入禁运项下。闻此消息是政府内部传出,用意仍在警告强暴国家,使其有所忌惮。倘敌人在沪在越南稍知悔悟,则废铁全部禁运方针虽已早定,施行或尚须时日。(《中华民国史资料丛稿》专题资料选辑第三辑《胡适任驻美大使期间往来电稿》,67页)

同日　胡适致电王世杰,荐夏晋麟在美从事宣传事业。(《中华民国史资料丛稿》专题资料选辑第三辑《胡适任驻美大使期间往来电稿》,66页)

同日　胡适复电郭泰祺:

……借款事美外长前日答报界询问,曾言彼未闻有此种谈判。又进出口银行亦谓该行无如许大款可借云。借款成功消息传自港、沪,想系金融投机者所放空气。据弟所知,本年内借款无成功可能。根本原因在于此邦是民治国家,现行法令所许,均无现款可借给外国作维持金融之用。

1940年　庚辰　民国二十九年　49岁

英、美合作，近日大有进步。五十军舰交涉中。闻双方均曾顾及远东形势。最近英方勇气稍增，对越南问题居然能与美国作同样抗议，可贺。美方友人推测，若英伦三岛不受大摧毁，三月期满后，缅路当可重开。惟鄙意美国此时虽对越南、上海均有较强硬之主张，但英国在远东实力太弱，大足诲淫召侮。若英国不能趁此所得美舰之时充实星加坡军力，则缅路重开恐尚多困难。……（《中华民国史资料丛稿》专题资料选辑第三辑《胡适任驻美大使期间往来电稿》，66页）

同日　胡适复电王世杰："前电所嘱缅路事，弟极赞同。美方早已如此努力。现五十旧舰事已告成功，英方勇气稍增，故越南问题英国居然能追随美国，作同样抗议。故美方观察，若英伦大战不至大挫折，则三月期满后，缅路当可重开。"（《中华民国史资料丛稿》专题资料选辑第三辑《胡适任驻美大使期间往来电稿》，66页）

同日　外交部致电胡适："顾大使来电，法现向美商调遣存西印度飞机赴越。希即密为吹嘘，以促其成。惟不必将此事告知驻美法使。"（《中华民国史资料丛稿》专题资料选辑第三辑《胡适任驻美大使期间往来电稿》，67页）

9月9日　胡适复电外交部并转蒋介石、孔祥熙："各项禁运此时只用自己国防需要为理由，故不能不采取渐进方式。废铁全部禁运事，现闻确系由国防委员会提请政府裁决施行。此后仍是时间问题。其何时走何步骤，皆与国际大局势，及英、美远东实力密切相关，不能勉强促进。"（《中华民国史资料丛稿》专题资料选辑第三辑《胡适任驻美大使期间往来电稿》，67页）

同日　胡适复函Charles J. Rhoads，详谈赴宾夕法尼亚大学的行程问题。（中国社科院近代史所藏"胡适档案"，卷号E-108，分号5）

同日　外交部致电胡适："敌方谣传我军五日冲入越境，与法军发生冲突，法方死二人、伤十人一节，我军事当局已于今日登报更正，谈话否认，并斥敌造谣，以〔？〕图移祸。希相机就地发表为荷。"（《中华民国史资料

丛稿》专题资料选辑第三辑《胡适任驻美大使期间往来电稿》，67页）

同日　蒋介石致电胡适、宋子文："据报，越督对日代表西原提假道限制条件。内容：允日军在海防登陆，即搭滇越火车攻中国；许用河内附近北面三处为飞机场；日军登陆不得过三万人。有双方已签字说。日军企图已显具体。希即密告美当局，迅即发动有效之制止为要。"（《中华民国史资料丛稿》专题资料选辑第三辑《胡适任驻美大使期间往来电稿》，68页）

9月10日　外交部致电胡适："日军假道越南，志在必行。……日军进越，必成事实。美方仅仅关心之表示，决不能阻日方南进企图。太平洋局势已演变至此，禁运一切废铁，犹嫌太迟，而尚希冀日方悔悟，无异梦想。务望向美政府剀切说明，催禁全部废铁与普通汽油，并采取其他更有效之行动。"（《中华民国史资料丛稿》专题资料选辑第三辑《胡适任驻美大使期间往来电稿》，68页）

同日　竹垚生复函胡适，云：孔祥熙对胡适不满，在香港有一机关专事放送不满胡的新闻。以后汇家用，可通过兴业银行之纽约往来行。近来函件检查甚严，江冬秀嘱转告以后在信内务请少说有关事，并云信由竹转交较妥。又云中研院院长人选尚未圈定。又托胡照拂赵蕉初、蒋华。（《胡适遗稿及秘藏书信》第26册，83～86页）

9月11日　胡适致唁电与 Mrs. James A. Thomas，吊 James A. Thomas 之丧。13日，胡适又复电 Mrs. James A. Thomas，为因工作原因不能出席 James A. Thomas 之丧礼致歉。（中国社科院近代史所藏"胡适档案"，卷号 E-111，分号5）

9月13日　胡适复电外交部：美外部谓照国际惯例，须先取得驻在国同意。此虽易得，但此时似尚未到征询法、越政府同意之时，故颇感困难。适当即告以此时只要训令美领事，使其可与我国总领事非正式地商洽具体办法。外部远东司允即日考虑答复。（《中华民国史资料丛稿》专题资料选辑第三辑《胡适任驻美大使期间往来电稿》，69页）

9月14日　胡适日记记李约瑟夫妇来访：

有英国 Cambridge 大学的 Dr. Joseph Needham 来看我，谈了两点钟。此人六年来有志研究中国科学史，故用功学中国语言文字，今天我听他居然能说几句中国话，认得不少字，很不易得！他们夫妇都是 Biochemists。

同日 胡适复电外交部：

罗斯福总统现下令，对于下列各项实行许可证出口制：

1. 飞机、马达、燃料之生产设备，及该项设备建造之计划图样，及其他文件与技术方面之知识。

2. 制造飞机、汽油所用之以太诱导体之生产设备，及该项设备之计划图样及其他文件。

3. 飞机及飞机引擎建造之计划图样及其他文件。

以上各种设备及计划，昔多属道义上禁运者，今悉在罗总统所实行许可证出口制限制之列。(《胡适中文书信集》第 3 册，197～198 页)

9 月 15 日 郭泰祺致电胡适："英态度近确较强。但在远东仍惟美之马首是瞻。五十军舰到手后，只能作地中海、北海、大西洋补充之用，决难望其立即充实新加坡军力。据海相面告，波赛以东，英方无一大军舰，可知其空虚。缅路重开，目前尚无把握。如在此数星期内，德国大举来攻而被挫，或地中海义军海（似为海军之误）受重创，则均有希望。据《每日电讯》所载华盛顿通讯，谓美政府现以其物质全力应援欧局，故不能以物质援助越南。又谓如美允以物质助越，则必促成越之抗日，将使日方发生不良反响云云。美政府态度究否如是，乞示。上电请抄子文兄一阅。承嘱由刘参事抄来各电，大旨与此间所见大概相同，不胜感慰。又伦敦连日夜轰炸颇烈，常彻夜不停。德国投弹多漫无标准，重要军事目标均无大损失。人心亦镇定。弟三日前首次避入地窖，现每夜纯在地窖，顺闻。并烦转告内子为荷。"(《中华民国史资料丛稿》专题资料选辑第三辑《胡适任驻美大使期间往来电稿》，69 页)

9月16日　胡适复电外交部：顷晤英大使，彼云缅路期满后开放，似应无问题。(《胡适中文书信集》第3册，198页)

同日　胡适函谢赵元任夫妇及一家的贺寿信和寿礼：自己今天还不敢请你们吃寿面，因为自己想"避寿"；二是，这三个月里，世界不知道变到什么样子，自己也不知道在哪儿。又云：

> Harvard Classics 请不必买了。此书是很有益的一部"丛书"，你们家里人多，大可以买一部。里面收的"名著"，版本不错，校对甚精。(《鲁迅研究月刊》2020年第2期，55页)

同日　胡适致函 John B. Thayer，为迟交文章致歉。由于正文太长，先寄上摘要，正文则将亲自带去会议上，会在18日抵达。(中国社科院近代史所藏"胡适档案"，卷号 E-111，分号4)

9月17日　汪敬熙致函胡适，谈国内学术界情形：国内学术机关一向集中沿海沿江各大城市，抗战之后，被迫迁入内地，迁移时所受损失，至少在三分之一以上（如中央大学），至多有百分之八九十（如中山大学）。内地一切设备都没有，各种实验室绝对不可缺的自来水和电流在内地城市是不能一齐有，其他的设备更不用提了。一切工作大部分都停顿了，甚而至于为抗战所必需的工作也难进行。自抗战以来，学术界的情形实在不好。逃避总是学术界的人先走。在内地建立几个将来的内地学术中心，也是很少有人肯做这费力的工作。思想岂是可以统一的，岂是可以压制的！国内人才太缺乏。(《胡适遗稿及秘藏书信》第27册，623~624页)

9月18日　胡适与徐大春到费城。Mrs. Charles J. Rhoads 来接。他先到 Rotary Club 吃饭，饭后演说"Sept. 18,—An Anniversary of World Anarchy"。到 Rhoads 家修改论文。哈弗福德学院新校长 Felix Morley 夫妇来同在 Rhoads 家吃饭。此来是赴宾夕法尼亚大学200年纪念大典。(据《日记》)

9月19日　下午2点半，胡适应邀在宾夕法尼亚大学200年庆祝会上宣读论文"Instrumentalism as a Political Concept"。文章说：

1940年　庚辰　民国二十九年　49岁

...The purpose of this paper is to suggest a possible pragmatic political theory more or less along the line of the Instrumentalist theory of logic which regards ideas and theories not as final truths but only as hypotheses or intellectual tools to be tested by their consequences.

...

First, this political philosophy of instrumentalism encourages intelligent planning and experimentation in government, and furnishes the rational ground for peaceful reform and revision...

In the second place, this Instrumentalistic view of political institutions gives us what may be regarded as the most reasonable and scientific justification fordemocratic control of the governmental machinery...

In the third place, the political instrumentalities can be more fully and more positively used for the benefit of man, so long as they are subject to the safeguards of democratic control...（中国社科院近代史所藏"胡适档案"，卷号 E-17，分号 4）

按，关于此次演讲，胡适日记有记：

这论题是我廿年来常在心的题目，我因自己不是专研究政治思想的，所以总不敢著文发表。去年 Dr. Dewey 八十岁，我于作短文发表；今年改为长文，登在 The Philosopher of the Common Man 论集里。今回又重新写过，费了一个月工夫，还不能满意。但这一年的三次写文，使我对此题较有把握，轮廓已成，破坏与建立两面都有个样子了。

又按，关于宾夕法尼亚大学邀请胡适出席该校成立 200 周年纪念会（代表北京大学）有关文件，可参考中国社科院近代史所藏"胡适档案"，卷号 E-358，分号 4；卷号 E-120，分号 15；卷号 E-108，分号 5；卷号 E-224，分号 11；卷号 E-449，分号 1；卷号 E-222，分号 7。

同日　Mrs. Rhoads 邀了 Rolland Morris 夫妇、John Story Jenks 在 Acorn Club 吃饭。饭后到 American Philosophy Society 招待会，见着许多赴会的学

者。(据《日记》)

9月20日　早起去看费城博物馆。赴宾夕法尼亚大学校长 Dr. Thomas S. Gates 的午餐，见着不少学者。饭后赴 200 年大庆典，在 Convention Hall。有 Justice Owen J. Roberts、Chief Justice Sir Lyman Poore Duff of Canada、罗斯福总统的演说。晚上到 Walter B. Franklin 夫妇家吃饭，在 Ardmore, Penna. 遇见 Prof. Black，遇见 Nicholas G. Roosevelt 夫妇。(据《日记》)

同日　外交部致电胡适："已电知驻河内许总领事与美领接洽，择重要之事务委托，一俟得复，当即电告。今晨消息：西原 Nishihara 向越督递哀的美敦书，限本月二十二日午夜前答复。要求使用五飞机场，在河内驻二万日军，在海防驻五千。又据许总领事十九日来电，谈判决裂，日领、日侨预定本月底离越。再驻军一节，想系假道以外之新要求。"(《中华民国史资料丛稿》专题资料选辑第三辑《胡适任驻美大使期间往来电稿》，70 页)

9月21日　早赴宾夕法尼亚大学庆典，接受荣誉法学博士学位，并致答词。明尼苏达大学的 Prof. Wm. S. Cooper 来谈汤佩松事。Rhoads 夫妇邀了几个朋友吃饭，有 Prof. Robinson of Harvard，有 Dr. Francis Randolph Packard。(据《日记》；中国社科院近代史所藏"胡适档案"，卷号 E-449，分号 1)

　　按，关于宾夕法尼亚大学授予胡适荣誉法学博士学位的有关函件，可参考中国社科院近代史所藏"胡适档案"，卷号 E-358，分号 4；卷号 E-449，分号 1；卷号 E-222，分号 7。

　　又按，9月13日，植物学教授 Wm. S. Cooper 致函胡适，商谈在宾夕法尼亚大学成立 200 周年的纪念会议期间与胡适晤面商谈汤佩松之事。(中国社科院近代史所藏"胡适档案"，卷号 E-163，分号 3)

同日　郭泰祺致电胡适："昨晤政务次长。据告：缅路重开，为英所愿望。正由驻美英大使商洽。端视美政府态度为断，云云。英大使对兄所言，颇堪玩味。又闻，美政府已允遇必要时，利用新嘉坡根据地，及英、美对太平洋与欧局有进一步谅解之说。未知兄有所闻否？请探询见告为荷。弟使馆周围，连夜被轰炸甚烈，幸尚未殃及。弟自十七日起，每夜寄宿郊外友家。顺闻。并烦转告内子为荷。"（《中华民国史资料丛稿》专题资料选辑第三辑《胡适任驻美大使期间往来电稿》，70页）

9月22日　胡适回到纽约，与 Dr. William、Dr. Co Tui、Mrs. James Hughes 同吃午饭。任嗣达夫妇约吃晚饭。（据《日记》）

9月23日　胡适回华盛顿。霍恩贝克告知明天有好消息，叫胡适留意。（据《日记》）

同日　外交部致电胡适："日、越协定已于廿二日午后三时签字。越准日军占三据点：（一）Phu Tho，（二）Lao Kay 或 Phlangthuang，（三）河内附近之 Gia Lam。登岸兵额总数不超过六千人。我已向法提出严重抗议。美既有与英在新加坡合作意思，而格鲁亦曾再度与日外省谈及越南局势，兹越局恶化，美方会商救急办法如何，希即探询。又美领代管事，我已征得法方同意，希再与美政府接洽。"（《中华民国史资料丛稿》专题资料选辑第三辑《胡适任驻美大使期间往来电稿》，71页）

9月24日　胡适访助理国务卿 Welles。日记有记：

> 看 S. K. H.，他今天大生气，说，"好容易把借款办成，你们的宋子文先生偏偏不肯让我们发表，说他要等重庆回电！他不知道，这么一担搁，借款的精神作用怕要丧失了！"

同日　郭泰祺致电胡适："英、美、澳谈商，与我有密切关系。弟昨告政务次长，谓应邀我国参加，或至少随时将情形洽告我方。并询英大使与兄有无接洽。彼答，参加为第二步，目前似应洽告我方及苏联。当将与弟所谈电知英大使云云。兄与美外部及英大使究有无接洽？希示知。再，政务次长已将华府商洽大略情形见告，谓英、美对维持中国之独立与完整之必要，意义完全相同。美方主重开缅路，亦英所甚愿。此外，关于太平洋之防务及海空军根据地等问题均谈及。但一切尚无可决定。"（《中华民国史资料丛稿》专题资料选辑第三辑《胡适任驻美大使期间往来电稿》，71页）

9月25日　胡适日记有记：

今夜七时三刻，子文来，说，"重庆回电还没有来，但美国政府方面主张先发表借款的消息，只好让他们发表了。"

借款（第三次）总数为 $25,000,000，用钨作抵。

同日　胡适致电外交部并转呈蒋介石、孔祥熙："据报载及法方消息，日、越协定虽已于廿二日签字，然在桂敌军悍然冲入越境，先攻同登，次攻谅山，皆遭法军抗拒，双方各有死伤。廿四晨，西原始下令停战。但廿四下午战事复起，且甚激烈。据此间法使馆报告，日本军人不满于协定，欲以武力取得原来要求空军根据地六处及两万五千兵假道攻华两项。故今晨报载有协定已取消之说。鄙意倘越方果肯抵抗敌军，我方似宜速与河内取得连络，共同作战。惟适观察法、越连日所发表各项文件，其气颇馁，恐终不免屈伏。万乞政府特别留意滇、桂防务，切不可再蹈广州、邕宁之覆辙。"（《中华民国史资料丛稿》专题资料选辑第三辑《胡适任驻美大使期间往来电稿》，71 页）

9 月 26 日　上午，胡适到国务院，见霍恩贝克，知道白宫今天发表"废铁废钢全部禁运"。下午胡适在双橡园开茶会，总统夫人与 Pearl Buck 递交一本 Book of Hope 给胡适。（Book of Hope 签名的人都是曾捐 $100.00 以上的。另有些人的名字签在一本 American Declaration 上。）这一天到的客共 395 人。（据《日记》）

同日　胡适复电郭泰祺：

敌侵越南，使美国远东政策急转直下。昨夜宣布将由国立金属储存公司，向中国购买值三千万元之钨；并允垫借二千五百万元，供中国政府外汇之需要，以钨为抵押，分年交清，由中央银行担保。子文事前未得政府批准，但美政府视此为远东政策之一部分，故昨晚发表了。

今早又由白宫宣布，自十月十六日起，废铁全部禁运。此后要着为缅路重开。美方闻已向英方表示，十月半以后，缅路务必重开。试观废铁禁运日期为十月十六，似亦有意存焉。（《中华民国史资料丛稿》

专题资料选辑第三辑《胡适任驻美大使期间往来电稿》，71～72页）

9月27日　胡适日记有记：

德国、意国、日本三个强盗今天在柏林签订三国同盟。这是近年我们天天期望的。那年（1936）十一月我在太平洋上得到那Anti-Comintern Pact签订的消息，就料到这三国总会订结同盟。

9月28日　郭泰祺致电胡适：美制日助我政策渐趋积极由事实表现，至慰。英今后在太平洋必力谋与美一致。恢复缅路，似已无何问题。尚可望其物质援助。今日本已正式加入轴心，中、英、美之共同立场利害，均益明显。弟认自我方抗战以来，国际情势之好转未有如今日者。当可望其急转直下，更有利于我。（《中华民国史资料丛稿》专题资料选辑第三辑《胡适任驻美大使期间往来电稿》，72页）

同日　王世杰致电胡适："我滇、桂驻有重兵。滇边道路崎岖，各交通线复已彻底破坏，边防甚切实。敌军决难入滇，惟空军扰乱难免耳。日、德、义同盟可使局势澄清。最要者，英、美能于短期内对我为空军及汽油之大接济。"（《中华民国史资料丛稿》专题资料选辑第三辑《胡适任驻美大使期间往来电稿》，72页）

同日　外交部致电胡适："美政府对德、义、日协定如何看法？美国有无乘机与苏联商议合作自卫办法之意？希迅探报。"（《中华民国史资料丛稿》专题资料选辑第三辑《胡适任驻美大使期间往来电稿》，72页）

9月29日　陈介致电胡适：三国同盟成立后，美国态度若何？是否拟接防新加坡？有无对日用兵可能？乞电示。（《中华民国史资料丛稿》专题资料选辑第三辑《胡适任驻美大使期间往来电稿》，72页）

9月30日　胡适致函宋美龄：感谢您为9月26日 Book of Hope 赠呈仪式致 American Women Committee of Tribute to China 的信。已代为宣读大函，并广受好评。罗斯福总统夫人也出席了仪式。随函寄上相关剪报。（中国社科院近代史所藏"胡适档案"，卷号E-91，分号16）

同日　胡适复电外交部：

　　苏联前日已发表柏林盟约全文及德外长致词一部分。Pravda 社论明言签字之前德国曾通知苏联政府云。美政府看法，已见赫尔二七日简短宣言。此后步骤如何，大致不出适二四日电（？）所陈。

　　现时缅路重开大致可不成问题。所须筹划者仍在远东及南洋之英美海军实力问题。必须此点有切实解决，然后其他问题皆有办法。适。（《胡适、叶公超使美外交文件手稿》，91 页）

10月

　　10月1日　蒋介石致电胡适并转宋子文：此次美国借款合同，派宋子文代表政府签字，派李干代表中央银行签字。（《中华民国史资料丛稿》专题资料选辑第三辑《胡适任驻美大使期间往来电稿》，73 页；台北"国史馆"藏"蒋中正'总统'文物"，典藏号：002-020300-00028-033）

　　10月3日　胡适致函 Calvin Bullock：非常感谢在您办公室度过的愉快下午，您收藏的拿破仑、Nelson、Wellington 等名人的遗物太有趣了。希望我有更多的时间和历史知识来欣赏他们。感谢您的酬金。特别感谢您所赠 Nelson 爵士剑的复制品。（中国社科院近代史所藏"胡适档案"，卷号 E-90，分号 30）

　　10月5日　胡适复函 T. O. Carlson：感谢您直率友好的来信（中国社科院近代史所藏"胡适档案"，卷号 E-145，分号 1），我知道您兄弟，也很高兴认识您。又云：

　　I must confess that I was unhappily surprised to learn that the undue prominence which an enterprising reporter of *THE NEW YORK TIMES* gave to a few extemporaneous remarks of mine in the midst of a one hour academic dissertation on political philosophy, should have left the impression that I, whose official duty it is to be impartial in your politics, was "campaigning for President Roosevelt".

I am grateful for what you have told me in your kind letter. But as a philosopher and student of political institutions in my own right, I still believe that I was right in maintaining that there is no danger of a totalitarian dictatorship in the Anglo-Saxon countries which have developed effective systems of democratic control of the machinery of the state.（中国社科院近代史所藏"胡适档案"，卷号 E-91，分号 5）

同日　胡适复函密歇根大学地理系教授 Robert B. Hall：感谢 9 月 25 日来函（中国社科院近代史所藏"胡适档案"，卷号 E-218，分号 2）以及给予的 2 卷 *Masterpieces of Japenese Poetry*、1 卷 *An Anthology of Haiku*，请告知这些书籍需支付多少费用。早先流传的我将提早返回中国的消息是毫无根据的谣言，这可能与我被列入中央研究院三位院长提名者之一有关，不过目前得知被选出的是朱家骅，因此将会继续留下来一段时间。（中国社科院近代史所藏"胡适档案"，卷号 E-96，分号 2）

同日　外交部致电胡适："驻河内总领馆来电，河内美领已正式通知越方代管。西贡美领亦向驻西贡领馆洽询交管之事。查美领代管现以驻河内总领馆范围为限。惟西贡局势现亦极紧张，于必（要）时，该处领馆亦拟撤退，并委托美方代管。除电知外，希与美外部预洽，并表示谢忱。"（《中华民国史资料丛稿》专题资料选辑第三辑《胡适任驻美大使期间往来电稿》，73 页）

10 月 6 日　沈昆三致函胡适，感谢沈燕在美期间胡适给予的照顾，现在沈燕早已安抵香港，明日可抵沪。（《胡适遗稿及秘藏书信》第 27 册，68 页）

10 月 7 日　胡适函谢 Thomas S. Gates 10 月 4 日来函（中国社科院近代史所藏"胡适档案"，卷号 E-207，分号 10）以及宾夕法尼亚大学授予的荣誉。（中国社科院近代史所藏"胡适档案"，卷号 E-95，分号 4）

同日　胡适函贺 John Magruder 晋升为陆军准将，并请接受迟来的祝福。（中国社科院近代史所藏"胡适档案"，卷号 E-102，分号 6）

同日　宋子文致电蒋介石：自文来美，钧座已两次欲召回胡大使。顷美日关系极为紧张。我国亟应有活动得力大使。宋认为颜惠庆、施肇基两人最为适宜，并强烈建议颜惠庆出任驻美大使。30 日，蒋介石复电宋：颜使更不如施。该事容后再定。（台北"国史馆"藏"蒋中正'总统'文物"，典藏号：002-080106-00040-005、002-010300-00039-068）

同日　郭泰祺复电胡适："三日晚晤首相。据告，期满重开，当于八日向国会宣告云云。四日，因他事复子文电已便告，并托其转达，未另电洽，为歉。"（《中华民国史资料丛稿》专题资料选辑第三辑《胡适任驻美大使期间往来电稿》，73 页）

10 月 8 日　胡适复函 Henry Noble MacCracken：感谢 9 月 30 日与 10 月 5 日来函（中国社科院近代史所藏"胡适档案"，卷号 E-281，分号 3）以及邀请前往 Vassar College 演讲。来此演讲是非常愉快的事。1933 年当好友陈衡哲访问贵校时，本人曾在贵校有个愉快的演说。关于您 10 月 5 日来函之请求，并不反对以广播的形式发表演说，请通知 The International Club 的 Miss Yang 提供演讲之相关细节。（中国社科院近代史所藏"胡适档案"，卷号 E-102，分号 1）

同日　张元济复函胡适，询报纸报道胡适辞职事是否确有其事，拜托胡适为其侄孙婿翁兴庆实习事帮忙。（《胡适遗稿及秘藏书信》第 34 册，112～113 页）

10 月 9 日　外交部复电胡适："救济事项，顷经主管机关核定，计战区难民约一万万人，游击区难民数千万人之紧急救济，以及该难民退集安全地带之运送、收容及生产工作，又难童之抢救、运送、收容、教养及后方城市之空袭紧急救济等项，均待巨款补助。仰知照并酌办。"（《中华民国史资料丛稿》专题资料选辑第三辑《胡适任驻美大使期间往来电稿》，73 页）

10 月 12 日　胡适复电陈布雷转蒋介石、孔祥熙：

1940年　庚辰　民国二十九年　49岁

适三年来所上介公及詠霓诸兄电，凡涉和战大计，总不外"苦撑待变"四字。所谓"变"者，包括国际形势一切动态。而私心所期望，尤在于太平洋海战与日本海军之毁灭。此意似近于梦想，然史实所昭示，和比战更难百倍，太平洋和平会议未必比太平洋海战更易实现也。

最近一个月中，重大演变多端：一为美国实行建造两大洋海军，增加海军实力一倍。二为日本侵入安南，使美国立时宣布对华三次借款及废铁全部禁运。三为德、意、日三国同盟，使美国人民更明了此三个侵略者对美之同心仇视。四为十月四日近卫、松冈同日发表威吓美国之狂论，使美国舆论大愤，使美政府令远东各地美侨准备即时撤退，以示决心。五为美国海军部十月五日增调海军后备员三万五千人，使海军现役员总数增至近廿四万人。六为日本忽变态度，先否认松冈谈话，后又声明近卫谈话亦只是随口答报界质问，并非事先预备之谈话。七为十月八日英国正式宣布十七日缅路重开。八为美政府连日遣送海军新员四千二百，陆军防空炮队千人，赴檀岛增防。九为上月国会通过空前之平时兵役法，凡廿一岁至三十五岁之壮丁，约千六百万余人，均须登记，听候抽送受军事训练。十月十六日为全国壮丁登记之日，亦即全部废铁禁运之日，亦即缅路重开之前夕。

凡此九事，皆在一个月内急转直下，使人有水到渠成、瓜熟蒂落之感。闻十月五日因松冈狂论，美国会中领袖曾访问罗总统和战大计。总统曾表示政策大纲云：我们并不要和日本开战，但也决不在远东退缩。因为我们不肯退缩，也许日本会侵犯我们。那时，我们就难免一战了。但我想日本大概不会如此做。

总统之言传说如此，似大体可信。连日美方观察，均谓日本已有软化形势，似不敢冒险向美国挑战。至于日本是否将用暴力压迫英国权益中心如沪、港各地，则论者颇不一致。

鄙意日本霸力全靠海军支撑，此时未必敢冒险将海军作孤注。若日本果软化，则日、美海战或尚须稍长时期之酝酿。我国苦撑三年余，其功效虽已甚明显，但今日尚未可松懈。此时最可虑者，暴敌在羞愤

之中或将以大力攻我滇边,及用空袭炸毁滇缅各路桥梁、车辆等。我方必须早作准备,拼命防御。绝不可误信外间流言,谓敌侵安南,意在南进,不在攻我。若误信此说,恐后悔难追,务恳留意。

鄙意又以为,今日世界大势已极分明,德国攻英已告失败;德、意已与暴日结为同盟;英、美密切合作已无可疑;罗斯福总统连任亦似无可疑。当此时机,我国对于国际分野似宜有个较明显的表示。例如,德、意既与暴日结盟,既承认其"东亚新秩序",则皆是我仇敌。我国似应召回驻德、意之使节,使国人与世人知我重气节,有决心,似是精神动员之最有效方法。(《中华民国史资料丛稿》专题资料选辑第三辑《胡适任驻美大使期间往来电稿》,73～74页)

同日　胡适致函Harold Riegelman:感谢上周致赠的精美火柴,每个人都很喜欢。我没有及时回信给您,是因为我想将寄给您一些中国人物藏书票,昨晚我选出一些不同类型、不同规格的藏书票给您,这样您可以选择最适合您的。遗憾得知Morris Cooper正在住院,将会在下次回纽约时前往探病。国际局势似乎变化太快,我感到更乐观了,但是所有苦难的结束,无论东方还是西方,仍然非常遥远。(中国社科院近代史所藏"胡适档案",卷号E-108,分号9)

同日　外交部致胡适二电。一曰:"据报:美政府近核准一百万桶汽油运日。希注意在可能范围内设法制止,并电复。"再电曰:"报载:苏联政府已向英、美表示,苏联对华政策将一仍旧贯,并不因三国同盟而稍变动。究竟确否?希速详查报部。"(《中华民国史资料丛稿》专题资料选辑第三辑《胡适任驻美大使期间往来电稿》,75页)

10月13日　胡适复电孔祥熙:"去年春初,蒙吾兄汇美金两万元交光甫与适作为宣传费用。此款当时由光甫交适负责管理,一切支用均有详账。迄今逾一年半,支付之款最大部分,用在津贴司汀生委员会及胡敦元所主持之经济研究社两项。均不无良好成绩。现此款只余三千六百卅元五角,难以持久。倘蒙吾兄提请政府续拨相当款项,留作有效之宣传费用,实为

公便。"(《中华民国史资料丛稿》专题资料选辑第三辑《胡适任驻美大使期间往来电稿》，75页)

10月14日　胡适复函联合学院院长Dixon Ryan Fox：感谢10月9日来函（中国社科院近代史所藏"胡适档案"，卷号E-201，分号6）。25日会在瓦萨学院的国际俱乐部的会议上进行演说，由于瓦萨学院尚未提供会议之相关细节，若瓦萨学院允许于会议之后直接离开，将会参加隔日的"美国的民主"谈话会；而10月28日，将在The New York State School Boards Association的年度宴会上进行演说，请将此讯息转告The Danton Committee。（中国社科院近代史所藏"胡适档案"，卷号E-94，分号12）

同日　胡适复函Yang Tien-Chih：感谢9月27日来函（中国社科院近代史所藏"胡适档案"，卷号E-391，分号7）。寄上致MacCracken校长关于您的申请案之信函的副本。因已接受联合学院校长的邀请在10月26日进行演说，因此在The Vassar International Club的演讲之后，将会有一位联合学院的教授前来接送，期望您与MacCracken校长能赞成此安排，并请告知会议之相关细节。（中国社科院近代史所藏"胡适档案"，卷号E-115，分号2）

同日　宋子文复电蒋介石，分析了当时的外交形势，又云，"欲得美国之援助，必须万分努力，万分忍耐，绝非高谈阔论所能获效。际此紧要关头，亟需具有外交长才者使美，俾得协助并进。否则，弟个人虽尽绵力，恐不能尽如钧座之期。弟所以提议植之即为此耳"。（秦孝仪主编：《中华民国重要史料初编》第三编《战时外交》（一），台北"中央文物供应社"，1981年，99页）

同日　张元济复函胡适，为胡适康复感到欣慰。甚望胡适辞职之说不确。前请王云五转交《校史随笔》因事忘却，今补寄之。全史校记请蒋君处理。询问徐大春就读何校。务希提挈翁兴庆。（《胡适遗稿及秘藏书信》第34册，114～115页）

10月15日　胡适复电哈佛大学法学院教授Eldon R. James：感谢您的讯息。由于11月15日将在波士顿的康奈尔毕业校友会进行演讲，因此可

能在 14、15 或 16 日访问 Fletcher School，请问可否将访问 The East Asiatic Society 的时间改在 11 月 14、15 或 16 日？（中国社科院近代史所藏"胡适档案"，卷号 E-243，分号 3）

同日　胡适致函赫尔：中国政府已授权中国的中央银行向华盛顿的进出口银行借款 2500 万美元，由中国政府担保。作为此项贷款安排的一部分，中国政府又授权资源委员会与金属储备公司订立出售钨矿合同一份，总计售价为 3000 万美元，所得货款指定作可偿还进出口银行对中央银行贷款的保证。兹奉命声明，下述人员，作为拟议中的贷款协议及销售合同的各方代表，已被授予相应权力……代表中华民国人员为国民政府委员宋子文博士；代表中央银行人员为全国税务委员会委员李干博士；代表资源委员会人员为资源委员会对外贸易局秘书吴志翔。上述人员根据此项授权签署之一切文件均按中华民国法律具有法律效力。（《中华民国时期外交文献汇编（1911—1949）》第七卷，下册，999～1000 页）

同日　翁文灏致函胡适云，自德、意、日三国联盟发表后，大局形势，我国突转有利。希望苏、美合作。如果美、英、华三国互助，由美国助以海军，由我国援以士卒，共同奋斗，则收效自必较宏。（《胡适遗稿及秘藏书信》第 32 册，351～352 页）

10 月 16 日　翁文灏复电胡适："中国为自身奋斗，亦实为英、美之利益及主义防御。目前三国联盟，英、美密接，形势对我好转。但美、日争战之时，中国受日封锁与压迫亦最烈。上月元日，我空军四十架认真作战，而敌人用美国驱逐机，速度、火力皆远胜于我，致军人虽不惜牺牲，而结果仍为空前大败。深感美国具充分之决心，而实助日人以相当之实力。矛盾悲痛莫过是。亦惟如是，故中国仍有人盼和。幸赖当局者远见力持耳。此种情形，似宜提起美人注意。"（《中华民国史资料丛稿》专题资料选辑第三辑《胡适任驻美大使期间往来电稿》，75 页）

同日　朱家骅复电胡适："高见甚佩。德、日《防共协定》后，关系已定。承认伪满、撤退顾问时，更必有今日。我对德一再容忍，仁至义尽。我抗战正烈，只好如此。今德既联日，再与周旋，反招误会。撤退使节，理所当然。弟早经上书总裁，当再晋言。英、美与日关系日益恶化，亦因渐感我抗战对彼之贡献。似宜赖兄进行谈判，设法使知太平洋战事必有陆上之合作，促成一表面经济协定，暗中成一军事同盟。"（《中华民国史资料丛稿》专题资料选辑第三辑《胡适任驻美大使期间往来电稿》，75～76页）

10月17日　胡适复电朱家骅，告："古籍保存，应无问题，但乞电示册数大概，以便筹画，又港寄汉简五箱已到……"（《胡适中文书信集》第3册，203页）

> 按，10月16日，朱家骅致电胡适：英庚会收购沦陷区古籍拟运美，恳代洽寄存处。（《中华民国史资料丛稿》专题资料选辑第三辑《胡适任驻美大使期间往来电稿》，76页）

同日　胡适致电Yang Tien-Chih：请代为向Community Church of Vassar学院致上歉意，遗憾无法接受邀请在10月25日下午之后讨论中国思想，因另有繁忙的行程。（中国社科院近代史所藏"胡适档案"，卷号E-115，分号2）

同日　胡适致唁电与Mrs. William Preston Few，吊唁其夫之丧。（中国社科院近代史所藏"胡适档案"，卷号E-94，分号5）

同日　胡适致电Eldon R. James：将参加11月14日The East Asiatic Society的会议，请寄送会议相关讯息。（中国社科院近代史所藏"胡适档案"，卷号E-243，分号3）

同日　胡适致函杜威：祝您生日快乐与身体健康，也为迟寄9月19日在费城发表的有关杜威哲学的文章致歉。因对此讲稿不满意，期望在寄给您之前能重修，但仍未修完，耻于寄给您较早的手稿。而现在宾夕法尼亚大学希望出版此文，当此文修改完毕之后将会寄给您。（中国社科院近代史所藏"胡适档案"，卷号E-92，分号7）

同日　陈布雷日记有记："覆邵先生及适之各一电（昨夜写就，今晨送发）。"（《陈布雷从政日记（1940）》，150页）

同日　郭泰祺致电胡适：苏联恐将与日本妥协。（《中华民国史资料丛

稿》专题资料选辑第三辑《胡适任驻美大使期间往来电稿》，76 页）

　　同日　外交部致电胡适："据驻马尼剌总领事馆电称：'美最高专员本月四日对报界表示：美国禁运办法是否推行斐岛一节，正由该公署电美政府查询。彼个人意见，事属可能。最近斐总统曾对彼表示，极愿协助美国推行国防计划，统制斐货出口。惟盼美方慎重考虑，务使斐岛对外贸易不受妨害'等语。希与美政府接洽，促其实现。"（《中华民国史资料丛稿》专题资料选辑第三辑《胡适任驻美大使期间往来电稿》，76 页）

　　10 月 18 日　胡适复函杜威：感谢 10 月 16 日来函询问关于在法国的两名德国难民之中国签证问题。又告：在法国的中国领事馆人员应可协助两名德国难民符合中国护照之通关方式。（中国社科院近代史所藏"胡适档案"，卷号 E-92，分号 7）

　　同日　胡适复函 John B. Thayer：感谢 10 月 14 日来函（中国社科院近代史所藏"胡适档案"，卷号 E-358，分号 4）。正在修订 9 月 19 日在宾夕法尼亚大学成立 200 周年纪念会议发表的文章，修改完毕会寄给您。（中国社科院近代史所藏"胡适档案"，卷号 E-111，分号 4）

　　同日　外交部致电胡适、宋子文：通报蒋介石会见英国驻华大使谈话内容。(《中华民国史资料丛稿》专题资料选辑第三辑《胡适任驻美大使期间往来电稿》，77～78 页）

　　10 月 19 日　翁文灏致函胡适，长信谈论日苏关系与世界局势。(《胡适遗稿及秘藏书信》第 32 册，353～357 页）

　　10 月 20 日　胡适读 Alexander Hamilton。（据《日记》）

　　同日　蒋介石致电宋子文并转胡适，告以 18 日与美国驻华大使詹森谈话要点及国内政情。（台北"国史馆"藏"蒋中正'总统'文物"，典藏号：002-020300-00028-043）

　　10 月 21 日　胡适读 Fiske 的 Reminiscences of Huxley，"写的好极了"。日记又记：

　　　　今天为了一件小事生气。我是为了一个主张来的，但是这个主张的实现不容易，不知道何年何月始能做到。这个时候大家都要看"灵迹"，也有人相信"灵迹"是可以用流氓手段得来的。我既不能如此自信，不如让别人来试试看。

同日　胡适函寄宾州哈弗福德学院的 Watson 教授来函副本与 Cornelius Vander Starr。又云：此副本也给了刘锴与夏晋麟各一份，期望刘、夏都能够或者至少其中的一位能参加 11 月 3 日的 The Memorial Service，并祝福 Felix Morley 担任哈弗福德学院的新院长。（中国社科院近代史所藏"胡适档案"，卷号 E-110，分号 8）

10 月 22 日　胡适致电 Co Tui & William，建议邀请 Ogden Reid 夫妇、Arthur H. Sulzberger 夫妇、Charles Merz 夫妇、Roy Howard 夫妇以及 Rodney Gilbert 担任 11 月 1 日美国医药助华晚宴的嘉宾。若有必要，愿付邀请之费用。（中国社科院近代史所藏"胡适档案"，卷号 E-448，分号 1）

同日　胡适复电 James L. McConaughy：遗憾因在 Mount Holyoke College 的演讲之后还要到史密斯学院进行演说，因此不能在 11 月 7 日与 8 日前往拜访，期望之后能有机会接受邀请。（中国社科院近代史所藏"胡适档案"，卷号 E-102，分号 17）

同日　第三次借款签字。（据《日记》）

同日　蒋介石致电胡适、宋子文：据邵大使电略称："倭近图结好苏联，曾向苏商请准其由德购运飞机马达，通过苏境。惟苏只允商用机五百匹马力以下者，遂作罢。据苏贸易部密告：'苏、德间贸易，过去数月内，颇不顺利。现因巴尔干半岛局势，两国关系益渐微妙〔？〕。'果我与英、美乘机善为运用，则倭即有所企图，必难实现。"等语。特电达注意。（《中华民国史资料丛稿》专题资料选辑第三辑《胡适任驻美大使期间往来电稿》，80 页）

10 月 23 日　王世杰致电胡适："滇边防务在增强中。召回德、意使节〔？〕事，弟曾极力主张。但政府决定稍迟再定。目前国内有三大难题：（一）空军已无战斗力。近三月来，英、美、苏均无此项供给。（二）法币在国内价

格猛跌……介公盼子文兄能于二三月内，由美购进飞机五百架，并即成立巨额借款。……再如何利用外债稳定物价，亦是难题。弟深愿知悉子文兄意见，便祈询示。"(《中华民国史资料丛稿》专题资料选辑第三辑《胡适任驻美大使期间往来电稿》，80 页)

10 月 24 日　胡适到纽约。中午在 Merchants' Association 吃饭，演说 "China Fights On"，下午在 New York Herald Tribune Forum 演说 "Saving Democracy in China"。(据《日记》)

胡适在 "China Fights On" 中说：

…

You will ask why and how has China been able to fight so long under such tremendous difficulties when more powerful and militarily better prepared nations in Europe have succumbed one after another. I shall endeavor to give a few explanations.

China has been gifted by nature and ancestral inheritance in three things which the nations in Europe that have succumbed do not possess: first, vast space to move about in; second, large numbers in population as actual and potential supply of man power; and third, the historical sense of national unity.

…

…I shall take the remainder of my time to offer a few explanations why China cannot and will not give up the fight.

In the first place, China cannot give up the fight now because giving up the fight now means complete surrender of our national independence and freedom for which we have been fighting all these years.…

…

In the second place, we know very well that the aggressors cannot be appeased because they are insatiable.…

…

In the third place, China's surrender or collapse today will mean a great catastrophe in the larger world struggle of democracy against totalitarian aggression....(《胡适未刊英文遗稿》,190～198页)

胡适在"Saving Democracy in China"中说:

In short, it is China's three years fighting which has so greatly weakened and disabled Japan that she is no longer free nor fully capable either to effectively help her European allies, or to take advantage of the European war to loot and plunder whenever she finds it more profitable.

This, I think, is the historical significance of China's part in the present world struggle to save democracy.(《胡适未刊英文遗稿》,204页)

同日 胡适致电陈布雷:

介公对英美两大使谈话大旨均敬悉。顷在美外交部得知詹森大使除报告谈话情形外,另有急切长电,对我方甚为有利。又闻美外交部已拟就复电,想不久即可由詹森大使转达。

大选只在旬日间,故各派均四出作政治演说,盖美不参战,则英与我难能支持,而三洲事终无了结。故现时美国大计划,如两大洋海军,如全国强迫兵役之实施,皆以参战为目标也。

依现时国际情状推测,美之参战以太平洋方面为最易牵入。盖中立法不废止,则美、德间一时不易生直接冲突,而太平洋上则中立法不适用,随时皆有冲突可能。而三国同盟签定后,友敌之分,必更分明,冲突应更易也。

以上为国际形势之枢纽,友邦对我之援助,亦与此有息息相关。上次大战时,在美国参战之前,英、比、法苦战两年另八个月,不能得美国丝毫政治借款,及参战之后,则月月借款助械,均为应负之义务矣。

以上论点或是补充美国官方文电所不便尽言。乞陈介公,并乞抄

送庸之、亮畴、雪艇、詠霓诸兄为感。（台北胡适纪念馆藏"胡适档案"，档号：HS-NK05-091-013）

10月30日　胡适复函Mrs. Arthur N. Holcombe：为延迟回复10月21日的来笺（中国社科院近代史所藏"胡适档案"，卷号E-229，分号3）致歉。之所以未先通知您将访问波士顿，是由于有许多来自波士顿的邀约仍在联系，又告目前已定好的11月14日和15日的行程。（中国社科院近代史所藏"胡适档案"，卷号E-96，分号20）

同日　胡适复函弗莱彻法律外交学院（Fletcher School of Law and Diplomacy）的院长Halford L. Hoskins："感谢10月21日来函（中国社科院近代史所藏"胡适档案"，卷号E-231，分号7）。关于您询问：1. 对于听众群大小意见，以小一点的团体为佳，不过还是由您决定。2. 是否要为演讲寻求一个特殊主题？期望您能提供一些期望对学生们讲述的内容之建议。并述14日跟15日的演说行程，请给予从波士顿抵达Medford的交通方式建议。"（中国社科院近代史所藏"胡适档案"，卷号E-96，分号25）

同日　外交部致电胡适："海防U. S. Far Eastern Trading Corporation（美国远东贸易公司）所租法船'西江'号装货约八千五百吨。廿四日敌陆海军官员登船查验，搜得防毒面具，指为军用品，要求全船卸载。越态度软弱。查该轮所载物资，系各机关于六月间售与该美商洋行。……又三达公司由美拟运华之汽油，亦被禁止出口。希探询美政府是否向法、日两方积极交涉。如不放行，拟如何办理。并电复。"（《中华民国史资料丛稿》专题资料选辑第三辑《胡适任驻美大使期间往来电稿》，81页）

11月

11月1日　胡适应邀在美国医药助华会的晚宴上演讲。（中国社科院近代史所藏"胡适档案"，卷号E-24，分号71）

按，有关胡适出席此次活动的接洽文件，可参考中国社科院近代史所藏"胡适档案",卷号 E-448,分号 1;卷号 E-362,分号 5;卷号 E-337,分号 5。

11月4日　胡适致电蒋介石:"10月卅夜,罗总统在波士顿演说,详述国防计划之实施情形。其中有一段述飞机制造之进步,谓过去一年中,因外国定购骤增,故国内飞机制造力亦大发展。……次日,赫外长召集外部会议,商讨如何乘此机会帮助中国政府得着美军用机之法。外部专家商谈结果,谓中国政府至今未曾定购飞机,最为失策。凡现成飞机,如瑞典所购机等,皆有国际复杂纠纷。中国今日最急务为即日决定正式定购飞机,可先定百只或两百只。外部已通知各主管机关,给予中国特别便利。必须由我方与美政府主管机关商定,由彼等指示英国所定机式及厂家。……鄙意以为外交部所示意甚可感,古语所谓七年之病,求三年之艾,正是此意。务恳早日裁定赐示。"(《中华民国史资料丛稿》专题资料选辑第三辑《胡适任驻美大使期间往来电稿》,81页)

11月6日　蒋介石致电胡适转罗斯福:"兹致罗总统贺电,请即译呈。如能面递,尤佳。此电不向外发表。文曰:'罗斯福大总统阁下:欣闻阁下荣膺贵国第三任大总统,此实人类正义与世界和平之福音。岂仅贵国政府与人民领导得人,凡爱好自由与努力自卫之国家,实亦同深庆幸。遥望白宫,无任欣忭。谨掬诚驰贺。蒋中正。'"(《中华民国史资料丛稿》专题资料选辑第三辑《胡适任驻美大使期间往来电稿》,82页)

11月7日　外交部致电胡适:"政府决定,如法租界法院停止行使职务,法租界内民刑案件由公共租界内法院受理。已请法大使转令法工部局,于传拘票送达法租界时,予以便利。除电顾、郭两大使外,特洽。"(《中华民国史资料丛稿》专题资料选辑第三辑《胡适任驻美大使期间往来电稿》,82页)

11月8日　蒋纬国致电胡适:"……接家父电谕命返,未及呈报辞行,罪甚。在美多蒙教导照拂,感铭万分。惟望不弃,仍不时赐教是幸。年内未必服务,暂住重庆伴亲也。"(《中华民国史资料丛稿》专题资料选辑第三

辑《胡适任驻美大使期间往来电稿》，82页）

同日　陈布雷日记有记：转胡大使来电。（《陈布雷从政日记（1940）》，163页）

11月10日　蒋介石致电宋子文：关于三国合作交涉，中已嘱美大使电其政府与兄在美直接交涉。此事如可使胡大使参加亦好。请兄酌定可也。（台北"国史馆"藏"蒋中正'总统'文物"，典藏号：002-010300-00040-010）

11月11日　日记有记：

同周鲠生兄谈中国在世界上要算有做民主国家资格的，其资格有三：

①孟子以下，承认造反，承认革命，为合理。

②自孔子的"有教无类"，到蒙馆里念的《神童诗》"将相本无种，男儿当自强"，平等的精神最发达，社会也最无阶级。

③自古以来，政治制度承认"谏诤"，即是承认"Opposition"。

《封神演义》第廿四回姜子牙引"古语有云：将相本无种，男儿当自强。又曰，学成文武艺，货与帝王家。"可见此语之古。

《封神》十九回妲己说："我本将心托明月，谁知明月照沟渠？"

同日　外交部致电胡适：毕特门逝世。蒋委员长谕，请胡大使亲往代表吊唁。（《中华民国史资料丛稿》专题资料选辑第三辑《胡适任驻美大使期间往来电稿》，83页）

按，据外交部12月21日"代电"，因毕德门之丧礼在距离华盛顿二千余里的家乡举行，故外国使节均不前往参加，已经代蒋介石并外交部致函电唁慰，并代蒋送花圈一个。（台北"国史馆"藏"外交部档案"，典藏号：020-101700-0103-0094）

11月12日　钱端升致函胡适、周鲠生，谈及：日本暂时停战，改放和平空气，故国内人心颇为不安。据传日、苏已签订互不侵犯协议。国内政治无可言者。（《胡适遗稿及秘藏书信》第40册，492页）

1940年　庚辰　民国二十九年　49岁

11月13日　胡适致电蒋介石，告：本日访国务院，得知詹森大使电达尊旨，尚在研究中。国务卿今日南行休假，最近数日内恐未必有所表示。关于敌人南进之企图，最近更明显。英美均甚注意，闻稍有所戒备。(《中华民国史资料丛稿》专题资料选辑第三辑《胡适任驻美大使期间往来电稿》，83页)

同日　胡适、宋子文致电蒋介石：闻詹森大使已将尊旨电达政府。适等当随时尽力推动。(《中华民国史资料丛稿》专题资料选辑第三辑《胡适任驻美大使期间往来电稿》，83页)

同日　胡适复电孔祥熙：美国大选结果，不但罗公连任，国会两院均仍归民主党多数控制，诚可称为人民对总统新法〔New Deal〕之信任投票。故此后两年，政府对内对外应能稍稍放手做去。远东形势亦应能得美国更多援助。但其具体方向，尚须待事实之展开耳。弟任使事已逾两年，深愧无补国家，兹蒙吾兄奖劝，不胜惭谢。(《中华民国史资料丛稿》专题资料选辑第三辑《胡适任驻美大使期间往来电稿》，83页)

　　按，11月8日，孔祥熙致电胡适云：罗斯福连任，援华抗日国策势必更趋积极。而我国于外交、军事、经济各端，莫不集目标于华盛顿。"吾兄使美经年，成绩斐然。务盼益励贤劳，再接再厉。党国前途，实深利赖。"(《中华民国史资料丛稿》专题资料选辑第三辑《胡适任驻美大使期间往来电稿》，82页)

同日　胡适致电王世杰，云：周鲠生在此，"弟深得益"。周最耿介，除宿食外，不受分文津贴。若王欲周年内回国，"盼寄千元作旅费。若允其住过明春，盼共寄二千元"。又询：报纸传说敌军烧宜昌即撤退，又有撤退岳州之传闻。真相如何？乞电示。(《中华民国史资料丛稿》专题资料选辑第三辑《胡适任驻美大使期间往来电稿》，83页)

　　按，11月16日，王世杰复电胡适：鲠兄可留。款二千，当分二次航汇。其家用当另为布置。宜(宜昌)岳(岳州)敌未撤，但宜昌敌

兵减少，不久或撤。敌将极力诱和，德国政府已在奔走。弟切盼美、英援华计划能速定。(《中华民国史资料丛稿》专题资料选辑第三辑《胡适任驻美大使期间往来电稿》，84 页)

同日　蒋介石日记记注意之事，其中第二条为：调胡适之时期。

11 月 14 日　7 点半，胡适在纽约换车去波士顿，住 Copley Plaza Hotel。约洪煨莲、裘开明来吃午饭。Mr. Allan Forbes 接胡适去 William Allan White Committee for Defending America by Aiding the Allies 作短演说。"在 Harvard Club，到 East Asiatic Society 的餐会，作一点钟的演说，又答问约一点钟。"在电话上和 Florence Nasmyth 谈 Robert Plaut 的事，"我们都很伤感"。(据《日记》)

同日　沈昆三致函胡适，告沈燕抵沪后，即将所带各件交胡夫人，次日江冬秀亲到沈府长谈，等等。(《胡适遗稿及秘藏书信》第 27 册，69～70 页)

11 月 15 日　午饭在 Cornell Alumni Association 年会，演说 "The Place of the Alumni Organization in the History of Universities"。晚上 Dean Halford L. Hoskins 接胡适去 Fletcher School of Law & Diplomacy，先到他家吃饭，见着 Prof. George H. Blakeslee 夫妇等人。演讲一个小时，答问 45 分钟。半夜上车。(据《日记》)

11 月 16 日　胡适经纽约回到华盛顿。(据《日记》)

同日　翁文灏复电胡适："钨九千吨，已由资源委员会商定：二千吨交华昌代售，七千吨由资源委员会自理。还款钨砂，亦经决定办法，由资源委员会自理。中、美商务，来日方长。会设国外贸易事务所，亦为已成事实。兹不过推广及美。国钦兄努力协助，自甚感谢。以后仍盼相助，并望转达为荷。"(《中华民国史资料丛稿》专题资料选辑第三辑《胡适任驻美大使期间往来电稿》，84 页)

11 月 18 日　胡适致电 Mrs. Arthur N. Holcombe：将在 12 月 6 日星期五抵达。已接受 12 月 7 日星期六 Mrs. Shattuck 的晚餐会邀约与 12 月 8 日下

午您的茶会邀约。也已电邀 China Group of Boston 的主席 S. M. Cowles 于 12 月 6 日星期五的晚宴上发表演说，可否代为与 S. M. Cowles 联系。（中国社科院近代史所藏"胡适档案"，卷号 E-96，分号 20）

11 月 19 日　胡适致函 Harold Riegelman：感谢 11 月 14 日来函以及寄赠的新藏书票的样片（中国社科院近代史所藏"胡适档案"，卷号 E-327，分号 1）。很喜欢此新设计，会将之使用在中文书和英文书中。并请问可以将藏书票的副本寄给我当做纪念品吗？敬请告知在设计藏书票上花费多少钱。11 月 15 日在波士顿参加康奈尔大学校友会时，于午餐会上发表演说并提到许多就读于康奈尔大学时有关的事。28 日则将在 The Town Hall 的会议上发表演说，期望能与您相见。（中国社科院近代史所藏"胡适档案"，卷号 E-108，分号 9）

同日　竹垚生复函胡适，云：《独立评论》自己正托人去搜，如其买不到，拟再登报收买。雷峰塔刻经都是假的，真的不易买。已托叶揆初、陈陶遗，俟有回音，再行奉告。胡思杜在此读书，无甚进境，且恐沾染上海青年恶习，请胡适要赶快注意。徐大春勤学。（《胡适遗稿及秘藏书信》第 26 册，87～88 页）

11 月 20 日　胡适致函 Frederic A. Delano：已由 W. Cameron Forbes 之处收到论浩官（Houqua）的文章，得知您对此文有兴趣，寄上此文以及我给 Forbes 的信，敬请阅览指教。（中国社科院近代史所藏"胡适档案"，卷号 E-92，分号 4）

同日　胡适复函 W. Cameron Forbes：感谢 11 月 12 日来函（中国社科院近代史所藏"胡适档案"，卷号 E-199，分号 6）以及让人深感兴趣的文章：《浩官，中国的商人王，1769—1843》（On Houqua, the Merchant Prince of China, 1769—1843）。然由于不了解浩官，无法给予有价值的建议，已请广东的朋友协助留意搜集相关的有价值的材料，若搜集到，将予寄上。此研究可以激起中国学者注意中美贸易关系的重要性，期望您可以给予一些抽印本以转寄给一些研究现代中国的学者。关于此文唯一可以给予的回复意见是"行"的研究，尤其是对"十三行"的认识。最后，由于整个夏天

都会待在华盛顿，因此今年无法前往拜访，望能谅解。（中国社科院近代史所藏"胡适档案"，卷号 E-94，分号 10）

11月21日 蒋介石两电宋子文并转胡适，告以中国答复罗斯福复电之两要点：美国能赞助中英两国之互助与同盟；美能与英国共同宣言，表示英美在远东共同之立场，始终尽力援助中国，确立其主权与领土行政之完整，以恢复太平洋国际和平之秩序。蒋令宋、胡照此意旨，加以推动。（台北"国史馆"藏"蒋中正'总统'文物"，典藏号：002-020300-00028-054，002-020300-00028-055）

同日 周鲠生赠与胡适 The Case for Federal Union（by W. B. Curry）一书。（《胡适藏书目录》第 3 册，2187～2188 页）

11月22日 胡适致函 Mrs. Henry S. Glazier：寄上我致美国医药助华会的信函副本，期望您能赞成信中对于使用捐助款项的决定。（中国社科院近代史所藏"胡适档案"，卷号 E-95，分号 7）

同日 胡适致函 Keith McLeod：感谢 11 月 19 日的来笺邀请在下次访问波士顿时担任您的嘉宾。然因已先允诺 The Holcombes 的邀约，无法接受您的邀约，敬请见谅。将在 12 月 6 日抵达并且整周都待在剑桥和波士顿。（中国社科院近代史所藏"胡适档案"，卷号 E-103，分号 3）

同日 胡适致函 Co Tui 和 William：寄上两张 100 元的支票，一张来自 Mrs. Henry S. Glazier，另一张来自胡适本人，拟将之花费在购买显微镜上。此捐款是起源于 1938 年 12 月和 Mr. Henry S. Glazier 庆祝两人共同的生日，由 Mr. Henry S. Glazier、李国钦与胡适各出 100 元捐赠给美国医药助华会。去年 Mr. Henry S. Glazier 辞世之后，Mrs. Henry S. Glazier 依旧持续捐款，以之纪念 Mr. Henry S. Glazier。（中国社科院近代史所藏"胡适档案"，卷号 E-114，分号 8）

同日 陈布雷致电胡适：委座对英、美使所谈计划，闻英方尚须由乐相大使与美国务卿商讨。据卡尔言，澳驻美公使加赛为乐相大使远东问题之顾问，应否由兄与加赛多所往还，俾取联系，乞酌夺。（《中华民国史资料丛稿》专题资料选辑第三辑《胡适任驻美大使期间往来电稿》，84 页）

1940年　庚辰　民国二十九年　49岁

11月23日　胡适复函Paul D. Moody：感谢11月20日来笺（中国社科院近代史所藏"胡适档案"，卷号E-302，分号3）通知明德学院（Middlebury College）邀请我参加6月16日的毕业典礼并发表演说以及授予我荣誉博士学位。期望能与您进一步讨论相关细节。（中国社科院近代史所藏"胡适档案"，卷号E-103，分号18）

同日　胡适复电Mrs. Arthur N. Holcombe：同意您的所有聚会安排，仅希望停留期间能有时间休息。（中国社科院近代史所藏"胡适档案"，卷号E-229，分号3）

11月24日　钱端升致函胡适，谈西南联大之种种"怪"象，希望胡适向洛克菲勒基金会"吹嘘"，资助西南联大。（《胡适遗稿及秘藏书信》第40册，493页）

11月25日　孔祥熙致电胡适："前由世界公司在美借款项下，代兵工署订购枪药三百吨。国内待用甚急，接洽多次，以美商因欧战关系，不愿供给，尚未订妥。查三百吨之数，在美极微，于我关系甚大。务请迅与美政府商洽协助，俾早订运为盼。"（《中华民国史资料丛稿》专题资料选辑第三辑《胡适任驻美大使期间往来电稿》，84页）

11月26日　宋子文、胡适同谒国务卿赫尔，二人当日联名致电蒋介石：

今晨间访赫尔外长，由文详述我国需要美国飞机及大宗借款之迫切情形。外长表示恳切同情，并云彼曾敦嘱陆海军部，设法使中国早日能得着美国飞机。闻现已妥筹办法，一部份可于短期中交货，彼当继续敦促，使中国可多得云。关于借款，彼云亦已敦嘱主管机关尽力设法，并云彼亦赞成此借款数目应比以前更大云。适等退出后，又向外部访远东司长，据彼报告我方最近交与詹生大使各件，均经政府考虑。部中意见以为，美政府对远东之立场，迭有明白宣言，自一九三七年七月十六外长宣言，以至最近九月廿七之外长演说，均系一贯主张立言，故似无与他国共同宣言之必要。至中英互助，美国自当赞助，但美国因不能与他国缔结同盟，则其促进中英同盟恐无大效

力云。又总统昨回京，适兹已请总统示期谒见。(《胡适中文书信集》第 3 册，209 页)

同日　胡适在 General & Mrs. Wm. Crozier 家吃饭，客人为 Morris Llewellyn Cooke 夫妇。(据《日记》)

11 月 28 日　晨，胡适到纽约，住大使饭店。Max Epstein 约吃茶，遇芝加哥大学校长 Robert Hutchins。与 Harold Riegelman 一家吃饭。到市政大厅作广播讲话，题为 "What Kind of World Order Do We Want"。(据《日记》)

胡适在 "What Kind of World Order Do We Want" 中说：

Whatever form this new world order may take, it must be at least capable of achieving one objective, namely, to enforce peace —to prevent aggressive war by some form of organized force behind law and order. (中国社科院近代史所藏"胡适档案"，卷号 E-24，分号 72)

按，胡适在当日日记中说：

同说者为：H. G. Wells、President Wilbur。这两人都不曾好好的预备，故成绩很不好。我这九分钟广播，共费了七天工夫预备，删了又删，改了又改，故当然最受欢迎。

事后有许多人来说，今晚的广播只有我一人说的话人人都懂，都明白。我为此事，不得一文酬报，费了七天工夫，我觉得是很值得的，因为我得着绝有用的训练。

同日　胡适致函 A. Lawrence Lowell：寄上今晚在纽约的 The Town Hall 的广播演讲稿。为准备此演说，重读了您的文章 "We Try to Enforce Peace"，得到许多精神鼓舞与思想食粮。(中国社科院近代史所藏"胡适档案"，卷号 E-101，分号 6)

11 月 29 日　胡适致函 W. Cameron Forbes：最近在国会图书馆(The Library of Congress)发现与您的文章 "On Houqua, the Merchant Prince of

China，1769—1843"有关联的中文著作《广东十三行考》(The History of the Thirteen Hongs of Canton)，作者是梁嘉彬（Liang Chia-Pin），1937年在上海出版。梁嘉彬引用了欧日方面的相关研究数据，然此文最大的贡献在于找出商人们的世系以及充分地使用商人们的家族纪录。另，此文亦有对于浩官的介绍，期望能对您的研究有所帮助。（中国社科院近代史所藏"胡适档案"，卷号E-94，分号10）

同日　外交部致电胡适：

> 日本即将承认伪组织，德、义或随之承认。我国拟于其承认后，即与断绝国交，撤回使领。
>
> 查国际间断绝外交关系，通常可托第三国保护利益。惟德、义若承认汪伪，则汪伪必派使领至德、义。在此种情形下，第三国能否代管我方利益，似鲜先例。美政府人员或知有类似成案，可作比附。希与非正式商谈，作为关于International Practice（国际惯例）问题之讨论。并电告其意见。（《中华民国史资料丛稿》专题资料选辑第三辑《胡适任驻美大使期间往来电稿》，85页）

11月30日　蒋介石致电胡适，请转告罗斯福总统：希望美国能就日本承认伪满洲国发表宣言：如果英美两国对日本承认汪伪政权事不发表严正宣言，以及大量助华之事实表现，则必对中国国民心理及经济情况产生不良影响。如美国不愿与英国发表共同宣言，可否由两国商定各自发表宣言，如能有大量借款同时发表，则成效更大。（《中华民国史资料丛稿》专题资料选辑第三辑《胡适任驻美大使期间往来电稿》，85页；台北"国史馆"藏"蒋中正'总统'文物"，典藏号：002-020300-00028-055）

11月　胡适在History of the University of Pennsylvania（by Edward Potts Cheyney）一书扉页题记："今年是宾州大学二百年纪念，我参加庆典后，买得此书。"（《胡适藏书目录》第4册，2356页）

12月

12月1日　胡适复电蒋介石："卅日电敬悉。大借款昨已发表。此为最严重切实之表示。昨美外长又宣言重申本年三月三十日之宣言。三月三十日宣言全文当时曾电达外交部，其结语云：十二年前美国政府同各国政府承认中华民国国民政府，今美国政府仍有充分理由相信现迁都重庆之中国政府，在过去与现在均得中国人民大多数之忠诚拥护，美国政府当然继续承认此政府为中国政府云。"（《胡适中文书信集》第3册，209～210页）

同日　胡适复函江冬秀，告写了200元支票与应谊小姐。祝江冬秀及胡思杜百岁。（《胡适遗稿及秘藏书信》第21册，552页）

同日　黄朝琴致函胡适，谈及：孙碧奇在广源轮案表现优秀，请胡适推荐其授勋。又谈到自己回外交部后预备做点小生意。又谈到尼赫鲁还在坐牢等。（《胡适遗稿及秘藏书信》第37册，100～101页）

12月4日　宋子文、胡适致电蒋介石："今日外部政治顾问与远东司长约文、适，作转致外长意见云：蒋公前由詹森大使转商各事，前已由詹森大使分别奉复。旬日以来，凡此间政府所能为力，均已尽力做去。其不能为力之处，皆因美国并未参加战争，亦不愿卷入战争，想中国领袖定能谅解。兹分别言之：（一）借款一万万元，为数甚巨，美国政府深盼此款于中国抗战前途有所补助。（二）飞机已订购一部分。其他经主管机关研究决定后，政府当给予订购上之便利。（三）中国政府拟雇用美国飞机师事，如系专为教练员，在不抵触本国法令及新颁之兵役法范围以内，其出国护照等事当可给予便利。（四）美国政制不容与他国缔结同盟，或作他军事上之承诺，故亦不能促成他国之同盟，且中国、英国皆在战争状态中，尤不便干预。（五）在日承认汪伪组织之前夕，美外部本曾草一宣言，倘当时未能赶办借款事，则或先考虑发表宣言，后来大借款竟赶成，故决定不发宣言，因事实远胜于空言也。次日，外长答报界询问，亦仅重申三月卅日之宣言，亦欲表示日本承认汪伪之举，实不值得特发宣言也。"（《中华民国史资料丛稿》

专题资料选辑第三辑《胡适任驻美大使期间往来电稿》，87 页）

同日　胡适分别致电蒋介石与外交部，告：美国国务院今日面告，近数月来关于中俄关系所得各方报告殊不一致且多相矛盾，即中国各方面亦不无甚大之矛盾，希望我方予以最有权威之答复：苏俄物资助华数月来是否已经停止？如未停止其援助取何方式？如苏俄物资继续运华，其数量如何？苏俄物质助华将来能否继续？（《胡适中文书信集》第 3 册，212 页）

> 按，12 月 11 日，蒋介石复电胡适、宋子文，请胡以口头方式向美国外交部转达：苏联对华物资援助，用以货易货之方式进行，最近鉴于日本求和失败，中国抗战坚决，援助更趋积极。再，苏方向中探询，美国援助我国军需，有无成议，且表示希望美国积极援华。（《中华民国史资料丛稿》专题资料选辑第三辑《胡适任驻美大使期间往来电稿》，88 页）

12 月 7 日　陈布雷日记有记：对胡大使来电签拟意见，颇费心思。（《陈布雷从政日记（1940）》，179 页）

12 月 9 日　蒋介石致电胡适：敌为挽救石油恐慌，曾派斋藤某赴美，与美油商商定以上海为转运站，秘密由美运沪转日等情。（《中华民国史资料丛稿》专题资料选辑第三辑《胡适任驻美大使期间往来电稿》，87 页）

12 月 10 日　朱家骅致函胡适，谈道："日寇现于诱和失败之余，竟于本月一日承认汪逆，签订所谓日汪密约。……美国亿元借款，国人甚为踊跃，实出我兄之力，甚佩。"（《胡适遗稿及秘藏书信》第 25 册，422 页）

同日　顾翊群致函胡适，为获得"巨额借款"雀跃。（《胡适来往书信选》中册，499 页）

12 月 11 日　外交部致电胡适：驻墨谭公使 11 月 9 日报称，军用品原料多种，如次等废铁、旧船、新制钢板等，仍可由美运日。数月来美总统所颁各项禁运命令，是否均严格执行，希查明电复。（《中华民国史资料丛稿》专题资料选辑第三辑《胡适任驻美大使期间往来电稿》，88 页）

12 月 12 日　胡适致函英国驻美大使馆参事 Nicholas Murray Bulter，吊

唁英国驻美大使之丧。(中国社科院近代史所藏"胡适档案",卷号 E-90,分号 32)

同日　William M. Chadbourne 致函胡适:欣闻您将出席 1 月 23 日 The China Society of America 在 The Waldorf-Astoria Hotel 举行的晚餐会,期待与您见面。(中国社科院近代史所藏"胡适档案",卷号 E-148,分号 1)

按,11 月 29 日,李国钦致函胡适云,The China Society of America 将在 1 月或 2 月适合的时间为胡适举行一个致敬晚宴,请胡适考虑此邀请,并给予回复,以做相关安排。(中国社科院近代史所藏"胡适档案",卷号 E-269,分号 1)

同日　翁文灏复函胡适,关于北平图书馆书籍运美事接洽各情形,已转告孙洪芬,孙已由渝返沪,就近办理。袁同礼近来精神病大发,彼如接洽,务希注意为荷。(《胡适来往书信选》中册,499 页)

12 月 13 日　胡适致函 George H. Danton 夫妇:致上迟来的谢意,感谢访问 Schenectady 期间所受的友善招待。又云:

You and my other friends may be interested to know that my October trip to New York, Vassar, Schenectady and Syracuse, by an accident, attracted international attention and became the subject of a full column editorial in the "Japan Times", Tokyo, on October 30th. I was supposed to have been conducting a lecture tour to incite Americans to fight Japan, —I suppose by means of such dangerous lectures as those I gave at Union College on "The Development of the Chinese Novel" and "What is Philosophy?"!(中国社科院近代史所藏"胡适档案",卷号 E-92,分号 1)

同日　胡适致 Dixon Ryan Fox 函:感谢访问 Union College 时尊伉俪之友善招待。又云:

You will be interested to know that while you were writing your last note to me the "*Japan Times*", Tokyo, on October 30th, came out with a full column editorial on my announced trip to New York, Vassar, Schenectady and Syracuse during the last week of October. The Japanese editor apparently was convinced that my trip was a lecture tour for the express purpose of inciting the American Nation to war on Japan and that I had the blessing of the State Department in doing so. I wish the editor of the "*Japan Times*" could have heard my very dangerous lecture at Union College on "The Development of the Chinese Novel" and the other no less dangerous one on "What is Philosophy?"（中国社科院近代史所藏"胡适档案"，卷号 E-94，分号 12）

同日　胡适致函 Leona C. Gabel：感谢访问史密斯学院时给予的友善招待。已请大使馆人员寄上在 International Polity Club 的演说文"Is There a Substitute for Force in International Relations"。现再寄上演讲于 11 月 28 日、发表在 *Town Meeting* 上《论新的世界秩序》的广播稿。（中国社科院近代史所藏"胡适档案"，卷号 E-95，分号 1）

同日　胡适复函曼荷莲女子学院（Mount Holyoke College）院长 Roswell G. Ham：感谢 11 月 29 日来笺（中国社科院近代史所藏"胡适档案"，卷号 E-219，分号 1）。已在行程的路上，感谢访问贵校时尊伉俪的友善招待以及致赠的支票。（中国社科院近代史所藏"胡适档案"，卷号 E-96，分号 5）

同日　胡适致函史密斯学院历史学教授 Sidney R. Packard：感谢上次访问贵校期间尊伉俪的友善招待，并请代向一些朋友送上祝福。（中国社科院近代史所藏"胡适档案"，卷号 E-106，分号 1）

同日　蒋介石致电宋子文："胡大使在美不得力，故中在正式提出方案以前召其回国。然现在电召或调换，据中所得消息，彼或仍留美，不愿奉召。故对此事处理当需研究至当方能决定也。"（《宋子文驻美时期电报选 1940—1943》，59～60 页）

同日　郭泰祺致电胡适："滇缅铁路事，顷面询外长。据云，并无所闻。但如美国愿合作，在原则上自为英方所欢迎。惟须俟与有关方面商讨后，始能正式答复云云。弟当告以滇缅公路既为美国所注重，此项重要国际交通之铁路，美国为协助中国或亦感觉兴趣。外长谓然。此外或因购料，亦自有其便利。"(《中华民国史资料丛稿》专题资料选辑第三辑《胡适任驻美大使期间往来电稿》，88页)

12月14日　胡适提交一份文件与霍恩贝克，该文件系对他于12月4日就苏联援华事之回应：

> Soviet material assistance to China is based on credit agreements in the form of exchange of goods. Recently the Soviet Government, in view of Japan's failure to effect peace and China's determined resistance, has on several occasions assured Generalissimo Chiang Kai-shek of its willingness to continue the delivery of materials in fulfillment of the credit agreements, including field guns, machine guns, etc. However, only a small number of airplanes are forthcoming and the Chinese Government has not been informed of the exact quantity of the supplies or the dates of delivery.
>
> Soviet Representatives at the same time have asked for information as to the result of negotiations for supplies of military equipment and materials from America, and expressed the hope that the United States might extend to China her fullest measure of assistance.
>
> Soviet aid to China therefore tends to become more positive in the future and will be closely related to the attitude of the United States.（*FR US*, 1940, Vol. Ⅳ: *The Far East*, p.709-710.）

12月15日　胡适出席英大使 Marquis of Lothian 的丧礼。(据《日记》)

同日　卢逮曾致函胡适，祝贺胡适50岁生日，又谈到国内物价飞涨情形，希望胡适能向美国侨商说话，每月赞助100美元给卢办《文史杂志》。(《胡适遗稿及秘藏书信》第40册，237～238页)

12月16日　蒋介石致电宋子文："美使人选经过外人已多猜测，自不能免。中意此事惟有调顾维钧较宜。但时间如何请兄酌复。"（台北"国史馆"藏"蒋中正'总统'文物"，典藏号：002-080106-00004-004）

12月17日　胡适日记有记：

　　这一年之内，我跑了不少的路，做了不少的演说，认识了一些新的朋友。读书的机会很少。做事的困难，一面是大减少了，因为局势变的于我们有利了；一面也可说是稍增加了，因为来了一群"太上大使"。但是我既为一个主张发下愿心而下，只好忍受这种闲气。我的主张仍旧不变，简单说来，仍是"为国家做点面子"一句话。叫人少讨厌我们，少轻视我们——叫人家多了解我们。我们所能做的，不过如此。

　　至于政策，则此邦领袖早已决定，不过待时演变，待时逐渐展开而已。今年美国种种对我援助，多是这程序的展开，我丝毫无功可言。其展开之形式皆为先有暴敌走一步，然后美国走一步或两步，历次皆是这样。

本日来客约有60多人。

同日　孔祥熙致电胡适：对美宣传至关重要。务请勉力筹维，以期合作日密，后援增多。兹再先汇美金1万元，即请查收应用为荷。（《中华民国史资料丛稿》专题资料选辑第三辑《胡适任驻美大使期间往来电稿》，88页）

同日　汤用彤、姚从吾、罗常培、郑天挺致函胡适，提出发展北大研究所的具体建议，并希望胡适能筹寄转款数万元为扩充之基金。（《胡适遗稿及秘藏书信》第36册，468～471页）

同日　赵元任、杨步伟函寄《大英百科全书》祝贺胡适50岁生日，附上10年前40岁生日时的贺词照片。（中国社科院近代史所藏"胡适档案"，卷号132，分号1）

同日　绩溪上庄村为庆祝胡适寿辰，改名为"适之村"。

12月18日　王世杰致函胡适、周鲠生，告：国内情形，以国共关系与

物价问题为最严重。关于外交问题，张子缨等深觉应做以下两事：一，要求美、英与我成立一"原则"的协定。于中日战争结束后废除领事裁判权、租界、庚子条约内驻兵权、内河航行权，等等，另依平等互惠原则订立新约；并立即组织委员会商拟具体方案。二，要求美国政府及英国政府作一正式声明，允于中日战争期内及战后，协助中国经济建设。（《胡适来往书信选》中册，505～506页）

12月19日　David Lilienthal、Adolf Berle夫妇、Dr. T. V. Smith来吃便饭。（据《日记》）

同日　郭泰祺致电胡适："滇缅铁路事，昨备具说帖，面交政务次长，并提商要〔邀〕美参加。政务次长谓，现正与有关各方面商洽，新年前后可答复。外长与彼个人在原则上均赞同。并云，英方对此路之重要性，亦日益注意，愿予协助完成云云。"（《中华民国史资料丛稿》专题资料选辑第三辑《胡适任驻美大使期间往来电稿》，88～89页）

12月20日　胡适致函Harold Riegelman夫妇：为在尊宅晚餐会上发表演说而受到的友善招待送上迟到的谢意，并为获得许多赞赏表示由衷感谢。您的藏书票，看过的朋友都赞赏设计精美，将把第二款用在英文书中。由于胡祖望明晚将前来度假，无法参加明天的派对，敬请见谅。（中国社科院近代史所藏"胡适档案"，卷号E-108，分号9）

同日　郑天挺日记有记："午间与锡予谈，锡予主以祝适之先生五十寿为名，请在美诸友向国外捐款五万至十万美金，为北大文科研究所基金，设专任导师，凡不愿任课之学者，如寅恪、宾四、觉明诸公，皆延主指导。此意甚善，日内当与孟邻师详商之。"（《郑天挺西南联大日记》〔上〕，354页）

同日　任鸿隽致函胡适，告已为蔡元培"筹足十万元子女教养基金"。询问胡适纪念蔡元培的方法。袁同礼欲将善本书送美国保存，并欲赴美募捐，此间人士正尽力阻止其赴美。（《胡适遗稿及秘藏书信》第26册，633～635页）

同日　郭泰祺致电胡适，通报与英国政务次长谈英国驻美大使人选事，以辛克莱呼声为最高。（《中华民国史资料丛稿》专题资料选辑第三辑《胡

适任驻美大使期间往来电稿》，89 页）

12 月 21 日　胡适访 Leon Henderson、Joseph Green。（据《日记》）

12 月 22 日　午饭客人为 General & Mrs. Wm. Crozier、Dr. Stanley K. Hornbeck、Dr. & Mrs. Charles Warren、Mrs. Keep、Minister from Australia & Mrs. Casey。（据《日记》）

12 月 23 日　胡适日记有记：

> 今天与 Dr. L. Rajchman 谈我的 Nov.28 广播词中说的英法给波兰的保证（pledge），我问他的意见，他说，我的见解很对，1939［年］四月中英法给波兰，罗马尼亚，希腊四国的约言，实是欧洲第一大转变。
>
> 我问他，为什么波兰居然肯抵抗？他（是波兰人）说，大概有三个原因：
>
> ① Col. Beck 的政府若不抵抗，必难站住，因波人很恨德人，农民尤甚。
>
> ②波兰军人亦不免小看了德国的武力。他们知道德国力大，但相信终久英法必打倒德国。
>
> ③苏俄至八月底，还是鼓励波兰抵抗。Rajchman 那时在中国，常在 Radio 上听见 Moscow 广播如此说。波人以为苏俄可以维持善意的中立。
>
> Rajchman 说，波兰不大信法国能抵抗，但他们是信任英国的。Beck 不信英国能如此改变政策，故四月之英国对波约言，Beck 真受宠若惊，决心接受！

同日　胡适复函赵元任夫妇，谈次年 1 月 16 日之行程，"如果你们俩有什么计划，我愿意早点知道，以便早点安排"。又感谢赵元任一家赠送生日礼物。（《鲁迅研究月刊》2020 年第 2 期，55～56 页）

同日　胡适致函 Earl of Lytton：寄上 1940 年 12 月 2 日的 "Town Meeting"，当中包括我的广播稿 "What Kind of World Order Do We Want"。因 3 年

前曾受益于您刊载在 Christian Science Monitor 的文章，该文解释了很多有价值的国际托管观念，完全同意您的观点。（中国社科院近代史所藏"胡适档案"，卷号 E-101，分号 8）

同日　胡适复函伊利诺伊大学校长 A. C. Willard：感谢 11 月 1 日与 12 月 16 日来函（中国社科院近代史所藏"胡适档案"，卷号 E-377，分号 1）邀请为 1941 年 3 月伊利诺伊大学的 The Edmund J. James Lectures on Government 发表演说，将接受此邀约。因已于 1941 年 3 月 10 日接受密歇根州立大学（Michigan State College）的演讲邀约，请安排在这天之前或之后。11 月 1 日来函提到随函寄上几份演讲稿，但实际上并没有收到，敬请贵办公室重新寄上。（中国社科院近代史所藏"胡适档案"，卷号 E-114，分号 6）

同日　胡适复电纽约中国银行行长夏屏方：请告知 Walter L. Schnaring，将接受邀请于 2 月 6 日在 The Union League Club of New York 发表演说，并请 Walter L. Schnaring 就演讲题目提出建议。（中国社科院近代史所藏"胡适档案"，卷号 E-450，分号 1）

按，1940 年 12 月 14 日，夏屏方转来 Central Hanover Bank & Trust Company 副总裁 Walter L. Schnaring 致夏函副本，此函邀胡适于 1 月 23 日或 1 月 30 日为 The Union League Club of New York 的午餐会发表演说。12 月 18 日，胡适复夏云，感谢该俱乐部给予的荣誉，然因 1 月 23 日、30 日这两天和已预定的行程相冲突，请他代向 Mr. Schnaring 询问之后适合演说的日期。12 月 20 日，夏屏方复函胡适，告已将演讲日期改为 2 月 6 日，并询胡适是否同意。之后，夏屏方、Walter L. Schnaring 又就演讲题目等具体事宜函件联系多次。（中国社科院近代史所藏"胡适档案"，卷号 E-450，分号 1；卷号 E-97，分号 3）

12 月 24 日　胡适在 Mrs. B. Beale 家吃晚饭。（据《日记》）

同日　外交部致电胡适：据报，美实施出口统制，漏洞甚多。如钢轨、旧船、废旧电车及工作机械等，虽均在统制之列，而仍可运日。总统所颁各项统制命令，能否严格执行？又如飞机汽油，虽受统制，而普通汽油，仍源源输日，稍加提炼，即可用于飞机。此外如铜、铝等重要战争原料，似尚未列入统制。邵大使电称："苏各报载，日在美扩大购铜，本月两日即购进七百吨，美铜价因之提高云。苏方甚注意美能彻底禁运"等语。希一并查明，究竟最近废铁等受统制物品输日之数量若何？其他物品如平常汽油等输日数量若何？盼即电复。（《中华民国史资料丛稿》专题资料选辑第三辑《胡适任驻美大使期间往来电稿》，89页）

12月26日　胡适访 Mortimer Graves。访 General & Mrs. Crozier。读 *The Jefferson Bible*。（据《日记》）

同日　胡适复电 The Hartford Seminary Foundation 教授 Lewis Hodous：为迟复12月3日来函（中国社科院近代史所藏"胡适档案"，卷号 E-227，分号2）致歉。之后可能会在1月17日访问 Hartford，若此时间适合，将在午餐会后前往拜访。（中国社科院近代史所藏"胡适档案"，卷号 E-97，分号13）

同日　胡适致电赵元任：若您同意，可在17日共进午餐，并可顺便访问 Hartford。（中国社科院近代史所藏"胡适档案"，卷号 E-91，分号11）

同日　胡适致电耶鲁大学艺术学院院长 Everett V. Meeks：乐意接受您的邀请于1月16日访问新港期间担任您的嘉宾。（中国社科院近代史所藏"胡适档案"，卷号 E-404，分号1）

12月27日　胡适复函 Lake Forest College 院长 Herbert McComb Moore：感谢12月5日来函以及在2月前由于重病为办公室所婉拒的邀约之后再度提出的邀约。然由于仍然与在 Providence 的演讲日程相冲突，依旧不能给予明确的答复。在解决日程的冲突之后，将会尽速电传回复接受此邀约。（中国社科院近代史所藏"胡适档案"，卷号 E-103，分号20）

12月28日　黄朝琴复函胡适，从来函知美国最高法庭已把日方上诉广源轮斥回，在胡适领导下，把日方打得落花流水，令他又感谢又痛快。此函重点是希望胡适帮忙支付帮忙打此官司的两位美国律师的律师费。（《胡适遗稿及秘藏书信》第37册，99页）

12月30日　任鸿隽致函胡适，谈蔡元培纪念办法，又请胡适赐告意见。

(《胡适来往书信选》中册，506～507页）

12月31日　胡适约本馆同事及其朋友眷属到寓中过年。请大家同看Mr. Rey Scott 在国内所摄电影。霍恩贝克夫妇在此同看。半夜后，搭车去纽约。(据《日记》)

1941年　辛巳　民国三十年　50岁

是年，胡适仍任驻美大使。

1月

1月1日　胡适与李叔明、叶琢堂等同在李国钦家过元旦。（据《日记》）

按，本年引用胡适日记，均据《胡适的日记》手稿本第15册，以下不再特别注明。

1月2日　胡适到纽约，看牙医Dr. J. O. Fournier，补牙一颗。暂住Hotel Ambassador，与顾临谈。与侯德榜谈。与Richard I. Walsh谈。李国钦夫妇约胡适看戏，看的是Elmer Rice的Flight to the West。夜同李国钦回华盛顿。（据《日记》）

1月3日　冀朝鼎来谈。他说共产党红军的长处：①兵士识字，有知识；②兵官廉洁；③确有民主倾向，如到处令人民选村长，最受欢迎。他们的短处：①军械不够；②给养不够。Dr. Harvy Augustus Garfield来访，久谈。在宋子文寓中吃晚饭。（据《日记》）

同日　胡适复函Mrs. Henry S. Glazier：感谢12月31日来函。遗憾不能参加您与Mr. Li在1月13日的晚餐会，期望返回纽约后能有机会再见面。（中国社科院近代史所藏"胡适档案"，卷号E-95，分号7）

1月4日　胡适复密歇根大学教授Robert B. Hall当日来电：1月9日可与其见面。并询其可否一起共进午餐。（中国社科院近代史所藏"胡适档案"，

卷号 E-450，分号 1）

按，据 Dwight L. Dumond 1 月 6 日致胡适函，知 Robert B. Hall 此来，是为与胡适商谈 7 月 8 日请胡适担任密歇根大学第二系列讲座的第二场演讲人诸事宜。（中国社科院近代史所藏"胡适档案"，卷号 E-182，分号 1）

同日　吴素萱致函胡适云，连接曹诚英信，历述 3 年来苦况，近更百病皆生。自去年 6 月病倒，8 月进医院。据其他同学来信云，曹之肺病已达第三期。曹每来信，辄提及 3 年来未见胡适只字。虽未必如是，然伊可望胡适之安慰可知。自己拟将回国，归后先去看曹诚英，"如先生有信息或其他带伊，当不胜欢迎之至"。（中国社科院近代史所藏"胡适档案"，卷号 1346，分号 1）

1 月 5 日　Mr. Coplay Amovy 来谈，翁兴庆来谈。出席 George Rublee 夫妇为 Mrs. Dwight Morrow 开的茶会。客散后，胡适与 Norman Davis 被留吃饭，久谈。（据《日记》）

同日　蒋介石致电胡适：美国平衡基金借款及进出口银行借款合同签字事宜，兹派宋委员子文代表国民政府，李干代表中央银行，吴志翔代表资源委员会签字。即希转达美政府为盼。同时，蒋介石将此情电告宋子文。（《中华民国史资料丛稿》专题资料选辑第三辑《胡适任驻美大使期间往来电稿》，91 页；《宋子文驻美时期电报选 1940—1943》，63 页）

1 月 6 日　胡适与周鲠生到美国国会听罗斯福总统宣读国情咨文。与宋子文到国务院，与霍恩贝克、Hamilton、Adams、Dr. MacLeish 同商上海古书事。《泰晤士报》访员 Sir Wilmot Lewis 来谈。（据《日记》）

同日　胡适致函赫尔：兹奉告，中国政府已核准总计 1 亿美元之贷款，半数由美国财政部提供，用于稳定中国货币，另一半由进出口银行向中央银行提供，由中国政府担保。作为后项贷款安排的一部分，中国政府又授权资源委员会与金属储备公司签订购售锡、钨及锑的合同，总计销价为 6000 万美元，货款收入备作向进出口银行偿还贷款的保证。我奉命告知，

1941年　辛巳　民国三十年　50岁

下述人员作为建议中的贷款协议有关各部门的代表，业经授予相当权力谈判各项条件，并签署与上述贷款各项协议及购售合同或其完成有关之所有必要或适合的文件，其名单如下：国民政府委员宋子文博士，代表中华民国；中国大使馆商务参赞李干博士，代表中央银行；资源委员会对外贸易处秘书吴先生，代表资源委员会。他们根据此项授权所签署的所有文件按中华民国法律均属有效。请将以上所述转达包括财政部、华盛顿的进出口银行及金属储备公司等在内的各有关当局为荷。(《中华民国时期外交文献汇编（1911—1949）》第七卷，下册，1020～1021页)

同日　W. Mackenzie Stevens 函荐鲍宏铎（David Y. Bau）为胡适或宋子文工作。(中国社科院近代史所藏"胡适档案"，卷号 E-350，分号 6)

1月7日　Edmund E. Day 函谢胡适在去年11月 Cornell-Dartmouth 足球赛失利时发来的电报，也为能在波士顿聆听胡适的精彩演说而感荣幸。(中国社科院近代史所藏"胡适档案"，卷号 E-172，分号 15)

1月8日　胡适约了一些人来吃茶，组成一个 Washington Committee for Medical Aid to China。(据《日记》)

1月9日　胡适函谢 Kenneth Parker 之12月6日来函(中国社科院近代史所藏"胡适档案"，卷号 E-313，分号 3)以及致赠 The Parker Pen Company 的3种新款式笔。将请朋友帮忙携带礼物及信件给蒋介石夫妇。胡适称：信函表现了对中国人民的情感，相信蒋介石夫妇阅读之后将感受到您对于中国人民的友谊。(中国社科院近代史所藏"胡适档案"，卷号 E-106，分号 3)

同日　胡适电辞 Carroll C. Hincks 邀请参加1月17日在 Graduates Club 举行的晚餐会并进行演说之邀约。(中国社科院近代史所藏"胡适档案"，卷号 E-96，分号 15)

1月10日　胡适复电陈布雷并转蒋介石等：

美国之国际政策，数月来急转直下。……其要旨凡有九点：

（一）公然承认美国百十七年来之安全实由于英、美海上之合作，英若颠覆，美必孤危。

（二）公然承认民主国家之政治哲学与侵略国家之政治哲学势不两立，绝无妥协之可能。

（三）公然指出九月廿七日柏林三国盟约，是侵略国家对美国之威胁。

（四）公然指出美国现时所以暂能避免战祸，只是由于英、华、希之苦力抗战，使战祸不波及美洲。

（五）故六日国会词明定美国政策三大纲：（甲）以全力经营国防。（乙）对任何为自由而抗战之勇敢民族，美国皆担承充分援助之义务。（丙）道谊与本国安全均不许美国默认一切牺牲他国自由换来的和平。

（六）为贯彻上述政策计，美国必须加速增高生产力，使全国成为民主国家之大兵工厂。

（七）凡敢于抗拒侵略之民族所急需之物资，美国应尽力供给。倘一时不能付现款，亦应许其继续采办，俟战事结束后陆续抵还。

（八）此项援助并不违反国际法，亦并非战争行为。若侵略国单方欲作如此解释，认为战争行动，美国亦不受其恐吓。

（九）吾人所期望之新世界，不是侵略者所号召之新秩序，乃是一种道义的秩序。至少要使世界任何区域皆享有四种基本自由：（甲）为言论自由；（乙）为信仰自由；（丙）为解除贫乏之苦；（丁）为解除侵略战争之危害。

……关键全在三事：（一）为六月以后英国之危机；（二）为九月之柏林盟约；（三）为大选举之揭晓。盖美政制特殊，立法机关之牵制甚大，而反战非攻之传统政策亦确深入人心。若无最明确有力之民意表现，则总统无法实施其主张。……

罗公对于远东战事，其政策始终一贯。而其政策之逐渐展开，则前后三年有半，至今日始得比较自由之发挥。……（《中华民国史资料丛稿》专题资料选辑第三辑《胡适任驻美大使期间往来电稿》，91～92页）

1941年　辛巳　民国三十年　50岁

同日　胡适复电 Herbert McComb Moore：同意接受邀请于6月7日参加 Lake Forest College 的毕业典礼并发表演说。(中国社科院近代史所藏"胡适档案"，卷号 E-103，分号 20)

同日　毛邦初来谈。(据《日记》)

同日　Frederick S. Rowland 函告胡适：在 International Service Director of World Outlook 的建议以及 Charles L. Miller 的推荐之下，将授予您 The Paterson Y's Men's Club of Paterson 的荣誉会员资格，期望您能接受。(中国社科院近代史所藏"胡适档案"，卷号 E-331，分号 7)

1月11日　范旭东来久谈。晚上去 Cornell Club 的 Foundation Day 聚餐，演说"Ezra Cornell"。是为胡适本年第一次演说。(据《日记》)

同日　胡适复电约翰霍普金斯大学 The Walter Hines Page School of International Relations 教授 Owen Lattimore：感谢来函。期待1月14日能与您以及 G. Canby Robinson 共进午餐。(中国社科院近代史所藏"胡适档案"，卷号 E-262，分号 3)

1月12日　Katharine Brooks 函邀胡适出席 The Newspaper Women's Club 的铜像赠与仪式，为 Herman Schumm 赠与 The Newspaper Women's Club 的其父纪念铜像命名，又邀请胡适出席仪式前的茶叙。(中国社科院近代史所藏"胡适档案"，卷号 E-137，分号 7)

1月13日　刘文典致函胡适，述抗战以来自己景况。又拜托胡适帮忙给陈福康觅一半工半读的留美深造的机会。(《胡适遗稿及秘藏书信》第39册，760~761页)

同日　沈昆三致函胡适，告所寄胡适物品明细。(《胡适遗稿及秘藏书信》第27册，71~72页)

同日　外交部致电胡适：我方同意美国驻华大使詹森与驻澳大使高思对调。(中国社科院近代史所藏"胡适档案"，卷号 2028，分号 1)

1月15日　董显光致电胡适，请转达 H. J. Timperley、夏晋麟以及 E. H. Leaf，对于反对借贷中国法案的声音，期望能发挥影响力以克服反对中国的声浪。(中国社科院近代史所藏"胡适档案"，卷号 E-402，分号 1)

1月16日　胡适到纽约，换车到纽黑文，住在耶鲁大学赛布鲁克学院（Saybrook College）。下午4点，在耶鲁大学的 Art Gallery 讲堂讲"A Historian Looks at Chinese Painting"。President Seymour 请吃晚饭。晚上展览开幕，有 Reception。（据《日记》）

胡适在"A Historian Looks at Chinese Painting"这篇讲演中说：自己是不懂中国的艺术的，尤其是国画。不过有一个想法：我们可以把中国艺术当作是中国文化史不可缺少的一部分来研究它。胡适说："中国文学的每一次新的发展都可找出分为四个阶段的周期循环：每一种新形式都起源于普通的民众之中；通过民众中无数不知名的艺术家们大胆和不拘一格的实验和无数次的修改获得巨大的活力；当这一情况引起有学问的名家注意，吸引他们自己也去采取这种新的形式，并赋予一个具有深度的完美的形式时，它才达到成熟；最后，当它成为盲目模仿和守旧停滞的对象时，就到了衰落时期。"胡适认为，中国的建筑学和音乐两大领域是没有得到充分发展的显著例子。胡适又说：

> 曾有说绘画是中国的优秀艺术。历史事实是绘画恰巧是一门非常适合于中国学者和文人的生活和修养的艺术。中国的学者文人必须学会运用毛笔写得好字，而中国画也同样需要熟练掌握运用毛笔的技巧。事实上，写字几乎是唯一可做的事情，甚至最有学问的人也必须用自己的手写字。为什么书法和绘画是中国士大夫阶层唯一能接受并发展到这样高度的两大优秀艺术，我想，这是主要原因。……
> …………
> 历史上，绘画是通过宗教和文学两种途径才被文人们接受的。
> …………
> 由于中古期宗教的衰落和著名的禅学的发展以及由于印刷术的发明，使非宗教的学问得以恢复和开展。到两宋时期中国的文艺复兴进入了成熟期。……
> …………

1941年　辛巳　民国三十年　50岁

……我要说明的是中国画随着历史的发展，与中国文学史的很多动向有十分相似之处。这历史一课的寓意是这门艺术曾起源于专职工匠和手艺人之中，只有当它成为当时最有高雅心灵的人们的思想和感受的表达方式时，才能取得最大限度的成就。中国画的成就可能就在于它贯穿始终地体现了我们民族中的最具智慧人物的最好的贡献。

不过中国画的教育寓意还不仅仅是这一类，它也和中国文学的每一阶段一样，当毫无约束和具有创新精神的实验让位于盲目模仿和守旧不变的时候，衰退就来临了。……（英文稿收入《胡适英文文存》第2册，远流版，879～884页；此据韩荣芳教授的译文，收入《胡适研究丛刊》第三辑，1998年，301～308页）

按，关于此次演讲之邀约，可参考1月2日John Phillips致胡适电。（中国社科院近代史所藏"胡适档案"，卷号E-459，分号1）

1月17日　Dean Mecks来谈。到赵元任家去谈。在Prof. Northrop家吃午饭，见着Mrs. Howland。下午Dr. Lewis Hodous来接胡适去Hartford，在Hartford Seminary有一个茶会，有演说。乘晚车回华盛顿。（据《日记》）

按，关于胡适与赵元任这次见面和出席Hartford之邀约情形，可参考：1月8日胡适致赵元任电；12月28日Lewis Hodous致胡适函，1月8日胡适复Lewis Hodous电；1月8日Lewis Hodous复胡适电、函。1月10日胡适复Lewis Hodous电。（中国社科院近代史所藏"胡适档案"，卷号E-91，分号11；卷号E-227，分号2；卷号E-97，分号13）

同日　外交部致电胡适：罗斯福连任就职，已用蒋介石名义拍发贺电。（中国社科院近代史所藏"胡适档案"，卷号2028，分号1）

1月18日　胡适访国会图书馆馆长Archibald MacLeish，与恒慕义谈。与王重民、吴子明两人谈。温毓庆来谈。（据《日记》）

同日　Everett V. Meeks函谢胡适寄赠谈话手稿，并再度感谢胡适莅临中国艺术品展以及对于中国艺术品的介绍。（中国社科院近代史所藏"胡适

档案",卷号 E-297,分号 4)

1月19日　胡适同李国钦夫妇在霍恩贝克家吃饭。晚上他们同霍恩贝克夫妇、Warren Lee Pierson 夫妇、宋子文夫妇、Dr. C. K. Leith 夫妇和 Mrs. Nelson T. Johnson 在胡适住所吃饭。(据《日记》;中国社科院近代史所藏"胡适档案",卷号 E-495,分号 1)

1月20日　胡适出席罗斯福总统就职典礼。胡适宴请周鲠生、李国钦夫妇、宋子文夫妇等。(据《日记》);《胡适遗稿及秘藏书信》第 21 册,556～557 页)

同日　Robert C. Shoemaker 致函胡适:邀请您接受 The Young Men's Christian Association of Paterson, New Jersey 的荣誉会员资格。(中国社科院近代史所藏"胡适档案",卷号 E-342,分号 7)

同日　严思栖致函胡适:赞扬胡适担任中国驻美大使对于世界民主的贡献。又谈及目前是中美关系的重要时代等。(中国社科院近代史所藏"胡适档案",卷号 E-392,分号 5)

1月21日　孔祥熙致电胡适、宋子文、宋子良:"查敌人在越登陆时,我国美借款所购物资滞存海防未能内运者,约值美金五百万元,经移交美商信臣洋行保持。嗣信臣拟陆续转运仰光,被越政府阻止。交涉多次无效,有被收没趋势。若如此,拟由信臣洋行请求美政府将法国在美资金扣押抵偿。可否办到,希秘密与美当局洽商,随时电告为荷。"(《中华民国史资料丛稿》专题资料选辑第三辑《胡适任驻美大使期间往来电稿》,93 页)

同日　钱端升致函胡适,希望胡适以私人名义向洛氏基金会主持人进言,以申请款项补助。谈到国内大学俱少生气,西南联大亦然。又谈及国内三大事,"然弟所见,最糟者仍是政治无进步"。(《胡适遗稿及秘藏书信》第 40 册,494～495 页)

同日　陈布雷日记有记:"寄还适之一月五日长函。"(《陈布雷从政日记(1941)》,13 页)

1月23日　胡适在纽约,与宋子文赴 China Society of America 宴会。有短演说。胡适本来预备了一篇演说去,临时托故不说,只作简单演说,让宋子文作主要的演说。（据《日记》）中国社科院近代史所"胡适档案"中有一份讲演打印稿，题名"An Address Before the China Society of America"。此稿说道：

> With American moral and economic assistance, and with the international situation changing in China's favor, my Government and my people are now as determined as ever before to fight on...
>
> ...
>
> With this newly reconsolidated unity and with your help, China can now fight on with greater confidence for ultimate victory.（中国社科院近代史所藏"胡适档案"，卷号 E-86，分号 1）

按，关于此次讲演的邀约与后续事宜，可参 William M. Chadbourne 1月14日、1月17日、1月24日致胡适函；1月17日 F. Dell'Agnese 致胡适函。（中国社科院近代史所藏"胡适档案"，卷号 E-148，分号 1；卷号 E-174，分号 4）

同日　哈特曼夫人来。（据《日记》）

1月24日　哈特曼夫人来同吃茶。M. Wm. 同吃午饭。晚上赴 Col. Frederick Pope 宴会，送别范旭东。（据《日记》）

1月25日　胡适返回华盛顿。赴 Literary Society 听 Joseph Green 读 "Some Contributions of the American Indian to American Culture"。（据《日记》）

1月26日　胡适约 Currie 与 Despres 来吃茶。（据《日记》）

同日　陈源致函胡适，谢赠《读者文摘》。又剪寄《京华烟云》的书评及《论三国同盟》一文。说近来全国充满乐观的空气，向来没有信心的人也觉得中国不至失败了。"谁都眼睛望着美国，谁都同时望着你和子文先生，希望为国珍重！"（《胡适遗稿及秘藏书信》第35册，119页）

1月27日　胡适去纽约，转到 Bronxville, N. Y.，去赴其地 Little Forum 宴会，有演说。住在 Leland Rex Robinson 家。（据《日记》）

1月28日　胡适返华盛顿。访霍恩贝克，详谈 Currie 去中国的事。（据《日记》）

1月29日　请远东司的人和他们的家眷来吃饺子。Archie Lochhead 详说财部方面的情形。上午去国务院与霍恩贝克商量上海存书的事。（据《日记》）

同日　胡适函寄 Mlle. Ève Curie 的自传与其母亲居里夫人传记之中译本与 Mlle. Ève Curie。并云：这两册书是1939年在上海出版的，由译者 Tso Ming-Che 小姐送给我的。如同中国其他的科学家一样，我亦很敬佩您的父亲与母亲，也已阅读您撰写之关于母亲的传记《玛里叶·居里》。请接受这两册中一本，做为一个中国女士献给您以及您伟大的母亲的敬意。（中国社科院近代史所藏"胡适档案"，卷号 E-91，分号 34）

同日　胡适的私人秘书致函 The House Committee of the Union League Club of New York 主席 C. K. Woodbridge 云：胡适无法提供"Some Statement about China as a Nation"，建议您可洽中国银行的夏屏方，他可能可以提供给您想要的信息。（中国社科院近代史所藏"胡适档案"，卷号 E-450，分号 1）

同日　外交部致电胡适：Major Carlson（卡尔逊少校）氏在火奴鲁鲁曾有关于解散新四军之谈话，对中央含有批评意义等语。……该氏抵美后，如仍有此类言论，仰就便随时妥予解释。并转知驻美各领馆一例办理。（《中华民国史资料丛稿》专题资料选辑第三辑《胡适任驻美大使期间往来电稿》，93页）

1月30日　胡适应邀出席罗斯福总统生日庆祝招待会暨宴会。（据《日记》；中国社科院近代史所藏"胡适档案"，卷号 E-485，分号 1）

同日　胡适复电外交部：新四军事件，美国人士颇多疑虑。……故深盼部中将此事详情及本月初以来之经过，电告本馆，以便随时向美国朝野解释。……（《中华民国史资料丛稿》专题资料选辑第三辑《胡适任驻美大使期间往来电稿》，93页）

按，2月1日，王世杰、王宠惠联名致电胡适，详为解说。（《中

华民国史资料丛稿》专题资料选辑第三辑《胡适任驻美大使期间往来电稿》，94页）

1月31日　胡适致函Alan Valentine：感谢1月21日的来函（中国社科院近代史所藏"胡适档案"，卷号E-363，分号8）邀请于1941年6月16日参加罗彻斯特大学的毕业典礼并授予荣誉法学博士学位。感谢这一荣誉，然遗憾由于已先答应于Middlebury College的毕业典礼演说邀约，所以无法参加贵校的毕业典礼，敬请见谅。（中国社科院近代史所藏"胡适档案"，卷号E-112，分号1）

2月

2月1日　胡适到参议院，访Sen. George。到国会图书馆，与Archie MacLeish、恒慕义商量上海存书的事，决定由胡适派人去作一次实地勘察。"王重民来谈，决定他去上海。"（据《日记》）

2月2日　胡适为王重民事写信几封。

2月3日　胡适前往吊唁Stuart J. Fuller。B. A. T.的Mr. W. B. Christian来访。（据《日记》）

2月4日　胡适口授后天的演说。高宗武来。Dr. Robert E. Brown来谈。（据《日记》）

同日　王重民致函胡适，云：

> 读临别赠言，非常兴奋！有无正式办法，或最后竟采取那一种办法，须待抵沪后一周或旬日方能决定……如非用偷运办法不可，其困难仍在海关。若仅能救天都峰与铁观音时，恐至少亦在百箱之数，其困难亦要胜汉简十倍。因思张菊生先生若肯帮忙，若将此货混入商务新出版新货箱内……或不难带出海关。此外再用他法带出几十箱，则最重要者可算得救矣。先生如以此法可备用，请径与张菊生先生一信，为重民先容……（《胡适遗稿及秘藏书信》第24册，141～142页）

2月5日　胡适函谢 Lucile H. McNally 之 2 月 3 日来函（中国社科院近代史所藏"胡适档案"，卷号 E-296，分号 9）代表 The Radio Committee of the Atlantic City Schools 邀请于 2 月 27 日为学生们进行广播谈话，遗憾由于沉重的演讲行程，无法接受此邀约，敬请见谅。（中国社科院近代史所藏"胡适档案"，卷号 E-103，分号 4）

2月6日　胡适应邀在 The Union League Club of New York 演讲 "Conditions in China and the Outlook"。胡适说：After three years and seven months of war, we find, first, that China is as determined and as strong in her morale and her power of resistance as ever before; secondly, that Japan is becoming weaker and weaker in every aspect of her national life; and thirdly, that the whole international situation seems to have turned more and more in China's favor.（《胡适未刊英文遗稿》，208～209 页）《胡适未刊英文遗稿》收入此文时，有编者的摘要：

本稿与前收 1939 年 8 月 10 日的讲稿《让我们向前看一点》有类似处，主要还是发挥以下三点：

（1）中国抵抗的力量较预计的大；

（2）日本的弱点比预计的深；

（3）国际上对中国的协助超过预期。

在结论中胡适呼吁美国对中国进行援助，他说："对中国抗战的历史意义有了充分了解之后，对中国的援助就不再是对一个被欺压弱者的同情了，而是成了实际上的必要了。"（该书 207 页）

按，关于此次演讲之邀约等情形，可参考：1 月 17 日 The House Committee of the Union League Club of New York 的主席 C. K. Woodbridge 致胡适函；1 月 31 日胡适的私人秘书致 Walter L. Schnaring 函；2 月 6 日 C. K. Woodbridge 致胡适函。（中国社科院近代史所藏"胡适档案"，卷号 E-450，分号 1）

1941年　辛巳　民国三十年　50岁

同日　王重民致函胡适，云："窃以偷过海关，最危险亦最容易……因普通检验员不能识别新旧刻，更谈不到看图记。……重民用国会图书馆Agency名义，统称代L C.购买，则未必发生什么留难。……因恒慕义未曾予重民以正式名义……先生若见马兄时，可否索一委任状寄孙洪芬先生处备用？"(《胡适遗稿及秘藏书信》第24册，143页）

2月7日　卢祺新来谈。到霍恩贝克家午饭。同席的Major Carlson（理想主义者）认为中国共产党是为人民谋幸福的。他说，他在政府区域看见拉壮丁当兵之苦，共党区域则绝无此事。见何应钦、白崇禧的12月8日答朱、彭、叶、项长电。（据《日记》）

同日　胡适复电陈布雷并转蒋介石："今日美国红十字会副会长Swift特电告适，谓得香港讯，中国红十字会救护总部队总队长林可胜因内部风潮被迫辞职，已定以红会秘书长潘骥〔C. Pan〕继任云。Swift并云，此实为中国最大不幸之消息云。适按，中国红会自王儒堂兄用其私人刘云舫替代伍长耀〔C. Y. Wu〕任驻港办事处，国外已多疑虑。若林可胜去职，国外必有甚不幸之猜测。中国红会近年在国外之信用与声誉，实由林可胜在科学医学界素负重望，又其办理救护事业勤劳清慎，实足令人敬服。美国红会本已决定陆续运送医药救济材料，其总额由罗总统内定为五百万至七百五十万美金。其主任Norman Davis与Swift两君及其派遣赴华人员贝克等，皆对林可胜绝对信任。故适不敢缄默，特电请公留心此事，勿令群小把持，破坏我国红会在海内外辛苦造成之荣誉，国家幸甚。将来若能进一步根本改善红会组织，使主持者皆为公忠谋国，能得海内外信任之人，则更幸甚。"(《中华民国史资料丛稿》专题资料选辑第三辑《胡适任驻美大使期间往来电稿》，95页）

同日　D. Appleton-Century Company的John L. B. Williams致函胡适：为今早《纽约先锋论坛报》报道昨日胡适在The Union League Club of New York的演讲所吸引，期待胡适能为美国民众撰写一本 The World Significance of Chinese Resistance，以呈现目前中国的真实处境。"若您有意撰写此书，乐意为您出版。"（中国社科院近代史所藏"胡适档案"，卷号E-450，分号1）

2月8日　Hallet Abend 来谈。(据《日记》)

2月9日　胡适准备下星期六的讲稿。(据《日记》)

2月10日　外交部致电胡适：越南情势紧张，撤侨及转移资金亟须预为布置。仰与美方洽商，迅饬该国远东关系当局，予我侨领以特别入境等便利，并电复。(《中华民国史资料丛稿》专题资料选辑第三辑《胡适任驻美大使期间往来电稿》，95页)

同日　蒋介石致电胡适：敌已向美订购大量重油，即日将派运输舰多艘前往旧金山接运等情。希注意。(《中华民国史资料丛稿》专题资料选辑第三辑《胡适任驻美大使期间往来电稿》，96页)

同日　李国钦函谢胡适2月2日来函与捐献给李国钦已故恩师学校的100元支票。将再捐献400元连同这100元，总额500元帮助学校。并询胡适是否同意将胡适来函复印。(中国社科院近代史所藏"胡适档案"，卷号E-269，分号1)

2月11日　胡适应邀出席 The Shanghai Tiffin Club 在纽约举办的晚宴并演讲。(中国社科院近代史所藏"胡适档案"，卷号E-316，分号8；卷号E-286，分号5)

同日　恒慕义致函胡适，谈袁同礼来电说上海图书运美事，会延迟抵美，等等。(中国社科院近代史所藏"胡适档案"，卷号E-237，分号2)

2月12日　胡适的私人秘书代胡适函谢 C. W. Woodbridge 2月6日与8日的来笺以及支付旅程花费之23.70美元支票。(中国社科院近代史所藏"胡适档案"，卷号E-450，分号1)

按，2月8日，C. W. Woodbridge 致函胡适：寄上23.70美元的支票以支付您的旅程花费，并再度感谢您前来为 The Union League Club of New York 担任演说嘉宾。(中国社科院近代史所藏"胡适档案"，卷号E-450，分号1)

2月13日　蒋介石致电胡适：林可胜并无更调之说。即有此事，亦必嘱令该会慰留也。(《中华民国史资料丛稿》专题资料选辑第三辑《胡适任

驻美大使期间往来电稿》，96页）

同日　外交部致电胡适、宋子文、宋子良：奉行政院令："关于政府存海防信臣洋行仓库物资，运输统制局根据西南运输处呈请，决议先由信臣洋行请美政府向法交涉继续转口。如无效，则由该行将一切损失报由美政府对法在美资金假扣押，以资抵偿。除已由该局令饬该处外，仰转知驻美大使与宋子文、宋子良先生秘密进行。"特电遵照，盼复。（《中华民国史资料丛稿》专题资料选辑第三辑《胡适任驻美大使期间往来电稿》，96页）

2月14日　晚，胡适分别与Baroness van Boetzelaer、Warren Lee Pierson夫妇晤叙。（中国社科院近代史所藏"胡适档案"，卷号E-491，分号1）

2月15日　胡适在The Literary Society of Washington. D. C. 上宣读"The Chinese Novel"。（中国社科院近代史所藏"胡适档案"，卷号E-26，分号77）

同日　外交部致电胡适："粤境战事，敌分两线北犯。一线在淡水、深圳间。八日我曾一度攻入淡水。十二日我便衣队袭深圳车站。十二日、十三日我又分别克横冈、龙冈，将该线敌切断，迫近淡水。现正以大军向淡水猛攻。……至十二日午，敌全线崩溃。……鄂境近日沔阳战况较烈。当阳敌向远安附近进犯，已被我击退。沙市敌出扰亦未逞。关于敌军南进事，五日粤中山附近我游击队击落敌飞往海南巨型机一架，毙敌海军大将大角等九人，并获秘密文件甚多。传与敌南进颇有关系。"（《中华民国史资料丛稿》专题资料选辑第三辑《胡适任驻美大使期间往来电稿》，96页）

同日　郭泰祺致电胡适：滇缅铁路，英政府已决议拨款建筑自腊戍至边境一段，以表示对我协助合作。至国境一段，由我方自行筹款，或利用英、美信贷建筑。钢轨等项，英方或不易供给，故有利用美信贷之提议。在政治关系上，亦欢迎美参加。特此密告。（《中华民国史资料丛稿》专题资料选辑第三辑《胡适任驻美大使期间往来电稿》，96页）

2月16日　郑天挺日记有记：写致胡适函，为北大文科研究所募款事，汤用彤起草。拟以祝胡适50岁生日为名，在美洲募金元数万，备所举办文化事业，如古籍校订辑佚、敦煌文物复查、南明史料收集、藏汉语调查之属。

(《郑天挺西南联大日记》〔上〕，381 页）

同日　陈叔通致函胡适，询徐大春近况，请胡适照拂朱益能。(《胡适遗稿及秘藏书信》第 35 册，372 页）

2 月 17 日　Amherst Political Union of Amherst College 主席 Robert M. Morgenthau 函谢胡适来电：欣闻我建议的主题让您满意，并述前来参加会议的交通、穿着等相关建议。将会为您安排在晚宴上与教职员与学生聚会，也将在 The Fraternity Houses 举行招待会，因此若您有改变任何的聚会安排，敬请通知。（中国社科院近代史所藏"胡适档案"，卷号 E-303，分号 11）

2 月 18 日　胡适函谢 Henry R. Luce 之 2 月 14 日的来函告知好消息：James G. Blaine 将担任 The United China Appeal 主席，Eugene E. Barnett 将担任 The United China Appeal 的副主席。尊函提及拟邀请宋美龄于 4 月访美，已和宋子文讨论此事，并将您两通来函的副本给宋，宋子文同意转寄给宋美龄，但是他怀疑宋美龄会被说服而进行此项访问。另注意到 Wendell Willkie 考虑访华，据报道中国官方欢迎 Wendell Willkie 到中国，若 Wendell Willkie 能到中国将是一个很吸引人的象征，故乐观其成。（中国社科院近代史所藏"胡适档案"，卷号 E-101，分号 7）

同日　Jemmakf 函谢胡适在情人节时赠送的美丽的包裹（一部辞典），这令其深为惊喜，并将会珍惜它。（中国社科院近代史所藏"胡适档案"，卷号 E-396，分号 1）

2 月 19 日　陈布雷致电胡适：高宗武君通缉令，国府篠日下令撤销，已交国府公报登载。但不欲旧事重提，故报纸上不发消息。此事当局去秋即有意办理，今始实现，可慰高君爱国之心。(《中华民国史资料丛稿》专题资料选辑第三辑《胡适任驻美大使期间往来电稿》，96～97 页）

同日　Henry R. Luce 致函胡适：已阅来函有关 The United Appeal 的规划，Willkie 将出席，并期望胡适和宋子文能邀请宋美龄访美。（中国社科院近代史所藏"胡适档案"，卷号 E-280，分号 1）

2 月 20 日　胡适复函 Henry R. Luce：已将尊函副本给宋子文，他将会转送宋美龄。关于您为 The United China Appeal 所拟的试验性的名单，建议可以包括 Theodore Roosevelt, Jr.。（中国社科院近代史所藏"胡适档案"，卷号 E-101，分号 7）

同日　胡适致函 Wendell B. Willkie：昨日《华盛顿邮报》刊载您将访华的消息。若您确定访问中国，愿在行程上提供协助。（中国社科院近代史所藏"胡适档案"，卷号 E-114，分号 9）

同日　胡适复函 F. J. McConnell：您 1 月 7 日来函以及随函附寄之 Dickinson College 院长 Corson 的信函邀请我参加 6 月 9 日举行的毕业典礼并发表演说及授予我荣誉博士学位，愿接受此邀约，敬请代向 Corson 院长与董事会致上诚挚的谢意。（中国社科院近代史所藏"胡适档案"，卷号 E-102，分号 18）

同日　胡适复函 David A. Robertson：感谢邀请参加于 6 月 9 日 Goucher College 的毕业典礼并发表演说，然因 6 月 9 日接受邀请参加 Dickinson College 的毕业典礼，故婉辞此邀约。（中国社科院近代史所藏"胡适档案"，卷号 E-108，分号 10）

2 月 21 日　在船上读 Wm. Allen White 的 *Defense for America*。与 Raymond Clapper、Mrs. Robert Jackson、法官 Justin Miller 及其夫人等人谈。（据《日记》）

同日　蒋介石复电胡适："顷据红会人员电复：'林可胜此次辞职，纯出自动，红会绝无迫使情事。现值该会举行年会，林君来港出席，当即一致恳切慰留，请其继继（续）服务'等语。但近据密报，林左倾颇甚，且有利用交通工具，阴助延安情事。最近美红会代表贝克向索车辆，林竟以破车搪塞，致贝不满，电美停止接济云。亦可注意，特并知照。"（《中华民国史资料丛稿》专题资料选辑第三辑《胡适任驻美大使期间往来电稿》，97 页）

同日　Mlle. Ève Curie 复函胡适，为迟复 1 月 29 日来函致歉。得知自己的母亲（居里夫人）的传记有中译本，感到很高兴，但遗憾的是，"尚未收到 Miss Tso Ming-Che 赠您，您又转赠我的此传的中译本"。（中国社科院近代史所藏"胡适档案"，卷号 E-169，分号 5）

同日　翁文灏复电胡适：与王世杰讨论之后，遵照胡适之意停止委任

袁君。(中国社科院近代史所藏"胡适档案",卷号2028,分号1)

2月22日　船到Hoboken,胡适坐公共汽车到纽约。哈特曼夫人来吃午饭。(据《日记》)

2月23日　李国钦夫妇邀吃饭。哈特曼夫人来。(据《日记》)

2月24日　胡适去Amherst为Political Union of Amherst College演说。题为"China's Fight for Freedom"。在校长Stanley King家吃茶,在Packard教授家吃饭。乘晚车回纽约。(据《日记》)

同日　胡适复电陈布雷并转蒋介石:"林可胜辞职事,蒙公垂注维持,幸甚。但马电云:据密报林左倾颇甚云云,足证实有人人(衍字)造此排挤谗毁之空气。其所云林以破车供贝克,致贝克不满,电美停止接济云云,最可证其有意谗毁。盖红会所得贝克一行人报告,均无不满林可胜之语。美红会所需车辆,原定由我政府运输机关供给,本不由林供给也。贝克深感我政府交通工具困难,故曾主张将原定药物暂减去一部分。适与子文均力劝美红会当局勿减损。但此中关键在于交通工具之管理支配。贝克本是交通管理专家,曾任我旧交通部顾问多年。鄙意颇盼公电召贝克与林可胜等来渝报告各项救济事业之运输状况,以明真相,并图改善之方。此事关系美红会七百万金之救济工作,实甚重要。林为中外人士所器重,如实有左倾情事,亦可嘱翁詠霓、周诒春诸兄恳切劝导之。"(《中华民国史资料丛稿》专题资料选辑第三辑《胡适任驻美大使期间往来电稿》,97页)

同日　胡适的私人秘书致函Mrs. Owen Lattimore:已经将您2月18日来函(中国社科院近代史所藏"胡适档案",卷号E-262,分号3)报告胡适大使。胡大使将于3月4日参加Baltimore的聚会之后接受您的招待。也请您向Lattimore教授转达未能尽速回复他2月11日的来函(邀请于演讲之后参加小型的晚宴)的歉意。(中国社科院近代史所藏"胡适档案",卷号E-450,分号1)

同日　吴健雄致函胡适,云:

星期日午后承您宠待,心中感动得很。在此次谈话中,我又得了不少教训，以后我一定致力从"容忍"和"宽恕"两方面去修养。我爱直招，我一向不甘心容忍，常认容忍是懦弱者的表示，现在才领略到能在合理范围内容忍和宽恕，真是做人的伟大处。

谢谢您的殷殷垂注，屡次问起我的生活情况。……（《胡适遗稿及秘藏书信》第28册，513页）

2月25日　胡适出席 The Churchman Associates 在纽约 The Astor Hotel 为报人 William Allen White（胡适于1935年与其初识）举办的晚宴并发表演说。胡适说：As a representative of a nation which has been fighting for its freedom and independence for 44 months, I cannot sit down without paying a special tribute to Mr. White for his latest public leadership in the great movement to aid Great Britain and the Allies. My people are especially grateful to him for his early recognition of China as a partner and ally in this world struggle for human freedom and international order.（据《日记》；《胡适未刊英文遗稿》，220～221页；中国社科院近代史所藏"胡适档案"，卷号E-342，分号5）

同日　胡适回华盛顿。（据《日记》）

同日　汪孟邹致函胡适，谈及陈独秀以及章希吕、铁岩、汪乃刚、鉴初、啸青、汪原放等人近况，又谈道"上海繁华胜昔多倍，而饥饿与死亡之多，亦为前此所未见"。又受许伯龙之托，拜托胡适打听中国古画近年在美销路如何等。（《胡适遗稿及秘藏书信》第27册，446～448页）

同日　张元济致函胡适，自述病情。介绍侄子张千里前往拜谒，请胡适接见。（《胡适遗稿及秘藏书信》第34册，118页）

同日　Dickinson College 院长 Fred Pierce Corson 函谢胡适接受邀请于6月9日上午在该学院的毕业典礼演讲并接受荣誉法学博士学位。邀请胡适出席6月8日的家庭聚会，"若您觉得合适，愿派车前往接送"。（中国社科院近代史所藏"胡适档案"，卷号E-163，分号6）

2月27日　胡适乘早车去亚特兰大，出席 The American Association of School Administrators 第71届年会，并演说 "A New World Order Cometh"。

胡适在演讲中说:

> I have cited only two concrete facts as sure signs heralding the coming of a new world order: first, the entrance of Great Britain and France into the present world war in fulfilment of a solemn pledge of automatic military assistance to a victim of aggression, and second, the coming together of all the Anglo-Saxon democracies in a common fight against a common enemy who threatens the conquest and destruction of democratic civilization.... Dimly but unmistakably I envisage a new world after this terrible war—a world wherein the naval power of all the aggressor states will have been destroyed; wherein all the sea power will be in the hands of free and democratic nations whose powerful navies will become the most natural and most effective international police force for a new international order; wherein the law and order among the nations will be effectively enforced by a sufficient amount of organized force operating in the interest of human decency and orderly relationships; wherein aggressive wars shall be made impossible because international legislations for economic and military sanctions against all possible violations of peace and order will have been made so clear and so unmistakable that no evasion of responsibility for war and for the enforcement of peace will be possible.
>
> Such is the new world order that I see coming in the midst of all this turmoil.（据《日记》；中国社科院近代史所藏"胡适档案"，卷号 E-27，分号 81）

按，关于此次演讲之邀约，可参考：中国社科院近代史所藏"胡适档案"，卷号 E-451，分号 1；卷号 E-194，分号 8。

同日　胡适乘晚车回华盛顿。读 *American Mercury* 的 Webb Waldron 的 *Wm. Allen White*。（据《日记》）

同日　外交部致电胡适：巴拿马厉行苛例，排华甚烈。沈使独立交涉，难期大效。仰密商美方友谊协助。详情据中华公所等电称，已航函该馆，谅达。(《中华民国史资料丛稿》专题资料选辑第三辑《胡适任驻美大使期间往来电稿》，97页)

同日　外交部复电胡适："西贡侨领殷富，连同眷属共万余人，拟必要时赴马尼剌。名单已交驻贡美领。希交涉准予入境。"(《中华民国史资料丛稿》专题资料选辑第三辑《胡适任驻美大使期间往来电稿》，97页)

同日　胡适致函江冬秀，告：2月25日心脏病医生来检查身体，情况很好。给竹垚生汇去款子，请其给胡思杜二三百元，让其养成买书的习惯。今年上半年胡祖望功课很不错。(《胡适遗稿及秘藏书信》第21册，558～559页)

2月28日　胡适致唁函与Mrs. William D. Byron，悼其夫之丧。(中国社科院近代史所藏"胡适档案"，卷号E-90，分号34)

同日　陈鹤琴致函胡适，盛赞胡适对白话文的贡献。拜托胡适为其《我的半生》写评语。(《胡适遗稿及秘藏书信》第36册，272～273页)

同日　Savoie Lottinville致函胡适：在您抵达Norman后，将为您安排在The Faculty Club停留，The Phi Beta Kappa Committee成员都将与您见面。(中国社科院近代史所藏"胡适档案"，卷号E-278，分号3)

3月

3月3日　胡适复电外交部：一〇〇电悉。巴拿马新政府厉行旧例，并提新法案，制裁外商，保护本国商人，此为其民族主义经济运动之一部分，美商亦受拘束，美国亦无可奈何。今日适与巴驻美新使商谈，彼云，新法案通过初读，巴总商会请愿政府，指出其中太偏激难行之处，并提修正多点，或可去泰去甚，减除外商一部分困难云。(《胡适、叶公超使美外交文件手稿》，162页)

同日　胡适致电Henry R. Luce：高兴看到The United China Relief主席James G. Blaine的公告，请代向James G. Blaine主席及Eugene E. Barnett副

主席表示诚挚谢意与祝福。上周已致电蒋夫人宋美龄，邀请她前来访问并发表演说，只是还没有收到回复。（中国社科院近代史所藏"胡适档案"，卷号 E-101，分号 7）

3 月 4 日　胡适致函 Henry R. Luce：今将早上收到的蒋夫人宋美龄回信寄给您，并请转给全美助华联合总会。蒋夫人对于访美事未表示任何意见，可能是尚未做决定，将会再电请其回应这个问题，一旦收到回音，即通报您。（中国社科院近代史所藏"胡适档案"，卷号 E-101，分号 7）

按，次日，Henry R. Luce 有复函与胡适。（中国社科院近代史所藏"胡适档案"，卷号 E-280，分号 1）

同日　胡适将今早收到的宋美龄的信息函告 William C. Bullitt，又告宋美龄对受邀访美事未作任何回应。（中国社科院近代史所藏"胡适档案"，卷号 E-90，分号 29）

同日　胡适赴巴尔的摩出席协和医学院主办的"中国周"活动（募款），住 Longfellow Hotel。晚间出席晚宴。（中国社科院近代史所藏"胡适档案"，卷号 E-262，分号 3；卷号 E-450，分号 1）

3 月 6 日　胡适复电 C. K. Tseng：因在伊利诺伊大学的课程的缘故，遗憾不能访问 Ann Arbor，直到 7 月 8 日才能有时间给公共政策方面的研究生作演讲。（中国社科院近代史所藏"胡适档案"，卷号 E-111，分号 10）

同日　胡适复电普渡大学中国学生俱乐部：我在普渡大学的演讲时间是 3 月 12 日，请与 John A. Fairlie 教授协商安排与普渡大学贵俱乐部的约会。（中国社科院近代史所藏"胡适档案"，卷号 E-404，分号 1）

同日　胡适致函 Joseph E. Davies：得知 Henry R. Luce 已函邀您加入全美助华联合总会之董事会，诚望您能加入该董事会。（中国社科院近代史所藏"胡适档案"，卷号 E-92，分号 2）

同日　胡适复电 Henry R. Luce：同意报道宋美龄的讯息，已将您的建议写信给 Joseph E. Davies。（中国社科院近代史所藏"胡适档案"，卷号 E-280，分号 1）

1941年　辛巳　民国三十年　50岁

3月7日　胡适复电Michigan State College Lecture Course主席C. P. Halligan：感谢3月1日来函，将于3月10日上午10：20抵达Lansing并直接前往Olds Hotel。（中国社科院近代史所藏"胡适档案"，卷号E-450，分号1）

3月10日　翁文灏复函胡适，谈及："此次美国总统个人代表居里及其同事戴普莱二君在渝时，他们对我们的态度极为和善合理。……近时经济范围内各机关颇有变动，最难的是关于物价的处理。……"（《胡适遗稿及秘藏书信》第32册，358～362页）

3月12日　胡适在伊利诺伊大学的政府制度讲座第二系列演讲"Historical Foundations for a Democratic China"。胡适着意强调了民主中国的历史基础有三：First, a thoroughly democratized social structure; secondly, 2000 years of an objective and competitive system of examinations for civil service; and thirdly, the historic institution of the government creating its own "opposition" and censorial control. 最后，胡适总结道：

> These three historical factors—a democraticized and classless social structure, a traditional belief in the selection of office-holders through an objective competitive examination, and a long history of encouragement of out-spoken censorial control of the government—these are the heritages of my people from the political development throughout the long centuries. They are the historical factors which alone can explain the Chinese Revolution, the overthrow of the monarchy, the establishment of a republican form of government, and the constitutional development of the last thirty years and of the years to come.
>
> The best evidence of the great importance of these historical heritages is the fact that Dr. Sun Yet-sen, the Father of the Chinese Revolution and of the Republic, deliberately adopted the power of examination for civil service and the power of censorial control of the government as two of the five divisions of governmental power, the other three being the traditional exec-

utive, legislative, and judicial powers. In these three decades of revolutionary wars and foreign invasion, China has not yet worked out a permanent constitution. But it is safe to predict that the future constitution of China will be a workable democratic constitution made possible by these historical factors without which no importation or imitation of foreign political institutions can function and take root.（台北胡适纪念馆藏"胡适档案"，档号：HS-NK05-200-010）

按，关于此次演讲的邀约，可参考1月11日John A. Fairlie致胡适函；1月24日、2月12日、3月8日胡适的私人秘书致John A. Fairlie函；1月15日A. C. Willard致胡适函。（中国社科院近代史所藏"胡适档案"，卷号E-194，分号6；卷号E-450，分号1；卷号E-377，分号1）

3月14日 胡适的私人秘书复函奥伯林学院院长Ernest H. Wilkins：胡适大使将在3月15日下午于Woodley路3225号住宅与您见面。Ernest H. Wilkins 3月11日曾来函希望与胡适晤面。（中国社科院近代史所藏"胡适档案"，卷号E-463，分号1；卷号E-376，分号4）

3月15日 胡适电贺S. C. Eppenstein 70岁生日。（中国社科院近代史所藏"胡适档案"，卷号E-93，分号7）

3月17日 孙楷第致函胡适，云：

去年王有三兄给我信，说起先生对于我的一片好意，使我感伤的了不得。先生对于我奖掖的心仍似从前，我个人对于先生感激知遇的心，也可以说"到死难忘"。……遭逢这个年头儿，心情一天不好一天，人也老了。虽然还是在书本里讨生活，可是没有真趣味，也没有真工夫。……

近阅李慈铭《越缦堂日记补》庚集上，咸丰十年二月十六日记有一条谈道《醒世姻缘》，也说是蒲松龄作的，可见道、咸间的人都已知道这书是蒲公作。抄于后：

十六日辛亥，晴。无俚阅小说演义，名《醒世姻缘》者，书百卷，乃蒲松龄所作。老成细密，亦此道中之近理可观者。(《胡适遗稿及秘藏书信》第32册，589～592页)

3月19日　日记有记：从早上9点半到下午7点半，嘴不曾停过！

3月20日　胡适与Randall Gould久谈。下午与Raymond Buell谈。晚上与国务院Dr. Herbert Feis等人谈世界将来，Feis还想要一个欧洲均势局面，胡适颇不以为然。"谈到Balance，一头稍重，平衡就倒了。故此后只有一个overwhelming power organized for the maintenance of a public & benevolent end，才可以持久。一班较年青的人如Jones，Hiss多赞成我说。"胡适说，战后的海上霸权或可完全归到盎格鲁—撒克逊国家手里，这就是一个好例子。(据《日记》)

3月21日　H. H. Love函告胡适，其著Application of statistical Methods to Agricultural Research一书已出版，书价很高等。(中国社科院近代史所藏"胡适档案"，卷号E-279，分号1)

同日　Otis Peabody Swift致电胡适：宋子文已同意担任The National Committee of the United China Drive中国方面的荣誉主席，期望也能受邀担任荣誉主席。The National Committee of the United China Drive美国方面的荣誉主席是罗斯福总统，赛珍珠则是主席。(中国社科院近代史所藏"胡适档案"，卷号E-455，分号1)

3月22日　外交部致电胡适：上海公共租界问题，英国为减除对日冲突计，提议将地皮章程暂时停止，将租界事务由领事团转交一委员会Commission处理。委员会以英国三人，美国三人，中国三人，日本三人，德国一人，荷兰一人组成，而以英人为主席，兼有Casting Vote……英方云，此案现正在华盛顿国务部考虑中。请即探询国务部对此案之意见若何，并电复。(《中华民国史资料丛稿》专题资料选辑第三辑《胡适任驻美大使期间往来电稿》，99页)

3月24日　胡适致电蒋梦麟：VOTE NAY YUAN PROPOSAL ENTIRE-

LY FUTILE NOW.（中国社科院近代史所藏"胡适档案"，卷号 E-91，分号 15）

同日　胡适复函 Ernest Hatch Wilkins：感谢贵校将在 6 月 10 日的毕业典礼上授予我荣誉博士学位，然由于已经接受 6 月 10 日到 Dickinson College 的毕业典礼发表演说的邀约，因旅程过远，无法参加贵校的毕业典礼，敬请见谅。（中国社科院近代史所藏"胡适档案"，卷号 E-114，分号 5）

3 月 25 日　胡适复电 Oklahoma 大学校长 W. B. Bizzell：感谢 1 月 4 日的来函（中国社科院近代史所藏"胡适档案"，卷号 E-131，分号 4）邀请于 4 月 28 日扶轮社的午宴上演讲，我将接受此邀约，敬请电复抵达的时间；也已接受邀请将为 The Norman League of Women Voters 进行演说。（中国社科院近代史所藏"胡适档案"，卷号 E-90，分号 16）

同日　胡适复电 Lehigh University 历史与政府系教授 Wilson Leon Godshall，为迟复 1 月 29 日来函（中国社科院近代史所藏"胡适档案"，卷号 E-169，分号 6）致歉：将接受 Mrs. Godshall 与您在 3 月 29 日的邀约，会电告您抵达纽约的时间。（中国社科院近代史所藏"胡适档案"，卷号 E-210，分号 2）

同日　胡适电告 Savoie Lottinville：4 月 28 日为 The Phi Beta Kappa Chapter of University of Oklahoma 演说的题目是"The Chinese Renaissance"，期望此题目能获 W. B. Bizzell 主席的赞同。（中国社科院近代史所藏"胡适档案"，卷号 E-450，分号 1）

3 月 26 日　胡适出席全美助华联合总会的晚宴。（中国社科院近代史所藏"胡适档案"，卷号 E-121，分号 1）

同日　胡适函谢 Evans Carlson 之 3 月 22 日来函（中国社科院近代史所藏"胡适档案"，卷号 E-402，分号 1）。自己的演讲已有一段时间，从 Hartford, Connecticut 到 Lehigh University，将在周日晚或次日上午返回华盛顿。（中国社科院近代史所藏"胡适档案"，卷号 E-402，分号 1）

3 月 27 日　胡适的私人秘书函辞 The Canadian Club of Toronto 的秘书 J. M. Philip 邀请胡适出席该俱乐部午宴并演说的邀请。（中国社科院近代史所

藏"胡适档案",卷号 E-453,分号 1)

3 月 31 日　胡适复电关仲豪,据赵普神道碑可证"半部论语"故事是不可靠的:

> 大概宋初政治制度多是因袭的,没有什么政治思想可说。到"古文运动"复兴,柳开、石介、范仲淹、李觏、王安石诸公继续起来,才有政治思想,才有庆历的变法和熙宁的变法。明白了这一点,赵普的故事在你的研究题上就没有地位了。(《东方杂志》第 5 卷第 5 期,1971 年 11 月)

同日　胡适的私人秘书复函俄克拉荷马大学 Extension Division 主任 Herbert H. Scott,感谢 3 月 26 日来函邀请胡适于 Norman 扶轮社在 4 月 28 日的午宴上发表演说,胡适大使将接受此邀约。(中国社科院近代史所藏"胡适档案",卷号 E-338,分号 2)

同日　美国驻华大使 Johnson 致函国务院:

> I have received the following letter dated March 28 from the Minister of Finance:
>
> "I have telegraphed today Ambassador Hu Shih asking him to negotiate for a further extension of the present arrangement with regard to the consolidated note of May 28, 1936, for flood relief and cotton-wheat loans for a further period of 2 years so that (1) principal installments due quarterly from June 30, 1941, to March 31, 1943, both inclusive, are each deferred for 2 years, (2) that the interest will remain at the present reduced rate of 4% for a similar duration payable quarterly as before and (3) that the principal installments due thereafter will be deferred each in its respective order for a period of 2 years.
>
> You shall oblige me greatly if you will telegraph State Department the substance of the foregoing and requesting the authorities thereof to use their

good offices to assist us in securing the desired extension."（*FRUS*, 1941, Vol. V: *The Far East*, p.619—620.）

4月

4月1日　胡适复函 McGill 大学副校长 F. Cyril James：感谢3月20日来函（中国社科院近代史所藏"胡适档案",卷号 E-243,分号4）,由衷感谢麦吉尔大学将授予我荣誉博士学位,将出席5月29日的典礼,请问可否提供会议之相关细节。（中国社科院近代史所藏"胡适档案",卷号 E-98,分号4）

同日　外交部致电胡适：军委会现在美采购无线电器材,值美金4万余元,请准该馆秘书萧勃代办,俾得优待权利便利,希照办。（《中华民国史资料丛稿》专题资料选辑第三辑《胡适任驻美大使期间往来电稿》,100页）

同日　吴素萱致函胡适,告：已辗转联系上曹诚英,曹收到自己发自香港的信后,并未复函,因其感到了人生的无谓而预备出家,经两位老友苦劝,她已接受了她们的意见,暂住在友人家里养病。她得知吴带来胡适的信后,"已快活地忘却一切烦恼,而不再作出家之想了,可见你魔力之大,可以立刻转变她的人生观。我们这些作女朋友的实在不够资格安慰她"。吴并告,胡适托其转交给曹诚英的美金200元,已经在香港换成国币,汇到重庆,由曹诚英的哥哥代收。（中国社科院近代史所藏"胡适档案",卷号1346,分号2）

4月2日　Lawrence Morris 来吃早饭,久谈。在 Shoreham Hotel 为美京妇女界讲演"Far East Lecture Series"之一,即用伊利诺伊大学的讲稿"Historical Foundations for a Democratic China"。（据《日记》）

4月4日　江冬秀致函胡适：胡思杜不肯念书,满口谎言。请胡适在暑假前想办法安排胡思杜。（《胡适遗稿及秘藏书信》第22册,526页）

4月5日　胡适致电 W. B. Bizzell：因一紧急事件须留在华盛顿直到4

1941年　辛巳　民国三十年　50岁

月底，原定扶轮社与 The Norman League of Women Voters 的演讲能否延至 5 月 5 日那一周，因 5 月 4 日下午会在普渡大学演讲，敬请尽早回复是否同意做此更动。W. B. Bizzell 即回电同意将演讲日期改为 5 月 7 日，胡适亦认可此日期。（中国社科院近代史所藏"胡适档案"，卷号 E-90，分号 16；卷号 E-131，分号 4）

4 月 6 日　胡适在大使馆举行午宴，邀请出席的嘉宾有美国驻华大使高斯（Clarence Gauss）、霍恩贝克夫妇等。（中国社科院近代史所藏"胡适档案"，卷号 E-495，分号 1）

同日　陈布雷致电胡适：据旅美企城华侨抗日救国会呈报，有自称蒋总裁秘书之朱懋澄，早年曾至该埠组设外交宣传会，自任为顾问，向侨民及外人捐募款项。近又自称国民政府宣传代表，威胁侨胞。请赐查究等情。查中央绝未有派遣该员出国宣传情事。闻在美系被演讲聘用担任讲演中国事情。未知实情如何，请查明电复为盼。（《中华民国史资料丛稿》专题资料选辑第三辑《胡适任驻美大使期间往来电稿》，100 页）

4 月 7 日　胡适复函芝加哥大学教授 Louis Gottschalk：为迟复 1 月 25 日与 4 月 3 日的来函（中国社科院近代史所藏"胡适档案"，卷号 E-211，分号 3；卷号 E-452，分号 1）致歉。愿受邀出席 Civilizations in Transition 的会议，已准备好论文"The Exchange of Ideas Between the Occident and the Orient"在 9 月 25 日的会议上宣读。（中国社科院近代史所藏"胡适档案"，卷号 E-95，分号 10）

4 月 8 日　胡适在大使馆举行午宴，邀请出席的嘉宾有 C. K. Webster、William S. Youngman, Jr. 夫妇、Prof. Chow、Mr. Liu 等。（中国社科院近代史所藏"胡适档案"，卷号 E-495，分号 1）

同日　胡适致唁函与 Mrs. Frederic William Wile，吊 Frederic William Wile 之丧。（中国社科院近代史所藏"胡适档案"，卷号 E-114，分号 4）

4 月 9 日　胡适致唁函与 Leighton McCarthy，吊 Loring Christie 之丧。（中国社科院近代史所藏"胡适档案"，卷号 E-102，分号 15）

同日　胡适致电 Canadian Institute of International Relations 成员 John R.

Baldwin：5月29日会到蒙特利尔。当日，John R. Baldwin 有复函，谈有关会面的细节问题。（中国社科院近代史所藏"胡适档案"，卷号 E-90，分号 3；卷号 E-123，分号 11）

同日　新任外交部长郭泰祺复电蒋介石云：拟先自欧访美（蒋介石本意，是希望郭先访问苏联），因美国甚重要，且胡适正布置与美国政府各领袖晤谈。（台北"国史馆"藏"蒋中正'总统'文物"，档号：002-090400-00008-059）

4月10日　胡适复函江冬秀：

> 陈聘丞先生带来的笔、墨、图章，也收到了。王兆熙太太的衣服已寄去了。
>
> 你的四号信上，好像说我怪你"用费大了"。我从来不曾怪你，怕是你误会了罢？
>
> 竹先生说我应该把小三叫来。祖望也说，你有信来，要我带小三出来。我现在托施太尔先生汇上美金五百元，你可问竹先生取。若有便人，请你把小三托他带出来。若有定船的困难，可托叶良才先生去托美国总领事馆，也许他们可以向船公司设法。
>
> 我曾细细想过小三的问题，我从前所以不敢叫两个孩子都出来，正是因为我要减轻家累，可以随时要走就走。古人说，"无官一身轻"。我要倒过来说，"一身轻才可以无官"。现在祖望还有一年半，可以毕业；假使我现在走了，我还可以给他留下一年半的学费用费。小三来了，至少有四年，我要走开，就得先替他筹画一笔学费用费。那就不容易办了，就得设法子去卖文章，或卖讲演，替儿子筹备一点美金。所以我去年不敢叫他出来。
>
> 现在你们都说小三在上海的环境不好，我才决定叫他出来。我从现在起，要替他储蓄一笔学费。凡我在外面讲演或卖文字收入的钱，都存在这个储蓄户头，作为小儿子求学的费用。
>
> 我想把小三送进一个中部的大学，让他从第一年读起。他若肯用

功，加上三个暑假学校，也可以三年半毕业了。中部的生活程度比东部低些，用费可以节省一点。

小三出来，可以托叶先生、孙先生、竹先生、沈燕小姐先打听熟人出国，托他照应小三。护照等事，我想也完全托这[几]位朋友办理。

这一次我决定叫小三出来，我心里最难过的，还是你自己的事。我们俩，三年半不曾相会了。我也常常想你来。但你信上说的"你要是讨了一个有学问的太太，不就是天天同你在一块，照应帮助你吗"，这句话倒有点冤枉我了。我并不想讨个有学问的太太。我在这儿的生活，并不是很快活的生活。我三番五次想过请你来的问题，总觉得你来这里有种种困难。来的困难多，不来的困难少。根本的问题，是你我的生活只可做一个大学教授的家庭生活，不能做外交官的家庭生活。所以我日日夜夜只想早点回到大学教授的生活。你应该能明白我决不是爱干这种事的。我难道不想家庭团聚？我不叫你来，只是不要你来受罪。

"受罪"两个字，好像说的太过。但是这话并不是胡说。

你知道我做了二十年大学教授，第一，我不拜客；第二，我不回拜一个客；第三，我从来不请客。

现在我不能不拜客，也不能不回拜客，也不能不请客。上礼拜六，我下午六点出门，到了六处应酬，直到半夜后一点半才回家。回家看见儿子写的一张条子，说，他先去睡了，明早七点半要赶火车，要爸爸留点钱给他放在房门口。

我现在做的是"受罪"的事。但你知道我的脾气。我不去就罢了；去了，我总要把全副精神摆出来，总不要叫人家看我的鬼脸，我总要叫大家感觉我不是"受罪"，我总不要叫大家跟着我"受罪"。

就如同今天晚上，我这里大请客，穿的是大礼服，吃的是规矩菜，说的是应酬官话。到了客散，已是快十二点了。我送完了客，看见天上月亮正圆，想起今天是三月十四（阴历）。我拉了一位刘先生出去散步，走了二十分钟的山路，才回来写这信。回到家里，一身骨头都疲

倦了。我一个人在这里，"受罪"还不顶苦。你若在这里，还是跟着我"受罪"呢？还是关在房里不出来应酬呢？这一次请客，同事们忙了整整五天（帖子是三月中出去的），我心里很过意不去。你若来了，你还是管呢？还是不管呢？

我向来不对你诉苦。今天写这一段生活，要你知道我在这里过的并不是快活的生活，是真受罪的生活，做的是我二十多年不愿意做的事。你若明白这一点，就可以明白我不请你出来的意思了。陈光甫太太出来了一年多，她从不出来应酬。她在纽约还可以寻几个中国女朋友玩玩，在家里可以抱外孙玩玩。在这里就更苦了。这里中国人少，又因为地位关系，我的太太在这里就不能谢绝应酬，出门必须坐首坐，在家必须做女主人，那就是天天受罪了。

所以我不能不希望早早回到我的穷书生的生活。到那时，我就可以和你一块回到那"三不主义"的自由生活了。（《胡适遗稿及秘藏书信》第21册，561～566页）

4月11日　郭泰祺致电胡适：介公因英驻苏联大使提议，嘱弟经莫斯科返国。弟答以兄已代为布置与美政府领袖商谈，不便变更；且亦不愿追踪松冈访苏。英外部亦不甚赞同此议。兄如致电介公，请顺便提及访晤美当局之重要为幸。(《中华民国史资料丛稿》专题资料选辑第三辑《胡适任驻美大使期间往来电稿》，100页）

4月12日　胡适致函Barclay银行经理：想起1926年曾在贵行开设一个账户，有一张20镑的支票是由C. K. Webster支付的。请您将此费用转还给C. K. Webster，若还需要额外的费用，将会补上。（中国社科院近代史所藏"胡适档案"，卷号E-113，分号12）

4月13日　任鸿隽致函胡适，转交邵可侣信，询胡适对他的要求能否想一点办法。又告接连遭到抢劫，明日赴香港出席中基会年会。(《胡适遗稿及秘藏书信》第26册，636页）

4月14日　胡适访美国财政部长摩根索。（据《日记》）

1941年　辛巳　民国三十年　50岁

同日　胡适复函哥伦比亚大学教授 L. Carrington Goodrich：感谢 4 月 8 日来函（中国社科院近代史所藏"胡适档案"，卷号 E-210，分号 6）以及附寄 The Columbia University Staff of Committee for China Relief 给哥伦比亚大学教职员的信，感谢您对于中国人民坚持反抗侵略的支持。（中国社科院近代史所藏"胡适档案"，卷号 E-95，分号 9）

> 按，4 月 28 日，L. Carrington Goodrich 致函胡适云：哥伦比亚大学教职员委员会通知我，募集到钱可以足够买一辆救护车。请告知您何时到纽约，以将募款的支票交给您。（中国社科院近代史所藏"胡适档案"，卷号 E-210，分号 6）

4 月 15 日　胡适、宋子文在摩根索、Bell、Mr. Currie 陪同下拜会罗斯福总统。（据《日记》）

同日　胡适在大使馆举办晚宴，应邀出席的有 Charles Merz 夫妇、Host、周教授、Archibald MacLeish 夫妇、游先生夫妇等。（中国社科院近代史所藏"胡适档案"，卷号 E-495，分号 1）

同日　胡适复电陈布雷转蒋介石、孔祥熙、王宠惠、王世杰：昨访财长摩根索，彼谓自苏、日协定后，美国政府对中国之同情只有增浓，决无减退。今午胡适、宋子文同访罗斯福，摩根索等在座。罗斯福谈：苏、日协定并非全出意外，苏俄此后是否仍继续资助中国抗战，甚盼中国政府有确切消息见告。宋子文陈说中国远东形势之严重；我国望援之迫切；至盼在援助抗战国家新法案之下，能得着大量之实质援助；并盼总统能于最近期中发表援华具体方案节目。总统允于今日下午白宫报界谈话时有所表示。子文又略陈滇缅铁路及缅康公路计划，并表示将来能有中、英、美合组之交通委员会，统筹铁路、公路运输问题。子文又略述去年所提中、英、美合组空军教练队问题。总统对此诸事，均甚表关切。此电又云：

> 适退出后，又赴外部与政治顾问洪百克君详谈。彼对苏、日协定观察点与总统所见相同。但谓最可虑者是日本乘此时机增加兵力攻压

中国。又云上月敌西尾大将归国后，即倡并力向中国再作一次大进攻。其论在军人中颇有赞同者。望陈蒋公特别防范云。

又本日下午白宫报界谈话，总统声言：美政府援助被侵略国家之政策绝无变更。当然中国亦在其列。今晨与中国大使及宋子文先生商洽援华详细办法。中国所需各项物资已加以分析考虑，现正在筹办中。（《中华民国史资料丛稿》专题资料选辑第三辑《胡适任驻美大使期间往来电稿》，101页）

同日　王世杰致电胡适：日、俄协定事，除由外部就满蒙问题声明立场外，我将不对苏作其他批评，以免造成反苏印象，为敌利用。（《中华民国史资料丛稿》专题资料选辑第三辑《胡适任驻美大使期间往来电稿》，101页）

4月16日　胡适致函 William C. Bullitt：为延迟提供曾经承诺要给予您的有关救济中国所需物资的报告致歉。现在寄奉延迟的报告，希望对您的演讲有用。随函寄上宋美龄的新书 China Shall Rise Again 的第二部分，并特别标出对其有参考价值的需要关注的页码。又提请注意翁文灏的报告。（中国社科院近代史所藏"胡适档案"，卷号 E-90，分号 29）

同日　外交部致电胡适："苏、日协定事，部长已于十四日对共同宣言发表声明。关于协定第二条之解释，本部正询问苏政府。目前我国政府对该约暂不加以批评。特洽。"（《中华民国史资料丛稿》专题资料选辑第三辑《胡适任驻美大使期间往来电稿》，101页）

同日　John R. Baldwin 致函胡适：已与蒙特利尔以及多伦多分处联系，为您安排下述的行程，期望能获同意。（中国社科院近代史所藏"胡适档案"，卷号 E-123，分号 11）

4月17日　孔祥熙致电胡适："顷奉委座交下宋董事长真电，以中英平衡基金借款五百万磅〔镑〕，应准与中美平衡基金借款同时签字。请派宋子文代表国民政府，派某某〔此人已另电子文酌定填入可也〕代表中央银行。电由驻美大使转知英大使，或英财部驻美代表洽照等语。特电转达，即请

照办电复。"(《中华民国史资料丛稿》专题资料选辑第三辑《胡适任驻美大使期间往来电稿》，102 页）

同日　邵力子致电胡适，告："十五日下午见 Molotov（莫洛托夫），询苏、日（条）约第二条是否适用于中、日战局。据答，该约专为苏联保持和平，与中国无涉。谈判时亦未提及中国，不影响中国抗战。谨密闻，并请转告子文先生。"(《中华民国史资料丛稿》专题资料选辑第三辑《胡适任驻美大使期间往来电稿》，102 页）

同日　翁文灏致函胡适，谈国内经济、实业状况等。(《胡适遗稿及秘藏书信》第 32 册，363～366 页）

同日　T. A. Bisson 函寄外交政策协会的报告 "Japan's New Structure" 与胡适。(中国社科院近代史所藏 "胡适档案"，卷号 E-131，分号 1）

4 月 18 日　胡适致函美国国务院：

With respect to the Agreement between the National Government of the Republic of China, the Central Bank of China and the Secretary of the Treasury of the United States, dated as of April 1, 1941 (hereafter referred to as the Agreement), I have the honor to certify

(1) That Dr. T. V. Soong, member of the National Government, is duly authorized to sign the Agreement on behalf of the National Government of the Republic of China;

(2) That Dr. Kan Lee, Commercial Counselor of the Chinese Embassy, is duly authorized by the Board of Directors of the Central Bank of China and by the National Government of the Republic of China to sign the Agreement on behalf of the Central Bank of China;

(3) That the Central Bank of China is a governmental institution of the National Government of the Republic of China, which owns the entire capital stock of the Central Bank of China;

(4) That the Central Bank of China has full power and authority under

its charter and by-laws and under the laws of the National Government of the Republic of China to enter into the Agreement; and

（5）That the Agreement represents a valid and binding obligation of the Central Bank of China and the National Government of the Republic of China in accordance with its terms.

I shall be grateful if you will be so good as to transmit the above information to the Secretary of the Treasury.（*FRUS*, 1941, Vol. V: *The Far East*, p.630-631.）

同日　外交部致电胡适：苏联政府已向我方表示，此次苏、日订约，基于保持苏联和平，并不涉及中国问题；双方谈判时亦毫未提及中国关系；又称：苏联对中国继续抗战问题毫无变更等。如驻在国政府询及，可酌告。（《中华民国史资料丛稿》专题资料选辑第三辑《胡适任驻美大使期间往来电稿》，102页）

4月19日　胡适致唁电与 Mrs. Farn B. Chu，吊 Farn B. Chu 之丧。（中国社科院近代史所藏"胡适档案"，卷号 E-91，分号 18）

同日　胡适致函 Thomas W. Lamont：寄上两张表格给您。又，请代向 Mrs. Thomas W. Lamont 感谢对于哥伦比亚大学 Woodbridge 教授的纪念基金的捐献。（中国社科院近代史所藏"胡适档案"，卷号 E-100，分号 1）

同日　胡适致电 Helen J. Sioussat，复其4月15日来函，因自己2月27日在大西洋城的演讲并没有在广播放送，因此没有资格做为广播的数据刊载在 *Talks* 杂志上。（中国社科院近代史所藏"胡适档案"，卷号 E-343，分号7）

4月20日　郭泰祺致电胡适：中央来电谓：中央常务委员会决议，由弟经美时，向美政府提请缔结中美平等条约，废除现有条约束缚。实行之期，不妨俟诸中、日战事结束之后。用意在壮吾人今日之声势，而增高他日之国际地位云。兄意如何？请兄预向美政府非正式密洽，并着手准备为荷。（《中华民国史资料丛稿》专题资料选辑第三辑《胡适任驻美大使期间

往来电稿》，102页）

4月21日　美国财政部长摩根索约见胡适与宋子文，在座有财次长Bell、外部远东司长M. Hamilton、Mr. Harry White、Mr. H. Merle Cochran。日记有记：

> 是日所见是一场大风波。M. 忽然大发牢骚，对S. 大生气，痛责他不应该勾结政客，用压力来高压他（M.）！他说话时，声色俱厉，大概是几个月的积愤，一齐涌出来了。

同日　宋子文、胡适联名致电蒋介石："顷毛财长约文、适赴财政部，磋商平衡基金借款交款方式，毛表示原拟先交两千万元，再自五月起，每月拨交五百万美金之合约条款，允予取消，惟坚持须文等两人个人信用担保。平衡基金借款实际自五月起之拨数目，除得美财政部特别许可外，仍以每月五百万元为最高限度。此项担保应否承允，敬候钧裁。"（《胡适中文书信集》第3册，232页）

同日　谭绍华公使夫妇来。（据《日记》）

同日　胡适致函 Waldo Gifford Leland：寄上 Webster 悼念 Eileen Power 的文章，并感谢寄赠您讨论美国学者的角色的文章，对此文章很感兴趣，也将寄上去年在4间美国学院发表的演讲稿。（中国社科院近代史所藏"胡适档案"，卷号 E-100，分号10）

4月24日　胡适致函 C. K. Webster：寄上4月12日"胡适致 Barclay 银行经理函"副本。自己与刘锴、游建文均已阅读他关于 Eileen Power 的文章，都深表欣赏。（中国社科院近代史所藏"胡适档案"，卷号 E-113，分号12）

同日　江冬秀致函胡适，对胡思杜的行为感到伤心与无力。（《胡适遗稿及秘藏书信》第22册，527页）

同日　竹垚生致函胡适，谈及胡思杜本质不坏，又列付给胡思杜费用之明细。（《胡适遗稿及秘藏书信》第26册，89～90页）

同日　凌舒谟致函胡适，告自己将赴美做财税研究。又询许仕廉的近

况。(《胡适遗稿及秘藏书信》第 31 册，539～545 页）

同日　徐芳致函胡适，谈抗战以来自己的状况，又请胡适帮忙为其在美国寻找工读的机会，希望胡适回信。（中国社科院近代史所藏"胡适档案"，卷号 1708，分号 9）

4 月 25 日　胡适与宋子文到美国财政部，与财政部长摩根索签署中美平衡基金借款协定。胡适将此情电告蒋介石、孔祥熙与外交部。又报告：摩根索部长说，此次借款完全由于罗斯福对中国热忱援助，及对蒋介石敬重信任云。胡适当即代表政府致谢。（《中华民国史资料丛稿》专题资料选辑第三辑《胡适任驻美大使期间往来电稿》，102～103 页）

同日　胡适致函罗斯福，代表中国政府就 1941 年 3 月 11 日的 The Lend-Lease Act 的第 4 段与第 7 段，申明中国政府的两点意见。（中国社科院近代史所藏"胡适档案"，卷号 E-450，分号 1）

4 月 26 日　宋子文复电蒋介石：当时胡大使深虑借款成为僵局。主张会同电请钧座接受财长条件。文认为此种举动反令美人嗣后对平衡基金之运用增加困难。经以钧电先告财长亲信钱币司长。彼谓最好作为尚未接到钧座复示，亦再由文及适之兄见毛要求重加考虑。昨上午再见财长。态度转佳，即允一次拨款，且并不附带正式条件。遂于下午正式签字。（台北"国史馆"藏"蒋中正'总统'文物"，典藏号：002-080106-00040-006）

4 月 28 日　蒋介石复电胡适：有电悉。并转子文兄：平衡基金合同签字，感念劳苦，欣祝成功。对摩财长并请代为表示感忱。（《中华民国史资料丛稿》专题资料选辑第三辑《胡适任驻美大使期间往来电稿》，103 页）

同日　陈布雷日记有记：发胡大使及宋子文先生各一电。（《陈布雷从政日记（1941）》，65 页）

4 月 29 日　宋子文致电蒋介石：告自己抵美后，胡适向各方介绍自己时，谓继任陈光甫来美工作者。希望蒋介石给以不兼任部长之行政院副院长名义。（台北"国史馆"藏"蒋中正'总统'文物"，典藏号：002-080106-00040-006）

4 月 30 日　胡适复电普渡大学中国学生俱乐部：感谢邀请于 5 月 4 日

与贵俱乐部的成员会面,请与大学当局协商适合的时间。(中国社科院近代史所藏"胡适档案",卷号 E-404,分号 1)

同日 陈布雷致电胡适:宗武抵美,瞬已一年,其旅况何如?拟呈请介公续汇旅费一年,请兄斟酌其伉俪生活所需,代拟一数示知为幸。(《中华民国史资料丛稿》专题资料选辑第三辑《胡适任驻美大使期间往来电稿》,103 页)

5月

5月2日 孔祥熙复电胡适:平准基金告成,本由美总统及美财长之盛情相助。然诸兄为国辛劳,亦足多称。为公为私,俱极心感。……军械贷借,正在顺利进行。顷奉委座卅电开:"据宋委员子俭(廿八日)电称:'军械贷借与美接洽事件,似应由政府正式派定代表,拟请钧座电胡大使转知美政府,特派文为国民政府与美洽商决定及接受军械贷借之全权代表,敬乞裁示,等语。特电转达,即请准如所请,照办为要"等语。自当遵办。即请吾兄正式通知美政府为荷。进行一切,仍盼鼎力协助,以期早告成功。并希电复。(《中华民国史资料丛稿》专题资料选辑第三辑《胡适任驻美大使期间往来电稿》,104 页)

同日 美国国务卿赫尔致函胡适:

I have the honor to state that I have received a communication from the Secretary of the Treasury under date of April 30, 1941 in which the Secretary has asked that you be informed as follows:

"In accordance with the agreement dated as of April 1, 1941 between the National Government of China, the Central Bank of China, and the Secretary of the Treasury of the United States, I request and recommend that China appoint Mr. A. Manuel Fox, a citizen of the United States, as the American member of the Chinese Stabilization Board. Mr. Fox is at present a member of the United States Tariff Commission.

"Mr. Fox will designate as his alternate member of the Board Mr. William H. Taylor, a citizen of the United States, who will also act as assistant to Mr. Fox. Mr. Taylor is at present associated with the Treasury Department.

"I am also designating Mr. Walter F. Frese, of the Treasury Department, to assist Mr. Fox and Mr. Taylor in the performance of their functions.

"It is understood that China will make provision for the payment of the salaries and expenses of Mr. Fox and Mr. Taylor. Mr. Frese's salary and expenses will be paid by the Treasury Department."

The Secretary of the Treasury desires to be informed through the Department of State of the names and the nationality of all the members of the Stabilization Board of China and the name of the chairman of the Board. (*FRUS*, 1941, Vol. V: *The Far East*, p.640—641.)

同日　胡适致函赫尔：

奉中国政府指示，谨通知，宋子文博士已被正式任命担任中华民国国民政府的经理人、代表和代理人，按照1941年3月11日的租借法向美国或美国的任何机构或媒介取得和接受援助。

请将上述消息转达美国政府各有关部门为感。(《中华民国时期外交文献汇编（1911—1949）》第七卷，下册，1052页）

同日　周谷城致长函与胡适，讨论"封建"一词。(《胡适遗稿及秘藏书信》第29册，524～533页）

5月3日　胡适致电Savoie Lottinville：由于时间压力大，无法如原先声明的为The Phi Beta Kappa Society撰写一篇演讲稿，期望能得到您的允许，改以"Historical Foundations for a Democratic China"为题。并请致电普渡大学的Edward C. Elliott校长，将在5月4日抵达。(中国社科院近代史所藏"胡适档案"，卷号E-101，分号4）

1941年　辛巳　民国三十年　50岁

同日　胡适电告 Elizabeth Terry：将于上午 11 点 33 分抵达，请谅解在时间紧的情况下无法拜访您与您的家人。（中国社科院近代史所藏"胡适档案"，卷号 E-101，分号 4）

5月4日　胡适应邀在普渡大学演讲。晚 6 点，接受普渡大学中国学生会的招待。（中国社科院近代史所藏"胡适档案"，卷号 E-187，分号 5；卷号 E-451，分号 1）

5月5日　胡适致电 Canadian Institute of International Relations 成员 John R. Baldwin：将参加 5 月 29 日 Canadian Institute of International Affairs 的 Montreal 分部的晚宴与 5 月 30 日多伦多分部的晚宴。（中国社科院近代史所藏"胡适档案"，卷号 E-90，分号 3）

同日　胡适的私人秘书分别致函 Margaret Knatchbull-Hugessen、Jack L. Greenwood，为胡适辞谢 5 月 29 日为 The Women's Canadian Club 演说以及出席 The Sir Arthur Currie Memorial Gymnasium-Armory 年度宴会的邀请，因胡适已同意在 The Canadian Institute of International Affairs 的晚宴上发表演说。（中国社科院近代史所藏"胡适档案"，卷号 E-256，分号 5；卷号 E-451，分号 1）

5月7日　陈介致电胡适、宋子文，告德国内定 6 月初攻俄。日本现虽孤立，但善于投机，一旦与德取得联络后，势将益加猖獗。非特足以祸我，亦于美国有害。为美计，似应于德未东进以前，多助我以军实，俾能藉以反攻，使我先立于不败之地。美倘能同时解决日之海军，肃清远东后，其海军即可西进无阻。德欲东进，亦难逞志。美之国论，似尚待时，或视大西洋关系较太平洋为切。（《中华民国史资料丛稿》专题资料选辑第三辑《胡适任驻美大使期间往来电稿》，105 页）

5月8日　孙洪芬致函胡适，关于运北平图书馆善本书事，赞胡适擘画周详。任鸿隽、叶元龙均曾遭劫。胡夫人及思杜均好，沪上米价甚昂等。（《胡适遗稿及秘藏书信》第 32 册，460～461 页）

5月9日　胡适复电 Herbert Moore：感谢 5 月 3 日来函（中国社科院近代史所藏"胡适档案"，卷号 E-302，分号 8）。因有他约，无法接受您的邀

请到 Milwaukee 访问与演讲。(中国社科院近代史所藏"胡适档案",卷号 E-103,分号 19)

同日　胡适复电关仲豪:

> 朱士嘉兄已查过李焘《续通鉴长编》,也没"半部论语"的故事。现在所缺的只是那个故事的真正"娘家"了。我疑心此故事出于笔记小说,如邵伯温的《闻见录》之类,也许还更晚出。(《胡适中文书信集》第 3 册,233 页)

同日　胡适电告 Savoie Lottinville:已顺利抵达华盛顿,感谢尊伉俪与其他朋友之协助以及访问期间的友善招待。(中国社科院近代史所藏"胡适档案",卷号 E-101,分号 4)

5 月 11 日　胡适购得 The Education of an American (by Mark Sullivan) 一书。(《胡适藏书目录》第 3 册,2262 页)

5 月 13 日　丁声树致函胡适,告史语所在云南做方言调查,秋季要做四川的方言调查。又谈及方言地图等事。(《胡适遗稿及秘藏书信》第 23 册,328～329 页)

5 月 14 日　Memorandum by the Chief of the Division of Far Eastern Affairs (Hamilton) to the Secretary of State:

> The Chinese Ambassador called this morning with reference to the question of the proposed exchange of notes between you and the newly appointed Chinese Foreign Minister on the subjects of equality of treatment and extraterritoriality.
>
> Dr. Hu Shih stated that he had received a telephone call last night from Dr. Quo urging that, if possible, consideration and conclusion of the matter be expedited. Dr. Hu's subsequent remarks tended to cover comprehensively the whole situation, including the circumstances under which Dr. Quo did not return to China via Russia but chose the route through the United States

instead, and Dr. Hu repeated several times with considerable earnestness Dr. Quo's and his hopes that the proposed exchange could be effected because of the moral and spiritual encouragement which the exchange would afford not only the Chinese Government but especially the Chinese people.

He stated that he and Dr. Quo had studied the draft statements very carefully and that they were very much pleased with them. He offered one suggested change: elimination in the draft letter to Dr. Quo of the words "as soon as improved conditions warrant", which appears in the first paragraph, line 4 of page 3 of the draft. Dr. Hu stated that in his and Dr. Quo's opinion the implication of this phrase was strongly imbedded in the context and its elimination would give the context the appearance of being more concrete and specific.

Several days ago the drafts were shown to Mr. Pasvolsky and the proposal was discussed with him at some length. Mr. Pasvolsky indicated that he favored the proposed exchange of notes and that he considered the commitment in regard to equality of treatment which we, for our part, obtain in the draft letter from the Chinese Foreign Minister to be a practical and desirable step forward.

For convenience of reference, drafts of the two proposed notes are attached hereto.（*FRUS*, 1941, Vol. V: *The Far East*, p.775.）

同日　张嘉璈复电胡适：赈济邮票筹备已久。式样、印价均经商定。为信用计，拟不再变更。至票样先送邮票商研究，亦似有未便，希亮察。订印之票，除小型张外，并有散张邮票……美方既欢迎散张，亦可在美销售。约能各销若干，如荷调查电示，尤感。(《中华民国史资料丛稿》专题资料选辑第三辑《胡适任驻美大使期间往来电稿》，105页）

5月15日　孔祥熙复电胡适：美财长推荐 Fox 君为平衡基金委员会委员，及 Fox 君美财长指定襄助人员各节，自当接受。Fox 及 Taylor 两君薪

金费用，可由我国负担。我方委员已派定陈光甫、席德懋、贝祖诒三人充任，并指定陈光甫为主席委员。所有各该委员任命，一俟英方委员正式推荐到部，即当一并令派。盼即转知国务院为荷。(《中华民国史资料丛稿》专题资料选辑第三辑《胡适任驻美大使期间往来电稿》，105页）

5月16日　胡适复电陈布雷："卅电奉悉。宗武在此，言行谨慎，不轻与外人往来。其伉俪生活均简单。倘能续汇美金四五千元，当是一年之需。复初兄现已西行，定二十七日飞港。"（《胡适、叶公超使美外交文件手稿》，15页）

同日　胡适致傅斯年：

昨晚得你四月三十日的飞邮，才知道你病了，我真十分担心，因为你是病不得的，你的"公权"是"剥夺"不得的！你是天才最高，又挑得起担子的领袖人才，国家在这时候最少你不得。故我读你病了的消息，比我自己前年生病时还更担心。我自己的病是 coronary occlusion，可以变成 Thrombosis（血管闭塞）。我那时血压低到七十度左右。但我发觉的早，有最新式的医生和看护，所以三个月后就全好了。你的病也必须休息静养。若能如有来书所云，"六个月内绝对休息"，我可以包你恢复健康。但不可忧虑气恼，也不可贪吃肥肉！你的兴致好，和我一样，我想你一定可以恢复健康的。

我的医生（Dr. Robert L. Levy）是第一流心脏专家，他说，我必须戒绝纸烟。也说：Nicotine 比 Alcohol 有害的多。我戒了一年半，去年夏季以来，又颇吸纸烟。五月十二日我去请 Dr. Levy 检视，我说，我瘦了几磅，脉搏也不如前，所以他劝我多休息，仍旧戒烟。我已五天绝对不吸纸烟了。我劝你也绝对戒绝淡巴菰。听说四川的纸烟是很凶的！

孟真，你真得绝对休息！我常喜欢一句徽州谚语："留得青山在，不怕没柴烧。"你是绝顶聪明人，千万不要大意！兴致好为第一要素。

你去年的长信，我至今未复，十分抱歉。根本是当日我因中研院弄得每几天报上必有我调回去做中研院长消息。我虽不介意，但馆中同人，馆外朋友，都感不安；来电来函问此事的也不少。所以我有一天发愤写信给雪艇，说我来做大使是战时征调，所以不辞；何时用不着我，我随时可去，不用为我寻下台位置。中研院长不是战时征调，我可以自由去就。所以我先声明，我若离开驻美大使任，我可以回去做教授，但不愿做中研院长。信上大意如此，大概雪艇把我的几个"不干"的理由抽出抄给你，所以惹起你的一点小误解。

其余的事，多已成明日黄花，不用细复了。

高宗武在此，每日闭户读书看报，从不与外人往来，其言行均极收敛检束，使我甚惊异其进步。（馆中有茶会园会，他从不参加。）

我的出外讲演，似乎引起了敌人与友人的同样注意！去年 Oct. 30 东京的"*Japan Times*"有整栏的社论骂我，题为"Envoy Propagandist"。其实我出外讲演的时候甚少。我的书记 Mrs. Phillips 每天上午至少费一个钟头听我 dictate 辞却讲演的信——平均接受的讲演不过十之一也。

"学位"一层，更是冤枉。前年（一九三九）借新病起为名，辞去几个学位，最后只受了 Univ. of Chicago（先已辞了两次）和 Columbia 两处的学位。到了去年（一九四〇），那些前年辞却的几处又都回来了，又加上两三处新的，所以去年夏间得了六个学位（全年连春秋共得了八个）。有些地方是绝对无法辞的，例如 Univ. of Pennsylvania 二百年纪念，东方只有我一人；又如 Univ. of Chicago 在 Dec. 12, 1938, March 12, 1939, 两次要给我学位，我都辞了；第三次 June 13, 1939, 我去受了，三次均只是我一人，可见他们的不轻授学位，我岂能辞到三次以上？

今年我借医生为名，辞去了许多学位，大概夏间（六月）还得去拿三四个（一个是 Canada 的 McGill Univ.）。现有的是

  Litt. D.——1 今年加 1=2

  D. H. L.——1 =17

  D. C. L.——1

L. L. D.——10　今年加 3=13

这些东西，饥不能吃，寒不能穿，有何用处？不过人家总说，"中国大使的名誉学位比任何大使多"，这也是一种国家体面罢了。大热天去受学位，老实说，真是有苦无乐！

我在欧洲受命来此，我那时早就明白认定我的任务不在促进美国作战（我知道那是时势一定会促成，而决不是任何个人能造成或促进的），而在抬高美国人士对我国的同情与敬意。我在此已两年零七个多月了，所能看见的成绩，可说毫无。若就那空泛不可捉摸的方面说，我大概替中国留下了一点"Civilized people"的印象，如此而已！

我这八九个月的生活可说是"受罪"。其详细情形，郭复初回国可以面告。……（王汎森：《史语所藏胡适与傅斯年来往函札》，《大陆杂志》第 93 卷第 3 期，13～14 页）

5 月 18 日　陶孟和函荐严仁赓与胡适。(《胡适遗稿及秘藏书信》第 36 册，331 页）

5 月 19 日　王重民致函胡适，云：

委命已失败。归航明日抵檀香山……与思杜兄同住一舱……

运书事除非美领事出头不易办，可是他始终不肯。我们自己办，最危险期在上船，而上船前海关许可证即不易得。江海关华人主事者为丁桂堂，伊允教部或财部有命令，即可发给。等了四五十天，孔祥熙的命令方到了，丁即转呈梅乐和，梅即电孔，决定不执行。盖鉴于前者沪上所存白银，孔主运，梅主不运，结果运而出险也。现在孔似不肯再电梅，即电梅，而目前局势较紧张，正先生所谓"太危险则不动"的时期。幸存件已移入公共租界，英美势力若不撤退，可保无虞。（《胡适遗稿及秘藏书信》第 24 册，144 页）

按，关于此事原委，中国社科院近代史所藏"胡适档案"中有一份王重民所书文件，叙述颇详。该文件称：国立北平图书馆善本书 300

1941年　辛巳　民国三十年　50岁

箱在卢沟桥事变之前运沪保存。1940年6月后，沪上租界允日宪兵随时搜查，已攫取我政府寄存物不少；学术界人士莫不以此300箱古籍为忧。北平图书馆馆长袁同礼拟运送来美，寄存国会图书馆中。与驻渝美大使詹森及驻沪美总领事罗君（F. P. Lockhart）协商，不得要领。"我驻美胡大使适之先生闻之，极谋所以促其成。迳与美国务院及国会图书馆接洽，均表莫大同情。惟言及起运问题，非美政府派人押护，方能免除危险。然美政府以沪上情形不明，不肯即允；若由国会图书馆派人前往，又恐事若不成，反惹日人注目。胡先生再四思维，遂由个人供给资斧，派重民返国一行。重民受命，乃于二月三日离华盛顿……二十八日抵香港，谒袁守和先生，于三月四日同赴上海。……"袁、王将此善本书移入公共租界 Arts and Crafts Co.，又筹谋、接洽将书运美办法，但不得要领。（《胡适来往书信选》中册，522～524页）

5月20日　袁同礼致函胡适，云："关于运送沪上存件……梅乐和君不肯发给出口放行证，确是好意……政府既具决心，则吾人今后必须改变方式方能启运。日前詹森大使来港，曾与之谈及此事。渠主张由平馆与国会图书馆订一契约，声明借用年限（五年左右），再由国务院授权总领事，嘱其报关时作为美国财产，由其负责启运。今箱数既已减少，则罗君进行此事似不甚难。如公对此办法予以同意，即希就近与该馆接洽，并请代表本馆签署此项契约。……美国援华团体自成立联合组织后，声势较前浩大。……今日之援华团体虽侧重于救济，但建设事业之实际需要似亦包括在内。……我公对平馆事业素所关怀，尚希在可能范围内相机进行，翘企无已。"（《胡适遗稿及秘藏书信》第31册，627～628页）

5月21日　胡适致函美国国务院：

The Chinese Government appreciates the concern of the United States Government over the present situation in the International Settlement at Shanghai, and but for weighty reasons would be willing to meet the views as expressed in the memorandum under reply.

The attitude of the Chinese Government concerning the proposed provisional council has been made abundantly clear in verbal statements communicated to the American and British Embassies as well as in written statements issued by the Minister of Foreign Affairs on April 19, 1941. In a spirit of cooperation the Chinese Government signified its willingness to acquiesce in the proposed arrangement only on condition that (1) every one of the four Chinese members of the new council should be a member of the then functioning council and (2) that the proposed arrangement should be operative for not more than two years. Failing fulfillment of both these conditions the Chinese Government was obliged to make known the fact that neither the setting up of the provisional council nor the modification of any provisions of the land regulations had received the approval of the Government.

The United States Government has now expressed the hope that the Chinese Government acquiesce in the arrangement proposed in the resolution adopted by the foreign ratepayers' association in Shanghai on April 17, 1941 and deal separately with the question of selection of Chinese membership. The Chinese Government is of the opinion that the question of Chinese membership is of vital importance in the consideration of the proposal relating to the provisional council and regrets to state that it cannot give consent, express or tacit, to the establishment of such provisional council before the question of Chinese membership is settled.

The Chinese Government insisted and still insists, as regards the composition of the provisional council, that the Chinese members should be chosen from among those who have already been lawfully selected by the Chinese ratepayers' association. It has now been learned that two puppet nominees have been accepted by the new council and actually took part in its deliberations at the first meeting. This is the very state of affairs which the Chinese Government and Chinese residents in the International Settlement at Shanghai endeavor to guard against. The Chinese Government is constrained to reemphasize that it will never acquiesce in the establishment of any kind of municipal council in the International Settlement with even one puppet representative as member.

It is hoped that the United States Government will be able to appreciate fully the views set forth above. (*FRUS*, 1941, Vol. V: *The Far East*, p.864–865.)

同日　外交部致电胡适：近日敌方传出请美调停中、日战事消息，想系故放空气。究竟日方曾否经任何途径向美方试探，希设法查明电复。(《中华民国史资料丛稿》专题资料选辑第三辑《胡适任驻美大使期间往来电稿》，106页)

5月22日　James G. Blaine 致函胡适：为不能于纽约举行的美国医药助华会的茶会上见面而感到遗憾。对您担任大使期间增进美国民众对中国的了解与两国友谊的辛劳，深表敬佩。(中国社科院近代史所藏"胡适档案"，卷号E-132，分号2)

5月23日　胡适日记有记：

外长 Hull 约去谈。他谈了一点十五分，说大局甚危急，使他日夜焦心，昨夜竟不能睡。他说，日本各方设法来谋拉拢日美两国。他问我，中日战事有结束的可能吗？若能把日本拉过来，使他脱离轴心国家，使他保障太平洋和平，使中日战事得早结束，岂不很好吗？有什么法子可以使日本在四个月与六个月之中不出乱子吗？

Memorandum of Conversation, by the Secretary of State:

The Chinese Ambassador called at my request in response to a previously indicated desire on his part to discuss with me the exchange of notes between his Government and mine, as recently proposed by the newly appointed Foreign Minister of China, Dr. Quo Tai-chi. After some discussion, it was agreed that this exchange of notes might take place; also that when the new Foreign Minister returns to China and is sworn into office, it would be appropriate for him then to make public these two documents.

There followed a general exchange of information about the world situation. In due course we each made reference to the periodical appearance of rumors and reports in regard to peace negotiations between Japan and China. I remarked that there have been and are in circulation numerous rumors and reports on this general subject; that some come through important Japanese business men, others through former high naval officers of the United States who have talked at length with Ambassador Nomura, and still other reports through someone here and there, including some newspapermen. I said that I am not thus far treating these reports seriously; that, in any event, before reaching such a step as negotiations, I would, of course, first have full and exhaustive conferences with the Chinese Government, or its representatives. I then added that I had made a remark somewhat similar about these peace reports and rumors to the British Ambassador a few days ago.

I remarked that there seemed to be a group in Japan, consisting of some of the highest officials in the Government, opposed to going into the World War, and that some persons had expressed the view that there might be one chance in ten or twenty-five that something might come out of these reports.

I said that recently the war situation in Europe has been getting worse; that I have at all times treated the Far Eastern and the European war situations as one combined movement, so far as defense is concerned, and that, we, of course, are standing absolutely firm on all of our basic policies and principles in both the West and the East. I added that if the Western situation steadily becomes more dangerous, I could not be certain as to whether a large segment of our Navy still remaining at Hawaii might be sent to the Atlantic, and hence the question of peace rumors and peace reports naturally arose frequently even though they have not reached a stage where a step in negotiations would be undertaken. The Ambassador discounted any possibilities that might grow out of such peace reports, but added that in the light of the increasing dangers in the world situation, he would give the matter thought. I again said to him that he must consider that I was not treating them seriously, certainly without first having full consultation with him and his associates in the Government. He expressed his appreciation. (*FRUS*, 1941, Vol. Ⅳ: *The Far East*, p.208-209.)

同日　陈介致电胡适：此间颇传美、日间有订约可能。内含：日不参战；美调停中、日战争；日允不转运原料与德；美允日商请售与原料；美承认伪满等条件。颇为奇特。美使与 Matsuoka 谈话，彼此均未发表，是否与此有关，乞密示。(《中华民国史资料丛稿》专题资料选辑第三辑《胡适任驻美大使期间往来电稿》，106页)

5月24日　胡适致函美国国务院：

On May 2, 1941, under the instructions of the Chinese Government, I had the honor to inform you that Dr. T. V. Soong had been duly appointed and designated and was acting as agent, representative and attorney-in-fact of the National Government of the Republic of China on behalf of such Government in securing and receiving aid from the United States of America or any agency or instrumentality thereof under the Lend-Lease Act of March 11, 1941.

I now have the honor of informing you that pursuant to the authority vested in him by the Government of the Republic of China Dr. Soong has caused a corporation known as China Defense Supplies, Inc., to be created and organized under the laws of the State of Delaware and that such corporation has also been duly appointed and designated and is acting as an agent, representative and attorney-in-fact of power of substitution and delegation, to act, either through its own corporate officers or through any other corporation or individual designated by it for that purpose, on behalf of the Government in securing and receiving aid from the United States of America or any agency or instrumentality thereof, under the Lend-Lease Act of March 11, 1941.

I shall be greatly obliged to you if you will be so good as to transmit the above information to the appropriate branches of the United States Government. (*FRUS*, 1941, Vol. V: *The Far East*, p.648-649.)

5月26日　胡适致函美国国务院：

I wish to take this opportunity to thank you once more for the very profitable and stimulating hour which you so kindly gave me the other morning. I have since been thinking over the subject-matter of our conversation of last Friday. Because of the importance of the questions involved, I have here jotted down a few thoughts and am submitting them to you for your wise criticism.

Our conversation, as you will recall, turned to a speculation as to whether some attempt could be made to wean Japan from Axis partnership and render her more innocuous in the Pacific during the present world crisis.

I am sincerely afraid that any serious attempt in such a direction would have to involve a surrender of the principles for which the Anglo-Saxon peoples have been fighting, and I am inclined to think that even such a complete surrender (which will irretrievably damage the spirit and morale of the fighting democracies) will not make Japan really desert the Axis powers. The Tripartite Alliance of last September has received the sanction of the Japanese Emperor in an Imperial Rescript, and cannot be easily discarded. It is not merely "the Matsuoka policy", but represents a more fundamental affinity of national outlook.

There was a time when Japan seemed to feel genuinely resentful towards Germany and Italy. That was after the signing of the Soviet-German

Non-Aggression Pact of August 1939. In her resentment, some of Japan's leaders actually declared the Anti-Comintern Pact (1936) "dead".

But the military successes of Germany in 1940 changed all this. Japan gladly became a partner and an ally of Germany and Italy. And she will not abandon this Imperially sanctioned Alliance so long as Hitler is victorious and successful and so long as the Japanese militaristic and pro-Axis clique is not discredited.

So far two things—and two things only, —have prevented Japan from going to the aid of her European partners: First, the war in China has bogged down her millions of troops and service men and has tied up hundreds of her ships for the transport of troops and for keeping these troops supplied. And, secondly, the presence of the American fleet in the Pacific has made Japan hesitate either to carry out her "southward advance", or to raid the commerce and cut the supply lines for the British Commonwealths as well as for China.

I am reasonably sure that, as long as China fights on and a sufficiently strong portion of the American fleet is maintained in the Pacific, there will not be active and effective Japanese assistance to the Axis powers in the Pacific.

But, if Japan is freed from her war in China or from the danger of being effectively flanked by the American fleet, then no amount of appeasement, nor any Japanese pledge can stop Japan from playing the role of an active partner of the Axis powers and completely cutting off Australia and New Zealand from participation in the war in Africa and Asia, as well as effectively intercepting all material supplies from the United States and Canada.

I am therefore compelled to conclude that, if the problem is how to render Japan incapable or ineffectual as an Axis partner, the best solution seems to lie in assisting China to continue to a successful ending her war of resistance to Japanese aggression, and in maintaining a firm diplomatic and naval position in the Pacific.

You were kind enough, my dear Mr. Secretary, to inform me that in recent months there had been numerous informal suggestions, largely from Japanese sources, to the effect that an early termination of the Sino-Japanese war might be brought about through some form of mediation by the United States Government.

I have for years speculated about the possibilities and difficulties of a mediated peace for the ending of the Sino-Japanese war. Since our conversation last Friday, I have again thought over this question. It is my humble opinion that Sino-Japanese peace through American mediation seems quite impossible at this time.

There are at least these unsurmountable difficulties:

(1) The military leaders of Japan have repeatedly declared that "the dispute between China and Japan is purely a two-party conflict, not to be settled by the intervention or mediation of a third party". Such a statement was made on September 29, 1939. It was repeated in Tokyo and Shanghai only a few days ago. And in an official statement issued on May 24, 1941, by the Imperial Headquarters through Colonel Hayao Mabuchi, Chief of its Information Section, all attempts to seek peace between Japan and the National Government of China were condemned as mistaken views of the "peace brokers". The same statement goes on to say that "the key to the solution of the 'incident' is for the imperial forces to knock out the enemy forces and destroy Chungking's power of resistance."

(2) While Japan may seriously desire an early ending of the war in China, she only wants to end it on her own terms. All talk about a general withdrawal of Japanese troops from China seems empty play of words. She will not voluntarily withdraw from "Manchuria", nor from the Inner Mongolian provinces, nor from North China, nor from the coastal centres of industry and commerce, nor from such strategic areas as the Hainan Island which is being

1941年　辛巳　民国三十年　50岁

used as an important base for Japan's Southward expansion. In short, the militarist caste of Japan has not been sufficiently discredited to be willing to seek a just peace. Even the "peace brokers" do not dare to offer anything approaching a just peace.

(3) Such being Japan's real desire, it will be utterly impossible for the American Government to sponsor, either directly or indirectly, any settlement conforming to that desire. No leader of a democratic government can afford to sponsor such a peace.

(4) For years the Government of the United States has been trying to use its diplomacy and its great economic and naval power to bring Japan to a more reasonable point of view. But recent German military successes and British reverses have tended to make the Japanese military more unreasonable than ever before. Any waivering on the part of the Anglo-Saxon democracies in dealing with Japan now will be naturally interpreted by her military as a sign of weakness and will only strengthen their faith in the ultimate triumph of brute force.

(5) The history of the Peace of Munich clearly shows that even a peace solemnly signed by the heads of four great European Governments became a worthless scrap of paper in less than six months. Can a mediated peace in the Far East have better and more effective guarantees or sanctions?

I have enumerated these difficulties, my dear Mr. Secretary, in the sincere hope that a frank recognition of these implications may be helpful in any comprehensive consideration of the question of terminating the Sino-Japanese War through a mediated peace.

With renewed assurances.（*FRUS*, 1941, Vol. Ⅳ : *The Far East*, p.225-227.）

同日　Memorandum by Mr. Willys R. Peck of the Division of Far Eastern

Affairs, of a Conversation with the Chinese Ambassador (Hu Shih) :

Mr. Peck called on the Ambassador on another matter and in the course of the conversation mentioned that he had personally been considering whether something might not be done by the United States, in addition to sending supplies to encourage the Chinese people in their resistance to aggression. He said tentative projects had occurred to him under three heads:

1. The sending of lecturers equipped with projection apparatus and stills or motion pictures dealing with topics such as national defense and social betterment, that are problems confronting China and the United States alike. To these might be added pictures showing American engineering and other achievements, to arouse the interest and stimulate the imagination of the Chinese in these directions.

2. Providing Chinese educational institutions with laboratory equipment and books, not only as a measure of practical assistance, but also as an expression to those institutions in their present difficult circumstances of American sympathy and encouragement.

3. Sending prominent American educators to give short lecture courses in the leading colleges in "unoccupied" China.

Mr. Peck emphasized the fact that in detailing these ideas he was merely building an air castle and it still remained to be seen whether the schemes were in any degree at all capable of realization. On this understanding he asked for the Ambassador's comments.

The Ambassador said that he heartily agreed with the three plans Mr. Peck had suggested, but would offer the following comments.

He thought that instead of sending special lecturers equipped with projection apparatus and films, it might be preferable to create a "lending library" of films in the American Embassy in Chungking, the films to be loaned to

Chinese institutions. If explanations of the films were necessary, it might be possible for one of the staff of the Embassy to give such explanations when the films were shown. He did not think it necessary to add Chinese "sound tracks", since films with English captions would be understood by many and were generally self-explanatory. Chinese captions could be added, however, with advantage and at slight cost of trouble and money.

He said that he feared it would not be easy to send books in worthwhile amounts to the educational institutions in West China, because of the limited transportation facilities and the tremendous demand on such facilities. Laboratory equipment would be much less bulky and would undoubtedly be deeply appreciated.

He thought well of the idea of sending prominent American educators to give short lecture courses, but he urged that these men be carefully selected with a view to their being qualified. He observed that Chinese educational institutions were becoming critical in proportion as their scholastic standing improved.

The Ambassador observed in regard to the other side of the problem of promoting cultural relations between China and the United States, that is, the sending of Chinese students to the United States for education, that he did not favor a policy of restricting such students to the category of graduate and specialized students. He recalled that many Chinese who had studied in America and had returned to perform valuable work in China had come to this country as undergraduate students. The Ambassador observed that Chinese students, as a class, had achieved a high scholastic standard in the United States and he instanced several cases in support of this observation. He said that undergraduate students absorbed much more of the social culture of the United States than did specialists working in seminars in the hope of obtaining higher degrees. (*FRUS*, 1941, Vol. V: *The Far East*, p.649-650.)

同日　胡适电谢 Mrs. George C. McDonald 5 月 17 日来函邀请参加派对，若时间允许，一定参加。（中国社科院近代史所藏"胡适档案"，卷号 E-102，分号 21）

同日　胡适复电 P. C. Armstrong：为迟复 4 月 10 日来函致歉，期待 29 日晤面。（中国社科院近代史所藏"胡适档案"，卷号 E-121，分号 5）

同日　胡适电告 Leon Lalande：5 月 29 日的演讲题目是"China after Four Years of War"。（中国社科院近代史所藏"胡适档案"，卷号 E-451，分号 1）

5 月 28 日　胡适有贺赵元任、杨步伟银婚纪念的小诗："蜜蜜甜甜二十年，人人都说好姻缘。新娘欠我香香礼，记得还时要利钱！"（《胡适手稿》第 10 集卷 4，433～434 页）

同日　美国国务卿赫尔复函胡适：

> I am very glad to have the benefit of your thoughtful views in regard to various aspects of the Far Eastern situation as set forth in your personal and confidential letter of May 26. I do not know whether you may have misunderstood anything I said in our recent conversation, but, in order to avoid any such possibility, I take the liberty of saying that I undertook merely to mention various facts and possibilities relating to the general military situation in both Europe and the Far East, and to refer to various reports which came to us of conversations between Japanese individuals and responsible Americans and to comments made by some Japanese officials in the course of conversations with various officials of this Government. I referred to these reports and comments as presenting a subject for speculation of possibilities. I intended to indicate that my thought had not proceeded to the question of mediation and that the whole matter remained in a very tentative, speculative form. I am sure you understood from what I said that, before any such question ever approached anything resembling a definitive stage, I would wish to talk the matter over

thoroughly with your Government.（*FRUS*, 1941, Vol. Ⅳ: *The Far East*, p.238-239.）

同日　外交部致电胡适："据驻河内领馆电称：我存越美货，于二十五日被敌抢运而去，驻河内美领事已向华盛顿请示，并函日领事抗议等情。此事美政府谅已同时向法、日两方抗议。究竟结果如何，希探明电复。"(《中华民国史资料丛稿》专题资料选辑第三辑《胡适任驻美大使期间往来电稿》，106页）

同日　王世杰致电胡适：晋南战事尚未结束，我军已突破敌围，敌人围歼企图已失败。我军仍在晋东西作战，故敌军现时不致企图渡河。……鄂北之战，敌伤亡数千。日内当就两月来敌人攻势目的及经过，交外国记者发表。(《中华民国史资料丛稿》专题资料选辑第三辑《胡适任驻美大使期间往来电稿》，106页）

5月29日　胡适应邀在 Canadian Institute of International Affairs Montreal Branch 发表演讲，又出席 The McGill Faculty Club 举行的晚宴。（中国社科院近代史所藏"胡适档案"，卷号 E-261，分号 3）

同日　陈布雷日记有记：发胡大使转宗武一电。(《陈布雷从政日记（1941）》，82页）

6月

6月1日　郭泰祺致函胡适，感谢胡适在美款待，并望其珍重。昨天发表的换文以及美国机师赴华投效皆可补罗斯福广播演讲之不足。准备培养刘锴并加其公使资格，请胡适以直接长官的名义向部呈请从优待遇。(《胡适遗稿及秘藏书信》第33册，233~234页）

6月4日　胡适复电外交部并转蒋介石："自野村来任大使后，颇谋改善日、美关系，倡言松冈之轴心同盟，实非天皇与近卫本意，又倡言日本对英、美根本无敌意，又有人谓小仓正恒入政府，可证工商界领袖将渐抬

头，军阀将渐失势，又有人谓美国若肯对日略表好感，则日本脱离轴心国家转而保障太平洋和平亦非绝不可能云。凡此诸说，在此时机颇能鼓动一般主张全力援英而放弃远东之人士，因闻共和党候补总统威尔基，亦颇为所动。但适曾与外交部长及其他要人细谈，据彼等切实密告，约有数点：（一）海军确有一部分调往大西洋，包括主力舰驶往，但所余太平洋海军力量仍足控制日本，况有新增统制空军力量，尤足使强暴顾虑。（二）调停中、日战争一层，日方至今并无正式之探询与请求，美国亦未曾加以考虑，此种重要问题，美国在详细征询中国政府意见之前，决不轻于考虑也。（三）在目前国际形势之下，美国虽不欲挑起两洋战争，然亦深知日本之野心企图，故美国对远东并无抛弃或软化之意，最近斐岛出口货统制案即是其一证。"（《胡适中文书信集》第 3 册，237 页）

　　同日　外交部致电胡适："迭据报告：（一）泰米出口，大部分向由华商经营。自泰政府统制后，华商损失至巨，迭请通融被拒。近竟允日商三井、三菱及英商等四家经营出口。全泰业米侨商大多停业。（二）Nakhon Si Thammarat 省 Nohban 及 Klongkluey 两地方官宪，于五月初，将华侨呈准经营多年之正式胶园三千英亩无条件没收，并将园内侨商驱逐。（三）泰方公布，至本年六月底，停发外人在泰驾驶长途轮车牌照。查是项职业向多操于华侨之手，因此斯业侨民将全部失业。（四）泰境侨校被封后，侨生多往马来亚、香港或回国就学。泰方对此，闻将六月起严加制止。各等情。希就近事先与泰使一谈。可指出此等措施，显有背于民国廿八年十一月底銮披汶总理致蒋委员长电内所称'泰政府对于充分保护华侨之生命财产，及准许其经营合法事业，必予以恒久之关注'等语之旨趣。并请美政府对泰方此种压迫华侨举动，代为设法劝止。仍将接洽结果电部。"（《中华民国史资料丛稿》专题资料选辑第三辑《胡适任驻美大使期间往来电稿》，107 页）

　　同日　外交部致电胡适："郭大使与赫尔国务卿换文，要旨如下：郭大使去函，首提一九三七年七月十六日赫尔宣言，次述我方忠实信守国际条约，主以和平谈判方式，调整国际关系，并信仰机会均等与不歧视原则；最后声明：和平恢复时，在本国经济上及对各国政治与经济关系上，充分适用上述原则。赫尔复函,略谓:中国希望修正国际关系之变则,美政府业已采取步骤适应中国之希望;本国及其他国家,因规定治外法权及有关之惯例之协定,而在华久享若干特殊性质权利,美政府将继续所采政策,于和平状态恢复时,迅速着手与中国政府商谈废除上述特殊权利。国内舆论极其欢迎。驻在地官方与社会如何评论,希查报。"(《中华民国史资料丛稿》专题资料选辑第三辑《胡适任驻美大使期间往来电稿》,107～108页)

6月5日　胡适出席全美助华联合总会为其举办的致敬晚宴并发表演说。(中国社科院近代史所藏"胡适档案",卷号E-455,分号1)

6月6日　中国驻意大利大使馆致电胡适:"……义船Conte Biancomano被美政府没收后,上有华工十三人与义船工同送Ellis Island集中营。拟恳交涉释放,遣回祖国。并盼电复。"(《中华民国史资料丛稿》专题资料选辑第三辑《胡适任驻美大使期间往来电稿》,108页)

6月9日　胡适出席狄金森学院第168届毕业典礼,并发表演说。(中国社科院近代史所藏"胡适档案",卷号E-504,分号1;卷号E-163,分号6)

6月10日　黄炎培、刘攻芸致电胡适:"本会奉令兼办滇缅铁路金公债。关于美国方面登记及劝募事宜,已请本会邝常务委员炳舜在美主持,并由会会同财政部派邓祖荫为募债专员。除由邝君转呈一切外,敬电奉达,即希赐予指导协助……"(《中华民国史资料丛稿》专题资料选辑第三辑《胡适任驻美大使期间往来电稿》,109页)

6月12日　恒慕义致函胡适,谈平安运送14箱汉木简事,已与王重民讨论,国会图书馆考虑给予优惠待遇,请告知适合的运送时间,将派卡车前往载送。胡传的手稿也会善加保存在国会图书馆。(中国社科院近代史所藏"胡适档案",卷号E-237,分号2)

6月13日　翁文灏致电胡适:资源委员会职员宾果及一美籍工程师,急待来华参加筹备甘肃油矿厂。闻飞机票位为政府统制,请洽美方准定二人票位。已嘱宾君与尊处径洽。(《中华民国史资料丛稿》专题资料选辑第三辑《胡适任驻美大使期间往来电稿》,109页)

6月14日　胡适致函Harry B. Price:感谢5月27日的来函。遗憾目前

尚无法确定行程，因 6 月 15 日要到 Middlebury College 的毕业典礼进行演说，而且被医生劝告要少说话，因此无法参加全美助华联合总会的会议。（中国社科院近代史所藏"胡适档案"，卷号 E-106，分号 14）

6 月 16 日　胡适在 Middlebury College 作毕业演讲，并接受荣誉法学博士学位。午饭席上见着 Dr. Walter Granger。（据《日记》；中国社科院近代史所藏"胡适档案"，卷号 E-451，分号 1）

6 月 18 日　胡适应邀出席全美助华联合总会的晚宴并发表演说。（中国社科院近代史所藏"胡适档案"，卷号 E-332，分号 1；卷号 E-404，分号 1）

6 月 21 日　胡适电告孔祥熙：Warren Lee Pierson 建议中国不应延迟支付信用贷款，并建议能先支付 70 万美金予美国；若中国付款有困难，愿尽力帮助中国。（中国社科院近代史所藏"胡适档案"，卷号 E-402，分号 1）

6 月 22 日　法西斯德国突袭苏联。

6 月 23 日　赵元任致函胡适，为两周前访问华盛顿时与胡适错失见面机会感到遗憾。自己对于 Chapel Hill 的语言学机构深感兴趣。附寄孙洪芬的来函以及 3 张照片。（中国社科院近代史所藏"胡适档案"，卷号 E-151，分号 1）

6 月 24 日　胡适函谢 Robert H. Montgomery 之 6 月 13 日来函以及寄赠大著 *Fifty Years of Accountancy*：阅读您的传记后获得极大的乐趣，对此书的简朴风格以及愉快的幽默感极为欣赏。期望知道此书所搜集的讨论记账以及账目的参考书目，又询关于账目的书目是否有源自于欧洲的。并感谢漫画家 H. T. Wesbter 在其作品中对胡适的赞美。（中国社科院近代史所藏"胡适档案"，卷号 E-103，分号 17）

6 月 25 日　胡适致唁电与 Sol Bloom，吊其夫人之丧。（中国社科院近代史所藏"胡适档案"，卷号 E-90，分号 19）

6 月 26 日　胡适复电外交部并转蒋介石：

德、苏战起至今五日，英、美两国政府领袖均已宣言，将尽力援助苏俄。美总统昨表示对苏俄拟不适用中立法。论者谓此举有两层用意：

1941年　辛巳　民国三十年　50岁

一则，美国助苏船货将以海参威[崴]为运输中心，或可使日本对苏俄海滨省有所顾忌。二则，此次德对苏已采宣战形式，而美总统不适用新中立法，则以后日本若对我宣战，美国当然亦可仍不适用中立法矣。

苏俄大使今日下午始正式访代外长韦尔斯，报告暴德侵略，并乞援助。退出后，外部发言人表示，愿在可能范围内，充分考虑援苏办法。

美国舆论对苏俄之抗战，大致均谓为欧战一大转机。然一般人士颇虑苏俄不能长久支持。又虑英、美均无援苏之途径。故重要报纸如《纽约时报》颇主张加紧援英，加强生产，即是间接援苏云云。唯政府中人所得报告则谓，苏俄兵力与器械均足支持相当时间。即令德国暂时胜利，苏俄似不致在短期屈伏或崩溃。故政府方面似有助苏诚意。至于方法，则似须采用多途：一为牵制日本，一为加紧援英，一则直接以经济工业力量助苏。日前政府解除已冻结之苏款四千万美金即是一例。

今日适访外部，闻政府对美大使所报告介公谈话要点，甚表满意。今午总统长子在全国报界俱乐部午餐席上作《远东近东视察报告》，适亦在座。听其演说在重庆、成都视察情形，对我国政府领袖与人民艰苦抗战之精神，深表钦佩。

外部远东专家观察，日本现在歧途上徘徊，一时未必能决策攻俄，亦未必即能南进。彼等顾虑，日本或仍取猛力侵华之一途，故谆嘱转请我国政府特别留意防范。又闻总统现拟提请国会，于原定七十万万元之外，增加五十万万元，以为援助抗战国家法案，即军货租借法之用途。（《中华民国史资料丛稿》专题资料选辑第三辑《胡适任驻美大使期间往来电稿》，109～110页）

同日　胡适电辞 Theodore M. Riehle 于 9 月 17 日、18 日或 19 日在 The National Association of Life Underwriters 年度会议上演说的邀请。（中国社科院近代史所藏"胡适档案"，卷号 E-452，分号 1）

6月28日　胡适复电蒋介石：子文兄转来有电敬悉。此间对苏德战争态度，已电外部转陈。昨访代外长韦尔斯，谈及苏、日关系。彼谓苏此时决不愿在东西两方面与强敌作战，此为日苏中立协定之主要意义。且美国助苏物资，现只有西伯利亚一途可通，苏亦必不愿自断此路。但日本若毁弃日苏协定而助德攻苏，则苏亦将被迫而应战。云云。（《胡适、叶公超使美外交文件手稿》，184页）

同日　王世杰日记有记："复初谓，当五月底彼抵旧金山后，胡适之曾以电话托其密告政府一事，即美国国务卿曾非正式询问，中日战争有无和平解决之可能。赫氏并谓，日本方面近已间接向美政府人士表示，如美国不过分与日本为难，愿与中国了结战争，并逐渐脱离轴心集团云云。适之当时已径告赫氏，现时绝不可能。事后适之并已具说帖将理由详细叙列。予觉适之此举，实属大胆之处置，因依通常手续，适之须先请示政府。惟就当时情势言，适之径自拒绝，确数有利之举措。倘适之据以电告政府请示，必发生无数谣诼。因美政府之对日，当时亦不能有决绝之表示。"（《王世杰日记》上册，357页）

6月29日　蒋介石致电胡适："据确报：同盟国在南洋一带对资源所施破坏工作极不彻底。荷印方面，六月中旬即可完全恢复战前状况。Perak 锡矿开发，机器已经修理完善，将大量生产。Penang 锡厂已于四月复工。马来各铁矿，亦将恢复旧观。煤矿亦在努力恢复中，等情。切望注意。"（《中华民国史资料丛稿》专题资料选辑第三辑《胡适任驻美大使期间往来电稿》，110页）

7月

7月2日　胡适致唁电与 Jerome D. Greene，吊其夫人之丧。（中国社科院近代史所藏"胡适档案"，卷号 E-95，分号 13）

同日　外交部致电胡适："德、义竟于本日承认汪伪，我国政府依照上年冬宣示之政策，决与断绝国交。已分别电令驻德、义大使馆自馆长以下

全体撤退回国。希即转告美政府。"(《中华民国史资料丛稿》专题资料选辑第三辑《胡适任驻美大使期间往来电稿》，110页）

同日　翁文灏致函胡适，云："近时德义承认宁伪，使民主国家与极权的新做法澈然划分，形势分明，自亦佳事。在此重大的奋斗局面中，实全赖美国力量以为转移关键，而我国则务当精诚统一，始终用力，以支持下去。……国内经济略现艰困……〔中基会〕实有增加新血脉之必要，否则逐渐消沉，至可惜也。此事可否请兄与在美董事一为商洽，电致董事长及总干事努力促进。……"（《胡适遗稿及秘藏书信》第32册，367～369页）

7月4日　胡世泽致电胡适："自美封锁瑞士存款后，本馆五月份薪公迄未收到。在瑞各银行美金存款，亦无法动用。又驻德大使馆人员不日来瑞返国，拟提用在瑞各银行美金存款。经本馆与各该银行一再磋商，亦无结果。拟请从速转商美政府，对于我国汇至本馆经费，及本馆人员连同我国驻欧其他各馆人员，及我国旅欧侨民在瑞士银行所有美金存款，提前予以解放。美政府答复如何，请转知瑞〔？〕士〔？〕银行，并盼电复。"（《中华民国史资料丛稿》专题资料选辑第三辑《胡适任驻美大使期间往来电稿》，111页）

同日　俞飞鹏致电胡适："我国滇缅公路现正着手浇铺柏油路面。据该路谭局长伯英称：'李崇德……近在芝加哥附近 Iowa 地方实习柏油公路工作，请调该员回国服务'等语，拟烦尊处饬查李君是否研究浇铺柏油路面？如系此项人才，并请询其愿否回国服务？如愿回国，盼其速来。"（《中华民国史资料丛稿》专题资料选辑第三辑《胡适任驻美大使期间往来电稿》，111页）

7月5日　陈介致电胡适："美政府遣送德、义领馆人员专轮 West Point 开葡萄牙，同时接回美在德、义人员。因有余位，驻德美代办允电商其国务院，准本馆人员及眷属搭乘，共四十余人。即请尊处代商美国务院见复，为荷。"（《中华民国史资料丛稿》专题资料选辑第三辑《胡适任驻美大使期间往来电稿》，111页）

7月6日　宋子文电请蒋介石任命施肇基为驻美大使。11日，蒋介石复电云：植之使美事，中亦赞成。但其初到美，即任命，则与适之公私两方面皆不相宜，故须稍缓时间再发表。勿使适之难堪也。(《宋子文驻美时期电报选 1940—1943》，95 页；台北"国史馆"藏"蒋中正'总统'文物"，典藏号：002-010300-00045-015）

7月7日　孔祥熙致电胡适：中美平衡基金期满展期一案，兹仍特派原约签字人宋子文代表国民政府、李干代表中央银行签字。请转告美政府洽照。(《中华民国史资料丛稿》专题资料选辑第三辑《胡适任驻美大使期间往来电稿》，111 页）

7月8日　胡适到底特律。Prof. Robert Hall 来接。住 Hall 家中。下午在 Hill Auditorium 演讲，题为 "The Conflict of Ideologies"。晚上写第二天的演说 "America and the Far East"。(据《日记》）

按，为这次密歇根之行，胡适曾多次与此间友人函电联系，参考中国社科院近代史所藏"胡适档案"，卷号 E-324，分号 5；卷号 E-96，分号 3；卷号 E-102，分号 10；卷号 E-103，分号 16。

又按，后来，胡适将 The Conflict of Ideologies 进一步修改，张起钧将此校改本译成中文，发表在《自由中国》第 1 卷第 1 期。

7月9日　上午，胡适应邀在密歇根大学举办的 The Progressive Education Conference 演讲 "America and the Far East"。胡适认为，第二次世界大战起于九一八事变，即从日本开始在沈阳对中国侵略开始。他说：

But, in historical truth, this Second World War did not begin in September 1939; nor did it start in July 1937. It actually began in Mukden, "Manchuria" 10 years ago — in September 1931.

For the Japanese invasion in China 10 years ago was the first assault on the new international order set up after the last war.

……

The American foreign policy since 1933 can be divided into 3 main periods:

1. The Period of Isolation and Neutrality.（1933—1937）

2. The Period of Orientation, Formulation and working out of a positive policy.（1937—1940）

3. The Period of Active Aid to the Countries Fighting Aggression.（1940—）

胡适对这三个时期美国外交政策的演变和发展做了分析。(《胡适未刊英文遗稿》，223～234页）

按，关于此次演讲的邀约与后续事宜，The New Education Fellowship of the Progressive Education Association 的秘书 Frederick L. Redefer 曾于3月3日、11日、20日、21日，4月4日，5月9日，7月18日、28日多次致函胡适洽商。胡适的私人秘书也于3月12日、26日，4月11日复函 Frederick L. Redefer。(中国社科院近代史所藏"胡适档案"，卷号 E-324，分号5；卷号 E-324，分号1）

7月11日　外交部致电胡适：伪方经轴心国承认后，又图攫界内两院甚急。英、美总领事均愿维护，工部局亦加严防备。但当地实力有限。希商请美政府迅向日方严正表示维持法院现状。(《中华民国史资料丛稿》专题资料选辑第三辑《胡适任驻美大使期间往来电稿》，111～112页）

7月12日　下午3点，胡适应邀出席于 Mrs. Samuel Sloan 家中举行的花园派对，邀请的客人还有 William Church Osborn 夫妇、Fred Osborn 夫妇、George W. Perkins 夫妇、Robert Patterson 夫妇等。晚，在孟禄家出席晚宴。(中国社科院近代史所藏"胡适档案"，卷号 E-301，分号6）

同日　外交部致电胡适：联邦调查局最近破获德间谍20余人案，详情如何？该局组织、业务与警察之关系，希设法探询详细具报。(《中华民国史资料丛稿》专题资料选辑第三辑《胡适任驻美大使期间往来电稿》，112页）

7月13日　孙观汉致函胡适，提出国策不应根据"人"而设定，应根据"客观的事实"，而其源于"科学方法的收集与研究"。建议组织"智囊研究室"研拟对外方针。(《胡适遗稿及秘藏书信》第 32 册，693 ～ 695 页)

7月14日　胡适在一家旧书店购得日本古诗歌《万叶集》译本(*The Manyōshū*: *One Thousand Poems*)。(《胡适藏书目录》第 4 册，2439 页)

同日　王世杰日记有记：复初为予言，宋子文有电致蒋先生，要求撤换适之，并荐施肇基继适之为驻美大使。复初并谓蒋先生亦有更换适之之意，彼当时表示期期以为未可云。(《王世杰日记》上册，361 页)

7月15日　胡适复函 Mildred H. McAfee，暂时答应次年 6 月 5 日出席 Wellesley College 毕业典礼并发表演说的邀请。(中国社科院近代史所藏"胡适档案"，卷号 E-102，分号 14)

同日　翁文灏致函胡适，谈及：关于林可胜事，蒋介石接胡适电后，屡电翁劝林对于红十字会救护总队各事务必亲自主持……翁并请林来渝面谒蒋介石陈明实情……翁曾签呈蒋介石，陈明林君学有根底，广有声名，忠心为国，故任此职政府宜予以信用等语。蒋介石对林谈话意亦同此。"惟中国红十字会会长王儒堂及秘书长潘君，对林君颇为不满，弟曾商周寄梅君（似为该会监察）面劝王君开诚相待，勿过为难，但闻王君谈次仍多不满之意。"从人格上眼光，敢信林君为公正忠爱之士，未知由何原因常有人在蒋介石前对彼告讦。以此正人，偏多周折，至可慨叹。(《胡适遗稿及秘藏书信》第 32 册，370 ～ 371 页)

同日　袁同礼致函胡适，云："……将此批书籍寄存沪上终觉不妥。……美方如能商洽，尚希鼎力赞助，继续进行……"明春拟来美作短期之考察，又云"近编之《图书季刊》尚为中外人士所欢迎，惟英文稿件稍感缺乏。尊处关于学术方面之讲演稿定必甚多，拟请惠赠一二篇……"(《胡适遗稿及秘藏书信》第 31 册，630 ～ 632 页)

7月16日　王世杰复函胡适，云："宋君为人有能干而不尽识大体，弟亦知兄与相处不无格格。惟兄素宽大，想必终能善处之。"(《胡适遗稿及秘藏书信》第 23 册，584 页)

1941年　辛巳　民国三十年　50岁

7月17日　胡适致电西雅图中国俱乐部的主席 Clinton S. Hartley：请代向贵俱乐部第 25 届年度会议成员致以诚挚祝福，请代向依旧为中国人民的利益奉献心力的 Julean Arnold 致以诚挚的谢意。（中国社科院近代史所藏"胡适档案"，卷号 E-96，分号 10）

7月19日　胡适日记有记：

> 今年正月，我同范旭东先生谈，他问我对抗战的前途作何观察，我告诉他：只有两个观察，一是"和比战难百倍"，一是"苦撑待变"。他很赞许这话。
>
> 范先生归国后，赠我一个象牙图章，文曰"苦撑待变"。
>
> "苦撑"是尽其在我。"待变"是等候世界局势变到于我有利之时！

7月22日　胡适在哈佛大学发表演说 "Seeking a Plan and a Philosophy for a New World Order"。胡适说：

> I repeat: the New World Order which we want to help set up after the present war, must be a "League to Enforce Peace". Only such a League with overwhelming power to enforce law and order can avoid the mistakes and remedy the weaknesses of the old system of international order....
>
> I want a New World Order which will devote its first efforts to the organization of the post-war world for the enforcement of international peace and order....
>
> ...
>
> I have dug out of the now forgotten writings of 25 years ago this simple and reasonable philosophy of force and of the organization of force (which is law). I believe that such a philosophy is badly needed as an intellectual aid to the popular understanding, appreciation and support of the idea of an international order based upon overwhelming force behind law.... It will help us to realize that probably the most efficient and economical use of force in human

society is to socialize and internationalize it — to place overwhelming force for the enforcement and maintenance of international peace and order.（中国社科院近代史所藏"胡适档案"，卷号 E-29，分号 86）

7月24日　中国驻美大使馆致电外交部云："美方对日拟逐渐采取以下四种积极办法：（一）截留日本在美资产约美金一万三千一百万元。（二）停办日本运美金银。（三）扣留日本在美船只。（四）禁止油运日。关于第一、二两项，闻美政府或于今晚有所发表云。"（《胡适中文书信集》第 3 册，239 页）

同日　郭泰祺致电胡适："顷卡尔密告：英政府决派财政权威 Sir Otto Niemeyer 为经济代表来华。现正商请华府亦派有资望代表合组〔？〕英美经济代表团云。美如同意此举，在其〔？〕政治上影响必〔？〕同一重要。请兄从旁促成。"（《中华民国史资料丛稿》专题资料选辑第三辑《胡适任驻美大使期间往来电稿》，112 页）

同日　俞飞鹏致电胡适："六月下旬电至左右，请为查明现在芝加哥附近见习浇铺柏油路之李崇德君愿否回国一节，不审已承代查否？滇缅公路局现决定延李君担任副总工程师。如李君愿来，即希从速首途。统乞查明转告电示……"（《中华民国史资料丛稿》专题资料选辑第三辑《胡适任驻美大使期间往来电稿》，112 页）

7月25日　胡适访代理国务卿 Welles，被告知罗斯福总统明天要发表对日经济制裁方法，并同时"冻结"中国资财。（据《日记》）

同日　胡适函谢 Paul Monroe 之 7 月 19 日来函：希望从 Mrs. von Eiff 处收到一些胡适的个人照、您的个人照以及胡适与您的合照。倘若贩卖这些照片可以增益 Garden Party 的账户，乐观其成。（中国社科院近代史所藏"胡适档案"，卷号 E-103，分号 16）

同日　胡适复函芝加哥大学副校长 Frederic Woodward，感谢 7 月 21 日的来函邀请在 9 月 24 日或 9 月 25 日芝加哥大学成立 50 周年庆祝会上进行演说。自己很珍惜这个荣誉，但没有时间写一个新的报告，而且医生也建议不要在夏天工作太久。函中又说：I have been giving a few lectures during the last six months, but I am afraid none of them seems entirely "to avoid political and international issues"。诸如下面几个题目"The Historical Foundations for a Democratic China""The Conflict of Ideologies""Seeking a Plan and Philosophy for a New World Order"都不能与政治和国际事务脱离关系。希望除9月24日下午的活动外，不要再给安排晚上的演讲。（中国社科院近代史所藏"胡适档案"，卷号E-114，分号15）

同日　胡适致电Paul Martin：若J. Stanley Murphy神父同意一位异教徒可以参加，我愿意接受12月14日为The Assumption College Lecture League的Christian Culture Series演说邀约。（中国社科院近代史所藏"胡适档案"，卷号E-453，分号1）

7月26日　胡适致函Charles L. Miller：因私人秘书Edith W. Phillips生病数月，且误将来函归档在早期的通信中，延迟回复来函，致以万分歉意。感谢Paterson Y's Men's Club的成员投票通过授予我荣誉会员资格。询问是否仍希望邀请我在8月17—21日演说，如果您做了重新的安排，我完全能理解，因为这是由我的过失造成的。（中国社科院近代史所藏"胡适档案"，卷号E-103，分号11）

按，1月31日，Charles L. Miller有为此事致函胡适。（中国社科院近代史所藏"胡适档案"，卷号E-300，分号3）

同日　胡适复函Mrs. John Allan Dougherty：感谢7月23日与25日来函。8月23日确定可以参加您的花园派对与家庭午宴，之后将参加商会7点30分举办的晚宴。（中国社科院近代史所藏"胡适档案"，卷号E-92，分号11）

7月27日　李锦纶致电胡适："陈大使、徐代办及驻德、义使领馆同人，已于廿六日启程赴美。国联案卷五箱，奉部令托陈大使带美存贵馆，请接洽。"（《中华民国史资料丛稿》专题资料选辑第三辑《胡适任驻美大使期间往来电稿》，112页）

7月29日　胡适致函美国国务卿赫尔：

I have just received a telegraphic message from Generalissimo Chiang Kai-shek which he desires to be conveyed to the President. I shall be grateful if you will be so good as to transmit it to its high destination.

I wish to take this opportunity to express to you the deep gratification felt by my Government and people over the statement which you made on July 24th in regard to Japanese aggression in Indo-China and over the measures which the United States Government has taken for the freezing control of Chinese and Japanese assets.（*FRUS*, 1941, Vol. V: *The Far East*, p.688）

7月30日　胡适致函 Edwin J. Lebherz：

I take great pleasure in adding my "Salute to Curtiss Wright" on the occasion of the dedication of the new Curtiss plant at Buffalo. In the titanic struggle against totalitarian aggression in Europe and the Far East, Curtiss planes have taken to the skies with telling effect. This new addition to the arsenals of democracy will surely count heavily in Humanity's eventual triumph over the vultures of death which now threaten our skies, and substitute therefor Wings of Freedom and Decency for all mankind.（中国社科院近代史所藏"胡适档案"，卷号 E-100，分号 6）

7月31日　胡适与钱阶平谈。（据《日记》）

同日　胡适复函 Paul Martin：将在12月12日抵达 Windsor，12月13日共聚。（中国社科院近代史所藏"胡适档案"，卷号 E-290，分号 3）

同日　胡适函谢 Charles L. Miller 之7月29日来函（中国社科院近代史所藏"胡适档案"，卷号 E-300，分号 3）：愿前往 Paterson 拜访您并在某个星期三接受 The International Association of Y's Men's Club 的荣誉会员资格。因不知道您是否会在夏天举行会议，请建议两个可能的日期以供选择。关于在 Memphis 举行的国际会议，期望可以给予相关讯息与建议。（中国社

科院近代史所藏"胡适档案",卷号 E-103,分号 11)

按,事实是,一直到 12 月初,胡适尚未接受此荣誉会员资格。(中国社科院近代史所藏"胡适档案",卷号 E-300,分号 3;卷号 E-460,分号 1)

同日 陈布雷日记有记:报告致罗总统谢电(为封存资金事)已奉核正,即嘱其缮送机要室,发致胡大使转达,实已太迟矣。(《陈布雷从政日记(1941)》,116 页)

8月

8月1日 胡适读毕 Darkness at Noon。今天白宫宣布对日本完全经济制裁办法。(据《日记》)

8月2日 晚 10 点,胡适访霍恩贝克夫妇。(据《日记》)

同日 胡适函谢 Thomas W. Brahany 允其阅 Thomas 的日记。(台北胡适纪念馆藏"胡适档案",档号:HS-NK04-004-006)

8月4日 胡适致电陈布雷:外部转来介公致罗总统英文谢电,及世日介公致总统中文谢电,均已先后交去。最近形势顷有综合详电托复初兄转陈。(《胡适中文书信集》第 3 册,239 页)

8月6日 胡适电告 Charles E. Martin:访问密歇根大学的合适时间是 10 月的第三个礼拜。(中国社科院近代史所藏"胡适档案",卷号 E-102,分号 10)

同日 胡适分别函辞 Mrs. John Harlan、Mrs. John Allan Dougherty 本周会晤的邀约,因为已接受 Morris Cooper, Jr. 夫妇的邀请。(中国社科院近代史所藏"胡适档案",卷号 E-96,分号 8;卷号 E-92,分号 11)

8月11日 胡适函谢 Frederic Woodward 之 8 月 7 日来函:以为芝加哥大学成立 50 周年庆祝会上的演讲不适合以"Historical Foundations for a Democratic China"为题,因为今年 3 月已在伊利诺伊大学公开演说过。希

望在 9 月 24 日傍晚宣读论文而不是原定的下午，虽然我还没有写成这篇文章，但 45 分钟即可写完。敬请通知 Gottschalk 教授此项改变。（中国社科院近代史所藏"胡适档案"，卷号 E-114，分号 15）

8 月 13 日　胡适致电中国驻英大使馆转唁电与 Willingdon 侯爵夫人，吊 Willingdon 侯爵之丧。（中国社科院近代史所藏"胡适档案"，卷号 E-404，分号 1）

8 月 18 日　胡适、宋子文联名致电陈布雷并转呈蒋介石、孔祥熙："各国在美采购物资，均须请有优先证出口证等，始可输口。近来中信局所购物资，已有数批被美方拒绝外运。经询，据主管方面复告云，中国采购物资往往分托各公私机关办理，数量零星，请求频繁，手续琐碎，美方亦无法辨别孰急孰缓。以后若能集中各方需要，每半年或一年作一通盘计划，托由中国政府在美正式购料机关办理，则手续既省，美方亦易于考核云云。查我国购料不统一情形，美外部财部军部等均有烦言，以上系负责人质直忠告之言，故特转达以供两公考虑。"（《胡适、叶公超使美外交文件手稿》，188 页）

8 月 20 日　胡适致电外交部：今日丹麦驻美公使 Kauffmann 来访，云今日始知丹麦政府昨承认汪伪，彼对此甚愤慨，故特来致歉意，并声明丹麦政府此举实不能代表丹麦人民之真意云。此君屡违抗丹麦命令，久为丹麦免职，但美政府至今承认其驻使资格。彼曾驻吾国，对我甚同情。其言诚恳，故为转陈。（《胡适、叶公超使美外交文件手稿》，191 页）

同日　胡适分别致电 Morris Cooper, Jr.、Mrs. John Allan Dougherty：将搭乘火车于 8 月 23 日上午 10 点 36 分抵达 Westport。（中国社科院近代史所藏"胡适档案"，卷号 E-404，分号 1）

同日　周谷城给胡适函寄《中国通史》上下二册、《中国政治史》一册。又拜托胡适向美国研究中国文化历史之杂志介绍其英文《中国古代氏族之研究》。又谈及：在沪时常与林语堂讨论文字问题，"这等无时间性文字，彼或可代谋一发表机会也，先生可否与之谈及"。（《胡适遗稿及秘藏书信》第 29 册，540～541 页）

1941年　辛巳　民国三十年　50岁

8月21日　胡适复电郭泰祺："得十一号电后，即将其中参加苏京会议一节，今日面告韦尔斯。韦云：'此次苏京会议，范围不出援苏物资问题。中国且为方接洽受苏援助，在此会议恐不能多所贡献，故以不参加为宜。美国现正筹组一有军事考察团，不久即可由 Brigadier General Magruder（麦少将）率领来华。将来英美军事专家当可在重庆与中国军事当局会谈，较为切实有益'云。韦又云：'彼在会议会见英外交次长贾德干，商谈中日问题甚详'云。麦少将前曾驻中国，系前美大使休曼博士之婿，与现美大使馆海军武官麦秋为连襟。"（《胡适中文书信集》第3册，240页）

同日　袁同礼致电胡适：American Transport Company 推荐在下次海军运输时船运书籍，请确认国务院已批准总领事，请电复。（中国社科院近代史所藏"胡适档案"，卷号 E-404，分号 1）

8月22日　胡适电谢 Helen Rees 函邀自己在哥伦比亚广播公司 Station WCKY 节目做广播演说，但因怯于在麦克风前发言，故婉辞此邀约。（中国社科院近代史所藏"胡适档案"，卷号 E-452，分号 1）

同日　Memorandum of Conversation, by the Under Secretary of State (Welles)：

> The Chinese Ambassador called to see me this afternoon at his request.
>
> The Ambassador commenced the conversation by saying that he had called to see the Secretary of State last Tuesday and in the course of his conversation at that time had indicated the regret and disappointment of the Chinese Government that some favorable and important reference to China was not made as a part of the announcements which resulted from the meeting between the President and the Prime Minister of England.
>
> The Ambassador said that he had telegraphed to his Government the very friendly reference which Secretary Hull had made to China in the course of his conversation, but that nevertheless opinion in Chungking remained greatly disappointed. The Ambassador said that he had no doubt that in part this was

due to the fact that Chungking was now to a very great extent isolated from the rest of the world. He said that Japanese bombing of Chungking had been almost continuous during a good many days and on several occasions had lasted more than fifteen hours during each twenty-four hour period. He said that both official work and ordinary business had naturally had to be suspended to a very considerable extent and that with rising prices and other unfortunate developments in their domestic economy, morale was not good.

The Ambassador then said that he had today received a telegram from his Foreign Minister of which he had brought with him a portion for my information. Dr. Hu Shih then gave me the excerpt from the telegram in question which is attached herewith.

I read the message and said that, animated solely by a desire to be of assistance to China and to have this Government take such action as might within its power be helpful to China, it seemed to me that the suggestion contained in this message was not in the interest of the Chinese Government itself. I said that the approaching Moscow conference was not a joint staff conference but was a conference which was going to be held primarily for the purpose of enabling the United States and British Governments more accurately to determine what the Soviet Union's most vital and pressing needs might be in the way of military matériel and other goods directly related to the Soviet war effort. I said that the whole conference hinged upon the assistance which might thus be rendered by Great Britain and the United States to the Soviet Union in that particular field. I said that if China were included in the conference, it would seem to me that China would be placed in a completely subordinate and subsidiary position inasmuch as China was not able to furnish assistance of this character to the Soviet Union but was actually receiving assistance from the Soviet Union.

As a matter of fact, I said, the reason why the mission to be headed by

General Magruder was being sent to Chungking was for exactly the same purpose, and when General Magruder's mission arrived in China the members of that mission, together with the members of the British military mission and the officials of the Chinese Government, would discuss exactly the same problems as those which were to be discussed at Moscow, and it seemed to me that what would be far more in the interest of China would be for it to be made clear by the United States and British Governments that the sending of their respective missions to Chungking was for the identical purpose as that for which missions were being sent to Moscow. The Ambassador immediately said that he fully agreed with what I had said and that he thought his Government's suggestion had been ill-advised. He said that he would request, however, most urgently that as much publicity as possible along the lines I had suggested be given by this Government to the Magruder mission before it left the United States so that his own Government and his own people might realize the importance of the task entrusted to that mission.

I said to the Ambassador furthermore that I could assure him that during the conversations in which I had participated during the meeting between the President and the Prime Minister, the subject of China and the assistance which could be given to China and the steps which could be taken in the interest of China formed as considerable a portion of the subjects that were discussed as any other matter that came up for discussion. I said I hoped that he would make it clear to his Government that the question of China was uppermost in the minds of those who had participated in these conversations. (*FRUS*, 1941, Vol. V: *The Far East*, p.710-712.)

8月26日　胡适致电外交部：

今晨总统电话约适往见，计谈二十分钟，要旨如下：

（一）邱首相对美国援华各种设施，极表赞助，惟彼深虑日本南

进，一面可由泰攻缅，一面可用海军扰乱澳洲之交通线。在海上会议时，曾与邱公议要，由英、美致日本一种最后警告。……故总统返后，曾召日本大使野村，交一说帖，提议日本退出安南，由英、美商得中、日、法、泰、越之同意，宣布泰、越为完全中立区域，如是则既可避免冲突，又可使日本得到南洋物资之供给，又可巩固中国之南疆。惟此提议迄未得日本答复，适因云："邱首相星期演说，是否重申'七月'最后通牒之意？"总统云：似是如斯，但事前彼不知其演说文字。

（二）适因问日方曾否提出交换条件？例如要求英、美放弃对华援助政策，或请总统调解中日战争之类？总统云："日本至今并未要求英放弃援华政策。"在数月前，野村确曾问总统可否将东京与重庆两政府拉拢谈判。总统答云："东京若欲与蒋介石将军领导之中国政府接谈，宜正式径行提议，无须他人拉拢。"

（三）总统云，彼对中国应得之物资，因种种困难，尚多未能送出，彼在数日内，即将整个国防物资优先许可证之受理，提出下议院，可于中国有利。

（四）总统下午对报界宣称，将发表 Magruder 军事考察团赴华云云。……（《胡适中文书信集》第 3 册，240～241 页）

同日 许地山夫人函谢胡适吊唁许地山之丧。（中国社科院近代史所藏"胡适档案"，卷号 E-234，分号 11）

8 月 28 日 胡适电告外交部："本日敌使野村谒总统面递近卫致总统函，适据确讯，函内容仅为表示愿意重续久搁置之谈判，并未涉及具体决定云。"（《胡适中文书信集》第 3 册，242～243 页）

同日 胡适复电郭泰祺："美赴俄京代表，现尚未发表，但弟知其不是副总统。弟意我国参加事，韦尔斯既已委婉答复，前日总统发表赴华军事团之任务，对我既明言此团性质与赴俄京之代表团完全相同（IDENTICAL），我方似未便再提。弟意邵力子兄所报告，似最近事实。俄京会议之三国，皆非与日本交战国，故不愿中国参加讨论。前日白宫发表 MAGRUDER（麦

少将）军事团之原文，已电呈，其措词之强硬，颇出意外，故亦可使日本军阀狂怒矣。"（《胡适中文书信集》第3册，242页）

8月29日　胡适复函H. Carl Oesterling：为迟复7月3日来函致歉。关于出版"Historical Foundations for a Democratic China"这篇演说稿事，将检查该演说的样书并做一些必要的修正，但不会更动太多。如果可以的话希望能自费复印100份，并感谢阁下与Fairlie教授对于此篇演说稿的修正意见。（中国社科院近代史所藏"胡适档案"，卷号E-105，分号3）

> 按，9月2日胡适又致函H. Carl Oesterling说：已经将检查校对的部分做了一些修正，寄还稿子请您做最后确认。8月29的信中原希望复印100本，现在希望可以改成200本。（中国社科院近代史所藏"胡适档案"，卷号E-105，分号3）

9月

9月4日　胡适复电外交部：美、日两国所举行之谈话，系属偶然或试探性质，但双方迄未觅得可作为谈判之共同基础。美国政府甚至在考虑涉及中国情势之任何谈判以前，希望与中国政府及其驻美大使讨论全般问题，美国政府并将与澳洲、英国及荷兰各国举行同样之谈话。美国政府在与日方举行谈话时，心中固不断具有根据基本原则暨政策以解决整个太平洋问题之抱负。此项原则暨政策，美国政府并无予以牺牲之意。美国对日所采行之经济上及政治上之办法，乃系在中国及太平洋其他地方某种情势发展之结果，日本政府对希特勒征服世界计划之明显态度自亦包括在内。除非招致此项办法之情势已有变更或竟消灭时，即上述办法将无变更或取消之望。同样，美政府援助任何国家抵抗侵略时，其政策亦系以基本原则为根据。此项原则包括自卫之原则在内。此为美国议会及大多数美国人民所极力拥护之政策，侵略若继续进行而各国亦仍抵抗不懈时，则各该国家均可望继续尽量得到美国物质上、精神上暨政治上之援助。（《胡适中文书信集》第3

册，243页）

9月5日 胡适复电郭泰祺并转蒋介石、孔祥熙、王世杰："今晨谒外长谈四十五分钟，外长详述日使野村最近屡来表示，松冈轴心政策不能代表日本多数人意志，倘英美能表示好感，则日本亦未尝不可脱离轴心同盟云云。此段历史，适于五月间曾用电话报告吾兄，并曾草说帖密陈外长，有钞本寄吾兄。今日外长续云，半年来彼方未断绝其非正式谈话，多生枝节，但至今仍无结果。（一）因谈话由日方发动，我姑听其陈说。（二）因民主国家亦需要拖挨时间，因英国军械，去年五月丧失殆尽，罄其所有，输助英国。而美方新筹备之大规模生产，设置需时，故有时英军队竟至无火药可放敬礼炮。贵国急需之军货，亦因此未能充分供给，故时间实为要素。以此二因，我故耐心应付日使，总期不绝和平之望。但每次我明告彼方，任何方案总须依照我一九三七年七月十六日发表之十四项根本原则，本年七月我在病假中，见日本忽欲进占南越，我即用电话嘱韦尔斯君，明告日使，不必空谈和平。同时我主张立即施行严厉之经济制裁，此后设施，君所具悉。半月来所谓谈判不过尔尔，当罗、邱海上会见时，罗公曾将此段经过密告邱公，邱公八月廿四日广播此消息，竟称为交涉，始引起不少疑虑。故我请总统约君面谈，并即日发表赴华军事团之组织，其时日本国内亦因此消息，遂大引起争论。又因八月十四日美内政部长伊客斯，发表装汽油美船出发赴海参威［崴］之后，日本国内本已极不安，有各种强硬主张。近卫首相专使致函总统之举，表示愿意重开谈判，谋和平解决之出路。现时尚未有任何结果，但数日后或可继续谈话。我明知日本政府之信约不足恃，我亦明知其现政府纵能承诺退出轴心，而此种根本原则，几个月后政府可倒，继任者即可推翻一切诺言。我虽明知如此，但我终认为挨得数个月之时间是一种收获。谈至此，适因进言，我国与日本历年交涉，每受其欺骗，皆因日本惯用简单空泛之文字，如塘沽停战协定，在原则字面上似无害，而可以拉长活用，包藏其侵略毒计。故鄙意甚盼外长特别防范，勿受其欺。外长续云，此种谈话用意，只是不绝其寻觅和平解决之路，本部专家或谓日本力量有限，弱点甚多，难于作战，但余本人则不能如此乐观。

我近读林肯同时之政治家 Stephen Arnold Douclad［Douglas］之传本，对于政治斗争，深佩一代大人物力能容忍互让，避免武力解决，惟南北双方各有极少数激烈分子吞火吐火，终掀起四年血战。今见报载八月十四开出第一只装汽油船，已安抵海参威［崴］，在日本海并未受干涉，是对日之神经战，已收第一步胜利了。此事在日本将引起如何反响，近卫、丰田、野村一派人物，是否真能做到悬崖勒马，翻然脱离轴心，另觅和平途径，在此数日中，应有决定分晓。又昨夜与少将详谈竟夕，适与朱武官均力劝其早日成行，但因军事团规模颇大，专家颇多，设备亦求完备，故行期恐须延至九月下旬云。"（《胡适中文书信集》第3册，245～247页）

同日 胡适复电外交部电："二〇三电敬悉。查驻纽奥连副领馆成立多年，并非为棉麦借款而设。且纽奥连为美国第二海口，如副领馆裁撤，则美国南部无一领馆。适意霍斯顿副领馆可裁，其事务可由纽奥连副领馆兼领。查驻波特伦领馆系因棉麦借款而设，其地距驻西雅图领馆甚近，或可与驻霍斯顿副领馆一并裁撤，其事务可由驻西雅图领馆兼管。是否有当，乞裁夺。"（《胡适、叶公超使美外交文件手稿》，193页）

9月6日 胡适函谢 Mortimer Graves 8月27日来函，关于捐赠6款光学仪器之事，已与周鲠生教授协商，周教授建议可以捐赠给重庆、成都、昆明等地的几个单位。（中国社科院近代史所藏"胡适档案"，卷号E-212，分号9）

同日 王世杰日记有记：鲠生拟于下月返国。予去电告以可暂缓。盖适之在美，得鲠生随时商量外交问题，颇有益也。（《王世杰日记》上册，374页）

9月8日 胡适复电郭泰祺：十四号电悉。刘锴兄在此年余，本馆得一重镇，弟亦得一净友，此时万不能割爱许其回部。锴兄有学识，有干才，而其气度之宽大、胸襟之澹泊无私尤令弟敬爱。此时国际形势紧张，美馆工作加重，尤赖其熟手长才为弟臂助，务恳吾兄谅解。又吴颂皋兄前日由金山动身归国，弟曾劝其回渝效力，彼亦同意。又鲠兄款已收到。又四夜电因改用密码机，本意求速，反致稍迟。至歉。昨晤天长兄，新密码已收用。

弟适。(《胡适、叶公超使美外交文件手稿》,74页)

9月9日　胡适致唁电与《大公报》,吊张季鸾之丧。(重庆《大公报》,1941年9月11日)

9月10日　胡适复电 George H. Blakeslee: 决定受邀于讨论 The Factors Necessary for a Durable Peace in the Far East 的会议上做开场演说,敬请电告演说时间等详细细节。(中国社科院近代史所藏"胡适档案",卷号 E-90,分号 17)

同日　Memorandum of Conversation, by the Third Secretary of Embassy in China (Service):

...

As he was taking his leave, the Ambassador said that he assumed that the Chinese Ambassador in Washington had been informed of the views of the Chinese Government regarding the proposed "arrangement" under discussion between Japan and the United States and that Dr. Hu Shih had communicated these views to the Department of State. The Foreign Minister remarked that Ambassador Hu Shih, whose attitude is that "one should not doubt a friend" may have been diffident about making China's position known. He said that he had this morning telegraphed to Dr. Hu telling him that he had invited the American Ambassador to come to see him today, and telling Dr. Hu Shih to make the Chinese views known in Washington; however, he did not expect that Ambassador Hu would be likely to be able to see the Secretary of State immediately. (*FRUS*, 1941, Vol. IV: *The Far East*, p.440-441.)

9月11日　胡适电告蒋介石：罗斯福是晚演说,全系对德,无一字提及远东。(《胡适中文书信集》第3册,247页)

同日　胡适复电 Brooks Emeny: 同意出席9月26日的晚宴,建议27日的演讲题目为 "China Fights for Freedom"。(中国社科院近代史所藏"胡适档案",卷号 E-93,分号 5)

1941年　辛巳　民国三十年　50岁

9月12日　胡适电辞Bernice Foley之9月19日广播会谈的邀请。（中国社科院近代史所藏"胡适档案"，卷号E-199，分号1）

同日　胡适复电Elizabeth Luce Moore：来电说将前往Madison Square Garden Rally的日期改至10月2日，这适合我。（中国社科院近代史所藏"胡适档案"，卷号E-455，分号1）

同日　袁同礼致函胡适，云：

> 上月在沪，曾与海关当局再度商洽，据云每次如运三、四箱，可保无虞，超过此数则不敢担保。嗣美领介绍，往晤美商转运公司之经理Gregory君，渠主张将箱件即日移运美海军仓库，一俟军舰到沪，渠即负责代运。并谓事前无须取得总领事之许可，运到后并不收任何运费云云。同礼当即与洪芬先生商酌，渠颇盼尊处能获得美政府若干之援助，倘国务院能发一电致罗君，则采用此种办法更觉妥当。爰奉上一电，谅荷台备。日前乘荷轮返港，曾携来四箱，途经厦门，检查员开箱检查，幸对于书之内容不甚了然，安然渡过，然已饱受虚惊矣。

（《胡适遗稿及秘藏书信》第31册，633～634页）

9月15日　胡适致函Arthur Hays Sulzberger，云：

> I write to offer to you and your fellow-workers my heartiest congratulations and best wishes on the 90th birthday of *The New York Times*.
>
> I have been a fairly regular reader of *The Times* ever since October, 1910, and have always admired its fair-mindedness, its broad vision, and its constant and consistent championing of international order and justice.
>
> In one of your announcements of the anniversary, you have modestly said that "In 90 years *The New York Times* has grown from just another New York City daily to one of the great papers of the world". As a world-traveller and an insatiable reader of newspapers, I must say that *The New York Times*, in its youthful career of 90 years, has become undoubtedly the greatest news-

paper in the world. May it long retain this well-deserved position of honor and leadership!

I have one small complaint against *The New York Times*: its 90th birthday coincides with the 10th anniversary of Japan's invasion of "Manchuria", which occurred on the evening of September 18, 1931. In spite of this sad memory, I send you my most sincere felicitations.（台北胡适纪念馆藏"胡适档案"，档号：HS-NK05-167-066）

9月16日　胡适分别电告 Maxwell L. Hoffman、Helen Rees、George B. Barbour：将在9月19日上午7点15分搭乘火车抵达辛辛那提。在给 Maxwell L. Hoffman 电中又说，演讲题目是"China's Fight for Freedom"。在给 George B. Barbour 电中又说：11点在 The National Association of Life Underwriters 第52届年度会议上演说，下午3点15分为哥伦比亚广播公司 Station WCKY 做广播演说。（中国社科院近代史所藏"胡适档案"，卷号 E-452，分号1；卷号 E-453，分号1）

同日　胡适电辞 Max Epstein 住在其家的邀约，因停留时间短，自己又期望参加一些年度聚会。次日，胡适又复电 Max Epstein，辞其邀约，理由是来自克利夫兰的紧急邀约须在星期五、星期六演说。（中国社科院近代史所藏"胡适档案"，卷号 E-93，分号8）

同日　胡适电辞 C. Phillip Miller 9月5日之来函邀约（中国社科院近代史所藏"胡适档案"，卷号 E-300，分号2），又告自己将于9月24日抵达芝加哥，9月26日离开前往克利夫兰。9月25日出席 Dr. Woodward 的晚餐会（中国社科院近代史所藏"胡适档案"，卷号 E-452，分号1）。又云：恐因9月24日晚上的演讲而无法参加您的晚餐会，但仍期望尽速能与您见面。18日，胡适又电 C. Philip Miller：9月24日演说前与其共进晚餐。（中国社科院近代史所藏"胡适档案"，卷号 E-103，分号11；卷号 E-452，分号1）

9月17日　胡适电贺 David E. Lilienthal 荣任 The Tennessee Valley Authority 主席，并感谢9月11日的函中提到该公司三位健康与安全科技成员将到中国从事一年的疟疾控制任务。(中国社科院近代史所藏"胡适档案",卷号 E-100,分号 16;E-270,分号 1)

同日　胡适致函 Feis:

In pursuance of our telephone conversation the other day, I am sending you three copies of a memorandum containing the information I told you on the subject of importation of minerals from China to this country.

I take this opportunity to thank you for the pleasant and friendly chat we had in your office last week.

...

The Chinese Embassy to the Department of State

Memorandum

With reference to the subject of importation of minerals from China to the United States, the following data are given by the New York Office of the National Resources Commission:

Tungsten ore:	4,500	tons have been delivered
	1,200	tons are on the way
	400	tons are awaiting shipment
Tin:	1,200	tons have been delivered
	800	tons are on the way
	400	tons are awaiting shipment
Antimony:	300	tons have been delivered

In a telegram from the Minister of Economics, Chungking, dated September 11, 1941, it is stated:

(1) Tungsten ores shipped to the United States have now reached an amount sufficient in value to fulfill the requirements for the first year under the loan agreements with the United States.

In the case of antimony, on account of difficulties of transportation and the prevailing low price, it is found not feasible to ship greater quantities for the time being. We are now endeavoring to ship more tungsten and tin to the United States.

(2) The Chinese Government has on three occasions increased the purchase price of tungsten ores, commensurate with the general increase in commodity prices. The present price seems high enough to stimulate production, and output has increased month by month since April. At the same time, the National Resources Commission has taken such measures to lower the cost of production and to improve the living conditions of the miners, as the low-interest loans to the producers and workers, the sale of rice and other daily necessities at low prices, and improvements in sanitation and educational facilities.

(3) With regard to the smuggling of tungsten in Kwangtung Province, this formed the subject of negotiation last year between the Ministry of Economics and the Government of Hongkong, as a result of which it was decided that all tungsten ore shipped to Hongkong from China, other than that of the National Resources Commission, is considered privately smuggled goods and is to be purchased by the Government of Hongkong. This decision has been put into effect since June of this year, and consequently no tungsten can be shipped from Hongkong to Japan. As to the territories near Hongkong, the Chinese Government has telegraphed instructions to local military authorities to enforce strict measures of inspection for the prevention of smuggling. (*FRUS*, 1941, Vol. V: *The Far East*, p.726-727.)

9月18日　胡适复函芝加哥大学的教授 Louis Gottschalk，为迟复9月13日的来函（中国社科院近代史所藏"胡适档案"，卷号 E-211，分号 3）致歉。将在9月24日上午抵达，辞谢周三晚及周六、周日的聚会，会参加周四在 Quadrangle Club 的午餐会。（中国社科院近代史所藏"胡适档案"，

卷号 E-95，分号 10）

同日　胡适电辞 Paul G. Hoffman 之邀约，因停留时间短，而自己 25 日之后就要飞往克利夫兰。（中国社科院近代史所藏"胡适档案"，卷号 E-96，分号 19）

同日　胡适分别致电 Benjamin H. Kizer、Roderic Olzendam：因不确定的国际情势，不得不取消原定 10 月到太平洋海岸的旅程，故须取消受邀访问 Spokane、Tacoma 之前约。（中国社科院近代史所藏"胡适档案"，卷号 E-255，分号 9；卷号 E-404，分号 1）

9 月 19 日　胡适在 The National Association of Life Underwriters 在辛辛那提举行的第 52 次年会上演说"China's Fight for Freedom"。胡适说：

> ...
>
> I have cited these few facts in order to give you, however inadequately, some idea of the great hardship and terrible suffering under which my people have been fighting during these years. I want all friends of China to understand that, in spite of this hardship and suffering, the Government and the people of China are determined to fight on, unflinchingly, possibly for many more months to come, possibly for many years to come. Your Founding Fathers of the Republic fought almost eight years before American independence was finally achieved. In the same way and with the same determination, China's resistance to the aggressor will go on until she has achieved her objective of national freedom and independence.
>
> ...
>
> These, then, are the five factors which go to make up China's power of resistance. We still have the vast space. We still have the unlimited man power. Our historical sense of national unity has gone through a new baptism of fire and blood and has come out of it more solid and more unshakable than ever. Our internal economic and industrial reconstruction in the interior is showing

more and better results every month: We are making more arms and producing more goods for export and home consumption. And, on top of all these, the whole international situation has turned more and more in our favor and against the enemy. The political isolation and moral ostracizing of Japan has long been completed by her own action. And the economic encirclement and strangling of Japan is now being completed — again by her own action.

China has long left her Valley Forge and is now confidently marching on to her final victory at her Yorktown!（中国社科院近代史所藏"胡适档案"，卷号 E-30，分号 88）

按，关于主办方邀请胡适出席此次活动的往来函电，可参考：中国社科院近代史所藏"胡适档案"，卷号 E-452，分号 1。

同日　胡适致电 Charles E. Martin：因不确定的国际情势等原因，不得不取消原定 10 月到太平洋海岸的旅程，故须取消受邀访问华盛顿大学之前约。（中国社科院近代史所藏"胡适档案"，卷号 E-102，分号 10）

9 月 20 日　胡适电谢 Mrs. Ruth Robertson 之 9 月 25 日的晚宴邀约：因已接受 Dr. Woodward 的邀请（中国社科院近代史所藏"胡适档案"，卷号 E-30，分号 5）而不能接受您的邀约，敬请见谅。（中国社科院近代史所藏"胡适档案"，卷号 E-108，分号 11）

同日　胡适复电 Brooks Emeny：无法接受 Mrs. Charles Bolton 的晚宴邀约。（中国社科院近代史所藏"胡适档案"，卷号 E-93，分号 5）

同日　胡适复电 Frederic Woodward：无法接受有关晚宴等邀约。（中国社科院近代史所藏"胡适档案"，卷号 E-114，分号 1）

9 月 22 日　胡适复电 Robert O. Blood：建议为您的教会成员们进行演说的时间选在 11 月 4 日。（中国社科院近代史所藏"胡适档案"，卷号 E-90，分号 18）

同日　胡适电辞 Charles C. Chopp 到其寓做客的邀请，因 9 月 26 日午宴之后将离开克利夫兰。（中国社科院近代史所藏"胡适档案"，卷号 E-156，

分号 3）

同日　胡适复电全美助华联合总会底特律委员会主席 H. William Klare：遗憾无法参加 10 月 10 日晚底特律的活动，赛珍珠将会出席，祝会议成功。（中国社科院近代史所藏"胡适档案"，卷号 E-455，分号 1）

9 月 23 日　翁文灏致函胡适，补谈钨砂事，又谈及中研院新任总干事叶企孙已经到职，傅斯年血压如常，中基会下月在贵阳开会等。（《胡适来往书信选》中册，530～532 页）

9 月 24 日　胡适在芝加哥大学 50 周年庆祝会上宣读论文"The Exchange of Ideas Between the Occident and the Orient: a Case Study in Cultural Diffusion"。文章说：

> For the sake of convenience of discussion, this paper is divided into three main parts, each part dealing with one related group of facts of cultural exchange which seem capable of being explained by what may be termed a general principle or "law" of cultural diffusion. These principles are:
>
> Ⅰ. The Principle of Relativity or Gradation in Cultural Diffusion.
>
> Ⅱ. The Principle of Freedom as a Determining Factor in Cultural Transmission.
>
> Ⅲ. The Principle of the Recipient People as the Ultimate Core of Cultural Transformation.（台北胡适纪念馆藏"胡适档案"，档号：HS-NK05-200-007）

9 月 27 日　胡适在克利夫兰出席 The Foreign Affairs Councils 午宴，并演说"China's Fight for Freedom"。

10 月

10 月 1 日　胡适致电郭泰祺，报告美国国务卿约谈情形："今日外长约谈，计谈半点多钟。大旨谓，日、美谈话并无新发展，并申说美国无抛弃

向来所持基本原则之意。彼又谈，德、苏战事入冬后，将成相持局势，恐德将改向南方进攻，地中海与北非洲与近东或将吃紧。故彼颇欲知适对此后远东形势之意见。适因就所知答之。略谓，日本现向我粤汉路两头进攻，似可证其一时不敢北攻俄或南攻泰、缅、荷印，仅持观望态度。其在华进攻，亦无大进展之可能。我方抗战精神毫无松懈，但盼能多得军货如轰炸机之类。适又告以滇缅路畅通情形。外长似甚欣慰。据彼所告，泰国态度确有好转，稍改半年前亲日状态。"（《中华民国史资料丛稿》专题资料选辑第三辑《胡适任驻美大使期间往来电稿》，112 页）

　　同日　胡适复电 Carnegie Institute 主席 Samuel Harden Church：同意接受邀请于 10 月 23 日 Carnegie Institute 的成立纪念日上发表演说，请寄送会议细节之相关信息。（中国社科院近代史所藏"胡适档案"，卷号 E-91，分号 20）

　　同日　胡适复函 Alan Valentine：为迟复 9 月 24 日来函致歉。愿在 9 日或 11 日您抵达华盛顿时与您晤面，敬请告知何时抵达。（中国社科院近代史所藏"胡适档案"，卷号 E-112，分号 1）

　　同日　胡适复电 Robert O. Blood：11 月 3 日可以在 The South Church Men's Club 演说。（中国社科院近代史所藏"胡适档案"，卷号 E-461，分号 1）

　　10 月 2 日　胡适以驻美大使的身份出席全美助华联合总会在纽约麦迪逊广场花园举行的大会，并有演说。在演说中，"胡适向美国联合救济中国难民协会的工作人员及会员表示感谢。在中国抗战进入最艰难的时期，这一协会为中国募得了两百万美元，并引发了美国人民对中国的同情"。（《胡适未刊英文遗稿》，236 页）

　　同日　胡适复电 Beatrice Price Russell：为迟复 9 月 29 日的电报致歉。因预定的演说行程，无法接受 11 月 7 日在纽约举行的招待会之邀约。替代的时间以 11 月 5 日、11 月 9 日或 11 月 21 日较为合适。（中国社科院近代史所藏"胡适档案"，卷号 E-108，分号 19）

　　同日　孔祥熙致电胡适：自外汇管理委员会成立以后，我国中央银行任务较前繁重。为加强该行人事效能起见，请向美财长摩根索接洽，由联邦储备银行选派一人来华，在中央银行协助。至相当时期，中央银行亦选派妥员赴美，在联邦银行担任研究及联系工作。(《中华民国史资料丛稿》专题资料选辑第三辑《胡适任驻美大使期间往来电稿》，112～113页)

10月3日　孔祥熙致电胡适：查平准基金委员会美代表福克司君，办事颇资得力，且对于税务亦甚熟悉。国民政府拟聘该员为顾问，以便财政部咨询。即希向美财长摩根索君征求意见，电复为荷。(《中华民国史资料丛稿》专题资料选辑第三辑《胡适任驻美大使期间往来电稿》，113页)

10月4日　胡适致电Harold Riegelman：将参加10月19日您为Mr. Arnstein举行的致敬派对，请代为向Mr. Arnstein转达崇高的敬意，并请告知会议之相关细节。(中国社科院近代史所藏"胡适档案"，卷号E-108，分号9)

同日　胡适电告Paul H. Hudson：10月16日午宴的演讲题目是"China Can Fight on"。(中国社科院近代史所藏"胡适档案"，卷号E-453，分号1)

同日　胡适在谭延闿撰《谭祖安先生手写诗册(慈卫室诗草一卷粤行集一卷讱庵诗稿一卷非翁诗稿一卷)》(1931年影印本)题记："……不但字迹可爱，其涂改处最可看诗人工力。谭伯羽季甫两君赠我此册……"(《胡适藏书目录》第3册，1563页)

10月6日　胡适复函The Canadian Club of New York主席Stanley Andrews：同意出席The Canadian Club of New York午宴以及对贵俱乐部之成员们进行演说。请建议合适的日期以供选择。(中国社科院近代史所藏"胡适档案"，卷号E-89，分号3)

10月7日　外交部致电胡适：关于美、日谈判事，报载近卫已获美总统答复。内容如何？又传野村建议，恢复美、日两国一部分航运，美已予考虑。详情如何？希一并探询电部。(《中华民国史资料丛稿》专题资料选辑第三辑《胡适任驻美大使期间往来电稿》，113页)

10月8日　胡适致电全美助华联合总会底特律委员会主席：代表中国人感谢您对于全美助华联合总会的帮助，相信中国人民会尽最大的努力增进与美国人民的友谊。(中国社科院近代史所藏"胡适档案"，卷号E-455，

分号1）

  同日　郭泰祺致电胡适、宋子文："自上月三十日以来，我军反攻宜昌甚力……我军已攻入宜昌城，敌人抵抗至为顽强，但现在正在撤退中云。查我方在美方飞机未到前，不惜牺牲对敌反攻者，盖欲证实我抗战到底之政策；同时欲借此促使英、美对敌人不但不放松，且加强经济制裁，俾敌人和缓英、美企图不能实现。"（《中华民国史资料丛稿》专题资料选辑第三辑《胡适任驻美大使期间往来电稿》，113 页）

  10 月 9 日　胡适致电 Raymond C. F. Chen，感谢密歇根大学中国学生会的邀请，并请转告贵会成员："中国抗战的力量变得巨大胜过以往，而我们的敌人则是日益衰弱；国际情势已变得更为有利于战胜我们的敌人。"我本人 10 月 10 日下午 3 点 15 分至 3 点 30 分在 Columbia System，晚上 6 点至 6 点 15 分在 Mutual System，都将进行广播演说。（中国社科院近代史所藏"胡适档案"，卷号 E-153，分号 6）

  同日　胡适电辞卫斯理大学院长 James L. MacConaughy 于 11 月 4 日去往该校访问的邀请，因有他约，期待今年有机会再去访问。（中国社科院近代史所藏"胡适档案"，卷号 E-462，分号 1）

  10 月 10 日　下午 3 点 15 分至 3 点 30 分，胡适在哥伦比亚广播公司演讲 "The Historical Significance of the Chinese Revolution"。此文收入《胡适未刊英文遗稿》时，编者所加中文摘要如下：

    1911 年的革命，基本上是民族主义的革命，是中国人民 270 年来反抗异族统治的革命。辛亥革命也是建立共和的革命，这个革命建立了亚洲第一个民主共和国。除了以上两点，辛亥革命还标志着社会和文化上的大解放。在满清帝制崩溃之后，社会上弥漫着一种自由的空气，本土文化与其他文化的接触，对传统习俗、信仰和思想的自由批评，对新文化的提倡和自由的接受。这些都是在满清帝制崩溃之后所带来的新气象。接着胡适说到过去 30 年来在语文、教育和妇女社会地位的改变上中国都有长足的进步。（该书 246 页）

1941年　辛巳　民国三十年　50岁

同日　晚6点至6点15分，胡适在Mutual Broadcasting System发表广播演说"China's Greatest Achievement in the Thirty Years under the Republic"。此文收入《胡适未刊英文遗稿》时，编者所加中文摘要如下：

> 胡适把中华民国成立30年来的成绩归纳为三点：
> （1）建立了一个现代化的通讯和交通的网络，使广大的国土可以联系在一起。
> （2）建立了一个政治中心，使政权可以稳定而和平的更替，这个政治中心有足够的力量在全国执行法律和其他政策。
> （3）最重要的是建立了一个在受到外敌侵略时，能保卫国家独立和自由的政府。（该书240页）

10月12日　郭泰祺致函胡适，谈及：关于我国作战目的或议和条件，除迭次所宣布之原则大纲外，一时尚不能具体提出。关于东北问题的说帖蒋介石已经接受，知道此事的人还有王宠惠与王世杰。因得蒋介石信任，外交事务还算上手。(《胡适遗稿及秘藏书信》第33册，235页）

10月13日　胡适致函Mrs. Albert Erdman：确定能于12月6日参加The Harmonie Club的派对。（中国社科院近代史所藏"胡适档案"，卷号E-93，分号9）

同日　胡适函谢Irving Dilliard之10月6日的来函与剪报：将于11月参加在新奥尔良举行的The Sigma Delta Chi会议，请告知会议之详细议程。（中国社科院近代史所藏"胡适档案"，卷号E-92，分号8）

同日　胡适函谢Brooks Emeny在访问克利夫兰时给予的盛情招待，感谢寄赠剪报，特别是*Plain Dealer*其中一篇，将他与伍廷芳作对比。感谢对方安排与克利夫兰的领导者会面。（中国社科院近代史所藏"胡适档案"，卷号E-93，分号5）

10月14日　胡适函谢Samuel Harden Church之10月6日来函：如您所请，寄上2份The Music of the National Anthem。将在10月23日搭乘火车抵达，并以电报通知抵达时间，请协助联系旅社保留住房。（中国社科院

近代史所藏"胡适档案",卷号 E-91,分号 20)

10 月 15 日　胡适复电 Samuel Harden Church:很遗憾不能向蒋介石及其夫人提出电贺卡耐基学会年度纪念日贺辞的请求。(中国社科院近代史所藏"胡适档案",卷号 E-91,分号 20;卷号 E-157,分号 7)

10 月 16 日　胡适应邀在 The New York University Men in Finance Club 的午餐会上发表演说。(中国社科院近代史所藏"胡适档案",卷号 E-453,分号 1;卷号 E-207,分号 6)

10 月 17 日　胡适复电 Mrs. Edward C. Bailly:愿参加 11 月 5 日 The Westchester Committee for China Relief 于 The Westchester Country Club 举行的招待会和晚宴。(中国社科院近代史所藏"胡适档案",卷号 E-123,分号 4)

同日　胡适复电 Beatrice Price Russell:接受 11 月 5 日的招待,也将出席 Mrs. Bailly 在招待会之前的晚宴。(中国社科院近代史所藏"胡适档案",卷号 E-455,分号 1)

同日　梁龙致函胡适,分析欧洲局势,指出:现在唯一救星为美。美若早日决心抵抗世界侵略者之强盗国,似应从速联苏,一致参战。苏近来态度大变,若能鼓动美人抛弃向来怀疑态度,必可合作。中美英俄四国连合战线,可以制胜。闻美近日对我积极援助,对倭已作经济制裁,此皆胡适之努力结果,可喜可贺。(《胡适遗稿及秘藏书信》第 33 册,2 页)

同日　容肇祖致函胡适,向胡适祝寿。请胡适指正其作品《明代思想史》。述近年来自己景况。(《胡适遗稿及秘藏书信》第 31 册,125～126 页)

10 月 23 日　胡适在 Founder's Day of Carnegie Institute 演讲 "China's Power of Resistance"。(中国社科院近代史所藏"胡适档案",卷号 E-31,分号 91)此讲演与 1941 年 9 月 19 日所作 "China's Fight for Freedom" 大同小异。"外研社版"《胡适英文文存》第 3 册收入本文时,加了如下的摘要:

《中国的抵抗力》是胡适在美国卡耐基中心 44 周年庆上的致辞。中国的抗战已经进行了 52 个月,胡适向美国民众介绍,中国得以坚持艰苦卓绝的战斗,主要有五个方面的原因:(1)空间:中国地域广大,中国抗战执行"以空间换时间"的战略;(2)人口:中国人口众多,兵源充足;(3)历史形成的国家统一:"大一统"的观念和制度对中国影响深远;(4)中国持之以恒的国内建设:在广大西部不发达地区加强交通和工业建设;(5)美苏英法等国对中国的国际援助。在致辞的结尾,胡适借喻美国独立战争的史实,展望中国抗战胜利的到来。(该书160页)

10月29日　胡适致电于焌吉:遗憾由于11月4日在Connecticut College的演讲,无法参加出席劳工会议的中国代表团举行的招待会。请代向代表团致歉,刘锴将代我出席。(中国社科院近代史所藏"胡适档案",卷号E-115,分号5;卷号E-404,分号1)

同日　胡适复电Louis Finkelstein:接受共进晚餐与担任嘉宾的邀请。(中国社科院近代史所藏"胡适档案",卷号E-453,分号1)

10月30日　胡适函谢Alan Valentine之10月25日来函提及将举行有关中国的会议的暂定议程。自己受邀出席4月21至23日的会议,并如他所希望的在4月22日发表演说。关于他邀请蒋夫人宋美龄发表广播演说之事,已电请外交部长转报。可在4月23日从重庆广播,把演讲记录寄到纽约。得到回复后再函复他。(中国社科院近代史所藏"胡适档案",卷号E-112,分号1)

同日　王世杰日记有记:适之来电欲挽周鲠生再留美半年,予与复初复电赞同。(《王世杰日记》上册,386页)

同日　袁同礼致函胡适,云:

平馆善本书籍一百箱已分数批运美,因海关不肯负责,不得不特别慎重,收件之人必须时常更换,以免引人注意。故内中二十五箱寄国会图书馆,七十五箱寄加省大学。又因抢运性质,故只要能谋到船上舱位若干,即寄若干。幸均安然出口,如释重负。今则美轮已停驶,沪上以后再运必更困难矣。箱件到美以后,分存两地或应集中一处,敢请费神代为筹划,一切统希钧裁,径嘱吴、王两君办理可也。(《胡

适来往书信选》中册，533 页）

10月31日　胡适应邀出席 The Washington M. I. T Society 的晚宴，并发表演说。（中国社科院近代史所藏"胡适档案"，卷号 E-189，分号 3）

同日　胡适作有小诗《吴歌》。（《胡适手稿》第 10 集卷 4，432 页）

11月

11月1日　胡适致函美国国务卿赫尔：

I have the honor to refer to the Agreement dated as of April 1, 1941, entered into on April 25, 1941, between the National Government of the Republic of China, The Central Bank of China and the Secretary of the Treasury of the United States and extended by supplemental agreement dated June 30, 1941, with reference to the establishment by China of a Stabilization Fund and the acquisition by such Stabilization Fund of United States dollars as a result of the purchase by the Secretary of the Treasury of Chinese yuan, and to my communication to you of April 25, 1941 relative to such Agreement.

I have now received and have the honor to transmit to you herewith the following documents:

1. Certified copy of Decree No. 4285 of the Ministry of Finance of the National Government of the Republic of China promulgated on August 12, 1941, establishing the Stabilization Board of China, as contemplated by said Agreement dated as of April 1, 1941, with power and authority to manage and control the United States Dollar-Chinese Yuan Stabilization Fund of China which is also created and established by virtue of said Decree No. 4285, and an official certified translation of such Decree into the English language.

2. Certified copy of the minutes of the first regular meeting of the Stabilization Board of China established pursuant to said Decree, which meeting

1941年　辛巳　民国三十年　50岁

was duly convened and held on August 13, 1941, the minutes of the meetings of said Board being duly and regularly recorded in the English language, which minutes contain a resolution authorizing the members of the Board to act and give instructions on behalf of the Board and with respect to the Fund and the assets and accounts thereof by writings signed by two signatories as more particularly specified in said resolution.

3. Letter dated August 14, 1941 addressed to The Secretary, The Federal Reserve Bank of New York, signed by the Chairman of the Board of the Stabilization Fund of China, containing a resolution relative to the authority of the members of the Board and their alternates to act and give written instructions on behalf of the Board and with respect to the Fund and the assets and accounts thereof and transmitting autographed specimen signatures in triplicate of the members of the Board and of the alternate of one of such members, each duly certified by Mr. Chao-ting Chi, General Secretary of the Board.

4. Certified copy of an Agreement dated August 14, 1941 between The Central Bank of China, the Bank of China, the Bank of Communications and the Farmers Bank of China of the one part, and the Government of the Republic of China of the other part, relative to the $20,000,000 contributed by those banks to the United States Dollar - Chinese Yuan Stabilization Fund of China.

In connection with the enclosed documents, I have the honor officially to advise you on behalf of the Chinese Government as follows:

(a) That on August 12, 1941, Dr. H. H. Kung, Minister of Finance of the National Government of the Republic of China, duly promulgated Decree No. 4285, dated August 12, 1941, pursuant to authority duly and regularly granted by the Executive Yuan, the appropriate governmental agency authorized to grant such authority, a true and correct copy and an official translation of which decree are enclosed herewith.

543

(b) That Dr. H. H. Kung, Minister of Finance of my Government, whose signature is subscribed to the enclosed copy of such Decree, was duly and legally authorized and empowered to issue such Decree, and that the seal affixed thereto, and to the English translation thereof, is the official seal of the Ministry of Finance.

(c) That such Decree is the valid and binding act of the National Government of the Republic of China and the valid and binding law of China.

(d) That said Stabilization Board of China is an agency and instrumentality of the Chinese Government with full power and authority under the laws of China, and in accordance with the enclosed Decree No. 4285, dated August 12, 1941, to carry out and perform all of the terms and provisions of the Agreement dated as of April 1, 1941, as extended by supplemental agreement dated June 30, 1941, which Agreement as so extended represents the valid and binding obligation of the National Government of the Republic of China and The Central Bank of China.

(e) That the National Government of the Republic of China has duly and legally appointed as members of the Stabilization Board of China the following members:

Mr. K. P. Chen

Mr. Tsuyee Pei

Mr. Hsi Te-mou

Mr. A. Manuel Fox

Mr. E. L. Hall-Patch;

that Mr. K. P. Chen has been duly and legally designated as Chairman of such Stabilization Board of China, and that the following members of the Board have duly and legally appointed as their respective alternates the following: Mr. Hsi Te-mou has appointed Mr. K. K. Kwok, and Mr. A. Manuel Fox has appointed Mr. William H. Taylor.

1941年　辛巳　民国三十年　50岁

(f) That Mr. K. P. Chen and Mr. Chao-ting Chi, Chairman and General Secretary, respectively, of the Stabilization Board of China, whose genuine signatures are subscribed to the enclosed copies of minutes of the first regular meeting of the Stabilization Board of China, the letter dated August 14, 1941 addressed to The Secretary, The Federal Reserve Bank of New York, and the autographed specimen signatures of the members of the Stabilization Board of China and of the alternate of one of such members transmitted with such letter, are duly authorized and empowered to sign and certify the same.

(g) That such Agreement dated August 14, 1941 between The Central Bank of China, the Bank of China, the Bank of Communications and the Farmers Bank of China of the one part, and the Government of the Republic of China of the other part, relative to the $20,000,000 contributed by those banks to the United States Dollar - Chinese Yuan Stabilization Fund of China, is the valid and binding agreement of such banks which are agencies and instrumentalities of the Chinese Government with full power and authority under the laws of China to carry out and perform all of the terms and provisions of said Agreement.

You will note that the autographed specimen signatures transmitted with the enclosed letter dated August 14, 1941 addressed to The Secretary, The Federal Reserve Bank of New York, have been duly authenticated by me.

I beg to request that you kindly authenticate my signature on the enclosed schedule of autographed specimen signatures of the members of the Stabilization Board of China and of the alternate of one of such members and furnish copies of this letter and its enclosures to the Secretary of the Treasury and the Federal Reserve Bank of New York as fiscal agent of the United States for their information. (*FRUS*, 1941, Vol. V: *The Far East*, p.744-746.)

同日　胡适复电 Mrs. Mary Foulke Morrisson：将在11月4日中午与您

共进午餐。(中国社科院近代史所藏"胡适档案",卷号 E-404,分号 1)

11 月 2 日　陈布雷日记有记:阅委座致罗、邱之电稿,嘱惟果专送外部面交田成之秘书速译发,分电胡大使面呈。(《陈布雷从政日记(1941)》,165 页)

11 月 3 日　下午,胡适抵达 Concord,旋前往 South Congregational Church。(中国社科院近代史所藏"胡适档案",卷号 E-461,分号 1)

同日　美国驻华大使高斯致函国务院,其中说道:

> Reference my 431 of November 1, 11 a.m. Foreign Minister has now sent me copy of Generalissimo's message to President which was telegraphed yesterday to Hu Shih who no doubt will make it available to the Department. I am forwarding copy by airmail unless instructed to repeat it by radio.(*FRUS*, 1941, Vol. V: *The Far East*, p.752.)

11 月 4 日　下午 4 点,胡适应邀在 Connecticut College 演讲。(中国社科院近代史所藏"胡适档案",卷号 E-453,分号 1)

11 月 5 日　晚,胡适受邀出席 The Westchester County China Relief Committee 在 The Westchester County Club 举行的招待会与晚宴。(中国社科院近代史所藏"胡适档案",卷号 E-327,分号 1;卷号 E-449,分号 1;卷号 E-123,分号 4)

同日　外交部致电胡适:昨接顾大使来电,访贾德干商请对日一致警告。彼答须先商美,并谓英故意躲在美后,就目前实情,非美当冲不可。美如何进行,英不问至何程度,必一致照办云云。特电接洽。(《中华民国史资料丛稿》专题资料选辑第三辑《胡适任驻美大使期间往来电稿》,113 页)

11 月 7 日　胡适电谢多伦多大学校长 H. J. Cody 之 10 月 31 日来函:因远东情势紧张,请允许延迟至 12 月 15 日前往 The Canadian Club 演讲时再接受贵校授予荣誉博士学位,届时也将在多伦多大学发表演说。13 日,H. J. Cody 复电胡适说,多伦多大学的会议将在 12 月 15 日举行。(中国社科院

近代史所藏"胡适档案",卷号 E-91,分号 22;卷号 E-160,分号 1)

同日　胡适致电 Louis Finkelstein:请取消周一晚上 7 点 15 分的晚宴,因当日有一重要的约会必须离开华盛顿赶不及,但演讲仍会准时抵达。(中国社科院近代史所藏"胡适档案",卷号 E-94,分号 6)

同日　宋子文致电蒋介石:"适之最近在毕次堡对记者宣称,美国应尽先以飞机军火供给苏联,中国已抗战四年余,虽无新式武器,亦可支持,云云。昨史汀生谈话中,曾暗示此语。居里亦引以为异,并谓中国步骤未能一致,愿助中国之友人实感困难……"(《宋子文驻美时期电报选(1940—1943)》,129～130 页)

11 月 10 日　胡适致外交部并转蒋介石:"介公致总统电,上星期托外长转递,今午谒总统,并携子文兄所拟催请军火飞机说帖,面递总统,允设法催问关于介公先后所提三事,(一)为警告敌攻滇,总统笑谓此次宣布撤退驻华陆战队,今日日本大使来见,竟一字不提此事,但彼等自能了解也。(二)为托总统商取英国援助事,总统谓曾有接洽,英方态度甚好。(三)为美国由斐岛协助事,子文说帖提有此项具体办法,总统云:即将与主管机关商办。此外,总统又谈二事:(一)今晨野村谒总统,所称有云,中日战争调解,若有办法,日本至华军队可以于两年内撤完。但野村未提撤退东三省内蒙事,总统云:吾人亦姑听彼谈而已,美国若欲谈此事,自无不先与中国政府代表商洽之理。(二)总统又云:最近空军发展神速,斐岛变为最重要根据地,曩者视为海军战重垒者今骤成为空战重镇。最近空军设备,特别增添,颇非敌人所能悬想者……"(《胡适中文书信集》第 3 册,248 页)

同日　宋子文致电蒋介石:"适之今午将见总统,文恐询及军事及美贷问题,适之不甚熟悉,备一说帖,交其代递,择要条列如下:一、先声述文见总统后,复与陆海财长、霍布金斯、贷借事务处长斯但铁尼、彭斯中将及陆军各要员,分别讨论各项问题,诸君俱能协力同心,态度甚为诚恳。二、至今日止,委员长要求之飞机军械以资捍卫滇缅路,尚无答复,惟有请总统毅然决定济我急需。三、日敌攻滇,一方面可由越而北,直犯昆明,他方面可由越入桂攻滇,此路地形,比较开阔,可以使用坦克,并为历史上行军大道。四、日敌攻滇，与美国有直接之关系。现在持以保卫滇缅路之空军，为陈纳德所指挥之美籍飞机队。马古德将军来电，该队只有机员八九十人、飞机百架，决不足以抗敌，万一被敌摧残，影响至为重大。若因漫无把握，暂时不参加作战，则中国内部人心作何感想，国际信誉何以维持。等语。是以马将军及麦克猷俱有电来，极力主张美国应增飞机协助陈纳德队，因时间急迫，并请派航空母舰输送。五、世日见总统时，曾蒙拟商英国由新加坡抽派飞机助华作战，但中美所得消息，美国如不能遣派，英方亦不愿参加。六、末述文与陆、海军各员熟商后，文认为下列飞机军械，似可立即供给中国，因俱系美陆海军现用品，惟有总统始能加以裁决耳。飞机一项，拟请拨给 SBD 八十架，为航空母舰所用。飞机可由母舰运菲律滨［宾］或星［新］加坡、仰光后，直飞中国，驾驶甚易。上次美国卢西阿那省演习结果，证明如用以轰炸行军，成绩必甚为优良。每机可带一二七五磅炸弹，长行距离一千四百五十里，每小时二百十英里。至其他军械，已详另单……"（《宋子文驻美时期电报选（1940—1943）》，130 页）

　　同日　胡适在纽约的美国犹太人神学院演讲"Confucius"。此演说主要观点已在《说儒》一文中。（中国社科院近代史所藏"胡适档案"，卷号 E-32，分号 92）

　　同日　吴光清、王重民致函胡适，告："上海情势，目前又一度紧张，则留存沪上之善乙库书，又一度令人悬念。"奉上袁守和寄来胡适所询与美海军仓库有关系之 Gregory 住址。阅袁守和信，知北平图书馆与袁万分窘迫，乃因中央图书馆蒋复璁处处作对等。（《胡适遗稿及秘藏书信》第 24 册，140 页）

　　同日　Charles L. Miller 致函胡适：因 The Y's Men's Club 地方委员会主席请我们告知何时授予您荣誉会员资格，因此请您确定一个日期。（中国社科院近代史所藏"胡适档案"，卷号 E-300，分号 3）

　　同日　Helen Kennedy Stevens 函告胡适：美国医药助华会正透过全美助华联合总会对中国进行医疗援助，期望计划能让人满意。（中国社科院近代史所藏"胡适档案"，卷号 E-350，分号 5）

11月11日　蒋介石致电胡适,"要求英国空军协助我防守滇省之提议,英国有否覆电?务望其近日内有一确定之回答。请美政府尽速催促,因战机甚迫……"(台北"国史馆"藏"蒋中正'总统'文物",典藏号:002-010300-00046-028)

同日　林语堂赠其所著 A Leaf in the Storm 一册与胡适。(《胡适藏书目录》第4册,2409页)

11月14日　胡适复电蒋介石:真电已经转呈罗斯福,其复电已由外交部长面交。"此电系连日外、海、陆三部,及其他重要机关首领会商合拟之文,白宫与外部均谓,英此时比美国政府稍自由,又已在作战状态中,故美对英国援我一点,属望颇切,当对催动美国援我心切,而政制与事实上眼前尚多牵制,只能加紧装岛空海设备,及赶运军用品助我。此点外部嘱适特别向公解释。"(《胡适中文书信集》第3册,248~249页)

同日　胡适前往新奥尔良。(中国社科院近代史所藏"胡适档案",卷号E-334,分号6)

11月15日　上午,胡适应邀在 Tulane 大学演讲 "China and Her Problems"。(中国社科院近代史所藏"胡适档案",卷号E-508,分号1)

同日　晚,胡适应邀参加 Sigma Delta Chi Convention,并演说 "Thrills and Adventures of Pamphleteering Journalism in Modern China",后又将题目修改为 "Pamphleteering Proves Its Power in China"。胡适在演讲中说:

> Fifty years of pamphleteering journalism may be grouped under five great movements:
>
> (1) Pamphleteering for political reforms under the Monarchy (1895—1911)
>
> (2) Pamphleteering for Republican Revolution (1899—1911)
>
> (3) Pamphleteering for the literary and cultural renaissance (1917—)
>
> (4) Pamphleteering for the Nationalist Revolution (1919—1927)
>
> (5) Pamphleteering for the Nationalistic War of Resistance to Japanese

Aggression（1931—）.（中国社科院近代史所藏"胡适档案",卷号 E-34,分号 94）

按,关于胡适应邀出席这次活动的洽商,可参考中国社科院近代史所藏"胡适档案"下列卷号的文件:卷号 E-453,分号 1;卷号 E-504,分号 1。

11月18日　Charles L. Meeus 赠胡适 China Through Catholic Eyes（by Thomas F. Ryan）一部,并在扉页题记"To Dr. Hu Shih, the Ambassador of the Republic of China to the United States of America, Charles L. Meeus, Nov. 18, 1941";另有中文题记:"巍峨伟大兮中国之魂,四龄华童梅雨丝拜启。"（《胡适藏书目录》第 3 册,2197 页）

11月20日　胡适致电外交部:来栖与美外长谈话,据外长报告,仍属初步检讨性质。外间虽多揣测,但据适最近与外长谈话及数次与他人谈话推知,可奉告者数点:(1) 敌方急于成立一个经济放松之暂时过渡办法。其所提条件,美方虽绝对守秘密,但其中有对安南一项似属可信。但不知系指南越?抑指全越?(2) 美外长则坚持必须对几项基本问题有个答案,方可继续谈判。其所谓基本问题有三大组:(甲)日本是否继续为希特勒之同盟助手。(乙)美国年来所主张之经济互惠政策,其基础是和平的贸易之路。(丙)美对中国问题曾屡次声明其根本原则,日本是否已决心誓尊重此等根本原则。以上三组,大致可信。闻来栖等曾电请训令,适所知现时尚无可以继续谈话之基础。(《胡适中文书信集》第 3 册,249 页）

11月21日　胡适致唁函与 David A. Robertson,吊其夫人之丧,并致慰问。（中国社科院近代史所藏"胡适档案",卷号 E-108,分号 10）

11月22日　胡适致电外交部并转蒋介石:"今晨美外长与英、奥、和三使会谈至一时,又约适参加,至一时三十五分始散。外长云:顷与三国代表会谈,报告连日与日方谈话情形,并略商太平洋海上防务形势。据各方面形势看来,现时尚有拖延时间之需要,惟安南局势似最吃紧,中国政府领袖所虑,日本用大力由越攻滇,英、和亦虑日本侵泰、缅,各方面虽

1941年　辛巳　民国三十年　50岁

已略有准备,诚恐此时尚不足应付两大洋全面战。目此余欲与诸位商榷一个假设的问题,即日本若能撤退在安南全境之军队,或仅留两三千人,并允不向其他新方向进攻,以求得一个经济封锁略松之暂时过渡办法,是否可以暂解中国西南面之危急,并使其他各国谋得较长时间,以增固空、海实力。诸位对此意见如何？英大使先发言,谓此时似尚有拖延时间之必要,但经济放松,必不可使日本积储军用品,以扩大其军力。适次发言,问二事：(1)所谓不向其他新方向进攻者,是否包括中国在内？外长云：此但包括自越攻滇,恐不能包括中国全境,但我等诸国,必仍继续援助中国之政策,以增固中国抗战能力。(2)所谓经济封锁放松者,以何为限度？顷英大使所云,必不可使日本积储军用品云云,是否有具体限度。外长云：具体办法现尚未能谈到,日方坚执希望的,指解除冻结之资金,使其可购油类与粮米等,但我方仍继续维持出口管理特许之办法。适因力言：此两点皆与中国有密切关系：(一)敌不能南进或北进,则必用全力攻华,是我独被牺牲,危险甚大,切望注意。(二)经济封锁是美国最有效之武器,实行至今,只有四个月,尚未达到其主要目的,必不可轻易放松。敌人由越攻滇,其地势甚难,我国军队当勉力抵御,所缺乏者是空军,我国盼英、美助我抵抗,而不愿英、美因此松懈其最有效之经济武器。英大使等辞,最后外长留适稍待,适重申最后两点。外长云：日方曾要求美国停止援华政策,余自始即撇开不理,日美谈判甚少根本接近,刻来栖君三五日内束装回国,亦是意中事,顷所谈只是探讨有无暂时过渡办法之可能耳。除蒋先生与郭外长外,乞不必与他人谈云。顷又得密讯,知敌方原提案,只拟撤退安南南部,上文所谓撤退安南全境,系外长拟议之意云。"(《胡适中文书信集》第3册,249～251页)

11月24日　胡适致电外交部并转蒋介石："今日下午四时,外长召集中、英、和、澳四使会议。外长云：本月十八日,日代表提请继续谈一个临时过渡办法。二十日,他们提出说帖,美政府认为与向来主张之基本原则冲突,故不能接受。现国际逐渐紧张,日本军阀或有异动,吾人以其急遽恶化,故拟由美政府提出一个临时过渡办法,交与日代表。其要旨如下：

（一）日、美两国政府宣言其国家政策以和平为目的，并无疆土企图。（二）日、美两国相同约定，不得从其军备区域，向亚洲之东南、东北或北太平洋、南太平洋各区域，作进攻之威胁。（三）日本承诺将现驻安南南部之军队撤退，并不再补充，又将安南全境之驻军减至本年七月二十六日以前之数目，总数无论如何不得超两万五千人，并不得加派军队为补充遑方他种准备。（四）美政府允即稍变通其冻结资产及出口贸易之限制条例，以增供下述贸易重开之需要为限度。甲、日货输美，准其入口。其售得之款，汇存为特项，以为付美货或日债利息之用。每月输入日货，其总值三分之二项为生丝。美货输日，限于食物、棉花、医药、油类。棉花每月不得过六十万元，油类以每月之民用（CIVILIAN）需要为限，即限于渔业、燃灯、农、工等项。如两国政府认为此项协约有益于太平洋之各项悬案之和平公道的切实地方，则以上各项商品之种类、数量，皆可以协商式增加之。（五）日本亦同样变通其冻结及通商之限制。（六）美政府允向英、澳、和政府洽商采取类似办法。（七）对于中日战争，美政府之根本政策，中、日两国所有任何讨论或解决方案，均须基于和平、法律、秩序、公道之基本原则。（八）此项临时过渡办法，以三个月为有效期间。但任何一方得提请双方互商，以决定为整个太平洋和平解决之前途起见，应否再延长一个时期。以上为外长拟提之过渡办法要点。外长再三声明两个要点（一）据海、陆军参谋部报告，现时实尚需两三个月之准备时间。（二）美国政府现担负和战大责任，日本既以和平为标帜而来，美方不容不有一度之和平表示以为对国民及对世人留一个记录。适对外长指第三条安南驻兵总数，上次外长口头似曾说两三千。今定为两万五千人，其数过多，实足迫胁我国，甚盼外长特别注意。又荷使、英使亦均以此数为太高。外长谓此数根据现在越之日军七万余人而酌定者。美方陆军专家均以为此数决不足为侵滇之用，况明定不得补充乎，但诸公意见当作参考。适又持第二条亚洲东北、东南云云，若不包中国在内，则我国将独蒙其害。外长云：原意实亦欲为各国谋得三个月准备时间。中国现时最急者是由越攻滇，可断滇缅路之接济。此过渡办法，实欲保护滇缅路之交通。同时我已力拒日本请求停止援华之议，故三个月中接济中国之

物资当可大增强中国抗战之力量也。外长又云,现时欧洲局势骤紧张,日本之争斗力量亦骤增,恐未必肯接受此种种限制,在我不过欲尽人事,留此纪录而已。适按前日四国使人各向本国政府报告,今日只荷使已得回训,饬正候训令。据外长云,全件整理完毕后,即拟与日使开谈云。以上办法,大似去年英国滇缅路停运一事。其用意为换得三个月之准备时间。其主张闻出于海、陆军参谋、首领、外长。此举似亦有其苦心,恐不易阻止。望速电示中央方针,以便遵行。"(《胡适中文书信集》第 3 册,251～253 页)

按,关于此次会见,《赫尔谈话备忘录》有记:

英国大使、中国大使、澳大利亚公使及荷兰公使应我的要求来见。我将我们拟定的将提交日本大使的暂时解决建议副本给了他们每人一份。他们用了一小时来阅读,作记录,以送呈各自政府。

中国大使反对超过 5000 人以上的日军部队留驻印度支那。我再次说明马歇尔将军几分钟前曾向我表示过他的意见,认为 2.5 万人的部队不会造成威胁,本政府并未承认日本有在印度支那驻扎一兵一卒的权利,但我们力图达成这一拟议中的临时协定,主要是因为我们的陆、海军首脑常常向我强调,对他们来说,时间是最为重要的问题:一旦与日本决裂,就必须有更为充分的准备来有效地应付太平洋地区的局势。我也强调说,即使我们同意,这种决裂的可能不大,但必须承认确实有这种可能,即决裂不久就会发生——这一周以后的任何一天都会发生——除非能作出一种暂时安排,使得激烈的公众舆论变得更为平静,从而更便于继续就全面的协议进行会谈。

中国大使强调了将建议在印度支那留驻 2.5 万人部队的数字减为 5000 名。我指出,每一位代表都理解,就我们五国而言,使日本承诺在三个月间采取和平方针是有很大好处的,并列出了争取更多的时间作进一步准备等等对每一个国家的好处。他们显得颇为满意。(《中华民国时期外交文献汇编(1911—1949)》第七卷,下册,1142～1143 页)

同日 蒋介石复胡适 22 日电:此次美日谈话,如果在中国侵略之日军

撤退问题，没有得到根本解决以前，而美国对日经济封锁政策，无论有任何一点之放松或改变，则中国抗战必立见崩溃，以后美国即使对华有任何之援助，皆属虚妄，中国亦决不能再望友邦之援助，从此国际信义与人类道德，亦不可复问矣，请以此意代告赫尔国务卿，切不可对经济封锁有丝毫之放松，中亦不信美国政府至今对日尚有此之想象也。（《蒋中正先生年谱长编》第六册，663页）

同日　蒋介石日记有记："本日下午忽接胡大使电，称昨日美国邀商者，为倭撤退越南军队之大部，保证不南进、不攻滇，而由美国放松经济封锁事。其对中国撤兵问题毫不提及。乃可知美国仍对倭妥协而牺牲中国甚矣。国际无道义，痛愤盍极。余覆电严斥美国之虚妄……五时，接胡电，手拟覆电。"

同日　晚，胡适访霍恩贝克。霍恩贝克专门有备忘录：

中国大使昨日夜晚自请来访。

大使提到昨天下午的一次会议，当时国务卿将可能导致在美国和日本之间达成暂时安排的最近进展情况通知了英国、中国和荷兰的代表。大使说他对于美国政府所面临的这一与所有代表的国家有关的问题的严重性和困难性有着深切的体会；他对于国务卿的态度表示理解，并完全相信美国政府绝不会在原则上让步，不会推行"绥靖"方针。他说，但是他希望向我重复一下他在会上关于美国建议稿第二及第三条所说的话。他说第二条可能对中日间的冲突是不适用的：它大概可使日本放手继续对中国采取军事行动；而第三条又使日本有自由在印度支那留驻多达2.5万人的部队，并从印度支那发动对中国的军事行动。他接着说，在周六举行的会议中，国务卿谈到准许日本在印度支那保持"几千名"部队，他说，在他给他的政府的报告中，他使用了这一说法，据他了解，其他代表也用同样的辞语向他们的政府作了报告。在他看来，一支有2.5万人的日本军队驻在印度支那，对中国会形成一种威胁。他说，假定日本严格认真地完全按这一规定行事——如果他们这样作,那是会令人惊异的,又假如日本把这个数字的部队大部分(如果不是全部)由机械人员、工程人员和飞行员组成,这样一支部队会严重威胁滇缅路,并会对中国在云南的地面部队进行可怕的骚扰。如果日本决意从印度支那以外的地点对云南进行陆上作战,并对进行作战的部队用以印支为基地的空军进行支援,这样的军事行动会与完全从印度支那进行的战争形成同等的威胁。因此,大使希望我们认真考虑能否使建议更具有限制性。

我乘此机会向大使解释了导致形成所说的建议草稿的种种考虑,及第二条和第三条何以会以现在这种形式出现。大使再次重申他确实理解问题的困难所在,以及他深信我们不会作出任何不必要的妥协。他说他知道局势不会被每个国家的政府看成完全一样,因为每个政府观察的角度不同,所处的环境也不同。他说,中国政府现在处境艰难,对印度支那的局势非常担心。它感到确实缺乏相当的装备来有效地保住它的生命线滇缅路,对它来说,保持此路的畅通非常重要,而这也是其他各国非常关心的,特别是美国,因为美国正从这条路运输援助物资。他说他理解把日本问题暂时挂起来三个月会有所帮助,但是他怀疑这一点能否作到。最后他说他一定要设法让他的政府以与美国政府同样的眼光来看待这一问题。他表示希望,如果他在这方面不能完全成功,我们会理解中国所面临的困难,从重庆方面看来与从华盛顿方面看来是不免有些不同的。(《中华民国时期外交文献汇编(1911—1949)》第七卷,下册,1143～1145页)

同日 陈布雷日记有记:旋又电嘱俞秘书抄送胡大使报告22日中英荷使节在美国务院与赫尔之谈话。(《陈布雷从政日记(1941)》,179页)

11月25日 晚8时,胡适请见美国国务卿赫尔。

《赫尔谈话备忘录》:

中国大使自请来访。他意在多方作出初步解释,通过阐述其他事

项，说明中国外交部长非常理解日本局势的国际方面，深知其关系到几个国家，包括中国和美国，但委员长则不太了解这一局势，因此才有他反对暂时解决办法的报告。接着他交给我一份来自中国外交部长的1941年11月24日的电报，电文附后。

我答称，首先一点是，我们的陆、海军首脑近几个星期以来一直急切地要求我们，在他们有机会进一步增加在太平洋地区的防御计划、方法和手段之前，不要和日本交战。其次，在日本的比较主张和平的分子要求与本政府谈判，求得整个太平洋区域的广泛和平解决的形势下，我们曾举行了会谈，现在已取得了一些进展；日方正要求我们继续这种为求得太平洋区域广泛解决的全面性会谈。因此目前的情况是，拟议中的暂时解决实际上乃是将这种全面性会谈继续下去的种种努力的基本部分，举行这种会谈的理由已经再三予以充分说明，并于最近再次通知了中国大使和其他方面。

我说，最近一个时期，委员长和蒋夫人几乎不断给华盛顿发来措词强硬的长电，告诉我们日本通过印度支那进攻滇缅路的威胁是多么危险，大声呼吁我们进行援助，而实际上我和总统目前所建议的第一件事，就是要求日本军队撤出印度支那，从而使滇缅路免受蒋介石所谓的迫在眉睫的危险。现在，我接着说，蒋介石不会理会我们替他所着想的局势，而对于另外的问题大加指责，这就是我们为与对日全面和平协议的会谈进程相适应而采取的对日解禁某些商品的作法。他也忽视了我们的建议会解除日本在印度支那对整个南太平洋地区，包括新加坡、荷属东印度、澳大利亚，还有美国以及菲律宾乃至锡与橡胶贸易通道的威胁这个事实。所有这些对每个国家的威胁的解除都将持续90天。我国的一位主要海军将领最近曾对我说，我们在那个时期或许能让日本取得的有限数量的质量较次的石油产品，不会使日本的陆海军战斗准备有任何明显的增强。我说，当然，我们可以取消这一建议，但是必须有这样的理解，那就是，如果一旦日本作出向南的军事推进，就不能责怪我们未能向印度支那附近地区和日本领海派遣舰队了。

大使非常坚持他的看法,即他将向他的政府发回报告,作出更加全面的解释,希望这样会多少缓和一下局势。我们的谈话当然是在友好的气氛中进行的。(《中华民国时期外交文献汇编(1911—1949)》第七卷,下册,1145～1146页)

同日　胡适致电郭泰祺并转蒋介石云:"奉到公与兄廿四日电敬悉。今晚八时谒外长已面达。外长云,请告蒋先生与郭部长,美总统与余为中国抗战事,日夜在心已四年余,务请蒋、郭两公了解余二人决无损害中国或不顾中国利益,以求和缓日本之意。请两公相信余二人此时所计划主旨是为整个世界局面谋得几十日之准备时间。同时亦深切顾虑到蒋先生十月底、十一月初屡电所嘱之滇缅路问题。请告蒋、郭两公此三星期中,我国海陆军首领与行政政府首领均尽心尽力计虑此密谈问题。此时惟有请两公信任总统与余二人,则一切疑虑都可稍释云云。外长又云,昨日所讨论之安南全境驻军人数一层等意甚是,现已改为?(电码不明)六千人,其余再略有修改云。"(《胡适中文书信集》第3册,254页)

同日　蒋介石致电宋子文:"昨致胡大使电,谅已由其抄阅。请兄设法将中原电之意转告其陆海两长,并译送居里一份,再望口头说明此事严重之程度。如美对日经济封锁或资产冻结果有一点放松之情况,华盛顿或有此种消息之泄露,则我国军心必立受影响。因两月以来,日本在华宣传,多以本月内美日谈话必可如计完成,故我南北各方动摇分子,确有默契。只要美日一旦妥协,或美国经济封锁略有一点放松,则中日两国人民观感,即视为美日妥协已成,中国全被美国牺牲。如此全国人心不仅离散,而亚洲各国失望之余,因其心理之激变,必造成世界上不可想像之惨史。从此中国抗战崩溃故不待言,日本计划乃可完全告成。若此美国虽欲挽救,亦不可能。此岂只中国一国失败而已哉?此时惟有请美国政府立即宣明与日本决不妥协之态度,并声明,如日本在华侵略之军队撤退问题未有根本解决以前,美国对日经济封锁政策决不有丝毫之改变或放松,则中国军民心

理方可安定，大局方有补救。否则美国态度暧昧，延宕不决，而日本对华之宣传必更日甚一日，则中国四年以前之抗战，死伤无穷之生命，遭受历史以来空前未有之牺牲，乃由美政府态度之暧昧游移，而与再三毫不费力之宣传，以致中国抗战功败垂成，世界祸乱迄无底止，不知千秋历史将作如何记载矣。"（《宋子文驻美时期电报选（1940—1943）》，134页）

11月26日 下午2时半，罗斯福约见宋子文、胡适谈1小时。谈话情形见同日胡适、宋子文致蒋介石电：

……总统先说："月初，蒋先生因滇缅路危急，迭电见商救济有效方法。其后日使来栖等来谈，曾表示不欲美国调解中日和议，故中日整个问题无从谈及。其后彼方提出临时过渡办法中有不再增加南越军队一项，余等因念此中或有帮助中国解决滇缅路危急之途径，故外长曾与ABCD各使领讨论临时过渡办法，其中即注重将安南全境日军减至不能危害之数目。其意即有藉此帮助蒋先生解救缅路之危急。本意欲求得中、美、和、澳四国大致同意，然后与彼方开谈，此案至今未提出。但昨夜我方得报告，谓日本军舰三十余艘，由山东南驶已过台湾南下，其所运军队数目有三万至五万之估计。此可见彼方毫无信义，在谈话时已增加南面兵力。似此情形，恐谈话根本即无继续可能，而太平洋事端之大爆发，恐已不远。故此案不但未交去，谈话或亦即有中止之可能。闻蒋先生对此事颇有误会，甚感焦急，请代为解释"云云。

适因陈述我国政府之意旨，侧重两点：（一）则经济封锁之放松可以增加敌人持久力量，更可以使我抗战士民十分失望灰心。（二）则敌人既不能南进与北侵，必将集中力量攻我，是我独蒙其害。而所谓过渡办法，对此全无救济。总统云，外长办法只限于局部的临时救济，其中确信不能顾到全部中日战事。譬如，当前有两个强盗由两面攻入，若能给五元钱使其一人多湾几十回山路以后，使全力抵抗其他一人，我方同意不过如此。

文因陈述云："美国以日本不侵犯西比利亚及荷属东印度、泰国、星加坡为恢复对日经济关系之交换条件,我国一般军民心理必以为无异表示日本对华可以进攻。日本军事布置有三点:(一)攻西比利亚。(二)南进。(三)全力侵略中国。前两者实际上中国必受祸,至滇缅路之保护问题固属重要,但仅限制日本路警和驻军,亦殊无济于事。日方仍可以越南为运输根据,调遣大军由桂入滇,且此取为历史上战争必经之路。即使滇缅路暂时不受攻害,其他区域不免于蹂躏,滇缅路仍旧感受威胁也。故有限制的恢复经济关系,殊不能使中国军民了解。中国军民只知解除封锁,日本即可获得油料以供飞机轰炸。是以蒋委员长深为忧虑,认为日美一旦妥协,即是中国被牺牲。中国光荣抗战之心理,势必不能维持。是以余敢言如积极保护滇缅路而放松经济制裁,中国宁愿抵抗救亡之攻击。盖放松经济封锁,影响中国军民心理至大,抗战前途是所系也。"总统对文所说各点,未加直截答复。(《胡适中文书信集》第3册,254～255页)

同日 宋子文密电蒋介石,语涉胡适者,如下:

……(二)适之两电,颇有美国原则已定,事在必行之意,故不能再事商量。但总统云,向来主张美方之提议,先向关系友邦征求同意,再向日本提出。

…………

……(六)适之过信国务部,以为霍尔之方案,为循守美国已定之政策,不可变更,故不愿在原则上力争,仅断之于驻越北日军多寡之问题。舍本逐末,何济于事。此次若能挽回牺牲中国之厄运,实由钧座义正词严之一电。适之对于美政府权要素少接洽,仅与英澳各使约略商谈,真象不明,几致贻误事机。

…………

……(八)文在此极力连络各方,反对妥协,国务部自不免非难,只有听其日怨,但一般舆论均属同情。惟当此千钧一发之际,适之不能胜任,殊可危虑矣。……(《宋子文驻美时期电报选(1940—

1943）》，135 页）

同日　胡适致电 Roger C. Mann：请取消明天晚上在北卡罗来纳大学 International Relations Club 的演说。（中国社科院近代史所藏"胡适档案"，卷号 E-460，分号 1）

按，此次演说，是胡适 8 月 18 日答应的。胡适取消此次演说后，Roger C. Mann 于 12 月 3 日又致函胡适，仍希望胡适能在冬天去演说。（中国社科院近代史所藏"胡适档案"，卷号 E-460，分号 1；卷号 E-286，分号 6）

同日　胡适复函赵元任夫妇：

我自从那晚上（元任的生日）在你们府上讨一粒 aspirin 吃，以后二十多天，没有休息，又走了几千英里的路，故不免有点疲倦了。上星期五忽然肚子大泻，有点觉得疲弱，到第二天才好一点，第三天（星期）又泻了。恰巧那第二天是最忙的一天，故真是从病榻上拉起来去开 ABCD 会议。现在病是好了，只是太忙一点。（《鲁迅研究月刊》2020 年第 2 期，57 页）

同日　蒋介石接胡适 24 日来电，复电曰："兄廿四日来电，已由郭部长（泰祺）直覆。请再将下文面告国务卿，美日谈判延宕不决，因之日本在华三日来宣传美日妥协已密订协定，其内容以中日战争美国不再过问，则日本亦不南进，双方解除资产冻结为要点。此种谣传日甚一日，因之全国人心惶惑，军事经济之动摇，皆有立即崩溃之现象。如美政府希望中国再为太平洋全局与民主主义继续抗战，而不致失败，则惟有请美政府即时宣明与日决不妥协之态度，并声明如日在华侵略军队之撤退问题，未有根本解决以前，则美国对日经济封锁与冻结资金之一贯政策，决不有丝毫之放松。如此日本必能转变其威胁态度，即不然，日亦决不敢与美开衅，至多不过停止交涉而已。是则中国军民心理方可安定，大局尚有挽救之望，否则中

1941年　辛巳　民国三十年　50岁

国四年半之抗战，死伤无穷之生命，且遭受历史以来空前未有之牺牲，乃竟由美政府态度之暧昧游移，而为日本毫不费力之宣传与恫吓，以致中国抗战功败垂成，世界祸乱迄无底止。回忆往年因德妥协，捷克、波兰遭受无故牺牲之痛史，殷鉴不远，能不惶栗。务望美政府当机立断，不再因循，坐误时机，并望此意代达罗斯福总统为盼。"（《蒋中正先生年谱长编》第六册，666页）

11月28日　胡适电谢 R. S. Saby 之11月27日来函。11点将开车前往盖茨堡学院（Gettysburg College）发表演说，鉴于危急的国际情势，婉拒出席 The Phi Beta Kappa Society 的晚餐会。（中国社科院近代史所藏"胡适档案"，卷号 E-109，分号1）

同日　蒋介石日记有记：此次美国对倭态度之转趋强硬，当在余态度之坚定决心之坚强，而又不稍迁延时间，得心应手，穷理致知，乃得于千钧一发之时，旋转于顷刻也。而内子臂助于内，子文辅佐于外，最为有力。否则，如胡适者，则未有不失败者也。

同日　美国驻华大使高斯致函国务院，其中说道：

> I called on the Minister for Foreign Affairs last evening at his request. He asked me whether I was informed with regard to the course of the discussions in Washington. I replied that I was informed of the Secretary's remarks to Dr. Hu Shih on November 18. He commented that matters had moved along quite far since then and proceeded to translate to me from a telegram in Chinese received from Dr. Hu nine points of a proposed arrangement between the United States and Japan providing for a 3 months' modus vivendi which had been discussed by the Secretary with the representatives of the other ABCD powers. He said that General Chiang and he had instructed Dr. Hu to represent to our Government that China's attitude toward the arrangement was "negative"; that Dr. Hu had done this on November 25 and that he had at that time been assured that the United States Government had no intention

of sacrificing China's interests and the Chinese had been requested to impose implicit confidence in the intentions of the administration in this regard. (*FRUS*, 1941, Vol. Ⅳ: *The Far East*, p.680.)

11月30日 胡祥贵致函胡适,向胡适贺寿。讽刺政府要人的生活过于奢华。请胡适为国珍重。(中国社科院近代史所藏"胡适档案",卷号1539,分号5)

12月

12月1日 郭泰祺致电胡适:今日澳洲公使来,转述澳外长意见。谓据华府澳使电话及电报,此美国突变态度,系因我国之反对。因之发生一种印象,以为中国不愿谈判成功,致颇失美国感情。希望中国向美表示请其保证继续谈判云云。此言后段颇离奇,特电参考。(《中华民国史资料丛稿》专题资料选辑第三辑《胡适任驻美大使期间往来电稿》,114页)

同日 胡适复电蒋介石:"因美国政府已于廿六晚答覆日大使,重申其基本原则之立场,故廿六尊电并未交去,以后如有谈话自当依据公与复初部长先后来电意旨作答。又前次对外交部长廿六之答覆,至今尚未有复文。昨日美总统曾令外次韦尔斯召日大使面询日本在越南大增兵是何用意,并谓越南并无纷乱,故维持治安一节殊属不成理由云。"(《胡适中文书信集》第3册,256页)

12月3日 翁文灏、钱昌照致函胡适,云:"查最近美国方面对于重要机器之订制及外运,均须先经美政府许可,并由中国大使馆说明理由向美政府提出,始可照办。本会所需在美购置之器材为数颇多,为谋迅速起见,尚祈吾兄对于本会需购之器材随时鼎力协助进行。再:本会甘肃油矿最近大量出油,前向美国所购之炼油设备已不敷应用。资源委员会于三十一年重工业预算中,原已列入该矿美金四百万元,其中二百五十万元为买日炼原油十四万七千加仑之炼油设备。惟按照该矿目前产量,该项设备运到后将仍不敷用，故复签呈委座奉准，再行添列该矿美金二百五十万元，加倍购买炼油设备，连前共美金六百五十万元。目前我国需油孔亟，叠奉委座令饬加紧产炼，所需炼油设备自当加紧购运。除已另函宋子文兄请设法将该项设备全部美金六百五十万元悉数列入第二次租借法案内购置外，特为函达，尚祈吾兄惠赐协助……"（《胡适来往书信选》中册，536页）

12月6日　蒋介石在其《上星期反省录》中斥胡适、郭泰祺与陈光甫等毫无志气，不知责任，更无国家观念。唯以私利权位为谋，系政客奸商官僚。

12月7日　胡适致电外交部并转蒋介石："总统昨致日皇电，已由高斯转达全文。今午总统召适谈四十分钟，将昨电全文随读随加解释，谓：'此是我最后之和平努力。但我并不抱乐观，恐四十八小时内，日本海陆空军即已开衅，此乃人类之一大悲剧，但为中国计亦许是最大转机。但盼转告中国政府领袖，万一日、美战祸发生，中国朝野不可有庆祝之举，务宜存哀矜而勿喜之态度'云云。适从白宫归来，午餐方毕，忽得白宫电话。总统亲告适云，日本空军已开始轰炸夏威夷岛与马尼拉，各地警报纷纷到来。而日本复牒刚才送到外交部，计开衅在复牒送达之前一个钟点云。"（《胡适中文书信集》第3册，256～257页）

同日　陈布雷日记有记：接胡大使电（昨日到）。（《陈布雷从政日记（1941）》，186页）

12月8日　胡适致电外交部：

> 今午，在国会听总统亲向两院声诉日本昨日种种暴行，请国会对日宣战，其词不过五百字，空气十分严肃。国会即继续开会。参议员当即以八十二对零票，众议院以三百八十八对一票通过决议，对日宣战；并授权总统集合全国人力资力对日作战，此间均料伪满与汪均将对美宣战。（宋广波：《跋新发现的五道胡适佚函（电）》，《鲁迅研究月刊》，2018年第2期）

12月9日　胡适复电Loa Kai-Foo，感谢其12月6日来函。由于有许

多的会议要参加,加上周一晚上须离开多伦多,希望中国学生和中国社团不要安排招待会。(中国社科院近代史所藏"胡适档案",卷号 E-101,分号 1)

12 月 10 日　胡适致电 H. J. Cody：将参加 12 月 15 日多伦多大学的晚餐会并发表演说,也将拜访 The Chinese Galleries；若时间允许,将对 White 主教的团体发表谈话。(中国社科院近代史所藏"胡适档案",卷号 91,分号 22)

同日　胡适复函 Ernest Hatch Wilkins,为迟复 9 月 27 日来函致歉：将受邀出席 1942 年 6 月 9 日奥伯林学院的毕业典礼之邀请,接受并感谢贵校在那天授予我荣誉法学博士学位。将于 9 月 26 日与您一同参加 The Council on Foreign Relations 的晚餐会。(中国社科院近代史所藏"胡适档案",卷号 E-114,分号 5)

同日　胡思杜赠送一部 The Poetical Works of Jonathan Swift (by Jonathan Swift,伦敦,1853 年)与胡适做生日礼物,并在第一卷扉页题道："祝爸爸五十岁的生日。小三,12 月 10 日。"(《胡适藏书目录》第 4 册,2526 页)

同日　严仁赓函谢胡适协助其旅美,拟入加州大学攻读。(中国社科院近代史所藏"胡适档案",卷号 1142,分号 2)

12 月 11 日　James B. Blaine、William C. Bullitt 等人致电胡适：面对日本的侵略,全美助华联合总会的重要性提高,总会国家委员会拟举行募款活动以为遭难的中国人提供医疗、食物与必需品帮助,邀请您的参与。发电署名人还有 Rufus M. Jones、Raymond Rubicam、Robert Gordon Sproul、Engene E. Barnett、Colby M. Chester、Thomas W. Lamont、David O. Selznick、Charles Finn Williams、Pearl S. Buck、Paul G. Hoffman、John D. Rockefeller、Henry R. Luce、Wendell L. Willkie。(中国社科院近代史所藏"胡适档案",卷号 E-404,分号 1)

12 月 13 日　胡适复电蒋介石：适昨与外部专家谈,今晨访外长,均谈此二事。外长谓："太平洋联合指挥部之重要,彼甚同意,已与总统及陆军部长等屡次商谈,当力促其早日实现。至苏联态度,彼亦极重视,已两次与苏联大使谈。据苏联大使所谈,似有两层可虑。一为苏远东军力器械已

1941年　辛巳　民国三十年　50岁

有一部分调往西线应急；二为苏联西线尚吃紧"云。外长云彼正向苏大使陈述一致行动在精神上之重要，并云美国"万难"人民恐将有误解苏俄态度之虞。外长前夜声明对苏俄完全信任，正是欲为苏预防此类动机云。苏大使今午接见报界，虽痛斥轴心三国，但对此层亦无所表示。彼今日下午将来访适，谈及续报。外部专家数人私告适，谓我方似宜避免军事同盟字样，而侧重联络作战实际互助及不单独讲和等，实质则收效当更易云。又报纸纷传我在粤军事大举攻敌，作香港英军后援。其实况，乞随时电示，并乞随时令美各通讯社发表真况，因此间朝野均甚注意。又外部专家均谓我军事当局与英当局在渝军事代表似已就近会商，与英美远东军事当局取得联络之方，不必等待整个大联络云。（《胡适中文书信集》第3册，257页）

同日　胡适启程赴加拿大，将接受多伦多大学授予的荣誉博士学位，并发表演说。（中国社科院近代史所藏"胡适档案"，卷号E-454，分号1）

12月15日　多伦多大学授予胡适荣誉法学博士学位。当日，胡适在The Canadian Club of Toronto 演说 "China's Power to Fight on"。胡适说：

> In brief, there are five main factors which have made up China's sustaining power:
>
> ...
>
> First—space. China has the rich inheritance of vast space to move about in....
>
> The second factor is numbers, that is, vast population as actual and potential supply of man power....
>
> The third factor is our historical national unity....
>
> The fourth factor in China's sustaining power has been a whole decade of internal reconstruction....
>
> ...
>
> The last, but not the least, factor is external assistance to China....（中国社科院近代史所藏"胡适档案"，卷号E-35，分号95）

12月16日　胡适电辞 Mrs. Maurice T. Moore 于1月14日出席天主教会晚宴并演说的邀约，因有其他演说行程。（中国社科院近代史所藏"胡适档案"，卷号 E-103，分号 21；卷号 E-302，分号 6）

同日　郭泰祺致电胡适：斯大林答复蒋介石节略，谓苏站在同一阵线，日本将来必破坏中立协定。但目下西方战事吃紧，希望我方弗逼其立即对日宣战云云。再英方答复关于订立同盟一节，美方对于联合指挥一节，均在同情详细考虑中。（《中华民国史资料丛稿》专题资料选辑第三辑《胡适任驻美大使期间往来电稿》，114页）

12月17日　胡适作有小诗《无题》。

同日　胡适致电 Mrs. Henry S. Glazier：经常回忆起与尊伉俪的友谊。已将您的支票连同自己的支票捐给美国医药助华会。（中国社科院近代史所藏"胡适档案"，卷号 E-95，分号 7）

12月19日　The China Society of America 在 The Waldorf-Astoria Hotel 为胡适举办致敬晚宴。胡适应邀出席，并发表演说"Our Honorable Enemy"。胡适说：

> In order to understand Japan and her recent record of aggressive expansion, we must remember the fundamental historical fact that Japan has been governed by a militaristic caste for the last 1,200 years, and especially for the last 300 years...
>
> This historical Japan has always been totalitarian in political organization, militaristic in training and imperialistic in aspiration.
>
> ...
>
> ...World conquest has been the national ideal of Japan for all these 350 years.（中国社科院近代史所藏"胡适档案"，卷号 E-36，分号 96）

按，"外研社版"《胡适英文文存》第 3 册收入本文时，加了如下的摘要：

> 为了更清楚地认识日本的侵略扩张，胡适回溯日本的历史，指出

日本具有极权主义、军国主义和帝国主义的特征和征服世界的野心。最后，胡适向美国民众重申中国军民坚持抗战到底的战斗意志。（该书168页）

又按，宴会筹办期间，主办方曾就邀请嘉宾征求胡适的意见，胡适列出的客人有刘锴、Chu Shih-ming 夫妇、李干夫妇、崔存璘、Victor Hoo、于焌吉等。（中国社科院近代史所藏"胡适档案"，卷号 E-148，分号1）

再按，胡适的讲演颇受好评，William B. Gold、L. S. Rowe、C. Jos Nigger 分别电、函致贺。（中国社科院近代史所藏"胡适档案"，卷号 E-269，分号1；卷号 E-331，分号5；卷号 E-309，分号2）

同日　胡适致唁电与 John G. Magee 夫妇，吊其子之丧。（中国社科院近代史所藏"胡适档案"，卷号 E-102，分号5）

12月20日　郭泰祺致电胡适，并转宋子文："闻丘公及海相庇护均赴美参加罗公所召集之会议，兄等有无接洽？是否被邀代表我国参加？希电复。又，一四五号电悉。所提三项，甚妥。但美、日战起，国际情势大变，吾人应协同美、英谋太平洋问题之根本解决。此应包括毁灭日本海军，恢复朝鲜独立，亦即实施罗、丘联合宣言之第八点、第三点。如是，始可建立远东之永久和平。此系个人意见，特电参考。"（《中华民国史资料丛稿》专题资料选辑第三辑《胡适任驻美大使期间往来电稿》，114页）

12月22日　胡适复电蒋介石："今晨总统约谈，谓邱首相与英军事首领约今夜可到白宫。彼等此时尚未达安全地带，故事前不能不十分秘密。此次会谈主题为组织最高战事会议，大致分两大部分，一为最高会议，本身拟设在华盛顿，内分两部：甲为外交政策部，研究外交政策与战后设施；乙为军事部，专掌战事设施与工业生产。二为作战会议机关（Operating Council），拟设在最方便之中心地点。拟美、英、中、苏、荷五国各有二代表，一正、一副。正代表参加会议，其副则或须往来联络云。总统嘱适请蒋公准备三个或四个军事首领，以便参加最高会议之军事部及作战会议。又谓

外交政策部当邀中国大使参加，此部现时似不紧急，但今晨苏大使已问及战后德苏疆界问题，故此部亦不容缓云云。总统又言，甚盼能得中国参预军事机要之高级将领参加，语言不妨用译人云。总统又纵谈大势，谓远东之战场有三：一为中国，二为马来半岛，三为海上各地。第三战场全是海战，中国不能分担。第二战场英国必用全力守新嘉［加］坡，缅甸方面或需中国协助，务使滇缅路安全，使英美空军可由缅入华直攻敌国。其第一战场此时至盼中国能在各方面袭击，务使敌军疲于应付，不得抽调大量军力云。右电乞饬抄送复初兄一份。"（《胡适中文书信集》第 3 册，257～258 页）

12 月 23 日　胡适日记有记：

　　早晨 U. P. 重庆电，谓中执会通过任命宋子文为外交部长，郭泰祺任外交委员会委员长。

　　中午我打电话给子文，子文说，他事前毫无所知。

　　下午他打电话来，说他接到了蒋先生电，要他做外交部长。他还没有决定就不就。

12 月 24 日　胡适日记有记：

　　上午子文来谈，他说他决定就外长事。

　　我对他说，郭复初来时，我曾对他说："你是我的老朋友，新上司。你知道我不想干这种外交官的事。你回去时，若有更动驻美使节的需要，我随时可走，请千万不要迟疑。"现在你也是我的老朋友，新上司。我也同样向你声明。如果政府要更动驻美使节，也请你千万不要迟疑。我随时可走。

　　他说："我不是你的上司，我们只是老朋友，我们要合作。"

　　馆中自昨至今，未得一个官电。

　　下午我得雪艇一电云："复初去职，系因《大公报》指摘其私行不检，并无其他背景。弟甚惋惜。子文有返国意否？"

　　一个报馆的言论可以赶掉一个外交部长，伟大哉《大公报》！中国真是一个民治国家!

12月26日　胡适致电外交部:"极密。今晨十时半,总统约宋子文兄与适往谈。邱相亦在座。罗公谈话为多,邱公间亦发言,大致为报告重要形势。要点为:(1)大西洋北面全线运输之控制已大体完成;(2)太平洋局势约须六个月可以恢复海上优势;(3)新加坡在六个月到九个月内应无问题;(4)敌人夺得几个海上根据点不足为虑,将来胜负在造船能力与海军主力集中;(5)缅路有中英协力沿线维持联合战线,英美空军可由缅入华;(6)苏俄现调新军往远东填防,其中一部分或须三个月之训练;(7)总〔统〕言顷得高斯大使来电,谓仅说最后胜利在我方,殊不足安慰人心云。总统谓深切了解此间心理,当勉力设法加紧合作,以慰我方之期望;(8)总统言今晨曾约中美、南美诸国代表来会见邱公,共议海上形势,此后亚洲东南及太平洋上共同作战之英、美、中、和及澳、纽诸国代表当有密切联络,时时互换消息。本日谈话情形,请宋子文兄与适合电介公,敬撮要奉闻,并乞抄送孔祥熙、王世杰诸兄一份为感。邱公嘱向郭复初兄致意。"(《中华民国时期外交文献汇编(1911—1949)》第八卷上,47页)

12月27日　胡适电谢J. P. McEvoy夫妇之祝福:12月31日会在纽约演说,将愉快参加新年餐会。(中国社科院近代史所藏"胡适档案",卷号E-296,分号2)

12月30日　胡适致电外交部:美国国务卿赫尔交来反侵略共同宣言全文,并请我方加入签字国。1月2日,蒋介石复电胡适,共同宣言我方可签字。(台北"国史馆"藏"蒋中正'总统'文物",典藏号:002-010300-00047-002)

同日　胡适复函Edward E. Watts, Jr.:为迟复12月16日来函致歉。关于邀请在2月7日于The University Club进行演说,2月的每个星期六都可以。(中国社科院近代史所藏"胡适档案",卷号E-113,分号11)

12月31日　上午9时30分,胡适在美国政治学会年会上发表演说"Factors Necessary for a Durable Peace in the Pacific Area: a Chinese View"。胡适说:

... a just and durable peace in the Far East must fulfill these basic conditions:

1. It must not result in vindicating any territorial gain or economic advantage acquired by the use of brutal force in open violation of international law and solemnly pledged treaty obligations.

2. It must satisfy the legitimate demands of the Chinese people for an independent, unified, and strong national state.

3. It must restore and greatly strengthen the international order for the Pacific area and in the world at large so that orderly international relationships may always prevail and aggressive wars may not recur.（中国社科院近代史所藏"胡适档案",卷号 E-37,分号 97）

按,"外研社版"《胡适英文文存》第 3 册收入本文时,加了如下的摘要：

对维护太平洋地区的持久和平,胡适重申三项根本性原则:(1)不得为在公然违反国际法和使用野蛮武力的前提下的领土侵占和经济掠夺辩护;(2)必须满足中国人民对建立独立、统一、强大的民族国家的合法诉求;(3)必须在太平洋地区重建和巩固国际秩序,以正义有序的国际关系阻止侵略战争的发生。(该书 173 页)